한 권으로 한 번에 합격!

한자능력 검정시험 마스터

2급

한 권으로 한 번에 합격!
한자능력검정시험 마스터 2급

지은이 장소윤
펴낸이 정규도
펴낸곳 (주)다락원

초판 1쇄 발행 2016년 6월 24일

편집총괄 최운선
책임편집 조남숙
디자인 장미연, 김보형

📖**다락원** 경기도 파주시 문발로 211
내용문의 (02) 736-2031 내선 272
구입문의 (02) 736-2031 내선 250~252
Fax (02) 732-2037
출판등록 1977년 9월 16일 제300-1977-23호

Copyright ⓒ 2016, 장소윤

저자 및 출판사의 허락 없이 이 책의 일부 또는 전부를 무단
복제·전재·발췌할 수 없습니다. 구입 후 철회는 회사 내규에
부합하는 경우에 가능하므로 구입문의처에 문의하시기 바랍
니다. 분실·파손 등에 따른 소비자 피해에 대해서는 공정거래
위원회에서 고시한 소비자 분쟁 해결 기준에 따라 보상 가능
합니다. 잘못된 책은 바꿔 드립니다.

값 19,500원
ISBN 978-89-277-4642-3 14710
　　　978-89-277-4618-8 14710(set)

http://www.darakwon.co.kr
다락원 홈페이지를 통해 인터넷 주문을 하시면 자세한 정보와
함께 다양한 혜택을 받으실 수 있습니다.

한 권으로 한 번에 합격!

한자능력 검정시험 마스터

2급

장소윤 지음

다락원

머리말

우리 민족은 한글이 창제되기 전과 그 이후로도 우리의 사상과 역사 그리고 문화를 표현하고 기록하였습니다. 교과서나 각종 전문 서적뿐만 아니라 일생생활에서 쓰이는 우리말 가운데 70% 이상이 한자어로 되어 있다는 사실은 한자가 우리의 언어생활을 이해하는 데 얼마나 중요한지를 알 수 있습니다.

한자의 종주국인 중국의 위상이 높아지고 우리와 가까운 일본이 한자를 사용한다는 사실에서도 한자 교육의 필요성은 아무리 강조해도 지나치지 않습니다.

요즈음 초등학교 교과서에 한자를 같이 병기하려는 움직임이 있으며, 대학 입학이나 각종 국가 및 기업체 시험에서도 한자 능력을 평가하고 있습니다. 그래서 한자능력검정시험 응시 인원이 연 백만 명을 넘는다고 합니다. 그중에서도 한국어문회가 주관하는 한자능력검정시험은 비교적 공신력이 있고 권위 있는 시험으로 자리 잡아, 해마다 많은 학생이 꾸준히 참여하고 있습니다.

이에 대비하여 다락원에서 한자 급수 시험에 더욱 효율적으로 대처하고자 「한자능력검정시험 마스터」시리즈를 내놓았습니다. 수험생들에게 꼭 필요한 한자 학습을 위하여 급수별 정보를 알차고 풍부하게 구성하였습니다.

이 책에서는 배정 한자를 쓰기 배정 한자(8급~3급 배정 한자)와 읽기 배정 한자(2급 배정 한자)로 분류하였습니다. 또, 쓰기 배정 한자를 8급~5급, 4급Ⅱ~3급 배정 한자로 분류하였으며, 읽기 배정 한자를 신습 한자와 인명·지명 한자로 분류하여 효율적인 학습을 할 수 있도록 하였습니다.

각 배정 한자는 활용 범위 안에서 읽기, 쓰기 단어를 제시하였으며, 4급Ⅱ~3급 배정 한자 및 2급 배정 한자 중 신습 한자는 자해를 제시하여 이해하기 쉽도록 하였습니다. 부록에서는 시험 문제를 유형별로 다질 수 있도록 하였으며 더불어 모의고사 문제지와 답안지를 제공하여 시험에 철저하게 대비할 수 있도록 하였습니다.

아무쪼록 한자능력검정시험 마스터로 시험을 준비하는 모든 독자가 알차게 공부하여 좋은 결과를 얻을 수 있기를 바랍니다.

2016년 6월
장소윤

이 책의 특징

이 책은 (사)한국어문회에서 주관하는 한자능력검정시험 2급의 수험 대비서입니다. 효율적인 학습을 위하여 쓰기 배정 한자와 읽기 배정 한자를 분류하였습니다. 또, 쓰기 배정 한자는 8급~5급 배정 한자와 4급Ⅱ~3급 배정 한자로 분류하였으며, 읽기 배정 한자는 2급 배정 한자 중 신습 한자와 인명·지명 한자로 분류하여 각 해당 한자들을 가나다순으로 제시하였습니다. 각 한자들의 정보를 다음과 같이 구성하였습니다.

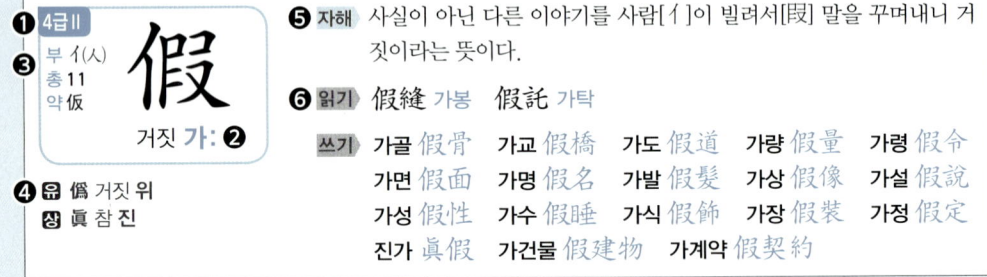

❶ 한자의 해당 급수를 표시하였습니다.

❷ 장음으로 발음되는 음에는 :로, 단어에 따라 장음과 단음 두 가지로 발음되는 음에는 (:)로 표시하였으며, 단음으로 발음되는 음에는 표시하지 않았습니다.

❸ 부수를 부, 총획을 총, 약자를 약으로 표시하였습니다.

❹ 유의자를 유, 상대자를 상으로 표시하였습니다.

❺ 수험자가 한자를 쉽게 이해하고 오래 기억할 수 있도록 자해(한자 풀이)를 제시하였습니다.

❻ 해당 한자가 포함된 단어를 실었습니다. 읽기 단어는 독음에, 쓰기 단어에는 한자에 푸른색으로 표시를 하였습니다.

부록

◀ 시험 문제의 유형을 완벽히 분석하여, 효율적으로 학습할 수 있는 방법을 제시하였습니다.

▶ 사자성어, 장단음, 상대자·상대어, 유의자, 동음이의어, 동자이음어, 잘못 읽기 쉬운 한자어, 약자를 모아 집중적으로 공부할 수 있도록 하였습니다.

 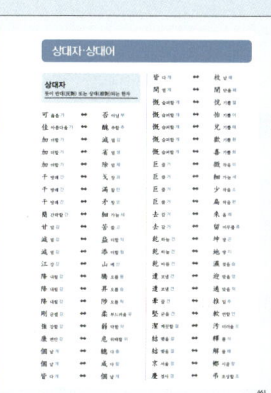

 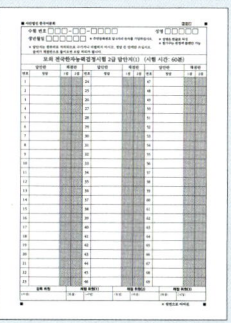

◀ 배정 한자를 모두 익힌 후 모의 시험을 풀어볼 수 있도록 시험지와 답안지를 제공합니다.

▶ 평상시 가지고 다니며 읽기 단어와 쓰기 단어, 사자성어를 복습할 수 있도록 확인 학습 미니북을 제공합니다.

 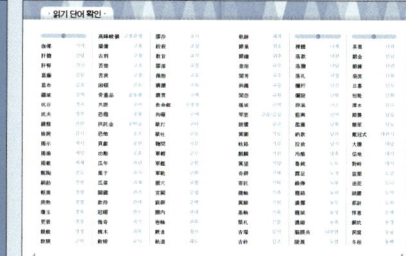

한자능력검정시험 안내

한자능력검정시험은 (사)한국어문회가 주관하고 한국한자능력검정회가 시행하는 종합적인 한자 능력 측정 시험입니다. 1992년 12월 9일 제1회 시험이 시행된 이래로 지금까지 꾸준히 이어져 오고 있습니다. 한자능력검정시험은 공인급수와 교육급수로 구분되어 있으며, 특급~3급II가 공인급수, 4급~8급이 교육급수입니다.

응시 자격

한자능력검정시험은 모든 급수, 즉 특급~8급에 누구나 응시할 수 있습니다. 재학 여부, 학력, 소속, 성별, 나이, 국적 등에 상관없이 원하는 급수에 응시할 수 있습니다.

급수 배정

구분	공인급수					
	특급	특급II	1급	2급	3급	3급II
읽기 배정 한자	5,978	4,918	3,500	2,355	1,817	1,500
쓰기 배정 한자	3,500	2,355	2,005	1,817	1,000	750

구분	교육급수								
	4급	4급II	5급	5급II	6급	6급II	7급	7급II	8급
읽기 배정 한자	1,000	750	500	400	300	225	150	100	50
쓰기 배정 한자	500	400	300	225	150	50	-	-	-

* 7급, 7급II, 8급에는 쓰기 배정 한자가 없습니다.
* 상위 급수 한자는 하위 급수 한자를 모두 포함하고 있습니다.
* 쓰기 배정 한자는 한두 급수 아래의 읽기 배정 한자이거나 그 범위 내에 있습니다.

급수별 출제 기준

구분	특급	특급II	1급	2급	3급	3급II	4급	4급II	5급	5급II	6급	6급II	7급	7급II	8급
독음	45	45	50	45	45	45	32	35	35	35	33	32	32	22	24
훈음	27	27	32	27	27	27	22	22	23	23	22	29	30	30	24
장단음	10	10	10	5	5	5	3	0	0	0	0	0	0	0	0
반의어(상대어)	10	10	10	10	10	10	3	3	3	3	3	2	2	2	0
완성형(성어)	10	10	15	10	10	10	5	5	4	4	3	2	2	2	0
부수	10	10	10	5	5	5	3	3	0	0	0	0	0	0	0
동의어(유의어)	10	10	10	5	5	5	3	3	3	3	2	0	0	0	0
동음이의어	10	10	10	5	5	5	3	3	3	3	2	0	0	0	0
뜻풀이	5	5	10	5	5	5	3	3	3	3	2	2	2	2	0
약자	3	3	3	3	3	3	3	3	3	3	0	0	0	0	0
한자 쓰기	40	40	40	30	30	30	20	20	20	20	20	10	0	0	0
필순	0	0	0	0	0	0	0	0	3	3	3	3	2	2	2
한문	20	20	0	0	0	0	0	0	0	0	0	0	0	0	0

* 출제 기준표는 기본지침자료로서, 출제자의 의도에 따라 차이가 있을 수 있습니다.

급수별 합격 기준

구분	특급	특급II	1급	2급	3급	3급II	4급	4급II	5급	5급II	6급	6급II	7급	7급II	8급
출제 문항	200	200	200	150	150	150	100	100	100	100	90	80	70	60	50
합격 문항	160	160	160	105	105	105	70	70	70	70	63	56	49	42	35
시험 시간(분)	100	100	90	60	60	60	50	50	50	50	50	50	50	50	50

* 특급·특급II·1급은 출제 문항의 80% 이상, 2급~8급은 70% 이상 득점하면 합격입니다.

* 1문항당 1점으로 급수별 만점은 출제 문항 수입니다.

※ 자세한 시험 안내는 (사)한국어문회 홈페이지(www.hanja.re.kr) '한자검정'을 참조하세요.

차 례

한자 기본 지식 12
2급 배정 한자 16
배정 한자 익히기
- 8~5급 배정 한자 50
- 4급Ⅱ~3급 배정 한자 92
- 2급 배정 한자 ① (신습 한자) 356
- 2급 배정 한자 ② (인명·지명 한자) 386

부록
- 2급 시험 문제 유형 분석 420
- 사자성어 424
- 장단음 443
- 상대자·상대어 461
- 유의자 478
- 동음이의어 505
- 동자이음어 536
- 잘못 읽기 쉬운 한자어 538
- 약자 540
- 모의 전국한자능력검정시험 정답 545
- 모의 전국한자능력검정시험

별책 부록 – 확인 학습 미니북
- 읽기 단어 확인 4
- 쓰기 단어 확인 14
- 사자성어 확인 30

한자 기본 지식

한자(漢字)란 무엇인가요?

한자는 고대 중국에서 만들어져 오늘날까지 우리나라와 중국, 일본 등 한자 문화권의 여러 나라에서 널리 쓰이는 문자입니다. 맨 처음 한자는 그림과 같은 모양이었는데, 오랜 세월 동안 모양이 조금씩 변해 오다가 한(漢)나라 때 오늘날 우리가 사용하는 모양을 갖추었기에 한자라고 부르게 되었습니다.

- **한자의 3요소**

    한자는 하나의 글자가 모양(形), 소리(音), 뜻(義)을 모두 나타내는 글자입니다. 그래서 한자를 공부할 때는 하나의 글자마다 모양, 소리, 뜻의 3요소를 함께 익혀야 합니다.

육서(六書)란 무엇인가요?

한자를 만드는 여섯 가지 원리를 육서라고 합니다. 육서에는 한자를 만드는 원리인 상형, 지사, 회의, 형성과 이미 만든 한자를 활용하는 원리인 전주, 가차가 있습니다.

- **상형(象形)**

    한자를 만드는 가장 기본적인 원리로, 구체적인 사물의 모양을 본떠 한자를 만드는 방법입니다.

    > 日 날 일: 해의 모양을 본떠서 만든 글자
    > 水 물 수: 흐르는 물의 모양을 본떠서 만든 글자

- **지사(指事)**

    구체적인 모양으로 나타낼 수 없는 개념이나 관념을 점(·)이나 선(-)으로 나타내어 한자를 만드는 방법입니다.

    > 上 윗 상: 선 위에 점을 찍어 '윗 상'이라고 칭함.
    > 下 아래 하: 선 아래에 점을 찍어 '아래 하'라고 칭함.

- 회의(會意)

  두 개 이상의 글자에서 뜻을 결합하여 새로운 한자를 만드는 방법입니다.

  明 밝을 명 = 日 날 일 + 月 달 월
  林 수풀 림 = 木 나무 목 + 木 나무 목

- 형성(形聲)

  뜻(訓)을 나타내는 부분과 음(音)을 나타내는 부분을 결합하여 새로운 한자를 만드는 방법입니다.

  問 물을 문 = 口 입 구 + 門 문 문
  記 기록할 기 = 言 말씀 언 + 己 몸 기

- 전주(轉注)

  이미 만든 한자의 의미를 확대하여 새로운 뜻과 음으로 사용하는 원리입니다.

  樂 → 즐길 락   예 同苦同樂 동고동락
       노래 악   예 音樂 음악
       좋아할 요 예 樂山樂水 요산요수

  惡 → 악할 악   예 惡行 악행
       미워할 오 예 惡寒 오한

- 가차(假借)

  어떤 뜻을 나타내는 한자가 없을 때, 이미 만든 한자 중에 음이 같은 한자를 빌려 쓰는 원리입니다.

  Asia(아시아): 亞細亞 아세아   India(인디아): 印度 인도
  Spain(스페인): 西班牙 서반아   Europe(유럽): 歐羅巴 구라파

한자 기본 지식

부수(部首)란 무엇인가요?

부수는 한자를 이루고 있는 글자 중의 한 부분으로, 한자 사전에서 한자를 찾을 때 기준이 되는 글자입니다. 그래서 모든 한자는 하나의 부수를 가지고 있습니다. 현재 사용하고 있는 부수자는 '한 일(一)'에서 '피리 약(龠)'까지 214개이며, 모든 한자는 부수자를 기준으로 분류되어 있습니다.

• **부수의 위치와 명칭**

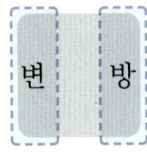

❶ 변(邊): 한자의 왼쪽에 위치한 부수

校 나무목변   海 물수변

❷ 방(傍): 한자의 오른쪽에 위치한 부수

利 칼도방   郡 우부방

❸ 머리: 한자의 위쪽에 위치한 부수

室 갓머리   萬 초두머리

❹ 발: 한자의 아래쪽에 위치한 부수

先 어진사람인발   感 마음심발

❺ 엄: 한자의 위에서 왼쪽 아래로 위치한 부수

度 집엄   病 병질엄

❻ 책받침: 한자의 왼쪽에서 아래로 위치한 부수

道 갖은책받침   建 민책받침

❼ 몸(에운담): 한자 전체를 에워싸고 있는 부수

國 에운담   品 터진에운담

❽ 제부수: 글자 자체가 부수

生 父 白 身

한자를 바르게 쓰는 순서가 있나요?

한자는 몇 개의 점이나 선으로 이루어져 있습니다. 붓을 한 번 움직여 쓸 수 있는 하나하나의 점이나 선을 '획'이라 하는데, 이 획을 쓰는 순서를 '필순'이라고 합니다.

한글이나 알파벳도 쓰는 순서가 있듯이 한자도 쓰는 순서가 있습니다. 오랜 시간 동안 많은 사람이 써 오면서 한자를 바르고 정확하게 쓰기 위해 몇 가지 원칙을 정해 놓은 것입니다. 필순의 일반적인 원칙에 따라 복잡하게 생긴 한자를 한 획씩 쓰다 보면 점점 바르고 예쁘게 한자를 쓸 수 있습니다.

• 필순의 일반적인 원칙

❶ 위에서 아래로 씁니다.

　三　一　二　三

❷ 왼쪽에서 오른쪽으로 씁니다.

❸ 왼쪽과 오른쪽이 대칭일 때는 가운데 획을 먼저 씁니다.

　小　亅　小　小

❹ 가로획과 세로획이 만날 때는 가로획을 먼저 쓰고 세로획을 나중에 씁니다.

　十　一　十

❺ 안쪽과 바깥쪽이 있을 때는 바깥쪽을 먼저 쓰고 안쪽은 나중에 씁니다.

　同　冂　冂　冋　同　同

❻ 몸을 먼저 쓰고 안은 나중에 쓰나, 글자의 밑은 맨 마지막에 씁니다.

　國　丨　冂　冂　冋　冋　冋　國　國　國　國

❼ 삐침과 파임이 만날 때는 삐침을 먼저 씁니다.

　父　丶　父　父　父

❽ 글자 전체를 꿰뚫는 획은 나중에 씁니다.

　中　丨　冂　口　中

❾ 받침은 나중에 씁니다.

　近　斤　厂　斤　斤　近　近　近

❿ 오른쪽 위에 있는 점은 맨 나중에 찍습니다.

　代　亻　代　代　代　代

2급 배정 한자

ㄱ

한자	뜻·음	페이지
家	집 가	50
歌	노래 가	50
價	값 가	50
加	더할 가	50
可	옳을 가	50
假	거짓 가:	92
街	거리 가(:)	92
暇	틈·겨를 가:	92
佳	아름다울 가:	92
架	시렁 가:	93
伽	절 가	388
柯	가지 가	388
賈	성 가/장사 고	388
軻	수레·사람이름 가	388
迦	부처이름 가	388
各	각각 각	50
角	뿔 각	50
刻	새길 각	93
覺	깨달을 각	93
脚	다리 각	93
閣	집 각	93
却	물리칠 각	94
珏	쌍옥 각	388
間	사이 간(:)	50
干	방패 간	94
看	볼 간	94
簡	대쪽·간략할 간(:)	94
刊	새길 간	94
幹	줄기 간	95
懇	간절할 간:	95
肝	간 간(:)	95
姦	간음할 간	95
杆	몽둥이 간	388
艮	괘이름 간	388
渴	목마를 갈	95
葛	칡 갈	356
鞨	오랑캐이름 갈	388
感	느낄 감:	50
減	덜 감:	96
監	볼 감	96
敢	감히·구태여 감:	96
甘	달 감	96
鑑	거울 감	96
憾	섭섭할 감:	356
甲	갑옷 갑	97
岬	곶 갑	388
鉀	갑옷 갑	389
江	강 강	50
強	강할 강(:)	51
康	편안 강	97
講	욀 강:	97
降	내릴 강:/항복할 항	97
剛	굳셀 강	97
綱	벼리 강	98
鋼	강철 강	98
姜	성 강	389
岡	산등성이 강	389
崗	언덕 강	389
彊	굳셀 강	389
疆	지경 강	389
開	열 개	51
改	고칠 개(:)	51
個	낱 개(:)	98
介	낄 개:	98
概	대개 개:	98
蓋	덮을 개(:)	99
慨	슬퍼할 개:	99
皆	다 개	99
价	클 개:	389
塏	높은땅 개:	389
客	손 객	51
坑	구덩이 갱	356
車	수레 거·차	51
擧	들 거:	51

16

한자, 훈·음, 해당 페이지 순서입니다.

한자	훈·음	페이지
去	갈 거:	51
居	살 거	99
巨	클 거:	99
拒	막을 거:	100
據	근거 거:	100
距	상거할 거:	100
件	물건 건	51
健	굳셀 건:	51
建	세울 건:	51
乾	하늘·마를 건	100
鍵	자물쇠·열쇠 건:	389
傑	뛰어날 걸	100
乞	빌 걸	101
杰	뛰어날 걸	389
桀	하왕이름 걸	389
儉	검소할 검:	101
檢	검사할 검:	101
劍	칼 검:	101
憩	쉴 게:	356
揭	높이들·걸 게:	356
格	격식 격	51
擊	칠 격	101
激	격할 격	102
隔	사이뜰 격	102
見	볼 견:/뵈올 현:	51
堅	굳을 견	102
犬	개 견	102
牽	이끌·끌 견	102
絹	비단 견	103
肩	어깨 견	103
遣	보낼 견:	103
甄	질그릇 견	389
結	맺을 결	52
決	결단할 결	52
潔	깨끗할 결	103
缺	이지러질 결	103
訣	이별할 결	104
兼	겸할 겸	104
謙	겸손할 겸	104
京	서울 경	52
敬	공경 경:	52
景	볕 경(:)	52
競	다툴 경:	52
輕	가벼울 경	52
境	지경 경	104
慶	경사 경:	104
經	지날·글 경	105
警	깨우칠 경:	105
傾	기울 경	105
更	고칠 경/다시 갱:	105
鏡	거울 경:	105
驚	놀랄 경	106
徑	지름길·길 경	106
硬	굳을 경	106
耕	밭갈 경	106
頃	이랑·잠깐 경	106
卿	벼슬 경	107
庚	별 경	107
竟	마침내 경:	107
儆	경계할 경	390
炅	빛날 경	390
璟	옥빛 경	390
瓊	구슬 경	390
界	지경 계:	52
計	셀 계:	52
係	맬 계:	107
季	계절 계:	107
戒	경계할 계:	108
系	이어맬 계:	108
繼	이을 계:	108
階	섬돌 계	108
鷄	닭 계	108
啓	열 계:	109
契	맺을 계:	109
桂	계수나무 계:	109

2급 배정 한자

械 기계 계: ······ 109	坤 땅 곤 ······ 112	官 벼슬 관 ······ 115
溪 시내 계 ······ 109	骨 뼈 골 ······ 113	管 대롱·주관할 관 ······ 115
癸 북방·천간 계: ······ 110	工 장인 공 ······ 53	冠 갓 관 ······ 115
繫 맬 계: ······ 110	空 빌 공 ······ 53	寬 너그러울 관 ······ 115
高 높을 고 ······ 52	功 공 공 ······ 53	慣 익숙할 관 ······ 115
古 예 고: ······ 52	公 공평할 공 ······ 53	貫 꿸 관(:) ······ 116
苦 쓸 고 ······ 52	共 한가지 공: ······ 53	館 집 관 ······ 116
告 고할 고: ······ 53	孔 구멍 공 ······ 113	款 항목 관: ······ 357
固 굳을 고(:) ······ 53	攻 칠 공: ······ 113	串 꿸 관/땅이름 곶 ······ 390
考 생각할 고(:) ······ 53	供 이바지할 공: ······ 113	琯 옥피리 관 ······ 390
故 연고 고(:) ······ 110	恐 두려울 공(:) ······ 113	光 빛 광 ······ 54
孤 외로울 고 ······ 110	恭 공손할 공 ······ 114	廣 넓을 광: ······ 54
庫 곳집 고 ······ 110	貢 바칠 공: ······ 114	鑛 쇳돌 광: ······ 116
姑 시어미 고 ······ 111	果 실과 과: ······ 53	狂 미칠 광 ······ 116
稿 원고·볏짚 고 ······ 111	科 과목 과 ······ 53	掛 걸 괘 ······ 116
鼓 북 고 ······ 111	課 공부할·과정 과(:) ······ 53	壞 무너질 괴: ······ 117
枯 마를 고 ······ 111	過 지날 과: ······ 54	怪 괴이할 괴(:) ······ 117
顧 돌아볼 고 ······ 111	寡 적을 과: ······ 114	塊 흙덩이 괴 ······ 117
雇 품팔 고 ······ 357	誇 자랑할 과: ······ 114	愧 부끄러울 괴: ······ 117
皐 언덕 고 ······ 390	戈 창 과 ······ 357	傀 허수아비 괴: ······ 357
曲 굽을 곡 ······ 53	瓜 외 과 ······ 357	槐 회화나무·느티나무 괴 ······ 390
穀 곡식 곡 ······ 112	菓 과자 과/실과 과: ······ 357	
哭 울 곡 ······ 112	郭 둘레·외성 곽 ······ 114	敎 가르칠 교: ······ 54
谷 골 곡 ······ 112	觀 볼 관 ······ 54	校 학교 교: ······ 54
困 곤할 곤: ······ 112	關 관계할 관 ······ 54	交 사귈 교 ······ 54

한자, 훈·음, 해당 페이지 순서입니다.

한자	훈·음	페이지
橋	다리 교	54
巧	공교할 교	117
較	견줄·비교할 교	118
矯	바로잡을 교:	118
郊	들 교	118
僑	더부살이 교	358
膠	아교 교	358
絞	목맬 교	358
九	아홉 구	54
口	입 구(:)	54
球	공 구	54
區	구분할·지경 구	55
具	갖출 구(:)	55
舊	예 구:	55
救	구원할 구:	55
句	글귀 구	118
求	구할 구	118
究	연구할 구	119
構	얽을 구	119
丘	언덕 구	119
久	오랠 구:	119
拘	잡을 구	119
俱	함께 구	120
懼	두려워할 구	120
狗	개 구	120
苟	진실로·구차할 구	120
驅	몰 구	120
龜	거북 구·귀/터질 균	121
歐	구라파·칠 구	358
購	살 구	358
鷗	갈매기 구	358
玖	옥돌 구	390
邱	언덕 구	390
國	나라 국	55
局	판 국	55
菊	국화 국	121
鞠	성·국문할 국	390
軍	군사 군	55
郡	고을 군:	55
君	임금 군	121
群	무리 군	121
屈	굽힐 굴	121
掘	팔 굴	359
窟	굴 굴	359
宮	집 궁	122
窮	다할·궁할 궁	122
弓	활 궁	122
權	권세 권	122
券	문서 권	122
卷	책 권(:)	123
勸	권할 권:	123
拳	주먹 권:	123
圈	우리 권	359
厥	그 궐	123
闕	대궐 궐	359
軌	바퀴자국 궤:	123
貴	귀할 귀:	55
歸	돌아갈 귀:	124
鬼	귀신 귀:	124
規	법 규	55
叫	부르짖을 규	124
糾	얽힐 규	124
閨	안방 규	359
圭	서옥·쌍토 규	390
奎	별 규	391
珪	홀 규	391
揆	헤아릴 규	391
均	고를 균	124
菌	버섯 균	125
極	다할·극진할 극	125
劇	심할 극	125
克	이길 극	125
根	뿌리 근	55
近	가까울 근:	55
勤	부지런할 근(:)	125

2급 배정 한자

筋	힘줄 근	126
僅	겨우 근:	126
斤	근·날 근	126
謹	삼갈 근:	126
槿	무궁화 근:	391
瑾	아름다운옥 근:	391
金	쇠 금/성 김	56
今	이제 금	56
禁	금할 금:	126
琴	거문고 금	127
禽	새 금	127
錦	비단 금:	127
急	급할 급	56
級	등급 급	56
給	줄 급	56
及	미칠 급	127
肯	즐길 긍:	127
兢	떨릴 긍:	391
氣	기운 기	56
記	기록할 기	56
旗	기 기	56
基	터 기	56
己	몸 기	56
技	재주 기	56
期	기약할 기	56
汽	물끓는김 기	57
器	그릇 기	128
起	일어날 기	128
奇	기특할 기	128
寄	부칠 기	128
機	틀 기	128
紀	벼리 기	129
企	꾀할 기	129
其	그 기	129
畿	경기 기	129
祈	빌 기	129
騎	말탈 기	130
幾	몇 기	130
忌	꺼릴 기:	130
旣	이미 기	130
棄	버릴 기	130
欺	속일 기	131
豈	어찌 기	131
飢	주릴 기	131
棋	바둑 기	359
冀	바랄 기	391
岐	갈림길 기	391
沂	물이름 기	391
淇	물이름 기	391
琦	옥이름 기	391
琪	아름다운옥 기	391
璣	별이름 기	392
箕	키 기	392
耆	늙을 기	392
騏	준마 기	392
驥	천리마 기	392
麒	기린 기	392
緊	긴할 긴:	131
吉	길할 길	57

ㄴ

那	어찌 나:	131
諾	허락할 낙	132
暖	따뜻할 난:	132
難	어려울 난(:)	132
南	남녘 남	57
男	사내 남	57
納	들일 납	132
娘	계집 낭	132
內	안 내:	57
耐	견딜 내:	133
乃	이에 내:	133
奈	어찌 내	133
女	계집 녀	57
年	해 년	57

한자, 훈·음, 해당 페이지 순서입니다.

念	생각 념:	57
寧	편안 녕	133
努	힘쓸 노	133
怒	성낼 노:	134
奴	종 노	134
農	농사 농	57
濃	짙을 농:	360
腦	골·뇌수 뇌	134
惱	번뇌할 뇌	134
尿	오줌 뇨	360
能	능할 능	57
泥	진흙 니	134
尼	여승 니	360
溺	빠질 닉	360

ㄷ

多	많을 다	57
茶	차 다·차	135
短	짧을 단(:)	57
團	둥글 단	58
壇	단 단	58
單	홑 단	135
斷	끊을 단:	135
檀	박달나무 단	135
端	끝 단	135
段	층계 단	136
丹	붉을 단	136
但	다만 단:	136
旦	아침 단	136
鍛	쇠불릴 단	360
湍	여울 단	392
達	통달할 달	136
談	말씀 담	58
擔	멜 담	137
淡	맑을 담	137
潭	못 담	360
膽	쓸개 담:	361
答	대답 답	58
踏	밟을 답	137
畓	논 답	137
堂	집 당	58
當	마땅 당	58
黨	무리 당	137
唐	당나라·당황할 당(:)	138
糖	엿 당/사탕 탕	138
塘	못 당	392
大	큰 대(:)	58
代	대신할 대:	58
對	대할 대:	58
待	기다릴 대:	58
帶	띠 대(:)	138
隊	무리 대	138
臺	대 대	138
貸	빌릴·뀔 대:	139
垈	집터 대	361
戴	일 대:	361
德	큰 덕	58
悳	큰 덕	392
道	길 도:	58
圖	그림 도	59
度	법도 도(:)/헤아릴 탁	59
到	이를 도:	59
都	도읍 도	59
島	섬 도	59
導	인도할 도:	139
徒	무리 도	139
盜	도둑 도(:)	139
逃	도망할 도	139
刀	칼 도	140
倒	넘어질 도:	140
渡	건널 도	140
桃	복숭아 도	140
途	길 도:	140
陶	질그릇 도	141
塗	칠할 도	141

2급 배정 한자

挑 돋울 도 ……… 141	桐 오동나무 동 ……… 361	洛 물이름 락 ……… 362
稻 벼 도 ……… 141	棟 마룻대 동 ……… 361	亂 어지러울 란: ……… 145
跳 뛸 도 ……… 141	董 바를 동: ……… 393	卵 알 란: ……… 145
悼 슬퍼할 도 ……… 361	頭 머리 두 ……… 60	欄 난간 란 ……… 145
燾 비칠 도 ……… 392	斗 말 두 ……… 143	蘭 난초 란 ……… 146
讀 읽을 독/구절 두 ……… 59	豆 콩 두 ……… 143	爛 빛날 란: ……… 362
獨 홀로 독 ……… 59	杜 막을 두 ……… 393	覽 볼 람 ……… 146
毒 독 독 ……… 142	屯 진칠 둔 ……… 144	濫 넘칠 람: ……… 146
督 감독할 독 ……… 142	鈍 둔할 둔: ……… 144	藍 쪽 람 ……… 362
篤 도타울 독 ……… 142	得 얻을 득 ……… 144	拉 끌 랍 ……… 363
敦 도타울 돈 ……… 142	登 오를 등 ……… 60	朗 밝을 랑: ……… 60
豚 돼지 돈 ……… 142	等 무리 등: ……… 60	廊 사랑채·행랑 랑 ……… 146
惇 도타울 돈 ……… 392	燈 등 등 ……… 144	浪 물결 랑(:) ……… 146
燉 불빛 돈 ……… 392	騰 오를 등 ……… 144	郞 사내 랑 ……… 147
頓 조아릴 돈: ……… 393	藤 등나무 등 ……… 362	來 올 래(:) ……… 60
突 갑자기 돌 ……… 143	謄 베낄 등 ……… 362	萊 명아주 래 ……… 393
乭 이름 돌 ……… 393	鄧 나라이름 등: ……… 393	冷 찰 랭: ……… 60
東 동녘 동 ……… 59		略 간략할·약할 략 ……… 147
動 움직일 동: ……… 59	**ㄹ**	掠 노략질할 략 ……… 147
冬 겨울 동(:) ……… 59	羅 벌릴 라 ……… 145	良 어질 량 ……… 60
同 한가지 동 ……… 59	裸 벗을 라: ……… 362	量 헤아릴 량 ……… 60
洞 골 동/밝을 통: ……… 59	樂 즐길 락/노래 악/좋아할 요 ……… 60	兩 두 량: ……… 147
童 아이 동(:) ……… 60	落 떨어질 락 ……… 60	糧 양식 량 ……… 147
銅 구리 동 ……… 143	絡 이을·얽을 락 ……… 145	涼 서늘할 량 ……… 148
凍 얼 동: ……… 143		梁 들보·돌다리 량 ……… 148

한자, 훈·음, 해당 페이지 순서입니다.

한자	훈·음	페이지
諒	살펴알·믿을 량	148
輛	수레 량:	363
亮	밝을 량	393
樑	들보 량	393
旅	나그네 려	60
麗	고울 려	148
慮	생각할 려:	148
勵	힘쓸 려:	149
呂	성·법칙 려:	393
廬	농막집 려	393
礪	숫돌 려:	393
驪	검은말 려·리	393
力	힘 력	61
歷	지날 력	61
曆	책력 력	149
練	익힐 련:	61
連	이을 련	149
戀	그리워할·그릴 련:	149
聯	연이을 련	149
蓮	연꽃 련	150
鍊	쇠불릴·단련할 련:	150
憐	불쌍히여길 련	150
煉	달굴 련	363
漣	잔물결 련	394
列	벌릴 렬	150
烈	매울 렬	150
裂	찢어질 렬	151
劣	못할 렬	151
廉	청렴할 렴	151
濂	물이름 렴	394
獵	사냥 렵	151
令	하여금 령(:)	61
領	거느릴 령	61
嶺	고개 령	151
靈	신령 령	152
零	떨어질·영 령	152
玲	옥소리 령	394
例	법식 례:	61
禮	예도 례:	61
隷	종 례:	152
醴	단술 례:	394
老	늙을 로:	61
路	길 로:	61
勞	일할 로	61
爐	화로 로	152
露	이슬 로(:)	152
盧	성 로	394
蘆	갈대 로	394
魯	노나라·노둔할 로	394
鷺	해오라기·백로 로	394
綠	푸를 록	61
錄	기록할 록	153
祿	녹 록	153
鹿	사슴 록	153
論	논할 론	153
弄	희롱할 롱:	153
籠	대바구니 롱(:)	363
賴	의뢰할 뢰:	154
雷	우레 뢰	154
料	헤아릴 료(:)	61
了	마칠 료:	154
僚	동료 료	154
療	병고칠 료	363
遼	멀 료	394
龍	용 룡	154
樓	다락 루	155
漏	샐 루:	155
累	여러·자주 루:	155
屢	여러 루:	155
淚	눈물 루:	155
流	흐를 류	62
類	무리 류(:)	62
留	머무를 류	156
柳	버들 류(:)	156
硫	유황 류	363

2급 배정 한자

謬 그르칠 류 364	臨 임할 림 159	亡 망할 망 63
劉 죽일·묘금도 류 394	立 설 립 62	妄 망령될 망: 161
六 여섯 륙 62		忘 잊을 망 161
陸 뭍 륙 62	**ㅁ**	忙 바쁠 망 161
輪 바퀴 륜 156	馬 말 마: 62	罔 없을 망 161
倫 인륜 륜 156	磨 갈 마 159	茫 아득할 망 161
崙 산이름 륜 394	麻 삼 마(:) 159	網 그물 망 365
律 법칙 률 156	摩 문지를 마 364	每 매양 매(:) 63
栗 밤 률 157	痲 저릴 마 364	買 살 매: 63
率 비율 률/거느릴 솔 157	魔 마귀 마 364	賣 팔 매(:) 63
隆 높을 륭 157	幕 장막 막 159	妹 누이 매 162
陵 언덕 릉 157	漠 넓을 막 159	媒 중매 매 162
楞 네모질 릉 394	莫 없을 막 160	梅 매화 매 162
里 마을 리: 62	膜 꺼풀·막 막 364	埋 묻을 매 162
利 이할 리: 62	萬 일만 만: 62	枚 낱 매 365
理 다스릴 리: 62	滿 찰 만(:) 160	魅 매혹할 매 365
李 오얏·성 리: 62	晚 늦을 만: 160	脈 줄기 맥 162
離 떠날 리: 157	漫 흩어질 만: 160	麥 보리 맥 163
吏 벼슬아치·관리 리: 158	慢 거만할 만: 160	貊 맥국 맥 395
履 밟을 리: 158	娩 낳을 만 364	孟 맏 맹(:) 163
裏 속 리: 158	灣 물굽이 만 365	猛 사나울 맹: 163
梨 배 리 158	蠻 오랑캐 만 365	盲 소경·눈멀 맹 163
隣 이웃 린 158	末 끝 말 63	盟 맹세 맹 163
麟 기린 린 395	靺 말갈 말 395	覓 찾을 멱 395
林 수풀 림 62	望 바랄 망: 63	面 낯 면: 63

한자, 훈·음, 해당 페이지 순서입니다.

勉 힘쓸 면: ······ 164	某 아무 모: ······ 167	茂 무성할 무: ······ 170
眠 잘 면 ······ 164	帽 모자 모 ······ 366	貿 무역할 무: ······ 170
綿 솜 면 ······ 164	矛 창 모 ······ 366	戊 천간 무: ······ 170
免 면할 면: ······ 164	牟 성·보리 모 ······ 395	霧 안개 무: ······ 170
冕 면류관 면: ······ 395	茅 띠 모 ······ 395	墨 먹 묵 ······ 171
俛 힘쓸·구부릴 면: ······ 395	謨 꾀 모 ······ 395	默 잠잠할 묵 ······ 171
沔 물이름·빠질 면: ······ 395	木 나무 목 ······ 63	門 문 문 ······ 64
滅 꺼질·멸할 멸 ······ 164	目 눈 목 ······ 64	問 물을 문: ······ 64
蔑 업신여길 멸 ······ 365	牧 칠 목 ······ 167	文 글월 문 ······ 64
名 이름 명 ······ 63	睦 화목할 목 ······ 167	聞 들을 문(:) ······ 64
命 목숨 명: ······ 63	沐 머리감을 목 ······ 366	紋 무늬 문 ······ 171
明 밝을 명 ······ 63	穆 화목할 목 ······ 395	紊 어지러울·문란할 문 ······ 366
鳴 울 명 ······ 165	沒 빠질 몰 ······ 168	汶 물이름 문 ······ 396
銘 새길 명 ······ 165	夢 꿈 몽 ······ 168	物 물건 물 ······ 64
冥 어두울 명 ······ 165	蒙 어두울 몽 ······ 168	勿 말 물 ······ 171
母 어미 모: ······ 63	墓 무덤 묘: ······ 168	米 쌀 미 ······ 64
毛 터럭 모 ······ 165	妙 묘할 묘: ······ 168	美 아름다울 미(:) ······ 64
模 본뜰 모 ······ 165	卯 토끼 묘: ······ 169	味 맛 미: ······ 171
慕 그릴 모: ······ 166	廟 사당 묘: ······ 169	未 아닐 미(:) ······ 172
謀 꾀 모 ······ 166	苗 모 묘: ······ 169	微 작을 미 ······ 172
貌 모양 모 ······ 166	昴 별이름 묘: ······ 395	尾 꼬리 미: ······ 172
侮 업신여길 모(:) ······ 166	無 없을 무 ······ 64	眉 눈썹 미 ······ 172
冒 무릅쓸 모 ······ 166	務 힘쓸 무: ······ 169	迷 미혹할 미(:) ······ 172
募 모을·뽑을 모 ······ 167	武 호반 무: ······ 169	彌 미륵·오랠 미 ······ 396
暮 저물 모: ······ 167	舞 춤출 무: ······ 170	民 백성 민 ······ 64

2급 배정 한자

憫 민망할 민 ······ 173	叛 배반할 반: ······ 175	背 등 배: ······ 178
敏 민첩할 민 ······ 173	返 돌이킬 반: ······ 175	配 나눌·짝 배: ······ 178
旻 하늘 민 ······ 396	搬 옮길 반 ······ 366	培 북돋울 배: ······ 178
旼 화할 민 ······ 396	潘 성 반 ······ 396	排 밀칠 배 ······ 178
玟 아름다운돌 민 ······ 396	磻 반계 반·번 ······ 396	輩 무리 배: ······ 179
珉 옥돌 민 ······ 396	發 필 발 ······ 65	杯 잔 배 ······ 179
閔 성 민 ······ 396	髮 터럭 발 ······ 176	俳 배우 배 ······ 367
密 빽빽할 밀 ······ 173	拔 뽑을 발 ······ 176	賠 물어줄 배: ······ 367
蜜 꿀 밀 ······ 173	渤 바다이름 발 ······ 396	裵 성 배 ······ 397
	鉢 바리때 발 ······ 396	白 흰 백 ······ 65
ㅂ	方 모 방 ······ 65	百 일백 백 ······ 65
朴 성 박 ······ 64	放 놓을 방(:) ······ 65	伯 맏 백 ······ 179
博 넓을 박 ······ 173	房 방 방 ······ 176	柏 측백 백 ······ 367
拍 칠 박 ······ 174	訪 찾을 방: ······ 176	番 차례 번 ······ 65
薄 엷을 박 ······ 174	防 막을 방 ······ 176	繁 번성할 번 ······ 179
迫 핍박할 박 ······ 174	妨 방해할 방 ······ 177	煩 번거로울 번 ······ 179
泊 머무를·배댈 박 ······ 174	芳 꽃다울 방 ······ 177	飜 번역할 번 ······ 180
舶 배 박 ······ 366	倣 본뜰 방 ······ 177	伐 칠 벌 ······ 180
半 반 반: ······ 64	傍 곁 방: ······ 177	罰 벌할 벌 ······ 180
反 돌이킬·돌아올 반: ······ 65	邦 나라 방 ······ 177	閥 문벌 벌 ······ 367
班 나눌 반 ······ 65	紡 길쌈 방 ······ 367	筏 뗏목 벌 ······ 397
盤 소반 반 ······ 174	旁 곁 방: ······ 396	犯 범할 범: ······ 180
般 가지·일반 반 ······ 175	龐 높은집 방 ······ 397	範 법 범: ······ 180
飯 밥 반 ······ 175	倍 곱 배(:) ······ 65	凡 무릇 범(:) ······ 181
伴 짝 반: ······ 175	拜 절 배: ······ 178	汎 넓을 범: ······ 367

한자, 훈·음, 해당 페이지 순서입니다.

范	성 범:	397
法	법 법	65
壁	벽 벽	181
碧	푸를 벽	181
僻	궁벽할 벽	368
變	변할 변:	65
邊	가 변	181
辯	말씀 변:	181
辨	분별할 변:	182
卞	성 변:	397
弁	고깔 변:	397
別	다를·나눌 별	65
病	병 병:	66
兵	병사 병	66
丙	남녘 병:	182
屛	병풍 병(:)	182
竝	나란히 병:	182
倂	아우를 병:	368
昞	밝을 병:	397
昺	밝을 병:	397
柄	자루 병:	397
炳	불꽃 병:	397
秉	잡을 병:	397
保	지킬 보(:)	182
報	갚을·알릴 보:	183

寶	보배 보:	183
步	걸음 보:	183
普	넓을 보:	183
補	기울 보:	183
譜	족보 보:	184
潽	물이름 보:	397
甫	클 보:	398
輔	도울 보:	398
服	옷 복	66
福	복 복	66
復	회복할 복/다시 부:	184
伏	엎드릴 복	184
複	겹칠 복	184
腹	배 복	184
覆	덮을 부/다시 복	185
卜	점 복	185
馥	향기 복	398
本	근본 본	66
奉	받들 봉:	66
封	봉할 봉	185
峯	봉우리 봉	185
逢	만날 봉	185
鳳	봉새 봉:	186
蜂	벌 봉	186
俸	녹 봉:	368

縫	꿰맬 봉	368
蓬	쑥 봉	398
父	아비 부	66
夫	지아비 부	66
部	떼 부	66
副	버금 부:	186
婦	며느리 부	186
富	부자 부:	186
府	마을 부(:)	187
否	아닐 부:	187
負	질 부:	187
付	부칠 부:	187
扶	도울 부	187
浮	뜰 부	188
符	부호 부(:)	188
簿	문서 부:	188
腐	썩을 부:	188
賦	부세 부:	188
附	붙을 부(:)	189
赴	다다를·갈 부:	189
敷	펼 부(:)	368
膚	살갗 부	368
傅	스승 부:	398
釜	가마 부	398
阜	언덕 부:	398

27

2급 배정 한자

北 북녘 북/달아날 배: ⋯ 66	祕 숨길 비: ⋯ 192	仕 섬길 사(:) ⋯ 67
分 나눌 분(:) ⋯ 66	卑 낮을 비: ⋯ 192	史 사기 사: ⋯ 67
憤 분할 분: ⋯ 189	妃 왕비 비 ⋯ 193	士 선비 사: ⋯ 67
粉 가루 분(:) ⋯ 189	婢 계집종 비: ⋯ 193	寫 베낄 사 ⋯ 68
奔 달릴 분 ⋯ 189	肥 살찔 비: ⋯ 193	思 생각 사(:) ⋯ 68
奮 떨칠 분: ⋯ 190	匪 비적 비: ⋯ 369	查 조사할 사 ⋯ 68
紛 어지러울 분 ⋯ 190	丕 클 비 ⋯ 398	寺 절 사 ⋯ 194
墳 무덤 분 ⋯ 190	毖 삼갈 비 ⋯ 398	師 스승 사 ⋯ 194
芬 향기 분 ⋯ 398	毘 도울 비 ⋯ 398	舍 집 사 ⋯ 194
不 아닐 불 ⋯ 66	泌 분비할 비:/스며흐를 필 ⋯ 399	謝 사례할 사: ⋯ 195
佛 부처 불 ⋯ 190	貧 가난할 빈 ⋯ 193	射 쏠 사(:) ⋯ 195
拂 떨칠 불 ⋯ 190	賓 손 빈 ⋯ 193	私 사사 사 ⋯ 195
弗 아닐·말 불 ⋯ 369	頻 자주 빈 ⋯ 194	絲 실 사 ⋯ 195
崩 무너질 붕 ⋯ 191	彬 빛날 빈 ⋯ 399	辭 말씀 사 ⋯ 195
朋 벗 붕 ⋯ 191	氷 얼음 빙 ⋯ 67	司 맡을 사 ⋯ 196
鵬 새 붕 ⋯ 398	聘 부를 빙 ⋯ 194	斜 비낄 사 ⋯ 196
比 견줄 비: ⋯ 67	馮 탈 빙/성 풍 ⋯ 399	沙 모래 사 ⋯ 196
費 쓸 비: ⋯ 67		祀 제사 사 ⋯ 196
鼻 코 비: ⋯ 67	**人**	蛇 긴뱀 사 ⋯ 196
備 갖출 비: ⋯ 191	四 넉 사: ⋯ 67	詞 말·글 사 ⋯ 197
悲 슬플 비: ⋯ 191	事 일 사: ⋯ 67	邪 간사할 사 ⋯ 197
非 아닐 비(:) ⋯ 191	社 모일 사 ⋯ 67	似 닮을 사: ⋯ 197
飛 날 비 ⋯ 192	使 하여금·부릴 사: ⋯ 67	捨 버릴 사: ⋯ 197
批 비평할 비: ⋯ 192	死 죽을 사: ⋯ 67	巳 뱀 사: ⋯ 197
碑 비석 비 ⋯ 192		斯 이 사 ⋯ 198

한자, 훈·음, 해당 페이지 순서입니다.

詐	속일 사	198
賜	줄 사:	198
唆	부추길 사	369
赦	용서할 사:	369
飼	기를 사	369
泗	물이름 사:	399
削	깎을 삭	198
朔	초하루 삭	198
山	메 산	68
算	셈 산:	68
産	낳을 산:	68
散	흩을 산:	199
傘	우산 산	369
酸	실 산	370
殺	죽일 살/감할·빼를 쇄:	199
三	석 삼	68
森	수풀 삼	199
蔘	삼 삼	370
插	꽂을 삽	370
上	윗 상:	68
商	장사 상	68
相	서로 상	68
賞	상줄 상	68
常	떳떳할 상	199

床	상 상	199
想	생각 상:	200
狀	형상 상/문서 장:	200
傷	다칠 상	200
象	코끼리 상	200
像	모양 상	200
償	갚을 상	201
喪	잃을 상(:)	201
尙	오히려 상(:)	201
桑	뽕나무 상	201
裳	치마 상	201
詳	자세할 상	202
霜	서리 상	202
嘗	맛볼 상	202
祥	상서 상	202
箱	상자 상	370
庠	학교 상	399
色	빛 색	68
索	찾을 색/노(새끼줄) 삭	202
塞	막힐 색/변방 새	203
生	날 생	69
西	서녘 서	69
書	글 서	69
序	차례 서:	69

徐	천천할 서(:)	203
恕	용서할 서:	203
緖	실마리 서:	203
署	마을 서:	203
庶	여러 서:	204
敍	펼 서:	204
暑	더울 서:	204
逝	갈 서:	204
誓	맹세할 서:	204
瑞	상서 서:	370
舒	펼 서:	399
夕	저녁 석	69
席	자리 석	69
石	돌 석	69
惜	아낄 석	205
釋	풀 석	205
析	쪼갤 석	205
昔	예 석	205
碩	클 석	370
奭	클·쌍백 석	399
晳	밝을 석	399
錫	주석 석	399
先	먼저 선	69
線	줄 선	69
仙	신선 선	69

2급 배정 한자

鮮 고울 선 ········· 69	姓 성 성: ········· 70	燒 사를 소(:) ········· 209
善 착할 선: ········· 69	成 이룰 성 ········· 70	疏 소통할 소 ········· 209
船 배 선 ········· 70	省 살필 성/덜 생 ········· 70	蘇 되살아날 소 ········· 210
選 가릴 선: ········· 70	性 성품 성: ········· 70	訴 호소할 소 ········· 210
宣 베풀 선 ········· 205	城 재 성 ········· 207	召 부를 소 ········· 210
旋 돌 선 ········· 206	星 별 성 ········· 207	昭 밝을 소 ········· 210
禪 선 선 ········· 206	盛 성할 성: ········· 207	蔬 나물 소 ········· 210
繕 기울 선: ········· 371	聖 성인 성: ········· 207	騷 떠들 소 ········· 211
瑄 도리옥 선 ········· 399	聲 소리 성 ········· 208	紹 이을 소 ········· 371
璇 옥 선 ········· 399	誠 정성 성 ········· 208	巢 새집 소 ········· 400
璿 구슬 선 ········· 399	晟 밝을 성 ········· 400	沼 못 소 ········· 400
雪 눈 설 ········· 70	世 인간 세: ········· 70	邵 땅이름·성 소 ········· 400
說 말씀 설/달랠 세: ········· 70	歲 해 세: ········· 70	速 빠를 속 ········· 71
設 베풀 설 ········· 206	洗 씻을 세: ········· 70	束 묶을 속 ········· 71
舌 혀 설 ········· 206	勢 형세 세: ········· 208	俗 풍속 속 ········· 211
卨 사람이름 설 ········· 400	稅 세금 세: ········· 208	續 이을 속 ········· 211
薛 성 설 ········· 400	細 가늘 세: ········· 208	屬 붙일 속 ········· 211
纖 가늘 섬 ········· 371	貰 세놓을 세: ········· 371	粟 조 속 ········· 211
暹 햇살치밀·나라이름 섬 ········· 400	小 작을 소: ········· 70	孫 손자 손(:) ········· 71
陝 땅이름 섬 ········· 400	少 적을 소: ········· 71	損 덜 손: ········· 212
蟾 두꺼비 섬 ········· 400	所 바 소: ········· 71	送 보낼 송: ········· 212
攝 다스릴·잡을 섭 ········· 206	消 사라질 소 ········· 71	松 소나무 송 ········· 212
涉 건널 섭 ········· 207	掃 쓸 소(:) ········· 209	頌 기릴·칭송할 송: ········· 212
燮 불꽃 섭 ········· 400	笑 웃음 소: ········· 209	訟 송사할 송: ········· 212
	素 본디·흴 소(:) ········· 209	誦 욀 송: ········· 213

한자, 훈·음, 해당 페이지 순서입니다.

宋	성 송:	400
刷	인쇄할 쇄:	213
鎖	쇠사슬 쇄:	213
衰	쇠할 쇠	213
水	물 수	71
手	손 수(:)	71
數	셈 수:	71
樹	나무 수	71
首	머리 수	71
修	닦을 수	213
受	받을 수(:)	214
守	지킬 수	214
授	줄 수	214
收	거둘 수	214
秀	빼어날 수	214
壽	목숨 수	215
帥	장수 수	215
垂	드리울 수	215
愁	근심 수	215
殊	다를 수	215
獸	짐승 수	216
輸	보낼 수	216
隨	따를 수	216
需	쓰일·쓸 수	216
囚	가둘 수	216

搜	찾을 수	217
睡	졸음 수	217
遂	드디어 수	217
誰	누구 수	217
雖	비록 수	217
須	모름지기 수	218
洙	물가 수	400
銖	저울눈 수	401
隋	수나라 수	401
宿	잘 숙/별자리 수:	71
叔	아재비 숙	218
肅	엄숙할 숙	218
淑	맑을 숙	218
熟	익을 숙	218
孰	누구 숙	219
順	순할 순:	72
純	순수할 순	219
巡	돌·순행할 순	219
旬	열흘 순	219
瞬	눈깜짝일 순	219
循	돌 순	220
殉	따라죽을 순	220
脣	입술 순	220
盾	방패 순	371
洵	참으로 순	401

淳	순박할 순	401
珣	옥이름 순	401
舜	순임금 순	401
荀	풀이름 순	401
術	재주 술	72
述	펼 술	220
戌	개 술	220
崇	높을 숭	221
瑟	큰거문고 슬	401
習	익힐 습	72
拾	주울 습/열 십	221
濕	젖을 습	221
襲	엄습할 습	221
勝	이길 승	72
承	이을 승	221
乘	탈 승	222
僧	중 승	222
昇	오를 승	222
升	되 승	371
繩	노끈 승	401
市	저자 시:	72
時	때 시	72
始	비로소 시:	72
示	보일 시:	72
施	베풀 시:	222

2급 배정 한자

是	이·옳을 시:	222
視	볼 시:	223
試	시험 시(:)	223
詩	시 시	223
侍	모실 시:	223
矢	화살 시:	223
屍	주검 시:	372
柴	섶 시:	401
食	밥·먹을 식	72
植	심을 식	72
式	법 식	72
識	알 식/기록할 지	72
息	쉴 식	224
飾	꾸밀 식	224
殖	불릴 식	372
湜	물맑을 식	401
軾	수레가로나무 식	401
信	믿을 신:	73
新	새 신	73
神	귀신 신	73
身	몸 신	73
臣	신하 신	73
申	납 신	224
愼	삼갈 신:	224
伸	펼 신	224

晨	새벽 신	225
辛	매울 신	225
紳	띠 신:	372
腎	콩팥 신:	372
室	집 실	73
失	잃을 실	73
實	열매 실	73
心	마음 심	73
深	깊을 심	225
審	살필 심(:)	225
甚	심할 심:	225
尋	찾을 심	226
瀋	즙낼·물이름 심:	402
十	열 십	73
雙	두·쌍 쌍	226
氏	각시·성씨 씨	226

ㅇ

兒	아이 아	73
亞	버금 아(:)	226
我	나 아:	226
餓	주릴 아:	227
牙	어금니 아	227
芽	싹 아	227
雅	맑을 아(:)	227

阿	언덕 아	227
惡	악할 악/미워할 오	73
岳	큰산 악	228
握	쥘 악	372
安	편안 안	74
案	책상 안:	74
眼	눈 안:	228
岸	언덕 안:	228
顔	낯 안:	228
雁	기러기 안:	228
謁	뵐 알	229
閼	막을 알	402
暗	어두울 암:	229
巖	바위 암	229
癌	암 암:	372
壓	누를 압	229
押	누를 압	229
鴨	오리 압	402
仰	우러를 앙:	230
央	가운데 앙	230
殃	재앙 앙	230
愛	사랑 애(:)	74
哀	슬플 애	230
涯	물가 애	230
礙	거리낄 애:	373

한자, 훈·음, 해당 페이지 순서입니다.

埃	티끌 애	402
艾	쑥 애	402
液	진 액	231
額	이마 액	231
厄	액 액	231
夜	밤 야:	74
野	들 야:	74
也	이끼·어조사 야:	231
耶	어조사 야	231
惹	이끌 야:	373
倻	가야 야	402
弱	약할 약	74
藥	약 약	74
約	맺을 약	74
若	같을 약/반야 야	232
躍	뛸 약	232
洋	큰바다 양	74
陽	볕 양	74
養	기를 양:	74
羊	양 양	232
樣	모양 양	232
壤	흙덩이 양:	232
揚	날릴 양	233
讓	사양할 양:	233
楊	버들 양	233

孃	아가씨 양	373
襄	도울 양(:)	402
語	말씀 어:	74
漁	고기잡을 어	75
魚	고기·물고기 어	75
御	거느릴 어:	233
於	어조사 어/탄식할 오	233
億	억 억	75
憶	생각할 억	234
抑	누를 억	234
言	말씀 언	75
焉	어찌 언	234
彦	선비 언:	402
嚴	엄할 엄	234
業	업 업	75
如	같을 여	234
餘	남을 여	235
與	더불·줄 여:	235
予	나 여	235
余	나 여	235
汝	너 여:	235
輿	수레 여:	236
逆	거스릴 역	236
域	지경 역	236

易	바꿀 역/쉬울 이:	236
亦	또 역	236
役	부릴 역	237
疫	전염병 역	237
譯	번역할 역	237
驛	역 역	237
然	그럴 연	75
演	펼 연:	237
煙	연기 연	238
硏	갈 연:	238
延	늘일 연	238
燃	탈 연	238
緣	인연 연	238
鉛	납 연	239
宴	잔치 연:	239
沿	물따라갈·따를 연(:)	239
燕	제비 연(:)	239
軟	연할 연:	239
硯	벼루 연:	373
姸	고울 연:	402
淵	못 연	402
衍	넓을 연:	402
熱	더울 열	75
悅	기쁠 열	240

33

2급 배정 한자

閱 볼 열 ······ 240	睿 슬기 예: ······ 403	甕 독 옹: ······ 403
染 물들 염: ······ 240	濊 종족이름 예: ······ 403	邕 막힐 옹 ······ 404
炎 불꽃 염 ······ 240	芮 성 예: ······ 403	雍 화할 옹 ······ 404
鹽 소금 염 ······ 240	五 다섯 오: ······ 75	瓦 기와 와: ······ 245
厭 싫어할 염: ······ 373	午 낮 오: ······ 75	臥 누울 와: ······ 245
閻 마을 염 ······ 402	誤 그르칠 오: ······ 243	完 완전할 완 ······ 76
葉 잎 엽 ······ 75	悟 깨달을 오: ······ 243	緩 느릴 완: ······ 246
燁 빛날 엽 ······ 403	烏 까마귀 오 ······ 243	莞 빙그레할 완/왕골 관 ······ 404
永 길 영: ······ 75	傲 거만할 오: ······ 243	
英 꽃부리 영 ······ 75	吾 나 오 ······ 244	曰 가로 왈 ······ 246
榮 영화 영 ······ 241	嗚 슬플 오 ······ 244	王 임금 왕 ······ 76
映 비칠 영(:) ······ 241	娛 즐길 오: ······ 244	往 갈 왕: ······ 246
營 경영할 영 ······ 241	污 더러울 오: ······ 244	旺 왕성할 왕: ······ 404
迎 맞을 영 ······ 241	梧 오동나무 오(:) ······ 374	汪 넓을 왕(:) ······ 404
影 그림자 영: ······ 241	吳 성 오 ······ 403	歪 기울 왜·외 ······ 374
泳 헤엄칠 영: ······ 242	墺 물가 오: ······ 403	倭 왜나라 왜 ······ 404
詠 읊을 영: ······ 242	屋 집 옥 ······ 76	外 바깥 외: ······ 76
暎 비칠 영: ······ 403	玉 구슬 옥 ······ 244	畏 두려워할 외: ······ 246
瑛 옥빛 영 ······ 403	獄 옥 옥 ······ 245	要 요긴할 요(:) ······ 76
盈 찰 영 ······ 403	沃 기름질 옥 ······ 403	曜 빛날 요: ······ 76
藝 재주 예: ······ 242	鈺 보배 옥 ······ 403	謠 노래 요 ······ 246
豫 미리 예: ······ 242	溫 따뜻할 온 ······ 76	搖 흔들 요 ······ 247
譽 기릴·명예 예: ······ 242	穩 편안할 온 ······ 374	腰 허리 요 ······ 247
銳 날카로울 예: ······ 243	擁 낄 옹: ······ 245	遙 멀 요 ······ 247
預 맡길·미리 예: ······ 373	翁 늙은이 옹 ······ 245	妖 요사할 요 ······ 374

한자, 훈·음, 해당 페이지 순서입니다.

堯 요임금 요 ······ 404	宇 집 우: ······ 249	遠 멀 원: ······ 77
姚 예쁠 요 ······ 404	愚 어리석을 우 ······ 249	元 으뜸 원 ······ 77
耀 빛날 요 ······ 404	憂 근심 우 ······ 249	原 언덕 원 ······ 77
浴 목욕할 욕 ······ 76	羽 깃 우: ······ 250	院 집 원 ······ 77
欲 하고자할 욕 ······ 247	于 어조사 우 ······ 250	願 원할 원: ······ 77
慾 욕심 욕 ······ 247	又 또 우: ······ 250	員 인원 원 ······ 251
辱 욕될 욕 ······ 248	尤 더욱 우 ······ 250	圓 둥글 원 ······ 251
勇 날랠 용: ······ 76	佑 도울 우: ······ 405	怨 원망할 원(:) ······ 251
用 쓸 용: ······ 76	祐 복 우: ······ 405	援 도울 원: ······ 251
容 얼굴 용 ······ 248	禹 성 우(:) ······ 405	源 근원 원 ······ 252
庸 떳떳할 용 ······ 248	旭 아침해 욱 ······ 405	苑 나라동산 원: ······ 375
傭 품팔 용 ······ 374	昱 햇빛밝을 욱 ······ 405	媛 계집 원 ······ 406
熔 녹을 용 ······ 374	煜 빛날 욱 ······ 405	瑗 구슬 원 ······ 406
溶 녹을 용 ······ 404	郁 성할 욱 ······ 405	袁 성 원 ······ 406
瑢 패옥소리 용 ······ 404	頊 삼갈 욱 ······ 405	月 달 월 ······ 77
鎔 쇠녹일 용 ······ 404	運 옮길 운: ······ 77	越 넘을 월 ······ 252
鏞 쇠북 용 ······ 405	雲 구름 운 ······ 77	偉 클 위 ······ 78
右 오를·오른(쪽) 우: ······ 76	韻 운 운: ······ 250	位 자리 위 ······ 78
友 벗 우: ······ 76	云 이를 운 ······ 251	爲 하·할 위(:) ······ 252
雨 비 우: ······ 77	芸 향풀 운 ······ 405	衛 지킬 위 ······ 252
牛 소 우 ······ 77	鬱 답답할 울 ······ 375	危 위태할 위 ······ 252
優 넉넉할 우 ······ 248	蔚 고을이름 울 ······ 405	圍 에워쌀 위 ······ 253
遇 만날 우: ······ 248	雄 수컷 웅 ······ 77	委 맡길 위 ······ 253
郵 우편 우 ······ 249	熊 곰 웅 ······ 405	威 위엄 위 ······ 253
偶 짝 우: ······ 249	園 동산 원 ······ 77	慰 위로할 위 ······ 253

35

2급 배정 한자

僞 거짓 위 ······ 253	惟 생각할 유 ······ 257	陰 그늘 음 ······ 259
胃 밥통 위 ······ 254	愈 나을 유 ······ 257	淫 음란할 음 ······ 259
謂 이를 위 ······ 254	酉 닭 유 ······ 257	吟 읊을 음 ······ 259
違 어긋날 위 ······ 254	兪 대답할·인월도 유 ······ 406	邑 고을 읍 ······ 78
緯 씨 위 ······ 254	庾 곳집·노적가리 유 ······ 406	泣 울 읍 ······ 259
尉 벼슬 위 ······ 375	楡 느릅나무 유 ······ 406	應 응할 응: ······ 260
渭 물이름 위 ······ 406	踰 넘을 유 ······ 406	凝 엉길 응: ······ 260
韋 가죽 위 ······ 406	育 기를 육 ······ 78	鷹 매 응(:) ······ 407
魏 성 위 ······ 406	肉 고기 육 ······ 258	意 뜻 의: ······ 78
有 있을 유: ······ 78	潤 불을 윤: ······ 258	衣 옷 의 ······ 78
油 기름 유 ······ 78	閏 윤달 윤: ······ 258	醫 의원 의 ······ 79
由 말미암을 유 ······ 78	允 맏 윤: ······ 406	義 옳을 의: ······ 260
乳 젖 유 ······ 254	尹 성 윤: ······ 406	議 의논할 의(:) ······ 260
儒 선비 유 ······ 255	胤 자손 윤 ······ 407	依 의지할 의 ······ 260
遊 놀 유 ······ 255	鈗 창 윤 ······ 407	儀 거동 의 ······ 261
遺 남길 유 ······ 255	融 녹을 융 ······ 375	疑 의심할 의 ······ 261
幼 어릴 유 ······ 255	銀 은 은 ······ 78	宜 마땅 의 ······ 261
幽 그윽할 유 ······ 255	恩 은혜 은 ······ 258	矣 어조사 의 ······ 261
悠 멀 유 ······ 256	隱 숨을 은 ······ 258	二 두 이: ······ 79
猶 오히려 유 ······ 256	垠 지경 은 ······ 407	以 써 이: ······ 79
柔 부드러울 유 ······ 256	殷 은나라 은 ······ 407	耳 귀 이: ······ 79
維 벼리 유 ······ 256	誾 향기 은 ······ 407	移 옮길 이 ······ 261
裕 넉넉할 유: ······ 256	乙 새 을 ······ 259	異 다를 이: ······ 262
誘 꾈 유 ······ 257	音 소리 음 ······ 78	已 이미 이: ······ 262
唯 오직 유 ······ 257	飮 마실 음(:) ······ 78	夷 오랑캐 이 ······ 262

한자, 훈·음, 해당 페이지 순서입니다.

而	말이을 이	262
貳	두·갖은 두 이:	375
伊	저 이	407
怡	기쁠 이	407
珥	귀고리 이:	407
益	더할 익	262
翼	날개 익	263
翊	도울 익	407
人	사람 인	79
因	인할 인	79
印	도장 인	263
引	끌 인	263
認	알 인	263
仁	어질 인	263
忍	참을 인	264
姻	혼인 인	264
寅	범·동방 인	264
刃	칼날 인:	375
一	한 일	79
日	날 일	79
逸	편안할 일	264
壹	한·갖은 한 일	376
佾	줄춤 일	407
鎰	무게이름 일	407
任	맡길 임(:)	79

壬	북방 임:	264
賃	품삯 임:	265
妊	아이밸 임:	376
入	들 입	79

ㅈ

子	아들 자	79
自	스스로 자	79
字	글자 자	80
者	놈 자	80
姿	모양 자:	265
資	재물 자	265
姉	손윗누이 자	265
慈	사랑 자	265
刺	찌를 자/찌를 척	266
紫	자줏빛 자	266
恣	마음대로·방자할 자:	266
玆	이 자	266
磁	자석 자	376
諮	물을 자:	376
雌	암컷 자	376
滋	불을 자	408
作	지을 작	80
昨	어제 작	80

爵	벼슬 작	266
酌	술부을·잔질할 작	267
殘	남을 잔	267
暫	잠깐 잠(:)	267
潛	잠길 잠	267
蠶	누에 잠	376
雜	섞일 잡	267
長	긴 장(:)	80
場	마당 장	80
章	글 장	80
將	장수 장(:)	268
障	막을 장	268
壯	장할 장:	268
帳	장막 장	268
張	베풀 장	268
奬	장려할 장(:)	269
腸	창자 장	269
裝	꾸밀 장	269
丈	어른 장:	269
掌	손바닥 장:	269
粧	단장할 장	270
臟	오장 장:	270
莊	씩씩할 장	270
葬	장사지낼 장:	270
藏	감출 장:	270

2급 배정 한자

| 墻 담 장 … 271
| 庄 전장 장 … 408
| 獐 노루 장 … 408
| 璋 홀 장 … 408
| 蔣 성 장 … 408
| 才 재주 재 … 80
| 在 있을 재: … 80
| 材 재목 재 … 80
| 財 재물 재 … 80
| 再 두 재: … 80
| 災 재앙 재 … 81
| 栽 심을 재: … 271
| 裁 옷마를 재 … 271
| 載 실을 재: … 271
| 哉 어조사 재 … 271
| 宰 재상 재: … 272
| 爭 다툴 쟁 … 81
| 貯 쌓을 저: … 81
| 低 낮을 저: … 272
| 底 밑 저: … 272
| 抵 막을 저: … 272
| 著 나타날 저: … 272
| 沮 막을 저: … 377
| 的 과녁 적 … 81
| 赤 붉을 적 … 81

| 敵 대적할 적 … 273
| 積 쌓을 적 … 273
| 籍 문서 적 … 273
| 績 길쌈 적 … 273
| 適 맞을 적 … 273
| 賊 도둑 적 … 274
| 寂 고요할 적 … 274
| 摘 딸 적 … 274
| 跡 발자취 적 … 274
| 笛 피리 적 … 274
| 蹟 자취 적 … 275
| 滴 물방울 적 … 275
| 全 온전 전 … 81
| 前 앞 전 … 81
| 電 번개 전: … 81
| 戰 싸움 전: … 81
| 傳 전할 전 … 81
| 典 법 전: … 81
| 展 펼 전: … 81
| 田 밭 전 … 275
| 專 오로지 전 … 275
| 轉 구를 전: … 275
| 錢 돈 전: … 276
| 殿 전각 전: … 276
| 甸 경기 전 … 408

| 切 끊을 절/온통 체 … 82
| 節 마디 절 … 82
| 絶 끊을 절 … 276
| 折 꺾을 절 … 276
| 竊 훔칠 절 … 276
| 店 가게 점: … 82
| 占 점령할 점:/점칠 점 … 277
| 點 점 점(:) … 277
| 漸 점점 점: … 277
| 接 이을 접 … 277
| 蝶 나비 접 … 277
| 正 바를 정(:) … 82
| 庭 뜰 정 … 82
| 定 정할 정: … 82
| 情 뜻 정 … 82
| 停 머무를 정 … 82
| 政 정사 정 … 278
| 程 한도·길 정 … 278
| 精 정할 정 … 278
| 丁 고무래·장정 정 … 278
| 整 가지런할 정: … 278
| 靜 고요할 정 … 279
| 井 우물 정(:) … 279
| 亭 정자 정 … 279
| 廷 조정 정 … 279

한자, 훈·음, 해당 페이지 순서입니다.

征	칠 정	279
淨	깨끗할 정	280
貞	곧을 정	280
頂	정수리 정	280
訂	바로잡을 정	280
偵	염탐할 정	377
呈	드릴 정	377
艇	배 정	377
楨	광나무 정	408
汀	물가 정	408
旌	기 정	408
晶	맑을 정	408
珽	옥이름 정	408
禎	상서로울 정	408
鄭	나라 정:	409
鼎	솥 정:	409
弟	아우 제:	82
第	차례 제:	82
題	제목 제	82
制	절제할 제:	280
提	끌 제	281
濟	건널 제:	281
祭	제사 제:	281
製	지을 제:	281
除	덜 제	281

際	즈음·가 제:	282
帝	임금 제:	282
諸	모두 제	282
齊	가지런할 제	282
堤	둑 제	282
劑	약제 제	377
祖	할아비 조	82
朝	아침 조	83
調	고를 조	83
操	잡을 조(:)	83
助	도울 조:	283
早	이를 조:	283
造	지을 조:	283
鳥	새 조	283
條	가지 조	283
潮	밀물·조수 조	284
組	짤 조	284
兆	억조 조	284
照	비칠 조:	284
租	조세 조	284
弔	조상할 조:	285
燥	마를 조	285
彫	새길 조	377
措	둘 조	378
釣	낚을·낚시 조:	378

曹	성 조	409
祚	복 조	409
趙	나라 조:	409
足	발 족	83
族	겨레 족	83
尊	높을 존	285
存	있을 존	285
卒	마칠 졸	83
拙	졸할 졸	285
種	씨 종(:)	83
終	마칠 종	83
宗	마루 종	286
從	좇을 종(:)	286
鍾	쇠북 종	286
縱	세로 종	286
綜	모을 종	378
琮	옥홀 종	409
左	왼 좌:	83
座	자리 좌:	286
坐	앉을 좌:	287
佐	도울 좌:	287
罪	허물 죄:	83
主	임금·주인 주	83
住	살 주:	83
注	부을 주:	84

2급 배정 한자

畫	낮 주	84
州	고을 주	84
週	주일 주	84
走	달릴 주	287
周	두루 주	287
朱	붉을 주	287
酒	술 주(:)	288
宙	집 주:	288
奏	아뢸 주(:)	288
柱	기둥 주	288
株	그루 주	288
洲	물가 주	289
珠	구슬 주	289
鑄	쇠불릴 주	289
舟	배 주	289
駐	머무를 주:	378
疇	이랑 주	409
竹	대 죽	289
準	준할 준:	290
俊	준걸 준:	290
遵	좇을 준:	290
准	비준 준:	378
埈	높을 준:	409
峻	높을·준엄할 준:	409
晙	밝을 준:	409

浚	깊게할 준:	409
濬	깊을 준:	409
駿	준마 준:	410
中	가운데 중	84
重	무거울 중:	84
衆	무리 중:	290
仲	버금 중(:)	290
卽	곧 즉	291
增	더할 증	291
證	증거 증	291
憎	미울 증	291
曾	일찍 증	291
症	증세 증(:)	292
蒸	찔 증	292
贈	줄 증	292
地	땅 지	84
紙	종이 지	84
知	알 지	84
止	그칠 지	84
志	뜻 지	292
指	가리킬 지	292
支	지탱할 지	293
至	이를 지	293
持	가질 지	293
智	슬기·지혜 지	293

誌	기록할 지	293
之	갈 지	294
池	못 지	294
枝	가지 지	294
只	다만 지	294
遲	더딜·늦을 지	294
旨	뜻 지	378
脂	기름 지	379
址	터 지	410
芝	지초 지	410
直	곧을 직	84
職	직분 직	295
織	짤 직	295
稙	올벼 직	410
稷	피 직	410
眞	참 진	295
進	나아갈 진:	295
珍	보배 진	295
盡	다할 진:	296
陣	진칠 진	296
振	떨칠 진:	296
辰	별 진/때 신	296
鎭	진압할 진(:)	296
陳	베풀 진/묵을 진	297
震	우레 진:	297

한자, 훈·음, 해당 페이지 순서입니다.

塵	티끌 진	379
津	나루 진(:)	379
診	진찰할 진	379
晉	진나라 진:	410
秦	성 진	410
質	바탕 질	84
疾	병 질	297
秩	차례 질	297
姪	조카 질	297
窒	막힐 질	379
集	모을 집	85
執	잡을 집	298
輯	모을 집	379
徵	부를 징	298
懲	징계할 징	298

ㅊ

次	버금 차	298
差	다를 차	298
借	빌·빌릴 차:	299
此	이 차	299
且	또 차:	299
遮	가릴 차(:)	380
着	붙을 착	85
錯	어긋날 착	299
捉	잡을 착	299
讚	기릴 찬:	300
贊	도울 찬:	300
餐	밥 찬	380
燦	빛날 찬:	410
璨	옥빛 찬:	410
瓚	옥잔 찬	410
鑽	뚫을 찬	410
察	살필 찰	300
刹	절 찰	380
札	편지 찰	380
參	참여할 참/석 삼	85
慘	참혹할 참	300
慙	부끄러울 참	300
斬	벨 참(:)	380
窓	창 창	85
唱	부를 창:	85
創	비롯할 창:	301
倉	곳집 창(:)	301
昌	창성할 창(:)	301
蒼	푸를 창	301
暢	화창할 창:	301
彰	드러날 창	380
滄	큰바다 창	381
敞	시원할 창	410
昶	해길 창:	411
採	캘 채:	302
債	빚 채:	302
彩	채색 채:	302
菜	나물 채:	302
埰	사패지 채:	411
蔡	성 채:	411
采	풍채 채:	411
責	꾸짖을 책	85
冊	책 책	302
策	꾀 책	303
處	곳 처:	303
妻	아내 처	303
悽	슬퍼할 처:	381
尺	자 척	303
戚	친척 척	303
拓	넓힐 척/박을 탁	304
斥	물리칠 척	304
隻	외짝 척	381
陟	오를 척	411
千	일천 천	85
天	하늘 천	85
川	내 천	85
泉	샘 천	304
淺	얕을 천:	304

2급 배정 한자

賤	천할 천:	304
踐	밟을 천:	305
遷	옮길 천:	305
薦	천거할 천:	305
釧	팔찌 천	411
鐵	쇠 철	85
哲	밝을 철	305
徹	통할 철	305
撤	거둘 철	381
喆	밝을·쌍길 철	411
澈	맑을 철	411
尖	뾰족할 첨	306
添	더할 첨	306
瞻	볼 첨	411
妾	첩 첩	306
諜	염탐할 첩	381
靑	푸를 청	85
淸	맑을 청	85
請	청할 청	306
廳	관청 청	306
聽	들을 청	307
晴	갤 청	307
體	몸 체	86
滯	막힐 체	307
替	바꿀 체	307

逮	잡을 체	307
遞	갈릴 체	308
締	맺을 체	381
草	풀 초	86
初	처음 초	86
招	부를 초	308
礎	주춧돌 초	308
肖	닮을·같을 초	308
超	뛰어넘을 초	308
抄	뽑을 초	309
秒	분초 초	309
哨	망볼 초	382
焦	탈 초	382
楚	초나라 초	411
促	재촉할 촉	309
觸	닿을 촉	309
燭	촛불 촉	309
蜀	나라이름 촉	411
寸	마디 촌:	86
村	마을 촌:	86
銃	총 총	310
總	다 총:	310
聰	귀밝을 총	310
最	가장 최:	86
催	재촉할 최:	310

崔	성·높을 최	411
秋	가을 추	86
推	밀 추	310
追	쫓을·따를 추	311
抽	뽑을 추	311
醜	추할 추	311
趨	달아날 추	382
楸	가래 추	412
鄒	추나라 추	412
祝	빌 축	86
築	쌓을 축	311
蓄	모을 축	311
縮	줄일 축	312
畜	짐승 축	312
丑	소 축	312
逐	쫓을 축	312
蹴	찰 축	382
軸	굴대 축	382
春	봄 춘	86
椿	참죽나무 춘	412
出	날 출	86
充	채울 충	86
忠	충성 충	312
蟲	벌레 충	313
衝	찌를 충	313

한자, 훈·음, 해당 페이지 순서입니다.

衷	속마음 충	382
沖	화할 충	412
取	가질 취:	313
就	나아갈 취:	313
趣	뜻 취:	313
吹	불 취:	314
醉	취할 취:	314
臭	냄새 취:	314
炊	불땔 취:	383
聚	모을 취:	412
測	헤아릴 측	314
側	곁 측	314
層	층 층	315
致	이를 치:	86
治	다스릴 치	315
置	둘 치:	315
齒	이 치	315
値	값 치	315
恥	부끄러울 치	316
稚	어릴 치	316
峙	언덕 치	412
雉	꿩 치	412
則	법칙 칙/곧 즉	87
親	친할 친	87
七	일곱 칠	87

漆	옻 칠	316
侵	침노할 침	316
寢	잘 침:	316
針	바늘 침(:)	317
沈	잠길 침(:)/성 심:	317
浸	잠길 침:	317
枕	베개 침:	317
稱	일컬을 칭	317

ㅋ

| 快 | 쾌할 쾌 | 318 |

ㅌ

他	다를 타	87
打	칠 타:	87
墮	떨어질 타:	318
妥	온당할 타:	318
卓	높을 탁	87
托	맡길 탁	318
濁	흐릴 탁	318
濯	씻을 탁	319
琢	다듬을 탁	383
託	부탁할 탁	383
炭	숯 탄:	87
彈	탄알 탄:	319

歎	탄식할 탄:	319
誕	낳을·거짓 탄:	319
灘	여울 탄	412
脫	벗을 탈	319
奪	빼앗을 탈	320
探	찾을 탐	320
貪	탐낼 탐	320
耽	즐길 탐	412
塔	탑 탑	320
湯	끓을 탕:	320
太	클 태	87
態	모습 태:	321
殆	거의 태	321
泰	클 태	321
怠	게으를 태	321
胎	아이밸 태	383
颱	태풍 태	383
兌	바꿀·기쁠 태	412
台	별 태	412
宅	집 택	87
擇	가릴 택	321
澤	못 택	322
土	흙 토	87
討	칠 토(:)	322
兎	토끼 토	322

2급 배정 한자

吐 토할 토(:) ············ 322	敗 패할 패: ············ 88	浦 개 포 ············ 329
通 통할 통 ············ 87	貝 조개 패: ············ 326	捕 잡을 포: ············ 329
統 거느릴 통: ············ 322	霸 으뜸 패: ············ 383	抱 안을 포: ············ 329
痛 아플 통: ············ 323	彭 성 팽 ············ 413	飽 배부를 포: ············ 330
退 물러날 퇴: ············ 323	便 편할 편(:)/똥오줌 변 ············ 88	怖 두려워할 포 ············ 384
投 던질 투 ············ 323	篇 책 편 ············ 326	抛 던질 포 ············ 384
鬪 싸움 투 ············ 323	偏 치우칠 편 ············ 326	鋪 펼·가게 포 ············ 384
透 사무칠 투 ············ 323	片 조각 편(:) ············ 326	葡 포도 포 ············ 413
特 특별할 특 ············ 87	編 엮을 편 ············ 326	鮑 절인물고기 포: ············ 413
	遍 두루 편 ············ 327	暴 사나울 폭/모질 포: ············ 330
ㅍ	扁 작을 편 ············ 413	爆 불터질 폭 ············ 330
波 물결 파 ············ 324	平 평평할 평 ············ 88	幅 폭 폭 ············ 330
破 깨뜨릴 파: ············ 324	評 평할 평: ············ 327	表 겉 표 ············ 88
派 갈래 파 ············ 324	坪 들 평 ············ 384	票 표 표 ············ 330
把 잡을 파: ············ 324	閉 닫을 폐: ············ 327	標 표할 표 ············ 331
播 뿌릴 파(:) ············ 324	弊 폐단·해질 폐: ············ 327	漂 떠다닐 표 ············ 331
罷 마칠 파: ············ 325	廢 폐할·버릴 폐: ············ 327	杓 북두자루 표 ············ 413
頗 자못 파 ············ 325	肺 허파 폐: ············ 328	品 물건 품: ············ 88
坡 언덕 파 ············ 412	幣 화폐 폐: ············ 328	風 바람 풍 ············ 88
板 널 판 ············ 88	蔽 덮을 폐: ············ 328	豊 풍년 풍 ············ 331
判 판단할 판 ············ 325	包 쌀 포(:) ············ 328	楓 단풍 풍 ············ 331
版 판목 판 ············ 325	布 베·펼 포(:)/보시 보: ············ 328	疲 피곤할 피 ············ 331
販 팔 판 ············ 325	砲 대포 포: ············ 329	避 피할 피: ············ 332
阪 언덕 판 ············ 413	胞 세포 포(:) ············ 329	彼 저 피: ············ 332
八 여덟 팔 ············ 88		皮 가죽 피 ············ 332

한자, 훈·음, 해당 페이지 순서입니다.

被	입을 피:	332
必	반드시 필	88
筆	붓 필	88
畢	마칠 필	332
匹	짝 필	333
弼	도울 필	413

ㅎ

下	아래 하:	88
夏	여름 하:	88
河	물 하	89
何	어찌 하	333
荷	멜 하(:)	333
賀	하례할 하:	333
學	배울 학	89
鶴	학 학	333
虐	모질 학	384
韓	한국·나라 한(:)	89
漢	한수·한나라 한:	89
寒	찰 한	89
限	한할 한:	334
恨	한 한:	334
閑	한가할 한	334
汗	땀 한(:)	334
旱	가물 한:	334

翰	편지 한:	384
邯	조나라서울 한/사람이름 감	413
割	벨 할	335
含	머금을 함	335
陷	빠질 함:	335
咸	다 함	335
艦	큰배 함:	385
合	합할 합	89
港	항구 항:	335
航	배 항:	336
抗	겨룰 항:	336
恒	항상 항	336
項	항목 항:	336
巷	거리 항:	336
亢	높을 항	413
沆	넓을 항:	413
海	바다 해:	89
害	해할 해:	89
解	풀 해:	337
亥	돼지 해	337
奚	어찌 해	337
該	갖출·마땅 해	337
核	씨 핵	337
幸	다행 행:	89

行	다닐 행(:)/항렬 항	89
杏	살구 행:	413
向	향할 향:	89
鄕	시골 향	338
香	향기 향	338
響	울릴 향:	338
享	누릴 향:	338
許	허락할 허	89
虛	빌 허	338
憲	법 헌:	339
獻	드릴 헌:	339
軒	집 헌	339
驗	시험 험:	339
險	험할 험:	339
革	가죽 혁	340
爀	불빛 혁	413
赫	빛날 혁	414
現	나타날 현:	90
賢	어질 현	340
顯	나타날 현:	340
懸	달 현:	340
玄	검을 현	340
絃	줄 현	341
縣	고을 현:	341
弦	시위 현	385

2급 배정 한자

峴 고개 현: ········· 414	號 이름 호(:) ········ 90	婚 혼인할 혼 ········ 346
炫 밝을 현: ········· 414	湖 호수 호 ·········· 90	混 섞을 혼: ········· 346
鉉 솥귀 현 ········· 414	呼 부를 호 ·········· 343	魂 넋 혼 ············ 346
血 피 혈 ············ 341	好 좋을 호: ········· 344	昏 어두울 혼 ········ 347
穴 굴 혈 ············ 341	戶 집 호: ············ 344	忽 갑자기 홀 ········ 347
嫌 싫어할 혐 ········ 341	護 도울 호: ········· 344	紅 붉을 홍 ·········· 347
協 화할 협 ·········· 342	浩 넓을 호: ········· 344	洪 넓을 홍 ·········· 347
脅 위협할 협 ········ 342	胡 되 호 ············ 344	弘 클 홍 ············ 347
峽 골짜기 협 ········ 385	虎 범 호(:) ·········· 345	鴻 기러기 홍 ········ 348
陜 좁을 협/땅이름 합 414	豪 호걸 호 ·········· 345	泓 물깊을 홍 ········ 415
兄 형 형 ············ 90	乎 어조사 호 ········ 345	火 불 화(:) ·········· 90
形 모양 형 ·········· 90	互 서로 호: ········· 345	話 말씀 화 ·········· 90
刑 형벌 형 ·········· 342	毫 터럭 호 ·········· 345	花 꽃 화 ············ 90
衡 저울대 형 ········ 342	濠 호주 호 ·········· 385	和 화할 화 ·········· 90
亨 형통할 형 ········ 342	壕 해자 호 ·········· 414	畫 그림 화/그을 획 ·· 90
螢 반딧불 형 ········ 343	扈 따를 호: ········· 414	化 될 화(:) ·········· 90
型 모형 형 ·········· 385	昊 하늘 호 ·········· 415	貨 재물 화: ········· 348
瀅 물맑을 형: ······· 414	晧 밝을 호 ·········· 415	華 빛날 화 ·········· 348
炯 빛날 형 ·········· 414	澔 넓을 호: ········· 415	禍 재앙 화: ········· 348
瑩 밝을 형/옥돌 영 ·· 414	皓 흴 호 ············ 415	禾 벼 화 ············ 348
邢 성 형 ············ 414	祜 복 호 ············ 415	靴 신 화 ············ 386
馨 꽃다울 형 ········ 414	鎬 호경 호: ········· 415	嬅 탐스러울 화 ······ 415
惠 은혜 혜: ········· 343	或 혹 혹 ············ 346	樺 벚나무·자작나무 화 415
慧 슬기로울 혜: ····· 343	惑 미혹할 혹 ········ 346	
兮 어조사 혜 ········ 343	酷 심할 혹 ·········· 385	確 굳을 확 ·········· 349

한자, 훈·음, 해당 페이지 순서입니다.

擴	넓힐 확	349
穫	거둘 확	349
患	근심 환:	90
歡	기쁠 환	349
環	고리 환(:)	349
換	바꿀 환:	350
還	돌아올 환	350
丸	둥글 환	350
幻	헛보일 환:	386
桓	굳셀 환	415
煥	빛날 환:	415
活	살 활	91
滑	미끄러울 활/익살스러울 골	386
黃	누를 황	91
況	상황 황:	350
皇	임금 황	350
荒	거칠 황	351
滉	깊을 황	415
晃	밝을 황	416
會	모일 회:	91
回	돌아올 회	351
灰	재 회	351
悔	뉘우칠 회:	351
懷	품을 회	351

廻	돌 회	386
檜	전나무 회:	416
淮	물이름 회	416
劃	그을 획	352
獲	얻을 획	352
橫	가로 횡	352
孝	효도 효:	91
效	본받을 효:	91
曉	새벽 효:	352
後	뒤 후:	91
候	기후 후:	352
厚	두터울 후:	353
侯	제후 후	353
喉	목구멍 후	386
后	임금·왕후 후:	416
訓	가르칠 훈:	91
勳	공 훈	386
壎	질나팔 훈	416
熏	불길 훈	416
薰	향풀 훈	416
毁	헐 훼:	353
揮	휘두를 휘	353
輝	빛날 휘	353
徽	아름다울 휘	416
休	쉴 휴	91

携	이끌 휴	354
烋	아름다울 휴	416
凶	흉할 흉	91
胸	가슴 흉	354
匈	오랑캐 흉	416
黑	검을 흑	91
欽	공경할 흠	416
吸	마실 흡	354
興	일 흥(:)	354
希	바랄 희	354
喜	기쁠 희	355
稀	드물 희	355
戲	놀이 희	355
噫	한숨쉴 희	387
姬	계집 희	387
熙	빛날 희	387
嬉	아름다울 희	416
憙	기뻐할 희	417
熹	빛날 희	417
禧	복 희	417
羲	복희 희	417

배정 한자 익히기

+ 쓰기 배정 한자 +
- **8~5급 배정 한자**
- **4급 II ~3급 배정 한자**

+ 읽기 배정 한자 +
- **2급 배정 한자 ①**
  (신습 한자)
- **2급 배정 한자 ②**
  (인명·지명 한자)

8~5급 배정 한자

家 집 가 — 7급II, 부 宀, 총 10
- 읽기: 家垈 가대, 家閥 가벌, 貰家 세가
- 쓰기: 가보 家寶, 가정 家庭, 가축 家畜
- 유: 室 집 실, 屋 집 옥, 宅 집 택, 戶 집 호

價 값 가 — 5급II, 부 亻(人), 총 15, 약 価
- 쓰기: 가격 價格, 가치 價值, 염가 廉價, 정가 定價, 주가 株價, 평가 評價
- 유: 値 값 치

可 옳을 가: — 5급, 부 口, 총 5
- 읽기: 允可 윤가
- 쓰기: 가능 可能, 가부 可否, 가증 可憎, 불가 不可, 허가 許可
- 유: 義 옳을 의
- 상: 否 아닐 부, 不 아닐 불

角 뿔 각 — 6급II, 부 角, 총 7
- 읽기: 角膜 각막, 圭角 규각, 麟角 인각
- 쓰기: 각축 角逐, 각자무치 角者無齒, 교각살우 矯角殺牛

感 느낄 감: — 6급, 부 心, 총 13
- 읽기: 感戴 감대
- 쓰기: 감각 感覺, 감명 感銘, 감회 感懷, 둔감 鈍感, 영감 靈感

歌 노래 가 — 7급, 부 欠, 총 14
- 읽기: 龜旨歌 구지가, 悼二將歌 도이장가, 四面楚歌 사면초가
- 쓰기: 가곡 歌曲, 가요 歌謠, 가창 歌唱
- 유: 曲 굽을 곡, 樂 노래 악, 謠 노래 요, 唱 부를 창

加 더할 가 — 5급, 부 力, 총 5
- 읽기: 加俸 가봉, 加餐 가찬, 靑酸加里 청산가리
- 쓰기: 가담 加擔, 가산 加算, 참가 參加
- 유: 增 더할 증, 添 더할 첨
- 상: 減 덜 감, 除 덜 제

各 각각 각 — 6급II, 부 口, 총 6
- 쓰기: 각각 各各, 각자 各自, 각종 各種, 각처 各處, 각계각층 各界各層, 각양각색 各樣各色
- 상: 共 한가지 공, 同 한가지 동, 合 합할 합

間 사이 간(:) — 7급II, 부 門, 총 12
- 읽기: 間諜 간첩
- 쓰기: 간격 間隔, 간단 間斷, 간접 間接, 기간 期間, 순간 瞬間
- 유: 隔 사이뜰 격

江 강 강 — 7급II, 부 氵(水), 총 6
- 읽기: 洛東江 낙동강, 蟾津江 섬진강, 鴨綠江 압록강
- 쓰기: 강변 江邊, 강폭 江幅, 도강 渡江
- 유: 河 물 하
- 상: 山 메 산

6급 부 弓 총 11 **強** 강할 강(:) ㊂ 彊 굳셀 강, 健 굳셀 건 ㊐ 弱 약할 약	읽기 強心劑 강심제 強壯劑 강장제 쓰기 강권 強勸 강렬 強烈 강조 強調 강탈 強奪	**6급** 부 門 총 12 **開** 열 개 ㊂ 啓 열 계 ㊐ 閉 닫을 폐	읽기 開掘 개굴 開允 개윤 開札 개찰 쓰기 개시 開始 개척 開拓 개막식 開幕式
5급 부 攵(攴) 총 7 **改** 고칠 개(:) ㊂ 更 고칠 경	읽기 改札 개찰 쓰기 개정 改正 개조 改造 개혁 改革 회개 悔改 개과천선 改過遷善	**5급Ⅱ** 부 宀 총 9 **客** 손 객 ㊂ 旅 나그네 려, 賓 손 빈 ㊐ 主 주인 주	읽기 棋客 기객 偵探客 정탐객 쓰기 객관 客觀 승객 乘客 하객 賀客 방청객 傍聽客
7급Ⅱ 부 車 총 7 **車** 수레 거·차 ㊂ 軻 수레 가, 輛 수레 량, 輿 수레 여	읽기 車輛 차량 駐車 주차 驥服鹽車 기복염거 쓰기 정차 停車 급정거 急停車 승용차 乘用車	**5급** 부 手 총 18 약 挙, 舉 **擧** 들 거: ㊂ 揭 높이들 게	읽기 擧措 거조 枚擧 매거 補闕選擧 보궐선거 쓰기 거사 擧事 천거 薦擧 거안제미 擧案齊眉
5급 부 厶 총 5 **去** 갈 거: ㊂ 過 지날 과, 往 갈 왕 ㊐ 來 올 래	읽기 撤去 철거 쓰기 거래 去來 거취 去就 서거 逝去 소거 消去 제거 除去	**5급** 부 亻(人) 총 6 **件** 물건 건 ㊂ 物 물건 물, 品 물건 품	쓰기 사건 事件 안건 案件 여건 與件 요건 要件 조건 條件 인건비 人件費
5급 부 亻(人) 총 11 **健** 굳셀 건: ㊂ 剛 굳셀 강, 彊 굳셀 강, 康 편안 강 ㊐ 弱 약할 약	읽기 穩健 온건 쓰기 건각 健脚 건승 健勝 건투 健鬪 보건 保健 건망증 健忘症	**5급** 부 廴 총 9 **建** 세울 건: ㊂ 立 설 립 ㊐ 壞 무너질 괴, 崩 무너질 붕	읽기 建坪 건평 쓰기 건설 建設 건의 建議 건조 建造 건축 建築 봉건주의 封建主義
5급Ⅱ 부 木 총 10 **格** 격식 격 ㊂ 規 법 규, 式 법 식	쓰기 격언 格言 승격 昇格 엄격 嚴格 자격 資格 적격 適格 파격 破格	**5급Ⅱ** 부 見 총 7 **見** 볼 견:/뵈올 현: ㊂ 監 볼 감, 觀 볼 관, 覽 볼 람, 視 볼 시	읽기 僻見 벽견 謬見 유견 쓰기 견적 見積 알현 謁見 편견 偏見 선견지명 先見之明

結 맺을 결 (5급II, 부 糸, 총 12)
읽기: 結託 결탁, 鬱結 울결, 結膜炎 결막염
쓰기: 결부 結付, 결실 結實, 타결 妥結
유: 契 맺을 계, 約 맺을 약, 締 맺을 체

決 결단할 결 (5급II, 부 氵(水), 총 7)
쓰기: 결렬 決裂, 결승 決勝, 결재 決裁, 결정 決定, 대결 對決, 표결 票決
유: 斷 끊을 단, 判 판단할 판

京 서울 경 (6급, 부 亠, 총 8)
읽기: 京闕 경궐, 京峙 경치, 京兆尹 경조윤
쓰기: 경기 京畿, 귀경 歸京, 경춘선 京春線
상: 村 마을 촌, 鄕 시골 향

敬 공경 경: (5급II, 부 攵(攴), 총 13)
읽기: 敬赴 경부, 敬呈 경정, 瞻敬 첨경
쓰기: 경외 敬畏, 경청 敬聽, 존경 尊敬
유: 恭 공손할 공, 欽 공경할 흠

景 볕 경(:) (5급, 부 日, 총 12)
읽기: 景祚 경조
쓰기: 경개 景概, 경치 景致, 경황 景況, 가경 佳景, 절경 絶景
유: 光 빛 광, 陽 볕 양

競 다툴 경: (5급, 부 立, 총 20)
읽기: 競艇 경정
쓰기: 경기 競技, 경매 競買, 경연 競演, 경주 競走, 경합 競合
유: 爭 다툴 쟁, 鬪 싸움 투
상: 協 화할 협, 和 화할 화

輕 가벼울 경 (5급, 부 車, 총 14, 약 軽)
읽기: 輕蔑 경멸
쓰기: 경미 輕微, 경박 輕薄, 경솔 輕率, 경쾌 輕快, 경거망동 輕擧妄動
상: 重 무거울 중

界 지경 계: (6급II, 부 田, 총 9)
읽기: 疆界 강계, 魔界 마계, 塵界 진계
쓰기: 세계 世界, 타계 他界, 한계 限界
유: 疆 지경 강, 境 지경 경, 域 지경 역

計 셀 계: (6급II, 부 言, 총 9)
읽기: 計網 계망
쓰기: 계략 計略, 계측 計測, 계획 計劃, 누계 累計, 추계 推計
유: 算 셈 산, 數 셈 수, 策 꾀 책

高 높을 고 (6급II, 부 高, 총 10)
읽기: 高峻 고준, 高旨 고지, 高峯峻嶺 고봉준령
쓰기: 고가 高架, 고결 高潔, 고대광실 高臺廣室
유: 崇 높을 숭, 卓 높을 탁
상: 低 낮을 저, 下 아래 하

古 예 고: (6급, 부 口, 총 5)
읽기: 古刹 고찰, 耽古 탐고
쓰기: 고적 古蹟, 고희 古稀, 회고 懷古, 만고불변 萬古不變
유: 舊 예 구, 昔 예 석
상: 今 이제 금, 新 새 신

苦 쓸 고 (6급, 부 艹(艸), 총 9)
읽기: 苦蔘 고삼, 苦楚 고초, 苦衷 고충
쓰기: 고뇌 苦惱, 고배 苦杯, 고역 苦役
유: 難 어려울 난, 辛 매울 신
상: 甘 달 감, 樂 즐길 락

5급II 부 口 총 7 **告** 고할 고:	읽기 敷告 부고 쓰기 고소 告訴 경고 警告 권고 勸告 선고 宣告 피고 被告	5급 부 口 총 8 **固** 굳을 고(:)	읽기 膠固 교고 쓰기 고사 固辭 고집 固執 고착 固着 응고 凝固 확고 確固

유 白 흰 백, 報 알릴 보, 示 보일 시, 申 납 신

유 堅 굳을 견, 確 굳을 확
상 軟 연할 연, 柔 부드러울 유

| 5급
부 耂(老)
총 6
考
생각할 고(:) | 쓰기 고려 考慮
고사 考查
고증 考證
고찰 考察
재고 再考
심사숙고 深思熟考 | 5급
부 曰
총 6
曲
굽을 곡 | 읽기 曲阜 곡부
曲鞠 곡국
歪曲 왜곡
쓰기 간곡 懇曲
희곡 戲曲
불문곡직 不問曲直 |

유 慮 생각할 려, 思 생각 사, 想 생각 상

유 歌 노래 가, 屈 굽을 굴
상 貞 곧을 정, 直 곧을 직

| 7급II
부 工
총 3
工
장인 공 | 읽기 甄工 견공
鍛工 단공
靴工 화공
쓰기 공단 工團
공정 工程
도공 陶工 | 7급II
부 穴
총 8
空
빌 공 | 읽기 空閨 공규
防空壕 방공호
쓰기 가공 架空
진공 眞空
창공 蒼空
탁상공론 卓上空論 |

유 作 지을 작, 造 지을 조

유 虛 빌 허
상 滿 찰 만, 充 찰 충

| 6급II
부 力
총 5
功
공 공 | 읽기 功閥 공벌
功勳 공훈
彰功 창공
쓰기 공덕 功德
공로 功勞
논공행상 論功行賞 | 6급II
부 八
총 4
公
공평할 공 | 읽기 公札 공찰
公翰 공한
姜太公 강태공
쓰기 공개 公開
공분 公憤
선공후사 先公後私 |

유 勳 공 훈
상 過 지날 과, 罪 허물 죄

상 私 사사 사

| 6급II
부 八
총 6
共
한가지 공: | 읽기 共匪 공비
共産圈 공산권
쓰기 공명 共鳴
공모 共謀
공범 共犯
공저 共著 | 6급II
부 木
총 8
果
실과 과: | 읽기 果箱 과상
碩果不食 석과불식
쓰기 과감 果敢
과당 果糖
과실 果實
과연 果然 |

유 同 한가지 동
상 異 다를 이

유 菓 실과 과, 實 열매 실
상 因 인할 인

| 6급II
부 禾
총 9
科
과목 과 | 읽기 田柴科 전시과
皮膚科 피부과
쓰기 과거 科擧
과락 科落
과목 科目
과학 科學 | 5급II
부 言
총 15
課
공부할·과정 과(:) | 읽기 闕課 궐과
쓰기 과업 課業
과정 課程
과제 課題
고과 考課
부과 賦課 |

5급II 부辶(辵) 총13 **過** 지날 과: 유 去 갈 거, 失 잃을 실, 誤 그르칠 오	읽기: 過謬 과류 / 過酸化 과산화 쓰기: 과욕 過慾 / 묵과 默過 / 초과 超過 / 과유불급 過猶不及	**5급II** 부見 총25 약觀,观 **觀** 볼 관 유 監 볼 감, 見 볼 견, 覽 볼 람, 視 볼 시	읽기: 觀闕 관궐 / 旁觀 방관 쓰기: 관광 觀光 / 관조 觀照 / 관측 觀測 / 명약관화 明若觀火
5급II 부門 총19 약関 **關** 관계할 관 유 鍵 자물쇠 건, 係 맬 계	읽기: 關鍵 관건 / 關津 관진 쓰기: 관련 關聯 / 관절 關節 / 상관 相關 / 세관 稅關	**6급II** 부儿 총6 **光** 빛 광 유 色 빛 색	읽기: 瑞光 서광 / 蟾光 섬광 / 遮光 차광 쓰기: 광경 光景 / 광년 光年 / 일촌광음 一寸光陰
5급II 부广 총15 약広 **廣** 넓을 광: 유 汎 넓을 범, 衍 넓을 연 상 陝 좁을 협	읽기: 廣遼 광료 / 廣淵 광연 / 廣衍 광연 쓰기: 광고 廣告 / 광역 廣域 / 광장 廣場	**8급** 부攵(攴) 총11 **敎** 가르칠 교: 유 訓 가르칠 훈 상 學 배울 학	읽기: 敎唆 교사 / 敎旨 교지 / 胎敎 태교 쓰기: 교권 敎權 / 교양 敎養 / 순교 殉敎
8급 부木 총10 **校** 학교 교: 유 庠 학교 상	읽기: 校尉 교위 / 庠校 상교 쓰기: 교열 校閱 / 교정 校訂 / 폐교 廢校 / 장교복 將校服	**6급** 부亠 총6 **交** 사귈 교	읽기: 交款 교관 / 締交 체교 / 芝蘭之交 지란지교 쓰기: 교섭 交涉 / 교제 交際 / 교착 交錯 / 교환 交換
5급 부木 총16 **橋** 다리 교 유 脚 다리 각, 梁 들보·돌다리 량, 樑 들보 량	읽기: 筏橋 벌교 쓰기: 가교 架橋 / 부교 浮橋 / 석교 石橋 / 철교 鐵橋 / 인도교 人道橋	**8급** 부乙 총2 **九** 아홉 구	읽기: 九旻 구민 / 九重宮闕 구중궁궐 / 洪範九疇 홍범구주 쓰기: 구천 九泉 / 구사일생 九死一生 / 구절양장 九折羊腸
7급 부口 총3 **口** 입 구(:)	읽기: 口脂 구지 / 坑口 갱구 / 衆口熏天 중구훈천 쓰기: 구연 口演 / 항구 港口 / 구설수 口舌數	**6급II** 부王(玉) 총11 **球** 공 구	읽기: 籠球 농구 / 網球 망구 / 蹴球 축구 쓰기: 구단 球團 / 배구 排球 / 적혈구 赤血球

6급 부 匸 총 11 약 区	**區** 구분할·지경 **구**	읽기	區甸 구전 蘆原區 노원구
		쓰기	구간 區間 구분 區分 구청 區廳 구획 區劃

유 別 나눌 별, 分 나눌 분,
界 지경 계, 域 지경 역

5급 II 부 八 총 8	**具** 갖출 **구(:)**	읽기	具瞻 구첨
		쓰기	구비 具備 기구 機具 구체적 具體的 장신구 裝身具 필기구 筆記具

유 備 갖출 비, 該 갖출 해

5급 II 부 臼 총 18 약 旧	**舊** 예 **구:**	읽기	舊址 구지 舊型 구형 勳舊派 훈구파
		쓰기	복구 復舊 친구 親舊 송구영신 送舊迎新

유 古 예 고, 久 오랠 구
상 新 새 신

5급 부 攵(攴) 총 11	**救** 구원할 **구:**	읽기	救命艇 구명정
		쓰기	구국 救國 구조 救助 구출 救出 자구 自救 구급약 救急藥

유 援 도울 원, 濟 건널 제,
護 도울 호

8급 부 口 총 11 약 国	**國** 나라 **국**	읽기	閻羅國 염라국 汎國民的 범국민적 輔國安民 보국안민
		쓰기	국적 國籍 국책 國策 순국 殉國

유 邦 나라 방

5급 II 부 尸 총 7	**局** 판 **국**	읽기	棋局 기국 楸局 추국
		쓰기	국면 局面 국한 局限 난국 難局 파국 破局

8급 부 車 총 9	**軍** 군사 **군**	읽기	軍艦 군함 軍靴 군화 駐屯軍 주둔군
		쓰기	반군 叛軍 적군 敵軍 고군분투 孤軍奮鬪

유 兵 병사 병, 士 선비 사,
卒 마칠 졸

6급 부 阝(邑) 총 10	**郡** 고을 **군:**	읽기	高敞郡 고창군 槐山郡 괴산군
		쓰기	군계 郡界 군민 郡民 군수 郡守 군청 郡廳

유 洞 골 동, 邑 고을 읍,
州 고을 주, 縣 고을 현

5급 부 貝 총 12	**貴** 귀할 **귀:**	읽기	貴紳 귀신 貴札 귀찰 勳貴 훈귀
		쓰기	귀빈 貴賓 존귀 尊貴 부귀영화 富貴榮華

유 稀 드물 희
상 賤 천할 천

5급 부 見 총 11	**規** 법 **규**	쓰기	규모 規模 규약 規約 규정 規定 규제 規制 규준 規準 신규 新規

유 律 법칙 률, 範 법 범,
法 법 법, 則 법칙 칙

6급 부 木 총 10	**根** 뿌리 **근**	읽기	根塵 근진 葛根 갈근
		쓰기	근간 根幹 근거 根據 근절 根絶 화근 禍根

유 本 근본 본, 源 근원 원

6급 부 辶(辵) 총 8	**近** 가까울 **근:**	쓰기	부근 附近 인근 隣近 접근 接近 최근 最近 측근 側近 근사치 近似値

상 遠 멀 원

8급 부 金 총 8	**金** 쇠 금/성 김	읽기: 金融 금융 / 鍛金 단금 / 預金 예금 쓰기: 금액 金額 / 임금 賃金 / 금지옥엽 金枝玉葉
유 鐵 쇠 철		

6급Ⅱ 부 人 총 4	**今** 이제 금	쓰기: 금년 今年 / 금주 今週 / 방금 方今 / 금세기 今世紀 / 금석지감 今昔之感 / 금시초문 今時初聞
유 古 예 고, 昔 예 석, 昨 어제 작		

6급Ⅱ 부 心 총 9	**急** 급할 급	읽기: 急端 급단 / 急濬 급준 / 焦眉之急 초미지급 쓰기: 급격 急激 / 급습 急襲 / 급증 急增
유 迫 핍박할 박, 速 빠를 속 상 徐 천천할 서, 緩 느릴 완		

6급 부 糸 총 10	**級** 등급 급	읽기: 斬級 참급 / 勳級 훈급 쓰기: 급수 級數 / 승급 昇級 / 진급 進級 / 특급 特級
유 等 무리 등		

5급 부 糸 총 12	**給** 줄 급	읽기: 俸給 봉급 쓰기: 급료 給料 / 공급 供給 / 배급 配給 / 보급 補給 / 지급 支給
유 授 줄 수, 與 줄 여, 贈 줄 증		

7급Ⅱ 부 气 총 10 약 気	**氣** 기운 기	읽기: 胎氣 태기 / 霸氣 패기 / 大氣圈 대기권 쓰기: 기압 氣壓 / 습기 濕氣 / 호연지기 浩然之氣

7급Ⅱ 부 言 총 10	**記** 기록할 기	읽기: 謄記 등기 / 倂記 병기 / 勳記 훈기 쓰기: 기술 記述 / 기억 記憶 / 기재 記載
유 錄 기록할 록, 識 기록할 지, 誌 기록할 지		

7급 부 方 총 14	**旗** 기 기	읽기: 旗艦 기함 / 旌旗 정기 쓰기: 기수 旗手 / 조기 弔旗 / 오륜기 五輪旗 / 태극기 太極旗
유 旌 기 정		

5급Ⅱ 부 土 총 11	**基** 터 기	읽기: 基軸 기축 / 丕基 비기 쓰기: 기반 基盤 / 기저 基底 / 기준 基準 / 기초 基礎
유 址 터 지		

5급Ⅱ 부 己 총 3	**己** 몸 기	쓰기: 극기 克己 / 수기 修己 / 기묘사화 己卯士禍 / 기미운동 己未運動 / 이기주의 利己主義 / 지기지우 知己之友
유 身 몸 신, 自 스스로 자		

5급 부 扌(手) 총 7	**技** 재주 기	읽기: 纖技 섬기 / 繩技 승기 쓰기: 기교 技巧 / 묘기 妙技 / 특기 特技 / 주색잡기 酒色雜技
유 術 재주 술, 藝 재주 예, 才 재주 재		

5급 부 月 총 12	**期** 기약할 기	읽기: 末期癌 말기암 / 定期檢診 정기검진 쓰기: 기한 期限 / 연기 延期 / 초기 初期 / 획기적 劃期的
유 約 맺을 약		

5급 부氵(水) 총7	汽 물끓는김 기	쓰기	기관 汽管 / 기기 汽機 / 기선 汽船 / 기압 汽壓 / 기적 汽笛 / 기차 汽車

5급 부口 총6	吉 길할 길	읽기 / 쓰기	길서 吉瑞 / 길조 吉祚 / 길몽 吉夢 / 길조 吉兆 / 불길 不吉 / 입춘대길 立春大吉

상 凶 흉할 흉

8급 부十 총9	南 남녘 남	읽기	남은 南誾 / 남이 南怡 / 남가일몽 南柯一夢

쓰기: 남극 南極 / 월남 越南 / 호남 湖南

유 丙 남녘 병
상 北 북녘 북

7급II 부田 총7	男 사내 남	읽기	남부여대 男負女戴

쓰기: 남매 男妹 / 남작 男爵 / 남편 男便 / 추남 醜男 / 남녀노소 男女老少

유 郎 사내 랑
상 娘 계집 낭, 女 계집 녀

7급II 부入 총4	內 안 내:	읽기	궐내 闕內 / 태내 胎內 / 실내화 室內靴

쓰기: 내빈 內賓 / 내장 內藏 / 안내판 案內板

상 外 바깥 외

8급 부女 총3	女 계집 녀	읽기	마녀 魔女 / 웅녀 熊女

쓰기: 수녀 修女 / 숙녀 淑女 / 열녀 烈女 / 여류문학 女流文學

유 娘 계집 낭, 媛 계집 원
상 男 사내 남, 郎 사내 랑

8급 부干 총6	年 해 년	읽기	연봉 年俸 / 기년 耆年 / 희년 禧年

쓰기: 연륜 年輪 / 향년 享年 / 안식년 安息年

유 歲 해 세

5급II 부心 총8	念 생각 념:	읽기	진념 軫念 / 흠념 欽念

쓰기: 염원 念願 / 개념 槪念 / 단념 斷念 / 집념 執念

유 慮 생각할 려, 思 생각 사, 想 생각 상, 憶 생각할 억, 惟 생각할 유

7급II 부辰 총13	農 농사 농	읽기	잠농 蠶農

쓰기: 농약 農藥 / 농장 農場 / 귀농 歸農 / 영농 營農 / 사농공상 士農工商

유 耕 밭갈 경

5급II 부月(肉) 총10	能 능할 능	쓰기	능률 能率 / 능숙 能熟 / 기능 機能 / 효능 效能 / 방사능 放射能 / 다재다능 多才多能

6급 부夕 총6	多 많을 다	읽기	다호 多祜 / 다기망양 多岐亡羊 / 위산과다 胃酸過多

쓰기: 다양 多樣 / 다행 多幸 / 다다익선 多多益善

상 寡 적을 과, 少 적을 소

6급II 부矢 총12	短 짧을 단(:)	읽기	단찰 短札 / 단화 短靴

쓰기: 단점 短點 / 단축 短縮 / 단편 短篇 / 단거리 短距離

상 長 긴 장

급수	한자	읽기	쓰기
5급II 부口 총14 약团	團 둥글 단 · 유 圓 둥글 원, 丸 둥글 환	團聚 단취 / 傘下團體 산하단체	단합 團合 / 재단 財團 / 집단 集團 / 합창단 合唱團
5급 부土 총16	壇 단 단	杏壇 행단	강단 講壇 / 교단 教壇 / 등단 登壇 / 연단 演壇 / 제단 祭壇
5급 부言 총15	談 말씀 담 · 유 辯 말씀 변, 說 말씀 설, 語 말씀 어, 話 말씀 화	款談 관담 / 鼎談 정담	담소 談笑 / 농담 弄談 / 대담 對談 / 미담 美談
7급II 부竹 총12	答 대답 답 · 유 俞 대답할 유 · 상 問 물을 문, 諮 물을 자	答札 답찰	답변 答辯 / 답장 答狀 / 오답 誤答 / 응답 應答 / 자문자답 自問自答
6급II 부土 총11	堂 집 당 · 유 家 집 가, 室 집 실, 戶 집 호	椿堂 춘당 / 杏堂洞 행당동	당숙 堂叔 / 강당 講堂 / 전당 殿堂 / 당구풍월 堂狗風月
5급II 부田 총13 약当	當 마땅 당 · 유 宜 마땅 의, 該 마땅 해 · 상 落 떨어질 락, 否 아닐 부	穩當 온당 / 允當 윤당	당연 當然 / 당혹 當惑 / 타당 妥當 / 할당 割當
8급 부大 총3	大 큰 대(:) · 유 巨 클 거 · 상 微 작을 미, 小 작을 소	大闕 대궐 / 大膽 대담	대강 大綱 / 관대 寬大 / 확대 擴大 / 박장대소 拍掌大笑
6급II 부亻(人) 총5	代 대신할 대:	堯舜時代 요순시대	대변 代辯 / 대체 代替 / 대표 代表 / 희대 稀代 / 태평성대 太平聖代
6급II 부寸 총14 약对	對 대할 대:	對峙 대치 / 對壕 대호	대책 對策 / 대화 對話 / 상대 相對 / 절대 絶對
6급 부彳 총9	待 기다릴 대:	款待 관대 / 虐待 학대	기대 期待 / 초대 招待 / 수주대토 守株待兔 / 학수고대 鶴首苦待
5급II 부彳 총15 약德	德 큰 덕 · 유 惠 큰 덕	惇德 돈덕 / 峻德 준덕 / 彰德 창덕	덕담 德談 / 도덕 道德 / 배은망덕 背恩忘德
7급II 부辶(辵) 총13	道 길 도: · 유 途 길 도, 路 길 로, 程 길 정	坑道 갱도 / 霸道 패도 / 道路網 도로망	도청 道廳 / 가도 街道 / 기사도 騎士道

6급II 부口 총14 약図 **圖** 그림 도	읽기 冀圖 기도 / 鵬圖 붕도 / 丕圖 비도 쓰기 도식 圖式 / 괘도 掛圖 / 구도 構圖 유 畫 그림 화	6급 부广 총9 **度** 법도 도(:)/헤아릴 탁	읽기 揆度 규탁 / 濃度 농도 / 豫度 예탁 쓰기 위도 緯度 / 도외시 度外視 / 난이도 難易度 유 揆 헤아릴 규, 規 법 규, 法 법 법, 尺 자 척
5급II 부刂(刀) 총8 **到** 이를 도:	읽기 關到 궐도 쓰기 도래 到來 / 도처 到處 / 당도 當到 / 쇄도 殺到 / 주도면밀 周到綿密 유 達 통달할 달, 至 이를 지, 着 붙을 착	5급 부阝(邑) 총12 **都** 도읍 도	읽기 都賈 도고 / 都盧 도로 / 都尉 도위 쓰기 수도 首都 / 천도 遷都 / 도매상 都賣商 유 京 서울 경 상 農 농사 농
5급 부山 총10 **島** 섬 도	읽기 賈島 가도 / 莞島 완도 쓰기 군도 群島 / 낙도 落島 / 열도 列島 / 삼다도 三多島	6급II 부言 총22 약読 **讀** 읽을 독/구절 두	읽기 購讀 구독 / 耽讀 탐독 쓰기 구두 句讀 / 이두 吏讀 / 해독 解讀 / 주경야독 晝耕夜讀
5급II 부犭(犬) 총16 약独 **獨** 홀로 독	쓰기 독단 獨斷 / 독재 獨裁 / 독창 獨創 / 유독 惟獨 / 독불장군 獨不將軍 / 유아독존 唯我獨尊 유 孤 외로울 고 상 群 무리 군, 衆 무리 중	8급 부木 총8 **東** 동녘 동	읽기 洛東江 낙동강 / 東海揚塵 동해양진 쓰기 동헌 東軒 / 영동 嶺東 / 동분서주 東奔西走 / 마이동풍 馬耳東風 상 西 서녘 서
7급II 부力 총11 **動** 움직일 동:	읽기 胎動 태동 / 運動靴 운동화 쓰기 동란 動亂 / 약동 躍動 / 충동 衝動 / 요지부동 搖之不動 유 搖 흔들 요 상 靜 고요할 정, 止 그칠 지	7급 부冫 총5 **冬** 겨울 동(:)	읽기 冬柏 동백 쓰기 동계 冬季 / 동면 冬眠 / 동지 冬至 / 월동 越冬 / 엄동설한 嚴冬雪寒 상 夏 여름 하
7급 부口 총6 **同** 한가지 동	읽기 同鼎食 동정식 / 和光同塵 화광동진 쓰기 동반 同伴 / 찬동 贊同 / 대동소이 大同小異 / 부화뇌동 附和雷同 유 共 한가지 공 상 異 다를 이	7급 부氵(水) 총9 **洞** 골 동:/밝을 통:	읽기 洞窟 동굴 / 石串洞 석관동 / 阿峴洞 아현동 쓰기 동구 洞口 / 통찰 洞察 / 통촉 洞燭 유 窟 굴 굴, 里 마을 리, 明 밝을 명, 穴 굴 혈

급수	한자	읽기	쓰기	급수	한자	읽기	쓰기
6급II 부立 총12 **童** 아이 동(:) 유 兒 아이 아 상 丈 어른 장		兒童靴 아동화	동심 童心 동안 童顔 동요 童謠 동화 童話 삼척동자 三尺童子	6급 부頁 총16 **頭** 머리 두 유 首 머리 수, 頁 머리 혈 상 尾 꼬리 미		喉頭炎 후두염 蓬頭亂髮 봉두난발	두뇌 頭腦 두서 頭緒 양두구육 羊頭狗肉 용두사미 龍頭蛇尾
7급 부癶 총12 **登** 오를 등 유 騰 오를 등, 昇 오를 승 상 降 내릴 강, 落 떨어질 락		登頓 등돈 登洛 등락 登祚 등조	등재 登載 등정 登頂 등고자비 登高自卑	6급II 부竹 총12 **等** 무리 등: 유 群 무리 군, 衆 무리 중 상 孤 외로울 고, 獨 홀로 독		勳等 훈등	강등 降等 균등 均等 열등 劣等 월등 越等 차등 差等
6급II 부木 총15 약 楽 **樂** 즐길 락/노래 악/좋아할 요 유 歌 노래 가, 娛 즐길 오 상 苦 쓸 고, 悲 슬플 비		耽樂 탐락 嬉樂 희락	낙원 樂園 악극 樂劇 극락 極樂 요산요수 樂山樂水	5급 부艹(艸) 총13 **落** 떨어질 락 유 墮 떨어질 타 상 登 오를 등, 騰 오를 등		落款 낙관 落膽 낙담	낙선 落選 낙향 落鄕 폭락 暴落 낙락장송 落落長松
5급II 부月 총11 **朗** 밝을 랑: 유 明 밝을 명 상 冥 어두울 명, 暗 어두울 암		融朗 융랑	낭독 朗讀 낭랑 朗朗 낭보 朗報 낭송 朗誦 낭색 朗色	7급 부人 총8 약 来 **來** 올 래(:) 상 去 갈 거, 往 갈 왕, 之 갈 지, 進 나아갈 진		來診 내진 覓來 멱래 彰往察來 창왕찰래	내력 來歷 초래 招來 고진감래 苦盡甘來
5급 부冫 총7 **冷** 찰 랭: 유 涼 서늘할 량, 寒 찰 한 상 暖 따뜻할 난, 溫 따뜻할 온		冷僻 냉벽 冷酷 냉혹	냉대 冷待 냉전 冷戰 냉정 冷靜 냉철 冷徹	5급II 부艮 총7 **良** 어질 량 유 仁 어질 인, 賢 어질 현, 好 좋을 호 상 否 아닐 부		良劑 양제 良弼 양필 淳良 순량 駿良 준량	우량 優良 현모양처 賢母良妻
5급 부里 총12 **量** 헤아릴 량 유 揆 헤아릴 규, 料 헤아릴 료, 商 장사 상		搬入量 반입량 增量劑 증량제	감량 減量 아량 雅量 도량형 度量衡 감개무량 感慨無量	5급II 부方 총10 **旅** 나그네 려 유 客 손 객, 賓 손 빈 상 主 주인 주		旅炊 여취	여권 旅券 여비 旅費 여수 旅愁 여장 旅裝 여정 旅程

7급II 부 力 총 2	力 힘 력	읽기	膽力 담력 魅力 매력 握力 악력
		쓰기	역점 力點 세력 勢力 총력 總力

5급II 부 止 총 16	歷 지날 력	읽기	棋歷 기력 踰歷 유력
		쓰기	역사 歷史 역임 歷任 병력 病歷 약력 略歷

유 經 지날 경, 履 밟을 리

5급II 부 糸 총 15 약 练	練 익힐 련:	쓰기	연마 練磨 연습 練習 미련 未練 수련 修練 숙련 熟練 훈련 訓練

유 修 닦을 수, 習 익힐 습

5급 부 人 총 5	令 하여금 령(:)	읽기	令胤 영윤 赦令 사령
		쓰기	영장 令狀 가령 假令 발령 發令 조령모개 朝令暮改

유 命 목숨 명, 使 하여금 사

5급 부 頁 총 14	領 거느릴 령	읽기	領揆 영규
		쓰기	영역 領域 강령 綱領 요령 要領 횡령 橫領 대통령 大統領

유 率 거느릴 솔,
御 거느릴 어,
統 거느릴 통

6급 부 亻(人) 총 8	例 법식 례:	읽기	赦例 사례
		쓰기	예시 例示 용례 用例 조례 條例 차례 次例 판례 判例

유 範 법 범, 法 법 법,
式 법식, 典 법 전

6급 부 示 총 18 약 礼	禮 예도 례:	읽기	襄禮 양례 廻禮 회례
		쓰기	예우 禮遇 결례 缺禮 장례 葬禮 하례 賀禮

7급 부 老 총 6	老 늙을 로:	읽기	老驥 노기 老鋪 노포 月老赤繩 월로적승
		쓰기	노후 老後 노익장 老益壯 노폐물 老廢物

유 耆 늙을 기, 翁 늙은이 옹
상 少 적을 소, 幼 어릴 유

6급 부 足(足) 총 13	路 길 로:	읽기	岐路 기로 僻路 벽로
		쓰기	노변 路邊 노자 路資 미로 迷路 험로 險路

유 道 길 도, 途 길 도,
程 길 정

5급II 부 力 총 12 약 劳	勞 일할 로	읽기	旌勞 정로 勳勞 훈로
		쓰기	노고 勞苦 위로 慰勞 피로 疲勞 견마지로 犬馬之勞

유 勤 부지런할 근
상 使 부릴 사

6급 부 糸 총 14	綠 푸를 록	읽기	膽綠素 담록소 鴨綠江 압록강
		쓰기	녹음 綠陰 상록수 常綠樹 연녹색 軟綠色 녹양방초 綠楊芳草

유 碧 푸를 벽, 蒼 푸를 창,
青 푸를 청

5급 부 斗 총 10	料 헤아릴 료(:)	읽기	飼料 사료
		쓰기	요리 料理 염료 染料 자료 資料 재료 材料 임대료 賃貸料

유 量 헤아릴 량,
測 헤아릴 측,
度 헤아릴 탁

5급II 부 氵(水) 총 10	**流** 흐를 **류**	읽기	流傭 유용 湍流 단류
		쓰기	유배 流配 교류 交流 표류 漂流 유방백세 流芳百世

5급II 부 頁 총 19	**類** 무리 **류(:)**	읽기	類聚 유취 類型 유형
		쓰기	유사 類似 유추 類推 종류 種類 유유상종 類類相從

유 群 무리 군, 徒 무리 도, 等 무리 등, 衆 무리 중

8급 부 八 총 4	**六** 여섯 **륙**	읽기	六呂 육려 六柄 육병
		쓰기	육서 六書 육면체 六面體 사육신 死六臣 삼십육계 三十六計

5급II 부 阝(阜) 총 11	**陸** 뭍 **륙**	읽기	陸九淵 육구연 上陸艦 상륙함
		쓰기	육교 陸橋 육군 陸軍 이륙 離陸 착륙 着陸

유 地 땅 지
상 空 빌 공, 海 바다 해

7급 부 里 총 7	**里** 마을 **리:**	읽기	水踰里 수유리 鵬程萬里 붕정만리
		쓰기	이정표 里程標 천리안 千里眼 만리장성 萬里長城 오리무중 五里霧中

유 洞 골 동, 村 마을 촌

6급II 부 刂(刀) 총 7	**利** 이할 **리:**	읽기	利尿 이뇨 利殖 이식 牟利 모리
		쓰기	이윤 利潤 이율 利率 권리 權利

유 得 얻을 득, 益 더할 익
상 損 덜 손, 害 해할 해

6급II 부 玉(玉) 총 11	**理** 다스릴 **리:**	읽기	綜理 종리
		쓰기	이치 理致 이해 理解 관리 管理 섭리 攝理 심리 審理

유 攝 다스릴 섭, 治 다스릴 치
상 亂 어지러울 란

6급 부 木 총 7	**李** 오얏·성 **리:**	읽기	李塏 이개 李珥 이이 李滉 이황
		쓰기	도리 桃李 행리 行李 장삼이사 張三李四

7급 부 木 총 8	**林** 수풀 **림**	읽기	杏林 행림 翰林院 한림원
		쓰기	임야 林野 밀림 密林 유림 儒林 죽림칠현 竹林七賢

유 森 수풀 삼

7급II 부 立 총 5	**立** 설 **립**	읽기	鼎立 정립 峙立 치립
		쓰기	입건 立件 입헌 立憲 옹립 擁立 입신양명 立身揚名

유 建 세울 건, 起 일어날 기

5급 부 馬 총 10	**馬** 말 **마:**	읽기	駿馬 준마 鋪馬 포마
		쓰기	경마 競馬 기마 騎馬 승마 乘馬 새옹지마 塞翁之馬

8급 부 艹(艸) 총 13 약 万	**萬** 일만 **만:**	쓰기	만감 萬感 만능 萬能 만경창파 萬頃蒼波 만병통치 萬病通治 기고만장 氣高萬丈 천신만고 千辛萬苦

末 (끝 말) — 5급
부 木, 총 5

- 유: 端 끝 단, 終 마칠 종
- 상: 本 근본 본, 始 처음 시

읽기
- 末期癌 말기암
- 斷末魔 단말마

쓰기
- 말로 末路
- 결말 結末
- 주말 週末
- 시말서 始末書

亡 (망할 망) — 5급
부 亠, 총 3

- 유: 滅 멸할 멸, 死 죽을 사
- 상: 存 있을 존, 興 일 흥

읽기
- 亡闕 망궐

쓰기
- 도망 逃亡
- 멸망 滅亡
- 패망 敗亡
- 흥망 興亡
- 순망치한 脣亡齒寒

買 (살 매:) — 5급
부 貝, 총 12

- 유: 購 살 구
- 상: 賣 팔 매, 販 팔 판

읽기
- 購買 구매
- 預買 예매

쓰기
- 매수 買收
- 매입 買入
- 매표 買票
- 천매 賤買

面 (낯 면:) — 7급
부 面, 총 9

- 유: 貌 모양 모, 顔 낯 안, 容 얼굴 용

쓰기
- 면담 面談
- 면적 面積
- 면접 面接
- 안면 顔面
- 철면피 鐵面皮
- 면종복배 面從腹背

命 (목숨 명:) — 7급
부 口, 총 8

- 유: 令 하여금 령, 使 하여금 사, 壽 목숨 수

읽기
- 佑命 우명
- 祚命 조명
- 欽命 흠명

쓰기
- 명맥 命脈
- 혁명 革命
- 명재경각 命在頃刻

母 (어미 모:) — 8급
부 母, 총 5

- 상: 父 아비 부, 子 아들 자

읽기
- 母胎 모태
- 母型 모형
- 航空母艦 항공모함

쓰기
- 모정 母情
- 빙모 聘母
- 맹모삼천 孟母三遷

望 (바랄 망:) — 5급 II
부 月, 총 11

- 유: 冀 바랄 기, 願 원할 원, 希 바랄 희

읽기
- 彌望 미망
- 瞻望 첨망

쓰기
- 갈망 渴望
- 삭망 朔望
- 소망 所望
- 신망 信望

每 (매양 매(:)) — 7급 II
부 母, 총 7

쓰기
- 매년 每年
- 매번 每番
- 매삭 每朔
- 매양 每樣
- 매주 每週
- 매회 每回

賣 (팔 매(:)) — 5급
부 貝, 총 15
약 売

- 유: 販 팔 판
- 상: 購 살 구, 買 살 매

읽기
- 販賣網 판매망

쓰기
- 매각 賣却
- 매물 賣物
- 매점 賣店
- 매진 賣盡
- 전매 專賣

名 (이름 명) — 7급 II
부 口, 총 6

- 유: 稱 일컬을 칭, 號 이름 호

읽기
- 名札 명찰
- 釣名 조명

쓰기
- 명색 名色
- 명예 名譽
- 저명 著名
- 방명록 芳名錄

明 (밝을 명) — 6급 II
부 日, 총 8

- 유: 朗 밝을 랑, 哲 밝을 철
- 상: 暗 어두울 암, 昏 어두울 혼

읽기
- 明亮 명량

쓰기
- 명쾌 明快
- 명확 明確
- 총명 聰明
- 투명 透明
- 명경지수 明鏡止水

木 (나무 목) — 8급
부 木, 총 4

- 유: 樹 나무 수

읽기
- 木瓜 모과
- 槐木 괴목
- 木覓山 목멱산

쓰기
- 목판 木板
- 묘목 苗木
- 연목구어 緣木求魚

6급 부 目 총 5 **目** 눈 **목** 유 眼 눈 안	읽기: 目出帽 목출모 쓰기: 목례 目禮 목록 目錄 목표 目標 명목 名目 조목 條目	**5급** 부 灬(火) 총 12 **無** 없을 **무** 유 莫 없을 막 상 有 있을 유, 在 있을 재, 存 있을 존	읽기: 萬壽無疆 만수무강 天衣無縫 천의무봉 쓰기: 무모 無謀 무상 無償 무안 無顏 무위도식 無爲徒食
8급 부 門 총 8 **門** 문 **문** 유 戶 집 호	읽기: 門閥 문벌 旌門 정문 門前沃畓 문전옥답 쓰기: 관문 關門 전문 專門 등용문 登龍門	**7급** 부 口 총 11 **問** 물을 **문:** 유 諮 물을 자 상 答 대답 답, 聞 들을 문	읽기: 鞫問 국문 쓰기: 문병 問病 문의 問議 고문 顧問 심문 審問 우문현답 愚問賢答
7급 부 文 총 4 **文** 글월 **문** 유 書 글 서, 章 글 장 상 武 호반 무, 言 말씀 언	읽기: 衍文 연문 文化圈 문화권 沙鉢通文 사발통문 쓰기: 문과 文科 문단 文壇 문호 文豪	**6급Ⅱ** 부 耳 총 14 **聞** 들을 **문(:)** 유 聽 들을 청 상 問 물을 문	읽기: 升聞鼓 승문고 쓰기: 견문 見聞 신문 新聞 추문 醜聞 탐문 探聞 풍문 風聞
7급Ⅱ 부 牜(牛) 총 8 **物** 물건 **물** 유 件 물건 건, 品 물건 품 상 心 마음 심	읽기: 紙物鋪 지물포 쓰기: 물권 物權 물망 物望 물증 物證 광물 鑛物 물심양면 物心兩面	**6급** 부 米 총 6 **米** 쌀 **미**	읽기: 俸米 봉미 쓰기: 미곡 米穀 미수 米壽 미음 米飮 현미 玄米 군량미 軍糧米
6급 부 羊 총 9 **美** 아름다울 **미(:)** 유 佳 아름다울 가, 麗 고울 려 상 醜 추할 추	읽기: 歐美 구미 耽美 탐미 쓰기: 미덕 美德 미명 美名 미술 美術 미용실 美容室	**8급** 부 氏 총 5 **民** 백성 **민** 상 官 벼슬 관, 君 임금 군, 王 임금 왕, 帝 임금 제	읽기: 貧民窟 빈민굴 쓰기: 민박 民泊 민사 民事 민원 民願 서민 庶民 국태민안 國泰民安
6급 부 木 총 6 **朴** 성 **박** 유 素 본디 소, 質 바탕 질	읽기: 淳朴 순박 朴赫居世 박혁거세 쓰기: 박씨 朴氏 소박 素朴 질박 質朴 후박 厚朴	**6급Ⅱ** 부 十 총 5 **半** 반 **반:**	읽기: 半裸 반라 遼東半島 요동반도 쓰기: 반감 半減 절반 折半 반도체 半導體 반신반의 半信半疑

反

6급II
부 又
총 4

돌이킬·돌아올 **반:**

유 還 돌아올 환, 回 돌아올 회
상 贊 도울 찬

읽기: 反託 반탁
쓰기: 반란 反亂
반복 反復
모반 謀反
위반 違反
여반장 如反掌

發

6급II
부 癶
총 12
약 発

필 **발**

상 着 붙을 착

읽기: 發掘 발굴
發癌 발암
쓰기: 남발 濫發
빈발 頻發
적발 摘發
증발 蒸發

放

6급II
부 攵(攴)
총 8

놓을 **방(:)**

유 釋 풀 석, 解 풀 해
상 防 막을 방

읽기: 放尿 방뇨
放飼 방사
放鷹 방응
쓰기: 방면 放免
방임 放任
방자 放恣

白

8급
부 白
총 5

흰 **백**

유 素 흴 소, 皓 흴 호
상 玄 검을 현, 黑 검을 흑

읽기: 白鷗 백구
白鷺 백로
白磁 백자
쓰기: 백미 白眉
백주 白晝
결백 潔白

番

6급
부 田
총 12

차례 **번**

유 序 차례 서, 第 차례 제, 秩 차례 질

읽기: 番款 번관
쓰기: 번호 番號
결번 缺番
당번 當番
주번 週番
불침번 不寢番

變

5급II
부 言
총 23
약 変

변할 **변:**

유 化 될 화

읽기: 變幻 변환
滄桑之變 창상지변
쓰기: 변덕 變德
변사 變死
돌변 突變
임기응변 臨機應變

班

6급II
부 王(玉)
총 10

나눌 **반**

유 別 나눌 별, 分 나눌 분
상 合 합할 합

읽기: 班閥 반벌
班瑞 반서
쓰기: 반급 班給
무반 武班
수반 首班
양반 兩班

方

7급II
부 方
총 4

모 **방**

유 楞 네모질 릉

읽기: 方劑 방제
艮方 간방
兌方 태방
쓰기: 방침 方針
방편 方便
비방 秘方

倍

5급
부 亻(人)
총 10

곱 **배(:)**

읽기: 倍俸 배봉
쓰기: 배가 倍加
배수 倍數
배액 倍額
배율 倍率
백배 百倍

百

7급
부 白
총 6

일백 **백**

읽기: 百揆 백규
百葉箱 백엽상
頓首百拜 돈수백배
쓰기: 백선 百選
백화점 百貨店
백팔번뇌 百八煩惱

法

5급II
부 氵(水)
총 8

법 **법**

유 規 법 규, 律 법칙 률, 範 법 범, 則 법칙 칙

읽기: 魔法 마법
療法 요법
峻法 준법
쓰기: 법인 法認
위법 違法
준법 遵法

別

6급
부 刂(刀)
총 7

다를·나눌 **별**

유 區 구분할 구, 分 나눌 분
상 共 한가지 공, 同 한가지 동

읽기: 別岐 별기
쓰기: 별개 別個
별세 別世
별장 別莊
감별 鑑別
석별 惜別

病

- 6급
- 부 疒
- 총 10
- 병 병:

읽기
- 病魔 병마
- 糖尿病 당뇨병
- 皮膚病 피부병

쓰기
- 병가 病暇
- 병균 病菌
- 병세 病勢

유 疾 병 질

兵

- 5급II
- 부 八
- 총 7
- 병사 병

읽기
- 備兵 용병
- 撤兵 철병

쓰기
- 병기 兵器
- 병역 兵役
- 징병 徵兵
- 기병대 騎兵隊

유 軍 군사 군, 卒 마칠 졸
상 帥 장수 수, 將 장수 장

服

- 6급
- 부 月
- 총 8
- 옷 복

읽기
- 冕服 면복
- 欽服 흠복

쓰기
- 복약 服藥
- 복장 服裝
- 정복 征服
- 연미복 燕尾服

유 衣 옷 의

福

- 5급II
- 부 示
- 총 14
- 복 복

읽기
- 福祚 복조

쓰기
- 복권 福券
- 복록 福祿
- 복리 福利
- 축복 祝福
- 전화위복 轉禍爲福

유 祚 복 조, 禧 복 희
상 災 재앙 재, 禍 재앙 화

本

- 6급
- 부 木
- 총 5
- 근본 본

읽기
- 本俸 본봉
- 謄本 등본

쓰기
- 본관 本館
- 본부 本部
- 각본 脚本
- 발본색원 拔本塞源

유 根 뿌리 근, 源 근원 원
상 末 끝 말

奉

- 5급II
- 부 大
- 총 8
- 받들 봉:

읽기
- 奉戴 봉대
- 奉呈 봉정
- 奉旨 봉지

쓰기
- 봉양 奉養
- 신봉 信奉
- 멸사봉공 滅私奉公

유 捧 받들 봉, 仕 섬길 사

父

- 8급
- 부 父
- 총 4
- 아비 부

읽기
- 許由巢父 허유소부

쓰기
- 부계 父系
- 부친 父親
- 백부 伯父
- 숙부 叔父
- 부위자강 父爲子綱

상 母 어미 모

夫

- 7급
- 부 大
- 총 4
- 지아비 부

읽기
- 坑夫 갱부
- 筏夫 벌부
- 津夫 진부

쓰기
- 광부 鑛夫
- 농부 農夫
- 대장부 大丈夫

상 婦 며느리 부, 妻 아내 처

部

- 6급II
- 부 阝(邑)
- 총 11
- 떼 부

쓰기
- 부락 部落
- 부서 部署
- 부속 部屬
- 부족 部族
- 부처 部處
- 전부 全部

유 隊 무리 대
상 孤 외로울 고, 單 홑 단, 獨 홀로 독

北

- 8급
- 부 匕
- 총 5
- 북녘 북/달아날 배

읽기
- 北闕 북궐
- 拉北 납북
- 北極圈 북극권

쓰기
- 북단 北端
- 북위 北緯
- 월북 越北

유 敗 패할 패
상 南 남녘 남

分

- 6급II
- 부 刀
- 총 4
- 나눌 분(:)

읽기
- 分娩 분만
- 銖分 수분

쓰기
- 분담 分擔
- 분량 分量
- 분리 分離
- 분명 分明

유 區 구분할 구, 配 나눌 배
상 合 합할 합

不

- 7급II
- 부 一
- 총 4
- 아닐 불

읽기
- 不穩 불온
- 不撤晝夜 불철주야
- 杜門不出 두문불출

쓰기
- 불효 不孝
- 불균형 不均衡
- 표리부동 表裏不同

유 非 아닐 비

5급 부 比 총 4 比 견줄 비: 유 較 견줄 교	읽기 比丘尼 비구니 쓰기 비견 比肩 비례 比例 비율 比率 비중 比重 대비 對比	**5급** 부 貝 총 12 費 쓸 비: 유 用 쓸 용	읽기 診療費 진료비 治療費 치료비 쓰기 경비 經費 국비 國費 낭비 浪費 유지비 維持費
5급 부 鼻 총 14 鼻 코 비:	읽기 酸鼻 산비 쓰기 비염 鼻炎 비음 鼻音 비조 鼻祖 비혈 鼻血 이목구비 耳目口鼻	**5급** 부 水 총 5 氷 얼음 빙 상 炭 숯 탄	읽기 氷菓 빙과 滑氷 활빙 쓰기 빙판 氷板 결빙 結氷 해빙 解氷 여리박빙 如履薄氷
8급 부 口 총 5 四 넉 사:	읽기 四皓 사호 四角帽 사각모 쓰기 사계 四季 사서 四書 사주 四柱 조삼모사 朝三暮四	**7급Ⅱ** 부 亅 총 8 事 일 사:	읽기 炊事 취사 쓰기 사례 事例 사리 事理 사전 事前 혼사 婚事 식소사번 食少事煩
6급Ⅱ 부 示 총 8 社 모일 사 유 會 모일 회 상 散 흩을 산	읽기 宗廟社稷 종묘사직 쓰기 사교 社交 사규 社規 사옥 社屋 지사 支社 주식회사 株式會社	**6급** 부 亻(人) 총 8 使 하여금·부릴 사: 유 令 하여금 령, 役 부릴 역 상 勞 일할 로	읽기 酷使 혹사 勞使葛藤 노사갈등 쓰기 사역 使役 구사 驅使 사절단 使節團 함흥차사 咸興差使
6급 부 歹 총 6 死 죽을 사: 유 殺 죽일 살 상 生 날 생, 活 살 활	읽기 絞死 교사 溺死 익사 쓰기 사투 死鬪 사형 死刑 참사 慘死 사생결단 死生決斷	**5급Ⅱ** 부 亻(人) 총 5 仕 섬길 사(:) 유 奉 받들 봉	읽기 闕仕 궐사 쓰기 사관 仕官 급사 給仕 봉사 奉仕 시사 時仕 출사 出仕
5급Ⅱ 부 口 총 5 史 사기 사:	읽기 遼史 요사 쓰기 사극 史劇 사료 史料 선사 先史 통사 通史 암행어사 暗行御史	**5급Ⅱ** 부 士 총 3 士 선비 사: 유 兵 병사 병, 卒 마칠 졸 상 帥 장수 수	읽기 碩士 석사 紳士 신사 쓰기 사기 士氣 사화 士禍 사대부 士大夫 변호사 辯護士

급수	한자	읽기	쓰기
5급 부宀 총15 약자 写, 寫	寫 베낄 사	頓寫 돈사 繕寫 선사	사본 寫本 사진 寫眞 복사 複寫 피사체 被寫體

유 謄 베낄 등, 模 본뜰 모

| 5급 부心 총9 | 思 생각 사(:) | 潭思 담사
勞心焦思 노심초사 | 사색 思索
사유 思惟
사조 思潮
역지사지 易地思之 |

유 考 생각할 고, 念 생각 념, 慮 생각할 려, 想 생각 상

| 5급 부木 총9 | 査 조사할 사 | 査頓 사돈 | 사찰 査察
검사 檢査
내사 內査
답사 踏査
조사 調査 |

유 搜 찾을 수, 探 찾을 탐

| 8급 부山 총3 | 山 메 산 | 釜山 부산
蔚山 울산 | 산간 山間
산적 山積
태산 泰山
인산인해 人山人海 |

유 岳 큰산 악
상 江 강 강, 川 내 천

| 7급 부竹 총14 | 算 셈 산: | 甕算 옹산
電算網 전산망 | 산술 算術
검산 檢算
결산 決算
환산 換算 |

유 計 셀 계, 數 셈 수

| 5급II 부生 총11 | 産 낳을 산: | 殖産 식산 | 산고 産苦
산업 産業
자산 資産
재산 財産
축산 畜産 |

유 娩 낳을 만, 生 날 생, 誕 낳을 탄

| 8급 부一 총3 | 三 석 삼 | 三陟 삼척
三顧草廬 삼고초려
韋編三絶 위편삼절 | 삼강오륜 三綱五倫
삼인성호 三人成虎
군자삼락 君子三樂 |

유 參 석 삼

| 7급II 부一 총3 | 上 윗 상: | 上弦 상현
呈上 정상
上位圈 상위권 | 상소 上疏
비상 飛上
하석상대 下石上臺 |

상 下 아래 하

| 5급II 부口 총11 | 商 장사 상 | 商圈 상권
商舶 상박
灣商 만상 | 상호 商號
상혼 商魂
부상 富商 |

유 量 헤아릴 량

| 5급II 부目 총9 | 相 서로 상 | 輔相 보상
幻相 환상
肝膽相照 간담상조 | 상봉 相逢
상쇄 相殺
명실상부 名實相符 |

유 互 서로 호

| 5급 부貝 총15 | 賞 상줄 상 | 旌賞 정상
勳賞 훈상 | 상장 賞狀
관상 觀賞
부상 副賞
신상필벌 信賞必罰 |

상 罰 벌할 벌

| 7급 부色 총6 | 色 빛 색 | 藍色 남색 | 색소 色素
기색 氣色
무색 無色
변색 變色
교언영색 巧言令色 |

유 彩 채색 채

8급 부 生 총 5	生 날 생	읽기: 胎生 태생, 幻生 환생 쓰기: 생경 生硬, 소생 蘇生, 생태계 生態系, 언감생심 焉敢生心

유 産 낳을 산, 活 살 활
상 死 죽을 사, 殺 죽일 살

8급 부 西 총 6	西 서녘 서	읽기: 西歐 서구, 陝西省 섬서성 쓰기: 서양 西洋, 서해 西海, 동문서답 東問西答, 동서고금 東西古今

상 東 동녘 동

6급Ⅱ 부 曰 총 10	書 글 서	읽기: 書札 서찰, 書翰 서한, 僻書 벽서 쓰기: 역서 譯書, 저서 著書, 신언서판 身言書判

유 文 글월 문, 籍 문서 적

5급 부 广 총 7	序 차례 서:	읽기: 庠序 상서 쓰기: 서두 序頭, 서론 序論, 서막 序幕, 서열 序列, 순서 順序

유 番 차례 번, 第 차례 제, 秩 차례 질

7급 부 夕 총 3	夕 저녁 석	읽기: 夕餐 석찬 쓰기: 석간 夕刊, 석양 夕陽, 추석 秋夕, 칠석 七夕, 조변석개 朝變夕改

유 暮 저물 모
상 旦 아침 단, 朝 아침 조

6급 부 巾 총 10	席 자리 석	읽기: 闕席 궐석, 鼎席 정석 쓰기: 객석 客席, 공석 空席, 방석 方席, 병석 病席

유 位 자리 위, 座 자리 좌

6급 부 石 총 5	石 돌 석	읽기: 膽石 담석, 礪石 여석, 鮑石亭 포석정 쓰기: 석탄 石炭, 광석 鑛石, 타산지석 他山之石

유 巖 바위 암

8급 부 儿 총 6	先 먼저 선	읽기: 先秦時代 선진시대, 先斬後啓 선참후계 쓰기: 선두 先頭, 선례 先例, 선열 先烈, 선구자 先驅者

유 前 앞 전
상 後 뒤 후

6급Ⅱ 부 糸 총 15	線 줄 선	읽기: 流線型 유선형, 抛物線 포물선 쓰기: 선로 線路, 탈선 脫線, 자외선 紫外線, 해안선 海岸線

유 索 노(새끼줄) 삭, 繩 노끈 승, 絃 줄 현

5급Ⅱ 부 亻(人) 총 5	仙 신선 선	읽기: 仙窟 선굴 쓰기: 선녀 仙女, 신선 神仙, 선인장 仙人掌, 수선화 水仙花, 선풍도골 仙風道骨

5급Ⅱ 부 魚 총 17	鮮 고울 선	읽기: 鮮耀 선요 쓰기: 선명 鮮明, 선혈 鮮血, 생선 生鮮, 신선 新鮮, 조선 朝鮮

유 麗 고울 려, 美 아름다울 미

5급 부 口 총 12	善 착할 선:	읽기: 旌善 정선 쓰기: 선린 善隣, 개선 改善, 독선 獨善, 선남선녀 善男善女, 권선징악 勸善懲惡

유 良 어질 량
상 惡 악할 악

5급 부 舟 총 11 약 舩	船 배 선	읽기: 船舶 선박, 釣船 조선, 艦船 함선 쓰기: 선원 船員, 승선 乘船, 조선 造船	5급 부 辶(辵) 총 16	選 가릴 선:	읽기: 當選圈 당선권 쓰기: 선임 選任, 선정 選定, 결선 決選, 예선 豫選, 취사선택 取捨選擇
유 舶 배 박, 艦 큰배 함			유 拔 뽑을 발, 別 나눌 별, 擇 가릴 택		
6급II 부 雨 총 11	雪 눈 설	읽기: 瑞雪 서설, 雪膚花容 설부화용 쓰기: 설경 雪景, 빙설 氷雪, 설상가상 雪上加霜, 동빙한설 凍氷寒雪	5급II 부 言 총 14	說 말씀 설/달랠 세:	읽기: 僻說 벽설, 探偵小說 탐정소설 쓰기: 설명 說明, 유세 遊說, 설왕설래 說往說來, 어불성설 語不成說
			유 談 말씀 담, 語 말씀 어, 言 말씀 언, 話 말씀 화		
7급II 부 女 총 8	姓 성 성:	읽기: 僻姓 벽성 쓰기: 성명 姓名, 백성 百姓, 역성 易姓, 타성 他姓, 집성촌 集姓村	6급II 부 戈 총 7	成 이룰 성	읽기: 翊成 익성, 弼成 필성, 成層圈 성층권 쓰기: 성립 成立, 구성 構成, 대기만성 大器晚成
유 氏 성씨 씨			유 達 통달할 달, 就 나아갈 취 상 敗 패할 패		
6급II 부 目 총 9	省 살필 성/덜 생	읽기: 省楸 성추, 遼寧省 요령성 쓰기: 생력 省力, 귀성 歸省, 반성 反省, 혼정신성 昏定晨省	5급II 부 忄(心) 총 8	性 성품 성:	읽기: 酸性 산성, 磁性 자성 쓰기: 성격 性格, 성리 性理, 관성 慣性, 속성 屬性
유 察 살필 찰, 略 간략할 략 상 益 더할 익					
7급II 부 一 총 5	世 인간 세:	읽기: 世網 세망, 塵世 진세, 厭世主義 염세주의 쓰기: 세간 世間, 난세 亂世, 곡학아세 曲學阿世	5급II 부 止 총 13 약 岁, 岁	歲 해 세:	쓰기: 세배 歲拜, 세시 歲時, 세월 歲月, 세차 歲次, 과세 過歲, 만세 萬歲
유 界 지경 계, 代 대신할 대			유 年 해 년		
5급II 부 氵(水) 총 9	洗 씻을 세:	읽기: 洗劑 세제 쓰기: 세련 洗練, 세례 洗禮, 세안 洗眼, 세차 洗車, 세탁물 洗濯物	8급 부 小 총 3	小 작을 소:	읽기: 小艇 소정, 小型 소형, 膽大心小 담대심소 쓰기: 소설 小雪, 소아과 小兒科, 능소능대 能小能大
유 濯 씻을 탁			유 微 작을 미 상 大 큰 대, 偉 클 위		

7급	少	읽기	少艾 소애
부 小			少尉 소위
총 4		쓰기	소액 少額
적을 **소:**			감소 減少
유 寡 적을 과			연소 年少
상 多 많을 다, 老 늙을 로			최소 最少

7급	所	읽기	哨所 초소
부 戶			託兒所 탁아소
총 8		쓰기	소속 所屬
바 **소:**			소원 所願
유 處 곳 처			소지 所持
			소장품 所藏品

6급Ⅱ	消	읽기	消融 소융
부 氵(水)			消炎劑 소염제
총 10		쓰기	소독 消毒
사라질 **소**			소등 消燈
유 滅 멸할 멸			소진 消盡
상 顯 나타날 현, 現 나타날 현			소비자 消費者

6급	速	읽기	速棋 속기
부 辶(辵)			快速艇 쾌속정
총 11		쓰기	속도 速度
빠를 **속**			속독 速讀
유 急 급할 급			속보 速報
상 緩 느릴 완, 遲 더딜·늦을 지			과속 過速

5급Ⅱ	束	읽기	團束網 단속망
부 木		쓰기	결속 結束
총 7			구속 拘束
묶을 **속**			긴속 緊束
			약속 約束
상 釋 풀 석, 解 풀 해			속수무책 束手無策

6급	孫	읽기	孫基禎 손기정
부 子			孫秉熙 손병희
총 10		쓰기	손부 孫婦
손자 **손(:)**			세손 世孫
			외손 外孫
유 胤 자손 윤			후손 後孫
상 祖 할아비 조			

8급	水	읽기	水晶 수정
부 水			水溶性 수용성
총 4		쓰기	수로 水路
물 **수**			수분 水分
			수어지교 水魚之交
상 陸 뭍 륙, 火 불 화			산자수명 山紫水明

7급Ⅱ	手	읽기	手翰 수한
부 手			魔手 마수
총 4			能手能爛 능수능란
손 **수(:)**		쓰기	실수 失手
			수불석권 手不釋卷
상 足 발 족			자수성가 自手成家

7급	數	읽기	枚數 매수
부 攵(攴)			坪數 평수
총 15		쓰기	수치 數値
약 数			술수 術數
셈 **수:**			액수 額數
유 計 셀 계, 算 셈 산			점수 點數

6급	樹	읽기	樹勳 수훈
부 木			合成樹脂 합성수지
총 16		쓰기	수림 樹林
나무 **수**			수립 樹立
			과수원 果樹園
유 木 나무 목			침엽수 針葉樹

5급Ⅱ	首	읽기	斬首 참수
부 首			絞首刑 교수형
총 9			首邱初心 수구초심
머리 **수**		쓰기	수령 首領
			수반 首班
유 頭 머리 두			수제자 首弟子
상 尾 꼬리 미			

5급Ⅱ	宿	읽기	宿憾 숙감
부 宀			奎宿 규수
총 11			昴宿 묘수
잘 **숙**/별자리 **수:**		쓰기	숙명 宿命
			숙환 宿患
유 眠 잘 면, 睡 졸음 수, 寢 잘 침			합숙 合宿

順 (순할 순:)
5급II 부頁 총12
- 상 逆 거스를 역

읽기
- 順娩 순만

쓰기
- 순리 順理
- 순종 順從
- 순풍 順風
- 유순 柔順
- 이순 耳順

習 (익힐 습)
6급 부羽 총11
- 유 慣 익숙할 관, 練 익힐 련, 熟 익을 숙

읽기
- 謬習 유습

쓰기
- 복습 復習
- 실습 實習
- 예습 豫習
- 폐습 弊習
- 풍습 風習

市 (저자 시:)
7급II 부巾 총5

읽기
- 市舶 시박
- 撤市 철시

쓰기
- 시청 市廳
- 도시 都市
- 증시 證市
- 시정잡배 市井雜輩

始 (비로소 시:)
6급II 부女 총8
- 유 創 비롯할 창, 初 처음 초
- 상 末 끝 말, 終 마칠 종

읽기
- 秦始皇 진시황

쓰기
- 시작 始作
- 시조 始祖
- 개시 開始
- 원시 元始
- 시종일관 始終一貫

食 (밥·먹을 식)
7급II 부食 총9
- 유 飯 밥 반, 餐 밥 찬

읽기
- 闕食 궐식
- 蠶食 잠식
- 碩果不食 석과불식

쓰기
- 식욕 食慾
- 포식 飽食
- 삼순구식 三旬九食

式 (법 식)
6급 부弋 총6
- 유 格 격식 격, 規 법 규, 律 법칙 률, 法 법 법

읽기
- 戴冠式 대관식

쓰기
- 복식 複式
- 서식 書式
- 양식 樣式
- 개막식 開幕式
- 제막식 除幕式

術 (재주 술)
6급II 부行 총11
- 유 技 재주 기, 藝 재주 예, 才 재주 재

읽기
- 魔術 마술
- 妖術 요술
- 幻術 환술

쓰기
- 술책 術策
- 검술 劍術
- 연금술 鍊金術

勝 (이길 승)
6급 부力 총12
- 상 負 질 부, 敗 패할 패

읽기
- 勝塏 승개

쓰기
- 승률 勝率
- 승소 勝訴
- 승전 勝戰
- 우승 優勝
- 승승장구 乘勝長驅

時 (때 시)
7급II 부日 총10
- 유 期 기약할 기

읽기
- 宋時烈 송시열
- 先秦時代 선진시대

쓰기
- 시간 時間
- 시급 時急
- 시세 時勢
- 만시지탄 晚時之歎

示 (보일 시:)
5급 부示 총5
- 유 看 볼 간, 監 볼 감, 見 볼 견, 觀 볼 관

읽기
- 示唆 시사
- 揭示板 게시판

쓰기
- 시범 示範
- 계시 啓示
- 과시 誇示
- 적시 摘示

植 (심을 식)
7급 부木 총12
- 유 栽 심을 재

읽기
- 插植 삽식

쓰기
- 식목 植木
- 식물 植物
- 식수 植樹
- 보식 補植
- 이식 移植

識 (알 식/기록할 지)
5급II 부言 총19
- 유 認 알 인, 知 알 지

쓰기
- 식별 識別
- 감식 鑑識
- 박식 博識
- 상식 常識
- 의식 意識
- 표지 標識

6급II 부亻(人) 총 9	**信** 믿을 신:	읽기: 信託 신탁, 惇信 돈신, 金庾信 김유신 쓰기: 신뢰 信賴, 단신 短信, 미신 迷信

유 諒 믿을 량
상 疑 의심할 의

6급II 부斤 총 13	**新** 새 신	읽기: 新型 신형, 新禧 신희, 斬新 참신 쓰기: 신간 新刊, 신설 新設, 신판 新版

상 古 예 고, 故 연고 고, 舊 예 구

6급II 부示 총 10	**神** 귀신 신	읽기: 神託 신탁, 天佑神助 천우신조 쓰기: 신경 神經, 신동 神童, 신성 神聖, 신출귀몰 神出鬼沒

유 鬼 귀신 귀, 靈 신령 령

6급II 부身 총 7	**身** 몸 신	읽기: 屍身 시신, 隻身 척신, 託身 탁신 쓰기: 대신 代身, 보신 補身, 은신 隱身

유 己 몸 기, 體 몸 체
상 心 마음 심

5급II 부臣 총 6	**臣** 신하 신	읽기: 勳臣 훈신, 喉舌之臣 후설지신 쓰기: 가신 家臣, 사신 使臣, 시신 侍臣, 난신적자 亂臣賊子

상 君 임금 군, 王 임금 왕, 帝 임금 제, 皇 임금 황

8급 부宀 총 9	**室** 집 실	읽기: 蠶室 잠실, 室內靴 실내화, 休憩室 휴게실 쓰기: 교실 敎室, 밀실 密室, 기획실 企劃室

유 家 집 가, 館 집 관, 宙 집 주, 宅 집 택

6급 부大 총 5	**失** 잃을 실	읽기: 失措 실조, 闕失 궐실 쓰기: 실기 失機, 실례 失禮, 실점 失點, 실책 失策

유 過 지날 과, 忘 잊을 망, 喪 잃을 상
상 得 얻을 득

5급II 부宀 총 14 약 実	**實** 열매 실	읽기: 槐實 괴실, 藍實 남실, 模型實驗 모형실험 쓰기: 실천 實踐, 진실 眞實, 충실 充實

유 果 실과 과
상 空 빌 공, 虛 빌 허

7급 부心 총 4	**心** 마음 심	읽기: 炯心 형심, 勞心焦思 노심초사 쓰기: 심약 心弱, 심정 心情, 관심 關心, 절치부심 切齒腐心

상 物 물건 물, 身 몸 신, 體 몸 체

8급 부十 총 2	**十** 열 십	읽기: 十枚 십매, 十升 십승, 沙彌十戒 사미십계 쓰기: 십자가 十字架, 십장생 十長生, 문일지십 聞一知十

유 拾 열 십

5급II 부儿 총 8 약 児	**兒** 아이 아	읽기: 蠶兒 잠아, 胎兒 태아, 託兒所 탁아소 쓰기: 기아 棄兒, 미아 迷兒, 유아 幼兒

유 童 아이 동
상 長 긴 장, 丈 어른 장

5급II 부心 총 12 약 悪	**惡** 악할 악/미워할 오	읽기: 惡魔 악마, 妖惡 요악, 彰惡 창악 쓰기: 악역 惡役, 험악 險惡, 악순환 惡循環

유 憎 미울 증
상 善 착할 선

7급II 부 宀 총 6	安 편안 안	읽기	安頓 안돈 安舒 안서 安胎 안태
		쓰기	안락 安樂 안정 安靜 위안 慰安

유 康 편안 강, 寧 편안 녕, 便 편할 편
상 危 위태할 위

5급 부 木 총 10	案 책상 안:	읽기	折衷案 절충안
		쓰기	안건 案件 기안 起案 도안 圖案 현안 懸案 타협안 妥協案

유 床 상 상

6급 부 心 총 13	愛 사랑 애(:)	읽기	愛姬 애희 溺愛 익애 隻愛 척애
		쓰기	애송 愛誦 애칭 愛稱 할애 割愛

유 戀 그릴 련, 慈 사랑 자
상 惡 미워할 오, 憎 미울 증

6급 부 夕 총 8	夜 밤 야:	읽기	夜尿 야뇨 夜餐 야찬
		쓰기	야경 夜景 야근 夜勤 심야 深夜 금의야행 錦衣夜行

상 午 낮 오, 晝 낮 주

6급 부 里 총 11	野 들 야:	읽기	野蠻 야만 野鴨 야압 沃野千里 옥야천리
		쓰기	야당 野黨 야영 野營 야적 野積

유 郊 들 교, 坪 들 평
상 與 더불 여

6급II 부 弓 총 10	弱 약할 약	읽기	膽弱 담약 纖弱 섬약
		쓰기	약관 弱冠 약세 弱勢 약점 弱點 연약 軟弱

상 強 강할 강

6급II 부 艹(艸) 총 19 약 薬	 약 약	읽기	藥劑 약제 藥鋪 약포 痲藥 마약
		쓰기	보약 補藥 탄약 彈藥 폭약 爆藥

유 劑 약제 제

5급II 부 糸 총 9	約 맺을 약	읽기	約款 약관 締約 체약
		쓰기	약혼 約婚 맹약 盟約 예약 豫約 백년가약 百年佳約

유 契 맺을 계, 束 묶을 속, 締 맺을 체
상 解 풀 해

6급 부 氵(水) 총 9	洋 큰바다 양	읽기	洋靴 양화 汪洋 왕양 巡洋艦 순양함
		쓰기	양궁 洋弓 양복 洋服 양장 洋裝

유 滄 큰바다 창

6급 부 阝(阜) 총 12	陽 볕 양	읽기	陽傘 양산 洛陽 낙양 遮陽 차양
		쓰기	양각 陽刻 양극 陽極 사양 斜陽

유 景 볕 경
상 陰 그늘 음

5급 부 食 총 15	 기를 양:	읽기	養殖 양식 養蠶 양잠 滋養 자양
		쓰기	양돈 養豚 양성 養成 수양 修養

유 飼 기를 사, 育 기를 육

7급 부 言 총 14	語 말씀 어:	읽기	款語 관어 英語圈 영어권
		쓰기	국어 國語 숙어 熟語 신조어 新造語 실어증 失語症

유 談 말씀 담, 辭 말씀 사, 言 말씀 언, 話 말씀 화

5급 부 氵(水) 총 14 **漁** 고기잡을 **어**	읽기 漁網 어망 漁艇 어정 쓰기 어선 漁船 어항 漁港 농어민 農漁民 어부지리 漁父之利	5급 부 魚 총 11 **魚** 고기·물고기 **어**	읽기 魚網 어망 釣魚 조어 釜中生魚 부중생어 쓰기 어류 魚類 활어 活魚 건어물 乾魚物
5급 부 亻(人) 총 15 **億** 억 **억**	쓰기 억서 億庶 억장 億丈 억재 億載 수억 數億 억만장자 億萬長者 억조창생 億兆蒼生	6급 부 言 총 7 **言** 말씀 **언** 유 談 말씀 담, 辭 말씀 사, 　語 말씀 어 상 行 다닐 행	읽기 妖言 요언 隻言 척언 託言 탁언 쓰기 언쟁 言爭 선언 宣言 유구무언 有口無言
6급 II 부 木 총 13 **業** 업 **업** 유 事 일 사	읽기 丕業 비업 霸業 패업 勳業 훈업 쓰기 업적 業績 파업 罷業 폐업 廢業	7급 부 灬(火) 총 12 **然** 그럴 **연**	읽기 鬱然 울연 燦然 찬연 悽然 처연 쓰기 석연 釋然 숙연 肅然 망연자실 茫然自失
5급 부 灬(火) 총 15 **熱** 더울 **열** 유 暑 더울 서 상 冷 찰 랭, 寒 찰 한	읽기 熱圈 열권 解熱劑 해열제 쓰기 열렬 熱烈 열변 熱辯 열정 熱情 미열 微熱	5급 부 艹(艸) 총 13 **葉** 잎 **엽**	읽기 柯葉 가엽 胎葉 태엽 쓰기 엽서 葉書 엽전 葉錢 고엽 枯葉 지엽 枝葉
6급 부 水 총 5 **永** 길 **영:** 유 久 오랠 구, 遠 멀 원, 　長 긴 장 상 短 짧을 단	읽기 永祚 영조 쓰기 영결 永訣 영면 永眠 영생 永生 영속 永續 영주권 永住權	6급 부 艹(艸) 총 9 **英** 꽃부리 **영**	읽기 闕英 알영 駐英 주영 쓰기 영국 英國 영어 英語 영역 英譯 영재 英才
8급 부 二 총 4 **五** 다섯 **오:**	읽기 五魔 오마 五靈脂 오령지 五銖錢 오수전 春秋五霸 춘추오패 쓰기 오선지 五線紙 사분오열 四分五裂	7급 II 부 十 총 4 **午** 낮 **오:** 유 晝 낮 주 상 夜 밤 야	읽기 午療 오료 子午圈 자오권 쓰기 오수 午睡 오전 午前 오후 午後 정오 正午

屋

- 5급
- 부 尸
- 총 9
- 집 옥
- 유 家 집 가, 館 집 관, 堂 집 당, 宇 집 우

읽기: 屋廬 옥려, 茅屋 모옥
쓰기: 옥상 屋上, 사옥 社屋, 양옥 洋屋, 옥탑방 屋塔房

溫

- 6급
- 부 氵(水)
- 총 13
- 약 温
- 따뜻할 온
- 유 暖 따뜻할 난
- 상 凍 얼 동, 冷 찰 랭, 寒 찰 한

읽기: 溫坑 온갱, 溫滑 온활
쓰기: 온실 溫室, 온정 溫情, 온천 溫泉, 미온적 微溫的

完

- 5급
- 부 宀
- 총 7
- 완전할 완
- 유 全 온전 전

읽기: 完聚 완취, 完晶質 완정질
쓰기: 완납 完納, 완비 完備, 완수 完遂, 보완 補完

王

- 8급
- 부 玉
- 총 4
- 임금 왕
- 유 君 임금 군, 帝 임금 제
- 상 民 백성 민, 臣 신하 신

읽기: 魔王 마왕, 霸王 패왕
쓰기: 왕릉 王陵, 왕명 王命, 왕비 王妃, 왕좌 王座

外

- 8급
- 부 夕
- 총 5
- 바깥 외:
- 상 內 안 내

읽기: 外託 외탁, 外濠 외호, 圈外 권외, 塵外 진외
쓰기: 외계 外界, 외국 外國, 외채 外債

要

- 5급II
- 부 西
- 총 9
- 요긴할 요(:)
- 유 緊 긴할 긴

읽기: 要旨 요지, 要津 요진
쓰기: 요강 要綱, 요새 要塞, 요소 要素, 개요 槪要

曜

- 5급
- 부 日
- 총 18
- 빛날 요:
- 유 耀 빛날 요, 煜 빛날 욱, 燦 빛날 찬, 煥 빛날 환

읽기: 曜煜 요욱, 皓曜 호요, 晃曜 황요
쓰기: 요령 曜靈, 요일 曜日, 흑요석 黑曜石

浴

- 5급
- 부 氵(水)
- 총 10
- 목욕할 욕
- 유 沐 머리감을 목

읽기: 沐浴 목욕
쓰기: 욕실 浴室, 욕전 浴殿, 삼림욕 森林浴, 일광욕 日光浴, 해수욕장 海水浴場

勇

- 6급II
- 부 力
- 총 9
- 날랠 용:
- 유 猛 사나울 맹

읽기: 勇膽 용담, 蠻勇 만용
쓰기: 용기 勇氣, 용사 勇士, 용약 勇躍, 용장 勇壯

用

- 6급II
- 부 用
- 총 5
- 쓸 용:
- 유 費 쓸 비

읽기: 雇用 고용, 倂用 병용, 採用 채용
쓰기: 용건 用件, 용도 用度, 착용 着用

右

- 7급II
- 부 口
- 총 5
- 오를·오른(쪽) 우:
- 상 左 왼 좌

읽기: 右揆 우규, 右弼 우필, 左瞻右顧 좌첨우고
쓰기: 우경 右傾, 우익 右翼, 우측 右側

友

- 5급II
- 부 又
- 총 4
- 벗 우:
- 유 朋 벗 붕

읽기: 允友 윤우, 槿友會 근우회
쓰기: 우애 友愛, 우정 友情, 급우 級友, 학우 學友

5급II 부 雨 총 8	雨 비 우:	읽기	雨傘 우산 沐雨 목우 瑞雨 서우
		쓰기	우기 雨期 기우 祈雨 폭우 暴雨

상 晴 갤 청

6급II 부 辶(辵) 총 13	運 옮길 운:	읽기	運祚 운조 運動靴 운동화
		쓰기	운명 運命 운송 運送 운항 運航 액운 厄運

유 動 움직일 동, 搬 운반할 반, 移 옮길 이, 遷 옮길 천

5급 부 隹 총 12	雄 수컷 웅	읽기	桓雄 환웅
		쓰기	웅거 雄據 웅변 雄辯 웅장 雄壯 영웅 英雄 군웅할거 群雄割據

상 雌 암컷 자

6급 부 辶(辵) 총 14 약 逺	遠 멀 원:	읽기	遠謨 원모 殷鑑不遠 은감불원
		쓰기	원시 遠視 원양 遠洋 원정 遠征 소원 疏遠

유 永 길 영, 遙 멀 요
상 近 가까울 근

5급 부 厂 총 10	原 언덕 원	읽기	原赦 원사 原型 원형
		쓰기	원가 原價 원료 原料 원리 原理 원인 原因

유 阜 언덕 고, 丘 언덕 구, 邱 언덕 구, 厓 언덕 애

5급 부 頁 총 19	願 원할 원:	읽기	願刹 원찰
		쓰기	원서 願書 민원 民願 숙원 宿願 청원 請願 축원 祝願

유 冀 바랄 기, 望 바랄 망, 希 바랄 희

5급 부 牛 총 4	牛 소 우	읽기	牛膽 우담 牛毛麟角 우모인각
		쓰기	우유 牛乳 투우 鬪牛 한우 韓牛 교각살우 矯角殺牛

유 丑 소 축

5급II 부 雨 총 12	雲 구름 운	읽기	雲聚 운취 雲翰 운한 籠鳥戀雲 농조연운
		쓰기	운집 雲集 운해 雲海 전운 戰雲

6급 부 口 총 13	園 동산 원	읽기	園苑 원원 庄園 장원
		쓰기	공원 公園 전원 田園 원두막 園頭幕 유원지 遊園地

5급II 부 儿 총 4	元 으뜸 원	읽기	元輔 원보 元勳 원훈
		쓰기	원기 元氣 원래 元來 원로 元老 원소 元素

유 霸 으뜸 패

5급 부 阝(阜) 총 10	院 집 원	읽기	棋院 기원 翰林院 한림원
		쓰기	원장 院長 법원 法院 병원 病院 학원 學院

유 家 집 가, 館 집 관, 堂 집 당, 室 집 실

8급 부 月 총 4	月 달 월	읽기	纖月 섬월 盈月 영월 踰月 유월
		쓰기	월간 月刊 월급 月給 만월 滿月

偉 클 위

5급II 부亻(人) 총 11

- 읽기: 偉彦 위언 / 偉勳 위훈
- 쓰기: 위력 偉力 / 위업 偉業 / 위용 偉容 / 위인 偉人
- 유: 巨 클 거, 大 큰 대, 太 클 태
- 상: 小 작을 소

位 자리 위

5급 부亻(人) 총 7

- 읽기: 闕位 궐위 / 上位圈 상위권
- 쓰기: 위치 位置 / 양위 讓位 / 우위 優位 / 직위 職位
- 유: 席 자리 석, 座 자리 좌

有 있을 유:

7급 부月 총 6

- 읽기: 有柄 유병 / 亢龍有悔 항룡유회
- 쓰기: 유감 有感 / 유식 有識 / 유익 有益 / 고유 固有
- 유: 在 있을 재, 存 있을 존
- 상: 無 없을 무

油 기름 유

6급 부氵(水) 총 8

- 읽기: 潤滑油 윤활유
- 쓰기: 경유 輕油 / 등유 燈油 / 정유 精油 / 주유 注油 / 송유관 送油管
- 유: 脂 기름 지

由 말미암을 유

6급 부田 총 5

- 읽기: 由衍 유연
- 쓰기: 유래 由來 / 사유 事由 / 연유 緣由 / 이유 理由 / 자유 自由

育 기를 육

7급 부月(肉) 총 8

- 읽기: 鞠育 국육 / 燾育 도육
- 쓰기: 육성 育成 / 육아 育兒 / 교육 敎育 / 보육 保育
- 유: 飼 기를 사, 養 기를 양

銀 은 은

6급 부金 총 14

- 읽기: 銀蟾 은섬 / 銀釧 은천 / 銀杏 은행
- 쓰기: 은광 銀鑛 / 은제 銀製 / 은화 銀貨

音 소리 음

6급II 부音 총 9

- 읽기: 音旨 음지 / 瓊音 경음 / 徽音 휘음
- 쓰기: 음반 音盤 / 음악 音樂 / 발음 發音
- 유: 聲 소리 성

飮 마실 음(:)

6급II 부飠(食) 총 13

- 읽기: 炭酸飮料 탄산음료
- 쓰기: 음독 飮毒 / 음료 飮料 / 음식 飮食 / 시음 試飮 / 폭음 暴飮
- 유: 吸 마실 흡

邑 고을 읍

7급 부邑 총 7

- 읽기: 僻邑 벽읍 / 采邑 채읍 / 聚邑 취읍
- 쓰기: 읍민 邑民 / 읍장 邑長 / 도읍 都邑
- 유: 郡 고을 군, 洞 골 동, 里 마을 리, 州 고을 주

意 뜻 의:

6급II 부心 총 13

- 읽기: 意衷 의충 / 託意 탁의
- 쓰기: 의견 意見 / 의도 意圖 / 의미 意味 / 의외 意外
- 유: 旨 뜻 지, 志 뜻 지, 趣 뜻 취

衣 옷 의

6급 부衣 총 6

- 읽기: 衣鉢 의발 / 葛衣 갈의 / 天衣無縫 천의무봉
- 쓰기: 의류 衣類 / 의상 衣裳 / 수의 壽衣
- 유: 服 옷 복

6급
부 酉
총 18
약 医

醫 의원 의

유 療 병고칠 료

읽기 醫療 의료
쓰기 의사 醫師
　　 의술 醫術
　　 의원 醫院
　　 명의 名醫
　　 전문의 專門醫

8급
부 二
총 2

二 두 이:

유 貳 두·갖은 두 이, 再 두 재

읽기 二柄 이병
　　 二傅 이부
　　 悼二將歌 도이장가
쓰기 이차 二次
　　 이륜차 二輪車
　　 이중창 二重唱

5급Ⅱ
부 人
총 5

以 써 이:

읽기 以類聚 이유취
쓰기 이래 以來
　　 이상 以上
　　 이전 以前
　　 이실직고 以實直告
　　 이심전심 以心傳心

5급
부 耳
총 6

耳 귀 이:

읽기 獐耳細辛 장이세신
쓰기 이명 耳鳴
　　 이목 耳目
　　 이순 耳順
　　 석이 石耳
　　 우이독경 牛耳讀經

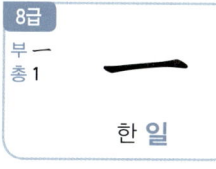
8급
부 人
총 2

人 사람 인

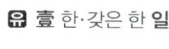

읽기 賈人 고인
　　 妖人 요인
　　 傭人 용인
쓰기 인류 人類
　　 철인 哲人
　　 소인묵객 騷人墨客

5급
부 口
총 6

因 인할 인

유 緣 인연 연
상 果 실과 과

읽기 桓因 환인
쓰기 인습 因襲
　　 인자 因子
　　 기인 起因
　　 요인 要因
　　 원인 原因

8급
부 一
총 1

一 한 일

유 壹 한·갖은 한 일

읽기 一揆 일규
　　 一握 일악
　　 一塵 일진
쓰기 일약 一躍
　　 일엽편주 一葉片舟
　　 일어탁수 一魚濁水

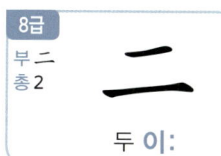
8급
부 日
총 4

日 날 일

상 月 달 월

읽기 日俸 일봉
　　 日傘 일산
　　 遮日 차일
쓰기 일상 日常
　　 일지 日誌
　　 일취월장 日就月將

5급Ⅱ
부 亻(人)
총 6

任 맡길 임(:)

유 擔 멜 담, 委 맡길 위, 托 맡길 탁
상 免 면할 면

쓰기 임기 任期
　　 임명 任命
　　 임무 任務
　　 임용 任用
　　 방임 放任
　　 사임 辭任

7급
부 入
총 2

入 들 입

유 納 들일 납
상 出 날 출

읽기 入闕 입궐
　　 購入 구입
　　 搬入 반입
쓰기 입양 入養
　　 가입 加入
　　 몰입 沒入

7급Ⅱ
부 子
총 3

子 아들 자

상 娘 계집 낭, 女 계집 녀

읽기 荀子 순자
　　 胤子 윤자
　　 淮南子 회남자
쓰기 자식 子息
　　 자음 子音
　　 양상군자 梁上君子

7급Ⅱ
부 自
총 6

自 스스로 자

유 己 몸 기
상 他 다를 타

읽기 自虐 자학
　　 自彊不息 자강불식
쓰기 자급 自給
　　 독자 獨自
　　 자포자기 自暴自棄
　　 등고자비 登高自卑

7급 부 子 총 6	**字** 글자 자	읽기	字型 자형 闕字 궐자 僻字 벽자
		쓰기	자전 字典 자해 字解 문자 文字

6급Ⅱ 부 亻(人) 총 7	**作** 지을 작	읽기	作隻 작척 作軸 작축 傭作 용작
		쓰기	작사 作詞 작황 作況 졸작 拙作

유 著 지을 저, 製 지을 제,
造 지을 조, 創 비롯할 창

8급 부 長 총 8	**長** 긴 장(:)	읽기	長靴 장화 坑長 갱장
		쓰기	장검 長劍 장발 長髮 장편 長篇 가장 家長

유 久 오랠 구, 丈 어른 장
상 短 짧을 단, 幼 어릴 유

6급 부 立 총 11	**章** 글 장	읽기	勳章 훈장 徽章 휘장 奎章閣 규장각
		쓰기	기장 旗章 도장 圖章 인장 印章

유 文 글월 문

6급 부 土 총 6	**在** 있을 재:	읽기	僻在 벽재 駐在 주재
		쓰기	재고 在庫 재적 在籍 개재 介在 편재 偏在

유 有 있을 유, 存 있을 존
상 無 없을 무

5급Ⅱ 부 貝 총 10	**財** 재물 재	읽기	財閥 재벌
		쓰기	재단 財團 재산 財産 재원 財源 재정 財政 횡재 橫財

유 資 재물 자, 貨 재물 화

6급 부 耂(老) 총 9	**者** 놈 자	읽기	諜者 첩자 霸者 패자
		쓰기	궐자 厥者 독자 讀者 관계자 關係者 근로자 勤勞者

6급Ⅱ 부 日 총 9	**昨** 어제 작	쓰기	작년 昨年 작세 昨歲 작일 昨日 작주 昨週 작추 昨秋 재작년 再昨年

상 今 이제 금

7급Ⅱ 부 土 총 12	**場** 마당 장	읽기	購販場 구판장 磁氣場 자기장 駐車場 주차장
		쓰기	극장 劇場 목장 牧場 일장춘몽 一場春夢

6급Ⅱ 부 手 총 3	**才** 재주 재	읽기	才媛 재원 棋才 기재 呈才 정재
		쓰기	재간 才幹 둔재 鈍才 수재 秀才

유 技 재주 기, 術 재주 술,
藝 재주 예

5급Ⅱ 부 木 총 7	**材** 재목 재	읽기	棟梁之材 동량지재
		쓰기	재목 材木 골재 骨材 제재 製材 호재 好材 적재적소 適材適所

5급 부 冂 총 6	**再** 두 재:	읽기	再祚 재조
		쓰기	재림 再臨 재배 再拜 재심 再審 재편 再編 재혼 再婚

유 兩 두 량, 雙 두 쌍

5급 부火 총7 **災** 재앙 재	읽기 災妖 재요 쓰기 재난 災難 / 관재 官災 / 삼재 三災 / 화재 火災 / 천재지변 天災地變
유 殃 재앙 앙, 厄 액 액, 禍 재앙 화 상 福 복 복	

5급 부爪 총8 약 争 **爭** 다툴 쟁	읽기 爭霸 쟁패 / 湖洛論爭 호락논쟁 쓰기 쟁의 爭議 / 쟁탈 爭奪 / 분쟁 紛爭 / 항쟁 抗爭
유 競 다툴 경, 戰 싸움 전, 鬪 싸움 투 상 和 화할 화	

5급 부貝 총12 **貯** 쌓을 저:	읽기 貯柴 저시 쓰기 저양 貯養 / 저유 貯油 / 저장 貯藏 / 저탄 貯炭 / 저수지 貯水池
유 積 쌓을 적, 蓄 모을 축, 築 쌓을 축 상 壞 무너질 괴	

5급II 부白 총8 **的** 과녁 적	읽기 綜合的 종합적 / 汎國民的 범국민적 쓰기 적실 的實 / 적중 的中 / 표적 標的 / 맹목적 盲目的

5급 부赤 총7 **赤** 붉을 적	읽기 赤繩 적승 / 赤緯圈 적위권 쓰기 적자 赤字 / 적조 赤潮 / 적외선 赤外線 / 적수공권 赤手空拳
유 丹 붉을 단, 朱 붉을 주, 紅 붉을 홍	

7급II 부入 총6 **全** 온전 전	읽기 穩全 온전 / 安全帽 안전모 / 腎不全症 신부전증 쓰기 전멸 全滅 / 전역 全域 / 전원 全員
유 完 완전할 완, 切 온통 체	

7급II 부刂(刀) 총9 **前** 앞 전	읽기 前哨 전초 / 前勳 전훈 쓰기 전력 前歷 / 전례 前例 / 전장 前場 / 역전 驛前
상 後 뒤 후	

7급II 부雨 총13 **電** 번개 전:	읽기 電磁波 전자파 쓰기 누전 漏電 / 전등 電燈 / 전원 電源 / 전지 電池 / 전화 電話

6급II 부戈 총16 약 战, 戦 **戰** 싸움 전:	읽기 棋戰 기전 / 戰鬪艦 전투함 쓰기 전사 戰死 / 결전 決戰 / 도전 挑戰 / 임전무퇴 臨戰無退
유 競 다툴 경, 爭 다툴 쟁, 鬪 싸움 투 상 和 화할 화	

5급II 부亻(人) 총13 약 伝 **傳** 전할 전	읽기 傳鉢 전발 / 傳餐 전찬 쓰기 전송 傳送 / 전수 傳授 / 유전 遺傳 / 명불허전 名不虛傳

5급II 부八 총8 **典** 법 전:	읽기 典型 전형 / 典當鋪 전당포 쓰기 경전 經典 / 사전 辭典 / 원전 原典 / 출전 出典
유 度 법도 도, 律 법칙 률, 範 법 범, 法 법 법	

5급II 부尸 총10 **展** 펼 전:	읽기 舒展 서전 / 展色劑 전색제 쓰기 전개 展開 / 전망 展望 / 전시 展示 / 발전 發展
유 舒 펼 서, 伸 펼 신, 鋪 펼 포	

切

5급II
부 刀
총 4

끊을 절/온통 체

유 斷 끊을 단, 絕 끊을 절
상 繼 이을 계, 續 이을 속

읽기 切診 절진
쓰기 절망 切望
절박 切迫
대절 貸切
애절 哀切
적절 適切

節

5급II
부 竹
총 15
약 节

마디 절

유 寸 마디 촌

읽기 峻節 준절
쓰기 절감 節減
절개 節概
절약 節約
계절 季節
정절 貞節

店

5급II
부 广
총 8

가게 점:

유 鋪 가게 포

읽기 製菓店 제과점
쓰기 점원 店員
개점 開店
매점 賣店
상점 商店
백화점 百貨店

正

7급II
부 止
총 5

바를 정(:)

상 反 돌이킬 반,
誤 그르칠 오,
僞 거짓 위

읽기 正弦 정현
衷正 충정
쓰기 정각 正刻
공정 公正
보정 補正
파사현정 破邪顯正

庭

6급II
부 广
총 10

뜰 정

읽기 庭柯 정가
椿庭 춘정
쓰기 정원 庭園
가정 家庭
교정 校庭
친정 親庭

定

6급
부 宀
총 8
약 乄

정할 정:

읽기 定款 정관
定型 정형
欽定 흠정
쓰기 감정 鑑定
부정 否定
책정 策定

情

5급II
부 忄(心)
총 11

뜻 정

유 意 뜻 의, 志 뜻 지

읽기 情款 정관
衷情 충정
쓰기 정담 情談
정서 情緖
정열 情熱
연정 戀情

停

5급
부 亻(人)
총 11

머무를 정

유 留 머무를 류,
泊 머무를 박,
駐 머무를 주, 止 그칠 지

읽기 停頓 정돈
쓰기 정간 停刊
정년 停年
정전 停電
정체 停滯
정거장 停車場

弟

8급
부 弓
총 7

아우 제:

상 師 스승 사, 兄 형 형

읽기 泗上弟子 사상제자
쓰기 매제 妹弟
자제 子弟
처제 妻弟
난형난제 難兄難弟
호형호제 呼兄呼弟

第

6급II
부 竹
총 11

차례 제:

유 序 차례 서, 秩 차례 질

쓰기 제택 第宅
급제 及第
낙제 落第
등제 登第
향제 鄕第
본제입납 本第入納

題

6급II
부 頁
총 18

제목 제

읽기 旁題 방제
扁題 편제
쓰기 제목 題目
문제 問題
숙제 宿題
예제 豫題

祖

7급
부 示
총 10

할아비 조

상 孫 손자 손

읽기 趙光祖 조광조
쓰기 조국 祖國
조상 祖上
선조 先祖
시조 始祖
원조 元祖

급수	한자	읽기	쓰기
6급 부月 총12	朝 아침 조	朝旭 조욱 朝旨 조지 朝餐 조찬	조간 朝刊 조례 朝禮 조정 朝廷

유 旦 아침 단
상 暮 저물 모, 夕 저녁 석, 野 들 야

| 5급 부扌(手) 총16 | 操 잡을 조(:) | 操向杆 조향간 | 조신 操身
조심 操心
조작 操作
지조 志操
체조 體操 |

유 拘 잡을 구, 捉 잡을 착, 捕 잡을 포
상 放 놓을 방

| 6급 부方 총11 | 族 겨레 족 | 族閥 족벌
貊族 맥족
鼎族 정족 | 귀족 貴族
친족 親族
황족 皇族 |

| 5급II 부禾 총14 | 種 씨 종(:) | 蠻種 만종
倭種 왜종 | 멸종 滅種
업종 業種
특종 特種
종두득두 種豆得豆 |

유 核 씨 핵

| 7급II 부工 총5 | 左 왼 좌: | 左台 좌태
左承旨 좌승지 | 좌경 左傾
좌측 左側
증좌 證左
좌충우돌 左衝右突 |

상 右 오른(쪽) 우

| 7급 부丶 총5 | 主 임금·주인 주 | 主旨 주지
主軸 주축 | 주간 主幹
주관 主管
주권 主權
주장 主將 |

유 君 임금 군, 王 임금 왕
상 賓 손 빈, 從 좇을 종

| 5급II 부言 총15 | 調 고를 조 | 調燮 조섭
調劑 조제 | 시조 時調
애조 哀調
조련 調練
조정 調整 |

유 和 화할 화

| 7급II 부足 총7 | 足 발 족 | 驥足 기족
獐足 장족
駿足 준족 | 만족 滿足
사족 蛇足
족탈불급 足脫不及 |

유 裕 넉넉할 유, 豊 풍년 풍
상 手 손 수

| 5급II 부十 총8 약卆 | 卒 마칠 졸 | 魔卒 마졸
津卒 진졸 | 졸곡 卒哭
졸도 卒徒
졸업 卒業
창졸 倉卒 |

유 兵 병사 병, 士 선비 사, 終 마칠 종
상 將 장수 장

| 5급 부糸 총11 | 終 마칠 종 | | 종간 終刊
종영 終映
종점 終點
종착 終着
임종 臨終
최종 最終 |

유 端 끝 단, 了 마칠 료, 末 끝 말
상 始 비로소 시

| 5급 부罒(网) 총13 | 罪 허물 죄: | 赦罪 사죄
斬罪 참죄 | 죄수 罪囚
죄악 罪惡
죄질 罪質
범죄 犯罪 |

유 過 지날 과

| 7급 부亻(人) 총7 | 住 살 주: | | 주민 住民
주소 住所
주지 住持
안주 安住
이주 移住
입주 入住 |

유 居 살 거

6급II 부 氵(水) 총 8	注 부을 주:	읽기: 注措 주조, 翰注 한주 쓰기: 주목 注目, 주문 注文, 주시 注視, 경주 傾注
6급 부 日 총 11 약 昼	晝 낮 주	읽기: 晝餐 주찬 쓰기: 주간 晝間, 주맹 晝盲, 주침 晝寢, 주행 晝行, 백주 白晝 유 午 낮 오 상 夜 밤 야

5급II 부 巛 총 6	州 고을 주	읽기: 驪州 여주, 晉州 진주, 坡州 파주 쓰기: 주리 州吏, 주재 州宰, 광주 光州 유 郡 고을 군, 洞 골 동, 邑 고을 읍
5급II 부 辶(辵) 총 12	週 주일 주	쓰기: 주간 週間, 주기 週期, 주말 週末, 주일 週日, 주초 週初, 격주 隔週

8급 부 丨 총 4	中 가운데 중	읽기: 中尉 중위, 中軸 중축, 閨中 규중, 中折帽 중절모 쓰기: 중견 中堅, 상중 喪中 유 央 가운데 앙 상 邊 가 변, 際 가 제
7급 부 里 총 9	重 무거울 중:	읽기: 重淵 중연, 鄭重 정중 쓰기: 중진 重鎭, 중후 重厚, 진중 鎭重, 치중 置重 유 複 겹칠 복 상 輕 가벼울 경

7급 부 土 총 6	地 땅 지	읽기: 地軸 지축, 僻地 벽지, 裸垈地 나대지, 高水敷地 고수부지 쓰기: 기지 基地, 양지 陽地 유 坤 땅 곤 상 乾 하늘 건, 旻 하늘 민, 天 하늘 천
7급 부 糸 총 10	紙 종이 지	읽기: 紙繩 지승, 揷紙 삽지 쓰기: 갱지 更紙, 벽지 壁紙, 봉지 封紙, 표지 表紙

5급II 부 矢 총 8	知 알 지	읽기: 諜知 첩지 쓰기: 지각 知覺, 지능 知能, 감지 感知, 친지 親知, 통지 通知 유 識 알 식, 認 알 인 상 行 다닐 행
5급 부 止 총 4	止 그칠 지	읽기: 沮止 저지, 遮止 차지, 止血劑 지혈제 쓰기: 방지 防止, 제지 制止, 폐지 廢止 유 禁 금할 금, 停 머무를 정

7급II 부 目 총 8	直 곧을 직	읽기: 亮直 양직 쓰기: 직각 直角, 직영 直營, 직접 直接, 직진 直進, 경직 硬直 유 貞 곧을 정, 正 바를 정 상 曲 굽을 곡, 屈 굽힐 굴
5급II 부 貝 총 15 약 貭	質 바탕 질	읽기: 膽液質 담액질, 纖維質 섬유질 쓰기: 질량 質量, 기질 氣質, 물질 物質, 본질 本質 유 朴 성 박, 本 근본 본, 素 본디 소

6급II 부隹 총12	**集** 모을 집	읽기: 集輯 집집 쓰기: 집단 集團 / 집약 集約 / 밀집 密集 / 소집 召集 / 채집 採集

유 募 모을 모, 蓄 모을 축
상 配 나눌 배, 散 흩을 산

5급II 부目 총12	**着** 붙을 착	읽기: 着帽 착모 / 膠着 교착 쓰기: 착수 着手 / 애착 愛着 / 정착 定着 / 침착 沈着

유 到 이를 도, 附 붙을 부
상 發 필 발

5급II 부ム 총11 약参	**參** 참여할 참/석 삼	읽기: 參預 참예 쓰기: 참고 參考 / 참관 參觀 / 참석 參席 / 참조 參照 / 지참 持參

유 三 석 삼, 與 더불 여

6급II 부穴 총11	**窓** 창 창	읽기: 芸窓 운창 / 隻窓 척창 쓰기: 동창 同窓 / 차창 車窓 / 철창 鐵窓 / 창호지 窓戶紙

5급 부口 총11	**唱** 부를 창:	쓰기: 독창 獨唱 / 봉창 奉唱 / 선창 先唱 / 제창 齊唱 / 합창 合唱 / 부창부수 夫唱婦隨

5급II 부貝 총11	**責** 꾸짖을 책	읽기: 峻責 준책 쓰기: 책망 責望 / 책무 責務 / 면책 免責 / 직책 職責 / 총책 總責

상 讚 기릴 찬

7급 부十 총3	**千** 일천 천	읽기: 沃野千里 옥야천리 쓰기: 천년 千年 / 천추 千秋 / 천리안 千里眼 / 천려일득 千慮一得 / 천재일우 千載一遇

7급 부大 총4	**天** 하늘 천	읽기: 摩天樓 마천루 / 昊天罔極 호천망극 쓰기: 승천 昇天 / 천일염 天日鹽 / 노기충천 怒氣衝天 / 좌정관천 坐井觀天

유 旻 하늘 민, 昊 하늘 호
상 坤 땅 곤, 地 땅 지

7급 부巛 총3	**川** 내 천	읽기: 沔川 면천 / 沃川 옥천 / 陜川 합천 쓰기: 천렵 川獵 / 건천 乾川 / 주야장천 晝夜長川

유 河 물 하
상 山 메 산

5급 부金 총21 약鉄	**鐵** 쇠 철	읽기: 鐵鉢 철발 / 鐵甕城 철옹성 / 鐵條網 철조망 쓰기: 철권 鐵拳 / 철제 鐵製 / 전철 電鐵

유 鋼 강철 강, 金 쇠 금

8급 부青 총8	**靑** 푸를 청	읽기: 靑桐 청동 / 靑磁 청자 / 靑出於藍 청출어람 쓰기: 답청 踏靑 / 청와대 靑瓦臺 / 청산유수 靑山流水

유 綠 푸를 록, 碧 푸를 벽, 蒼 푸를 창

6급II 부氵(水) 총11	**淸** 맑을 청	읽기: 淸漣 청련 / 淸穆 청목 / 淸楚 청초 / 淸凉劑 청량제 쓰기: 청순 淸純 / 숙청 肅淸

유 淡 맑을 담, 淑 맑을 숙, 雅 맑을 아
상 濁 흐릴 탁

體 몸 체

6급II 부 骨 총 23 약 体

- 읽기: 體型 체형, 裸體 나체, 屍體 시체
- 쓰기: 체감 體感, 체계 體系, 총체 總體
- 유: 身 몸 신
- 상: 心 마음 심

初 처음 초

5급 부 刀 총 7

- 읽기: 初俸 초봉, 初弦 초현
- 쓰기: 초급 初級, 초반 初盤, 초보 初步, 초판 初版
- 유: 始 비로소 시
- 상: 端 끝 단, 了 마칠 료, 末 끝 말, 終 마칠 종

村 마을 촌:

7급 부 木 총 7

- 읽기: 村廬 촌려, 僻村 벽촌
- 쓰기: 촌락 村落, 촌로 村老, 촌장 村長, 농촌 農村
- 유: 里 마을 리, 府 마을 부, 署 마을 서

秋 가을 추

7급 부 禾 총 9

- 읽기: 秋鷹 추응, 呂氏春秋 여씨춘추
- 쓰기: 추계 秋季, 추곡 秋穀, 추상 秋霜, 추파 秋波
- 상: 春 봄 춘

春 봄 춘

7급 부 日 총 9

- 읽기: 春塘 춘당
- 쓰기: 춘계 春季, 춘풍 春風, 신춘 新春, 청춘 青春, 사춘기 思春期
- 상: 秋 가을 추

充 채울 충

5급II 부 儿 총 6

- 읽기: 充棟 충동, 充盈 충영
- 쓰기: 충전 充電, 충족 充足, 보충 補充, 확충 擴充
- 유: 滿 찰 만

草 풀 초

7급 부 艹(艸) 총 10

- 읽기: 茅草 모초, 柴草 시초, 芝草 지초
- 쓰기: 감초 甘草, 초록동색 草綠同色, 결초보은 結草報恩

寸 마디 촌:

8급 부 寸 총 3

- 읽기: 寸札 촌찰
- 쓰기: 촌각 寸刻, 촌수 寸數, 촌음 寸陰, 촌평 寸評, 사촌 四寸
- 유: 節 마디 절

最 가장 최:

5급 부 曰 총 12

- 읽기: 最新型 최신형, 最上位圈 최상위권
- 쓰기: 최강 最強, 최선 最善, 최악 最惡, 최후 最後

祝 빌 축

5급 부 示 총 10

- 읽기: 祝融 축융
- 쓰기: 축원 祝願, 축제 祝祭, 축하 祝賀, 경축 慶祝, 송축 頌祝
- 유: 祈 빌 기

出 날 출

7급 부 凵 총 5

- 읽기: 出塵 출진, 搬出 반출
- 쓰기: 출강 出講, 출고 出庫, 출근 出勤, 출석 出席
- 유: 進 나아갈 진
- 상: 入 들 입

致 이를 치:

5급 부 至 총 10

- 읽기: 拉致 납치, 崔致遠 최치원
- 쓰기: 치사 致辭, 치하 致賀, 운치 韻致, 초치 招致
- 유: 到 이를 도, 至 이를 지

5급 부刂(刀) 총 9 **則** 법칙 **칙**/곧 **즉** 유 規 법 규, 範 법 범, 法 법 법	**쓰기** 반칙 反則 벌칙 罰則 범칙 犯則 연즉 然則 원칙 原則 철칙 鐵則	**6급** 부 見 총 16 **親** 친할 **친** 상 疏 소통할 소	**읽기** 親札 친찰 **쓰기** 친구 親舊 친근 親近 친밀 親密 친절 親切 사고무친 四顧無親
8급 부 一 총 2 **七** 일곱 **칠**	**읽기** 七札 칠찰 **쓰기** 칠순 七旬 칠정 七情 칠면조 七面鳥 칠언시 七言詩 북두칠성 北斗七星	**5급** 부 亻(人) 총 5 **他** 다를 **타** 유 異 다를 이, 差 다를 차 상 自 스스로 자	**읽기** 他岐 타기 他益信託 타익신탁 **쓰기** 타계 他界 타의 他意 타향 他鄕 배타 排他
5급 부 扌(手) 총 5 **打** 칠 **타:** 유 擊 칠 격	**읽기** 打診 타진 一網打盡 일망타진 **쓰기** 타도 打倒 타자 打者 타파 打破 안타 安打	**5급** 부 十 총 8 **卓** 높을 **탁** 유 高 높을 고, 尙 오히려 상, 越 넘을 월 상 低 밑 저	**읽기** 卓峙 탁치 **쓰기** 탁견 卓見 탁구 卓球 탁발 卓拔 탁자 卓子 식탁 食卓
5급 부 火 총 9 **炭** 숯 **탄:** 상 氷 얼음 빙	**읽기** 炭坑 탄갱 炭酸 탄산 煉炭 연탄 **쓰기** 탄소 炭素 석탄 石炭 도탄지고 塗炭之苦	**6급** 부 大 총 4 **太** 클 **태** 유 巨 클 거, 泰 클 태 상 微 작을 미, 扁 작을 편	**읽기** 太傅 태부 太后 태후 **쓰기** 태극 太極 태양 太陽 태조 太祖 태초 太初
5급Ⅱ 부 宀 총 6 **宅** 집 **택** 유 家 집 가, 館 집 관, 舍 집 사, 宙 집 주	**읽기** 宅療 택료 宅診 택진 査頓宅 사돈댁 **쓰기** 댁내 宅內 택지 宅地 자택 自宅	**8급** 부 土 총 3 **土** 흙 **토** 유 壤 흙덩이 양, 地 땅 지	**읽기** 疆土 강토 沃土 옥토 焦土化 초토화 **쓰기** 토성 土星 토착 土着 영토 領土
6급 부 辶(辵) 총 11 **通** 통할 **통** 유 貫 꿸 관, 達 통달할 달, 撤 통할 철	**읽기** 通敞 통창 融通 융통 **쓰기** 통역 通譯 통화 通話 관통 貫通 소통 疏通	**6급** 부 牜(牛) 총 10 **特** 특별할 **특** 상 普 넓을 보, 遍 두루 편	**읽기** 特旨 특지 特診 특진 特輯 특집 **쓰기** 특급 特級 특사 特使 특파 特派

5급 부 木 총 8 **板** 널 **판**	읽기 揭板 게판 插紙板 삽지판 쓰기 판각 板刻 판본 板本 간판 看板 현판 懸板	8급 부 八 총 2 **八** 여덟 **팔**	읽기 八垠 팔은 八佾舞 팔일무 八年風塵 팔년풍진 쓰기 팔도 八道 팔자 八字 팔등신 八等身
5급 부 攵(攴) 총 11 **敗** 패할 **패:** ㊀ 亡 망할 망, 北 달아날 배, 負 질 부 ㊁ 勝 이길 승	읽기 酸敗 산패 쓰기 패소 敗訴 부패 腐敗 석패 惜敗 연패 連敗 참패 慘敗	7급 부 亻(人) 총 9 **便** 편할 **편(:)**/똥오줌 **변** ㊀ 寧 편안 녕, 安 편안 안	읽기 便姸 편연 쓰기 변기 便器 편이 便易 편지 便紙 간편 簡便 보편 補便
7급Ⅱ 부 干 총 5 **平** 평평할 **평** ㊀ 均 고를 균, 等 무리 등, 安 편안 안, 和 화할 화	읽기 平衍 평연 平允 평윤 平滑 평활 쓰기 평소 平素 평이 平易 평정 平靜	6급Ⅱ 부 衣 총 8 **表** 겉 **표** ㊀ 皮 가죽 피 ㊂ 裏 속 리	읽기 表揭 표게 表札 표찰 表彰 표창 쓰기 표결 表決 표시 表示 표정 表情
5급Ⅱ 부 口 총 9 **品** 물건 **품:** ㊀ 件 물건 건, 物 물건 물	읽기 骨董品 골동품 舶來品 박래품 쓰기 품격 品格 납품 納品 상품 商品 제품 製品	6급Ⅱ 부 風 총 9 **風** 바람 **풍**	읽기 風塵 풍진 風采 풍채 薰風 훈풍 쓰기 풍경 風景 풍속 風俗 위풍 威風
5급Ⅱ 부 心 총 5 **必** 반드시 **필** ㊀ 須 모름지기 수	쓰기 필승 必勝 필요 必要 기필 期必 필독서 必讀書 필수품 必需品 사필귀정 事必歸正	5급Ⅱ 부 竹 총 12 **筆** 붓 **필**	읽기 筆札 필찰 筆翰 필한 紙筆硯墨 지필연묵 쓰기 필기 筆記 분필 粉筆 수필 隨筆
7급Ⅱ 부 一 총 3 **下** 아래 **하:** ㊂ 上 윗 상	읽기 下弦 하현 下廻 하회 趨下 추하 瓜田李下 과전이하 쓰기 하대 下待 하락 下落	7급 부 夊 총 10 **夏** 여름 **하:** ㊂ 冬 겨울 동	읽기 夏桀 하걸 夏禹氏 하우씨 쓰기 하계 夏季 하복 夏服 하지 夏至 춘하추동 春夏秋冬

5급 부 氵(水) 총 8	河 물 하	읽기	河津 하진 遼河 요하
		쓰기	하구 河口 운하 運河 백년하청 百年河淸 현하지변 懸河之辯

유 江 강 강, 水 물 수, 川 내 천
상 山 메 산

8급 부 子 총 16 약 学	學 배울 학	읽기	學閥 학벌 碩學 석학
		쓰기	학교 學校 학급 學級 학년 學年 학력 學歷 철학 哲學

유 習 익힐 습
상 敎 가르칠 교, 訓 가르칠 훈

8급 부 韋 총 17	韓 한국·나라 한(:)	읽기	韓魏 한위 弁韓 변한 駐韓 주한
		쓰기	한복 韓服 한족 韓族 내한 來韓

7급Ⅱ 부 氵(水) 총 14	漢 한수·한나라 한:	읽기	漢菓 한과 蜀漢 촉한 楚漢志 초한지
		쓰기	한강 漢江 괴한 怪漢 문외한 門外漢

5급 부 宀 총 12	寒 찰 한	읽기	寒炅 한경 酷寒 혹한 防寒帽 방한모
		쓰기	한기 寒氣 한식 寒食 오한 惡寒

유 冷 찰 랭
상 暖 따뜻할 난, 熱 더울 열, 溫 따뜻할 온

6급 부 口 총 6	合 합할 합	읽기	縫合 봉합 融合 융합
		쓰기	합격 合格 합계 合計 합당 合當 합동 合同

유 綜 모을 종
상 配 나눌 배, 別 나눌 별, 分 나눌 분

7급Ⅱ 부 氵(水) 총 10	海 바다 해:	읽기	海灣 해만 海峽 해협 渤海 발해
		쓰기	해변 海邊 산해진미 山海珍味 상전벽해 桑田碧海

유 洋 큰바다 양, 滄 큰바다 창
상 空 빌 공, 陸 뭍 륙

5급Ⅱ 부 宀 총 10	害 해할 해:	읽기	沮害 저해 酷害 혹해
		쓰기	해충 害蟲 박해 迫害 살해 殺害 한해 旱害

유 損 덜 손
상 利 이할 리

6급Ⅱ 부 干 총 8	幸 다행 행:	읽기	幸冀 행기 幸祐 행우 幸姬 행희
		쓰기	행복 幸福 행운 幸運 천행 天幸

6급 부 行 총 6	行 다닐 행(:)/항렬 항	읽기	蠻行 만행 飛行艇 비행정
		쓰기	항렬 行列 행각 行脚 안항 雁行 여행 旅行

유 動 움직일 동, 爲 할 위
상 言 말씀 언

6급 부 口 총 6	向 향할 향:	읽기	廻向 회향 趨向 추향
		쓰기	향상 向上 경향 傾向 의향 意向 전향 轉向

5급 부 言 총 11	許 허락할 허	읽기	許浚 허준 亮許 양허 允許 윤허
		쓰기	허용 許容 면허 免許 인허 認許

유 諾 허락할 낙

現 나타날 현:
- 6급II, 부 王(玉), 총 11
- 유: 顯 나타날 현
- 상: 消 사라질 소, 隱 숨을 은
- 읽기: 現札 현찰
- 쓰기: 현장 現場 / 현존 現存 / 실현 實現 / 출현 出現 / 표현 表現

兄 형 형
- 8급, 부 儿, 총 5
- 유: 伯 맏 백, 允 맏 윤
- 상: 弟 아우 제
- 읽기: 允兄 윤형
- 쓰기: 형부 兄夫 / 노형 老兄 / 아형 雅兄 / 장형 長兄 / 처형 妻兄

形 모양 형
- 6급II, 부 彡, 총 7
- 유: 貌 모양 모, 像 모양 상, 樣 모양 양, 態 모습 태
- 읽기: 結晶形 결정형
- 쓰기: 형언 形言 / 형체 形體 / 도형 圖形 / 변형 變形 / 외형 外形

號 이름 호(:)
- 6급, 부 虍, 총 13, 약 号
- 유: 名 이름 명, 稱 일컬을 칭
- 읽기: 號俸 호봉 / 徽號 휘호
- 쓰기: 호령 號令 / 신호 信號 / 암호 暗號 / 추호 追號

湖 호수 호
- 5급, 부 氵(水), 총 12
- 읽기: 鼎湖 정호 / 鎔巖湖 용암호
- 쓰기: 호남 湖南 / 호수 湖水 / 강호 江湖 / 기호 畿湖

火 불 화(:)
- 8급, 부 火, 총 4
- 상: 水 물 수
- 읽기: 火魔 화마 / 火繩 화승 / 鬱火 울화
- 쓰기: 화상 火傷 / 화약 火藥 / 방화 防火

話 말씀 화
- 7급II, 부 言, 총 13
- 유: 談 말씀 담, 說 말씀 설, 語 말씀 어, 言 말씀 언
- 읽기: 款話 관화 / 插話 삽화
- 쓰기: 화두 話頭 / 화술 話術 / 화제 話題 / 동화 童話

花 꽃 화
- 7급, 부 艹(艸), 총 8
- 읽기: 槿花 근화 / 蘆花 노화 / 杏花 행화
- 쓰기: 화단 花壇 / 화원 花園 / 금상첨화 錦上添花

和 화할 화
- 6급II, 부 口, 총 8
- 유: 睦 화목할 목
- 상: 競 다툴 경, 爭 다툴 쟁, 戰 싸움 전, 鬪 싸움 투
- 읽기: 雍和 옹화 / 融和 융화
- 쓰기: 화창 和暢 / 완화 緩和 / 유화 柔和 / 포화 飽和

畫 그림 화:/그을 획
- 6급, 부 田, 총 12, 약 画
- 유: 圖 그림 도, 劃 그을 획
- 읽기: 插畫 삽화 / 濃彩畫 농채화
- 쓰기: 화백 畫伯 / 녹화 錄畫 / 영화 映畫 / 화사첨족 畫蛇添足

化 될 화(:)
- 5급II, 부 匕, 총 4
- 유: 變 변할 변
- 읽기: 酸化 산화 / 融化 융화 / 薰化 훈화
- 쓰기: 감화 感化 / 귀화 歸化 / 둔화 鈍化

患 근심 환:
- 5급, 부 心, 총 11
- 유: 愁 근심 수, 憂 근심 우
- 읽기: 胎患 태환
- 쓰기: 환난 患難 / 환란 患亂 / 환자 患者 / 노환 老患 / 유비무환 有備無患

7급II 부氵(水) 총 9	活 살 활	읽기	活性劑 활성제 生活圈 생활권
		쓰기	활기 活氣 활동 活動 활로 活路 활용 活用

유 生 날 생
상 死 죽을 사, 殺 죽일 살

6급 부黃 총 12	黃 누를 황	읽기	黃酸 황산 黃埃 황애 硫黃 유황
		쓰기	황금 黃金 황천 黃泉 주황 朱黃

6급II 부日 총 13 약 会	會 모일 회:	읽기	僑民會 교민회 研鑽會 연찬회
		쓰기	회견 會見 회담 會談 회화 會話 견강부회 牽强附會

유 社 모일 사, 集 모을 집
상 離 떠날 리, 散 흩을 산

7급II 부子 총 7	孝 효도 효:	읽기	孝廬 효려 惇孝錄 돈효록 節孝旌門 절효정문
		쓰기	효도 孝道 효자 孝子 효행 孝行

5급II 부攵(攴) 총 10 약 効	效 본받을 효:	읽기	勳效 훈효 特效劑 특효제 效勇徒尉 효용도위
		쓰기	효과 效果 효율 效率 실효 實效

7급II 부彳 총 9	後 뒤 후:	읽기	後苑 후원 後胤 후윤 後塵 후진
		쓰기	후륜 後輪 후문 後門 후원 後援

상 先 먼저 선, 前 앞 전

6급 부言 총 10	訓 가르칠 훈:	읽기	丕訓 비훈 台司訓 태사훈
		쓰기	훈련 訓練 훈육 訓育 훈화 訓話 급훈 級訓

유 敎 가르칠 교
상 學 배울 학

7급 부亻(人) 총 6	休 쉴 휴	읽기	休診 휴진 休憩室 휴게실
		쓰기	휴교 休校 휴양 休養 휴업 休業 휴지 休紙

유 憩 쉴 게, 息 쉴 식

5급II 부凵 총 4	凶 흉할 흉	읽기	凶札 흉찰 凶虐 흉학
		쓰기	흉년 凶年 흉작 凶作 흉측 凶測 음흉 陰凶

유 殃 재앙 앙, 災 재앙 재
상 吉 길할 길, 福 복 복

5급 부黑 총 12 약 黒	黑 검을 흑	쓰기	흑막 黑幕 흑발 黑髮 흑심 黑心 흑연 黑鉛 흑점 黑點 흑판 黑板

유 暗 어두울 암, 漆 옻 칠, 玄 검을 현
상 白 흰 백

4급Ⅱ~3급 배정 한자

假 거짓 가:
4급Ⅱ
부 亻(人)
총 11
약 仮

유 僞 거짓 위
상 眞 참 진

자해 사실이 아닌 다른 이야기를 사람[亻]이 빌려서[叚] 말을 꾸며내니 거짓이라는 뜻이다.

읽기 假縫 가봉   假託 가탁

쓰기 가골 假骨   가교 假橋   가도 假道   가량 假量   가령 假令   가면 假面
가명 假名   가발 假髮   가상 假像   가설 假說   가성 假性   가수 假睡
가식 假飾   가장 假裝   가정 假定   진가 眞假   가건물 假建物
가계약 假契約   가등기 假登記   가분수 假分數

街 거리 가(:)
4급Ⅱ
부 行
총 12

유 巷 거리 항

자해 흙[土土→圭]이 고르게 깔려 사방으로 길[行]이 보기 좋게 뻗어 있는 거리를 뜻한다.

읽기 金融街 금융가

쓰기 가각 街角   가도 街道   가담 街談   가두 街頭   가등 街燈   가로 街路
가상 街上   가촌 街村   가판 街販   가항 街巷   상가 商街   시가 市街
가로수 街路樹   번화가 繁華街   홍등가 紅燈街   환락가 歡樂街
대학가 大學街   가담항설 街談巷說

暇 틈·겨를 가:
4급
부 日
총 13

자해 해[日]가 떠서 한창 일할 시간에 잠시 시간을 빌려[叚] 쉬는 틈(겨를)을 뜻한다.

쓰기 가식 暇式   가일 暇日   공가 公暇   병가 病暇   여가 餘暇   연가 年暇
촌가 寸暇   한가 閑暇   휴가 休暇   여가시간 餘暇時間
연차휴가 年次休暇

佳 아름다울 가:
3급Ⅱ
부 亻(人)
총 8

유 麗 고울 려,
   美 아름다울 미
상 醜 추할 추

자해 사람[亻]이 옥[圭]처럼 깨끗하여 아름답다는 뜻이다.

읽기 佳餐 가찬

쓰기 가객 佳客   가경 佳景   가붕 佳朋   가성 佳城   가시 佳詩   가약 佳約
가연 佳宴   가월 佳月   가인 佳人   가작 佳作   가절 佳節   가주 佳酒
가취 佳趣   가편 佳篇   가흥 佳興   가인박명 佳人薄命
백년가약 百年佳約   양춘가절 陽春佳節   점입가경 漸入佳境
절세가인 絶世佳人

92

架 시렁 가:
3급II 부 木 총 9

자해 나무[木] 위에 물건을 더하여[加] 얹을 수 있게 만든 시렁(선반)을 뜻한다.

읽기 藤架 등가

쓰기 가공 架空　가교 架橋　가구 架構　가대 架臺　가미 架尾　가상 架上
가선 架線　가설 架設　가자 架子　가판 架版　서가 書架
가공치 架工齒　가구물 架構物　십자가 十字架　가공인물 架空人物
고가도로 高架道路　옥상가옥 屋上架屋

刻 새길 각
4급 부 刂(刀) 총 8

유 刊 새길 간, 銘 새길 명, 彫 새길 조

자해 장식품으로 사용하기 위해 돼지[亥]의 뼈를 칼[刂]로 무늬를 새긴다는 뜻이다. 시간을 나타내는 단위로도 쓰이며, 1刻(각)은 15분을 가리킨다.

읽기 刻珉 각민　彫刻 조각

쓰기 각고 刻苦　각루 刻漏　각자 刻字　각박 刻薄　각삭 刻削　각심 刻心
각인 刻印　경각 頃刻　목각 木刻　부각 浮刻　시각 時刻　심각 深刻
양각 陽刻　음각 陰刻　정각 正刻　촌각 寸刻　판각 板刻
각골난망 刻骨難忘　명재경각 命在頃刻　일각천금 一刻千金

覺 깨달을 각
4급 부 見 총 20 약 覚

유 悟 깨달을 오

자해 끊임없이 배우고[學→𦥯] 눈으로 보면서[見] 사물의 진리를 깨닫는다는 뜻이다.

읽기 幻覺 환각

쓰기 각고 覺苦　각서 覺書　각오 覺悟　각지 覺知　각행 覺行　감각 感覺
미각 味覺　발각 發覺　선각 先覺　시각 視覺　자각 自覺　지각 知覺
착각 錯覺　촉각 觸覺　청각 聽覺　경각심 警覺心

脚 다리 각
3급II 부 月(肉) 총 11

유 橋 다리 교

자해 우리 몸[肉→月]의 일부인 무릎을 구부렸다[卩] 폈다 하며 걸어가는[去] 다리를 뜻한다.

쓰기 각광 脚光　각본 脚本　각색 脚色　건각 健脚　교각 橋脚　마각 馬脚
목각 木脚　실각 失脚　양각 兩脚　입각 立脚　행각 行脚
각기병 脚氣病　각선미 脚線美　이인삼각 二人三脚

閣 집 각
3급II 부 門 총 14

유 家 집 가, 館 집 관, 宮 집 궁, 堂 집 당, 室 집 실, 屋 집 옥, 宇 집 우

자해 사람들이 각각[各] 드나드는 문[門]이 달린 집을 뜻한다.

읽기 闕閣 궐각　芸閣 운각　峻閣 준각　奎章閣 규장각

쓰기 각령 閣令　각료 閣僚　각의 閣議　각하 閣下　개각 改閣　거각 巨閣
고각 高閣　내각 內閣　누각 樓閣　입각 入閣　조각 組閣
거국내각 擧國內閣　사상누각 沙上樓閣　연립내각 聯立內閣

却 물리칠 각 (3급, 부 卩, 총 7)

자해 몸을 구부리고[卩] 몰래 도망간다[去]는 데서 물러난다, 물리친다는 뜻이다.

쓰기 각설 却說　각하 却下　기각 棄却　냉각 冷却　망각 忘却　매각 賣却
소각 燒却　소각 消却　퇴각 退却　감가상각 減價償却
항소기각 抗訴棄却

유 斥 물리칠 척, 退 물러날 퇴

干 방패 간 (4급, 부 干, 총 3)

자해 손잡이가 달린 방패를 본뜬 글자로, 방패를 뜻한다.

읽기 干戈 간과　干預 간예

쓰기 간련 干連　간만 干滿　간섭 干涉　간성 干城　간여 干與　간조 干潮
간지 干支　난간 欄干　십간 十干　약간 若干　여간 如干　천간 天干
간척지 干拓地

유 盾 방패 순
상 戈 창 과, 矛 창 모

看 볼 간 (4급, 부 目, 총 9)

자해 눈[目] 위에 손[手→手]을 얹고 멀리 본다는 뜻이다.

읽기 看棋 간기

쓰기 간과 看過　간병 看病　간수 看守　간역 看役　간질 看疾　간파 看破
간판 看板　간호 看護　간호사 看護師　주마간산 走馬看山

유 監 볼 감, 見 볼 견, 觀 볼 관, 覽 볼 람, 視 볼 시, 閱 볼 열, 瞻 볼 첨

簡 대쪽·간략할 간(:) (4급, 부 竹, 총 18)

자해 대나무[竹] 사이사이[間]를 쪼갠 대쪽을 뜻한다. 옛날에는 대쪽에 간략하게 기록했다는 의미에서 간략하다는 뜻도 가지게 되었다.

읽기 簡札 간찰

쓰기 간결 簡潔　간단 簡單　간략 簡略　간명 簡明　간소 簡素　간수 簡搜
간약 簡約　간열 簡閱　간요 簡要　간이 簡易　간지 簡紙　간책 簡冊
간택 簡擇　간편 簡便　내간 內簡　서간 書簡　죽간 竹簡
간이역 簡易驛

유 略 간략할 략
상 細 가늘 세

刊 새길 간 (3급II, 부 刂(刀), 총 5)

자해 방패[干]처럼 단단한 나무에 칼[刂]로 글자를 새긴다는 뜻이다.

쓰기 간인 刊印　간행 刊行　계간 季刊　근간 近刊　발간 發刊　석간 夕刊
신간 新刊　연간 年刊　월간 月刊　일간 日刊　조간 朝刊　종간 終刊
주간 週刊　증간 增刊　창간 創刊　출간 出刊　폐간 廢刊　휴간 休刊
간행물 刊行物　창간호 創刊號

유 刻 새길 각, 銘 새길 명, 彫 새길 조

| 3급II
부干
총 13
幹
줄기 간
유 脈 줄기 맥
상 根 뿌리 근, 枝 가지 지 | 자해 햇살[倝]을 받고 방패[干]처럼 단단하게 자란 줄기를 뜻한다.
읽기 棟幹 동간
쓰기 간부 幹部 간사 幹事 간선 幹線 간지 幹枝 골간 骨幹 근간 根幹
　　 기간 基幹 수간 樹幹 어간 語幹 재간 才幹 주간 主幹
　　 간선도로 幹線道路 기간산업 基幹産業 |

| 3급II
부心
총 17
懇
간절할 간: | 자해 해치[豸] 앞에 멈추어[艮] 서서 소원을 비는 마음[心]이 간절하다는 뜻이다.
읽기 懇款 간관
쓰기 간곡 懇曲 간구 懇求 간서 懇書 간절 懇切 간청 懇請
　　 간담회 懇談會 |

| 3급II
부月(肉)
총 7
肝
간 간(:) | 자해 몸[肉→月]에 들어오는 안 좋은 물질을 분해하고 막는 방패[干]와 같은 역할을 하는 간을 뜻한다.
읽기 肝膽 간담 肝腎 간신 肝癌 간암 獐肝 장간
쓰기 간염 肝炎 간요 肝要 간유 肝油 간장 肝臟 간폐 肝肺 세간 洗肝
　　 심간 心肝 구곡간장 九曲肝腸 일촌간장 一寸肝腸 |

| 3급
부女
총 9
姦
간음할 간:
유 淫 음란할 음 | 자해 여러 여자들[女女女→姦]을 함부로 간음한다는 뜻이다.
읽기 姦虐 간학
쓰기 간부 姦夫 간부 姦婦 간소 姦所 간음 姦淫 간정 姦情 간통 姦通
　　 강간 強姦 윤간 輪姦 간생자 姦生子 간음범 姦淫犯
　　 간음죄 姦淫罪 간통죄 姦通罪 근친상간 近親相姦 |

| 3급
부氵(水)
총 12
渴
목마를 갈 | 자해 물[氵]이 다하여[曷] 목이 마르다는 뜻이다.
읽기 焦渴 초갈 臨渴掘井 임갈굴정
쓰기 갈구 渴求 갈급 渴急 갈망 渴望 갈애 渴愛 갈증 渴症 고갈 枯渴
　　 고갈 苦渴 기갈 飢渴 조갈 燥渴 주갈 酒渴 해갈 解渴
　　 갈수기 渴水期 |

減 덜 감:
4급II 부 氵(水) 총 12 약 减

자해 물통 속에 있는 물[氵]을 다[咸] 빼서 무게를 던다는 뜻이다.

읽기 減俸 감봉　減撤 감철

쓰기 감가 減價　감군 減軍　감등 減等　감량 減量　감면 減免　감배 減配
감산 減産　감세 減稅　감소 減少　감속 減速　감쇄 減殺　감수 減水
감수 減收　감액 減額　감원 減員　감점 減點　감축 減縮　감형 減刑
경감 輕減　삭감 削減　절감 節減　증감 增減　차감 差減

유 削 깎을 삭, 省 덜 생, 損 덜 손, 除 덜 제
상 加 더할 가, 益 더할 익, 增 더할 증, 添 더할 첨

監 볼 감
4급II 부 皿 총 14 약 监

자해 몸을 구부려서[臥→𦣧] 물[ㆍ]이 찰랑거리는 그릇[皿]에 얼굴을 비추어 본다는 뜻이다.

읽기 台監 태감

쓰기 감관 監觀　감금 監禁　감노 監奴　감독 監督　감리 監理　감방 監房
감사 監査　감수 監修　감시 監視　감영 監營　감원 監院　감장 監葬
감찰 監察　감호 監護　경감 警監　교감 校監　대감 大監　영감 令監
사감 舍監　수감 收監　이감 移監　입감 入監　통감 統監

유 看 볼 간, 見 볼 견, 觀 볼 관, 覽 볼 람, 視 볼 시

敢 감히·구태여 감:
4급 부 攵(攴) 총 12

자해 손에 연장[工]을 들고 쳐서[攵] 적의 귀[耳]를 자르는 용감한 행동에서 '감히'라는 뜻이다.

쓰기 감결 敢決　감범 敢犯　감사 敢死　감전 敢戰　감청 敢請　감투 敢鬪
감행 敢行　과감 果敢　용감 勇敢　감사심 敢死心
감불생심 敢不生心　언감생심 焉敢生心　용감무쌍 勇敢無雙

甘 달 감
4급 부 甘 총 5

자해 혀[甘]에 사탕 하나[一]를 녹여 먹으니 맛이 달다는 뜻이다.

읽기 甘瓜 감과　甘藍 감람　甘醴 감례　甘旨 감지

쓰기 감고 甘苦　감미 甘味　감미 甘美　감사 甘辭　감수 甘受　감식 甘食
감심 甘心　감언 甘言　감우 甘雨　감유 甘油　감정 甘精　감정 甘井
감주 甘酒　감천 甘泉　감초 甘草　감탕 甘湯　감로수 甘露水
감미료 甘味料　감언이설 甘言利說　고진감래 苦盡甘來

유 苦 쓸 고

鑑 거울 감
3급II 부 金 총 22 약 鑒

자해 금속[金]으로 사람의 얼굴을 비쳐볼[監] 수 있게 만든 거울을 뜻한다.

읽기 鑑札 감찰　升鑑 승감　殷鑑不遠 은감불원

쓰기 감계 鑑戒　감고 鑑古　감별 鑑別　감사 鑑査　감상 鑑賞　감식 鑑識
감정 鑑定　감찰 鑑察　감표 鑑票　귀감 龜鑑　도감 圖鑑　명감 明鑑
보감 寶鑑　연감 年鑑　인감 印鑑　감정가 鑑定價　감정서 鑑定書
동의보감 東醫寶鑑　인감증명 印鑑證明

유 鏡 거울 경

甲

4급
부 田
총 5

갑옷 **갑**

유 鎧 갑옷 갑

자해 땅을 뚫고[丨] 나온 새싹이 씨앗 껍질[田]을 쓰고 있는 모습으로 마치 갑옷과 같아 갑옷을 뜻한다.

읽기 甲刹 갑찰

쓰기
갑가 甲家 　갑반 甲盤 　갑방 甲方 　갑변 甲邊 　갑부 甲富 　갑사 甲士
갑시 甲時 　갑신 甲申 　갑야 甲夜 　갑연 甲宴 　갑오 甲午 　갑의 甲衣
갑일 甲日 　갑자 甲子 　갑종 甲種 　갑판 甲板 　동갑 同甲 　진갑 進甲
철갑 鐵甲 　화갑 華甲 　환갑 還甲 　회갑 回甲 　갑근세 甲勤稅

康

4급 II
부 广
총 11

편안 **강**

유 健 굳셀 건, 寧 편안 녕,
安 편안 안, 穩 편안할 온,
逸 편안할 일, 便 편할 편
상 危 위태할 위

자해 집에 절구질[庚→庚]할 곡식[米→氺]이 있으니 먹고살기 편안하다는 뜻이다.

읽기 杜康 두강

쓰기
강거 康居 　강건 康健 　강국 康國 　강년 康年 　강녕 康寧 　강리 康里
강복 康福 　건강 健康 　만강 萬康 　소강 小康 　평강 平康
수복강녕 壽福康寧

講

4급 II
부 言
총 17

욀 **강:**

유 釋 풀 석, 誦 욀 송,
解 풀 해

자해 말[言]을 조리 있게 짜 맞추어[冓] 어떤 내용을 상대방에게 강론한다는 뜻이다.

읽기 尼講 이강

쓰기
강구 講究 　강단 講壇 　강당 講堂 　강독 講讀 　강론 講論 　강사 講士
강사 講師 　강의 講義 　강화 講話 　강화 講和 　강평 講評 　개강 開講
결강 缺講 　수강 受講 　종강 終講 　청강 聽講 　출강 出講 　특강 特講
휴강 休講 　강습회 講習會 　강의실 講義室

降

4급
부 阝(阜)
총 9

내릴 **강:** /항복할 **항**

유 下 아래 하,
伏 엎드릴 복
상 騰 오를 등, 昇 오를 승,
陟 오를 척

자해 병사들이 언덕[阝] 위에서 천천히 걸어[夂, 㐄] 내려온다는 뜻이다.

읽기 降瑞 강서 　降衷 강충 　陟降 척강 　滑降 활강

쓰기
강계 降階 　강단 降壇 　강등 降等 　강림 降臨 　강복 降福 　강수 降水
강신 降神 　강우 降雨 　강탄 降誕 　강판 降版 　강하 降下 　침강 沈降
투항 投降 　하강 下降 　항복 降伏 　항서 降書 　강설량 降雪量
강수량 降水量 　승강기 昇降機

剛

3급 II
부 刂(刀)
총 10

굳셀 **강**

유 強 강할 강, 彊 굳셀 강,
健 굳셀 건, 桓 굳셀 환
상 弱 약할 약,
柔 부드러울 유

자해 산등성이[岡]의 바위도 자를 만큼 칼[刂]이 튼튼하고 굳세다는 뜻이다.

쓰기
강건 剛健 　강과 剛果 　강기 剛氣 　강단 剛斷 　강도 剛度 　강렬 剛烈
강모 剛毛 　강성 剛性 　강유 剛柔 　강일 剛日 　강정 剛正 　강지 剛志
강직 剛直 　강체 剛體 　강건체 剛健體 　강성률 剛性率
금강산 金剛山 　금강석 金剛石 　외유내강 外柔內剛

綱

3급II 부 糸 총 14

벼리 **강**

유 紀 벼리 기, 維 벼리 유

자해 실[糸]로 그물 주위를 꿰어 산등성이[岡]처럼 두른 벼리를 뜻한다.

쓰기 강령 綱領 강목 綱目 강상 綱常 강요 綱要 기강 紀綱 대강 大綱 요강 要綱 정강 政綱 삼강오륜 三綱五倫

鋼

3급II 부 金 총 16

강철 **강**

유 鐵 쇠 철

자해 산등성이[岡]의 바위처럼 단단한 쇠[金]가 강철이라는 뜻이다.

읽기 축강 軸鋼 산성제강 酸性製鋼

쓰기 강관 鋼管 강선 鋼線 강재 鋼材 강철 鋼鐵 강판 鋼板 강필 鋼筆 연강 鍊鋼 제강 製鋼 철강 鐵鋼 강옥석 鋼玉石

個

4급II 부 亻(人) 총 10 약 个

낱 **개(:)**

유 枚 낱 매
상 總 다 총, 咸 다 함

자해 사람[亻]이나 물건이 각각의 성질대로 굳어서[固] 이루어진 하나하나의 낱개를 뜻한다.

읽기 개별윤활 個別潤滑

쓰기 개당 個當 개물 個物 개별 個別 개성 個性 개수 個數 개인 個人 개체 個體 별개 別個 반개 半個 개별적 個別的 개인기 個人技 각개격파 各個擊破

介

3급II 부 人 총 4

낄 **개:**

유 擁 낄 옹

자해 사람[人]이 양쪽 사이[丿丨]에 낀다는 뜻이다.

읽기 개규 介圭 개보 介輔 소개 紹介 장개석 蔣介石

쓰기 개갑 介甲 개결 介潔 개의 介意 개입 介入 개재 介在 매개 媒介 소개 紹介 중개 仲介

##

3급II 부 木 총 15 약 概

대개 **개:**

자해 됫박의 곡식을 나무[木] 막대기로 한 번 밀면 이미[旣] 면이 대개 고르게 된다는 뜻이다.

쓰기 개관 概觀 개념 概念 개략 概略 개론 概論 개산 概算 개설 概說 개요 概要 개황 概況 경개 景概 기개 氣概 대개 大概 절개 節概

蓋 덮을 개(:)

- 3급II
- 부 ++(艸)
- 총 14
- 약 盖

자해 그릇에 뚜껑을 덮고[盍] 그 위에 풀[++]을 또 덮는다는 뜻이다.

읽기 淵蓋蘇文 연개소문

쓰기 개과 蓋果　개세 蓋世　개와 蓋瓦　개판 蓋板　복개 覆蓋
　　 개두포 蓋頭布　개연성 蓋然性　두개골 頭蓋骨　무개차 無蓋車
　　 구개음화 口蓋音化　발산개세 拔山蓋世

유 覆 덮을 부, 蔽 덮을 폐

慨 슬퍼할 개:

- 3급
- 부 忄(心)
- 총 14
- 약 慨

자해 마음[忄]속으로 이미[既] 잘못된 일을 슬퍼한다는 뜻이다.

쓰기 감개 感慨　개탄 慨歎　분개 憤慨　비개 悲慨　감개무량 感慨無量

유 悼 슬퍼할 도, 憤 분할 분, 哀 슬플 애, 歎 탄식할 탄
상 歡 기쁠 환, 喜 기쁠 희

皆 다 개

- 3급
- 부 白
- 총 9

자해 모든 사람이 나란히[比] 줄지어 앉아 말하는[白] 모습에서 '모두, 다'라는 뜻이다.

쓰기 개근 皆勤　개벌 皆伐　개병 皆兵　거개 擧皆　개골산 皆骨山
　　 개근상 皆勤賞　개병주의 皆兵主義　개성불도 皆成佛道

유 總 다 총, 咸 다 함
상 個 낱 개, 枚 낱 매

居 살 거

- 4급
- 부 尸
- 총 8

자해 몸[尸]이 한곳에 오래[古] 머무르며 산다는 뜻이다.

읽기 僑居 교거　窟居 굴거　朴赫居世 박혁거세

쓰기 거가 居家　거관 居官　거류 居留　거민 居民　거사 居士　거상 居常
　　 거생 居生　거소 居所　거실 居室　거접 居接　거정 居停　거주 居住
　　 거처 居處　거촌 居村　거택 居宅　거향 居鄕　군거 群居　기거 起居
　　 동거 同居　별거 別居　은거 隱居　잡거 雜居　점거 占居　주거 住居

유 留 머무를 류, 住 살 주

巨 클 거:

- 4급
- 부 工
- 총 5

자해 장인이 사용하는 도구[工] 중에 손잡이[ㄱ]가 달린 매우 큰 도구를 그린 글자로, 크다는 뜻이다.

읽기 巨款 거관　巨刹 거찰　巨艦 거함

쓰기 거간 巨姦　거금 巨金　거대 巨大　거도 巨盜　거두 巨頭　거목 巨木
　　 거물 巨物　거부 巨富　거상 巨商　거석 巨石　거선 巨船　거액 巨額
　　 거인 巨人　거세 巨勢　거실 巨室　거역 巨役　거시적 巨視的
　　 명문거족 名門巨族

유 大 큰 대, 碩 클 석, 太 클 태, 泰 클 태
상 微 작을 미, 小 작을 소, 扁 작을 편

拒 (4급, 부 扌(手), 총 8) 막을 거:

자해 손[扌]을 크게[巨] 뻗어 상대방을 막는다는 뜻이다.

읽기 峻拒 준거

쓰기 거각 拒却　거납 拒納　거부 拒否　거수 拒守　거역 拒逆　거전 拒戰
거절 拒絶　거지 拒止　장거 障拒　항거 抗拒　거부감 拒否感
거부권 拒否權　거부반응 拒否反應

유 杜 막을 두, 防 막을 방, 閼 막을 알, 障 막을 장, 抵 막을 저, 沮 막을 저, 抗 겨룰 항

據 (4급, 부 扌(手), 총 16, 약 拠) 근거 거:

자해 호랑이[虎→虍]나 멧돼지[豕] 같은 맹수를 만나면 손[扌]에 들고 있는 무기에 의지한다는 뜻이다. 후에 근거라는 뜻도 가지게 되었다.

쓰기 거점 據點　거집 據執　근거 根據　논거 論據　웅거 雄據　의거 依據
점거 占據　준거 準據　증거 證據　할거 割據　근거지 根據地
증거물 證據物　군웅할거 群雄割據

유 依 의지할 의

距 (3급II, 부 足, 총 12) 상거할 거:

자해 발[足]을 크게[巨] 움직이면 발과 발 사이의 간격이 떨어진다는 뜻이다.

쓰기 거리 距離　거약 距躍　상거 相距　거리감 距離感　근거리 近距離
단거리 短距離　동거리 同距離　사거리 射距離　원거리 遠距離
장거리 長距離　사정거리 射程距離

유 隔 사이뜰 격, 離 떠날 리

乾 (3급II, 부 乙, 총 11) 하늘·마를 건

자해 하늘에서 쏟아지는 햇살[倝]을 오랫동안 받아 새싹[乙]이 마른다는 뜻이다.

읽기 乾蔘 건삼　乾葛 건갈

쓰기 건고 乾固　건곤 乾坤　건공 乾空　건기 乾期　건달 乾達　건답 乾畓
건덕 乾德　건배 乾杯　건성 乾性　건습 乾濕　건위 乾位　건재 乾材
건조 乾燥　건채 乾菜　건천 乾川　건초 乾草　무미건조 無味乾燥
백수건달 白手乾達

유 枯 마를 고, 旻 하늘 민, 天 하늘 천, 昊 하늘 호
상 坤 땅 곤, 地 땅 지, 濕 젖을 습

傑 (4급, 부 亻(人), 총 12) 뛰어날 걸

자해 많은 사람들[亻] 중에 재주가 빼어나니[桀] 뛰어나다는 뜻이다.

쓰기 걸관 傑觀　걸구 傑句　걸기 傑氣　걸립 傑立　걸물 傑物　걸사 傑舍
걸사 傑士　걸작 傑作　걸출 傑出　걸행 傑行　괴걸 怪傑　여걸 女傑
인걸 人傑　준걸 俊傑　영웅호걸 英雄豪傑

유 杰 뛰어날 걸, 秀 빼어날 수, 俊 준걸 준
상 劣 못할 렬, 拙 졸할 졸

乞 빌 걸
3급 부 乙, 총 3

자해 다른 사람[人→亻] 앞에서 몸을 새[乙]처럼 구부리고 음식이나 물건을 빈다는 뜻이다.

쓰기 걸객 乞客 걸구 乞求 걸맹 乞盟 걸명 乞命 걸식 乞食 걸신 乞神
걸아 乞兒 걸인 乞人 구걸 求乞 걸불병행 乞不竝行
문전걸식 門前乞食 애걸복걸 哀乞伏乞 유리걸식 流離乞食

儉 검소할 검:
4급 부 亻(人), 총 15, 약 倹

자해 사람[亻]이 물건을 아껴서 끝까지 다[僉] 쓰는 습관을 지녔으니 검소하다는 뜻이다.

쓰기 검년 儉年 검덕 儉德 검생 儉省 검소 儉素 검약 儉約 근검 勤儉
왕검 王儉 절검 節儉 청검 淸儉 근검절약 勤儉節約

檢 검사할 검:
4급II 부 木, 총 17, 약 検

자해 나무[木] 상자에 보관할 중요한 기록을 모두[僉] 꼼꼼히 검사한다는 뜻이다.

읽기 檢屍 검시 檢診 검진

쓰기 검거 檢擧 검견 檢見 검경 檢鏡 검관 檢官 검납 檢納 검단 檢斷
검독 檢督 검란 檢卵 검량 檢量 검류 檢流 검률 檢律 검문 檢問
검변 檢便 검사 檢事 검사 檢査 검산 檢算 검수 檢數 검수 檢水
검시 檢視 검안 檢眼 검약 檢藥 검온 檢溫 검정 檢定 검찰 檢察
검출 檢出 검토 檢討 검파 檢波 점검 點檢

유 査 조사할 사, 閱 볼 열, 察 살필 찰

劍 칼 검:
3급II 부 刂(刀), 총 15, 약 剣

자해 전쟁이 잦았던 옛날에 모든[僉] 남자들이 지니고 다니던 칼[刂]을 뜻한다.

읽기 戈劍 과검 隻劍 척검

쓰기 검객 劍客 검도 劍道 검무 劍舞 검법 劍法 검술 劍術 검파 劍把
단검 短劍 도검 刀劍 명검 名劍 목검 木劍 보검 寶劍
총검술 銃劍術 각주구검 刻舟求劍 구밀복검 口蜜腹劍

유 刀 칼 도

擊 칠 격
4급 부 手, 총 17, 약 撃

자해 전차[車]를 몰며 몽둥이[殳]를 손[手]에 들고 적을 친다는 뜻이다.

읽기 擊斬 격참 遮擊 차격 衝擊療法 충격요법

쓰기 격멸 擊滅 격발 擊發 격추 擊追 격침 擊沈 격퇴 擊退 격파 擊破
가격 加擊 공격 攻擊 목격 目擊 반격 反擊 배격 排擊 사격 射擊
습격 襲擊 일격 一擊 진격 進擊 총격 銃擊 추격 追擊 출격 出擊
충격 衝擊 타격 打擊 포격 砲擊 폭격 爆擊 피격 被擊
유격대 遊擊隊 인신공격 人身攻擊

유 攻 칠 공, 伐 칠 벌, 征 칠 정, 打 칠 타
상 防 막을 방, 守 지킬 수

激

4급 부 氵(水) 총 16
격할 격

- 자해: 물[氵]이 하얀[白] 거품을 내며 사방[方]을 치면서[攵] 내려가는 모습이 격하다는 뜻이다.
- 읽기: 峻激 준격
- 쓰기: 격감 激減 격권 激勸 격노 激怒 격돌 激突 격락 激落 격렬 激烈
  격류 激流 격무 激務 격발 激發 격변 激變 격분 激憤 격상 激賞
  격성 激聲 격어 激語 격음 激音 격장 激獎 격전 激戰 격절 激切
  격정 激情 격증 激增 격찬 激讚 격통 激痛 격투 激鬪 격파 激波
  격화 激化 감격 感激 과격 過激 급격 急激 자격지심 自激之心

隔

3급Ⅱ 부 阝(阜) 총 13
사이뜰 격

- 자해: 언덕[阝] 위에서 제사용 고기를 삶을 때 쓰는 솥[鬲]은 불을 땔 수 있도록 다리 사이가 떠 있다는 뜻이다.
- 읽기: 杜隔 두격 橫隔膜 횡격막
- 쓰기: 격년 隔年 격리 隔離 격월 隔月 격의 隔意 격일 隔日 격절 隔絶
  격주 隔週 격차 隔差 간격 間隔 원격 遠隔 현격 懸隔
  격세지감 隔世之感

유 間 사이 간
상 接 이을 접

堅

4급 부 土 총 11 약 坚
굳을 견

- 자해: 눈으로 내려다[臣]보면서 손[又]으로 흙[土]을 꾹꾹 누르니 단단하게 굳는다는 뜻이다.
- 쓰기: 견갑 堅甲 견강 堅强 견강 堅剛 견결 堅決 견경 堅硬 견고 堅固
  견과 堅果 견리 堅利 견빙 堅氷 견석 堅石 견성 堅城 견수 堅守
  견신 堅信 견실 堅實 견약 堅約 견인 堅忍 견지 堅持 견집 堅執
  견확 堅確 중견 中堅

유 硬 굳을 경, 固 굳을 고, 確 굳을 확
상 軟 연할 연, 柔 부드러울 유

犬

4급 부 犬 총 4
개 견

- 자해: 개의 옆모습을 본뜬 글자로, 개를 뜻한다.
- 읽기: 鷹犬 응견 駿犬 준견
- 쓰기: 견공 犬公 견마 犬馬 견치 犬齒 군견 軍犬 맹견 猛犬 명견 名犬
  애견 愛犬 종견 種犬 충견 忠犬 투견 鬪犬 광견병 狂犬病
  견마지로 犬馬之勞

유 狗 개 구, 戌 개 술

牽

3급 부 牛 총 11
이끌·끌 견

- 자해: 외양간[冖]에 있던 소[牛]를 새끼줄[玄]로 묶어 끌어낸다는 뜻이다.
- 쓰기: 견련 牽聯 견마 牽馬 견사 牽絲 견우 牽牛 견인 牽引 견제 牽制
  견합 牽合 구견 拘牽 연견 連牽 견우화 牽牛花 견인력 牽引力
  견인차 牽引車 견강부회 牽强附會 견련지친 牽連之親
  견우직녀 牽牛織女

유 引 끌 인, 提 끌 제
상 推 밀 추

絹

3급 부 糸 총 13

비단 견

유 錦 비단 금

자해 작은 벌레[肙]인 누에에서 뽑은 실[糸]로 짠 비단을 뜻한다.

읽기 絹膠 견교   絹紡 견방

쓰기 견마 絹麻   견면 絹綿   견모 絹毛   견본 絹本   견사 絹絲   견포 絹布
본견 本絹   생견 生絹   유견 油絹   홍견 紅絹   견직물 絹織物
인조견 人造絹

肩

3급 부 月(肉) 총 8

어깨 견

자해 문짝[戶]처럼 넓게 벌어져서 몸[肉→月] 위를 덮고 있는 어깨를 뜻한다.

쓰기 견골 肩骨   견대 肩帶   견두 肩頭   견등 肩等   견부 肩部   견여 肩輿
견우 肩羽   견장 肩章   견정 肩井   견차 肩次   견파 肩把   노견 路肩
비견 比肩   쌍견 雙肩   견관절 肩關節

遣

3급 부 辶(辵) 총 14

보낼 견:

유 送 보낼 송, 輸 보낼 수
상 迎 맞을 영, 適 맞을 적

자해 양손으로 받쳐 든 바구니[𠀐]에 귀중한 물건[㠯]을 담아 가서[辶] 왕에게 보낸다는 뜻이다.

쓰기 견귀 遣歸   견당 遣唐   견망 遣忘   견외 遣外   분견 分遣   선견 先遣
소견 消遣   자견 自遣   차견 差遣   파견 派遣   견당사 遣唐使
파견지 派遣地

潔

4급Ⅱ 부 氵(水) 총 15

깨끗할 결

유 淨 깨끗할 정,
清 맑을 청
상 汚 더러울 오,
醜 추할 추, 濁 흐릴 탁

자해 무성한[丰] 실[糸]을 칼[刀]로 잘라 물[氵]에 씻어 내니 깨끗하다는 뜻이다.

읽기 潔衷 결충   潔馨 결형

쓰기 결백 潔白   결복 潔服   결신 潔身   간결 簡潔   개결 介潔   고결 高潔
명결 明潔   불결 不潔   순결 純潔   정결 淨潔   청결 清潔

缺

4급Ⅱ 부 缶 총 10 약 欠

이지러질 결

상 出 날 출

자해 물 항아리[缶]를 머리에 이고 가다가 떨어뜨려서 한 곳이 터졌으니[夬] 형태가 이지러졌다는 뜻이다.

읽기 缺札 결찰

쓰기 결강 缺講   결근 缺勤   결례 缺禮   결석 缺席   결식 缺食   결여 缺如
결원 缺員   결점 缺點   결함 缺陷   결항 缺航   병결 病缺   보결 補缺
결손가정 缺損家庭   완전무결 完全無缺

訣 이별할 결

- 3급II
- 부 言
- 총 11

유 離 떠날 리, 別 나눌 별

자해 상대방에게 마지막이라고 말한[言] 뒤 관계를 깨뜨리고[夬] 이별한다는 뜻이다.

쓰기 결별 訣別　결요 訣要　결음 訣飮　구결 口訣　도결 道訣　묘결 妙訣
사결 辭訣　생결 生訣　신결 神訣　영결 永訣　요결 要訣　인결 引訣
진결 眞訣　사구결 四句訣　영결식 永訣式

兼 겸할 겸

- 3급II
- 부 八
- 총 10

유 倂 아우를 병

자해 여러 단의 벼[秝]를 손[⺕]에 함께 쥔 모습처럼 두 가지 이상의 일을 겸한다는 뜻이다.

읽기 兼倂 겸병

쓰기 겸무 兼務　겸비 兼備　겸상 兼床　겸업 兼業　겸용 兼用　겸임 兼任
겸직 兼職　겸애설 兼愛說　겸사겸사 兼事兼事　겸인지용 兼人之勇
남녀겸용 男女兼用

謙 겸손할 겸

- 3급II
- 부 言
- 총 17

유 讓 사양할 양
상 慢 거만할 만, 傲 거만할 오

자해 말할[言] 때 상대의 입장까지 겸해서[兼] 생각하여 자기를 내세우지 않으니 겸손하다는 뜻이다.

읽기 謙沖 겸충

쓰기 겸공 謙恭　겸덕 謙德　겸비 謙卑　겸사 謙辭　겸신 謙愼　겸양 謙讓
겸어 謙語　겸칭 謙稱　겸하 謙下　겸허 謙虛　겸양지덕 謙讓之德

境 지경 경

- 4급II
- 부 土
- 총 14

유 疆 지경 강, 界 지경 계, 域 지경 역

자해 땅[土]이 끝나는[竟] 경계를 뜻한다.

읽기 塵境 진경

쓰기 경계 境界　경내 境內　경우 境遇　경지 境地　곤경 困境　국경 國境
변경 邊境　비경 祕境　사경 死境　선경 仙境　심경 心境　역경 逆境
월경 越境　접경 接境　지경 地境　환경 環境　국경선 國境線
무아경 無我境

慶 경사 경:

- 4급II
- 부 心
- 총 15

유 賀 하례할 하
상 弔 조상할 조

자해 귀한 사슴[鹿→严] 가죽을 들고 기쁜 마음[心]으로 걸어가서[夂] 축하하는 경사를 뜻한다.

읽기 慶瑞 경서　祚慶 조경

쓰기 경복 慶福　경사 慶事　경일 慶日　경절 慶節　경조 慶弔　경축 慶祝
경하 慶賀　경행 慶幸　대경 大慶　동경 同慶　경조사 慶弔事
경축일 慶祝日　국경일 國慶日

經 지날·글 경

4급Ⅱ 부 糸 총 13 약 経

상 緯 씨 위

자해 베틀을 짤 때, 실[糸] 중에서 물줄기[巠]처럼 아래로 드리워지는 날줄이 씨줄을 지난다는 뜻이다. 옛날에는 글을 세로로 썼기 때문에 글이라는 뜻도 지닌다.

읽기 楞嚴經 능엄경 經旨 경지

쓰기 경과 經過 경구 經口 경국 經國 경도 經度 경력 經力 경력 經歷
경로 經路 경리 經理 경비 經費 경상 經常 경서 經書 경영 經營
경위 經緯 경유 經由 경전 經典 경전 經傳 경제 經濟 경혈 經穴
금강경 金剛經 경세제민 經世濟民

警 깨우칠 경:

4급Ⅱ 부 言 총 20

유 覺 깨달을 각, 戒 경계할 계

자해 공경하는[敬] 상대에게 말[言]을 조심하며 실수를 경계한다는 뜻이다.

읽기 警備網 경비망

쓰기 경각 警覺 경감 警監 경계 警戒 경고 警告 경과 警科 경구 警句
경무 警務 경리 警吏 경방 警防 경보 警報 경비 警備 경성 警省
경세 警世 경장 警長 경적 警笛 경정 警正 경종 警鐘 경찰 警察
경표 警標 경호 警護 순경 巡警 야경 夜警 경각심 警覺心
경찰서 警察署 경호원 警護員

傾 기울 경

4급 부 亻(人) 총 13

유 斜 비낄 사

자해 사람[亻]의 고개가 잠깐[頃] 비뚤어져 기운다는 뜻이다.

쓰기 경각 傾角 경고 傾庫 경국 傾國 경도 傾度 경도 傾倒 경복 傾覆
경사 傾斜 경성 傾性 경주 傾注 경차 傾差 경청 傾聽 경하 傾河
경향 傾向 좌경 左傾 경국지색 傾國之色

更 고칠 경/다시 갱:

4급 부 曰 총 7

유 改 고칠 개

자해 돌[曰]이나 쇠를 여러 번 쳐서[攵→丈] 모양을 다시 고친다는 뜻이다.

쓰기 갱생 更生 갱소 更蘇 갱신 更新 갱지 更紙 경순 更巡 경신 更新
경장 更張 경점 更點 경정 更正 경환 更換 변경 變更 삼경 三更
오경 五更 갱년기 更年期

鏡 거울 경:

4급 부 金 총 19

유 鑑 거울 감

자해 화장을 마치고[竟] 얼굴을 비추어 볼 수 있도록 청동[金]을 갈아서 만든 거울이라는 뜻이다.

쓰기 경가 鏡架 경감 鏡鑑 경대 鏡臺 경면 鏡面 경상 鏡像 경영 鏡映
경찰 鏡察 수경 水鏡 안경 眼鏡 파경 破鏡 망원경 望遠鏡
색안경 色眼鏡 쌍안경 雙眼鏡 확대경 擴大鏡 경화수월 鏡花水月
명경지수 明鏡止水

驚 놀랄 경
- 4급 / 부 馬 / 총 23
- 자해: 말[馬]이 하늘을 공경[敬]하는 듯한 자세로 앞다리를 쳐들며 놀란다는 뜻이다.
- 읽기: 驚湍 경단, 驚悼 경도, 驚怖 경포
- 쓰기: 경괴 驚怪, 경기 驚氣, 경도 驚倒, 경소 驚騷, 경요 驚搖, 경이 驚異, 경탄 驚歎, 경풍 驚風, 대경 大驚, 물경 勿驚, 경천동지 驚天動地, 대경실색 大驚失色, 일명경인 一鳴驚人

徑 지름길·길 경
- 3급II / 부 彳 / 총 10 / 약 径
- 자해: 길[彳] 중에서 베틀의 세로줄[巠]처럼 빠르게 가로지를 수 있는 지름길을 뜻한다.
- 쓰기: 경도 徑道, 경로 徑路, 경정 徑庭, 경촌 徑寸, 경출 徑出, 경행 徑行, 구경 口徑, 반경 半徑, 직경 直徑
- 유: 道 길 도, 路 길 로

硬 굳을 경
- 3급II / 부 石 / 총 12
- 자해: 돌[石]은 오랜 세월 동안 더욱 단단하게 고쳐지면서[更] 굳는다는 뜻이다.
- 읽기: 硬膜 경막
- 쓰기: 경도 硬度, 경성 硬性, 경수 硬水, 경식 硬式, 경재 硬材, 경직 硬直, 경질 硬質, 경화 硬化, 경화 硬貨, 강경 強硬, 생경 生硬, 경음화 硬音化, 강경책 強硬策, 동맥경화 動脈硬化
- 유: 堅 굳을 견, 固 굳을 고, 確 굳을 확
- 상: 軟 연할 연, 柔 부드러울 유

耕 밭갈 경
- 3급II / 부 耒 / 총 10
- 자해: 농부가 쟁기[耒]를 들고 가로세로[井] 줄을 맞추어 밭을 간다는 뜻이다.
- 읽기: 耕蠶 경잠, 倂耕 병경
- 쓰기: 경작 耕作, 경전 耕田, 경지 耕地, 농경 農耕, 수경 水耕, 심경 深耕, 필경 筆耕, 휴경 休耕, 경작지 耕作地, 경지정리 耕地整理, 주경야독 晝耕夜讀

頃 이랑·잠깐 경
- 3급II / 부 頁 / 총 11
- 자해: 머리[頁]를 비스듬히[匕] 움직여 갸우뚱하는 잠깐을 뜻한다.
- 쓰기: 경각 頃刻, 경년 頃年, 경보 頃步, 경세 頃歲, 경일 頃日, 경자 頃者, 경전 頃田, 근경 近頃, 식경 食頃, 일다경 一茶頃, 만경창파 萬頃蒼波, 명재경각 命在頃刻
- 유: 瞬 눈깜짝일 순, 暫 잠깐 잠, 疇 이랑 주

3급
부 㔾
총 12

卿
벼슬 경

유 官 벼슬 관,
吏 벼슬아치 리,
尉 벼슬 위, 爵 벼슬 작

자해 일반 사람보다 더 꼿꼿한[卯] 자세로 향기로운[皀] 음식을 마주한 벼슬아치, 벼슬을 뜻한다.

읽기 卿輔 경보   卿尹 경윤

쓰기 경배 卿輩   경상 卿相   경재 卿宰   객경 客卿   공경 公卿   구경 九卿
정경 正卿   경대부 卿大夫   공경대부 公卿大夫

3급
부 广
총 8

庚
별 경

유 奎 별 규, 星 별 성,
辰 별 진

자해 집[广]에서 손[⺕]에 절굿공이[人]를 들고 별이 뜰 때까지 곡식을 찧는 모습으로, 별을 뜻한다.

쓰기 경계 庚癸   경방 庚方   경복 庚伏   경시 庚時   경열 庚熱   경염 庚炎
경인 庚寅   경진 庚辰   동경 同庚   삼경 三庚   경술국치 庚戌國恥

3급
부 立
총 11

竟
마침내 경:

유 畢 마칠 필

자해 두 다리[儿]로 서서 음악[音]을 연주하던 사람이 마침내 한 곡조를 끝냈다는 데서, '마침내'라는 뜻이다.

쓰기 경경 竟境   경석 竟夕   경야 竟夜   구경 究竟   필경 畢竟

4급Ⅱ
부 亻(人)
총 9

係
맬 계:

유 繫 맬 계

자해 사람들[亻]이 서로의 인연을 이으며[系] 관계를 엮어 맨다는 뜻이다.

쓰기 계련 係戀   계루 係累   계수 係數   계원 係員   계장 係長   계쟁 係爭
관계 關係   이해관계 利害關係   인과관계 因果關係

4급
부 子
총 8

季
계절 계:

자해 벼[禾]를 수확하기 위해 어린 자식[子]까지 나와 일하는 계절을 뜻한다.

읽기 卞季良 변계량

쓰기 계간 季刊   계씨 季氏   계월 季月   계절 季節   동계 冬季   사계 四季
추계 秋季   춘계 春季   하계 夏季   계절풍 季節風   사계절 四季節
백중숙계 伯仲叔季

戒 경계할 계:
4급 / 부 戈 / 총 7

유 警 깨우칠 경, 儆 경계할 경

자해 병사가 양손[廾 → 廾]에 창[戈]을 들고 보초를 서며 주위를 경계한다는 뜻이다.

읽기 儆戒 경계   兢戒 긍계

쓰기 계구 戒具   계기 戒器   계단 戒壇   계덕 戒德   계력 戒力   계령 戒令
계명 戒名   계법 戒法   계색 戒色   계심 戒心   계엄 戒嚴   계음 戒飮
계율 戒律   계장 戒場   계책 戒責   계체 戒體   계행 戒行   경계 警戒
징계 懲戒   훈계 訓戒   계엄령 戒嚴令   세속오계 世俗五戒
일벌백계 一罰百戒

系 이어맬 계:
4급 / 부 系 / 총 7

자해 뻗쳐[丿] 있는 실[糸]의 끝이 다른 실에 닿도록 이어 맨다는 뜻이다.

읽기 旁系 방계

쓰기 계도 系圖   계보 系譜   계열 系列   계통 系統   가계 家系   대계 大系
동계 同系   모계 母系   방계 傍系   부계 父系   세계 世系   직계 直系
체계 體系   직계존속 直系尊屬   직계비속 直系卑屬

繼 이을 계:
4급 / 부 糸 / 총 20 / 약 継

유 連 이을 련, 續 이을 속, 承 이을 승
상 斷 끊을 단, 絶 끊을 절

자해 실[糸]을 계속 잇는다[㡭]는 뜻이다.

읽기 繼紹 계소

쓰기 계궤 繼軌   계모 繼母   계부 繼父   계속 繼續   계습 繼襲   계승 繼承
계주 繼走   계처 繼妻   계투 繼投   인계 引繼   중계 中繼   후계 後繼
계부모 繼父母   위성중계 衛星中繼   인수인계 引受引繼

階 섬돌 계:
4급 / 부 阝(阜) / 총 12

유 段 층계 단

자해 언덕[阝]처럼 여러[皆] 개의 돌을 쌓아 만든 돌층계(섬돌)를 뜻한다.

읽기 台階 태계   勳階 훈계

쓰기 계궁 階窮   계급 階級   계단 階段   계층 階層   단계 段階   석계 石階
위계 位階   음계 音階   층계 層階   품계 品階   무산계급 無產階級
유한계급 有閑階級   지배계급 支配階級

鷄 닭 계:
4급 / 부 鳥 / 총 21

유 酉 닭 유

자해 날지 못하는데 어찌[奚] 새[鳥]라고 할 수 있는지 의문을 품게 하는 닭을 뜻한다.

읽기 蔘鷄湯 삼계탕

쓰기 계관 鷄冠   계구 鷄口   계란 鷄卵   계림 鷄林   계명 鷄鳴   양계 養鷄
투계 鬪鷄   양계장 養鷄場   오골계 烏骨鷄   계란유골 鷄卵有骨
계명구도 鷄鳴狗盜   군계일학 群鷄一鶴

3급II 부 口 총 11	啓 열 계:	자해 문[戶]을 손으로 쳐서[攵] 입구[口]를 활짝 연다는 뜻이다. 읽기 啓沃 계옥 啓佑 계우 쓰기 계고 啓告 계도 啓導 계명 啓明 계몽 啓蒙 계문 啓聞 계발 啓發 계시 啓示 근계 謹啓 배계 拜啓 복계 復啓 장계 狀啓 진계 陳啓 천계 天啓 행계 行啓 계명성 啓明星 계몽주의 啓蒙主義
3급II 부 大 총 9 @ 結 맺을 결, 約 맺을 약, 締 맺을 체	契 맺을 계:	자해 나무판에 칼[刀]로 크게[大] 금[丰]을 새기며 약속을 맺는다는 뜻이다. 읽기 生獐契 생장계 쓰기 계기 契機 계단 契丹 계약 契約 계원 契員 계인 契印 계주 契主 묵계 默契 계약서 契約書 가계약 假契約 친목계 親睦契 수의계약 隨意契約
3급II 부 木 총 10	桂 계수나무 계:	자해 나무[木] 중에 향이 좋고 깨끗한[圭] 계수나무를 뜻한다. 쓰기 계관 桂冠 계림 桂林 계수 桂樹 계월 桂月 계피 桂皮 계향 桂香 계화 桂花 육계 肉桂 월계관 月桂冠 월계수 月桂樹 계관시인 桂冠詩人
3급II 부 木 총 11 @ 機 틀 기	械 기계 계:	자해 죄인이 도망가는 것을 경계하기[戒] 위해 나무[木]로 만든 형틀이나 기계를 뜻한다. 읽기 運搬機械 운반기계 쓰기 계계 械繫 기계 器械 기계 機械 농기계 農機械 기계공학 機械工學 기계교정 機械校正 기계체조 機械體操 정밀기계 精密機械
3급II 부 氵(水) 총 13 @ 川 내 천, 河 물 하	溪 시내 계	자해 어찌[奚]된 이유에서든 물[氵]이 평지로 흘러오면서 만들어지는 시내를 뜻한다. 읽기 磻溪 반계 倻溪集 야계집 濂溪學派 염계학파 쓰기 계곡 溪谷 계류 溪流 계수 溪水 계천 溪川 퇴계 退溪 벽계수 碧溪水 청계천 清溪川

癸 북방·천간 계:
3급 부 癶 총 9

유 壬 북방 임

자해 무기 중에 세 갈래로 갈라진 창의 모양으로, 국경이 접해 있어 전쟁이 잦았던 북쪽을 뜻한다.

쓰기 계미 癸未 계방 癸方 계사 癸巳 계수 癸水 계시 癸時 계좌 癸坐
계축 癸丑 계해 癸亥 계미자 癸未字 계축일기 癸丑日記
계해조약 癸亥條約

繫 맬 계:
3급 부 糸 총 19 약 繋

상 解 풀 해

자해 전차[車]에서 몽둥이[殳]로 잡은 포로를 끌고 가기 위해 밧줄[糸]로 묶어 맨다는 뜻이다.

쓰기 계류 繫留 계마 繫馬 계박 繫泊 계삭 繫索 계선 繫船 계속 繫屬
계옥 繫獄 계주 繫柱 연계 連繫 포계 捕繫 계류장 繫留場
계풍포영 繫風捕影

故 연고 고(:)
4급Ⅱ 부 攵(攴) 총 9

자해 옛날[古] 일을 막대기[攵]로 차근차근 짚어 가며 찾은 연고(까닭)를 뜻한다.

읽기 故址 고지 託故 탁고

쓰기 고국 故國 고사 故事 고의 故意 고인 故人 고장 故障 고향 故鄕
기고 忌故 무고 無故 사고 事故 유고 有故 연고 緣故 작고 作故
온고지신 溫故知新 죽마고우 竹馬故友

孤 외로울 고
4급 부 子 총 8

유 獨 홀로 독, 寂 고요할 적

자해 넝쿨에 홀로 달려 있는 오이[瓜]처럼 어린아이[子] 혼자만 남겨져 외롭다는 뜻이다.

읽기 託孤寄命 탁고기명

쓰기 고고 孤苦 고과 孤寡 고도 孤島 고독 孤獨 고립 孤立 고아 孤兒
고적 孤寂 고한 孤寒 고군분투 孤軍奮鬪 고립무원 孤立無援
고장난명 孤掌難鳴 절해고도 絶海孤島

庫 곳집 고
4급 부 广 총 10

유 倉 곳집 창

자해 집[广] 안에 수레[車]를 넣어 보관하는 곳집을 뜻한다.

쓰기 국고 國庫 금고 金庫 문고 文庫 보고 寶庫 빙고 氷庫 서고 書庫
입고 入庫 재고 在庫 차고 車庫 창고 倉庫 출고 出庫
격납고 格納庫 냉장고 冷藏庫 탄약고 彈藥庫

110

姑

3급Ⅱ
부 女
총 8

시어미 **고**

자해 여자[女] 중에 며느리보다 시집온 지 오래된[古] 시어머니를 뜻한다.

쓰기 고모 姑母　고부 姑婦　고숙 姑叔　고종 姑從　고모부 姑母夫
고식적 姑息的　고부간 姑婦間　당고모 堂姑母　고식지계 姑息之計
고종사촌 姑從四寸　인순고식 因循姑息

상 婦 며느리 부

稿

3급Ⅱ
부 禾
총 15

원고·볏짚 **고**

자해 벼[禾]의 낟알을 떨어낸 줄기를 높이[高] 쌓아 놓은 볏짚을 뜻한다.

쓰기 고료 稿料　고본 稿本　기고 寄稿　송고 送稿　옥고 玉稿　원고 原稿
유고 遺稿　졸고 拙稿　초고 草稿　탈고 脫稿　투고 投稿
원고료 原稿料　원고지 原稿紙

鼓

3급Ⅱ
부 鼓
총 13

북 **고**

자해 북[壴]을 치는 손과 북채[支]를 그린 글자로, 북을 뜻한다.

읽기 鼓湍 고단　鼓膜 고막　旌鼓 정고

쓰기 고각 鼓角　고동 鼓動　고려 鼓勵　고무 鼓舞　고복 鼓腹　고수 鼓手
고주 鼓鑄　고취 鼓吹　법고 法鼓　승전고 勝戰鼓　신문고 申聞鼓
고복격양 鼓腹擊壤

枯

3급
부 木
총 9

마를 **고**

자해 나무[木]가 오래[古]되어 말랐다는 뜻이다.

읽기 枯柴 고시

쓰기 고갈 枯渴　고골 枯骨　고담 枯淡　고목 枯木　고사 枯死　고어 枯魚
고엽 枯葉　고지 枯枝　고목생화 枯木生花　영고성쇠 榮枯盛衰

유 乾 마를 건, 燥 마를 조
상 濕 젖을 습, 榮 영화 영

顧

3급
부 頁
총 21

돌아볼 **고**

자해 집[戶] 근처에서 새[隹] 소리를 듣고서 새가 어디에 있는지 머리[頁]를 돌려 돌아본다는 뜻이다.

읽기 顧託 고탁　瞻顧 첨고　顧棟高 고동고　三顧草廬 삼고초려

쓰기 고객 顧客　고려 顧慮　고망 顧望　고문 顧問　고복 顧復　삼고 三顧
애고 愛顧　일고 一顧　회고 回顧　불고염치 不顧廉恥
사고무친 四顧無親

유 回 돌아올 회

穀 곡식 곡
- 4급 / 부 禾 / 총 15 / 약 穀
- **자해** 껍질[殼→𣪊]로 둘러싸인 벼[禾]와 같은 종류의 곡식을 뜻한다.
- **쓰기** 곡가 穀價 / 곡기 穀氣 / 곡류 穀類 / 곡물 穀物 / 곡식 穀食 / 곡일 穀日 / 곡창 穀倉 / 미곡 米穀 / 백곡 百穀 / 양곡 糧穀 / 오곡 五穀 / 잡곡 雜穀 / 추곡 秋穀 / 탈곡 脫穀 / 오곡백과 五穀百果

哭 울 곡
- 3급Ⅱ / 부 口 / 총 10
- **자해** 사람이 죽자 입[口]을 크게 벌려 개[犬]처럼 소리를 내면서 꺼이꺼이 운다는 뜻이다.
- **쓰기** 곡림 哭臨 / 곡성 哭聲 / 곡읍 哭泣 / 애곡 哀哭 / 조곡 弔哭 / 지곡 止哭 / 통곡 痛哭 / 호곡성 號哭聲 / 대성통곡 大聲痛哭 / 방성대곡 放聲大哭
- 유 鳴 울 명, 泣 울 읍
- 상 笑 웃음 소

谷 골 곡
- 3급Ⅱ / 부 谷 / 총 7
- **자해** 샘물[氺]이 흐르는 골짜기의 입구[口]를 나타낸 글자로, 골짜기(골)를 뜻한다.
- **읽기** 협곡 峽谷
- **쓰기** 곡천 谷泉 / 곡풍 谷風 / 계곡 溪谷 / 공곡 空谷 / 능곡 陵谷 / 산곡 山谷 / 유곡 幽谷 / 율곡 栗谷 / 심산유곡 深山幽谷 / 진퇴유곡 進退維谷
- 유 洞 골 동, 峽 골짜기 협

困 곤할 곤:
- 4급 / 부 口 / 총 7
- **자해** 사방이 둘러싸인[囗] 곳에 갇혀서 제대로 자라지 못하는 나무[木]의 곤란함을 뜻한다.
- **읽기** 곤돈 困頓
- **쓰기** 곤경 困境 / 고곤 困苦 / 곤궁 困窮 / 곤둔 困屯 / 곤란 困難 / 곤마 困馬 / 곤욕 困辱 / 곤혹 困惑 / 노곤 勞困 / 빈곤 貧困 / 춘곤 春困 / 피곤 疲困 / 식곤증 食困症 / 춘곤증 春困症
- 유 窮 궁할 궁, 貧 가난할 빈, 疲 피곤할 피

坤 땅 곤

- 3급 / 부 土 / 총 8
- **자해** 흙[土] 위로 번갯불[申]이 내리꽂힌 땅을 뜻한다.
- **읽기** 곤축 坤軸 / 곤후 坤后
- **쓰기** 곤궁 坤宮 / 곤덕 坤德 / 곤도 坤道 / 곤방 坤方 / 곤시 坤時 / 곤여 坤輿 / 곤위 坤位 / 곤전 坤殿 / 곤좌 坤坐 / 건곤 乾坤
- 유 地 땅 지
- 상 乾 하늘 건, 旻 하늘 민, 天 하늘 천, 昊 하늘 호

骨 뼈 골

4급 / 부 骨 / 총 10

자해 살[肉→月]과 붙어 있는 뼈[冎]를 그린 글자로, 뼈를 뜻한다.

읽기 骨膜 골막　駿骨 준골　骨董品 골동품　換骨奪胎 환골탈태

쓰기 골간 骨幹　골격 骨格　골반 骨盤　골상 骨相　골재 骨材　골절 骨折
노골 露骨　무골 無骨　색골 色骨　약골 弱骨　연골 軟骨
개골산 皆骨山　납골당 納骨堂　두개골 頭蓋骨　골육상잔 骨肉相殘
각골난망 刻骨難忘　계란유골 鷄卵有骨　피골상접 皮骨相接

상 肉 고기 육

孔 구멍 공:

4급 / 부 子 / 총 4

자해 아기[子]가 엄마의 가슴[乚]에서 젖을 먹기 위해 찾아야 하는 구멍을 뜻한다.

읽기 孔碩 공석　孔融 공융

쓰기 공교 孔教　공극 孔劇　공맹 孔孟　공성 孔聖　공자 孔子　공혈 孔穴
기공 氣孔　다공 多孔　모공 毛孔　비공 鼻孔　안공 眼孔
구공탄 九孔炭　십구공탄 十九孔炭

유 穴 굴 혈

攻 칠 공:

4급 / 부 攵(攴) / 총 7

자해 전쟁터에서 군인이 손에 도구[工]를 들고 상대를 친다[攵]는 뜻이다.

읽기 攻掘 공굴　攻療 공료

쓰기 공격 攻擊　공략 攻略　공방 攻防　공성 攻城　공세 攻勢　공수 攻守
공습 攻襲　강공 強攻　속공 速攻　전공 專攻　침공 侵攻
공방전 攻防戰　특공대 特攻隊　난공불락 難攻不落

유 擊 칠 격, 伐 칠 벌, 侵 침노할 침
상 防 막을 방, 守 지킬 수

供 이바지할 공:

3급Ⅱ / 부 亻(人) / 총 8

자해 사람[亻]들이 함께[共] 쓸 수 있도록 물건을 내주며 사회에 이바지한다는 뜻이다.

읽기 供託 공탁　供託金 공탁금

쓰기 공급 供給　공람 供覽　공물 供物　공술 供述　공양 供養　공여 供與
공출 供出　구공 口供　불공 佛供　제공 提供　공양미 供養米

恐 두려울 공(:)

3급Ⅱ / 부 心 / 총 10

자해 연장[工]을 들고 몸을 구부려[凡] 땅을 팔 때 무엇이 나올지 몰라 마음[心]속으로 두려워한다는 뜻이다.

읽기 恐怖 공포

쓰기 공구 恐懼　공동 恐動　공룡 恐龍　공신 恐慎　공처 恐妻　가공 可恐
불공 不恐　진공 震恐　공수병 恐水病　공처가 恐妻家

유 懼 두려워할 구, 畏 두려워할 외, 怖 두려워할 포

113

恭

3급II 부心 총10

공손할 공

유 敬 공경 경

- 자해: 함께[共] 사는 세상에서 서로 예의를 다하는 마음[心→忄]인 공손함을 뜻한다.
- 읽기: 允恭 윤공
- 쓰기: 공경 恭敬　공근 恭勤　공대 恭待　공순 恭順　공인 恭人　공축 恭祝　공하 恭賀　불공 不恭　공하신년 恭賀新年

貢

3급II 부貝 총10

바칠 공:

유 呈 드릴 정, 獻 드릴 헌

- 자해: 장인[工]이 만든, 가치 있는 재물[貝]을 나라에 바친다는 뜻이다.
- 읽기: 禹貢 우공
- 쓰기: 공납 貢納　공녀 貢女　공물 貢物　공미 貢米　공헌 貢獻　내공 來貢　별공 別貢　세공 歲貢　입공 入貢　조공 朝貢

寡

3급II 부宀 총14

적을 과:

유 少 적을 소
상 多 많을 다, 衆 무리 중

- 자해: 집[宀]에 있는 머리[頁]의 수가 칼[刀]로 자른 듯 줄었으니 사람이 적다는 뜻이다.
- 쓰기: 과댁 寡宅　과두 寡頭　과묵 寡默　과문 寡聞　과부 寡婦　과소 寡少　과수 寡守　과언 寡言　과욕 寡慾　과인 寡人　다과 多寡　독과점 獨寡占　과두정치 寡頭政治　중과부적 衆寡不敵

誇

3급II 부言 총13

자랑할 과:

- 자해: 말[言]로 뽐내며[夸] 자랑한다는 뜻이다.
- 쓰기: 과대 誇大　과부 誇負　과시 誇示　과식 誇飾　과언 誇言　과장 誇張　과칭 誇稱　부과 浮誇　자과 自誇　과장법 誇張法　과대광고 誇大廣告　과대망상 誇大妄想

郭

3급 부阝(邑) 총11

둘레·외성 곽

- 자해: 고을[阝]에 사는 백성들이 평화를 누릴[享] 수 있도록 성 밖으로 둘러쌓은 성곽을 뜻한다.
- 쓰기: 곽공 郭公　곽씨 郭氏　곽외 郭外　성곽 城郭　외곽 外郭　일곽 一郭

4급II 부 宀 총 8
官 벼슬 관

유 尉 벼슬 위, 爵 벼슬 작
상 民 백성 민, 私 사사 사

자해 높은 언덕[阜→阝]에 지어진 관청[宀]에서 나랏일을 맡아 다스리는 벼슬을 뜻한다.

읽기 官閥 관벌   官俸 관봉   官尹 관윤   尉官 위관

쓰기 관가 官家   관계 官界   관권 官權   관능 官能   관료 官僚   관리 官吏
관보 官報   관복 官服   관사 官舍   관영 官營   관운 官運   관인 官印
관인 官認   관직 官職   관청 官廳   관허 官許   경관 警官   구관 舊官
기관 器官   내관 內官   관공서 官公署   고관대작 高官大爵
탐관오리 貪官汚吏

4급 부 竹 총 14
管 대롱·주관할 관

자해 대나무[竹] 토막에 구멍을 내서 피리처럼 소리가 나도록 관리한[官] 대롱을 뜻한다.

읽기 管鍵 관건   蘆管 노관   腎管 신관   綜管 종관   管鮑之交 관포지교

쓰기 관리 管理   관장 管掌   뇌관 雷管   배관 配管   보관 保管   소관 所管
이관 移管   주관 主管   총관 總管   혈관 血管   관제탑 管制塔
관현악 管絃樂   기관지 氣管支

3급II 부 宀 총 9
冠 갓 관

유 帽 모자 모

자해 옛날에 어른이 된 남자가 머리[元]에 덮어[冖]쓰고 손[寸]으로 동여매던 갓을 뜻한다.

읽기 冠網 관망   冠冕 관면   冠帽 관모   戴冠式 대관식

쓰기 관대 冠帶   관례 冠禮   관사 冠詞   관절 冠絶   계관 鷄冠   금관 金冠
무관 無冠   약관 弱冠   왕관 王冠   의관 衣冠   월계관 月桂冠
관혼상제 冠婚喪祭

3급II 부 宀 총 15 약 寛
寬 너그러울 관

자해 집[宀] 안에 산양[莧]이 들어와 뛰어놀아도 받아들일 수 있는 너그러움을 뜻한다.

읽기 寬赦 관사   寬舒 관서   寬敞 관창   寬沖 관충

쓰기 관대 寬大   관대 寬待   관맹 寬猛   관면 寬免   관서 寬恕   관엄 寬嚴
관용 寬容   관유 寬裕   관인 寬仁   관정 寬政   관홍 寬弘   관후 寬厚

3급II 부 忄(心) 총 14
慣 익숙할 관

유 習 익힐 습

자해 마음[忄]속에 이미 꿰어져[貫] 있는 일이니 낯설지 않고 익숙하다는 뜻이다.

쓰기 관례 慣例   관면 慣面   관문 慣聞   관성 慣性   관숙 慣熟   관습 慣習
관용 慣用   관행 慣行   구관 舊慣   습관 習慣

貫 꿸 관(:)

- 3급II
- 부 貝
- 총 11

자해 돈[貝]에 구멍을 뚫어서[毋] 가지고 다니기 편하도록 줄을 꿴다는 뜻이다.

쓰기 관록 貫祿 관류 貫流 관주 貫珠 관철 貫徹 관통 貫通 관향 貫鄉 관혁 貫革 본관 本貫 일관 一貫 시종일관 始終一貫 초지일관 初志一貫

串 꿸 관, 徹 통할 철, 通 통할 통

館 집 관

- 3급II
- 부 食(食)
- 총 17
- 약 舘

자해 옛날에 관리[官]들이 묵으며 식사[食] 등을 해결하던 객사나 집을 뜻한다.

읽기 瓊館 경관 倭館 왜관

쓰기 관역 館驛 관장 館長 개관 開館 공관 公館 별관 別館 본관 本館 신관 新館 여관 旅館 휴관 休館 대사관 大使館 미술관 美術館 박물관 博物館 성균관 成均館

家 집 가, 閣 집 각, 堂 집 당, 室 집 실, 宅 집 택, 戶 집 호

鑛 쇳돌 광:

- 4급
- 부 金
- 총 23
- 약 鉱

자해 넓은[廣] 땅에 파묻힌 쇠붙이[金] 성분의 광물인 쇳돌을 뜻한다.

읽기 鑛坑 광갱 石鑛 석광 鎔鑛爐 용광로

쓰기 광구 鑛口 광구 鑛區 광물 鑛物 광부 鑛夫 광산 鑛山 광석 鑛石 광업 鑛業 금광 金鑛 채광 採鑛 탄광 炭鑛 폐광 廢鑛 광공업 鑛工業

狂 미칠 광

- 3급II
- 부 犭(犬)
- 총 7

자해 개[犭]처럼 사납고 악한 행동을 하는 임금[王]은 미쳤다는 뜻이다.

읽기 蹴球狂 축구광

쓰기 광견 狂犬 광기 狂氣 광란 狂亂 광분 狂奔 광인 狂人 광적 狂的 광폭 狂暴 광풍 狂風 발광 發狂 열광 熱狂 광상곡 狂想曲 광시곡 狂詩曲 광신도 狂信徒

掛 걸 괘

- 3급
- 부 扌(手)
- 총 11

자해 점을 쳐서 나온 점괘[卦]를 여러 사람이 볼 수 있도록 손[扌]으로 걸어 둔다는 뜻이다.

읽기 掛錫 괘석 掛軸 괘축

쓰기 괘경 掛鏡 괘관 掛冠 괘금 掛金 괘념 掛念 괘도 掛圖 괘력 掛曆 괘서 掛書 괘심 掛心 괘의 掛衣

揭 걸 게, 懸 달 현

壞

- 3급II
- 부 土
- 총 19
- 약 坏

무너질 괴:

자해) 흙[土]이 사람까지 품어[襄] 삼킬 정도로 와르르 무너진다는 뜻이다.

쓰기) 괴결 壞決　괴락 壞落　괴란 壞亂　괴멸 壞滅　괴사 壞死　괴손 壞損
　　　괴패 壞敗　붕괴 崩壞　손괴 損壞　파괴 破壞　괴혈병 壞血病
　　　파괴력 破壞力

유) 滅 멸할 멸, 崩 무너질 붕

怪

- 3급II
- 부 忄(心)
- 총 8

괴이할 괴(:)

자해) 손[又]으로 흙[土]을 파다가 벌레를 보면 놀라서 마음[忄]이 괴이하다는 뜻이다.

읽기) 妖怪 요괴

쓰기) 괴걸 怪傑　괴기 怪奇　괴담 怪談　괴도 怪盜　괴력 怪力　괴물 怪物
　　　괴변 怪變　괴수 怪獸　괴이 怪異　괴탄 怪誕　괴한 怪漢　기괴 奇怪
　　　괴상망측 怪常罔測　기암괴석 奇巖怪石

유) 奇 기이할 기

塊

- 3급
- 부 土
- 총 13

흙덩이 괴

자해) 흙[土]이 귀신[鬼] 묻힌 무덤처럼 덩어리져 있는 흙덩이를 뜻한다.

쓰기) 괴근 塊根　괴상 塊狀　괴석 塊石　괴철 塊鐵　괴탄 塊炭　괴형 塊形
　　　금괴 金塊　대괴 大塊　빙괴 氷塊　은괴 銀塊　지괴 地塊　토괴 土塊

유) 壤 흙덩이 양

愧

- 3급
- 부 忄(心)
- 총 13

부끄러울 괴:

자해) 떳떳하지 못한 마음[忄]을 신령스런 귀신[鬼]에게 들키니 부끄럽다는 뜻이다.

읽기) 愧沮 괴저

쓰기) 괴복 愧服　괴색 愧色　괴심 愧心　괴치 愧恥　괴한 愧汗　면괴 面愧
　　　무괴 無愧　자괴 自愧　참괴 慙愧　자괴감 自愧感　자괴심 自愧心

유) 慙 부끄러울 참, 恥 부끄러울 치

巧

- 3급II
- 부 工
- 총 5

공교할 교

자해) 장인[工]이 아름다운[丂] 곡선을 정교하게 깎는 재주가 공교하다는 뜻이다.

읽기) 纖巧 섬교

쓰기) 교묘 巧妙　교설 巧舌　교월 巧月　계교 計巧　공교 工巧　기교 技巧
　　　정교 精巧　교언영색 巧言令色

4급II ~ 3급

較

- 3급II
- 부 車
- 총 13
- 견줄·비교할 교

자해 크기와 장식이 다른 여러 대의 수레[車]를 번갈아[交] 보며 비교한다는 뜻이다.

읽기 較炳 교병

쓰기 교략 較略　교량 較量　교복 較覆　교예 較藝　교차 較差　계교 計較
비교 比較　비교적 比較的　일교차 日較差

유 比 견줄 비

矯

- 3급
- 부 矢
- 총 17
- 바로잡을 교:

자해 구부러진 화살[矢]을 높게[喬] 세워 모양을 바로잡는다는 뜻이다.

읽기 矯託 교탁

쓰기 교도 矯導　교세 矯世　교속 矯俗　교수 矯首　교식 矯飾　교위 矯僞
교정 矯正　교풍 矯風　교도소 矯導所　교각살우 矯角殺牛
치열교정 齒列矯正

유 訂 바로잡을 정

郊

- 3급
- 부 阝(邑)
- 총 9
- 들 교

자해 고을[阝]과 바깥 지역이 교차하는[交] 곳에 넓게 트인 들을 뜻한다.

읽기 郊甸 교전

쓰기 교리 郊里　교사 郊祀　교야 郊野　교외 郊外　교원 郊原　교촌 郊村
강교 江郊　근교 近郊　남교 南郊　원교 遠郊　춘교 春郊　평교 平郊
근교원예 近郊園藝

유 野 들 야, 坪 들 평

句

- 4급II
- 부 口
- 총 5
- 약 勾
- 글귀 구

자해 한입[口]에 넣을 수 있게 싼[勹] 음식처럼, 읽기 좋게 끊어 놓은 구절인 글귀를 뜻한다.

읽기 隻句 척구

쓰기 구두 句讀　구절 句節　결구 結句　경구 警句　문구 文句　시구 詩句
어구 語句　자구 字句　절구 絶句　구구절절 句句節節
미사여구 美辭麗句　일언반구 一言半句

유 文 글월 문

求

- 4급II
- 부 水(氺)
- 총 7
- 구할 구

자해 동물의 털가죽으로 만든 옷[求]을 사람들이 귀하게 여겨 구한다는 뜻이다.

쓰기 구걸 求乞　구득 求得　구애 求愛　구직 求職　구형 求刑　구혼 求婚
간구 懇求　급구 急求　기구 祈求　요구 要求　청구 請求　촉구 促求
추구 追求　탐구 探求　청구서 請求書　각주구검 刻舟求劍
연목구어 緣木求魚

究

4급 II
부 穴
총 7

연구할 **구**

유 硏 갈 연

자해 구멍[穴] 속을 파고들듯 여러[九] 차례 조사하여 연구한다는 뜻이다.

쓰기 구경 究竟　구극 究極　구명 究明　구찰 究察　강구 講究　궁구 窮究
심구 深究　연구 研究　추구 推究　탐구 探究　연구원 研究員
학구열 學究熱

構

4급
부 木
총 14

얽을 **구**

유 絡 얽을 락, 造 지을 조, 築 쌓을 축

자해 나무[木]를 틀을 짜서[冓] 가로세로로 얽는다는 뜻이다.

읽기 締構 체구

쓰기 구내 構內　구도 構圖　구문 構文　구상 構想　구성 構成　구조 構造
구축 構築　개구 改構　결구 結構　기구 機構　허구 虛構
국제기구 國際機構

丘

3급 II
부 一
총 5

언덕 **구**

유 阜 언덕 고, 邱 언덕 구, 陵 언덕 릉, 阜 언덕 부, 岸 언덕 안

자해 땅 위에 흙더미가 쌓여 비탈지게 조금 높은 언덕을 그린 글자로, 언덕을 뜻한다.

읽기 丘軻 구가　丘阜 구부　丘岡 구강

쓰기 구릉 丘陵　구목 丘木　구묘 丘墓　구민 丘民　구산 丘山　단구 段丘
비구 比丘　사구 沙丘　구릉지 丘陵地　수구초심 首丘初心
청구영언 青丘永言

久

3급 II
부 丿
총 3

오랠 **구:**

유 彌 오랠 미, 永 길 영, 悠 멀 유

자해 떠나려는 사람[人]을 뒤에서 잡아끄는 모양을 본뜬 글자로, 잡아끄니 오랫동안 머무르게 된다는 뜻이다.

읽기 久闕 구궐

쓰기 구원 久遠　구체 久滯　내구 耐久　미구 未久　영구 永久　유구 悠久
장구 長久　내구성 耐久性　지구력 持久力　영구불변 永久不變
일구월심 日久月深

拘

3급 II
부 扌(手)
총 8

잡을 **구**

유 執 잡을 집, 捕 잡을 포
상 放 놓을 방, 解 풀 해

자해 손[扌]에 갈고리[句]를 들고 낚아채듯이 범인을 잡는다는 뜻이다.

읽기 拘礙 구애

쓰기 구계 拘繫　구금 拘禁　구류 拘留　구속 拘束　구인 拘引　불구 不拘
구인장 拘引狀　구치소 拘置所　불구속 不拘束

3급 부亻(人) 총 10 俱 함께 구	자해 사람[亻]들이 생활에 필요한 도구를 갖추고서[具] 함께 모인다는 뜻이다. 읽기 不俱戴天 불구대천 쓰기 구공 俱工 구몰 俱沒 구발 俱發 구생 俱生 구전 俱全 구존 俱存 　　구창 俱唱 구현 俱現 구락부 俱樂部
유 皆 다 개, 同 한가지 동, 　咸 다 함	

3급 부忄(心) 총 21 懼 두려워할 구	자해 새[隹]가 두 눈[目]을 크게 뜨고 주위를 살피는 마음[忄]은 두렵다는 뜻이다. 읽기 兢懼 긍구 쓰기 구연 懼然 구우 懼憂 경구 驚懼 계구 戒懼 공구 恐懼 외구 畏懼 　　위구 危懼 위구심 危懼心 의구심 疑懼心 희구지심 喜懼之心
유 恐 두려울 공, 　畏 두려워할 외, 　怖 두려워할 포	

3급 부犭(犬) 총 8 狗 개 구	자해 개[犭] 중에 몸을 구부리고[勹] 입[口]으로 짖어대는 작은 개나 강아지를 뜻한다. 읽기 狗膽 구담 海狗腎 해구신 쓰기 구육 狗肉 구절 狗竊 계구 鷄狗 당구 堂狗 수구 水狗 주구 走狗 　　해구 海狗 황구 黃狗 양두구육 羊頭狗肉 이전투구 泥田鬪狗
유 犬 개 견, 戌 개 술	

3급 부艹(艸) 총 9 苟 진실로·구차할 구	자해 글[句]공부만 하느라 가난하여 풀[艹]만 먹고 사니 생활이 구차하다는 뜻이다. 쓰기 구면 苟免 구명 苟命 구생 苟生 구안 苟安 구언 苟言 구용 苟容 　　구존 苟存 구차 苟且 구충 苟充 구합 苟合 구활 苟活

3급 부馬 총 21 驅 몰 구	자해 말[馬]을 일정한 구역[區]으로 가도록 몬다는 뜻이다. 읽기 驅逐艦 구축함 쓰기 구박 驅迫 구보 驅步 구사 驅使 구제 驅除 구축 驅逐 구충 驅蟲 　　선구자 先驅者 승승장구 乘勝長驅 전륜구동 前輪驅動

龜 거북 귀·구 / 터질 균

3급 부 龜 총 16 약 亀

자해 거북의 얼굴, 등, 무늬, 발, 꼬리를 그린 글자로, 거북을 뜻한다. 또, 거북의 등이 갈라져 있는 모습에서 터지다는 뜻도 가지게 되었다.

읽기 龜麟 귀린 龜鼎 귀정 龜旨歌 구지가 麟鳳龜龍 인봉귀룡

쓰기 구미 龜尾 귀감 龜鑑 귀갑 龜甲 귀두 龜頭 귀모 龜毛 귀배 龜背
귀복 龜卜 귀선 龜船 귀점 龜占 균열 龜裂 신귀 神龜
귀모토각 龜毛兔角 귀토지설 龜兔之說

유 裂 찢어질 렬

菊 국화 국

3급Ⅱ 부 ⺾(艸) 총 12

자해 식물[⺾] 중에 쌀알[米] 같은 꽃잎으로 둘러싸인[勹] 모양의 국화를 뜻한다.

쓰기 국월 菊月 국판 菊版 국화 菊花 상국 霜菊 소국 小菊 수국 水菊
황국 黃菊 매란국죽 梅蘭菊竹

君 임금 군

4급 부 口 총 7

자해 입[口]으로 명령하며 나라를 다스리는[尹] 사람이 임금이라는 뜻이다.

읽기 允君 윤군 胤君 윤군

쓰기 군림 君臨 군자 君子 군주 君主 낭군 郎君 단군 檀君 대군 大君
부군 夫君 성군 聖君 제군 諸君 폭군 暴君 사군자 四君子
불사이군 不事二君 양상군자 梁上君子

유 王 임금 왕, 帝 임금 제, 皇 임금 황

상 民 백성 민, 臣 신하 신

群 무리 군

4급 부 羊 총 13

자해 임금[君]이 거느린 양[羊] 떼처럼 많은 백성의 무리를 뜻한다.

읽기 群聚 군취

쓰기 군거 群居 군도 群島 군락 群落 군료 群僚 군무 群舞 군상 群像
군소 群小 군중 群衆 발군 拔群 어군 魚群 어군 語群 학군 學群
증후군 症候群 군계일학 群鷄一鶴 군중심리 群衆心理

유 黨 무리 당, 徒 무리 도, 輩 무리 배, 衆 무리 중

상 獨 홀로 독

屈 굽힐 굴

4급 부 尸 총 8

자해 굴속에서 빠져나갈[出] 때 몸[尸]을 굽힌다는 뜻이다.

쓰기 굴강 屈強 굴곡 屈曲 굴력 屈力 굴복 屈伏 굴복 屈服 굴신 屈身
굴욕 屈辱 굴절 屈折 굴지 屈指 불굴 不屈 비굴 卑屈 자굴 自屈
백절불굴 百折不屈

유 曲 굽을 곡, 折 꺾을 절

상 伸 펼 신, 貞 곧을 정, 直 곧을 직

121

宮 집 궁
- 4급II
- 부 宀
- 총 10

비 家 집 가, 館 집 관, 堂 집 당, 室 집 실, 屋 집 옥, 宅 집 택, 戶 집 호

자해 지붕[宀] 아래에 여러 칸의 방[呂]이 이어져 있는 임금의 집을 뜻한다.

읽기 宮媛 궁원 宮苑 궁원 子宮癌 자궁암 九重宮闕 구중궁궐

쓰기 궁녀 宮女 궁성 宮城 궁전 宮殿 궁조 宮調 궁체 宮體 궁합 宮合
궁형 宮刑 고궁 古宮 상궁 尙宮 왕궁 王宮 용궁 龍宮 월궁 月宮
자궁 子宮 합궁 合宮 황궁 皇宮 후궁 後宮 궁정문학 宮庭文學

窮 다할·궁할 궁
- 4급
- 부 穴
- 총 15

비 困 곤할 곤, 極 다할 극, 貧 가난할 빈
상 富 부자 부, 裕 넉넉할 유

자해 몸[身]을 활[弓]처럼 구부려 굴[穴]속으로 숨었으니 상황이 궁하다는 뜻이다.

읽기 窮廬 궁려 窮覓 궁멱 窮僻 궁벽

쓰기 궁극 窮極 궁리 窮理 궁상 窮狀 궁색 窮塞 궁지 窮地 곤궁 困窮
빈궁 貧窮 추궁 追窮 무궁화 無窮花 궁여지책 窮餘之策
무궁무진 無窮無盡

弓 활 궁
- 3급II
- 부 弓
- 총 3

자해 가운데가 불룩하게 굽은 활을 본뜬 글자로, 활을 뜻한다.

읽기 結弓獐皮 결궁장피

쓰기 궁각 弓角 궁도 弓道 궁수 弓手 궁술 弓術 궁시 弓矢 궁체 弓體
국궁 國弓 명궁 名弓 석궁 石弓 양궁 洋弓 천궁 天弓
상궁지조 傷弓之鳥

權 권세 권
- 4급II
- 부 木
- 총 22
- 약 权, 権

자해 나무[木]로 만든 저울추로 저울을 조절하듯, 황새[雚] 같은 눈으로 상황을 파악하여 세상의 일을 조정하는 지도자의 권세를 뜻한다.

읽기 權柄 권병 秉權 병권 霸權 패권

쓰기 권력 權力 권리 權利 권세 權勢 권위 權威 권좌 權座 권칭 權稱
권형 權衡 월권 越權 정권 政權 집권 執權 채권 債權
공권력 公權力 저작권 著作權 권모술수 權謀術數

券 문서 권
- 4급
- 부 刀
- 총 8

비 簿 문서 부, 狀 문서 장, 籍 문서 적

자해 종이의 양쪽을 양손[手手→ 八]으로 잡고서 가운데를 칼[刀]로 잘라 각자 보관하던 중요한 문서를 뜻한다.

읽기 呈券 정권 診療券 진료권

쓰기 마권 馬券 문권 文券 발권 發券 복권 福券 식권 食券 여권 旅券
주권 株券 증권 證券 채권 債券 입장권 入場券 할인권 割引券
회수권 回數券

卷

4급
부 㔾(卩)
총 8
책 권(:)

유 冊 책 책, 篇 책 편

자해 양손[手手→癶]으로 둘둘 말아[㔾] 쥔 두루마리 책을 뜻한다.

읽기 卷舒 권서　卷軸 권축

쓰기 권두 卷頭　권말 卷末　권미 卷尾　권수 卷數　권연 卷煙　단권 單卷
　　　상권 上卷　석권 席卷　압권 壓卷　전권 前卷　통권 通卷　하권 下卷
　　　수불석권 手不釋卷

勸

4급
부 力
총 20
약 劝, 勧
권할 권:

유 勵 힘쓸 려, 勉 힘쓸 면, 獎 장려할 장

자해 사람에게 좋은 징조를 알려주는 새인 황새[雚]처럼, 힘써서[力] 좋은 일을 하도록 권한다는 뜻이다.

읽기 勸蠶 권잠

쓰기 권고 勸告　권농 勸農　권면 勸勉　권사 勸士　권선 勸善　권유 勸誘
　　　권장 勸獎　권주 勸酒　권학 勸學　강권 強勸　권주가 勸酒歌
　　　권선징악 勸善懲惡

拳

3급Ⅱ
부 手
총 10
주먹 권:

자해 손[手手→癶]과 손[手]을 모아 구부린 주먹을 뜻한다.

읽기 拳匪 권비　拳蔘 권삼　火繩拳銃 화승권총

쓰기 권법 拳法　권서 拳書　권석 拳石　권용 拳勇　권총 拳銃　권투 拳鬪
　　　공권 空拳　철권 鐵拳　적수공권 赤手空拳

厥

3급
부 厂
총 12
그 궐

유 其 그 기

자해 언덕[厂]을 오르다가 힘들어서 피가 거꾸로[屰] 솟고 입이 벌어지는[欠] 그곳을 뜻한다.

읽기 腎厥 신궐

쓰기 궐각 厥角　궐공 厥公　궐녀 厥女　궐명 厥明　궐미 厥尾　궐야 厥也
　　　궐자 厥者　궐초 厥初　궐후 厥後　돌궐 突厥　궐두통 厥頭痛
　　　궐심통 厥心痛

軌

3급
부 車
총 9
바퀴자국 궤:

자해 수레[車]가 같은 길을 여러[九] 번 지나가서 생기는 바큇자국을 뜻한다.

쓰기 궤간 軌間　궤도 軌度　궤도 軌道　궤범 軌範　궤적 軌跡　광궤 廣軌
　　　단궤 單軌　동궤 同軌　상궤 常軌　선궤 先軌　일궤 一軌
　　　무한궤도 無限軌道

歸

4급
부 止
총 18
약 帰

돌아갈 귀:

유 還 돌아올 환

자해 옛 풍습에 결혼한 남편은 아내를 따라가서[追→自] 처가에 머물며[止] 일손을 거들다가 다시 아내[婦→帚]를 데리고 집으로 돌아간다는 뜻이다.

읽기 歸趨 귀추　歸巢本能 귀소본능

쓰기
귀가 歸家　귀결 歸結　귀경 歸京　귀국 歸國　귀농 歸農　귀로 歸路
귀성 歸省　귀속 歸屬　귀순 歸順　귀의 歸依　귀임 歸任　귀착 歸着
귀향 歸鄕　귀화 歸化　귀환 歸還　복귀 復歸　사필귀정 事必歸正

鬼

3급Ⅱ
부 鬼
총 10

귀신 귀:

유 神 귀신 신

자해 무시무시한 모습을 한 귀신의 큰 머리와 다리를 그린 글자로, 귀신을 뜻한다.

읽기 鬼魅 귀매　鬼胎 귀태　魔鬼 마귀　妖鬼 요귀

쓰기
귀곡 鬼哭　귀면 鬼面　귀신 鬼神　귀재 鬼才　귀화 鬼火　객귀 客鬼
백귀 百鬼　아귀 餓鬼　악귀 惡鬼　역귀 疫鬼　잡귀 雜鬼
귀곡성 鬼哭聲　흡혈귀 吸血鬼　신출귀몰 神出鬼沒

叫

3급
부 口
총 5

부르짖을 규

자해 입[口]을 벌리고 마음속에 얽힌[丩] 일을 크게 부르짖는다는 뜻이다.

쓰기
규고 叫苦　규곡 叫曲　규성 叫聲　규호 叫號　대규 大叫　애규 哀叫
열규 熱叫　절규 絶叫

糾

3급
부 糸
총 8

얽힐 규

자해 실[糸]이 넝쿨처럼 얽혀[丩] 있다는 뜻이다.

읽기 糾繩 규승

쓰기
규명 糾明　규분 糾紛　규정 糾正　규죄 糾罪　규착 糾錯　규찰 糾察
규탄 糾彈　규합 糾合　분규 紛糾　심규 審糾

均

4급
부 土
총 7

고를 균

유 平 평평할 평,
衡 저울대 형

자해 울퉁불퉁한 흙[土]을 고르게[勻] 하다는 뜻이다.

읽기 均穩 균온

쓰기
균등 均等　균배 均配　균배 均排　균분 均分　균일 均一　균전 均田
균질 均質　균할 均割　균형 均衡　평균 平均　균일화 均一化
성균관 成均館　평균대 平均臺

菌 버섯 균
3급II 부 ⺾(艸) 총 12

자해 벼[禾]를 곳간[囗]에 두면 그 위로 돋아나는 식물[⺾]이 버섯이라는 뜻이다.

읽기 菌傘 균산 乳酸菌 유산균

쓰기 균근 菌根 균류 菌類 균사 菌絲 구균 球菌 멸균 滅菌 병균 病菌
살균 殺菌 세균 細菌 잡균 雜菌 종균 種菌 진균 眞菌 항균 抗菌
대장균 大腸菌 병원균 病原菌 보균자 保菌者

極 다할·극진할 극
4급II 부 木 총 13

자해 나무[木]로 앞이 막힌 동굴[二]에서 사람[人→勹]이 입[口]으로 소리치고 손[又]으로 긁으며 살려 달라고 온 힘을 다한다는 뜻이다.

읽기 磁極 자극 峻極 준극 南極圈 남극권 北極圈 북극권
昊天罔極 호천망극

쓰기 극단 極端 극렬 極烈 극비 極祕 극심 極甚 극언 極言 극점 極點
극찬 極讚 극치 極致 극한 極限 궁극 窮極 망극 罔極 지극 至極
태극기 太極旗 극악무도 極惡無道

유 端 끝 단, 甚 심할 심, 至 이를 지, 盡 다할 진

劇 심할 극
4급 부 刂(刀) 총 15

자해 사람이 호랑이[虍]와 돼지[豕]를 잡기 위해 칼[刂]을 들고 격렬하게 싸우는데 그 상황이 심하다는 뜻이다.

읽기 劇旁 극방 夢幻劇 몽환극 探偵劇 탐정극

쓰기 극단 劇團 극본 劇本 극약 劇藥 극장 劇場 가극 歌劇 비극 悲劇
사극 史劇 연극 演劇 창극 唱劇 희극 戲劇 연속극 連續劇
인형극 人形劇

유 甚 심할 심, 酷 심할 혹

克 이길 극
3급II 부 儿 총 7

자해 손에 무기[十]를 들고 머리에 투구를 쓴 사람[兄]이 전쟁터에 나가 이긴다는 뜻이다.

읽기 裵克廉 배극렴

쓰기 극가 克家 극기 克己 극난 克難 극명 克明 극복 克復 극복 克服
극욕 克慾 초극 超克 극기심 克己心 극기복례 克己復禮
극기훈련 克己訓鍊

유 勝 이길 승
상 敗 패할 패

勤 부지런할 근(:)
4급 부 力 총 13

자해 진흙[堇]밭처럼 어려운 상황에도 힘써[力] 일하니 부지런하다는 뜻이다.

읽기 勤政勳章 근정훈장

쓰기 근검 勤儉 근로 勤勞 근면 勤勉 근무 勤務 근속 勤續 개근 皆勤
결근 缺勤 내근 內勤 상근 常勤 야근 夜勤 외근 外勤 전근 轉勤
출근 出勤 통근 通勤 퇴근 退勤

유 勉 힘쓸 면
상 慢 거만할 만, 怠 게으를 태

筋 힘줄 근
4급 / 부 竹 / 총 12

자해 대나무[竹]와 같이 질긴 모양새로 우리 몸[月]에 힘[力]을 쓰도록 해주는 힘줄을 뜻한다.

읽기 筋膜 근막 筋骨型 근골형

쓰기 근골 筋骨 근력 筋力 근맥 筋脈 근육 筋肉 근축 筋縮 복근 腹筋
심근 心筋 안근 眼筋 철근 鐵筋 흉근 胸筋 근육질 筋肉質

僅 겨우 근:
3급 / 부 亻(人) / 총 13

자해 사람[亻]이 진흙[菫]밭에서 몸을 겨우 빼낸다는 의미에서 겨우를 뜻한다.

쓰기 근근 僅僅 근소 僅少 근근도생 僅僅圖生 근근득생 僅僅得生
근근부지 僅僅扶持 기사근생 幾死僅生

斤 근·날 근
3급 / 부 斤 / 총 4

자해 날이 큰 쇠[厂]에 나무 자루[丁]가 달린 도끼를 그린 글자로, 후에 무게의 단위인 근을 뜻하게 되었다.

쓰기 근량 斤兩 근량 斤量 근수 斤數 근정 斤正 만근 萬斤 백근 百斤
천근 千斤 천근만근 千斤萬斤

유 刃 칼날 인

謹 삼갈 근:
3급 / 부 言 / 총 18

자해 말[言]을 할 때 마치 진흙[菫] 길을 걷는 것처럼 조심스레 삼간다는 뜻이다.

읽기 謹呈 근정

쓰기 근계 謹啓 근고 謹告 근신 勤愼 근신 謹身 근엄 謹嚴 근제 謹製
근조 謹弔 근주 謹奏 근직 謹直 근하신년 謹賀新年

유 毖 삼갈 비, 愼 삼갈 신, 頊 삼갈 욱

禁 금할 금:
4급Ⅱ / 부 示 / 총 13

자해 숲[林] 안에 신성한 제단[示]을 두어 아무나 드나드는 것을 금한다는 뜻이다.

읽기 禁闕 금궐 禁網 금망

쓰기 금기 禁忌 금서 禁書 금식 禁食 금연 禁煙 금욕 禁慾 금전 禁殿
금주 禁酒 금지 禁止 금혼 禁婚 감금 監禁 구금 拘禁 엄금 嚴禁
금치산자 禁治産者

유 忌 꺼릴 기, 止 그칠 지

琴
- 3급II
- 부 王(玉)
- 총 12
- 거문고 금

자해 줄을 매달아 술대로 뜯으면 옥구슬[王王]이 부딪치는 것처럼 바로[今] 아름다운 소리를 내는 거문고를 뜻한다.

읽기 琴棋 금기　琴瑟 금슬/금실　琴瑟之樂 금슬지락/금실지락

쓰기 금도 琴道　금서 琴書　금선 琴線　금심 琴心　금음 琴音　심금 心琴
탄금 彈琴　풍금 風琴　해금 奚琴　현금 玄琴

유 瑟 큰거문고 슬

禽
- 3급II
- 부 內
- 총 13
- 새 금

자해 사람들이 짐승을 잡으려고 놓은 그물[离] 위로 날개[人]를 활짝 펴고 날아가는 새(날짐승)를 뜻한다.

쓰기 금수 禽獸　금조 禽鳥　금충 禽蟲　금획 禽獲　가금 家禽　맹금 猛禽
명금 鳴禽　비금 飛禽　선금 仙禽　야금 野禽　금곤복거 禽困覆車

유 鵬 새 붕, 乙 새 을, 鳥 새 조

錦
- 3급II
- 부 金
- 총 16
- 비단 금:

자해 황금[金]처럼 반짝이는 비단[帛]을 뜻한다.

읽기 錦蔘 금삼

쓰기 금강 錦江　금계 錦鷄　금의 錦衣　금전 錦殿　금지 錦地　금찰 錦察
금상첨화 錦上添花　금의야행 錦衣夜行　금의옥식 錦衣玉食
금의환향 錦衣還鄉

유 絹 비단 견

及
- 3급II
- 부 又
- 총 4
- 미칠 급

자해 사람[人]을 붙잡으려 손[又]을 뻗어 그 사람에게 미쳤음을 의미한다.

읽기 埃及 애급　措手不及 조수불급

쓰기 급락 及落　급제 及第　급체 及遞　논급 論及　막급 莫及　미급 未及
보급 普及　언급 言及　파급 波及　급기야 及其也　가급적 可及的
과유불급 過猶不及　후회막급 後悔莫及

상 落 떨어질 락

肯
- 3급
- 부 月(肉)
- 총 8
- 즐길 긍:

자해 하던 일을 그치고[止] 잠시 고기[肉→月]를 먹으며 즐긴다는 뜻이다.

쓰기 긍낙 肯諾　긍의 肯意　긍정 肯定　긍종 肯從　긍지 肯志　불긍 不肯
수긍 首肯　긍정문 肯定文　긍정적 肯定的

유 樂 즐길 락, 娛 즐길 오, 耽 즐길 탐
상 否 아닐 부

器

- 4급II
- 부 口
- 총 16
- 약 器
- 그릇 기
- 유 甄 질그릇 견, 陶 질그릇 도

자해 네 식구[口]가 개[犬]고기를 담아 나누어 먹던 그릇을 의미한다.

읽기 甕器 옹기 磁器 자기 生殖器 생식기 聽診器 청진기

쓰기 기계 器械 기관 器官 기구 器具 기량 器量 계기 計器 목기 木器
무기 武器 변기 便器 병기 兵器 성기 性器 칠기 漆器 화기 火器
흉기 凶器 약탕기 藥湯器 핵무기 核武器 호흡기 呼吸器
대기만성 大器晩成 분청사기 粉靑沙器

起

- 4급II
- 부 走
- 총 10
- 일어날 기
- 유 立 설 립
- 상 伏 엎드릴 복, 臥 누울 와, 寢 잘 침

자해 달리기[走] 위해 몸[己]을 세워서 일어난다는 뜻이다.

읽기 惹起 야기

쓰기 기거 起居 기립 起立 기복 起伏 기상 起床 기소 起訴 기안 起案
기원 起源 기인 起因 기점 起點 돌기 突起 봉기 蜂起 상기 想起
제기 提起 기사회생 起死回生

奇

- 4급
- 부 大
- 총 8
- 기특할 기
- 유 怪 괴이할 괴, 特 특별할 특

자해 크기가 매우 커서[大] 가히[可] 놀랍고 기이하다는 뜻이다.

읽기 奇謀 기모 奇瑞 기서 奇峻 기준 奇勳 기훈

쓰기 기괴 奇怪 기담 奇談 기묘 奇妙 기발 奇拔 기서 奇書 기성 奇聲
기습 奇襲 기암 奇巖 기연 奇緣 기이 奇異 기인 奇人 기적 奇蹟
기지 奇智 기특 奇特 신기 神奇 엽기 獵奇 호기심 好奇心
기상천외 奇想天外 기암괴석 奇巖怪石

寄

- 4급
- 부 宀
- 총 11
- 부칠 기
- 유 付 부칠 부, 附 붙을 부

자해 집[宀]으로 기이한[奇] 재물이나 편지를 부친다는 뜻이다.

읽기 寄託 기탁 託孤寄命 탁고기명

쓰기 기거 寄居 기고 寄稿 기류 寄留 기부 寄附 기생 寄生 기숙 寄宿
기식 寄食 기여 寄與 기증 寄贈 기부금 寄附金 기생충 寄生蟲
기숙사 寄宿舍

機

- 4급
- 부 木
- 총 16
- 틀 기
- 유 械 기계 계

자해 나무[木] 몇[幾] 개를 얽어서 만든 기계나 틀을 뜻한다.

읽기 機軸 기축

쓰기 기갑 機甲 기계 機械 기관 機關 기구 機構 기능 機能 기미 機微
기민 機敏 기운 機運 기장 機長 기종 機種 기회 機會 대기 待機
동기 動機 시기 時機 위기 危機 적기 適期 투기 投機 호기 好機
임기응변 臨機應變

4급 부 糸 총 9	紀 벼리 기

자해 그물의 몸체[己]를 오므렸다 펼 수 있도록 꿰놓은 줄[糸]인 벼리를 뜻한다.

쓰기 기강 紀綱 기념 紀念 기율 紀律 기장 紀章 관기 官紀 군기 軍紀
단기 檀紀 당기 黨紀 서기 西紀 세기 世紀 기원전 紀元前
기전체 紀傳體 기행문 紀行文 반세기 半世紀

유 綱 벼리 강, 維 벼리 유

3급Ⅱ 부 人 총 6	企 꾀할 기

자해 사람[人]이 가던 길을 멈추어[止] 서서 멀리 바라보며 앞날의 계획을 꾀한다는 뜻이다.

읽기 企業合併 기업합병

쓰기 기급 企及 기대 企待 기도 企圖 기망 企望 기업 企業 기획 企劃
앙기 仰企 학기 鶴企 공기업 公企業 대기업 大企業
사기업 私企業 중소기업 中小企業

유 圖 그림 도

3급Ⅱ 부 八 총 8	其 그 기

자해 키[甘]를 양손[丌 → 廾]에 들고 까부른 곡식의 알맹이를 가리켜 '그것'이라고 표현한 글자이다.

읽기 其揆一也 기규일야

쓰기 기간 其間 기실 其實 기여 其餘 기외 其外 기인 其人 기타 其他
각기 各其 급기야 及其也 부지기수 不知其數

유 厥 그 궐
상 是 이 시

3급Ⅱ 부 田 총 15	畿 경기 기

자해 수도에서 얼마[幾] 떨어지지 않은 곳에 있는 지방 마을과 밭[田]인 경기를 뜻한다.

읽기 畿輔 기보 畿甸 기전

쓰기 기내 畿內 기호 畿湖 경기 京畿 근기 近畿 방기 邦畿
경기도 京畿道

유 甸 경기 전

3급Ⅱ 부 示 총 9	祈 빌 기

자해 제단[示]에 가까이[近→斤] 다가가서 신에게 복을 빈다는 뜻이다.

읽기 祈療 기료

쓰기 기구 祈求 기복 祈福 기우 祈雨 기원 祈願 기축 祈祝
기우제 祈雨祭

유 祝 빌 축

3급II 부 馬 총 18	**騎** 말탈 기	자해 재주가 뛰어나고 기이한[奇] 말[馬]의 등에 올라탄다는 뜻이다. 읽기 隻騎 척기 騎馬靴 기마화 쓰기 기마 騎馬 기병 騎兵 기사 騎士 기수 騎手 기승 騎乘 단기 單騎 경기병 輕騎兵 기마전 騎馬戰 기병대 騎兵隊 기사도 騎士道 기호지세 騎虎之勢 필마단기 匹馬單騎
3급 부 幺 총 12	**幾** 몇 기	자해 베틀에 걸린 실[絲→幺]에 사람[人]이 북[戈]을 움직이며 짠 직물의 양이 몇이 나는 데서, '몇'을 뜻한다. 읽기 幾何網 기하망 쓰기 기미 幾微 기백 幾百 기일 幾日 기하 幾何 기회 幾回 미기 未幾 서기 庶幾 기십만 幾十萬 기지사경 幾至死境 기하급수 幾何級數
3급 부 心 총 7	**忌** 꺼릴 기 避 피할 피, 嫌 싫어할 혐	자해 자기의 몸[己]과 마음[心]을 지키기 위해 해로운 일을 꺼린다는 뜻이다. 읽기 厭忌 염기 쓰기 기고 忌故 기일 忌日 기제 忌祭 기중 忌中 기피 忌避 금기 禁忌 대기 大忌 부기 父忌 주기 週忌 초기 初忌 기제사 忌祭祀
3급 부 无 총 11 약 既	**旣** 이미 기 已 이미 이	자해 맛있는[皀] 음식을 목이 멜 정도로[旡] 많이 먹고서 고개를 돌려 외면하니 식사가 이미 끝났다는 뜻이다. 쓰기 기간 旣刊 기결 旣決 기망 旣望 기술 旣述 기약 旣約 기정 旣定 기존 旣存 기혼 旣婚 기결수 旣決囚 기득권 旣得權 기성복 旣成服 기왕지사 旣往之事 기정사실 旣定事實
3급 부 木 총 12 약 弃	**棄** 버릴 기  捨 버릴 사, 廢 버릴 폐	자해 일찍 죽은 아기[子→㐬]를 망태기[廾]에 싸서 양손[廾→木]으로 들고 나가 버린 다는 뜻이다. 읽기 厭棄 염기 抛棄 포기 쓰기 기각 棄却 기권 棄權 기세 棄世 기아 棄兒 유기 遺棄 투기 投棄 파기 破棄 폐기 廢棄 자포자기 自暴自棄 항소기각 抗訴棄却

欺 속일 기

- **3급** 부欠 총12
- **자해** 상대가 말하는 그것[其]에 대해 부족한[欠] 지식으로 거짓되게 속인다는 뜻이다.
- **쓰기** 기군 欺君 기롱 欺弄 기망 欺罔 기소 欺笑 기심 欺心 기은 欺隱
  기인 欺人 기정 欺情 기혹 欺惑 사기 詐欺 자기 自欺
  사기죄 詐欺罪
- 유 詐 속일 사

豈 어찌 기

- **3급** 부豆 총10
- **자해** 산[山]처럼 웅장한 장식을 한 북을 그린 글자로, 북 치는 즐거움을 어찌하느냐는 뜻이다.
- **쓰기** 기감 豈敢 기불 豈不
- 유 那 어찌 나, 奈 이찌 내, 焉 어찌 언, 何 어찌 하, 奚 어찌 해

飢 주릴 기

- **3급** 부食(食) 총11
- **자해** 먹을[食→飠] 것이 없어 식탁[几] 위가 텅 비었으니 굶주린다는 뜻이다.
- **읽기** 療飢 요기
- **쓰기** 기갈 飢渴 기곤 飢困 기민 飢民 기복 飢腹 기사 飢死 기색 飢色
  기아 飢餓 기포 飢飽 기한 飢寒 내기 耐飢 허기 虛飢
  기자감식 飢者甘食
- 상 飽 배부를 포

緊 긴할 긴

- **3급II** 부糸 총14 약緊
- **자해** 실[糸]로 단단하게[臤] 묶어야 할 만큼 꼭 필요하고 요긴한 것을 뜻한다.
- **읽기** 緊札 긴찰 緊託 긴탁
- **쓰기** 긴급 緊急 긴담 緊談 긴밀 緊密 긴박 緊迫 긴요 緊要 긴장 緊張
  긴축 緊縮 요긴 要緊 긴박감 緊迫感 긴급사태 緊急事態
- 유 要 요긴할 요

那 어찌 나:

- **3급** 부阝(邑) 총7
- **자해** 위태로운[⺕→冄] 마을[阝]을 어찌하느냐는 뜻이다.
- **읽기** 刹那 찰나
- **쓰기** 나락 那落 나변 那邊 나하 那何 인도지나 印度支那
- 유 豈 어찌 기, 奈 어찌 내, 何 어찌 하

諾 허락할 낙 (3급II, 부 言, 총 16)

자해 다른 사람이 말하는[言] 내용이 나의 뜻과 같으면[若] 허락한다는 뜻이다.

쓰기 낙언 諾言 감낙 甘諾 경낙 輕諾 내락 內諾 수락 受諾 숙낙 宿諾
승낙 承諾 응낙 應諾 쾌락 快諾 허락 許諾

유 許 허락할 허
상 拒 막을 거

暖 따뜻할 난: (4급II, 부 日, 총 13)

자해 해[日]처럼 뜨거운 열을 가까이 끌어당기면[爰] 따뜻하다는 뜻이다.

읽기 暖帽 난모

쓰기 난대 暖帶 난동 暖冬 난류 暖流 난방 暖房 난열 暖熱 난의 暖衣
난지 暖地 난파 暖波 온난 溫暖 춘난 春暖 한난 寒暖
온난화 溫暖化

유 溫 따뜻할 온
상 冷 찰 랭, 涼 서늘할 량, 寒 찰 한

難 어려울 난(:) (4급II, 부 隹, 총 19)

자해 진흙탕[堇→𦰩]에 빠진 작은 새[隹]는 빠져나오기가 어렵다는 뜻이다.

쓰기 난관 難關 난국 難局 난민 難民 난산 難産 난색 難色 난제 難題
난처 難處 난청 難聽 난파 難破 난항 難航 난해 難解 고난 苦難
도난 盜難 재난 災難 험난 險難 난이도 難易度
각골난망 刻骨難忘 백골난망 白骨難忘 중구난방 衆口難防

상 易 쉬울 이

納 들일 납 (4급, 부 糸, 총 10)

자해 실[糸]을 바늘귀의 안[內]으로 들인다는 뜻이다.

읽기 納款 납관 納采 납채 允納 윤납 呈納 정납

쓰기 납득 納得 납량 納涼 납본 納本 납부 納付/納附 납세 納稅
납품 納品 납회 納會 군납 軍納 미납 未納 반납 返納 상납 上納
완납 完納 용납 容納 출납 出納 헌납 獻納 납골당 納骨堂
귀납법 歸納法

유 入 들 입
상 出 날 출

娘 계집 낭 (3급II, 부 女, 총 10)

자해 여자[女] 중에 젊어서 몸과 마음이 건강한(좋은)[良] 계집(아가씨)을 뜻한다.

쓰기 낭랑 娘娘 낭자 娘子 낭자군 娘子軍

유 女 계집 녀, 媛 계집 원, 姬 계집 희
상 男 사내 남, 郎 사내 랑

耐 견딜 내:
3급II 부 而 총 9

자해 할아버지의 수염[而]을 손자가 손[寸]으로 잡아당겨도 많이 아프지 않으니 견딘다는 뜻이다.

읽기 耐酸 내산

쓰기 내구 耐久　내성 耐性　내열 耐熱　내진 耐震　내한 耐寒　내화 耐火
인내 忍耐　내구성 耐久性　내열성 耐熱性　내화성 耐火性

유 忍 참을 인

乃 이에 내:
3급 부 丿 총 2

자해 말이 술술 나오지 않고 잠시 걸린 상태를 표현한 글자로, '이에'라는 뜻이다.

쓰기 내공 乃公　내부 乃父　내손 乃孫　내옹 乃翁　내자 乃子　내조 乃祖
내지 乃至　내후 乃後　종내 終乃　인내천 人乃天
내무내문 乃武乃文

奈 어찌 내
3급 부 大 총 8

자해 크게[大] 잘 보이려면[示] 어찌해야 하느냐는 뜻이다.

쓰기 나락 奈落　내마 奈麻　내말 奈末　내하 奈何　내물왕 奈勿王
막무가내 莫無可奈

유 豈 어찌 기, 那 어찌 나, 何 어찌 하

寧 편안 녕
3급II 부 宀 총 14 약 寍, 寧

자해 집[宀]에 음식이 수북한 그릇[皿]이 상[丁] 위에 차려져 있으니 마음[心]이 편안하다는 뜻이다.

읽기 寧馨 영형　寧馨兒 영형아　遼寧省 요령성

쓰기 영가 寧暇　영세 寧歲　영식 寧息　영일 寧日　영친 寧親　강녕 康寧
귀녕 歸寧　안녕 安寧　정녕 丁寧　휴녕 休寧　수복강녕 壽福康寧

유 康 편안 강, 安 편안 안, 穩 편안할 온, 逸 편안할 일, 便 편할 편

努 힘쓸 노
4급II 부 力 총 7

자해 종[奴]이 힘[力]을 다해 부지런히 일하며 집안을 위해 힘쓴다는 뜻이다.

쓰기 노력 努力　노목 努目　노육 努肉　노력가 努力家
분투노력 奮鬪努力

유 勵 힘쓸 려, 勉 힘쓸 면, 務 힘쓸 무

怒 성낼 노:
- 4급II, 부 心, 총 9
- 유 憤 분할 분
- 상 喜 기쁠 희

자해 할 일이 많아서 온종일 일한 종[奴]이 분한 마음[心]으로 성낸다는 뜻이다.

읽기 赫怒 혁노

쓰기 노기 怒氣　노색 怒色　노원 怒怨　노호 怒號　격노 激怒　대노 大怒
　　　분노 憤怒　진노 震怒　노발대발 怒發大發　천인공노 天人共怒
　　　희로애락 喜怒哀樂

奴 종 노
- 3급II, 부 女, 총 5
- 유 隷 종 례
- 상 婢 계집종 비

자해 여자[女]처럼 부지런하게 손[又]을 움직이며 일하는 남자 종을 뜻한다.

읽기 倭奴 왜노　匈奴 흉노

쓰기 노비 奴婢　노예 奴隷　경노 京奴　농노 農奴　사노 私奴
　　　매국노 賣國奴　수전노 守錢奴

腦 골·뇌수 뇌
- 3급II, 부 月(肉), 총 13, 약 脳

자해 우리 몸[肉→月]에서 정수리[囟] 부분에 있으며 머리카락[巛]으로 둘러싸인 뇌를 뜻한다.

읽기 腦膜 뇌막　腦膜炎 뇌막염

쓰기 뇌리 腦裏　뇌사 腦死　뇌염 腦炎　뇌파 腦波　대뇌 大腦　두뇌 頭腦
　　　세뇌 洗腦　수뇌 首腦　뇌신경 腦神經　뇌졸중 腦卒中
　　　뇌출혈 腦出血　수뇌부 首腦部

惱 번뇌할 뇌
- 3급, 부 忄(心), 총 12, 약 悩
- 유 煩 번거로울 번

자해 마음[忄]이 복잡하니 머리카락[巛]으로 둘러싸인 뇌[囟]가 시달리며 번뇌한다는 뜻이다.

쓰기 뇌란 惱亂　뇌쇄 惱殺　고뇌 苦惱　곤뇌 困惱　번뇌 煩惱　병뇌 病惱
　　　심뇌 心惱　우뇌 憂惱　백팔번뇌 百八煩惱

泥 진흙 니
- 3급II, 부 氵(水), 총 8

자해 물[氵]과 흙이 가까이[尼] 섞여 끈적끈적해진 진흙을 뜻한다.

쓰기 이공 泥工　이구 泥丘　이도 泥塗　이수 泥水　이취 泥醉　이탄 泥炭
　　　이토 泥土　이해 泥海　사니 沙泥　이전투구 泥田鬪狗
　　　운니지차 雲泥之差

茶 (차 다·차) 3급II 부 ++(艸) 총 10

자해 풀[++]이나 나무[木] 열매를 따 사람[人]들이 달여 마시는 차를 뜻한다.

읽기 茶菓 다과

쓰기
다구 茶具　다기 茶器　다도 茶道　다례 茶禮　다모 茶母　다방 茶房
다실 茶室　감차 甘茶　녹차 綠茶　차례 茶禮　홍차 紅茶
다반사 茶飯事

單 (홑 단) 4급II 부 口 총 12 약 単

자해 새총처럼 Y자 형태로 생긴 무기[單]를 들고 홀로 사냥한다는 의미에서 '홑'이라는 뜻이다.

쓰기
단가 單價　단과 單科　단독 單獨　단리 單利　단복 單複　단색 單色
단선 單線　단수 單數　단순 單純　단신 單身　단어 單語　단원 單元
단위 單位　단일 單一　단조 單調　단층 單層　간단 簡單　고단 孤單
명단 名單　식단 食單　전단 傳單　단도직입 單刀直入

유 獨 홀로 독
상 複 겹칠 복

斷 (끊을 단:) 4급II 부 斤 총 18 약 断

자해 실과 실로 이어[㡭] 만든 천을 도끼[斤]처럼 날카로운 도구로 끊는다는 뜻이다.

읽기 診斷 진단　遮斷 차단

쓰기
단교 斷交　단념 斷念　단면 斷面　단발 斷髮　단선 斷線　단속 斷續
단수 斷水　단식 斷食　단언 斷言　단연 斷然　단절 斷絕　단정 斷定
단죄 斷罪　단층 斷層　단편 斷片　강단 剛斷　재단 裁斷
단열재 斷熱材　판단력 判斷力　단기지계 斷機之戒
우유부단 優柔不斷

유 絕 끊을 절
상 係 맬 계, 繼 이을 계, 連 이을 련, 續 이을 속

檀 (박달나무 단) 4급II 부 木 총 17

자해 나무[木] 중에 재질이 단단하여 믿음직하게[亶] 쓸 수 있는 박달나무를 뜻한다.

읽기 檀桓 단환

쓰기
단군 檀君　단궁 檀弓　단기 檀紀　단목 檀木　단향 檀香　백단 白檀
진단 眞檀　진단 震檀　흑단 黑檀

端 (끝 단) 4급II 부 立 총 14

자해 땅 위로 삐죽 선[立] 새싹[耑]의 끝을 뜻한다.

읽기 端揆 단규　惹端 야단

쓰기
단려 端麗　단서 端緒　단아 端雅　단오 端午　단장 端裝　단적 端的
단정 端整　극단 極端　남단 南端　다단 多端　말단 末端　발단 發端
상단 上端　선단 先端　양단 兩端　이단 異端　일단 一端　첨단 尖端
폐단 弊端　단말기 端末機

유 極 다할 극, 末 끝 말
상 發 필 발, 始 비로소 시, 初 처음 초

段 (층계 단) — 4급, 부 殳, 총 9

자해 나무 몽둥이[殳]로 언덕을 조각[冃]내어 만든 층계를 뜻한다.

읽기 別段預金 별단예금

쓰기 단계 段階   단락 段落   단수 段數   계단 階段   문단 文段   분단 分段
상단 上段   수단 手段   승단 昇段   초단 初段   하단 下端
고단수 高段數   유단자 有段者   일단락 一段落

유 階 섬돌 계, 層 층 층

丹 (붉을 단) — 3급II, 부 丶, 총 4

자해 광산의 구덩이[井→丹] 안에서 캐낸 점[丶]처럼 반짝이는 광석의 색이 붉다는 뜻이다.

읽기 丹款 단관   丹鼎 단정   丹脂 단지   煉丹 연단   丹脣皓齒 단순호치

쓰기 단성 丹誠   단약 丹藥   단장 丹粧   단전 丹田   단청 丹靑   단풍 丹楓
목단 牧丹   선단 仙丹   주단 朱丹   오색단청 五色丹靑
일편단심 一片丹心   칠보단장 七寶丹粧

유 赤 붉을 적, 朱 붉을 주, 紅 붉을 홍

但 (다만 단:) — 3급II, 부 亻(人), 총 7

자해 사람[亻]이 아침[旦]에 일어나면 다만 알몸뿐이라고 하여 '다만'이라는 뜻이다.

쓰기 단서 但書   단지 但只   비단 非但   부단공 不但空

유 唯 오직 유, 只 다만 지

旦 (아침 단) — 3급II, 부 日, 총 5

자해 해[日]가 지평선[一] 위로 뜨는 때가 아침이라는 뜻이다.

쓰기 단명 旦明   단모 旦暮   단석 旦夕   금단 今旦   명단 明旦   세단 歲旦
원단 元旦   일단 一旦   정단 正旦   진단 震旦

유 朝 아침 조
상 暮 저물 모, 夕 저녁 석

達 (통달할 달) — 4급II, 부 辶(辵), 총 13

자해 어린양[羍→幸]이 어미 양에게 가는[辶] 방법에 통달한다는 뜻이다.

읽기 亮達 양달   睿達 예달   綜達 종달

쓰기 달관 達觀   달변 達辯   달성 達成   달인 達人   달필 達筆   건달 乾達
도달 到達   득달 得達   배달 配達   속달 速達   송달 送達   숙달 熟達
영달 榮達   전달 傳達   통달 通達   용달차 用達車
사통팔달 四通八達

유 到 이를 도, 通 통할 통

擔 멜 담

4급Ⅱ
부 扌(手)
총 16
약 担

자해 손[扌]으로 넉넉하게[詹] 많은 짐을 들어 어깨에 멘다는 뜻이다.

쓰기 담당 擔當 담보 擔保 담세 擔稅 담임 擔任 가담 加擔 부담 負擔
분담 分擔 자담 自擔 전담 專擔 중담 重擔 하담 荷擔
담당자 擔當者 부담감 負擔感

유 負 질 부, 任 맡길 임, 荷 멜 하

淡 맑을 담

3급Ⅱ
부 氵(水)
총 11

자해 불[炎]에 끓인 물[氵]이 불순물 없이 깨끗하고 맑다는 뜻이다.

읽기 濃淡 농담 沖淡 충담

쓰기 담담 淡淡 담미 淡味 담박 淡泊 담백 淡白 담소 淡素 담수 淡水
고담 枯淡 냉담 冷淡 아담 雅淡 담채화 淡彩畫

유 淑 맑을 숙, 淸 맑을 청
상 濃 짙을 농, 濁 흐릴 탁

踏 밟을 답

3급Ⅱ
부 𧾷(足)
총 15

자해 발[足]자국이 여러 번 겹치도록[沓] 밟는다는 뜻이다.

읽기 蹴踏 축답

쓰기 답가 踏歌 답교 踏橋 답보 踏步 답사 踏査 답산 踏山 답습 踏襲
답파 踏破 미답 未踏 천답 踐踏 편답 遍踏 고답적 高踏的

유 履 밟을 리, 踐 밟을 천

 논 답

3급
부 田
총 9

자해 물[水]을 대어서 농사지을 수 있는 밭[田]이 논이라는 뜻이다.

읽기 門前沃畓 문전옥답

쓰기 답곡 畓穀 답농 畓農 건답 乾畓 묘답 墓畓 전답 田畓 종답 宗畓
위토답 位土畓 종중답 宗中畓 천수답 天水畓 건답직파 乾畓直播

상 田 밭 전

黨 무리 당

4급Ⅱ
부 黑
총 20
약 党

자해 높은[尙→尙] 곳에서 검은[黑] 머리를 맞대고 모여 있는 무리라는 뜻이다.

읽기 黨閥 당벌 聚黨 취당

쓰기 당권 黨權 당규 黨規 당략 黨略 당론 黨論 당세 黨勢 당수 黨首
당쟁 黨爭 당적 黨籍 당파 黨派 도당 徒黨 붕당 朋黨 악당 惡黨
여당 與黨 탈당 脫黨 불편부당 不偏不黨

유 群 무리 군, 徒 무리 도, 衆 무리 중
상 獨 홀로 독

唐

- 3급 II
- 부 口
- 총 10
- 당나라·당황할 당(:)

자해 절구질[庚]을 하며 입[口]으로 크게 떠드는 사람 때문에 당황한다는 뜻이다.

읽기 隋唐 수당

쓰기 당돌 唐突 당사 唐絲 당서 唐書 당수 唐手 당시 唐詩 성당 盛唐
초당 初唐 황당 荒唐 당삼채 唐三彩

糖

- 3급 II
- 부 米
- 총 16
- 엿 당/사탕 탕

자해 쌀[米]을 삭혀 오래 끓이면 당황스러울[唐] 정도로 단맛이 나고 끈적거리는 엿을 뜻한다.

읽기 糖尿 당뇨 糖尿病 당뇨병

쓰기 당도 糖度 당류 糖類 당분 糖分 당질 糖質 과당 果糖 백당 白糖
사탕 沙糖 설탕 雪糖 제당 製糖 혈당 血糖 탕수육 糖水肉
흑설탕 黑雪糖

帶

- 4급 II
- 부 巾
- 총 11
- 띠 대(:)

 紳 띠 신

자해 옛날에 지위가 높은 사람의 허리에 두른 화려한 장식의 띠를 그린 글자로, 띠를 뜻한다.

읽기 韋帶 위대

쓰기 대검 帶劍 대동 帶同 난대 暖帶 부대 附帶 성대 聲帶 안대 眼帶
열대 熱帶 요대 腰帶 옥대 玉帶 온대 溫帶 일대 一帶 지대 地帶
한대 寒帶 혁대 革帶 휴대 携帶 구명대 救命帶
연대책임 連帶責任

隊

- 4급 II
- 부 阝(阜)
- 총 12
- 무리 대

자해 언덕[阝] 위에 나뉘어서[八] 돌아다니는 돼지[豕]의 무리를 뜻한다.

읽기 艦隊 함대 防諜部隊 방첩부대

쓰기 대상 隊商 대열 隊列 대원 隊員 대장 隊長 군대 軍隊 부대 部隊
입대 入隊 제대 除隊 종대 縱隊 중대 中隊 편대 編隊 횡대 橫隊
선발대 先發隊 후발대 後發隊

群 무리 군, 黨 무리 당,
部 떼 부, 衆 무리 중
獨 홀로 독

臺

- 3급 II
- 부 至
- 총 14
- 약 台, 墓
- 대 대

자해 사람이 이르러서[至] 멀리 바라볼 수 있도록 높게[高] 세운 누대나 돈대를 뜻한다.

읽기 臺灣 대만 釣臺 조대 絞首臺 교수대 瞻星臺 첨성대

쓰기 대목 臺木 대사 臺詞 대장 臺帳 대지 臺紙 경대 鏡臺 등대 燈臺
무대 舞臺 촉대 燭臺 침대 寢臺 토대 土臺 기상대 氣象臺
전망대 展望臺 탁구대 卓球臺 고대광실 高臺廣室

貸

3급II
부 貝
총 12

빌릴·꿸 **대:**

유 借 빌·빌릴 차

자해 다른 사람에게 대신할[代]만한 무언가를 건네주고 돈[貝]이나 물건을 빌린다는 뜻이다.

쓰기 대금 貸金 대물 貸物 대부 貸付 대손 貸損 대여 貸與 대용 貸用
대월 貸越 대절 貸切 대차 貸借 대출 貸出 임대 賃貸 전대 轉貸
임대료 賃貸料 임대차 賃貸借 고리대금 高利貸金

導

4급II
부 寸
총 16

인도할 **도:**

유 引 끌 인

자해 바른 길[道]을 손[寸]으로 가리키며 인도한다는 뜻이다.

읽기 弼導 필도

쓰기 도입 導入 도출 導出 계도 啓導 교도 敎導 보도 補導 선도 先導
선도 善導 영도 領導 오도 誤導 유도 誘導 인도 引導 전도 傳導
주도 主導 지도 指導 도화선 導火線 교도소 矯導所
반도체 半導體

徒

4급
부 彳
총 10

무리 **도**

유 群 무리 군, 黨 무리 당,
輩 무리 배, 衆 무리 중
상 獨 홀로 독

자해 길[行→彳]을 따라 떼 지어 달려가서[走] 모인 무리를 뜻한다.

읽기 匪徒 비도

쓰기 도당 徒黨 도로 徒勞 도배 徒輩 도보 徒步 도형 徒刑 교도 敎徒
반도 叛徒 불도 佛徒 사도 使徒 생도 生徒 성도 聖徒 신도 信徒
폭도 暴徒 학도 學徒 화랑도 花郞徒 도로무공 徒勞無功
무위도식 無爲徒食

盜

4급
부 皿
총 12

도둑 **도(:)**

유 賊 도둑 적, 竊 훔칠 절

자해 남의 그릇[皿]에 담긴 음식을 보고 침[次]을 흘리는 도둑이라는 뜻이다.

읽기 盜掘 도굴

쓰기 도견 盜見 도난 盜難 도벌 盜伐 도살 盜殺 도용 盜用 도적 盜賊
도절 盜竊 도주 盜鑄 도청 盜聽 강도 強盜 거도 巨盜 괴도 怪盜
대도 大盜 절도범 竊盜犯 계명구도 鷄鳴狗盜 포도대장 捕盜大將

逃

4급
부 辶(辵)
총 10

도망할 **도**

유 亡 망할 망,
北 달아날 배,
趨 달아날 추,
避 피할 피

자해 죄를 지은 사람이 그 죄를 들킬 것 같은 조짐[兆]을 느끼고 도망간다[辶]는 뜻이다.

쓰기 도망 逃亡 도주 逃走 도탈 逃脫 도피 逃避 원도 遠逃
도주죄 逃走罪 도피성 逃避性 야반도주 夜半逃走
현실도피 現實逃避

刀 칼 도
3급II 부 刀 총 2

자해 한쪽에만 날이 있는 칼을 그린 글자로, 칼을 뜻한다.

읽기 刀圭 도규   刀柄 도병   纖刀 섬도   倭刀 왜도

쓰기 도검 刀劍   도공 刀工   난도 亂刀   단도 短刀   면도 面刀   장도 長刀
죽도 竹刀   집도 執刀   은장도 銀粧刀   단도직입 單刀直入
일도양단 一刀兩斷

🔹 劍 칼 검

倒 넘어질 도:
3급II 부 亻(人) 총 10

자해 사람[亻]이 목적지에 도착하기[到]도 전에 다리에 힘이 풀려 넘어진다는 뜻이다.

읽기 倒戈 도과

쓰기 도괴 倒壞   도립 倒立   도산 倒産   도영 倒影   도착 倒錯   도치 倒置
도행 倒行   경도 傾倒   압도 壓倒   졸도 卒倒   타도 打倒

渡 건널 도
3급II 부 氵(水) 총 12

자해 강[氵]을 건널 때, 그 깊이를 헤아려[度] 건넌다는 뜻이다.

읽기 津渡 진도   繩渡 승도

쓰기 도강 渡江   도래 渡來   도미 渡美   도일 渡日   도하 渡河   과도 過渡
매도 賣渡   명도 明渡   부도 不渡   양도 讓渡   언도 言渡   인도 引渡
도래지 渡來地   과도기 過渡期   양도세 讓渡稅   전도금 前渡金
현장도 現場渡

🔹 涉 건널 섭, 濟 건널 제

桃 복숭아 도
3급II 부 木 총 10

자해 나무[木] 중에 귀신의 조짐[兆]을 쫓아 주는 복숭아나무를 뜻한다.

읽기 桃膠 도교   扁桃 편도

쓰기 도리 桃李   도림 桃林   도원 桃園   도원 桃源   도인 桃仁   도화 桃花
백도 白桃   선도 仙桃   천도 天桃   호도 胡桃   홍도 紅桃   황도 黃桃
도원결의 桃園結義   무릉도원 武陵桃源   오궁도화 五宮桃花

途 길 도:
3급II 부 辶(辵) 총 11

자해 내[余]가 걸어가는[辶] 길을 뜻한다.

쓰기 도상 途上   도중 途中   방도 方途   별도 別途   용도 用途   장도 壯途
전도 前途   정도 征途   중도 中途   행도 行途   개도국 開途國
다용도 多用途   도중하차 途中下車

🔹 道 길 도, 路 길 로,
程 길 정

陶 질그릇 도

3급II
부 阝(阜)
총 11

자해 언덕[阝] 위에 흙으로 싸인[勹] 가마굴에서 구운 도자기[缶]가 질그릇이라는 뜻이다.

읽기 甄陶 견도 皐陶 고도 陶磁 도자 陶泓 도홍 薰陶 훈도
陶淵明 도연명

쓰기 도공 陶工 도기 陶器 도업 陶業 도연 陶然 도예 陶藝 도인 陶人
도주 陶鑄 도취 陶醉 도탄 陶誕 도토 陶土 회도 灰陶
도산서원 陶山書院 자아도취 自我陶醉

유 甄 질그릇 견

塗 칠할 도

3급
부 土
총 13

자해 내[余] 집의 벽에 흙[土]과 물[氵]을 섞어서 바르고 칠한다는 뜻이다.

읽기 岐塗 기도

쓰기 도공 塗工 도니 塗泥 도로 塗路 도료 塗料 도벽 塗壁 도색 塗色
도식 塗飾 도장 塗裝 도칠 塗漆 도탄 塗炭 도포 塗布
도청도설 道聽塗說

유 泥 진흙 니

挑 돋울 도

3급
부 扌(手)
총 9

자해 손[扌]으로 집적거리고 어떤 조짐[兆]을 보여 상대방의 화를 돋운다는 뜻이다.

쓰기 도등 挑燈 도발 挑發 도전 挑戰 도출 挑出 도화 挑禍
도발적 挑發的 도전자 挑戰者 도전적 挑戰的

유 培 북돋울 배

稻 벼 도

3급
부 禾
총 15

자해 벼[禾]를 절구[臼]에 넣고 손[爪→爫]으로 찧어 껍질이 벗겨진, 사람이 먹을 수 있는 벼를 뜻한다.

읽기 稻稷 도직

쓰기 도묘 稻苗 도작 稻作 도전 稻田 도화 稻花 수도 水稻 육도 陸稻
조도 早稻 도열병 稻熱病 입도선매 立稻先賣

유 禾 벼 화

跳 뛸 도

3급
부 足(足)
총 13

자해 발[足]을 억조[兆]만큼 많이 구르며 뛴다는 뜻이다.

쓰기 도량 跳梁 도약 跳躍 고도 高跳 도약대 跳躍臺 도약력 跳躍力
주폭도 走幅跳

유 躍 뛸 약

毒 독 독
- 4급II
- 부 母
- 총 8
- 약 毒

자해 먹지 말아야[毋] 할 풀[丰]이 지닌 독을 뜻한다.

읽기 胎毒 태독　酷毒 혹독　尿毒症 요독증

쓰기
독기 毒氣　독사 毒蛇　독물 毒物　독살 毒殺　독설 毒舌　독성 毒性
독소 毒素　독약 毒藥　독종 毒種　독주 毒酒　독초 毒草　독충 毒蟲
매독 梅毒　맹독 猛毒　소독 消毒　여독 旅毒　주독 酒毒　중독 中毒
해독 解毒　독극물 毒劇物　방독면 防毒面

督 감독할 독
- 4급II
- 부 目
- 총 13

자해 작은 콩[叔]을 볼 때처럼 눈[目]을 크게 뜨고 자세히 살피며 감독한다는 뜻이다.

읽기 董督 동독

쓰기
독려 督勵　독찰 督察　독책 督責　독촉 督促　감독 監督　제독 提督
총독 總督　감독관 監督官　기독교 基督敎　명감독 名監督

유 監 볼 감

篤 도타울 독
- 3급
- 부 竹
- 총 16

자해 대나무[竹]로 만든 말[馬]을 타고 놀던 어릴 적 친구와의 오랜 우정이 도탑다는 뜻이다.

읽기 篤亮 독량

쓰기
독경 篤慶　독공 篤恭　독농 篤農　독민 篤敏　독신 篤信　독실 篤實
독충 篤忠　독후 篤厚　돈독 敦篤　위독 危篤　독신자 篤信者
독지가 篤志家

유 敦 도타울 돈, 惇 도타울 돈, 厚 두터울 후

敦 도타울 돈
- 3급
- 부 攴(攵)
- 총 12

자해 함께 즐거움도 누리고[享], 함께 치고[攵] 받으며 관계를 다진 사이는 정이 도탑다는 뜻이다.

읽기 敦穆 돈목　敦淳 돈순

쓰기
돈독 敦篤　돈목 敦睦　돈실 敦實　돈열 敦悅　돈친 敦親　돈화 敦化
돈후 敦厚　돈화문 敦化門

유 篤 도타울 독, 惇 도타울 돈, 厚 두터울 후

豚 돼지 돈
- 3급
- 부 豕
- 총 11

자해 제사 때 바치는 돼지[豕]고기[月]인 새끼 돼지를 뜻한다.

읽기 豚脂 돈지

쓰기
돈견 豚犬　돈사 豚舍　돈아 豚兒　돈유 豚油　돈육 豚肉　돈피 豚皮
가돈 家豚　강돈 江豚　계돈 鷄豚　양돈 養豚　유돈 幼豚　종돈 種豚

유 豕 돼지 시, 亥 돼지 해

突

3급II
부 穴
총 9

갑자기 **돌**

유 衝 찌를 충,
忽 갑자기 홀

자해 개집의 구멍[穴]에서 개[犬]가 갑자기 튀어나온다는 의미로, 갑자기라는 뜻이다.

읽기 突擊艇 돌격정

쓰기 돌격 突擊　돌기 突起　돌발 突發　돌변 突變　돌연 突然　돌입 突入
돌진 突進　돌출 突出　돌풍 突風　격돌 激突　당돌 唐突　연돌 煙突
온돌 溫突　추돌 追突　충돌 衝突　돌연변이 突然變異
좌충우돌 左衝右突

銅

4급II
부 金
총 14

구리 **동**

자해 금[金]과 색깔이 같은[同] 것처럼 보이는 구리를 뜻한다.

읽기 銅坑 동갱　銅鉢 동발

쓰기 동검 銅劍　동경 銅鏡　동관 銅管　동상 銅賞　동상 銅像　동전 銅錢
동판 銅版　동화 銅貨　황동 黃銅　고동색 古銅色　청동기 青銅器
청동화로 青銅火爐

凍

3급II
부 冫
총 10

얼 **동:**

유 冷 찰 랭
상 溶 녹을 용, 熔 녹을 용,
融 녹을 융

자해 동쪽[東]에서 따스한 해가 비치는 봄이 되기 전까지는 세상이 얼음[冫]으로 얼어 있다는 뜻이다.

읽기 凍屍 동시

쓰기 동결 凍結　동사 凍死　동상 凍傷　동운 凍雲　동응 凍凝　동태 凍太
동토 凍土　동파 凍破　동한 凍寒　냉동 冷凍　해동 解凍
부동액 不凍液　동빙한설 凍氷寒雪

斗

4급II
부 斗
총 4

말 **두**

자해 곡식 알갱이[丶]를 됫박[十]에 담아 분량을 헤아릴 때 쓰는 단위인 말을 뜻한다.

읽기 斗箕 두기　斗膽 두담　斗柄 두병　斗升 두승　斗杓 두표

쓰기 두곡 斗穀　두기 斗起　두량 斗量　두우 斗牛　대두 大斗　태두 泰斗
두주불사 斗酒不辭　북두칠성 北斗七星　일간두옥 一間斗屋
태산북두 泰山北斗

豆

4급II
부 豆
총 7

콩 **두**

자해 제사 음식을 담는 제기의 모양을 본뜬 글자로, 후에 콩이라는 뜻을 가지게 되었다.

읽기 蠶豆 잠두　扁豆 편두

쓰기 두부 豆腐　두유 豆乳　두유 豆油　두태 豆太　두황 豆黃　녹두 綠豆
대두 大豆　적두 赤豆　흑두 黑豆　두만강 豆滿江
종두득두 種豆得豆

屯 진칠 둔
3급 | 부 屮 | 총 4

자해 풀[屮]이 더 자라지 못하고 한계선[一]에 머물러 진을 친다는 뜻이다.

읽기 屯聚 둔취   駐屯 주둔   駐屯軍 주둔군

쓰기 둔감 屯監   둔방 屯防   둔병 屯兵   둔수 屯守   둔영 屯營   둔전 屯田
둔진 屯陣   운둔 雲屯   둔전병 屯田兵

유 陣 진칠 진

鈍 둔할 둔:
3급 | 부 金 | 총 12

자해 쇠[金]로 만든 칼이 앞으로 잘 나가지 않고 머물러[屯] 있으니 날이 둔하다는 뜻이다.

읽기 魯鈍 노둔

쓰기 둔각 鈍角   둔감 鈍感   둔기 鈍器   둔재 鈍才   둔총 鈍聰   둔탁 鈍濁
둔필 鈍筆   둔화 鈍化   예둔 銳鈍   우둔 愚鈍

상 敏 민첩할 민, 銳 날카로울 예

得 얻을 득
4급II | 부 彳 | 총 11

자해 길[行→彳]을 가다가 돈[貝→旦]을 손[寸]으로 주워 얻는다는 뜻이다.

읽기 覓得 멱득

쓰기 득달 得達   득도 得道   득세 得勢   득실 得失   득의 得意   득점 得點
득표 得票   구득 求得   납득 納得   설득 說得   소득 所得   습득 拾得
획득 獲得   기득권 旣得權   불로소득 不勞所得   양도소득 讓渡所得
이해득실 利害得失

상 失 잃을 실

燈 등 등
4급II | 부 火 | 총 16 | 약 灯

자해 제단에 오를[登] 때 불[火]을 밝히기 위해 들고 가는 등불을 뜻한다.

읽기 燈籠 등롱   燈籠草 등롱초   幻燈機 환등기

쓰기 등대 燈臺   등유 燈油   관등 觀燈   석등 石燈   소등 燒燈   연등 燃燈
전등 電燈   점등 點燈   가로등 街路燈   백열등 白熱燈
조명등 照明燈   형광등 螢光燈   등하불명 燈下不明
등화가친 燈火可親   풍전등화 風前燈火

騰 오를 등
3급 | 부 馬 | 총 20

자해 내[朕]가 말을 타려고 말[馬]의 등 위에 오른다는 뜻이다.

읽기 騰勇副尉 등용부위

쓰기 등귀 騰貴   등극 騰極   등락 騰落   급등 急騰   반등 反騰   비등 飛騰
상등 上騰   속등 續騰   앙등 仰騰   점등 漸騰   폭등 暴騰
급등세 急騰勢   물가급등 物價急騰   용사비등 龍蛇飛騰

유 登 오를 등
상 落 떨어질 락

羅 벌릴 라
4급II 부 罒(网) 총 19

- 자해: 새나 물고기를 잡기 위해 그물[网→罒]의 벼리[維]를 풀어 벌려 놓는다는 뜻이다.
- 읽기: 羅網 나망, 羅甸 나전, 羅刹 나찰, 伽羅 가라, 網羅 망라, 暹羅 섬라, 耽羅 탐라, 閻羅國 염라국
- 쓰기: 나성 羅城, 나열 羅列, 나왕 羅王, 나한 羅漢, 신라 新羅, 나침반 羅針盤, 서라벌 徐羅伐, 아수라장 阿修羅場, 삼라만상 森羅萬象

유 網 그물 망, 列 벌릴 렬

絡 이을·얽을 락
3급II 부 糸 총 12

- 자해: 실[糸]로 각각[各] 떨어져 있는 사물을 잇는다는 뜻이다.
- 읽기: 籠絡 농락, 聯絡網 연락망
- 쓰기: 낙거 絡車, 경락 經絡, 단락 短絡, 맥락 脈絡, 연락 連絡, 연락부절 連絡不絶

유 繼 이을 계, 聯 연이을 련, 連 이을 련
상 斷 끊을 단, 絶 끊을 절

亂 어지러울 란:
4급 부 乙 총 13 약 乱

- 자해: 구부리고[乚] 앉아 양손[爫, 又]으로 실패[冂]에 엉킨 실[厶, 厶]을 풀려 하니 어지럽다는 뜻이다.
- 읽기: 亂插 난삽, 亂虐 난학, 紊亂 문란, 倭亂 왜란, 蓬頭亂髮 봉두난발, 壬辰倭亂 임진왜란
- 쓰기: 난국 亂局, 난동 亂動, 난리 亂離, 난립 亂立, 난맥 亂脈, 난무 亂舞, 난발 亂發, 난사 亂射, 난세 亂世, 난시 亂視, 난입 亂入, 난잡 亂雜, 난장 亂場, 난폭 亂暴, 소란 騷亂, 음란 淫亂

유 紊 어지러울 문

卵 알 란:
4급 부 卩 총 7

- 자해: 투명한 막 속에 점처럼 들어 있는 개구리 알을 본뜬 글자로, 알을 뜻한다.
- 읽기: 卵巢 난소
- 쓰기: 난관 卵管, 난백 卵白, 난자 卵子, 계란 鷄卵, 명란 明卵, 배란 排卵, 산란 産卵, 어란 魚卵, 토란 土卵, 무정란 無精卵, 난생동물 卵生動物, 계란유골 鷄卵有骨, 누란지세 累卵之勢

欄 난간 란
3급II 부 木 총 21

- 자해: 사람이 떨어지지 않도록 나무[木]로 막은[闌] 난간을 뜻한다.
- 읽기: 欄杆 난간
- 쓰기: 난간 欄干, 난외 欄外, 공란 空欄, 교란 交欄, 본란 本欄, 현란 懸欄, 광고란 廣告欄, 비고란 備考欄, 소식란 消息欄

3급II 부 ++(艸) 총 21	蘭 난초 란	자해: 사람의 발길이 드물고[闌] 깨끗한 곳에서 자라는 풀[++]인 난초를 뜻한다. 읽기: 蘭芬 난분 蘭艾 난애 芬蘭 분란 汀蘭 정란 芝蘭 지란 皐蘭寺 고란사 皐蘭草 고란초 芝蘭之交 지란지교 쓰기: 난객 蘭客 난계 蘭契 난전 蘭殿 난초 蘭草 금란 金蘭 누란 樓蘭 춘란 春蘭 풍란 風蘭 화란 和蘭 불란서 佛蘭西 금란지교 金蘭之交 매란국죽 梅蘭菊竹
4급 부 見 총 21 약 覧, 览	覽 볼 람	자해: 보고[監→臨] 또 보며[見] 자세히 살펴본다는 뜻이다. 읽기: 綜覽 종람 覽揆之辰 남규지신 쓰기: 공람 供覽 관람 觀覽 어람 御覽 열람 閱覽 요람 要覽 유람 遊覽 편람 便覽 회람 回覽 박람회 博覽會 일람표 一覽表 전람회 展覽會 유: 看 볼 간, 監 볼 감, 見 볼 견, 觀 볼 관, 視 볼 시, 閱 볼 열, 瞻 볼 첨
3급 부 氵(水) 총 17 약 滥	濫 넘칠 람:	자해: 장마 때 냇물[氵]을 살펴보니[監] 홍수가 나서 냇물이 넘친다는 뜻이다. 읽기: 濫陟 남척 쓰기: 남독 濫讀 남발 濫發 남벌 濫伐 남벌 濫罰 남비 濫費 남살 濫殺 남용 濫用 남조 濫造 남행 濫行 남획 濫獲 태람 太濫
3급II 부 广 총 13	廊 사랑채·행랑 랑	자해: 사내[郞]가 머무는 집[广]인 사랑채를 뜻한다. 읽기: 廻廊 회랑 쓰기: 낭하 廊下 낭한 廊漢 공랑 公廊 동랑 東廊 사랑 舍廊 월랑 月廊 행랑 行廊 화랑 畫廊 회랑 回廊 사랑방 舍廊房 행랑방 行廊房
3급II 부 氵(水) 총 10	浪 물결 랑(:)	자해: 물[氵]이 보기 좋게[良] 일렁이는 물결을 뜻한다. 읽기: 滄浪 창랑 쓰기: 낭만 浪漫 낭비 浪費 낭설 浪說 낭인 浪人 격랑 激浪 맹랑 孟浪 방랑 放浪 유랑 流浪 파랑 波浪 풍랑 風浪 부랑자 浮浪者 허무맹랑 虛無孟浪 유: 波 물결 파

郎 사내 랑

3급Ⅱ 부 阝(邑) 총 10

- 자해: 고을[邑→阝]에서 어진[良] 일을 하는 사내를 뜻한다.
- 쓰기: 낭관 郎官, 낭군 郎君, 낭자 郎子, 가랑 佳郎, 묘랑 妙郎, 문랑 問郎, 선랑 仙郎, 시랑 侍郎, 신랑 新郎, 화랑 花郎, 화랑도 花郎徒
- 유: 男 사내 남
- 상: 娘 계집 낭, 女 계집 녀, 媛 계집 원, 姬 계집 희

略 간략할·약할 략

4급 부 田 총 11

- 자해: 무질서하던 옛날에, 남의 밭[田]을 빼앗아 각자[各] 소유하는 일이 쉽고 간략했다는 뜻이다.
- 읽기: 담략 膽略, 패략 霸略
- 쓰기: 약도 略圖, 약력 略歷, 약사 略史, 약술 略述, 약식 略式, 약어 略語, 약취 略取, 약호 略號, 간략 簡略, 개략 概略, 공략 攻略, 당략 黨略, 대략 大略, 모략 謀略, 생략 省略, 전략 戰略, 정략 政略, 중략 中略, 지략 智略, 책략 策略, 침략 侵略
- 유: 簡 간략할 간, 計 셀 계, 策 꾀 책

掠 노략질할 략

3급 부 扌(手) 총 11

- 자해: 사람이 많은 서울[京]에 와서 손[扌]으로 사람들의 물건을 훔치며 노략질한다는 뜻이다.
- 쓰기: 약치 掠治, 약탈 掠奪, 공략 攻掠, 도략 盜掠, 침략 侵掠, 약탈혼 掠奪婚, 약탈농업 掠奪農業
- 유: 侵 침노할 침, 奪 빼앗을 탈

兩 두 량:

4급Ⅱ 부 入 총 8 약 両

- 자해: 저울추 두 개가 저울의 양쪽에 나란히 매달린 모습을 나타낸 글자로, 둘을 뜻한다.
- 읽기: 수량 銖兩, 양기 兩岐
- 쓰기: 양가 兩家, 양극 兩極, 양단 兩端, 양론 兩論, 양립 兩立, 양면 兩面, 양반 兩班, 양분 兩分, 양성 兩性, 양측 兩側, 양친 兩親, 물심양면 物心兩面, 수륙양용 水陸兩用, 일거양득 一擧兩得, 진퇴양난 進退兩難
- 유: 雙 두 쌍, 再 두 재

糧 양식 량

4급 부 米 총 18

- 자해: 쌀[米]을 헤아려[量] 담아 놓은 사람의 양식을 뜻한다.
- 읽기: 시량 柴糧
- 쓰기: 양곡 糧穀, 양도 糧稻, 양미 糧米, 양속 糧粟, 양식 糧食, 양정 糧政, 군량 軍糧, 식량 食糧, 유량 留糧, 절량 絶糧, 군량미 軍糧米, 식량난 食糧難

涼 서늘할 량
- 3급II
- 부 氵(水)
- 총 11
- 약 凉

자해 물가[氵]의 망루[京]에는 바람이 세게 불어 서늘하다는 뜻이다.

읽기 清涼劑 청량제

쓰기 양기 涼氣 양풍 涼風 납량 納涼 미량 微涼 생량 生涼 염량 炎涼
온량 溫涼 청량 清涼 한량 寒涼 황량 荒涼 청량리 清涼里

유 冷 찰 랭, 寒 찰 한
상 暑 더울 서, 溫 따뜻할 온

梁 들보·돌다리 량
- 3급II
- 부 木
- 총 11

자해 칼[刀]로 나무[木]를 깎아서 물[氵] 위에 세운 다리를 뜻한다.

읽기 棟梁 동량 津梁 진량 棟梁之材 동량지재

쓰기 교량 橋梁 도량 跳梁 독량 獨梁 상량 上梁 어량 魚梁
양산박 梁山泊 양상군자 梁上君子

유 橋 다리 교, 樑 들보 량

諒 살펴알·믿을 량
- 3급
- 부 言
- 총 15

자해 생각이 크고[京] 깊은 사람이 말[言]을 할 때는 잘 헤아려서, 듣는 사람으로 하여금 믿음이 가게 한다는 뜻이다.

쓰기 양서 諒恕 양지 諒知 양찰 諒察 양촉 諒燭 양해 諒解 양회 諒會
묵량 默諒 심량 深諒 하량 下諒 해량 海諒

유 信 믿을 신

麗 고울 려
- 4급II
- 부 鹿
- 총 19
- 약 麗

자해 사슴 중에서 화려하고 아름다운[丽] 뿔을 가진 사슴[鹿]이 가장 곱다는 뜻이다.

읽기 麗采 여채 纖麗 섬려 姸麗 연려

쓰기 여요 麗謠 여인 麗人 고려 高麗 미려 美麗 수려 秀麗 유려 流麗
화려 華麗 고구려 高句麗 고려장 高麗葬 미사여구 美辭麗句

유 美 아름다울 미, 鮮 고울 선, 姸 고울 연

慮 생각할 려:
- 4급
- 부 心
- 총 15

자해 호랑이[虍]만큼 무서운 짐승이 있다면 어떻게 잡을지에 대해 생각한다[思]는 뜻이다.

쓰기 고려 考慮 무려 無慮 배려 配慮 사려 思慮 숙려 熟慮 심려 心慮
심려 深慮 염려 念慮 원려 遠慮 우려 憂慮 조불려석 朝不慮夕
천려일실 千慮一失

유 考 생각할 고, 念 생각 념,
思 생각 사, 想 생각 상,
憶 생각할 억,
惟 생각할 유

148

勵 힘쓸 려:
3급II 부 力 총 17 약 励

자해 가파른 언덕[厂]을 오르기 위해 만[萬] 번이나 손에 힘[力]을 쓴다는 뜻이다.

쓰기 여절 勵節 각려 刻勵 격려 激勵 권려 勸勵 독려 督勵 면려 勉勵 장려 獎勵

유 努 힘쓸 노, 勉 힘쓸 면, 務 힘쓸 무

曆 책력 력
3급II 부 日 총 16

자해 날짜[日]별로 해와 달의 운행이나 절기 등을 가지런히[厤] 적어 놓은 책력(달력)을 뜻한다.

쓰기 역법 曆法 역서 曆書 서력 西曆 양력 陽曆 월력 月曆 음력 陰曆 책력 冊曆 만세력 萬歲曆 태양력 太陽曆 태음력 太陰曆

連 이을 련
4급II 부 辶(辵) 총 11

자해 수레[車]나 차가 꼬리를 물며 가며[辶] 줄을 잇는다는 뜻이다.

읽기 連霸 연패

쓰기 연결 連結 연계 連繫 연루 連累 연발 連發 연서 連署 연속 連續 연쇄 連鎖 연승 連勝 연일 連日 연작 連作 연좌 連坐 연타 連打 연패 連敗 연행 連行 연휴 連休 연판장 連判狀 연재소설 連載小說 연쇄반응 連鎖反應 연석회의 連席會議

유 係 맬 계, 繼 이을 계, 絡 이을 락, 續 이을 속

상 斷 끊을 단, 絶 끊을 절

戀 그리워할·그릴 련:
3급II 부 心 총 23 약 恋

자해 마음[心]속이 어지러울[䜌] 정도로 사랑하는 사람을 그리워한다는 뜻이다.

읽기 籠鳥戀雲 농조연운

쓰기 연가 戀歌 연모 戀慕 연서 戀書 연애 戀愛 연연 戀戀 연인 戀人 연적 戀敵 연정 戀情 비련 悲戀 사련 思戀 사련 邪戀 실연 失戀 애련 哀戀 연애소설 戀愛小說

유 慕 그릴 모

聯 연이을 련
3급II 부 耳 총 17 약 联

자해 베를 짤 때, 베틀의 북에 실[絲→𢇁]을 꿰듯이 바늘귀[耳]에 실을 꿰어 잇는다는 뜻이다.

읽기 聯絡網 연락망

쓰기 연구 聯句 연동 聯動 연락 聯絡 연립 聯立 연맹 聯盟 연방 聯邦 연상 聯想 연합 聯合 관련 關聯 대련 對聯 소련 蘇聯 연방국 聯邦國 연립내각 聯立內閣

유 係 맬 계, 繼 이을 계, 絡 이을 락, 連 이을 련, 續 이을 속

蓮 연꽃 련 (3급II, 부 ++(艸), 총 15)

자해 풀[++] 중에 뿌리가 옆으로 길게 이어지며[連] 꽃을 피우는 연꽃을 뜻한다.

읽기 蓮塘 연당

쓰기 연근 蓮根　연당 蓮堂　연실 蓮實　연엽 蓮葉　연자 蓮子　연지 蓮池
연화 蓮花　목련 木蓮　백련 白蓮　수련 睡蓮　홍련 紅蓮

鍊 쇠불릴·단련할 련: (3급II, 부 金, 총 17, 약 錬)

자해 쇠[金] 중에서 좋은 성분을 가려내어[柬] 불린다는 뜻이다.

읽기 鍛鍊 단련

쓰기 연금 鍊金　연마 鍊磨　연무 鍊武　교련 敎鍊　노련 老鍊　대련 對鍊
세련 洗鍊　수련 修鍊　시련 試鍊　재련 再鍊　제련 製鍊　조련 調鍊
훈련 訓鍊　연금술 鍊金術

유 鍛 쇠불릴 단, 鑄 쇠불릴 주

憐 불쌍히여길 련 (3급, 부 忄(心), 총 15)

자해 어려운 처지에 있는 이웃[隣→舜]에게 마음[忄]을 쓰며 불쌍히 여긴다는 뜻이다.

읽기 憐悼 연도

쓰기 연민 憐憫　연서 憐恕　가련 可憐　상련 相憐　애련 哀憐　애련 愛憐
동병상련 同病相憐　청순가련 淸純可憐

유 憫 민망할 민

列 벌릴 렬 (4급II, 부 刂(刀), 총 6)

자해 죽은 동물의 뼈[歹]와 살을 칼[刂]로 발라내어 부위별로 벌려 놓는다는 뜻이다.

읽기 列峙 열치　棋列 기열

쓰기 열강 列強　열거 列擧　열계 列繫　열국 列國　열도 列島　열미 列眉
열전 列傳　열차 列車　계열 系列　나열 羅列　대열 隊列　배열 配列
병렬 竝列　분열 分列　서열 序列　장렬 葬列　진열 陳列　치열 齒列

烈 매울 렬 (4급, 부 灬(火), 총 10)

자해 불[火→灬]이 줄지어[列] 일어나니 불길이 세차고 타오르는 연기가 맵다는 뜻이다.

읽기 峻烈 준열　酷烈 혹렬　宋時烈 송시열

쓰기 열녀 烈女　열렬 熱烈　열부 烈夫　열사 烈士　열조 烈祖　열화 烈火
강렬 強烈　격렬 激烈　극렬 極烈　맹렬 猛烈　선열 先烈　유열 遺烈
장렬 壯烈　충렬 忠烈　통렬 痛烈

유 辛 매울 신

裂 찢어질 렬

3급II 부 衣 총 12

자해 옷[衣]이 갈기갈기 조각난 상태로 벌어지며[列] 찢어진다는 뜻이다.

쓰기 열상 裂傷 결렬 決裂 균열 龜裂 동렬 凍裂 멸렬 滅裂 분열 分裂 파열 破裂 핵분열 核分裂 사분오열 四分五裂 지리멸렬 支離滅裂

유 破 깨뜨릴 파

劣 못할 렬

3급 부 力 총 6

자해 힘[力]을 남보다 적게 쓰니[少] 뒤처지고 일을 못한다는 뜻이다.

읽기 劣紳 열신

쓰기 열등 劣等 열성 劣性 열세 劣勢 열악 劣惡 열위 劣位 열종 劣種 비열 卑劣 용렬 庸劣 우열 優劣 우열 愚劣 졸렬 拙劣 열등감 劣等感

유 拙 졸할 졸
상 優 넉넉할 우

廉 청렴할 렴

3급 부 广 총 13

자해 벼슬아치가 집[广]에서도 농사일을 겸하며[兼] 검소하게 사니 청렴하다는 뜻이다.

읽기 廉纖 염섬 裏克廉 배극렴

쓰기 염가 廉價 염객 廉客 염검 廉儉 염치 廉恥 염탐 廉探 저렴 低廉 청렴 淸廉 탐렴 貪廉 파렴치 破廉恥 불고염치 不顧廉恥 청렴결백 淸廉潔白

유 儉 검소할 검

獵 사냥 렵

3급 부 犭(犬) 총 18 약 猟

자해 사냥개[犭]가 긴 갈기의 짐승[鬣]을 사냥한다는 뜻이다.

읽기 戈獵 과렵 鴨獵 압렵

쓰기 엽거 獵車 엽견 獵犬 엽관 獵官 엽기 獵奇 엽부 獵夫 엽사 獵師 엽색 獵色 엽총 獵銃 금렵 禁獵 밀렵 密獵 섭렵 涉獵 유렵 遊獵 전렵 田獵

嶺 고개 령

3급II 부 山 총 17

자해 산[山]을 거느리며[領] 넘어 다닐 수 있도록 길이 나 있는 고개를 뜻한다.

읽기 踰嶺 유령 峻嶺 준령 高峰峻嶺 고봉준령 泰山峻嶺 태산준령

쓰기 영남 嶺南 영동 嶺東 영상 嶺上 영서 嶺西 고령 高嶺 죽령 竹嶺 태령 太嶺 고령토 高嶺土 대관령 大關嶺 분수령 分水嶺

유 峴 고개 현

3급II 부 雨 총 24 약 灵, 霊	靈 신령 령	자해	가뭄이 들었을 때, 무당[巫]을 통해 비를 내리게[霝] 해달라고 빌면 들어주는 신령을 뜻한다.

읽기 靈窟 영굴 靈瑞 영서 靈耀 영요 靈祚 영조 靈芝 영지 靈刹 영찰
    靈彩 영채

쓰기 영감 靈感 영물 靈物 영산 靈山 영약 靈藥 영장 靈長 영전 靈前
    영험 靈驗 영혼 靈魂 망령 妄靈 신령 神靈 심령 心靈 혼령 魂靈
    영안실 靈安室

유 魂 넋 혼

3급 부 雨 총 13	零 떨어질·영 령	자해	명령[令]이 위에서 아래로 떨어지듯 빗방울[雨]이 떨어진다는 뜻이다.

쓰기 영도 零度 영락 零落 영루 零淚 영봉 零封 영상 零上 영세 零細
    영시 零時 영여 零餘 영재 零在 영점 零點 영축 零縮 영패 零敗
    영하 零下 영세업자 零細業者

유 落 떨어질 락

3급 부 隶 총 16	隷 종 례:	자해	어찌어찌[奈→柰] 하여 죄를 짓고 남의 집에 잡혀서[隶] 일하게 된 종을 뜻한다.

쓰기 예사 隷事 예서 隷書 예속 隷屬 예신 隷臣 예역 隷役 예인 隷人
    관례 官隷 노예 奴隷 동례 同隷 여례 輿隷 직례 直隷 천례 賤隷

유 奴 종 노, 婢 계집종 비

3급II 부 火 총 20 약 炉	爐 화로 로	자해	숯불[火]을 담는 그릇[盧]인 화로를 뜻한다.

읽기 鴨爐 압로 鎔鑛爐 용광로

쓰기 난로 暖爐 다로 茶爐 소로 小爐 향로 香爐 화로 火爐
    원자로 原子爐 노변담화 爐邊談話 노변정담 爐邊情談
    청동화로 青銅火爐 홍로점설 紅爐點雪

3급II 부 雨 총 21	露 이슬 로(:)	자해	길[路]가의 풀잎 위에 빗방울[雨]처럼 맺혀 있는 이슬을 뜻한다.

읽기 露呈 노정 塵露 진로

쓰기 노골 露骨 노숙 露宿 노적 露積 노점 露店 노주 露珠 노천 露天
    노출 露出 발로 發露 토로 吐露 폭로 暴露 노골적 露骨的
    노점상 露店商 감로수 甘露水

錄 기록할 록

- 4급II
- 부 金
- 총 16
- 약 录
- 유 記 기록할 기, 誌 기록할 지, 識 기록할 지

자해 쇠[金]로 만든 도구로 나무에 새겨서[彔] 내용을 기록한다는 뜻이다.

읽기 謄錄 등록　輯錄 집록　懲毖錄 징비록

쓰기 녹음 錄音　녹화 錄畫　기록 紀錄　등록 登錄　목록 目錄　부록 附錄
수록 收錄　실록 實錄　어록 語錄　채록 採錄　초록 抄錄
견문록 見聞錄　방명록 芳名錄　비망록 備忘錄

祿 녹 록

- 3급II
- 부 示
- 총 13
- 유 俸 녹 봉

자해 나랏일을 한다고 신[示]께 올린 명단에 이름이 새겨진[彔] 관리가 받는 녹을 뜻한다.

읽기 祿俸 녹봉

쓰기 녹명 祿命　녹미 祿米　녹사 祿仕　녹지 祿地　가록 家祿　관록 貫祿
국록 國祿　무록 無祿　복록 福祿　식록 食祿　작록 爵祿　후록 厚祿

鹿 사슴 록

- 3급
- 부 鹿
- 총 11

자해 사슴의 뿔과 얼굴, 네 발을 그린 글자로, 사슴을 뜻한다.

읽기 鹿腎 녹신　鹿苑 녹원　鹿蜀 녹촉

쓰기 녹각 鹿角　녹골 鹿骨　녹렵 鹿獵　녹혈 鹿血　백록 白鹿　청록 靑鹿
축록 逐鹿　지록위마 指鹿爲馬

論 논할 론

- 4급II
- 부 言
- 총 15
- 유 議 의논할 의, 評 평할 평

자해 사람들이 둥글게[侖] 모여 앉아 말[言]을 나누며 의견을 논한다는 뜻이다.

읽기 論旨 논지　僻論 벽론　峻論 준론

쓰기 논객 論客　논거 論據　논고 論考　논급 論及　논단 論壇　논리 論理
논문 論文　논설 論說　논술 論述　논의 論議　논쟁 論爭　논제 論題
논조 論調　논죄 論罪　논평 論評　강론 講論　개론 槪論　막론 莫論
여론 輿論

弄 희롱할 롱:

- 3급II
- 부 廾
- 총 7
- 유 戲 놀이 희

자해 옥[玉→王]을 양손[𠬞→廾]에 올려서 가지고 놀듯이 상대를 희롱한다는 뜻이다.

읽기 弄璋 농장　弄璋之喜 농장지희

쓰기 농담 弄談　농월 弄月　농조 弄調　우롱 愚弄　재롱 才弄　희롱 戲弄
농가성진 弄假成眞　농와지경 弄瓦之慶　음풍농월 吟風弄月

3급II 부 貝 총 16	賴 의뢰할 뢰:	**자해** 묶어[束]두었던 재물[貝]을 칼[刀]로 잘라 나누어 주며 일을 의뢰한다는 뜻이다. **쓰기** 뇌력 賴力 신뢰 信賴 우뢰 又賴 의뢰 依賴 자뢰 資賴 무뢰배 無賴輩 무뢰한 無賴漢 신뢰감 信賴感 신뢰도 信賴度 의뢰인 依賴人
3급II 부 雨 총 13	雷 우레 뢰 [유] 震 우레 진	**자해** 비[雨]가 내릴 때 사방을 흔들며 울리는[田] 우레(천둥)를 뜻한다. **읽기** 雷芝 뇌지 雷煥 뇌환 **쓰기** 뇌관 雷管 뇌동 雷同 뇌성 雷聲 뇌우 雷雨 낙뢰 落雷 어뢰 魚雷 지뢰 地雷 피뢰 避雷 피뢰침 避雷針 부화뇌동 附和雷同
3급 부 亅 총 2	了 마칠 료: [유] 末 끝 말, 卒 마칠 졸, 終 마칠 종, 罷 마칠 파, 畢 마칠 필	**자해** 양팔을 벌리고 일하다가 차렷 자세로 팔을 내려놓고 일을 마친다는 뜻이다. **읽기** 魅了 매료 **쓰기** 요득 了得 요지 了知 요채 了債 요해 了解 결료 結了 만료 滿了 미료 未了 수료 修了 완료 完了 자료 自了 종료 終了 미완료 未完了 수료식 修了式
3급 부 亻(人) 총 14	僚 동료 료	**자해** 늦게까지 불[尞]을 밝히고 함께 일하는 사람[亻]들이 동료라는 뜻이다. **쓰기** 요당 僚堂 요리 僚吏 요우 僚友 요좌 僚佐 각료 閣僚 관료 官僚 당료 黨僚 동료 同僚 막료 幕僚 신료 臣僚 작료 作僚 직료 職僚 하료 下僚
4급 부 龍 총 16 약 竜	龍 용 룡	**자해** 용의 머리와 몸통, 발 등을 자세히 그린 글자로, 용을 뜻한다. **읽기** 龍膽 용담 龍瑞 용서 龍淵 용연 麟鳳龜龍 인봉귀룡 **쓰기** 용궁 龍宮 용마 龍馬 용미 龍尾 용상 龍床 용안 龍顔 용왕 龍王 공룡 恐龍 복룡 伏龍 비룡 飛龍 쌍룡 雙龍 와룡 臥龍 토룡 土龍 등용문 登龍門 좌청룡 左靑龍 용두사미 龍頭蛇尾 용음어약 龍吟魚躍

樓 다락 루

3급II 부 木 총 15 약 楼

유 閣 집 각

자해 나무[木] 기둥을 여러 개 쌓아서[婁] 높이 세운 다락이라는 뜻이다.

읽기 樓闕 누궐　樓艦 누함　摩天樓 마천루　瓊樓玉宇 경루옥우

쓰기 누각 樓閣　누대 樓臺　누상 樓上　고루 高樓　망루 望樓　명루 名樓
문루 門樓　성루 城樓　옥루 玉樓　공중누각 空中樓閣
사상누각 沙上樓閣

漏 샐 루:

3급II 부 氵(水) 총 14

자해 물[氵]이 집[戶→尸]안으로 빗물[雨]처럼 떨어지며 샌다는 뜻이다.

읽기 漏網 누망　闕漏 궐루

쓰기 누각 漏刻　누기 漏氣　누락 漏落　누수 漏水　누습 漏濕　누실 漏失
누전 漏電　누출 漏出　궁루 宮漏　조루 早漏　탈루 脫漏
자격루 自擊漏

累 여러·자주 루:

3급II 부 糸 총 11

유 屢 여러 루, 庶 여러 서
상 稀 드물 희

자해 물건[田]을 줄[糸]로 꽁꽁 싸서 여러 개를 포개어 놓는다는 의미에서, 여러를 뜻한다.

읽기 銖積寸累 수적촌루

쓰기 누가 累加　누계 累計　누대 累代　누명 累名　누범 累犯　누적 累積
누진 累進　누차 累次　누책 累責　연루 連累　누진세 累進稅
누란지세 累卵之勢

屢 여러 루:

3급 부 尸 총 14

유 累 자주 루, 頻 자주 빈

자해 여러 구의 시체[尸]가 포개져[婁] 있는 모습에서, 여러를 뜻한다.

쓰기 누년 屢年　누누 屢屢　누대 屢代　누도 屢度　누보 屢報　누삭 屢朔
누세 屢世　누언 屢言　누차 屢次　누회 屢回　누대봉사 屢代奉祀

淚 눈물 루:

3급 부 氵(水) 총 11 약 泪

자해 죄[戾]를 뉘우치면서 흘리는 눈물[氵]을 뜻한다.

쓰기 누관 淚管　누수 淚水　누안 淚眼　누주 淚珠　누하 淚河　감루 感淚
낙루 落淚　별루 別淚　수루 愁淚　최루 催淚　혈루 血淚
최루탄 催淚彈

留

4급II 부 田 총 10

머무를 **류**

- 泊 머무를 박,
- 停 머무를 정,
- 駐 머무를 주

상 去 갈 거

자해 토끼[卯→㐬]가 풀을 뜯기 위해 풀밭[田]에 머무른다는 뜻이다.

읽기 駐留 주류

쓰기 유념 留念 유보 留保 유숙 留宿 유의 留意 유임 留任 유체 留滯
유치 留置 유학 留學 거류 居留 구류 拘留 보류 保留 압류 押留
억류 抑留 잔류 殘留 유치장 留置場 정류장 停留場
호사유피 虎死留皮

柳

4급 부 木 총 9

버들 **류(:)**

- 楊 버들 양

자해 나무[木] 중에 잎이 토끼[卯]의 귀처럼 부드럽게 늘어진 버들(버드나무)을 뜻한다.

읽기 柳塘 유당

쓰기 유기 柳器 유미 柳眉 유사 柳絲 세류 細柳 양류 楊柳 절류 折柳
화류계 花柳界 유록화홍 柳綠花紅 유태화용 柳態花容
노류장화 路柳墻花

輪

4급 부 車 총 15

바퀴 **륜**

자해 수레[車]에 달린 둥근[侖] 바퀴를 뜻한다.

읽기 輪廻 윤회

쓰기 윤간 輪姦 윤번 輪番 윤벌 輪伐 윤작 輪作 윤화 輪禍 공륜 空輪
연륜 年輪 은륜 銀輪 차륜 車輪 윤번제 輪番制 삼륜차 三輪車
오륜기 五輪旗

倫

3급II 부 亻(人) 총 10

인륜 **륜**

자해 인간[亻]이 서로 모나지 않고 둥글게[侖] 살아가기 위해 지켜야 할 도리인 인륜을 뜻한다.

읽기 蔡倫 채륜

쓰기 윤리 倫理 윤필 倫匹 대륜 大倫 불륜 不倫 오륜 五倫 인륜 人倫
천륜 天倫 명륜당 明倫堂 삼강오륜 三綱五倫 인륜대사 人倫大事
이륜행실도 二倫行實圖

律

4급II 부 彳 총 9

법칙 **률**

- 規 법 규, 例 법식 례,
- 範 법 범, 法 법 법,
- 式 법 식, 則 법칙 칙,
- 憲 법 헌

자해 인간이 살아가는 길[行→彳]에 반드시 지켜야 할 규칙을 붓[聿]으로 써서 기록한 법(법칙)을 뜻한다.

읽기 律呂 율려 秦律 진율

쓰기 율동 律動 율령 律令 율법 律法 계율 戒律 규율 規律 기율 紀律
배율 排律 법률 法律 선율 旋律 운율 韻律 음률 音律 자율 自律
조율 調律 타율 他律 이율배반 二律背反

3급II 부 木 총 10

栗 밤 률

자해 나무[木] 열매 중에서 가시로 덮인[西] 열매인 밤을 뜻한다.

쓰기 율곡 栗谷 율목 栗木 율방 栗房 율원 栗園 율자 栗子 감률 甘栗
목률 木栗 생률 生栗 황률 黃栗

3급II 부 玄 총 11

率 비율 률/거느릴 솔

자해 손[宀]에 그물 줄[幺]을 길게[十] 늘어뜨려 잡고 양쪽[ㆍ]에서 끌며 거느린다는 뜻이다.

읽기 軸率 축률 扁平率 편평률

쓰기 솔선 率先 솔직 率直 경솔 輕率 능률 能率 배율 倍率 비율 比率
세율 稅率 승률 勝率 식솔 食率 인솔 引率 저율 低率 진솔 眞率
타율 打率 확률 確率 환율 換率 효율 效率 시청률 視聽率
통솔력 統率力 투표율 投票率

유 領 거느릴 령, 統 거느릴 통

3급II 부 阝(阜) 총 12

隆 높을 륭

자해 언덕[阝]이 봉긋하게 솟아나[夅] 있으니 높다는 뜻이다.

쓰기 융기 隆起 융비 隆鼻 융성 隆盛 융숭 隆崇 융운 隆運 융은 隆恩
융흥 隆興 오륭 汚隆 흥륭 興隆

유 盛 성할 성, 崇 높을 숭, 興 일 흥
상 卑 낮을 비, 低 낮을 저

3급II 부 阝(阜) 총 11

陵 언덕 릉

자해 언덕[阝] 위에 흙[土]이 더해져 높아졌으니, 숨을 나누어[八] 쉬며 천천히 걸어[夂] 올라야 하는 큰 언덕을 뜻한다.

읽기 陵蔑 능멸 陵聚 능취 陵虐 능학 岡陵 강릉 陵遲處斬 능지처참

쓰기 능곡 陵谷 능모 陵侮 능묘 陵墓 능비 陵碑 능원 陵園 능월 陵越
능이 陵夷 능지 陵遲 능침 陵寢 강릉 江陵 구릉 丘陵 산릉 山陵
왕릉 王陵 무릉도원 武陵桃源

유 丘 언덕 구, 岸 언덕 안, 原 언덕 원

4급 부 隹 총 19 약 难

離 떠날 리:

자해 철새[隹]가 어떤 장소에 머물다가 계절이 바뀌면 둥지를 버리고 떠난다[离]는 뜻이다.

쓰기 이간 離間 이륙 離陸 이별 離別 이산 離散 이적 離籍 이직 離職
이탈 離脫 이혼 離婚 거리 距離 격리 隔離 난리 亂離 별리 別離
분리 分離 유리 遊離 이합집산 離合集散 지리멸렬 支離滅裂

유 距 상거할 거, 別 나눌 별, 散 흩을 산
상 集 모을 집, 合 합할 합

吏

3급II 부口 총6
벼슬아치·관리 리:
- 유 官 벼슬 관
- 상 民 백성 민

자해 역사[史]를 기록하는 사람처럼 한결[一]같은 태도로 나랏일을 해야 하는 벼슬아치를 뜻한다.

읽기 疆吏 강리　酷吏 혹리

쓰기 이도 吏道　이두 吏讀　이방 吏房　이속 吏屬　감리 監吏　관리 官吏
세리 稅吏　양리 良吏　옥리 獄吏　집달리 執達吏
청백리 清白吏　탐관오리 貪官汚吏

履

3급II 부尸 총15
밟을 리:
- 유 踏 밟을 답

자해 몸[尸]을 구부려서 신발을 신은 후 다시[復] 일어나 땅을 밟는다는 뜻이다.

읽기 履鞨 이갈　履祚 이조

쓰기 이력 履歷　이빙 履氷　이수 履修　이행 履行　관리 冠履　목리 木履
사리 絲履　폐리 廢履　혁리 革履　이력서 履歷書　불이행 不履行

裏

3급II 부衣 총13
속 리:
- 상 表 겉 표

자해 마을[里]의 안에서 사람들이 옷[衣]을 입고 다닌다는 의미에서, 속이라는 뜻이다.

쓰기 이면 裏面　이서 裏書　객리 客裏　궁리 宮裏　내리 內裏　뇌리 腦裏
심리 心裏　옥리 獄裏　표리 表裏　흉리 凶裏　표리부동 表裏不同

梨

3급 부木 총11
배 리

자해 나무[木]에 달린, 몸에 이로운[利] 열매인 배를 뜻한다.

쓰기 이원 梨園　이화 梨花　동리 凍梨　산리 山梨　생리 生梨　청리 青梨
오비이락 烏飛梨落

隣

3급 부阝(阜) 총15
이웃 린

자해 쌀[米]농사를 짓기 위해 언덕[阝] 밑에서 양쪽 발[舛]로 걸어 다니는 이웃을 뜻한다.

쓰기 인근 隣近　인방 隣邦　인보 隣保　인접 隣接　인촌 隣村　교린 交隣
근린 近隣　선린 善隣　근린공원 近隣公園　선린우호 善隣友好

臨

3급II
부 臣
총 17
약 临

임할 **림**

자해 몸[臥→匚]을 구부려 물건[品] 가까이에 임한다는 뜻이다.

읽기 臨渴掘井 임갈굴정

쓰기 임검 臨檢　임박 臨迫　임상 臨床　임시 臨時　임정 臨政　임종 臨終
임해 臨海　강림 降臨　군림 君臨　내림 來臨　등림 登臨　재림 再臨
임기응변 臨機應變　임난주병 臨難鑄兵　임시변통 臨時變通
임전무퇴 臨戰無退

磨

3급II
부 石
총 16

갈 **마**

유 研 갈 연

자해 삼[麻]의 껍질을 벗기기 위해 돌[石]에 문질러 부드럽게 간다는 뜻이다.

읽기 磨礪 마려

쓰기 마광 磨光　마멸 磨滅　마묵 磨墨　마석 磨石　마손 磨損　강마 講磨
달마 達磨　불마 不磨　연마 研磨　연마 鍊磨　마제석기 磨製石器
달마대사 達磨大師

麻

3급II
부 麻
총 11

삼 **마(:)**

자해 집[广] 담장 옆의 큰 나무들[林]에 널어 말리고 있는 것이 삼이라는 뜻이다.

읽기 麻冕 마면　麻繩 마승

쓰기 마사 麻絲　마의 麻衣　마직 麻織　마포 麻布　난마 亂麻　대마 大麻
아마 亞麻　채마 菜麻　황마 黃麻　마직물 麻織物　대마초 大麻草

幕

3급II
부 巾
총 14

장막 **막**

유 帳 장막 장

자해 햇빛에 노출되지 않도록[莫] 해주는 천[巾]인 장막을 뜻한다.

읽기 廬幕 여막　鋪幕 포막　遮光幕 차광막

쓰기 막간 幕間　막료 幕僚　막부 幕府　막사 幕舍　막하 幕下　막후 幕後
개막 開幕　내막 內幕　서막 序幕　연막 煙幕　은막 銀幕　자막 字幕
장막 帳幕　종막 終幕　주막 酒幕　천막 天幕　폐막 閉幕　흑막 黑幕
개막식 開幕式　단막극 單幕劇　원두막 園頭幕　제막식 除幕式

漠

3급II
부 氵(水)
총 14

넓을 **막**

유 廣 넓을 광, 博 넓을 박,
汎 넓을 범

자해 물[氵]이 없는[莫] 넓은 사막으로, 넓다는 뜻이다.

쓰기 막막 漠漠　막연 漠然　막지 漠地　공막 空漠　광막 廣漠　대막 大漠
망막 茫漠　명막 冥漠　사막 沙漠　황막 荒漠　막막대해 漠漠大海

3급II 부 艹(艸) 총 11

莫 없을 막

유 罔 없을 망, 無 없을 무
상 有 있을 유, 在 있을 재, 存 있을 존

자해 초목[艹→⺿] 밑으로 큰[大] 해[日]가 져서 밝은 빛이 없다는 뜻이다.

쓰기 막강 莫強 막급 莫及 막대 莫大 막론 莫論 막상 莫上 막심 莫甚
막역 莫逆 막중 莫重 삭막 索莫 적막 適莫 막무가내 莫無可奈
막상막하 莫上莫下 막역지우 莫逆之友 무지막지 無知莫知
후회막급 後悔莫及

4급II 부 氵(水) 총 14 약 満

滿 찰 만(:)

유 盈 찰 영, 充 채울 충
상 干 방패 간, 空 빌 공, 虛 빌 허

자해 물[氵]이 그릇 위까지 평평하게[㒼] 가득 찼다는 뜻이다.

읽기 彌滿 미만 盈滿 영만

쓰기 만개 滿開 만기 滿期 만료 滿了 만면 滿面 만발 滿發 만삭 滿朔
만선 滿船 만원 滿員 만월 滿月 만재 滿載 만점 滿點 만조 滿潮
만족 滿足 만주 滿洲 간만 干滿 미만 未滿 불만 不滿 비만 肥滿
원만 圓滿 충만 充滿 포만 飽滿 만천하 滿天下
만장일치 滿場一致 득의만면 得意滿面 자신만만 自信滿滿

3급II 부 日 총 11

晩 늦을 만:

유 遲 늦을 지
상 早 이를 조

자해 해[日]가 저물어 햇빛을 면할[免] 수 있는 늦은 때를 말한다.

읽기 晩蠶 만잠 晩餐 만찬 晩炊 만취

쓰기 만년 晩年 만성 晩成 만추 晩秋 만학 晩學 만혼 晩婚
조만간 早晩間 만시지탄 晩時之歎 대기만성 大器晩成

3급 부 氵(水) 총 14

漫 흩어질 만:

유 散 흩을 산
상 募 모을 모, 綜 모을 종, 集 모을 집, 輯 모을 집, 蓄 모을 축, 聚 모을 취

자해 물[氵]이 넓고 길게[曼] 퍼져 흩어진다는 뜻이다.

읽기 滋漫 자만 百花爛漫 백화난만 天眞爛漫 천진난만

쓰기 만담 漫談 만보 漫步 만연 漫然 만취 漫醉 만평 漫評 만필 漫筆
만화 漫畫 낭만 浪漫 방만 放漫 산만 散漫 시사만평 時事漫評

3급 부 忄(心) 총 14

慢 거만할 만:

유 傲 거만할 오, 怠 게으를 태

자해 마음[忄]이 길게[曼] 늘어져 게으르니 거만하다는 뜻이다.

쓰기 만모 慢侮 만성 慢性 만심 慢心 만유 慢遊 오만 傲慢 완만 緩慢
자만 自慢 태만 怠慢 만성병 慢性病 자만심 自慢心
만성간염 慢性肝炎

3급Ⅱ 부 女 총 6	妄 망령될 망:	자해	사람으로서 지켜야 할 도리와 예법을 잃은[亡] 여자[女]라는 의미에서 망령되다는 뜻이다.
		읽기	妄謬 망류 妖妄 요망
		쓰기	망각 妄覺 망령 妄靈 망발 妄發 망상 妄想 망언 妄言 망탄 妄誕 경망 輕妄 노망 老妄 허망 虛妄 경거망동 輕擧妄動 피해망상 被害妄想

3급 부 心 총 7	忘 잊을 망	자해	마음[心]속에 있던 기억이 없어졌으니[亡] 잊는다는 뜻이다.
		읽기	鷗鷺忘機 구로망기 廢寢忘餐 폐침망찬
		쓰기	망각 忘却 망실 忘失 망은 忘恩 난망 難忘 불망 不忘 삼망 三忘 건망증 健忘症 망년회 忘年會 물망초 勿忘草 비망록 備忘錄 각골난망 刻骨難忘 배은망덕 背恩忘德

3급 부 忄(心) 총 6	忙 바쁠 망	자해	마음[忄]이 여러 방면으로 분산되어 정신없이[亡] 바쁘다는 뜻이다.
		쓰기	망박 忙迫 망월 忙月 망중 忙中 다망 多忙 분망 奔忙 망중한 忙中閑 망중유한 忙中有閑 공사다망 公私多忙

유 奔 달릴 분
상 閑 한가할 한

3급 부 网 총 8	罔 없을 망	자해	그물[网] 속에 걸렸던 물고기가 다 도망가고[亡] 없다는 뜻이다.
		읽기	罔赦之罪 망사지죄 罔知所措 망지소조 昊天罔極 호천망극
		쓰기	망극 罔極 망민 罔民 망야 罔夜 망측 罔測 기망 欺罔 망극지은 罔極之恩 망극지통 罔極之痛 망야도주 罔夜逃走 괴상망측 怪常罔測

상 有 있을 유, 在 있을 재, 存 있을 존

3급 부 艹(艸) 총 10	茫 아득할 망	자해	풀[艹]이나 물[氵]이 끝없이[亡] 펼쳐진 곳을 바라보니 아득하다는 뜻이다.
		읽기	汪茫 왕망 滄茫 창망 沆茫 항망
		쓰기	망막 茫漠 망양 茫洋 망연 茫然 망망대해 茫茫大海 망연자실 茫然自失

4급	妹 누이 매
부女 총8

자해 여자[女] 형제 중에 나이가 어려 아직[未] 덜 자란 손아래 누이(여동생)를 뜻한다.

쓰기 매부 妹夫　매씨 妹氏　매제 妹弟　매형 妹兄　귀매 歸妹　남매 男妹
영매 令妹　자매 姉妹　종매 從妹　친남매 親男妹
형제자매 兄弟姉妹

상 姉 손윗누이 자

3급II	媒 중매 매
부女 총12

자해 여자[女]를 아무개[某] 남자에게 소개하는 중매를 뜻한다.

읽기 溶媒 용매

쓰기 매개 媒介　매연 媒緣　매질 媒質　매체 媒體　매합 媒合　냉매 冷媒
영매 靈媒　중매 仲媒　촉매 觸媒　매개물 媒介物　매개체 媒介體
중매인 仲媒人

3급II	梅 매화 매
부木 총11

자해 나무[木] 중에 매번[每] 추위를 이겨 내고 때를 지켜 피어나는 매화나무를 뜻한다.

읽기 梅堯臣 매요신

쓰기 매독 梅毒　매실 梅實　매우 梅雨　매향 梅香　매화 梅花　매화 梅畫
청매 青梅　춘매 春梅　탐매 探梅　매실주 梅實酒　매실차 梅實茶
설중매 雪中梅　송죽매 松竹梅　망매해갈 望梅解渴

3급	埋 묻을 매
부土 총10

자해 사람이 죽으면 마을[里] 뒷산의 흙[土]을 파서 묻는다는 뜻이다.

쓰기 매골 埋骨　매립 埋立　매모 埋暮　매몰 埋沒　매복 埋伏　매장 埋藏
매장 埋葬　매장량 埋葬量　매장비 埋葬費　가매장 假埋葬
생매장 生埋葬　암매장 暗埋葬

4급II	脈 줄기 맥
부月(肉) 총10

자해 피가 몸[肉→月] 전체에 잘 통할 수 있도록 갈라진[派] 혈관 줄기를 뜻한다.

읽기 診脈 진맥

쓰기 맥관 脈管　맥도 脈度　맥동 脈動　맥락 脈絡　맥맥 脈脈　광맥 鑛脈
난맥 亂脈　동맥 動脈　명맥 命脈　문맥 文脈　산맥 山脈　수맥 水脈
인맥 人脈　정맥 靜脈　혈맥 血脈　기진맥진 氣盡脈盡
일맥상통 一脈相通

유 幹 줄기 간

麥 보리 맥

3급II 부麥 총11 약麦

자해 보리[來]를 본뜬 글자 아래에 뿌리[夊]를 그려 더 명확하게 보리를 나타낸 글자로, 보리를 뜻한다.

읽기 裸麥 나맥

쓰기 맥농 麥農 맥류 麥類 맥반 麥飯 맥아 麥芽 맥주 麥酒 맥추 麥秋
대맥 大麥 소맥 小麥 원맥 原麥 정맥 精麥 소맥분 小麥粉
맥수지탄 麥秀之歎

유 牟 보리 모

孟 맏 맹(:)

3급II 부子 총8

자해 자식[子] 중에 집안의 목욕통[皿]에서 처음으로 씻게 되는 말이(첫째)를 뜻한다.

읽기 孟軻 맹가 孟津 맹진

쓰기 맹동 孟冬 맹랑 孟浪 맹자 孟子 맹추 孟秋 맹춘 孟春 맹하 孟夏
공맹 孔孟 논맹 論孟 맹모삼천 孟母三遷 허무맹랑 虛無孟浪

유 伯 맏 백, 允 맏 윤

猛 사나울 맹:

3급II 부犭(犬) 총11

자해 짐승[犭] 중에서도 우두머리[孟]가 되는 짐승이니 호랑이나 사자처럼 사납다는 뜻이다.

쓰기 맹견 猛犬 맹공 猛攻 맹금 猛禽 맹독 猛毒 맹렬 猛烈 맹서 猛暑
맹수 猛獸 맹위 猛威 맹장 猛將 맹타 猛打 맹폭 猛爆 맹호 猛虎
관맹 寬猛 용맹 勇猛 맹활약 猛活躍

유 烈 매울 렬, 勇 날랠 용

盲 소경·눈멀 맹

3급II 부目 총8

자해 눈[目]의 시력을 잃으면[亡] 아무것도 보지 못하고 눈이 먼다는 뜻이다.

쓰기 맹동 盲動 맹목 盲目 맹신 盲信 맹아 盲兒 맹인 盲人 맹장 盲腸
맹점 盲點 맹종 盲從 문맹 文盲 색맹 色盲 맹목적 盲目的
야맹증 夜盲症

盟 맹세 맹

3급II 부皿 총13

자해 그릇[皿]에 짐승의 피를 담아 마시며 다짐을 밝히는[明] 맹세를 뜻한다.

읽기 盟津 맹진 締盟 체맹

쓰기 맹방 盟邦 맹서 盟誓 맹약 盟約 맹언 盟言 맹우 盟友 맹주 盟主
가맹 加盟 결맹 結盟 동맹 同盟 연맹 聯盟 혈맹 血盟
가맹점 加盟店

유 誓 맹세할 서

勉 힘쓸 면:
4급 / 부 力 / 총 9

자해 실패를 면하기[免] 위해서 부지런히 힘[力]을 쓴다는 뜻이다.

읽기 勉彊 면강   勉礪 면려

쓰기 면려 勉勵   면학 勉學   면행 勉行   권면 勸勉   근면 勤勉   역면 力勉

유 勵 힘쓸 려, 務 힘쓸 무

眠 잘 면
3급Ⅱ / 부 目 / 총 10

자해 일을 마친 백성들[民]이 피곤해서 눈[目]을 감고 잠을 잔다는 뜻이다.

읽기 睡眠劑 수면제   催眠劑 최면제

쓰기 동면 冬眠   불면 不眠   수면 睡眠   숙면 熟眠   안면 安眠   영면 永眠
최면 催眠   휴면 休眠   불면증 不眠症   휴면계좌 休眠計座

유 睡 졸음 수, 宿 잘 숙, 寢 잘 침

綿 솜 면
3급Ⅱ / 부 糸 / 총 14

자해 실 뭉치[糸]처럼 뭉쳐지고 비단[帛]처럼 부드러운 솜을 뜻한다.

읽기 綿紡績 면방적   脫脂綿 탈지면

쓰기 면면 綿綿   면밀 綿密   면사 綿絲   면양 綿羊   면의 綿衣   석면 石綿
순면 純綿   연면 連綿   원면 原綿   면제품 綿製品   면직물 綿織物
주도면밀 周到綿密

免 면할 면:
3급Ⅱ / 부 儿 / 총 7

자해 토끼[兔→免]가 꼬리[丶]가 보이지 않을 정도로 달아나 죽음을 면한다는 뜻이다.

읽기 赦免 사면

쓰기 면세 免稅   면소 免訴   면역 免役   면역 免疫   면제 免除   면죄 免罪
면직 免職   면책 免責   면허 免許   감면 減免   모면 謀免   방면 放免
사면 辭免   파면 罷免   면죄부 免罪符   면허증 免許證
임면권 任免權   면책특권 免責特權

유 除 덜 제
상 司 맡을 사, 委 맡길 위, 任 맡길 임, 托 맡길 탁

滅 꺼질·멸할 멸
3급Ⅱ / 부 氵(水) / 총 13

자해 홍수[氵]에 화재[火]에 전쟁[戌]까지 터지면 나라가 멸하여 삶의 터전이 없어진다는 뜻이다.

읽기 埃滅 애멸   幻滅 환멸

쓰기 멸공 滅共   멸균 滅菌   멸망 滅亡   멸문 滅門   멸복 滅覆   멸족 滅族
멸종 滅種   괴멸 壞滅   마멸 磨滅   명멸 明滅   불멸 不滅   사멸 死滅
소멸 燒滅   소멸 消滅   소멸 掃滅   입멸 入滅   자멸 自滅   적멸 寂滅
전멸 全滅   점멸 點滅   파멸 破滅   환멸 還滅   멸사봉공 滅私奉公

유 亡 망할 망, 消 사라질 소

鳴 울 명
4급 부 鳥 총 14

- 자해: 새[鳥]가 입[口]을 벌리고 운다는 뜻이다.
- 읽기: 磁氣共鳴 자기공명
- 쓰기: 명금 鳴琴 명동 鳴動 명사 鳴沙 계명 鷄鳴 공명 共鳴 비명 悲鳴 자명 自鳴 백가쟁명 百家爭鳴
- 유: 哭 울 곡, 泣 울 읍
- 상: 笑 웃음 소

銘 새길 명
3급II 부 金 총 14

- 자해: 쇠붙이[金]에 이름[名]이나 문구를 새겨 기록한다는 뜻이다.
- 읽기: 銘菓 명과 銘旌 명정 鼎銘 정명 汪兆銘 왕조명
- 쓰기: 명기 銘記 명도 銘刀 명문 銘文 명심 銘心 각명 刻銘 간명 肝銘 감명 感銘 비명 碑銘 묘비명 墓碑銘 좌우명 座右銘
- 유: 刻 새길 각, 刊 새길 간, 彫 새길 조

冥 어두울 명
3급 부 冖 총 10

- 자해: 자궁 속에 덮여[冖] 있던 아기[日]를 양손[廾→六]으로 꺼내 주어 어둠에서 벗어난다는 데에서, 어둠을 뜻한다.
- 읽기: 冥佑 명우
- 쓰기: 명감 冥感 명계 冥界 명귀 冥鬼 명기 冥器 명도 冥途 명명 冥冥 명복 冥福 명부 冥府 명상 冥想 명조 冥助 유명 幽冥 명왕성 冥王星
- 유: 暗 어두울 암, 昏 어두울 혼
- 상: 明 밝을 명, 朗 밝을 랑, 昭 밝을 소, 哲 밝을 철

毛 터럭 모
4급II 부 毛 총 4

- 자해: 동물의 털이 길게 늘어진 모습을 본뜬 글자로, 털을 뜻한다.
- 읽기: 毛銖 모수 毛彫 모조 獐毛 장모 翰毛 한모
- 쓰기: 모골 毛骨 모근 毛根 모발 毛髮 모사 毛絲 모직 毛織 모포 毛布 모피 毛皮 모필 毛筆 순모 純毛 양모 羊毛 원모 原毛 체모 體毛 탈모 脫毛 홍모 紅毛 불모지 不毛地 이모작 二毛作 황모필 黃毛筆 모세혈관 毛細血管 구우일모 九牛一毛
- 유: 髮 터럭 발, 毫 터럭 호

模 본뜰 모
4급 부 木 총 15

- 자해: 나무[木]의 속을 깎아 없애서[莫] 거푸집을 만들어 원하는 물건의 모양을 본뜬다는 뜻이다.
- 읽기: 模型 모형
- 쓰기: 모방 模倣 모범 模範 모사 模寫 모양 模樣 모작 模作 모조 模造 모창 模唱 규모 規模 모조품 模造品
- 유: 倣 본뜰 방, 範 법 범, 寫 베낄 사

3급II 부 心(心) 총 15	慕 그릴 모:	자해	좋아하는 사람이 곁에 없으면[莫] 마음[心→㣺]속으로 그리워한다는 뜻이다.
		읽기	欽慕 흠모
		쓰기	모앙 慕仰　모정 慕情　감모 感慕　경모 敬慕　사모 思慕　숭모 崇慕 애모 愛慕　애모 哀慕　연모 戀慕　추모 追慕　사모불망 思慕不忘

유 戀 그릴 련

3급II 부 言 총 16	謀 꾀 모	자해	사람들이 아무[某]도 모르게 조용히 말[言]을 나누며 꾸민 꾀를 뜻한다.
		읽기	諮謀 자모
		쓰기	모략 謀略　모면 謀免　모반 謀叛　모반 謀反　모사 謀士　모의 謀議 모함 謀陷　공모 共謀　도모 圖謀　무모 無謀　역모 逆謀　음모 陰謀 지모 智謀　참모 參謀　모리배 謀利輩　주모자 主謀者 권모술수 權謀術數

유 略 간략할 략, 謨 꾀 모,
　策 꾀 책

3급II 부 豸 총 14 약 皃	貌 모양 모	자해	입을 벌려 이빨을 드러낸 해치[豸]처럼 뚜렷한 얼굴[皃] 모양을 뜻한다.
		쓰기	면모 面貌　미모 美貌　변모 變貌　언모 言貌　외모 外貌　용모 容貌 전모 全貌　체모 體貌　편모 片貌　풍모 風貌

유 面 낯 면, 顔 얼굴 안,
　樣 모양 양, 容 얼굴 용

3급 부 亻(人) 총 9	侮 업신여길 모(:)	자해	사람[亻]은 매번[每] 보는 가까운 사람을 소홀히 대하기 쉬워 업신여긴다는 뜻이다.
		쓰기	모롱 侮弄　모만 侮慢　모소 侮笑　모언 侮言　모욕 侮辱　경모 輕侮 능모 陵侮　만모 慢侮　면모 免侮　수모 受侮　침모 侵侮 모욕죄 侮辱罪

유 蔑 업신여길 멸
상 敬 공경할 경,
　恭 공손할 공

3급 부 冂 총 9	冒 무릅쓸 모	자해	두건[冃]을 눈[目]의 위쪽에 덮어쓰고서 힘들고 어려운 일을 무릅쓴다는 뜻이다.
		읽기	鬱冒 울모
		쓰기	모경 冒耕　모두 冒頭　모람 冒濫　모렴 冒廉　모범 冒犯　모사 冒死 모색 冒色　모섭 冒涉　모우 冒雨　모인 冒認　모진 冒進　모칭 冒稱 모한 冒寒　모험 冒險　간모 干冒　감모 感冒　기모 欺冒　능모 陵冒 복모 覆冒　위모 僞冒　침모 侵冒　탐모 貪冒　포모 布冒

募

3급 부 力 총 13
모을·뽑을 모

유 拔 뽑을 발, 集 모을 집

자해 나라에 없는[莫] 힘[力]을 보충하려고 사람을 뽑아 모은다는 뜻이다.

쓰기 모군 募軍 모금 募金 모병 募兵 모집 募集 공모 公募 급모 急募
응모 應募 모집인 募集人 공모전 公募展

暮

3급 부 日 총 15
저물 모:

상 朝 아침 조

자해 풀숲 사이로 해[日]가 져서 보이지 않으니[莫] 날이 저문다는 뜻이다.

읽기 朝聚暮散 조취모산

쓰기 모경 暮景 모경 暮境 모년 暮年 모색 暮色 모우 暮雨 모추 暮秋
만모 晩暮 세모 歲暮 조령모개 朝令暮改 조삼모사 朝三暮四

某

3급 부 木 총 9
아무 모:

자해 달콤한[甘] 열매가 열리는 나무[木]에서는 아무거나 따도 맛있으니 아무라는 뜻이다.

쓰기 모국 某國 모년 某年 모모 某某 모시 某時 모씨 某氏 모월 某月
모일 某日 모종 某種 모처 某處 모측 某側

牧

4급Ⅱ 부 牜(牛) 총 8
칠 목

유 養 기를 양

자해 소[牛]를 채찍으로 툭툭 쳐서[攵] 몰고 다닌다는 의미에서 소를 친다는 뜻이다.

쓰기 목가 牧歌 목단 牧丹 목동 牧童 목부 牧夫 목사 牧師 목우 牧牛
목자 牧者 목장 牧場 목초 牧草 목축 牧畜 목회 牧會 군목 軍牧
방목 放牧 목민관 牧民官 목축업 牧畜業 유목민 遊牧民
목민심서 牧民心書

睦

3급Ⅱ 부 目 총 13
화목할 목

유 穆 화목할 목, 和 화할 화

자해 바로 눈[目]앞에 있는 언덕[坴] 아래에 집을 짓고 살아가는 가족의 화목함을 뜻한다.

읽기 雍睦 옹목

쓰기 목족 睦族 돈목 敦睦 불목 不睦 친목 親睦 화목 和睦

3급 II 부 氵(水) 총 7 **沒** 빠질 **몰**	자해 사람[人→勹]이 손[又]을 허우적거리며 물[氵]에 빠져 있다는 뜻이다. 읽기 沒溺 몰닉 쓰기 몰각 沒却　몰두 沒頭　몰락 沒落　몰사 沒死　몰살 沒殺　몰수 沒收 　　 몰아 沒我　몰입 沒入　매몰 埋沒　수몰 水沒　일몰 日沒　출몰 出沒 　　 침몰 沈沒　함몰 陷沒　몰상식 沒常識　몰염치 沒廉恥 　　 몰인정 沒人情　몰지각 沒知覺　신출귀몰 神出鬼沒

⊕ 溺 빠질 닉, 浸 잠길 침,
  沈 잠길 침, 陷 빠질 함
⊗ 浮 뜰 부, 出 날 출

3급 II 부 夕 총 14 약 梦 **夢** 꿈 **몽**	자해 저녁[夕]에 눈썹[卄]과 눈[目→罒]만 남긴 채 이불[冖]을 덮고 잠이 들면 꾸는 꿈을 뜻한다. 읽기 夢幻 몽환　瑞夢 서몽　胎夢 태몽　鄭夢周 정몽주 　　 南柯一夢 남가일몽　盧生之夢 노생지몽 쓰기 몽상 夢想　몽유 夢遊　몽정 夢精　길몽 吉夢　미몽 迷夢　악몽 惡夢 　　 해몽 解夢　현몽 現夢　몽유병 夢遊病　백일몽 白日夢 　　 동상이몽 同床異夢　비몽사몽 非夢似夢　일장춘몽 一場春夢

3급 II 부 艹(艸) 총 14 **蒙** 어두울 **몽**	자해 돼지[豕]가 도망가지 못하도록 머리 위에 지붕[冖]을 만들고 풀[卄]까지 덮으니 어둡다는 뜻이다. 읽기 耆蒙 기몽　蒙塵 몽진 쓰기 몽고 蒙古　몽리 蒙利　몽은 蒙恩　몽혜 蒙惠　계몽 啓蒙　동몽 童蒙 　　 우몽 愚蒙　주몽 朱蒙　몽학훈장 蒙學訓長　훈몽자회 訓蒙字會

4급 부 土 총 14 **墓** 무덤 **묘:**	자해 흙[土] 속에 묻혀 햇빛이 없는[莫] 곳을 나타내어 무덤을 뜻한다. 쓰기 묘비 墓碑　묘소 墓所　묘역 墓域　모제 墓祭　묘지 墓地　묘표 墓表 　　 묘혈 墓穴　분묘 墳墓　선묘 先墓　성묘 省墓　국립묘지 國立墓地

⊕ 墳 무덤 분

4급 부 女 총 7 **妙** 묘할 **묘:**	자해 나이 어린[少] 여자[女]가 가진 아름다움이 묘하다는 뜻이다. 읽기 妙旨 묘지 쓰기 묘계 妙計　묘기 妙技　묘미 妙味　묘방 妙方　묘수 妙手　묘안 妙案 　　 묘약 妙藥　묘책 妙策　교묘 巧妙　기묘 奇妙　미묘 微妙　절묘 絕妙 　　 묘기백출 妙技百出

3급 부 卩 총 5 **卯** 토끼 묘:	자해 대문을 활짝 연 모습인데, 그 모습이 토끼의 귀와 닮았다고 하여 십이지(十二支) 중 네 번째 동물인 토끼를 뜻하게 되었다.

쓰기 묘방 卯方 묘시 卯時 묘음 卯飮 묘일 卯日 묘정 卯正 묘주 卯酒
묘초 卯初 기묘 己卯 목묘 木卯 을묘 乙卯 파묘 破卯
묘좌유향 卯坐酉向 기묘사화 己卯士禍

유 兔 토끼 토

3급 부 广 총 15 약 庙, 庿 **廟** 사당 묘:	자해 집[广]을 지어 조상의 신주를 모시고 아침[朝]마다 제사 지내는 사당을 뜻한다.

읽기 廟謨 묘모 宗廟社稷 종묘사직
쓰기 묘당 廟堂 묘사 廟社 묘실 廟室 묘의 廟議 묘정 廟廷 가묘 家廟
동묘 東廟 문묘 文廟 영묘 靈廟 종묘 宗廟 인조묘 仁祖廟
묘정배향 廟庭配享

3급 부 艹(艸) 총 9 **苗** 모 묘:	자해 밭[田]에 심어 싹이 나도록 한 풀[艹]인 모를 뜻한다.

읽기 苗胤 묘윤
쓰기 묘근 苗根 묘맥 苗脈 묘목 苗木 묘상 苗床 묘족 苗族 묘종 苗種
묘판 苗板 상묘 桑苗 양묘 養苗 육묘 育苗 종묘 種苗 화묘 禾苗

4급Ⅱ 부 力 총 11 **務** 힘쓸 무:	자해 채찍[攵]이나 창[矛]으로 두드리며 힘[力]을 쓴다는 뜻이다.

쓰기 격무 激務 겸무 兼務 근무 勤務 노무 勞務 의무 義務 정무 政務
집무 執務 책무 責務 경무관 警務官 공무원 公務員
교무실 教務室 내무부 內務部 법무사 法務士 병무청 兵務廳
사무실 事務室 서무과 庶務課 세무서 稅務署 승무원 乘務員
채무자 債務者 무실역행 務實力行 복무기간 服務期間
쌍무협정 雙務協定 주무관청 主務官廳 직무유기 職務遺棄

유 努 힘쓸 노, 勵 힘쓸 려,
勞 일할 로, 勉 힘쓸 면

4급Ⅱ 부 止 총 8 **武** 호반 무:	자해 창[戈→弋]을 들고 적을 향해 발[止]로 걸어 나아가는 무사를 뜻한다.

읽기 武勳 무훈 魏武帝 위무제 武功勳章 무공훈장
쓰기 무공 武功 무관 武官 무기 武器 무단 武斷 무도 武道 무력 武力
무사 武士 무술 武術 무신 武神 무예 武藝 무인 武人 무장 武將
무장 武裝 광무 光武 문무 文武 상무 尚武 연무 鍊武 위무 威武
현무 玄武 무영전 武英殿 무용담 武勇談 무릉도원 武陵桃源
화학무기 化學武器

상 文 글월 문

169

4급 부 舛 총 14	 춤출 무:	자해	손에 깃털[舞]을 들고 흔들면서 왼발과 오른발[舛]을 움직여 춤을 춘다는 뜻이다.
		읽기	舞姬 무희
		쓰기	무곡 舞曲 무극 舞劇 무대 舞臺 무동 舞童 가무 歌舞 검무 劍舞 고무 鼓舞 군무 群舞 난무 亂舞 독무 獨舞 승무 僧舞 원무 圓舞 원무 元舞 학무 鶴舞 회무 回舞 독무대 獨舞臺

3급Ⅱ 부 ⺿(艸) 총 9	 무성할 무:	자해	풀[⺿]이 창[戊]처럼 삐죽삐죽 솟아 무성하다는 뜻이다.
		읽기	鬱茂 울무 滋茂 자무
		쓰기	무림 茂林 무사 茂士 무성 茂盛 무재 茂才 무재 茂宰 무학 茂學 번무 繁茂 영무 榮茂

유 盛 성할 성

3급Ⅱ 부 貝 총 12	 무역할 무:	자해	활짝 열린 문[門→卯]으로 재물[貝]이 드나드니 무역한다는 뜻이다.
		읽기	貿易金融 무역금융
		쓰기	무곡 貿穀 무역 貿易 무역상 貿易商 무역업 貿易業 무역풍 貿易風 밀무역 密貿易 무역협회 貿易協會

유 易 바꿀 역

3급 부 戈 총 5	 천간 무:	자해	자루 달린 전쟁용 창을 그린 글자이다. 후에 천간(天干) 중에 다섯 번째를 의미하게 되었다.
		읽기	戊己校尉 무기교위
		쓰기	무술 戊戌 무야 戊夜 무오 戊午 무인 戊寅 무자 戊子 무진 戊辰 무진년 戊辰年 무오사화 戊午士禍

3급 부 雨 총 19	 안개 무:	자해	공기 중의 물방울[雨]이 힘껏[務] 피어나면 생기는 안개를 뜻한다.
		읽기	霧聚 무취 濃霧 농무 妖霧 요무
		쓰기	무대 霧帶 무로 霧露 무산 霧散 무색 霧塞 무제 霧堤 무집 霧集 무합 霧合 연무 煙霧 운무 雲霧 해무 海霧 효무 曉霧 오리무중 五里霧中

3급II 부 土 총 15 약 墨	墨 먹 묵

자해 검은[黑] 흙[土]을 굳혀 놓은 것처럼 생긴 먹을 뜻한다.

읽기 墨瀋 묵심　繩墨 승묵　翰墨 한묵　紙筆硯墨 지필연묵

쓰기 묵객 墨客　묵광 墨光　묵자 墨字　묵죽 墨竹　묵지 墨紙　묵향 墨香
묵형 墨刑　묵화 墨畫　백묵 白墨　지묵 紙墨　필묵 筆墨
송연묵 松煙墨　수묵화 水墨畫

3급II 부 黑 총 16 약 黙	默 잠잠할 묵

상 騷 떠들 소

자해 깜깜한[黑] 밤에는 인적이 드무니 개[犬]도 잠잠하다는 뜻이다.

읽기 默祐 묵우

쓰기 묵계 默契　묵과 默過　묵념 默念　묵례 默禮　묵살 默殺　묵상 默想
묵인 默認　묵주 默珠　과묵 寡默　침묵 沈默　묵비권 默秘權
묵시록 默示錄　묵묵부답 默默不答

3급II 부 糸 총 10	紋 무늬 문

유 彩 채색 채

자해 실[糸]로 짜인 직물에 문신[文]처럼 새겨진 무늬를 뜻한다.

쓰기 문은 紋銀　문장 紋章　가문 家紋　곡문 穀紋　금문 錦紋　나문 羅紋
세문 細紋　수문 手紋　수문 水紋　어문 魚紋　의문 衣紋　종문 縱紋
지문 指紋　파문 波紋　화문 花紋

3급II 부 勹 총 4	勿 말 물

유 禁 금할 금

자해 깃발을 올려 금지 신호를 나타낸다는 의미에서 하지 마라는 뜻이다.

쓰기 물경 勿驚　물금 勿禁　물념 勿念　물론 勿論　물문 勿問　물시 勿施
물입 勿入　물망초 勿忘草　물실호기 勿失好機　물약자효 勿藥自效

4급II 부 口 총 8	味 맛 미:

자해 음식을 입[口]에 넣고 간이 맞는지 아닌지[未] 맛본다는 뜻이다.

읽기 酸味 산미　耽味 탐미

쓰기 미각 味覺　가미 加味　감미 甘味　구미 口味　기미 氣味　묘미 妙味
별미 別味　성미 性味　음미 吟味　의미 意味　진미 珍味　취미 趣味
풍미 風味　흥미 興味　감미료 甘味料　악취미 惡趣味
오미자 五味子　인정미 人情味　조미료 調味料　무미건조 無味乾燥
산해진미 山海珍味

未 (4급II, 부 木, 총 5) 아닐 미(:)
유: 否 아닐 부, 不 아닐 불, 非 아닐 비

자해 나무[木]의 가지가 아직 끝까지 다 자라지 않았다는 의미에서 아직 아니라는 뜻이다.

읽기 未穩 미온

쓰기 미거 未擧　미구 未久　미급 未及　미납 未納　미달 未達　미래 未來
미련 未練　미만 未滿　미명 未明　미문 未聞　미비 未備　미상 未詳
미수 未遂　미시 未時　미진 未盡　미망인 未亡人
미성년 未成年　미수금 未收金　미숙아 未熟兒　을미년 乙未年

微 (3급II, 부 彳, 총 13) 작을 미
유: 小 작을 소, 扁 작을 편
상: 大 큰 대, 偉 클 위, 泰 클 태, 太 클 태, 弘 클 홍

자해 길[行→彳] 위에서 노인[𠴿]이 지팡이로 땅을 치며[攵] 걷는 모습이 힘없고 작다는 뜻이다.

읽기 微漣 미련　微旨 미지　微塵 미진

쓰기 미동 微動　미량 微量　미력 微力　미묘 微妙　미미 微微　미분 微分
미세 微細　미소 微少　미소 微笑　미약 微弱　미열 微熱　미지 微指
미천 微賤　미풍 微風　미행 微行　경미 輕微　기미 機微　희미 稀微
미생물 微生物　미온적 微溫的　현미경 顯微鏡

尾 (3급II, 부 尸, 총 7) 꼬리 미:
유: 端 끝 단, 末 끝 말
상: 頭 머리 두, 首 머리 수

자해 동물의 몸[尸]에서 털[毛]이 길게 늘어진 꼬리를 뜻한다.

읽기 尾蔘 미삼　艦尾 함미

쓰기 미골 尾骨　미행 尾行　교미 交尾　대미 大尾　말미 末尾　선미 船尾
수미 首尾　어미 語尾　후미 後尾　연미복 燕尾服
미생지신 尾生之信　어두육미 魚頭肉尾　용두사미 龍頭蛇尾
철두철미 徹頭徹尾

眉 (3급, 부 目, 총 9) 눈썹 미

자해 눈[目] 위에 있는 눈썹 모양[𠃜]을 그린 것으로, 눈썹을 뜻한다.

읽기 舒眉 서미　纖眉 섬미　芝眉 지미　焦眉之急 초미지급

쓰기 미간 眉間　미목 眉目　미수 眉壽　미우 眉宇　미월 眉月　두미 頭眉
백미 白眉　양미 兩眉　장미 長眉　화미 畫眉　양미간 兩眉間
미목수려 眉目秀麗

迷 (3급, 부 辶(辵), 총 10) 미혹할 미(:)
유: 惑 미혹할 혹

자해 쌀알[米]을 던져 놓은 것처럼 길이 여러 방향으로 나서 갈[辶] 곳을 몰라 미혹하다는 뜻이다.

읽기 妖迷 요미

쓰기 미궁 迷宮　미란 迷亂　미로 迷路　미몽 迷夢　미식 迷息　미신 迷信
미아 迷兒　미채 迷彩　미혹 迷惑　혼미 昏迷

3급 부 忄(心) 총 15
憫 민망할 **민**

유 憐 불쌍히여길 련

자해 마음[忄]속으로 걱정하며[閔] 불쌍히 여긴다는 뜻이다. 민망하다는 뜻도 가진다.

읽기 憫悼 민도

쓰기 민급 憫急　민박 憫迫　민소 憫笑　민연 憫然　민정 憫情　민주 憫酒
연민 憐憫

3급 부 攵(攴) 총 11
敏 민첩할 **민**

상 鈍 둔할 둔

자해 손에 채찍을 들고 치면서[攵] 매사[每]에 민첩하도록 훈련한다는 의미에서, 민첩하다는 뜻이다.

읽기 駿敏 준민

쓰기 민감 敏感　민지 敏智　민활 敏活　과민 過敏　기민 機敏　불민 不敏
수민 秀敏　예민 銳敏　준민 俊敏　혜민 慧敏

4급Ⅱ 부 宀 총 11
密 빽빽할 **밀**

상 疏 소통할 소

자해 산[山]속에 몰래[宓] 들어가 숨으려면 나무가 빽빽해야 한다는 뜻이다.

읽기 密網 밀망　密偵 밀정　密旨 밀지　密聚 밀취

쓰기 밀고 密告　밀담 密談　밀도 密度　밀렵 密獵　밀림 密林　밀매 密賣
밀봉 密封　밀사 密使　밀수 密輸　밀실 密室　밀약 密約　밀어 密語
밀접 密接　밀조 密造　밀주 密奏　밀주 密酒　밀집 密集　밀착 密着
밀파 密派　밀폐 密閉　밀항 密航　밀회 密會　긴밀 緊密　비밀 祕密
세밀 細密　엄밀 嚴密　은밀 隱密　정밀 精密　주도면밀 周到綿密

3급 부 虫 총 14
蜜 꿀 **밀**

자해 벌[虫]이 깊고 은밀한 곳에 벌집을 지어 몰래[宓] 숨겨 놓은 꿀을 뜻한다.

읽기 油蜜菓 유밀과

쓰기 밀봉 蜜蜂　밀수 蜜水　밀어 蜜語　밀원 蜜源　밀월 蜜月　밀환 蜜丸
목밀 木蜜　봉밀 蜂蜜　채밀 採蜜　청밀 淸蜜　화밀 花蜜
구밀복검 口蜜腹劍　밀월여행 蜜月旅行

4급Ⅱ 부 十 총 12
博 넓을 **박**

유 廣 넓을 광, 漠 넓을 막, 汎 넓을 범
상 陜 좁을 협

자해 많은[十] 양을 펼쳐[尃] 놓으니 차지하는 면적이 넓다는 뜻이다.

읽기 博購 박구　博碩 박석　博綜 박종

쓰기 박람 博覽　박문 博文　박사 博士　박식 博識　박애 博愛　박학 博學
해박 該博　호박 浩博　박람회 博覽會　박물관 博物館
박애주의 博愛主義　박학다식 博學多識

173

拍 칠 박
4급 부 扌(手) 총 8

자해: 밝은[白] 마음을 갖고 손[扌]으로 손뼉을 친다는 뜻이다.

쓰기: 박동 拍動, 박수 拍手, 박자 拍子, 박장 拍掌, 박차 拍車, 간박 間拍, 강박 強拍, 반박 半拍, 약박 弱拍, 사박자 四拍子, 박장대소 拍掌大笑

薄 엷을 박
3급II 부 艹(艸) 총 17
상 厚 두터울 후

자해: 물[氵]이 펼쳐진[專] 넓은 논 위로 조금씩 올라온 풀[艹]의 두께가 엷다는 뜻이다.

읽기: 薄膜 박막, 薄俸 박봉, 薄祐 박우

쓰기: 박대 薄待, 박덕 薄德, 박명 薄命, 박명 薄明, 박복 薄福, 박빙 薄氷, 박색 薄色, 박정 薄情, 각박 刻薄, 경박 輕薄, 야박 野薄, 천박 淺薄, 희박 稀薄, 육박전 肉薄戰, 박리다매 薄利多賣, 미인박명 美人薄命, 정신박약 精神薄弱, 하후상박 下厚上薄

迫 핍박할 박
3급II 부 辶(辵) 총 9 약 迫
유 脅 위협할 협

자해: 악한 무리의 우두머리[白]가 가까이 다가와서[辶] 위협을 가하며 핍박한다는 뜻이다.

쓰기: 박근 迫近, 박두 迫頭, 박력 迫力, 박절 迫切, 박진 迫眞, 박해 迫害, 강박 強迫, 구박 驅迫, 궁박 窮迫, 급박 急迫, 긴박 緊迫, 압박 壓迫, 임박 臨迫, 절박 切迫, 촉박 促迫, 협박 脅迫, 긴박감 緊迫感, 압박감 壓迫感, 절박감 切迫感

泊 머무를·배댈 박
3급 부 氵(水) 총 8
유 停 머무를 정, 駐 머무를 주

자해: 강물[氵]에서 배를 타고 가다 경치가 좋고 깨끗한[白] 곳에 배를 대고 머무른다는 뜻이다.

읽기: 憩泊 게박, 駐泊 주박

쓰기: 내박 來泊, 담박 淡泊, 민박 民泊, 빙박 氷泊, 숙박 宿泊, 여박 旅泊, 외박 外泊, 표박 漂迫

盤 소반 반
3급II 부 皿 총 15

자해: 일반적이고[般] 평평한 그릇[皿]인 소반(쟁반)을 뜻한다.

읽기: 盤阪 반판, 鍵盤 건반, 瓊盤 경반, 棋盤 기반, 胎盤 태반

쓰기: 반거 盤據, 반곡 盤曲, 반면 盤面, 반석 盤石, 반선 盤旋, 반송 盤松, 반환 盤還, 반회 盤回, 골반 骨盤, 기반 基盤, 낙반 落盤, 선반 旋盤, 소반 小盤, 암반 巖盤, 원반 原盤, 음반 音盤, 종반 終盤, 중반 中盤, 지반 地盤, 초반 初盤, 흡반 吸盤, 나침반 羅針盤, 투원반 投圓盤, 반계곡경 盤溪曲徑

174

般

3급II 부 舟 총 10
가지·일반 **반**

자해 배[舟]를 타고 노[殳]를 저어 순조롭게 나아가는 일상적이고 일반적인 일을 뜻한다.

읽기 般桓 반환

쓰기 반락 般樂 반사 般師 반유 般遊 반일 般逸 금반 今般 만반 萬般
일반 一般 전반 全般 제반 諸般 일반적 一般的 전반적 全般的
반야심경 般若心經 피차일반 彼此一般

飯

3급II 부 食 총 13
밥 **반**

유 食 밥 식, 餐 밥 찬

자해 매일 반복하여[反] 계속 먹는[食] 음식인 밥을 뜻한다.

읽기 飯鉢 반발 餐飯 찬반 炊飯 취반

쓰기 반미 飯米 반상 飯床 반식 飯食 반점 飯店 반주 飯酒 가반 加飯
백반 白飯 잔반 殘飯 조반 朝飯 반상기 飯床器 다반사 茶飯事

伴

3급 부 亻(人) 총 7
짝 **반:**

유 侶 짝 려, 配 짝 배, 偶 짝 우

자해 사람[亻]이 자신의 반쪽[半]을 찾아서 이룬 짝을 뜻한다.

쓰기 반수 伴隨 반식 伴食 반우 伴友 반우 伴偶 반인 伴人 반주 伴奏
반침 伴寢 반행 伴行 동반 同伴 수반 隨伴 동반자 同伴者
동반작가 同伴作家

叛

3급 부 又 총 9
배반할 **반:**

자해 절반[半]으로 갈려서 서로 반대하고[反] 싸운다는 의미에서 배반하다는 뜻이다.

읽기 叛衍 반연

쓰기 반골 叛骨 반군 叛軍 반기 叛起 반기 叛旗 반도 叛徒 반란 叛亂
반민 叛民 반신 叛臣 반심 叛心 반역 叛逆 모반 謀叛 배반 背叛

返

3급 부 辶(辵) 총 8
돌이킬 **반:**

유 歸 돌아갈 귀, 還 돌아올 환

자해 가던[辶] 길을 돌이켜서 반대로[反] 되돌아온다는 뜻이다.

읽기 返札 반찰 返翰 반한

쓰기 반가 返歌 반납 返納 반로 返路 반보 返報 반상 返喪 반서 返書
반송 返送 반신 返信 반품 返品 반환 返還 미반 未返

髮 터럭 발 (4급, 부 髟, 총 15)
유의자: 毛 터럭 모, 毫 터럭 호

자해 개가 달릴[犮] 때 날리는 긴[長→镸] 터럭[彡]을 뜻한다.

읽기 握髮 악발, 毫髮 호발, 蓬頭亂髮 봉두난발, 身體髮膚 신체발부

쓰기 가발 假髮, 금발 金髮, 단발 短髮, 두발 頭髮, 모발 毛髮, 백발 白髮, 삭발 削髮, 산발 散髮, 세발 洗髮, 이발 理髮, 장발 長髮, 흑발 黑髮, 단발령 斷髮令, 이발소 理髮所, 위기일발 危機一髮

拔 뽑을 발 (3급Ⅱ, 부 扌(手), 총 8)
유의자: 募 뽑을 모, 選 가릴 선, 抄 뽑을 초, 抽 뽑을 추, 擇 가릴 택

자해 개가 먹이를 앞에 두고 달릴[犮] 때처럼 재빨리 손[扌]으로 뽑는다는 뜻이다.

읽기 甄拔 견발

쓰기 발검 拔劍, 발군 拔群, 발취 拔取, 발치 拔齒, 간발 簡拔, 기발 奇拔, 선발 選拔, 탁발 卓拔, 해발 海拔, 발본색원 拔本塞源, 발산개세 拔山蓋世

房 방 방 (4급Ⅱ, 부 戶, 총 8)

자해 집[戶] 안에 있는 네모난[方] 방을 뜻한다.

읽기 房貰 방세, 閨房 규방, 尼房 이방, 乳房癌 유방암, 房杜姚宋 방두요송

쓰기 방문 房門, 각방 各房, 감방 監房, 공방 工房, 난방 暖房, 다방 茶房, 서방 書房, 신방 神房, 약방 藥房, 유방 乳房, 책방 冊房, 필방 筆房, 금은방 金銀房, 문간방 門間房, 복덕방 福德房, 사랑방 舍廊房, 독수공방 獨守空房, 문방사우 文房四友

訪 찾을 방: (4급Ⅱ, 부 言, 총 11)
유의자: 索 찾을 색, 搜 찾을 수, 尋 찾을 심, 探 찾을 탐

자해 누군가와 말[言]을 나누면서 좋은 방법[方]을 찾기 위해 훌륭한 사람을 찾아간다는 뜻이다.

쓰기 방객 訪客, 방문 訪問, 방의 訪議, 방한 訪韓, 내방 來訪, 답방 答訪, 순방 巡訪, 심방 尋訪, 역방 歷訪, 예방 禮訪, 탐방 探訪

防 막을 방 (4급Ⅱ, 부 阝(阜), 총 7)
유의자: 拒 막을 거, 守 지킬 수, 衛 지킬 위, 抵 막을 저
상대자: 攻 칠 공, 放 놓을 방

자해 언덕[阝]처럼 높은 벽을 사방[方]에 세워 막는다는 뜻이다.

읽기 防塵 방진, 壅防 옹방, 防空壕 방공호, 防腐劑 방부제, 防蟲網 방충망, 防臭劑 방취제, 防寒帽 방한모, 防諜部隊 방첩부대

쓰기 방공 防空, 방범 防犯, 방벽 防壁, 방비 防備, 방수 防水, 방수 防守, 방역 防疫, 방위 防衛, 방음 防音, 방제 防除, 방지 防止, 방탄 防彈, 방풍 防風, 방호 防護, 방화 防火, 공방 攻防, 국방 國防, 예방 豫防, 제방 堤防, 방파제 防波堤, 방한복 防寒服, 무방비 無防備

4급	妨
부 女 총 7	방해할 방

유 害 해할 해

자해 여자[女]들이 사방[方]에서 떠들어대며 공부를 방해한다는 뜻이다.

읽기 妨礙 방애

쓰기 방전 妨電　방해 妨害　무방 無妨　방해물 妨害物　방해죄 妨害罪
방공해사 妨工害事

3급Ⅱ	芳
부 ++(艸) 총 8	꽃다울 방

상 馨 꽃다울 형

자해 풀[++]의 향기가 사방[方]으로 퍼질 정도로 향기롭고 꽃답다는 뜻이다.

읽기 芳塘 방당　芳馥 방복　芳埃 방애　芳札 방찰　芳翰 방한　芬芳 분방
妍芳 연방　芳香劑 방향제

쓰기 방기 芳紀　방년 芳年　방렬 芳烈　방신 芳信　방초 芳草　방향 芳香
가방 佳芳　방명록 芳名錄　녹음방초 綠陰芳草　유방백세 流芳百世

3급	倣
부 亻(人) 총 10	본뜰 방

유 模 본뜰 모

자해 사람[亻]이 자신의 모습을 놓아[放]버리고 다른 사람을 흉내 내며 본뜬다는 뜻이다.

쓰기 방각 倣刻　방고 倣古　방사 倣似　방차 倣此　모방 模倣　비방 比倣
의방 依倣　방고주의 倣古主義

3급	傍
부 亻(人) 총 12	곁 방:

유 旁 곁 방, 側 곁 측

자해 사람[亻]의 옆[旁]인 곁을 뜻한다.

읽기 傍熱型 방열형

쓰기 방계 傍系　방관 傍觀　방백 傍白　방인 傍人　방점 傍點　방조 傍助
방증 傍證　방청 傍聽　도방 道傍　방청객 傍聽客
방계혈족 傍系血族　방약무인 傍若無人

3급	邦
부 阝(邑) 총 7	나라 방

유 國 나라 국

자해 무성하게[丰] 자란 풀을 경계 삼아 그 안에 고을[邑→阝]이 모여 형성된 나라를 뜻한다.

읽기 邦媛 방원　邦甸 방전　劉邦 유방

쓰기 방교 邦交　방국 邦國　방화 邦畫　동방 東邦　만방 萬邦　맹방 盟邦
연방 聯邦　우방 友邦　합방 合邦　이방인 異邦人

拜

4급Ⅱ
부 手
총 9
약 拝

절 배:

자해 무성하게[丰] 자란 풀을 뽑는 모습이 몸을 구부리고 손[手]으로 절하는 모습과 같다는 의미에서 절을 뜻한다.

읽기 拜俛 배면　拜呈 배정　拜芝 배지　拜塵 배진　趨拜 추배
頓首百拜 돈수백배

쓰기 배견 拜見　배례 拜禮　배명 拜命　배복 拜伏　배상 拜上　배알 拜謁
경배 敬拜　단배 單拜　백배 百拜　복배 伏拜　삼배 三拜　세배 歲拜
숭배 崇拜　예배 禮拜　재배 再拜　참배 參拜　배금사상 拜金思想

背

4급Ⅱ
부 月(肉)
총 9

등 배:

자해 적들이 서로를 등지고 달아날[北] 때 몸[肉→月] 중에 보이는 부분인 등을 뜻한다.

쓰기 배경 背景　배반 背反　배반 背叛　배번 背番　배서 背書　배수 背水
배신 背信　배영 背泳　배임 背任　배탄 背誕　배후 背後　복배 腹背
위배 違背　향배 向背　배수진 背水陣　배은망덕 背恩忘德
면종복배 面從腹背　이율배반 二律背反

상 腹 배 복

配

4급Ⅱ
부 酉
총 10

나눌·짝 배:

자해 술[酉]을 앞에 놓고 몸[己]을 구부려 앉은 신랑과 신부가 짝이 되는 절차로 술을 나눈다는 뜻이다. 이렇게 혼례를 올리면 짝이 된다고 하여 짝이라는 뜻도 가진다.

읽기 配劑 배제

쓰기 배관 配管　배급 配給　배려 配慮　배본 配本　배분 配分　배속 配屬
배송 配送　배역 配役　배열 配列　배정 配定　배치 配置　배포 配布
배필 配匹　균배 均配　상배 喪配　배우자 配偶者

유 侶 짝 려, 伴 짝 반,
分 나눌 분, 偶 짝 우,
匹 짝 필

培

3급Ⅱ
부 土
총 11

북돋울 배:

자해 초목의 뿌리에 흙[土]을 더해[倍→音] 가꾼다는 의미에서 북돋는다는 뜻이다.

쓰기 배근 培根　배식 培植　배양 培養　배지 培地　배토 培土　비배 肥培
재배 栽培　배양액 培養液　배양토 培養土

유 挑 돋울 도

排

3급Ⅱ
부 扌(手)
총 11

밀칠 배

자해 옳지 않은[非] 것을 손[扌]으로 밀친다는 뜻이다.

읽기 排尿 배뇨

쓰기 배격 排擊　배구 排球　배기 排氣　배란 排卵　배변 排便　배불 排佛
배제 排除　배척 排斥　배출 排出　배타 排他　배포 排布　공배 空排
배수구 排水口　배타적 排他的　배수시설 排水施設

유 斥 물리칠 척

3급II 부 車 총 15 약 輩

무리 **배:**

유 群 무리 군, 隊 무리 대, 徒 무리 도, 衆 무리 중
상 獨 홀로 독

자해 새의 양쪽 날개[非]처럼 나란히 줄지어 서 있는 수레[車]의 무리를 뜻한다.

읽기 疇輩 주배

쓰기 배출 輩出 배행 輩行 도배 徒輩 선배 先輩 연배 年輩 잡배 雜輩
후배 後輩 동년배 同年輩 모리배 謀利輩 부랑배 浮浪輩
불량배 不良輩 폭력배 暴力輩

3급 부 木 총 8

잔 **배**

자해 나무[木]로 만든 그릇 중에 술이 넘치지 않게[不] 따라야 하는 잔을 뜻한다.

읽기 瓊杯 경배   拉杯 납배   腎杯 신배   戒盈杯 계영배

쓰기 배반 杯盤 건배 乾杯 고배 苦杯 금배 金杯 독배 毒杯 목배 木杯
성배 聖杯 옥배 玉杯 은배 銀杯 주배 酒杯 축배 祝杯
우승배 優勝杯 주불쌍배 酒不雙杯

3급II 부 亻(人) 총 7

맏 **백**

유 孟 맏 맹, 允 맏 윤, 兄 형 형

자해 형제를 이룬 사람[亻] 중 머리가 가장 먼저 흰색[白]으로 변하는 것이 맏이라는 뜻이다.

읽기 萊伯 내백

쓰기 백모 伯母 백부 伯父 백씨 伯氏 백작 伯爵 백중 伯仲 백형 伯兄
가백 家伯 도백 道伯 방백 方伯 숙백 叔伯 화백 畫伯 후백 侯伯
백중숙계 伯仲叔季   백중지세 伯仲之勢

3급II 부 糸 총 17 약 繁

번성할 **번**

유 茂 무성할 무, 盛 성할 성, 昌 창성할 창

자해 민첩하게[敏] 비녀를 꽂고 실[糸]로 만든 장식까지 더하니 머리에 장신구가 많아 번성하다는 뜻이다.

읽기 繁殖 번식   繁衍 번연   繁滋 번자   繁禧 번희   殷繁 은번

쓰기 번다 繁多 번무 繁務 번성 繁盛 번영 繁榮 번음 繁陰 번주 繁奏
번창 繁昌 빈번 頻繁 농번기 農繁期 번화가 繁華街

3급 부 火 총 13

번거로울 **번**

자해 머리[頁] 속에서 화[火]가 치밀어 마음이 번거롭다는 뜻이다.

읽기 煩鬱 번울

쓰기 번고 煩告 번급 煩急 번뇌 煩惱 번망 煩忙 번우 煩憂 번잡 煩雜
내번 耐煩 다번 多煩 백팔번뇌 百八煩惱   식소사번 食少事煩

3급 부 飛 총 21	 번역할 **번** ㊂ 譯 번역할 역	자해 날개를 차례로[番] 움직여 날던[飛] 새가 뒤집어지듯 언어를 뒤집어 번역한다는 뜻이다. 읽기 飜謄 번등 쓰기 번각 飜刻 번거 飜擧 번곡 飜曲 번문 飜文 번복 飜覆 번안 飜案 　　번역 飜譯 번음 飜音 번의 飜意 번역극 飜譯劇 　　번운복우 飜雲覆雨
4급Ⅱ 부 亻(人) 총 6	 칠 **벌** ㊂ 擊 칠 격, 攻 칠 공, 　征 칠 정, 打 칠 타, 　討 칠 토 ㊃ 守 지킬 수, 衛 지킬 위	자해 사람[亻]이 창[戈]을 들고 적을 친다는 뜻이다. 읽기 伐柯 벌가 燮伐 섭벌 斬伐 참벌 쓰기 벌목 伐木 벌채 伐採 벌초 伐草 간벌 間伐 남벌 濫伐 도벌 盜伐 　　북벌 北伐 살벌 殺伐 윤벌 輪伐 자벌 自伐 정벌 征伐 채벌 採伐 　　토벌 討伐 서라벌 徐羅伐
4급Ⅱ 부 罒(网) 총 14	 벌할 **벌** ㊂ 罪 허물 죄, 刑 형벌 형 ㊃ 賞 상줄 상	자해 법의 그물[网→罒]에 걸린 사람에게 말[言]로 꾸짖고 칼[刂]로 고통을 주며 벌한다는 뜻이다. 읽기 罰俸 벌봉 陟罰 척벌 쓰기 벌금 罰金 벌점 罰點 벌책 罰責 벌칙 罰則 상벌 賞罰 엄벌 嚴罰 　　죄벌 罪罰 중벌 重罰 징벌 懲罰 처벌 處罰 천벌 天罰 체벌 體罰 　　형벌 刑罰 쌍벌죄 雙罰罪 신상필벌 信賞必罰 일벌백계 一罰百戒
4급 부 犭(犬) 총 5	 범할 **범:**	자해 개[犭]가 몸을 구부린[㔾] 사람을 물려고 덤비며 범한다는 뜻이다. 읽기 犯闕 범궐 쓰기 범법 犯法 범인 犯人 범죄 犯罪 범행 犯行 경범 輕犯 공범 共犯 　　도범 盜犯 방범 防犯 잡범 雜犯 재범 再犯 전범 戰犯 정범 正犯 　　종범 從犯 주범 主犯 중범 重犯 진범 眞犯 초범 初犯 침범 侵犯 　　범칙금 犯則金 강력범 強力犯 국사범 國事犯 지능범 知能犯 　　현행범 現行犯 완전범죄 完全犯罪
4급 부 竹 총 15	 법 **범:** ㊂ 規 법 규, 律 법칙 률, 　法 법 법, 式 법 식, 　典 법 전	자해 옛날, 먼 길을 떠나기 전에 대나무[竹]로 만든 수레[車] 앞에 엎드려[㔾] 절을 하고 제물을 바쳤다. 이런 의식을 통해 액막이를 위한 비방으로 삼았다는 데서 본보기나 모범이라는 뜻이다. 읽기 範疇 범주 洪範九疇 홍범구주 쓰기 범궤 範軌 범례 範例 범식 範式 범위 範圍 교범 敎範 규범 規範 　　모범 模範 사범 師範 시범 示範 광범위 廣範圍

| 3급Ⅱ
부 几
총 3 | 凡
무릇 범(:) | 자해 | 배에 달아 놓은 돛[凡]을 그린 글자로, 돛은 바람을 받아 배를 순조롭게 나아가게 한다는 의미에서 무릇, 보통, 평범하다는 뜻이다. |

쓰기 범례 凡例　범부 凡夫　범상 凡常　범실 凡失　범인 凡人　범재 凡才
범재 凡宰　범절 凡節　범타 凡打　대범 大凡　비범 非凡　평범 平凡
범백사 凡百事　예의범절 禮儀凡節

| 4급Ⅱ
부 土
총 16 | 壁
벽 벽 | 자해 | 임금[辟]을 보호하기 위해 성 주위에 흙[土]으로 쌓은 벽을 뜻한다. |

읽기 壁壕 벽호　磁壁 자벽　防塵壁 방진벽　纖維壁 섬유벽

쓰기 벽보 壁報　벽지 壁紙　벽화 壁畫　방벽 防壁　빙벽 氷壁　석벽 石壁
성벽 城壁　암벽 巖壁　위벽 胃壁　장벽 障壁　절벽 絶壁　철벽 鐵壁
토벽 土壁　적벽부 赤壁賦　기암절벽 奇巖絶壁

| 3급Ⅱ
부 石
총 14 | 碧
푸를 벽 | 자해 | 흰[白] 돌[石]처럼 깨끗한 옥[玉→王]에 담긴 푸른빛을 뜻한다. |

유 綠 푸를 록, 蒼 푸를 창, 靑 푸를 청

읽기 碧蘆 벽로　碧旻 벽민　碧疇 벽주

쓰기 벽계 碧溪　벽공 碧空　벽랑 碧浪　벽안 碧眼　벽암 碧巖　벽옥 碧玉
벽우 碧宇　벽운 碧雲　벽천 碧天　벽해 碧海　벽계수 碧溪水
벽창우 碧昌牛　상전벽해 桑田碧海

| 4급Ⅱ
부 辶(辵)
총 19
약 边, 边 | 邊
가 변 | 자해 | 앞으로 더는 갈[辶] 수 있는 길이 보이지 않는[臱] 가장자리를 뜻한다. |

유 際 가 제

읽기 邊疆 변강

쓰기 변경 邊境　변리 邊利　변방 邊方　변전 邊錢　강변 江邊　관변 官邊
노변 路邊　대변 對邊　등변 等邊　무변 無邊　신변 身邊　연변 年邊
연변 沿邊　저변 底邊　주변 周邊　차변 借邊　천변 川邊　해변 海邊
변지변 邊地邊　가로변 街路邊　다변화 多邊化　일변도 一邊倒
변상가변 邊上加邊　노변담화 爐邊談話

| 4급
부 辛
총 21 | 辯
말씀 변: | 자해 | 두 죄인[辛辛]이 서로의 무죄를 밝히기 위해 조리 있게 하는 말[言]을 뜻한다. |

유 談 말씀 담, 語 말씀 어,
言 말씀 언, 說 말씀 설,
話 말씀 화

쓰기 변론 辯論　변사 辯士　강변 强辯　구변 口辯　능변 能辯　다변 多辯
달변 達辯　답변 答辯　언변 言辯　열변 熱辯　웅변 雄辯　통변 通辯
항변 抗辯　변호사 辯護士　대변인 代辯人

辨 분별할 변:

- 3급 / 부 辛 / 총 16
- 유 別 나눌 별

자해 두 죄인[辛辛]의 말을 듣고 중간에서 옳고 그름을 칼[刂]같이 분별한다는 뜻이다.

읽기 魚魯不辨 어로불변

쓰기 변고 辨告 변명 辨明 변별 辨別 변상 辨償 변설 辨說 변제 辨濟
변증 辨證 변리사 辨理士 변별력 辨別力 변증법 辨證法
변별학습 辨別學習

丙 남녘 병:

- 3급Ⅱ / 부 一 / 총 5
- 유 南 남녘 남

자해 제사상[冂] 위에 제물[一]을 올리고 불[火→人]을 켜 놓은 모습으로, 불빛처럼 따뜻한 남쪽을 뜻한다.

읽기 丙魏 병위

쓰기 병과 丙科 병방 丙方 병술 丙戌 병시 丙時 병야 丙夜 병오 丙午
병자 丙子 병정 丙丁 병종 丙種 병좌 丙坐 병자호란 丙子胡亂

屛 병풍 병(:)

- 3급 / 부 尸 / 총 11 / 약 屏

자해 문[戶→尸]짝처럼 넓은 판을 나란히[幷] 붙여 쳐 놓은 병풍을 뜻한다.

읽기 屛翰 병한

쓰기 병기 屛氣 병거 屛居 병거 屛去 병풍 屛風

竝 나란히 병:

- 3급 / 부 立 / 총 10 / 약 並

자해 두 사람이 나란히 서[立立→竝] 있는 모습을 그린 글자로, '나란히'라는 뜻이다.

쓰기 병견 竝肩 병기 竝起 병력 竝力 병렬 竝列 병류 竝流 병립 竝立
병서 竝書 병설 竝設 병용 竝用 병진 竝進 병창 竝唱 병치 竝置
병칭 竝稱 병행 竝行

保 지킬 보(:)

- 4급Ⅱ / 부 亻(人) / 총 9
- 유 守 지킬 수, 衛 지킬 위

자해 사람[亻]이 아기를 포대기로 업어[呆] 키우며 보호한다(지킨다)는 뜻이다.

읽기 保艾 보애 保傭 보용 保佑 보우 保聚 보취 保弼 보필

쓰기 보건 保健 보관 保管 보균 保菌 보석 保釋 보세 保稅 보수 保守
보신 保身 보안 保安 보온 保溫 보유 保有 보육 保育 보장 保障
보전 保全 보존 保存 보증 保證 보험 保險 보형 保衡 보호 保護
담보 擔保 안보 安保 유보 留保 확보 確保 보안경 保眼鏡
보합세 保合勢

報

- 4급II
- 부 土
- 총 12
- 갚을·알릴 보:

유 告 고할 고, 償 갚을 상

자해 꿇어앉은[卩] 죄인을 잡아서 손[又]을 쇠고랑[幸]으로 묶고 죄명을 알린다는 뜻이다.

읽기 諜報 첩보　情報網 정보망

쓰기
보고 報告	보국 報國	보답 報答	보도 報道	보복 報復	보상 報償
경보 警報	관보 官報	급보 急報	낭보 朗報	벽보 壁報	비보 悲報
속보 速報	속보 續報	순보 旬報	업보 業報	예보 豫報	오보 誤報
월보 月報	전보 電報	정보 情報	통보 通報	홍보 弘報	화보 畫報

寶

- 4급II
- 부 宀
- 총 20
- 약 宝
- 보배 보:

유 鈺 보배 옥, 珍 보배 진

자해 집[宀] 안에 보관한 옥[玉→王]과 도자기[缶]와 돈[貝]은 귀하고 값비싼 보배라는 뜻이다.

읽기 寶祚 보조　寶刹 보찰

쓰기
보감 寶鑑	보검 寶劍	보고 寶庫	보물 寶物	보석 寶石	보위 寶位
보장 寶藏	보좌 寶座	보주 寶珠	보화 寶貨	가보 家寶	국보 國寶
재보 財寶	칠보 七寶	다보탑 多寶塔	상평통보 常平通寶

步

- 4급II
- 부 止
- 총 7
- 걸음 보:

자해 오른발[止]과 왼발[止→少]을 번갈아 옮겨 놓으며 걷는 걸음을 뜻한다.

읽기 步哨 보초　駐步 주보　趨步 추보

쓰기
보도 步道	보병 步兵	보조 步調	보폭 步幅	보행 步行	거보 巨步
경보 競步	구보 驅步	단보 段步	답보 踏步	도보 徒步	산보 散步
속보 速步	양보 讓步	진보 進步	초보 初步	퇴보 退步	행보 行步
독보적 獨步的	진일보 進一步	보무당당 步武堂堂
횡단보도 橫斷步道	오십보백보 五十步百步

普

- 4급
- 부 日
- 총 12
- 넓을 보:

유 漠 넓을 막, 遍 두루 편
상 陜 좁을 협

자해 해[日]가 모든 사람을 나란히[竝→並] 다 비칠 수 있을 만큼 해의 빛이 넓다는 뜻이다.

읽기 普衍 보연　普魯斯 보로사

쓰기
보급 普及	보선 普選	보세 普世	보시 普施	보신 普信	보천 普天
보통 普通	보편 普遍	보신각 普信閣	보편성 普遍性
보통선거 普通選擧	보편타당 普遍妥當

補

- 3급II
- 부 衤(衣)
- 총 12
- 기울 보:

유 扶 도울 부, 繕 기울 선,
助 도울 조, 護 도울 호

자해 옷[衣→衤]에 난 큰[甫] 구멍을 실로 깁는다는 뜻이다.

읽기 補腎 보신　補劑 보제　補輯 보집　補胎 보태　繕補 선보
補闕選擧 보궐선거

쓰기
보강 補講	보강 補強	보결 補缺	보급 補給	보도 補導	보상 報償
보색 補色	보선 補選	보수 補修	보신 補身	보약 補藥	보완 補完
보임 補任	보정 補正	보정 補整	보조 補助	보직 補職	보충 補充
보혈 補血	전보 轉補	증보 增補	후보 候補	보청기 補聽器

譜

3급II
부 言
총 19
족보 보:

자해 말[言]로 전해 내려오던 체계나 조직을 널리[普] 알리기 위해 기록으로 남기는 족보를 뜻한다.

읽기 棋譜 기보

쓰기 보표 譜表　보학 譜學　가보 家譜　계보 系譜　신보 新譜　씨보 氏譜
악보 樂譜　연보 年譜　음보 音譜　인보 印譜　족보 族譜　채보 採譜
파보 派譜

復

4급II
부 彳
총 12
회복할 복/다시 부:

유 回 돌아올 회
상 往 갈 왕

자해 갔던 길[行→彳]을 다시[复] 돌아와서 원래 있던 자리를 회복한다는 뜻이다.

읽기 復棋 복기

쓰기 복고 復古　복교 復校　복구 復舊　복권 復權　복귀 復歸　복명 復命
복습 復習　복원 復元　복원 復原　복적 復籍　복직 復職　복창 復唱
복학 復學　부활 復活　부흥 復興　광복 光復　반복 反復　보복 報復
수복 修復　왕복 往復　회복 回復　문예부흥 文藝復興
중언부언 重言復言

伏

4급
부 亻(人)
총 6
엎드릴 복

유 屈 굽힐 굴
상 起 일어날 기

자해 사람[亻] 옆에 개[犬]가 엎드린 모습을 나타낸 글자로, 엎드린다는 뜻이다.

읽기 伏屍 복시　伏軾 복식　伏羲 복희　雌伏 자복　伏魔殿 복마전
伏羲氏 복희씨

쓰기 복망 伏望　복모 伏慕　복배 伏拜　복병 伏兵　복선 伏線　복주 伏奏
복중 伏中　굴복 屈伏　기복 起伏　말복 末伏　매복 埋伏　삼복 三伏
잠복 潛伏　초복 初伏　항복 降伏　잠복기 潛伏期
복지부동 伏地不動

複

4급
부 衤(衣)
총 14
겹칠 복

유 重 무거울 중
상 單 홑 단

자해 옷[衣→衤] 위에 옷을 다시[复] 입어 겹친다는 뜻이다.

읽기 複哨 복초

쓰기 복도 複道　복리 複利　복사 複寫　복선 複線　복수 複數　복식 複式
복아 複芽　복잡 複雜　복제 複製　복합 複合　중복 重複
복사판 複寫版

腹

3급II
부 月(肉)
총 13
배 복

상 背 등 배

자해 우리 몸[肉→月]에서 살이 많이 겹쳐[复] 있는 배를 뜻한다.

읽기 腹膜炎 복막염

쓰기 복배 腹背　복부 腹部　복수 腹水　복안 腹案　복통 腹痛　개복 開腹
공복 空腹　동복 同腹　사복 私腹　심복 心腹　이복 異腹　할복 割腹
복상사 腹上死　유복자 遺腹子　개복수술 開腹手術
면종복배 面從腹背　이복형제 異腹兄弟　포복절도 抱腹絶倒

覆 다시 복/덮을 부

- 3급II
- 부 西
- 총 18

자해 뚜껑[襾]을 다시[復] 들어 덮는다는 뜻이다.

읽기 覆鉢 복발

쓰기 복개 覆蓋　복면 覆面　복멸 覆滅　복몰 覆沒　복시 覆試　복심 覆審
복토 覆土　부육 覆育　부재 覆載　검복 檢覆　경복 傾覆　반복 反覆
번복 飜覆　전복 顚覆　천부 天覆　피복 被覆

동 更 다시 갱, 復 다시 부, 蓋 덮을 개, 蔽 덮을 폐

卜 점 복

- 3급
- 부 卜
- 총 2

자해 거북의 배딱지에 갈라진[卜] 모양을 보고 길흉(吉凶)을 예측하던 점을 뜻한다.

쓰기 복거 卜居　복길 卜吉　복마 卜馬　복사 卜師　복술 卜術　복인 卜人
복일 卜日　복정 卜定　복채 卜債　귀복 龜卜　문복 問卜　점복 占卜

동 占 점칠 점

封 봉할 봉

- 3급II
- 부 寸
- 총 9

자해 황제가 신하의 손[寸]에 홀[圭]을 내리며 일정한 토지를 다스리도록 봉한다는 뜻이다.

읽기 封疆 봉강　封彌 봉미　封采 봉채

쓰기 봉건 封建　봉분 封墳　봉서 封書　봉쇄 封鎖　봉인 封印　봉주 封奏
봉지 封紙　봉창 封窓　봉합 封合　개봉 開封　동봉 同封　밀봉 密封
책봉 冊封　피봉 皮封　금일봉 金一封　봉고파직 封庫罷職

峯 봉우리 봉

- 3급II
- 부 山
- 총 10

자해 산[山]등성이가 만나[夆] 이루어진 봉우리를 뜻한다.

읽기 峻峯 준봉　高峯峻嶺 고봉준령

쓰기 고봉 高峯　기봉 奇峯　산봉 山峯　설봉 雪峯　연봉 連峯　영봉 靈峯
운봉 雲峯　주봉 主峯　첨봉 尖峯　대청봉 大靑峯　천왕봉 天王峯
최고봉 最高峯

逢 만날 봉

- 3급II
- 부 辶(辵)
- 총 11

자해 무성한[丰] 풀 위를 걸어[夂]가다가[辶] 사람을 만난다는 뜻이다.

읽기 避獐逢虎 피장봉호

쓰기 봉년 逢年　봉변 逢變　봉별 逢別　봉영 逢迎　봉욕 逢辱　봉우 逢遇
봉착 逢着　봉패 逢敗　봉화 逢禍　갱봉 更逢　상봉 相逢　재봉 再逢

동 遇 만날 우

3급 II 부 鳥 총 14 / 봉새 **봉:**

자해 배의 돛[凡]처럼 큰 날개로 바람을 일으키는 큰 새[鳥]인 봉황새를 뜻한다.

읽기 鳳闕 봉궐 鳳麟 봉린 鳳沼 봉소 鳳苑 봉원 鳳峙 봉치
鳳胎龍肝 봉태용간 麟鳳龜龍 인봉귀룡

쓰기 봉관 鳳冠 봉대 鳳帶 봉덕 鳳德 봉미 鳳尾 봉성 鳳聲 봉아 鳳兒
봉여 鳳輿 봉접 鳳蝶 봉침 鳳枕 신봉 神鳳 봉선화 鳳仙花
용미봉탕 龍尾鳳湯

3급 부 虫 총 13 / 벌 **봉**

자해 벌레[虫] 중에 서로 만나[夆] 함께 모여 사는 벌을 뜻한다.

읽기 蜂巢 봉소 蜂聚 봉취

쓰기 봉군 蜂群 봉기 蜂起 봉둔 蜂屯 봉밀 蜂蜜 봉성 蜂聲 봉접 蜂蝶
봉출 蜂出 봉침 蜂針 분봉 分蜂 양봉 養蜂 여왕봉 女王蜂

4급 II 부 刂(刀) 총 11 / 버금 **부:**

비 亞 버금 아, 仲 버금 중, 次 버금 차
상 正 바를 정

자해 술병에 가득한[畐] 술을 나누어[刂] 두었다가 다음에 마신다는 뜻에서 다음, 둘째를 뜻한다.

읽기 副腎 부신 副尉 부위 副蠶 부잠 副軸 부축

쓰기 부관 副官 부목 副木 부본 副本 부사 副詞 부상 副賞 부식 副食
부업 副業 부장 副長 부장 副葬 부제 副題 부교수 副教授
부산물 副産物 부작용 副作用 부장품 副葬品 부차적 副次的
정부통령 正副統領

4급 II 부 女 총 11 / 며느리 **부**

상 姑 시어미 고, 夫 지아비 부

자해 여자[女] 중에 빗자루[帚]를 들고 집 안 청소나 살림을 맡아 하는 며느리, 아내를 뜻한다.

읽기 裸婦 나부 萊婦 내부 妖婦 요부 妊婦 임부

쓰기 부덕 婦德 부도 婦道 부부 夫婦 부인 婦人 간부 姦婦 고부 姑婦
과부 寡婦 독부 毒婦 신부 新婦 열부 烈婦 자부 子婦 작부 酌婦
정부 情婦 주부 主婦 질부 姪婦 효부 孝婦 귀부인 貴婦人
위안부 慰安婦 접대부 接待婦 파출부 派出婦 부창부수 夫唱婦隨

4급 II 부 宀 총 12 약 冨 / 부자 **부:**

유 裕 넉넉할 유
상 貧 가난할 빈

자해 집[宀] 안에 재물이 가득[畐] 차 있는 부자를 뜻한다.

읽기 富衍 부연 殷富 은부 金富軾 김부식

쓰기 부강 富強 부귀 富貴 부농 富農 부력 富力 부유 富裕 부자 富者
부촌 富村 부호 富戶 갑부 甲富 거부 巨富 국부 國富 빈부 貧富
치부 致富 풍부 豊富 부익부 富益富 부국강병 富國強兵
부귀공명 富貴功名 연부역강 年富力強

府

4급Ⅱ
부 广
총 8
마을 부(:)

유 廳 관청 청

자해 집[广]을 지어놓고 마을 사람들의 여러 가지 부탁[付]을 처리해 주는 관청을 뜻한다.

읽기 椿府丈 춘부장

쓰기 부고 府庫   부군 府君   부사 府使   권부 權府   막부 幕府   정부 政府
학부 學府   도호부 都護府   부원군 府院君   사법부 司法府
사헌부 司憲府   의정부 議政府   입법부 立法府   정부미 政府米
총독부 總督府   행정부 行政府   삼부요인 三府要人

否

4급
부 口
총 7
아닐 부:

유 不 아닐 불, 弗 아닐 불, 非 아닐 비
상 可 옳을 가

자해 어떤 일에 대해 아니라고[不] 입[口]으로 부정하며 말하니 아니라는 뜻이다.

쓰기 가부 可否   거부 拒否   부결 否決   부인 否認   부정 否定   부표 否票
안부 安否   여부 與否   적부 適否   진부 眞否   찬부 贊否
거부권 拒否權   적부심 適否審   왈가왈부 曰可曰否

負

4급
부 貝
총 9
질 부:

유 擔 멜 담, 敗 질 패, 荷 멜 하
상 勝 이길 승

자해 사람[人→⺈]이 재물[貝]을 가지고 가려고 짐을 지었다는 뜻이다.

읽기 負戴 부대   男負女戴 남부여대

쓰기 부담 負擔   부상 負傷   부세 負稅   부약 負約   부역 負役   부채 負債
부책 負責   승부 勝負   자부 自負   청부 請負   포부 抱負
승부수 勝負手   자부심 自負心   청부살인 請負殺人

付

3급Ⅱ
부 亻(人)
총 5
부칠 부:

유 寄 부칠 기

자해 다른 사람[亻]에게 물건을 손[寸]으로 건네서 상대에게 부친다는 뜻이다.

읽기 付託 부탁

쓰기 부벽 付壁   부송 付送   결부 結付   교부 交付   급부 給付   납부 納付
당부 當付   대부 貸付   발부 發付   배부 配付   분부 分付   송부 送付
식부 植付   환부금 還付金   반대급부 反對給付   신신당부 申申當付

扶

3급Ⅱ
부 扌(手)
총 7
도울 부

유 襄 도울 양, 援 도울 원, 助 도울 조, 護 도울 호

자해 힘이 좋은 사내[夫]가 손[扌]을 걷어붙이고 농사일을 돕는다는 뜻이다.

쓰기 부기 扶起   부로 扶老   부상 扶桑   부식 扶植   부양 扶養   부조 扶助
부지 扶支   부지 扶持   부호 扶護   상부 相扶   부양가족 扶養家族
상부상조 相扶相助   억강부약 抑强扶弱

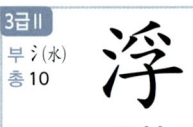

3급II 浮 뜰 부
부 氵(水) 총 10

- 漂 떠다닐 표
- 溺 빠질 닉, 沈 잠길 침

자해 아기를 씻기려고 목욕통에 물[氵]을 붓고 손[爪→爫]으로 아기[子]를 받치면 물에 뜬다는 뜻이다.

읽기 浮溺 부닉 浮埃 부애 浮彫 부조 浮幻 부환 浮塵子 부진자

쓰기 부각 浮刻 부교 浮橋 부기 浮氣 부동 浮動 부력 浮力 부류 浮流
부박 浮薄 부상 浮上 부생 浮生 부설 浮說 부양 浮揚 부운 浮雲
부유 浮遊 부침 浮沈 부탄 浮誕 부표 浮漂 부황 浮黃
부동층 浮動層 부동표 浮動票 부랑배 浮浪輩 부랑아 浮浪兒

3급II 符 부호 부(:)
부 竹 총 11

자해 신분을 증명하는 잘린 대나무[竹]를 붙이면[付] 나타나는 신분의 부호(기호)를 뜻한다.

읽기 符瑞 부서

쓰기 부서 符書 부신 符信 부적 符籍 부절 符節 부합 符合 부호 符號
종지부 終止符 명실상부 名實相符 호출부호 呼出符號

3급II 簿 문서 부:
부 竹 총 19

- 券 문서 권, 狀 문서 장, 籍 문서 적

자해 대나무[竹] 조각을 물[氵]처럼 넓게 이어 붙여서 펼쳐[尃] 놓고 글을 기록한 문서를 뜻한다.

읽기 簿閥 부벌

쓰기 부기 簿記 부록 簿錄 부책 簿冊 관부 官簿 명부 名簿 문부 文簿
원부 原簿 장부 帳簿 주부 主簿 가계부 家計簿 출석부 出席簿
학적부 學籍簿

3급II 腐 썩을 부:
부 肉 총 14

자해 청렴해야 할 관청[府]에 뇌물로 받은 고기[肉]가 쌓였는데 오래 묵어 썩는다는 뜻이다.

읽기 腐爛 부란 防腐劑 방부제

쓰기 부식 腐植 부심 腐心 부취 腐臭 부패 腐敗 부형 腐刑 두부 豆腐
진부 陳腐 부식토 腐植土 부엽토 腐葉土 부정부패 不正腐敗
절치부심 切齒腐心

3급II 賦 부세 부:
부 貝 총 15

- 租 조세 조

자해 군사[武] 비용을 조달하기 위해 백성으로부터 재물[貝]을 거둔다는 의미에서, 세금을 부과한다는 뜻이다.

읽기 賦活劑 부활제

쓰기 부과 賦課 부금 賦金 부여 賦與 부역 賦役 부존 賦存 사부 詞賦
연부 年賦 월부 月賦 천부 天賦 할부 割賦 연부금 年賦金
잡부금 雜賦金 적벽부 赤壁賦 천부적 天賦的 할부금 割賦金
부존자원 賦存資源

附

3급II
부 阝(阜)
총 8
붙을 부(:)

유 屬 붙일 속, 着 붙을 착

자해 높은 산에 나지막한 언덕[阝]이 붙어[付] 있는 모양에서 붙다는 뜻이다.

읽기 附款 부관　附驥 부기　附倭 부왜　附札 부찰

쓰기
부가 附加　부과 附課　부근 附近　부기 附記　부대 附帶　부록 附錄
부설 附設　부속 附屬　부언 附言　부여 附與　부역 附逆　부착 附着
부칙 附則　부합 附合　기부 寄附　아부 阿附　첨부 添附　회부 回附
기한부 期限附　일부인 日附印　부가가치 附加價値
부대시설 附帶施設　부화뇌동 附和雷同

赴

3급
부 走
총 9
다다를·갈 부:

자해 나랏일에 대해 점친[卜] 결과를 알리기 위해 달려가[走] 왕에게 다다른다는 뜻이다.

읽기 赴闕 부궐

쓰기
부거 赴擧　부고 赴告　부문 赴門　부소 赴召　부역 赴役　부원 赴援
부임 赴任　미부 美赴　신부 新赴　용부 勇赴　주부 走赴

憤

4급
부 忄(心)
총 15
분할 분:

유 慨 슬퍼할 개,
怒 성낼 노

자해 마음[忄]속에 억울함이 크게[賁] 솟아올라서 진정이 되지 않으니 분하다는 뜻이다.

읽기 鬱憤 울분

쓰기
분개 憤慨　분기 憤氣　분노 憤怒　분사 憤死　분연 憤然　분통 憤痛
분패 憤敗　격분 激憤　공분 公憤　발분 發憤　의분 義憤　통분 痛憤
함분 含憤　함분축원 含憤蓄怨

粉

4급
부 米
총 10
가루 분(:)

유 末 끝 말

자해 쌀[米]과 같은 곡류를 잘게 나누고[分] 부수어 만든 가루를 뜻한다.

읽기 粉塵 분진　葛粉 갈분　脂粉 지분　脫脂粉乳 탈지분유

쓰기
분말 粉末　분식 粉食　분식 粉飾　분유 粉乳　분탄 粉炭　분필 粉筆
분홍 粉紅　골분 骨粉　금분 金粉　어분 魚粉　제분 製粉　화분 花粉
연분홍 軟粉紅　분청사기 粉青沙器

奔

3급II
부 大
총 9
달릴 분

유 走 달릴 주

자해 사람[人]이 풀[卉]을 밟으며 신나게 달린다는 뜻이다.

읽기 奔趨 분추

쓰기
분경 奔競　분고 奔告　분등 奔騰　분류 奔流　분마 奔馬　분망 奔忙
분방 奔放　분주 奔走　광분 狂奔　동분서주 東奔西走
분주다사 奔走多事

奮 떨칠 분:
3급II 부大 총16

- 자해: 큰[大] 새[隹]가 밭[田]에서 날아가기 위해 땅을 떨친다는 뜻이다.
- 읽기: 興奮劑 흥분제
- 쓰기: 분기 奮起 분노 奮怒 분발 奮發 분약 奮躍 분연 奮然 분전 奮戰
  분토 奮討 분투 奮鬪 감분 感奮 격분 激奮 맹분 猛奮 발분 發奮
  의분 義奮 흥분 興奮 고군분투 孤軍奮鬪

유: 拂 떨칠 불, 振 떨칠 진

紛 어지러울 분
3급II 부糸 총10

- 자해: 실[糸]이 여러 갈래로 나뉘어[分] 뒤엉켜 있으니 어지럽다는 뜻이다.
- 읽기: 紛謬 분류 紛衍 분연 紛塵 분진
- 쓰기: 분규 紛糾 분란 紛亂 분분 紛紛 분실 紛失 분여 紛如 분연 紛然
  분의 紛議 분쟁 紛爭 분착 紛錯 분화 紛華 내분 內紛

유: 亂 어지러울 란, 紊 어지러울 문

墳 무덤 분
3급 부土 총15

- 자해: 흙[土]을 모아 크고[賁] 둥글게 만든 것이 무덤이라는 뜻이다.
- 읽기: 墳衍 분연
- 쓰기: 분묘 墳墓 분산 墳山 분토 墳土 고분 古墳 구분 丘墳 대분 大墳
  봉분 封墳 쌍분 雙墳 연분 連墳 황분 荒墳

유: 墓 무덤 묘

佛 부처 불
4급II 부亻(人) 총7 약仏

- 자해: 깨달음을 얻어서 사람[亻]이 아닌[弗] 신의 경지에 오른 부처를 뜻한다.
- 읽기: 佛廬 불려 佛鉢 불발 佛鬱 불울 佛刹 불찰 佛鉢宇 불발우
- 쓰기: 불가 佛家 불경 佛經 불공 佛供 불교 佛敎 불국 佛國 불당 佛堂
  불도 佛徒 불도 佛道 불문 佛門 불문 佛文 불법 佛法 불상 佛像
  불심 佛心 불어 佛語 불역 佛譯 불전 佛殿 불전 佛典 불화 佛畫
  배불 排佛 석불 石佛 성불 成佛 신불 神佛 염불 念佛
  불란서 佛蘭西

拂 떨칠 불
3급II 부扌(手) 총8 약払

- 자해: 자기에게 해당하지 않는[弗] 것은 손[扌]으로 털어서 떨친다는 뜻이다.
- 읽기: 呈示拂 정시불 支拂委託 지불위탁
- 쓰기: 불역 拂逆 불입 拂入 불하 拂下 가불 假拂 과불 過拂 미불 未拂
  선불 先拂 연불 年拂 연불 延拂 완불 完拂 지불 支拂 환불 換拂
  환불 還拂 후불 後拂 일시불 一時拂

190

崩

3급
부 山
총 11

무너질 **붕**

유 壞 무너질 괴
상 建 세울 건, 立 설 립

자해 산[山]이 주위의 벗[朋]인 나무, 흙 등과 함께 무너진다는 뜻이다.

읽기 崩湍 붕단

쓰기 붕괴 崩壞 붕락 崩落 붕렬 崩裂 붕어 崩御 분붕 分崩 산붕 山崩
설붕 雪崩 토붕 土崩 붕성지통 崩城之痛 토붕와해 土崩瓦解

朋

3급
부 月
총 8

벗 **붕**

유 友 벗 우

자해 집에 조개[貝→月] 꾸러미가 나란히 매달려 있는 모습을 나타낸 글자인데, 이처럼 나란히 사귀는 벗을 뜻한다.

쓰기 붕당 朋黨 붕도 朋徒 붕료 朋僚 붕배 朋輩 붕비 朋比 붕우 朋友
붕집 朋執 구붕 舊朋 백붕 百朋 양붕 良朋 붕우유신 朋友有信
붕우책선 朋友責善

備

4급Ⅱ
부 亻(人)
총 12

갖출 **비:**

유 具 갖출 구, 該 갖출 해

자해 사람[亻]들이 바로 뽑아 쓸 수 있도록 화살이 꽂혀 있는 화살통[甫]을 항상 갖춘다는 뜻이다.

읽기 儆備 경비 劉備 유비

쓰기 비고 備考 비축 備蓄 비품 備品 개비 改備 겸비 兼備 경비 警備
구비 具備 군비 軍備 대비 對備 미비 未備 방비 防備 불비 不備
상비 常備 설비 設備 수비 守備 예비 豫備 장비 裝備 정비 整備
준비 準備 비망록 備忘錄 무방비 無防備 예비비 豫備費

悲

4급Ⅱ
부 心
총 12

슬플 **비:**

유 慨 슬퍼할 개,
哀 슬플 애
상 悅 기쁠 열, 歡 기쁠 환,
喜 기쁠 희

자해 좋지 않은[非] 일을 겪으면 마음[心]이 슬프다는 뜻이다.

읽기 悲悼 비도

쓰기 비가 悲歌 비관 悲觀 비극 悲劇 비련 悲戀 비명 悲鳴 비보 悲報
비애 悲哀 비운 悲運 비장 悲壯 비참 悲慘 비통 悲痛 비화 悲話
자비 慈悲 희비 喜悲 무자비 無慈悲 대자대비 大慈大悲
일희일비 一喜一悲

非

4급Ⅱ
부 非
총 8

아닐 **비(:)**

유 否 아닐 부
상 可 옳을 가, 是 옳을 시

자해 새의 양쪽 날개가 반대 방향으로 펼쳐진 모습을 본뜬 글자로, 아니다, 나쁘다, 비방하다 등의 부정적인 뜻을 가진다.

읽기 非常網 비상망

쓰기 비난 非難 비례 非禮 비리 非理 비명 非命 비번 非番 비범 非凡
비상 非常 비정 非情 비행 非行 시비 是非 비능률 非能率
비무장 非武裝 비매품 非賣品 비정상 非正常 사이비 似而非
비몽사몽 非夢似夢 비민주적 非民主的 비일비재 非一非再

191

飛

4급II 부 飛 총 9
날 **비**

자해 새가 양쪽 날개를 펴고 하늘을 가르면서 날아가는 모습을 본뜬 글자로, 난다는 뜻이다.

읽기 飛膜 비막 飛蔘 비삼 飛札 비찰 鵬飛 붕비

쓰기 비각 飛閣 비보 飛報 비상 飛上 비선 飛仙 비약 飛躍 비어 飛魚
　　 비조 飛鳥 비행 飛行 비호 飛虎 비화 飛火 비화 飛禍 웅비 雄飛
　　 비행기 飛行機 비행선 飛行船 오비이락 烏飛梨落

批

4급 부 扌(手) 총 7
비평할 **비:**

자해 어떤 일에 대해 손가락[扌]으로 하나하나 견주고[比] 분석하며 비평한다는 뜻이다.

읽기 批旨 비지 批准 비준

쓰기 비답 批答 비점 批點 비정 批正 비파 批把 비판 批判 비평 批評
　　 고비 高批 몽비 蒙批 어비 御批 비판적 批判的

유 評 평할 평

碑

4급 부 石 총 13
비석 **비**

자해 무덤 앞에 낮고[卑] 평평한 돌[石]을 세워 만든 비석을 뜻한다.

쓰기 비명 碑銘 비문 碑文 비석 碑石 구비 口碑 묘비 墓碑 시비 詩碑
　　 기념비 記念碑 송덕비 頌德碑 충혼비 忠魂碑 구비문학 口碑文學

祕

4급 부 示 총 10
숨길 **비:**

자해 신[示]은 제단 앞에서 사람들이 빈 소원을 반드시[必] 드러나지 않게 숨긴다는 뜻이다.

쓰기 비결 祕結 비경 祕境 비록 祕錄 비문 祕文 비밀 祕密 비방 祕方
　　 비법 祕法 비서 祕書 비장 祕藏 비책 祕策 비표 祕標 비화 祕話
　　 극비 極祕 신비 神祕 비자금 祕資金 묵비권 默祕權

卑

3급II 부 十 총 8
낮을 **비:**

자해 손[十]에 부채[甴]를 들고 주인에게 부채질하는 사람의 신분이 낮다는 뜻이다.

쓰기 비굴 卑屈 비근 卑近 비소 卑小 비속 卑俗 비속 卑屬 비열 卑劣
　　 비천 卑賤 비하 卑下 선비 鮮卑 야비 野卑 남존여비 男尊女卑
　　 등고자비 登高自卑 안고수비 眼高手卑 존비귀천 尊卑貴賤
　　 직계비속 直系卑屬

유 劣 못할 렬, 低 낮을 저, 賤 천할 천
상 高 높을 고, 崇 높을 숭, 尊 높을 존

妃 왕비 비
- 3급II 부女 총6
- 유 后 왕후 후
- 상 王 임금 왕, 皇 임금 황

자해: 왕이 자기[己]의 여자[女]로 정하여 맞이한 왕비라는 뜻이다.

읽기: 媛妃 원비 后妃 후비

쓰기: 비씨 妃氏 계비 繼妃 궁비 宮妃 귀비 貴妃 대비 大妃 옥비 玉妃
왕비 王妃 정비 正妃 황비 皇妃 후비 后妃 대왕대비 大王大妃

婢 계집종 비:
- 3급II 부女 총11
- 유 奴 종 노

자해: 여자[女] 중에 낮은[卑] 신분으로 종노릇을 하는 계집종을 뜻한다.

쓰기: 비녀 婢女 비부 婢夫 비자 婢子 비첩 婢妾 가비 家婢 곡비 哭婢
관비 官婢 노비 奴婢 반비 飯婢 시비 侍婢 천비 賤婢 하비 下婢

肥 살찔 비:
- 3급II 부月(肉) 총8

자해: 먹이를 많이 먹은 뱀[巴]의 몸[肉→月]처럼 불룩하게 살찐다는 뜻이다.

읽기: 肥沃 비옥 肥滿型 비만형

쓰기: 비대 肥大 비둔 肥鈍 비료 肥料 비만 肥滿 비배 肥培 금비 金肥
녹비 綠肥 시비 施肥 액비 液肥 추비 追肥 비육우 肥肉牛
천고마비 天高馬肥 화학비료 化學肥料

貧 가난할 빈
- 4급II 부貝 총11
- 유 困 곤할 곤, 窮 궁할 궁
- 상 富 부자 부, 優 넉넉할 우

자해: 재물[貝]을 여러 사람에게 나누어[分] 주어 돈이 없으니 가난하다는 뜻이다.

읽기: 貧民窟 빈민굴

쓰기: 빈곤 貧困 빈국 貧國 빈궁 貧窮 빈농 貧農 빈민 貧民 빈부 貧富
빈약 貧弱 빈천 貧賤 빈촌 貧村 빈한 貧寒 빈혈 貧血 극빈 極貧
적빈 赤貧 청빈 淸貧 빈익빈 貧益貧 활빈당 活貧黨
빈부격차 貧富格差 빈자일등 貧者一燈 안빈낙도 安貧樂道
외화내빈 外華內貧

賓 손 빈
- 3급 부貝 총14
- 유 客 손 객
- 상 主 주인 주

자해: 남의 집[宀]에 찾아와 발[止→㐄]을 들이며 선물(재물)[貝]을 주는 손(손님)을 뜻한다.

읽기: 賓頭盧 빈두로

쓰기: 빈객 賓客 빈대 賓對 빈려 賓旅 빈복 賓服 빈붕 賓朋 빈종 賓從
빈천 賓天 국빈 國賓 귀빈 貴賓 내빈 內賓 외빈 外賓 접빈 接賓
주빈 主賓 영빈관 迎賓館 접빈객 接賓客

頻 자주 빈

- **3급** 부 頁 총 16
- **자해**: 오래 걸으면[步] 힘들어서 얼굴[頁]을 자주 찡그린다는 의미에서 자주라는 뜻이다.
- **읽기**: 頻伽 빈가, 頻尿症 빈뇨증
- **쓰기**: 빈기 頻起, 빈년 頻年, 빈도 頻度, 빈맥 頻脈, 빈발 頻發, 빈번 頻繁, 빈빈 頻頻, 빈삭 頻數, 빈출 頻出
- 屢 여러 루, 繁 번성할 번

聘 부를 빙

- **3급** 부 耳 총 13
- **자해**: 상대의 안부를 귀[耳]로 직접 듣기 위해, 상대에게 찾아가서 급하게[甹] 부른다는 뜻이다.
- **읽기**: 傭聘 용빙
- **쓰기**: 빙가 聘家, 빙례 聘禮, 빙모 聘母, 빙문 聘問, 빙물 聘物, 빙부 聘父, 빙소 聘召, 빙장 聘丈, 내빙 來聘, 보빙 報聘, 사빙 使聘, 예빙 禮聘, 초빙 招聘
- 召 부를 소, 招 부를 초, 呼 부를 호

寺 절 사

- **4급Ⅱ** 부 寸 총 6
- **자해**: 손님을 모시기 위해 땅[土] 위를 바삐 움직이며 손[寸]을 쓰는 관청을 뜻하다가, 관청에 승려가 많이 머물렀다는 데서 유래하여 사찰, 절을 뜻하게 되었다.
- **읽기**: 寺址 사지, 寺刹 사찰, 岬寺 갑사, 尼寺 이사, 皐蘭寺 고란사, 芬皇寺 분황사, 檜巖寺 회암사
- **쓰기**: 사노 寺奴, 사답 寺畓, 사원 寺院, 사전 寺田, 사탑 寺塔, 고사 古寺, 대사 大寺, 본사 本寺, 불사 佛寺, 산사 山寺, 불국사 佛國寺, 해인사 海印寺
- 伽 절 가, 刹 절 찰

師 스승 사

- **4급Ⅱ** 부 巾 총 10 약 师
- **자해**: 언덕[阜→𠂤] 아래에 빙 둘러[帀] 있는 군사를 뜻하다가, 제자들에게 둘러싸인 스승을 뜻하게 되었다.
- **읽기**: 師傅 사부, 師尹 사윤, 尼法師 이법사, 裁縫師 재봉사
- **쓰기**: 사단 師團, 사도 師道, 사범 師範, 사부 師父, 사제 師弟, 사표 師表, 강사 講師, 교사 敎師, 기사 技師, 대사 大師, 목사 牧師, 선사 禪師, 약사 藥師, 은사 恩師, 의사 醫師, 사친회 師親會, 간호사 看護師, 선교사 宣敎師, 요리사 料理師, 사범학교 師範學校
- 傅 스승 부
- 弟 아우 제

舍 집 사

- **4급Ⅱ** 부 舌 총 8
- **자해**: 집의 지붕과 기둥, 집터의 모습을 본뜬 글자로, 집이라는 뜻이다.
- **읽기**: 頓舍 돈사, 廬舍 여사
- **쓰기**: 사감 舍監, 사택 舍宅, 사형 舍兄, 객사 客舍, 계사 鷄舍, 관사 官舍, 관사 館舍, 교사 校舍, 당사 黨舍, 막사 幕舍, 옥사 獄舍, 청사 廳舍, 축사 畜舍, 사랑방 舍廊房, 기숙사 寄宿舍
- 家 집 가, 館 집 관, 堂 집 당, 室 집 실, 屋 집 옥, 宅 집 택

謝

4급II 부言 총17
사례할 사:

자해 활쏘기[射]를 마친 후 주변 사람들에게 인사의 말[言]을 전하며 사례한다는 뜻이다.

읽기 謝赫 사혁 頓謝 돈사

쓰기 사과 謝過 사례 謝禮 사은 謝恩 사의 謝意 사절 謝絶 사죄 謝罪
감사 感謝 박사 薄謝 진사 陳謝 후사 厚謝 사육제 謝肉祭
신진대사 新陳代謝 추수감사절 秋收感謝節

射

4급 부寸 총10
쏠 사(:)

유 發 필 발

자해 몸[身]에 중심을 잡고 서서 손[寸]으로 화살을 당겨 쏜다는 뜻이다.

쓰기 사격 射擊 사대 射臺 사렵 射獵 사살 射殺 사수 射手 사전 射殿
사정 射精 난사 亂射 반사 反射 발사 發射 속사 速射 응사 應射
주사 注射 직사 直射 투사 投射 곡사포 曲射砲 방사선 放射線
속사포 速射砲 열사병 熱射病 일사병 日射病 사정거리 射程距離
조건반사 條件反射 직사광선 直射光線

私

4급 부禾 총7
사사 사

상 公 공평할 공

자해 팔꿈치를 구부린 내 팔[厶]의 안쪽에 벼[禾]를 한가득 소유하니 사사롭다(개인적이다)는 뜻이다.

읽기 私憾 사감 私札 사찰

쓰기 사감 私感 사견 私見 사담 私談 사병 私兵 사복 私服 사비 私費
사사 私事 사석 私席 사숙 私淑 사식 私食 사신 私信 사채 私債
사혐 私嫌 사기업 私企業 사문서 私文書 사생활 私生活
사제품 私製品 공사다망 公私多忙 사리사욕 私利私慾

絲

4급 부糸 총12
실 사

자해 누에고치에서 뽑은 긴 명주실을 쓰기 편하도록 뭉쳐서 꼬아 놓은 실타래를 본뜬 글자로, 실을 뜻한다.

읽기 絲繩 사승 蠶絲 잠사 裁縫絲 재봉사

쓰기 사관 絲管 견사 絹絲 금사 金絲 면사 綿絲 모사 毛絲 생사 生絲
원사 原絲 은사 銀絲 철사 鐵絲 합사 合絲 일사불란 一絲不亂

辭

4급 부辛 총19 약辞
말씀 사

유 談 말씀 담, 說 말씀 설,
語 말씀 어, 言 말씀 언,
話 말씀 화

자해 세상을 어지럽힌[亂→𤔔] 죄인[辛]이 좋은 방향으로 변화되기를 바라며 타이르는 말씀을 뜻한다.

읽기 辭柄 사병 辭旨 사지 措辭 조사 託辭 탁사 追悼辭 추도사

쓰기 사설 辭說 사양 辭讓 사의 辭意 사임 辭任 사전 辭典 사증 辭證
사직 辭職 사퇴 辭退 사표 辭表 가사 歌辭 답사 答辭 불사 不辭
송사 頌辭 수사 修辭 식사 式辭 언사 言辭 조사 弔辭 찬사 讚辭
축사 祝辭 사령장 辭令狀 사직서 辭職書 공치사 功致辭

司

3급II 부口 총5 **맡을 사**

유 任 맡길 임

자해 몸을 굽힌[ㄱ] 한[一] 사람이 입[口]을 크게 벌리고서 조상님들께 고하며 제사 올리는 일을 맡는다는 뜻이다.

읽기 司勳 사훈 尹司 윤사

쓰기 사도 司徒 사목 司牧 사법 司法 사서 司書 사정 司正 사제 司祭
사직 司直 사회 司會 공사 公司 상사 上司 사령관 司令官
사령탑 司令塔 사법부 司法府 사헌부 司憲府 사회자 司會者
사직당국 司直當局

斜

3급II 부斗 총11 **비낄 사**

유 傾 기울 경
상 平 평평할 평

자해 남은[余] 곡식을 쏟아붓기 위해 곡식이 담긴 말[斗]을 들어 비스듬히 비낀다는 뜻이다.

읽기 斜插 사삽 斜瞻 사첨

쓰기 사각 斜角 사면 斜面 사선 斜線 사시 斜視 사양 斜陽 사탑 斜塔
경사 傾斜 경사도 傾斜度 급경사 急傾斜 사양산업 斜陽産業

沙

3급II 부氵(水) 총7 **모래 사**

자해 파도가 들이쳤다가 나가면서 바닷가 물[氵]이 줄어들면[少] 점점 드러나는 모래를 뜻한다.

읽기 沙彌 사미 沙鉢 사발 沙蔘 사삼 沙衍 사연 沙塵 사진 膠沙 교사
汀沙 정사 沙彌尼 사미니 沙鉢通文 사발통문

쓰기 사공 沙工 사과 沙果 사구 沙丘 사기 沙器 사막 沙漠 사석 沙石
사장 沙場 사토 沙土 황사 黃沙 백사장 白沙場
명사십리 明沙十里 분청사기 粉靑沙器

祀

3급II 부示 총8 **제사 사**

유 祭 제사 제

자해 제단[示] 앞에서 몸을 뱀[巳]처럼 구부리고 절하는 제사를 뜻한다.

읽기 闕祀 궐사 撤祀 철사

쓰기 사전 祀典 사천 祀天 고사 告祀 대사 大祀 신사 神祀 절사 節祀
제사 祭祀 종사 從祀 합사 合祀 향사 享祀 제사상 祭祀床

蛇

3급II 부虫 총11 **긴뱀 사**

유 巳 뱀 사

자해 뱀[虫] 중에서도 혀를 길게 내민 모습의 긴 뱀[它]을 뜻한다.

읽기 蛇窟 사굴

쓰기 사골 蛇骨 사관 蛇管 사구 蛇口 사독 蛇毒 사렴 蛇廉 사룡 蛇龍
사릉 蛇陵 사목 蛇目 사미 蛇尾 사복 蛇福 사사 蛇師 사상 蛇床
사선 蛇線 사심 蛇心 사의 蛇醫 사족 蛇足 사좌 蛇座 사주 蛇酒
사체 蛇體 사피 蛇皮 사행 蛇行 사형 蛇形 사황 蛇黃 독사 毒蛇
백사 白蛇 사문암 蛇紋巖 사행천 蛇行川 사신인수 蛇身人首

詞

3급II 부 言 총 12 — 말·글 사

유 談 말씀 담, 辭 말씀 사, 說 말씀 설, 語 말씀 어, 言 말씀 언, 話 말씀 화

자해 신의 제사를 맡아[司] 주관하는 사람이 뱉는 말[言]은 호소력 있는 말씀이라는 뜻이다.

읽기 詞采 사채

쓰기 사형 詞兄 가사 歌詞 관사 冠詞 대사 臺詞 동사 動詞 명사 名詞
부사 副詞 작사 作詞 조사 助詞 품사 品詞 감탄사 感歎詞
관형사 冠形詞 대명사 代名詞 전치사 前置詞 형용사 形容詞

邪

3급II 부 阝(邑) 총 7 — 간사할 사

유 姦 간음할 간, 淫 음란할 음
상 正 바를 정

자해 입속 깊이 감춰진 어금니[牙]처럼 속마음을 감추고 고을[邑→ 阝] 사람들에게 나쁜 짓을 일삼으니 간사하다는 뜻이다.

읽기 邪僻 사벽 邪滑 사활 妖邪 요사

쓰기 사교 邪教 사념 邪念 사도 邪道 사련 邪戀 사심 邪心 사악 邪惡
사욕 邪慾 사정 邪正 사풍 邪風 주사 酒邪 파사현정 破邪顯正

似

3급 부 亻(人) 총 7 — 닮을 사:

유 肖 닮을 초
상 異 다를 이

자해 사람[亻]이 공구를 써서[以] 만든 제품이 대부분 비슷하거나 서로 닮았다는 뜻이다.

읽기 酷似 혹사

쓰기 근사 近似 상사 相似 유사 類似 형사 形似 사이비 似而非
근사치 近似値 유사품 類似品 비몽사몽 非夢似夢
유사종교 類似宗教 비몽사몽간 非夢似夢間

巳

3급 부 己 총 3 — 뱀 사:

유 蛇 긴뱀 사

자해 뱀이 똬리를 틀고 있는 모습을 그린 글자로, 뱀을 뜻한다.

쓰기 사년 巳年 사방 巳方 사생 巳生 사시 巳時 사월 巳月 사일 巳日
사초 巳初 기사년 己巳年 사시불공 巳時佛供 사진신퇴 巳進申退
을사사화 乙巳士禍 을사조약 乙巳條約

捨

3급 부 扌(手) 총 11 — 버릴 사:

유 棄 버릴 기, 廢 버릴 폐
상 拾 주을 습, 取 가질 취

자해 손[扌]으로 집[舍]에 있는 물건을 버린다는 뜻이다.

읽기 捨撤 사철

쓰기 사가 捨家 사각 捨覺 사계 捨戒 사리 捨離 사명 捨命 사상 捨象
사수 捨受 사시 捨施 사신 捨身 사심 捨心 고사 姑捨 외사 外捨
용사 用捨 취사 取捨 투사 投捨 사석공 捨石工 사신행 捨身行
희사금 喜捨金 사생취의 捨生取義 사소취대 捨小取大
사신공양 捨身供養 사신성도 捨身成道 취사선택 取捨選擇

斯 이 사

3급 부斤 총12

유: 是 이 시, 玆 이 자, 此 이 차
상: 彼 저 피

자해 그[其]곳에 있던 도끼[斤]를 앞으로 가지고 와서 가리킬 때 하는 말인 이, 이것을 뜻한다.

읽기 斯盧 사로

쓰기 사계 斯界 사도 斯道 사문 斯文 사민 斯民 사세 斯世 사학 斯學
여사 如斯 아사달 阿斯達 사문난적 斯文亂賊

詐 속일 사

3급 부言 총12

유: 欺 속일 기

자해 말[言]을 잠깐[乍] 사이에 바꾸며 남을 속인다는 뜻이다.

읽기 詐怖 사포

쓰기 사계 詐計 사기 詐欺 사력 詐力 사병 詐病 사술 詐術 사취 詐取
사칭 詐稱 사탄 詐誕 사항 詐降 교사 巧詐 변사 變詐
사기죄 詐欺罪

賜 줄 사:

3급 부貝 총15

유: 給 줄 급, 授 줄 수, 贈 줄 증
상: 受 받을 수

자해 임금이 신하에게 고마움을 표할 때, 재물[貝]로 바꾸기[易] 쉬운 물건을 내려 준다는 뜻이다.

쓰기 사금 賜金 사성 賜姓 사안 賜顏 사액 賜額 사약 賜藥 사전 賜田
사화 賜花 배사 拜賜 상사 賞賜 은사 恩賜 하사 下賜 혜사 惠賜
후사 厚賜 어사화 御賜花

削 깎을 삭

3급Ⅱ 부刂(刀) 총9

유: 減 덜 감, 除 덜 제
상: 加 더할 가, 增 더할 증, 添 더할 첨

자해 특정 인물과 닮은[肖] 모습을 조각하기 위해 칼[刂]로 깎아 만든다는 의미에서 깎는다는 뜻이다.

읽기 掘削 굴삭

쓰기 삭감 削減 삭관 削官 삭도 削刀 삭발 削髮 삭제 削除 삭직 削職
각삭 刻削 감삭 減削 절삭 切削 첨삭 添削 삭탈관직 削奪官職

朔 초하루 삭

3급 부月 총10

자해 둥근 모양을 거스르며[屰] 이지러졌던 달[月]이 다시 차오르기 시작하는 초하루를 뜻한다.

쓰기 삭금 朔禽 삭막 朔漠 삭망 朔望 삭방 朔方 삭월 朔月 삭풍 朔風
만삭 滿朔 매삭 每朔 반삭 半朔 합삭 合朔 팔삭동 八朔童

散 흩을 산:

4급 부 攵(攴) 총 12

- 유 離 떠날 리, 分 나눌 분, 解 풀 해
- 상 募 모을 모, 集 모을 집, 會 모일 회

자해 쌓인[朿] 고기[肉→月]를 막대기로 쳐서[攵] 사방으로 조각조각 흩는다는 뜻이다.

읽기 散鬱 산울   沮散 저산   聚散 취산

쓰기
산견 散見	산관 散官	산란 散亂	산료 散僚	산만 散漫	산매 散賣	
산문 散文	산발 散發	산발 散髮	산보 散步	산약 散藥	산재 散在	
산적 散積	산조 散調	산책 散策	산화 散花	산화 散華	산회 散會	
무산 霧散	발산 發散	분산 分散	분산 奔散	음산 陰散	이산 離散	
한산 閑散	해산 解散	확산 擴散	이합집산 離合集散			

殺 죽일 살/감할·빠를 쇄:

4급Ⅱ 부 殳 총 11 약 殺

- 유 死 죽을 사
- 상 生 날 생, 益 더할 익, 增 더할 증, 添 더할 첨, 活 살 활

자해 다리가 많은 지네[杀]를 몽둥이[殳]로 찍어서[丶] 죽인다는 뜻이다.

읽기 絞殺 교살   倂殺 병살   斬殺 참살   虐殺 학살   殺蟲劑 살충제

쓰기
쇄도 殺到	감쇄 減殺	강쇄 降殺	경쇄 驚殺	뇌쇄 惱殺	도살 盜殺
독살 毒殺	등쇄 等殺	몰살 沒殺	묵살 默殺	사살 射殺	살균 殺菌
살기 殺氣	살벌 殺伐	살상 殺傷	살생 殺生	살의 殺意	살충 殺蟲
살해 殺害	상쇄 相殺	암살 暗殺	타살 他殺	피살 被殺	
살풍경 殺風景	살신성인 殺身成仁	교각살우 矯角殺牛			

森 수풀 삼

3급Ⅱ 부 木 총 12

- 유 林 수풀 림

자해 나무[木] 세 그루를 그려 수풀 중에서도 빽빽하고 엄숙한 수풀을 뜻한다.

읽기 森敷 삼부   鬱森 울삼

쓰기
삼라 森羅	삼렬 森列	삼림 森林	삼립 森立	삼엄 森嚴	삼연 森然
삼한 森閑	삼림욕 森林浴	삼라만상 森羅萬象	삼림욕장 森林浴場		

常 떳떳할 상

4급Ⅱ 부 巾 총 11

- 유 凡 무릇 범, 恒 항상 항
- 상 班 나눌 반

자해 예의를 숭상[尙→尚]하는 사람은 항상 천[巾]으로 만든 옷을 갖춰 입고 다니니 떳떳하다는 뜻이다.

읽기 常駐 상주   常餐 상찬

쓰기
상근 常勤	상도 常道	상례 常例	상무 常務	상설 常設	상습 常習
상시 常時	상식 常識	상온 常溫	상용 常用	상존 常存	상주 常主
반상 班常	범상 凡常	비상 非常	상록수 常綠樹	상비군 常備軍	
상임이사 常任理事	병가상사 兵家常事				

床 상 상

4급Ⅱ 부 广 총 7

- 유 案 책상 안

자해 집[广] 안에서 쓰기 위해 나무[木]로 만든 침상이나 평상을 뜻한다.

읽기 藤床 등상   揷床 삽상

쓰기
상파 床播	겸상 兼床	기상 起床	독상 獨床	묘상 苗床	병상 病床
온상 溫床	임상 臨床	착상 着床	책상 冊床	침상 沈床	평상 平床
하상 河床	교자상 交子床	반상기 飯床器	주안상 酒案床		
동상이몽 同床異夢	임상실험 臨床實驗				

想 생각 상:

4급II 부心 총 13

유 考 생각할 고, 念 생각 념, 慮 생각할 려, 思 생각 사

자해 서로[相] 마음[心]으로 그리워하며 생각한다는 뜻이다.

읽기 謬想 유상 沖想 충상 幻想 환상

쓰기
상기 想起 상념 想念 상상 想像 상정 想定 가상 假想 감상 感想
공상 空想 구상 構想 망상 妄想 명상 冥想 몽상 夢想 묵상 默想
발상 發想 사상 思想 시상 詩想 악상 惡想 연상 聯想 예상 豫想
이상 理想 착상 着想 회상 回想 기상천외 奇想天外
무념무상 無念無想 피해망상 被害妄想

狀 형상 상/문서 장:

4급II 부犬 총 8 약 状

유 態 모습 태, 券 문서 권, 簿 문서 부

자해 신에게 제사 지내기 위해 평상[爿]에 제물로 올려놓은 개[犬]의 형상을 뜻한다.

읽기 膠狀 교상

쓰기
상태 狀態 상황 狀況 장계 狀啓 궁상 窮狀 답장 答狀 병상 病狀
상장 賞狀 상장 上狀 실상 實狀 원상 原狀 이상 異狀 죄상 罪狀
험상 險狀 현상 現狀 형상 形狀 환상 環狀 고소장 告訴狀
안내장 案內狀 위임장 委任狀 초대장 招待狀 구속영장 拘束令狀
정상참작 情狀參酌 파상공격 波狀攻擊

傷 다칠 상

4급 부亻(人) 총 13

유 害 해할 해

자해 사람[亻]이 햇빛[昜] 아래서 화살[矢→𠂉]을 맞아 다쳤다는 의미에서, 다치다는 뜻이다.

읽기 傷悼 상도 刃傷 인상

쓰기
상심 傷心 상처 傷處 상해 傷害 감상 感傷 경상 輕傷 낙상 落傷
동상 凍傷 부상 負傷 살상 殺傷 손상 損傷 식상 食傷 열상 裂傷
외상 外傷 중상 中傷 중상 重傷 총상 銃傷 화상 火傷
치명상 致命傷 파상풍 破傷風

象 코끼리 상

4급 부豕 총 12

자해 코끼리의 코와 귀, 네 발과 꼬리를 그린 글자로, 코끼리를 뜻한다.

읽기 象闕 상궐 象膽 상담 象魏 상위

쓰기
상징 象徵 상형 象形 가상 假象 구상 具象 기상 氣象 대상 對象
만상 萬象 물상 物象 인상 印象 추상 抽象 표상 表象 현상 現象
형상 形象 상아탑 象牙塔 관상대 觀象臺 기상대 氣象臺
상형문자 象形文字 삼라만상 森羅萬象 천태만상 千態萬象

像 모양 상

3급II 부亻(人) 총 14

유 貌 모양 모, 樣 모양 양, 姿 모양 자, 態 모습 태, 形 모양 형

자해 사람[亻]이 코끼리[象]를 그리기 위해 자세히 살핀 모양을 뜻한다.

읽기 彫像 조상 幻像 환상

쓰기
상본 像本 가상 假像 군상 群像 동상 銅像 목상 木像 불상 佛像
상상 想像 석상 石像 영상 映像 우상 偶像 입상 立像 좌상 坐像
초상 肖像 허상 虛像 현상 現像 수상기 受像機

償

- 3급II
- 부 亻(人)
- 총 17
- 갚을 **상**

유 賠 물어줄 배, 報 갚을 보

자해 공을 세운 사람[亻]에게 상[賞]을 주어 그 노력에 대한 대가를 갚는다는 뜻이다.

읽기 賠償 배상

쓰기 상환 償還　구상 求償　무상 無償　변상 辨償　보상 報償　보상 補償
유상 有償　구상권 求償權　무상주 無償株　감가상각 減價償却
유상증자 有償增資

喪

- 3급II
- 부 口
- 총 12
- 잃을 **상(:)**

유 失 잃을 실, 弔 조상할 조
상 獲 얻을 획

자해 사람들이 입[口口]을 모아 울며 옷깃[衣→ 𧘇]에 눈물을 적시니 사람이 죽어서 그를 잃게 된 것을 의미한다.

읽기 沮喪 저상

쓰기 상가 喪家　상란 喪亂　상례 喪禮　상배 喪配　상복 喪服　상실 喪失
상심 喪心　상여 喪輿　상장 喪葬　상주 喪主　상중 喪中　상처 喪妻
국상 國喪　문상 問喪　악상 惡喪　조상 弔喪　초상 初喪　출상 出喪
친상 親喪　호상 好喪　관혼상제 冠婚喪祭　기억상실 記憶喪失

尚

- 3급II
- 부 小
- 총 8
- 오히려 **상(:)**

유 猶 오히려 유

자해 굴뚝 위로 피어오르는 연기[八]의 방향[向]처럼 높이 여기며 숭상한다는 뜻이다. 오히려, 높다는 뜻도 가지고 있다.

읽기 呂尙 여상　尙瑞院 상서원

쓰기 상고 尙古　상궁 尙宮　상금 尙今　상무 尙武　상문 尙文　상우 尙友
상조 尙早　상존 尙存　상주 尙州　고상 高尙　숭상 崇尙　화상 和尙
시기상조 時機尙早

桑

- 3급II
- 부 木
- 총 10
- 약 桒
- 뽕나무 **상**

자해 뽕잎을 손[又又又→ 叒]으로 따고 또 따서 누에를 치는 나무[木]가 뽕나무이다.

읽기 桑楡 상유　桑扈 상호　桑蓬之志 상봉지지　滄桑之變 창상지변

쓰기 상근 桑根　상년 桑年　상부 桑婦　상실 桑實　상엽 桑葉　상전 桑田
상해 桑海　농상 農桑　부상 扶桑　산상 山桑　상전벽해 桑田碧海

裳

- 3급II
- 부 衣
- 총 14
- 치마 **상**

자해 위[尙→ 尙]에 입은 저고리 아래에 입는 옷[衣]인 치마를 뜻한다.

쓰기 나상 羅裳　의상 衣裳　적상 赤裳　청상 靑裳　홍상 紅裳　황상 黃裳
의상실 衣裳室　녹의홍상 綠衣紅裳　동가홍상 同價紅裳

3급II 부 言 총 13	詳 자세할 상	자해	신에게 양[羊]을 바치며 소원을 말할[言] 때는 자세하게 한다는 뜻이다.

쓰기 상계 詳計 상기 詳記 상론 詳論 상문 詳問 상보 詳報 상세 詳細
상술 詳述 미상 未詳 불상 不詳 소상 昭詳 정상 精詳
상정고금예문 詳定古今禮文

유 細 가늘 세
상 簡 간략할 간, 略 간략할 략

3급II 부 雨 총 17	霜 서리 상	자해	공기 중의 수증기가 서로[相] 엉켜 비[雨]처럼 내린 뒤 땅 위에 얼어붙은 서리를 뜻한다.

읽기 霜柯 상가 霜蓬 상봉 霜刃 상인
쓰기 상국 霜菊 상발 霜髮 상설 霜雪 상엽 霜葉 상해 霜害 성상 星霜
추상 秋霜 풍상 風霜 만고풍상 萬古風霜 설상가상 雪上加霜
추상열일 秋霜烈日

3급 부 口 총 14 약 甞	嘗 맛볼 상	자해	음식을 높이[尙→尙] 국자[匕]로 떠서 입[口→曰]으로 맛본다는 뜻이다.

읽기 嘗膽 상담
쓰기 봉상 奉嘗 상미 嘗味 상시 嘗試 상약 嘗藥 상적 嘗敵
미상불 未嘗不

3급 부 示 총 11	祥 상서 상	자해	제단[示]에 양[羊]을 제물로 바쳐 신에게 복을 비니 상서로운 조짐이 보인다는 의미에서, 상서롭다는 뜻이다.

읽기 祥瑞 상서 祥祐 상우
쓰기 상경 祥慶 상년 祥年 상몽 祥夢 상운 祥雲 상운 祥運 길상 吉祥
대상 大祥 발상 發祥 소상 小祥 발상지 發祥地 불상사 不祥事

유 瑞 상서 서,
禎 상서로울 정

3급II 부 糸 총 10	索 찾을 색/노(새끼줄) 삭	자해	여러[十] 번 실[糸]을 꼬아[冖] 만든 노(새끼줄)를 뜻한다.

읽기 覓索 멱색 繩索 승삭
쓰기 삭거 索居 삭도 索道 삭막 索莫 색인 索引 색출 索出 검색 檢索
구색 究索 사색 思索 수색 搜索 암색 暗索 역색 力索 철삭 鐵索
탐색 探索

유 覓 찾을 멱, 訪 찾을 방,
搜 찾을 수, 尋 찾을 심,
探 찾을 탐, 繩 노끈 승

塞 막힐 색/변방 새

3급II 부土 총13

- 유 壅 막힐 옹, 滯 막힐 체

자해 추위[寒→寒]를 이겨내기 위해 바람구멍을 흙[土]으로 막는다는 뜻이다. 적의 침입에 대비해 반드시 막아야 하는 변방을 뜻하기도 한다.

읽기 塞淵 색연 疆塞 강새 鬱塞 울색 窒塞 질색

쓰기 색원 塞源 색책 塞責 곤색 困塞 궁색 窮塞 기색 氣塞 변새 邊塞
어색 語塞 요새 要塞 통색 通塞 폐색 閉塞 새옹지마 塞翁之馬
발본색원 拔本塞源

徐 천천할 서(:)

3급II 부彳 총10

- 유 緩 느릴 완
- 상 急 급할 급, 速 빠를 속

자해 길[行→彳]을 걷는 동작을 여유롭고[余] 급하지 않게 천천히 한다는 뜻이다.

쓰기 서간 徐看 서보 徐步 서서 徐徐 서완 徐緩 서행 徐行
서라벌 徐羅伐

恕 용서할 서:

3급II 부心 총10

- 유 赦 용서할 사

자해 잘못을 저지른 상대와 같은[如] 마음[心]이 되어 이해하고 용서한다는 뜻이다.

쓰기 서량 恕諒 서사 恕思 서죄 恕罪 관서 寬恕 연서 憐恕 용서 容恕
인서 仁恕 충서 忠恕 해서 海恕

緒 실마리 서:

3급II 부糸 총15 약 绪

자해 엉킨 실[糸]을 풀기 위해 사람[者]이 잡아낸 실마리를 뜻한다.

읽기 紊緒 문서

쓰기 서론 緒論 서언 緒言 서업 緒業 서여 緒餘 서전 緒戰 서정 緒正
서풍 緒風 단서 端緒 두서 頭緒 유서 由緒 유서 遺緒 정서 情緒
통서 統緒

署 마을 서:

3급II 부罒(网) 총14

- 유 官 벼슬 관, 廳 관청 청

자해 그물[网→罒]처럼 얽히고설킨 일을 정리해 주는 사람[者]이 있는 관청이나 마을을 뜻한다.

쓰기 서리 署理 서명 署名 서문 署門 서압 署押 서원 署員 서장 署長
관서 官署 본서 本署 부서 部署 연서 連署 지서 支署
경찰서 警察署 관공서 官公署 세무서 稅務署

庶 여러 서:
3급 부 广 총 11

자해 집[广]에 불[火→灬]을 때며 많은 사람[廿]이 모여 있다는 의미에서, '여러'라는 뜻이다.

읽기 庶揆 서규 庶尹 서윤

쓰기 서기 庶幾 서료 庶僚 서모 庶母 서무 庶務 서민 庶民 서인 庶人
서자 庶子 서정 庶政 서출 庶出 신서 臣庶 억서 億庶 중서 衆庶

敍 펼 서:
3급 부 攴 총 11 약 叙

자해 곳간에 남은[余] 곡식을 손에 막대기를 들고 쳐서[攴] 멍석 위에 펼친 후 말린다는 의미에서, 펼친다는 뜻이다.

읽기 敍勳 서훈

쓰기 서경 敍景 서사 敍事 서술 敍述 서용 敍用 서임 敍任 서작 敍爵
서정 敍情 열서 列敍 추서 追敍 서사시 敍事詩
서정시 敍情詩 서품식 敍品式 자서전 自敍傳

유 述 펼 술

暑 더울 서:
3급 부 日 총 13

자해 사람[者]의 위에 해[日]가 뜨겁게 비치니 덥다는 뜻이다.

읽기 暑鬱 서울 酷暑 혹서

쓰기 서기 暑氣 서열 暑熱 서염 暑炎 서절 暑節 서천 暑天 서체 暑滯
서퇴 暑退 소서 小暑 대서 大暑 잔서 殘暑 처서 處暑 폭서 暴暑
피서 避暑 한서 寒暑 피서지 避暑地

유  熱 더울 열, 溫 따뜻할 온
상  冷 찰 랭, 寒 찰 한

逝 갈 서:
3급 부 辶(辵) 총 11

자해 생명이 꺾여서[折] 저세상으로 간다[辶]는 뜻이다.

쓰기 서거 逝去 서세 逝世 서수 逝水 서자 逝者 서천 逝川 고서 高逝
급서 急逝 상서 傷逝 선서 仙逝 영서 永逝 원서 遠逝 유서 流逝
장서 長逝 전서 電逝 졸서 卒逝 천서 遷逝 일월서 日月逝

유 去 갈 거, 往 갈 왕, 行 다닐 행
상 來 올 래

誓 맹세할 서:
3급 부 言 총 14

자해 똑 부러지고[折] 분명하게 말하며[言] 다짐을 맹세한다는 뜻이다.

쓰기 서권 誓券 서맹 誓盟 서명 誓命 서문 誓文 서약 誓約 서언 誓言
서원 誓願 기서 祈誓 기서 起誓 맹서 盟誓 묵서 默誓 선서 宣誓
신서 信誓 홍서 弘誓 서약서 誓約書

유 盟 맹세할 맹

惜 아낄 석
3급II 부忄(心) 총11

자해 마음[忄]속에 옛[昔]일을 추억으로 여기며 담아 두고 소중하게 아낀다는 뜻이다.

읽기 惜閔 석민

쓰기 석별 惜別　석복 惜福　석춘 惜春　석패 惜敗　매석 賣惜　애석 愛惜
탄석 歎惜　통석 痛惜　매점매석 買占賣惜

釋 풀 석
3급II 부釆 총20 약釈

자해 죄인의 행동을 자세히 잘 보다가[罒] 진심으로 뉘우치는 사람을 분별하여[釆] 풀어 준다는 뜻이다.

읽기 釋迦 석가　釋旨 석지　釋迦牟尼 석가모니　釋迦如來 석가여래

쓰기 석명 釋明　석문 釋門　석방 釋放　석연 釋然　석전 釋典　석존 釋尊
보석 保釋　어석 語釋　해석 解釋　훈석 訓釋　희석 稀釋
가석방 假釋放　수불석권 手不釋卷

유 放 놓을 방, 解 풀 해

析 쪼갤 석
3급 부木 총8

자해 나무[木]를 도끼[斤]로 쪼갠다는 뜻이다.

읽기 綜析 종석

쓰기 석출 析出　개석 開析　변석 辨析　분석 分析　해석 解析
분석적 分析的　해석학 解析學

유 分 나눌 분
상 綜 모을 종, 合 합할 합

昔 예 석
3급 부日 총8

자해 날[日]이 계속 쌓이고 쌓여[廿] 오래 묵은 옛날을 뜻한다.

읽기 伊昔 이석

쓰기 석년 昔年　석세 昔歲　석시 昔時　석인 昔人　석일 昔日　석자 昔者
고석 古昔　금석 今昔　숙석 宿昔　왕석 往昔　금석지감 今昔之感

유 古 예 고, 舊 예 구
상 今 이제 금, 新 새 신

宣 베풀 선
4급 부宀 총9

자해 대궐[宀] 안 임금의 은혜를 사방으로 뻗쳐서[亘] 덕을 베푼다는 뜻이다.

읽기 宣尼 선니　宣旨 선지　宣託 선탁

쓰기 선고 宣告　선등 宣騰　선명 宣明　선서 宣誓　선언 宣言　선전 宣傳
선포 宣布　선교사 宣教師　선언문 宣言文　선전관 宣傳官
선정전 宣政殿　선전포고 宣戰布告　국위선양 國威宣揚

유 設 베풀 설, 施 베풀 시, 張 베풀 장, 陳 베풀 진, 布 베·펼 포

旋 (돌 선)

3급II 부方 총11

유의자: 循 돌 순, 巡 돌 순, 廻 돌 회, 回 돌아올 회

자해 앞장선 장수의 깃발[㫃→방]을 따라 병사들이 발[疋]을 옮기며 전쟁터를 돈다는 뜻이다.

읽기 旋淵 선연 廻旋 회선

쓰기 선군 旋軍 선귀 旋歸 선반 旋盤 선율 旋律 선풍 旋風 선행 旋行
선회 旋回 우선 右旋 좌선 左旋 주선 周旋 급선회 急旋回

禪 (선 선)

3급II 부示 총17 약 禅

자해 제단[示] 앞에 홀로[單] 앉아 고요히 좌선한다는 뜻이다.

읽기 禪尼 선니

쓰기 선가 禪家 선교 禪敎 선방 禪房 선사 禪師 선사 禪寺 선양 禪讓
선원 禪院 선위 禪位 선종 禪宗 좌선 坐禪 참선 參禪
선문답 禪問答 구두선 口頭禪 대선사 大禪師

設 (베풀 설)

4급II 부言 총11

유의자: 建 세울 건, 敷 펼 부, 施 베풀 시, 鋪 펼 포

자해 말[言]로 지시하고 여러 가지 도구[殳]를 늘어놓으며 일을 시작하라는 명령을 베푼다는 뜻이다.

읽기 倂設 병설 敷設 부설 鋪設 포설 醴酒不設 예주불설

쓰기 설계 設計 설령 設令 설립 設立 설문 設問 설비 設備 설사 設使
설정 設定 설치 設置 설혹 設或 가설 加設 개설 改設 개설 開設
건설 建設 병설 竝設 부설 附設 사설 私設 상설 常設 시설 施設
신설 新設 증설 增設 진설 陳設

舌 (혀 설)

4급 부舌 총6

자해 입에서 혀가 쑥 나와 있는 모습을 그린 글자로, 혀를 뜻한다.

읽기 舌癌 설암 喉舌之臣 후설지신

쓰기 설단 舌端 설음 舌音 설전 舌戰 설화 舌禍 독설 毒舌 변설 辯舌
언설 言舌 구설수 口舌數 용설란 龍舌蘭 장광설 長廣舌
관재구설 官災口舌

攝 (다스릴·잡을 섭)

3급 부扌(手) 총21 약 摂

유의자: 理 다스릴 리, 政 정사 정, 治 다스릴 치

자해 손[扌]으로 적군의 귀[耳耳耳→聶]를 모두 모아서 잘 정리하고 다스린다는 뜻이다.

쓰기 섭리 攝理 섭사 攝祀 섭사 攝事 섭생 攝生 섭수 攝受 섭심 攝心
섭씨 攝氏 섭정 攝政 섭중 攝衆 섭취 攝取 섭행 攝行 포섭 包攝

涉 건널 섭

3급 | 부 氵(水) | 총 10

자해 시냇물[氵]을 걸어서[步] 건넌다는 뜻이다.

쓰기 섭력 涉歷 섭렵 涉獵 섭수 涉水 섭외 涉外 간섭 干涉 관섭 關涉
교섭 交涉 불간섭 不干涉 교섭단체 交涉團體 내정간섭 內政干涉
막후교섭 幕後交涉

유 渡 건널 도, 濟 건널 제

城 재 성

4급Ⅱ | 부 土 | 총 10

자해 적의 침입을 막기 위해 흙[土]이나 돌을 쌓아 이루어[成] 놓은 성을 뜻한다.

읽기 城闕 성궐 城址 성지 城濠 성호 杆城 간성 籠城 농성
鐵甕城 철옹성

쓰기 성곽 城郭 성루 城樓 성문 城門 성벽 城壁 성주 城主 간성 干城
경성 京城 고성 孤城 궁성 宮城 내성 內城 도성 都城 산성 山城
아성 牙城 축성 築城 토성 土城 화성 華城 황성 皇城
불야성 不夜城 성하지맹 城下之盟 만리장성 萬里長城

유 郭 외성 곽

星 별 성

4급Ⅱ | 부 日 | 총 9

자해 해가 지면 하늘에 생겨나는[生] 반짝이는 별[日]을 뜻한다.

읽기 星楡 성유 星津 성진 奎星 규성 箕星 기성 戴星 대성 妖星 요성
瞻星臺 첨성대 炳如日星 병여일성

쓰기 성군 星群 성상 星霜 성수 星宿 성운 星雲 성좌 星座 성화 星火
명성 明星 위성 衛星 유성 流星 유성 遊星 장성 將星 항성 恒星
행성 行星 혹성 惑星 성조기 星條旗 북극성 北極星
점성술 占星術 칠성당 七星堂 일월성신 日月星辰

유 辰 별 진

盛 성할 성:

4급Ⅱ | 부 皿 | 총 12

자해 완성된[成] 음식을 그릇[皿] 위에 올려놓은 모습이 풍성하다는 뜻이다.

읽기 盛彊 성강 盛旨 성지 盛勳 성훈 旺盛 왕성 殷盛 은성

쓰기 성대 盛大 성덕 盛德 성쇠 盛衰 성업 盛業 성장 盛裝 성전 盛典
성행 盛行 성황 盛況 강성 强盛 무성 茂盛 번성 繁盛 융성 隆盛
전성 全盛 창성 昌盛 풍성 豊盛 흥성 興盛 성수기 盛需期
성수불루 盛水不漏

유 隆 높을 륭, 茂 무성할 무, 繁 번성할 번, 興 일 흥
상 亡 망할 망, 衰 쇠할 쇠

聖 성인 성:

4급Ⅱ | 부 耳 | 총 13

자해 사람들이 입[口]으로 한 말을 귀[耳]로 잘 듣고 무엇이든 사리에 능통한 사람[壬]인 성인을 뜻한다.

읽기 聖謨 성모 聖祚 성조 聖旨 성지 聖餐 성찬 聖札 성찰 聖衷 성충
聖胎 성태 棋聖 기성 聖餐式 성찬식

쓰기 성가 聖歌 성경 聖經 성구 聖句 성군 聖君 성녀 聖女 성당 聖堂
성도 聖徒 성모 聖母 성부 聖父 성은 聖恩 성인 聖人 성자 聖者
성자 聖子 성전 聖典 성직 聖職 성체 聖體 성현 聖賢

聲 소리 성
- 4급II
- 부 耳
- 총 17
- 약 声
- 유 音 소리 음

자해: 나라의 의식을 행할 때 쓰던 악기인 석경[声] 혹은 편경을 방망이[殳]로 두드리면 귀[耳]로 들려오는 소리를 뜻한다.

읽기: 鄭聲 정성 秦聲 진성 灘聲 탄성

쓰기: 성대 聲帶 성량 聲量 성률 聲律 성망 聲望 성명 聲明 성우 聲優
성원 聲援 성조 聲調 성토 聲討 가성 假聲 거성 去聲 곡성 哭聲
명성 名聲 원성 怨聲 성악가 聲樂家 확성기 擴聲器
성동격서 聲東擊西 고성방가 高聲放歌 대성통곡 大聲痛哭

誠 정성 성
- 4급II
- 부 言
- 총 14

자해: 자신이 말한[言] 것을 이루려고[成] 쏟는 정성을 뜻한다.

읽기: 款誠 관성 衷誠 충성

쓰기: 성금 誠金 성미 誠米 성실 誠實 성심 誠心 성의 誠意 열성 熱誠
정성 精誠 지성 至誠 충성 忠誠 치성 致誠 효성 孝誠
불성실 不誠實

勢 형세 세:
- 4급II
- 부 力
- 총 13
- 유 權 권세 권

자해: 심어[埶] 놓은 나무가 힘[力]차게 자라나는 형세를 뜻한다.

읽기: 趨勢 추세 勢力圈 세력권 驛勢圈 역세권

쓰기: 세도 勢道 세력 勢力 가세 加勢 강세 強勢 거세 去勢 공세 攻勢
교세 敎勢 권세 權勢 기세 氣勢 대세 大勢 득세 得勢 병세 兵勢
열세 劣勢 우세 優勢 위세 威勢 자세 姿勢 전세 戰勢 정세 情勢
증세 症勢 태세 態勢 허세 虛勢 환시세 換時勢
누란지세 累卵之勢 백중지세 伯仲之勢

稅 세금 세:
- 4급II
- 부 禾
- 총 12
- 유 租 조세 조

자해: 백성이 농사지은 벼[禾]는 관리들을 기쁘게[兌] 하는 세금이라는 뜻이다.

쓰기: 세관 稅關 세금 稅金 세리 稅吏 세목 稅目 세무 稅務 세법 稅法
세수 稅收 세원 稅源 세율 稅率 세입 稅入 세정 稅政 세제 稅制
감세 減稅 과세 課稅 관세 關稅 납세 納稅 면세 免稅 수세 收稅
절세 折稅 조세 租稅 증세 增稅 탈세 脫稅 세무서 稅務署
간접세 間接稅 갑근세 甲勤稅 국세청 國稅廳 담세율 擔稅率
소득세 所得稅 유명세 有名稅 증여세 贈與稅 보세물품 保稅物品

細 가늘 세:
- 4급II
- 부 糸
- 총 11
- 유 微 작을 미, 纖 가늘 섬

자해: 뇌[囟→田] 속의 혈관은 실[糸]처럼 매우 가늘다는 뜻이다.

읽기: 細葛 세갈 細瑾 세근 細漣 세련 細滑 세활 纖細 섬세
癌細胞 암세포 獐耳細辛 장이세신

쓰기: 세공 細工 세관 細管 세균 細菌 세밀 細密 세부 細部 세분 細分
세심 細心 세칙 細則 세포 細胞 세필 細筆 명세 明細 미세 微細
상세 詳細 명세서 明細書 아세아 亞細亞 영세업자 零細業者

掃 쓸 소(:)
4급II 부 扌(手) 총 11

자해 손[扌]에 빗자루[帚]를 들고 바닥을 쓴다는 뜻이다.

쓰기 소멸 掃滅　소사 掃射　소여 掃如　소제 掃除　소지 掃地　소해 掃海
쇄소 刷掃　일소 一掃　정소 淨掃　청소 淸掃　청소차 淸掃車
기총소사 機銃掃射

笑 웃음 소:
4급II 부 竹 총 10

상 哭 울 곡, 泣 울 읍

자해 대나무[竹]가 바람에 흔들리는 소리가 마치 고개를 젖히고 웃는 사람[夭]의 웃음 같다는 의미에서, 웃음이라는 뜻이다.

읽기 笑柄 소병　熙笑 희소

쓰기 소납 笑納　소안 笑顔　소화 笑話　가소 假笑　가소 可笑　고소 苦笑
냉소 冷笑　담소 談笑　대소 大笑　목소 目笑　미소 微笑　실소 失笑
폭소 爆笑　박장대소 拍掌大笑　파안대소 破顔大笑

素 본디·흴 소(:)
4급II 부 糸 총 10

유 朴 소박할 박, 質 바탕 질

자해 뽑아서 늘어 드리운[垂] 실[糸]의 본디 색은 희다는 뜻이다.

읽기 素憾 소감　素蟾 소섬　素餐 소찬　酸素 산소　窒素 질소
酸化水素 산화수소

쓰기 소망 素望　소박 素朴　소복 素服　소식 素食　소양 素養　소인 素因
소자 素子　소재 素材　소지 素地　소질 素質　소행 素行　검소 儉素
독소 毒素　색소 色素　수소 水素　요소 要素　원소 元素　탄소 炭素
평소 平素　엽록소 葉綠素　활력소 活力素　소복단장 素服丹粧

燒 사를 소(:)
3급II 부 火 총 16 약 焼

유 燃 탈 연

자해 불[火]을 높게[堯] 피워 불사른다는 뜻이다.

읽기 燒溺 소닉　燒煉 소련

쓰기 소각 燒却　소멸 燒滅　소사 燒死　소산 燒散　소실 燒失　소인 燒印
소주 燒酒　소진 燒盡　소화 燒火　반소 半燒　연소 燃燒　전소 全燒

疏 소통할 소
3급II 부 疋(足) 총 12

유 遠 멀 원
상 親 친할 친

자해 배 속에 있던 아이가 발[疋→疋]까지 모두 흘러[充]나오면 그때부터 세상과 소통한다는 뜻이다.

읽기 疏鬱 소울　網疏 망소　纖疏 섬소

쓰기 소개 疏槪　소루 疏漏　소명 疏明　소밀 疏密　소외 疏外　소원 疏遠
소탈 疏脫　소통 疏通　소홀 疏忽　간소 簡疏　상소 上疏　생소 生疏
친소 親疏　희소 稀疏

蘇 되살아날 소
3급II | 부 艹(艸) | 총 20

자해 목숨이 위태로운 사람에게 약초[艹]를 먹여 위기를 넘기고, 물고기[魚]와 쌀[禾]밥으로 기운을 차리게 하면 되살아난다는 뜻이다.

읽기 蘇軾 소식 淵蓋蘇文 연개소문

쓰기 소골 蘇骨 소련 蘇聯 소방 蘇方 소복 蘇復 소생 蘇生 소식 蘇息
소자 蘇子 소철 蘇鐵 갱소 更蘇 미소 美蘇 삼소 三蘇 회소 回蘇

訴 호소할 소
3급II | 부 言 | 총 12

자해 억울함을 물리치기[斥] 위해 관청에 사정을 말하며[言] 호소한다는 뜻이다.

읽기 呈訴 정소

쓰기 소송 訴訟 소원 訴願 소장 訴狀 소청 訴請 소추 訴追 고소 告訴
공소 公訴 기소 起訴 면소 免訴 상소 上訴 승소 勝訴 애소 哀訴
재소 再訴 제소 提訴 패소 敗訴 피소 被訴 항소 抗訴 행소 行訴
호소 呼訴

동 訟 송사할 송

召 부를 소
3급 | 부 口 | 총 5

자해 칼[刀]을 들고 있는 관청의 벼슬아치가 조사하고자 하는 사람을 입[口]으로 부른다는 뜻이다.

쓰기 소명 召命 소집 召集 소치 召致 소환 召還 응소 應召 징소 徵召
소집영장 召集令狀 원화소복 遠禍召福

동 聘 부를 빙, 招 부를 초

昭 밝을 소
3급 | 부 日 | 총 9

자해 해[日]를 부른[召] 듯 온 세상이 밝다는 뜻이다.

읽기 昭穆 소목 昭耀 소요 昭煥 소환

쓰기 소감 昭鑑 소광 昭光 소대 昭代 소명 昭明 소상 昭詳 소설 昭雪
소소 昭昭 소시 昭示 소연 昭然 소응 昭應 소화 昭和

동 明 밝을 명
상 冥 어두울 명, 暗 어두울 암, 昏 어두울 혼

蔬 나물 소
3급 | 부 艹(艸) | 총 16

자해 풀[艹] 중에 사람과 자연을 소통하게[疏] 해 주는 나물을 뜻한다.

읽기 蔬筍 소순 蔬筍之氣 소순지기

쓰기 소과 蔬果 소반 蔬飯 소식 蔬食 소점 蔬店 과소 果蔬 어소 魚蔬
채소 菜蔬 춘소 春蔬 향소 香蔬 건채소 乾菜蔬

동 菜 나물 채

騷 떠들 소 (3급, 부 馬, 총 20)

자해 말[馬]이 벼룩[蚤]한테 물려서 가려운 나머지 시끄럽게 날뛰고 떠든다는 뜻이다.

쓰기 소객 騷客 소동 騷動 소란 騷亂 소리 騷離 소설 騷說 소연 騷然
소음 騷音 소인 騷人 소치 騷致 규소 叫騷 풍소 風騷
소인묵객 騷人墨客

俗 풍속 속 (4급 II, 부 亻(人), 총 9)

자해 사람[亻]들이 모여 사는 골짜기[谷]마다 자연스럽게 이루어진 풍속을 뜻한다.

읽기 塵俗 진속

쓰기 속담 俗談 속물 俗物 속설 俗說 속세 俗世 속어 俗語 속요 俗謠
속인 俗人 속자 俗字 속칭 俗稱 민속 民俗 비속 卑俗 세속 世俗
습속 習俗 야속 野俗 저속 低俗 탈속 脫俗 토속 土俗 통속 通俗
풍속 風俗 환속 還俗 풍속화 風俗畫 미풍양속 美風良俗

續 이을 속 (4급 II, 부 糸, 총 21, 약 続)

자해 실[糸]처럼 이어진 연결망을 가지고 판매하는[賣] 것을 계속 잇는다는 뜻이다.

읽기 續輯 속집

쓰기 속간 續刊 속강 續講 속개 續開 속보 續報 속출 續出 속편 續篇
속편 續編 속행 續行 속현 續絃 속회 續會 계속 繼續 근속 勤續
상속 相續 수속 手續 연속 連續 영속 永續 접속 接續 존속 存續
지속 持續 불연속선 不連續線

유 繼 이을 계, 係 맬 계, 絡 이을 락, 連 이을 련
상 斷 끊을 단, 絶 끊을 절

屬 붙일 속 (4급, 부 尸, 총 21, 약 属)

자해 소의 꼬리[尾→尸]에 기생하기 위해 벌레[蜀]가 몸을 붙인다는 뜻이다.

쓰기 속국 屬國 속도 屬島 속료 屬僚 속문 屬文 속성 屬性 귀속 歸屬
금속 金屬 등속 等屬 배속 配屬 부속 部屬 비속 卑屬 소속 所屬
전속 專屬 족속 族屬 존속 尊屬 종속 從屬 귀금속 貴金屬
비금속 非金屬 중금속 重金屬 직속상관 直屬上官

유 附 붙을 부, 着 붙을 착

粟 조 속 (3급, 부 米, 총 12)

자해 곡식의 열매[覀]가 쌀[米]처럼 한 줄기에 여러 개 열리는 곡식인 조를 뜻한다.

읽기 滄海一粟 창해일속

쓰기 속미 粟米 속반 粟飯 속산 粟散 속전 粟田 일속 一粟 적속 積粟
창속 倉粟 대해일속 大海一粟

損

4급
부 扌(手)
총 13

덜 **손**:

유 減 덜 감, 傷 다칠 상,
失 잃을 실, 害 해할 해
상 得 얻을 득, 益 더할 익,
添 더할 첨

자해 사람들[員]이 서로 손[扌]을 합쳐 일하여 일의 양을 던다는 뜻이다.

읽기 損胎 손태

쓰기 손괴 損壞 손금 損金 손상 損傷 손실 損失 손익 損益 손재 損財
손해 損害 감손 減損 결손 缺損 대손 大損 오손 汚損 파손 破損
환차손 換差損 명예훼손 名譽毀損

送

4급Ⅱ
부 辶(辵)
총 10

보낼 **송**:

유 遣 보낼 견, 輸 보낼 수
상 迎 맞을 영

자해 떠나는 사람의 길을 밝혀 주기 위해 양손에 등불[关]을 들고 나가서[辶] 보낸다는 뜻이다.

읽기 呈送 정송 託送 탁송

쓰기 송별 送別 송신 送信 송장 送狀 송치 送致 송환 送還 급송 急送
반송 返送 발송 發送 방송 放送 수송 輸送 우송 郵送 운송 運送
이송 移送 전송 傳送 전송 電送 직송 直送 허송 虛送 환송 還送
환송 歡送 송수관 送水管 송풍기 送風機 송화기 送話機

松

4급
부 木
총 8

소나무 **송**

자해 나무[木] 중에 항상 변치 않고 공평한[公] 모습으로 서 있는 소나무를 뜻한다.

읽기 松柏 송백 松脂 송지 松津 송진

쓰기 송림 松林 송엽 松葉 송충 松蟲 송판 松板 송화 松花 노송 老松
미송 美松 백송 白松 육송 陸松 적송 赤松 청송 靑松 해송 海松
채송화 菜松花

頌

4급
부 頁
총 13

기릴·칭송할 **송**:

유 讚 기릴 찬,
稱 일컬을 칭

자해 백성들이 고을을 공평하게[公] 다스린 우두머리[頁]의 공덕을 칭송한다는 뜻이다.

쓰기 송가 頌歌 송덕 頌德 송사 頌辭 송시 頌詩 송축 頌祝 찬송 讚頌
칭송 稱頌 송덕비 頌德碑 주부송 主婦頌 찬송가 讚頌歌

訟

3급Ⅱ
부 言
총 11

송사할 **송**:

유 訴 호소할 소

자해 관청에 억울함을 말하며[言] 공평하게[公] 판결해 달라고 송사한다는 뜻이다.

읽기 聚訟 취송

쓰기 송리 訟理 송사 訟事 송안 訟案 건송 健訟 기송 起訟 득송 得訟
소송 訴訟 쟁송 爭訟 민사소송 民事訴訟 소송기록 訴訟記錄
형사소송 刑事訴訟

誦

3급 부 言 총 14
욀 송:

자해 입에서 말[言]이 막힘없이 솟아나오도록[甬] 왼다는 뜻이다.

쓰기 송경 誦經　송독 誦讀　송시 誦詩　송영 誦詠　송주 誦奏　구송 口誦
낭송 朗誦　독송 讀誦　암송 暗誦　애송 愛誦　염송 念誦　영송 詠誦
재송 再誦　애송시 愛誦詩

유 講 욀 강, 讀 읽을 독

刷

3급II 부 刂(刀) 총 8
인쇄할 쇄:

자해 몸[尸]을 구부리고 천[巾]으로 판을 닦아 내며 칼[刂]로 새긴 내용을 인쇄한다는 뜻이다.

쓰기 쇄모 刷毛　쇄소 刷掃　쇄신 刷新　쇄환 刷還　가쇄 假刷　인쇄 印刷
인쇄물 印刷物　인쇄소 印刷所　인쇄술 印刷術　축쇄판 縮刷版

鎖

3급II 부 金 총 18
쇠사슬 쇄:

자해 쇠[金]를 작은[小] 조개[貝] 껍데기처럼 둥글게 만들어 이은 쇠사슬을 뜻한다.

쓰기 쇄골 鎖骨　쇄국 鎖國　봉쇄 封鎖　연쇄 連鎖　폐쇄 閉鎖
연쇄적 連鎖的　연쇄점 連鎖店　쇄국정책 鎖國政策
쇄국주의 鎖國主義　연쇄반응 連鎖反應

衰

3급II 부 衣 총 10
쇠할 쇠

자해 옷[衣] 중에 짚을 엮어[丑] 만든 도롱이는 비를 많이 맞을수록 초췌해져서 모양이 쇠한다는 뜻이다.

쓰기 쇠강 衰降　쇠락 衰落　쇠망 衰亡　쇠약 衰弱　쇠잔 衰殘　쇠진 衰盡
쇠퇴 衰退　감쇠 減衰　노쇠 老衰　성쇠 盛衰　흥망성쇠 興亡盛衰

유 亡 망할 망, 弱 약할 약
상 盛 성할 성, 興 일 흥

修

4급II 부 亻(人) 총 10
닦을 수

자해 빠르게[攸] 흐르는 깨끗한 물에서 사람이 머리카락[彡]과 몸을 씻고 닦는다는 뜻이다.

읽기 修煉 수련　修繕 수선　歐陽修 구양수　頓悟漸修 돈오점수

쓰기
수교 修交　수녀 修女　수도 修道　수련 修練　수료 修了　수리 修理
수사 修史　수사 修士　수사 修辭　수선 修善　수습 修習　수식 修飾
수양 修養　수업 修業　수정 修正　수정 修整　수정 修訂　수축 修築
수학 修學　수행 修行　감수 監修　개수 改修　보수 補修　엄수 嚴修

유 習 익힐 습, 硏 갈 연

受

4급Ⅱ
부 又
총 8

받을 수(:)

유 給 줄 급, 賜 줄 사, 授 줄 수, 與 줄 여, 贈 줄 증

자해 손[爪→爫]으로 주는 물건[冖]을 손[又]으로 받는다는 뜻이다.

읽기 受診 수진　膚受 부수　受精膜 수정막　受精型 수정형

쓰기 수급 受給　수난 受難　수납 受納　수동 受動　수락 受諾　수령 受領
수리 受理　수모 受侮　수배 受配　수상 受賞　수신 受信　수용 受用
수용 受容　수익 受益　수임 受任　수정 受精　수혜 受惠　감수 甘受
매수 買受　수수 收受　영수 領受　전수 傳受　접수 接受
수상기 受像機　수취인 受取人　수험생 受驗生　인계인수 引繼引受

守

4급Ⅱ
부 宀
총 6

지킬 수

유 防 막을 방, 保 지킬 보, 衛 지킬 위
상 攻 칠 공, 征 칠 정

자해 집[宀]을 손[寸]으로 막아서 적으로부터 단단히 지킨다는 뜻이다.

읽기 守疆 수강

쓰기 수령 守領　수병 守兵　수비 守備　수성 守成　수세 守勢　수위 守衛
수절 守節　수칙 守則　수호 守護　간수 看守　고수 固守　공수 攻守
군수 郡守　보수 保守　사수 死守　엄수 嚴守　재수 宰守　준수 遵守
수구파 守舊派　수문장 守門將　수전노 守錢奴

授

4급Ⅱ
부 扌(手)
총 11

줄 수

유 賜 줄 사, 與 줄 여
상 受 받을 수

자해 상대가 받을[受] 물건을 손[扌]으로 들고 가서 준다는 뜻이다.

읽기 碩座教授 석좌교수

쓰기 수권 授權　수상 授賞　수수 授受　수업 授業　수여 授與　수유 授乳
수작 授爵　수장 授章　수정 授精　교수 教授　전수 傳授

收

4급Ⅱ
부 攵(攴)
총 6
약 収

거둘 수

유 拾 주울 습, 穫 거둘 확
상 給 줄 급, 支 지탱할 지

자해 줄기에 얽힌[丩] 열매를 쳐서[攵] 거둔다는 뜻이다.

읽기 收屍 수시　收輯 수집　收聚 수취　撤收 철수　吸收合倂 흡수합병

쓰기 수거 收去　수감 收監　수납 收納　수록 收錄　수매 收買　수복 收復
수습 收拾　수양 收養　수용 收用　수용 收容　수익 收益　수입 收入
수장 收藏　수지 收支　수집 收集　수축 收縮　수탈 收奪　수확 收穫
수회 收賄　매수 買收　몰수 沒收　미수 未收　세수 稅收　월수 月收
일수 日收　징수 徵收　추수 秋收　환수 還收　영수증 領收證

秀

4급
부 禾
총 7

빼어날 수

유 傑 뛰어날 걸, 優 넉넉할 우, 俊 준걸 준

자해 벼[禾]에 쌀알이 잘 여물어 벼가 고개를 길게[乃] 늘어뜨리고 있으니 그 모습이 빼어나다는 뜻이다.

읽기 閨秀 규수　鬱秀 울수

쓰기 수미 秀眉　수민 秀敏　수려 秀麗　수색 秀色　수아 秀雅　수영 秀英
수작 秀作　수재 秀才　우수 優秀　준수 俊秀　청수 清秀　특수 特秀
최우수 最優秀

壽 목숨 수
- 3급II
- 부 士
- 총 14
- 약 寿

자해 선비[士]가 한[一]평생 공부[工]에 뜻을 두고 입[口]과 손[寸]을 한결같이[一] 하며 목숨을 이어간다는 데서 목숨이라는 뜻이다.

읽기 椿壽 춘수

쓰기 수명 壽命 　수석 壽石 　수연 壽宴 　수의 壽衣 　수탄 壽誕 　감수 減壽
미수 米壽 　장수 長壽 　천수 天壽 　축수 祝壽 　헌수 獻壽 　희수 喜壽
희수 稀壽 　수복강녕 壽福康寧 　무병장수 無病長壽
십년감수 十年減壽

유 命 목숨 명

帥 장수 수
- 3급II
- 부 巾
- 총 9
- 약 帅

자해 언덕[阜→𠂤]위에 깃발[巾]을 세우고 많은 병사를 거느린 장수를 뜻한다.

읽기 帥甸 수전

쓰기 수기 帥旗 　수선 帥先 　거수 巨帥 　군수 軍帥 　부수 副帥 　원수 元帥
장수 將帥 　총수 總帥 　통수 統帥 　대원수 大元帥 　도원수 都元帥
통수권 統帥權

유 將 장수 장
상 軍 군사 군, 兵 병사 병, 卒 마칠 졸

垂 드리울 수
- 3급II
- 부 土
- 총 8

자해 꽃이나 잎이 활짝[垂] 피면서 축 늘어져[一] 땅에 드리운다는 뜻이다.

읽기 垂坑 수갱 　垂釣 수조 　垂直坑 수직갱

쓰기 수교 垂敎 　수로 垂老 　수루 垂淚 　수류 垂柳 　수범 垂範 　수심 垂心
수양 垂楊 　수직 垂直 　수하 垂下 　수훈 垂訓 　현수막 懸垂幕
수두상기 垂頭喪氣 　뇌하수체 腦下垂體 　솔선수범 率先垂範

愁 근심 수
- 3급II
- 부 心
- 총 13

자해 가을[秋]이 되면 메뚜기 떼가 농작물을 해칠까 두려워서 마음[心]속에 쌓이는 근심을 뜻한다.

읽기 濃愁 농수

쓰기 수고 愁苦 　수사 愁死 　수사 愁思 　수색 愁色 　수쇄 愁殺 　수심 愁心
수연 愁然 　수의 愁意 　수절 愁絶 　객수 客愁 　고수 孤愁 　비수 悲愁
애수 哀愁 　여수 旅愁 　우수 憂愁 　향수 鄕愁

유 憂 근심 우, 哀 슬플 애
상 歡 기쁠 환

殊 다를 수
- 3급II
- 부 歹
- 총 10

자해 전쟁터에서 적군의 뼈[歹]가 부서지고 붉은[朱] 피가 흐르도록 싸우는 남다름을 뜻한다.

읽기 殊勳 수훈

쓰기 수공 殊功 　수기 殊技 　수력 殊力 　수상 殊常 　수승 殊勝 　수우 殊遇
수은 殊恩 　특수 特殊 　수이전 殊異傳 　특수성 特殊性
수도동귀 殊塗同歸 　특수교육 特殊教育

유 別 다를 별, 異 다를 이, 差 다를 차, 他 다를 타

3급II 부犬 총19 약獣 獸 짐승 **수**

자해 큰 눈[口口]과 벌름대는 코[鼻→田], 수염[一], 입[口]을 가지고 개[犬]처럼 행동하는 짐승을 뜻한다.

읽기 獸圈 수권　獸脂 수지　瑞獸 서수　獸聚而鳥散 수취이조산

쓰기 수의 獸醫　수피 獸皮　괴수 怪獸　금수 禽獸　맹수 猛獸　백수 百獸　야수 野獸　조수 鳥獸　수의대 獸醫大　수의사 獸醫師　인면수심 人面獸心

유 畜 짐승 축

3급II 부車 총16 輸 보낼 **수**

자해 수레[車]에 사람을 태우고 짐도 실어 목적지에 나아가도록[兪] 보낸다는 뜻이다.

쓰기 수송 輸送　수입 輸入　수출 輸出　수혈 輸血　공수 空輸　밀수 密輸　운수 運輸　수출입 輸出入　금수품 禁輸品　역수입 逆輸入　역수출 逆輸出　운수업 運輸業

유 送 보낼 송
상 受 받을 수

3급II 부阝(阜) 총16 약随 隨 따를 **수**

자해 제사 지내고 남은 고기[隋]를 들고 가는[辶] 사람의 뒤를 따른다는 뜻이다.

쓰기 수감 隨感　수반 隨伴　수상 隨想　수속 隨俗　수시 隨時　수원 隨員　수의 隨意　수종 隨從　수필 隨筆　수행 隨行　수희 隨喜　부수적 附隨的　반신불수 半身不隨　부창부수 夫唱婦隨　전신불수 全身不隨

유 沿 따를 연, 從 좇을 종, 追 따를 추, 扈 따를 호

3급II 부雨 총14 需 쓰일·쓸 **수**

자해 비[雨]가 올 때 수염[而]을 만지며 오래 기다려서 받아 둔 물은 다른 일에 잘 쓰인다는 뜻이다.

쓰기 수급 需給　수요 需要　수용 受用　군수 軍需　내수 內需　민수 民需　제수 祭需　특수 特需　필수 必需　혼수 婚需　비수기 非需期　성수기 盛需期　필수품 必需品　수사지적 需事之賊　군수물자 軍需物資

유 要 요긴할 요
상 給 줄 급

3급 부口 총5 囚 가둘 **수**

자해 사방이 막힌 울타리[口]에 사람[人]을 가둔다는 뜻이다.

쓰기 수계 囚繫　수금 囚禁　수도 囚徒　수역 囚役　수의 囚衣　수인 囚人　죄수 罪囚　기결수 旣決囚　미결수 未決囚　양심수 良心囚　탈옥수 脫獄囚　수인노동 囚人勞動

상 放 놓을 방, 釋 풀 석, 解 풀 해

搜 찾을 수
- 3급
- 부 扌(手)
- 총 12
- 약 捜

자해 한 손에 햇불을 들고[叟] 다른 한 손[扌]으로 구석구석 뒤지며 찾는다는 뜻이다.

읽기 搜査網 수사망

쓰기 수검 搜檢　수구 搜求　수득 搜得　수방 搜訪　수사 搜査　수색 搜索
수출 搜出　수탐 搜探　수포 搜捕　수소문 搜所聞
수사기관 搜査機關　수색영장 搜索令狀

訪 찾을 방,
査 조사할 사,
索 찾을 색, 探 찾을 탐

睡 졸음 수
- 3급
- 부 目
- 총 13

자해 눈[目]에 눈꺼풀이 드리워져[垂] 졸음이 오는 상태를 뜻한다.

읽기 睡魔 수마　睡眠劑 수면제

쓰기 수련 睡蓮　수면 睡眠　수여 睡餘　수와 睡臥　수중 睡中　숙수 熟睡
오수 午睡　좌수 坐睡　혼수 昏睡　혼수상태 昏睡狀態

眠 잠잘 면

遂 드디어 수
- 3급
- 부 辶(辵)
- 총 13

자해 사람들이 사방으로 나뉘어[八] 돼지를 쫓아가서[逐] 드디어 잡았다는 데서 드디어 라는 뜻이다.

쓰기 수사 遂事　수행 遂行　기수 旣遂　미수 未遂　완수 完遂
수행평가 遂行評價　공무수행 公務遂行　모수자천 毛遂自薦
직무수행 職務遂行

誰 누구 수
- 3급
- 부 言
- 총 15

자해 까치 같은 새[隹]가 지저귀니[言] 찾아올 반가운 손님이 누구일까 기대한다는 데서 누구라는 뜻이다.

쓰기 수모 誰某　수하 誰何

孰 누구 숙

雖 비록 수
- 3급
- 부 隹
- 총 17

자해 도마뱀[虽]과 참새[隹]는 비록 몸이 작지만 무시하면 안 된다는 데서, 비록을 뜻한다.

쓰기 수연 雖然

須 모름지기 수
- 3급 / 부 頁 / 총 12
- 유 必 반드시 필

자해 할아버지가 머리[頁] 아래 턱수염[彡]을 쓰다듬으며 반드시 해야 할 일을 훈계하는 모습에서 모름지기, 반드시라는 뜻이다.

읽기 須彌 수미   須彌壇 수미단

쓰기 수녀 須女   수요 須要   수지 須知   공수 公須   필수 必須   필수과목 必須科目

叔 아재비 숙
- 4급 / 부 又 / 총 8
- 상 姪 조카 질

자해 콩[朩]꼬투리를 손[又]으로 따서 보면 한 줄로 나란히 들어있는 콩처럼 부모와 같은 항렬에 있는 아저씨를 뜻한다.

읽기 鮑叔牙 포숙아

쓰기 숙모 叔母   숙백 叔伯   숙부 叔父   숙제 叔弟   숙질 叔姪   숙항 叔行
가숙 家叔   당숙 堂叔   사숙 舍叔   외숙 外叔   처숙 妻叔
숙부모 叔父母   외숙모 外叔母

肅 엄숙할 숙
- 4급 / 부 聿 / 총 13 / 약 粛,肃
- 유 嚴 엄할 엄

자해 손[⺕]에 든 지팡이[丨]로 연못[淵→開]을 조심히 짚으며 들어가는 엄숙함을 뜻한다.

읽기 雍肅 옹숙

쓰기 숙계 肅啓   숙군 肅軍   숙당 肅黨   숙배 肅拜   숙연 肅然   숙은 肅恩
숙정 肅正   숙청 肅淸   단숙 端肅   엄숙 嚴肅   자숙 自肅   정숙 靜肅
자숙자계 自肅自戒

淑 맑을 숙
- 3급Ⅱ / 부 氵(水) / 총 11
- 유 淡 맑을 담, 靜 고요할 정, 淸 맑을 청
- 상 濁 흐릴 탁

자해 물[氵]에 콩[叔]을 담가 두어도 콩에서는 색이 빠지지 않아 물이 맑다는 뜻이다.

읽기 淑媛 숙원   淑姬 숙희

쓰기 숙경 淑景   숙녀 淑女   숙덕 淑德   숙명 淑明   숙심 淑心   숙청 淑淸
숙행 淑行   사숙 私淑   정숙 貞淑   현숙 賢淑

熟 익을 숙
- 3급Ⅱ / 부 灬(火) / 총 15
- 유 練 익힐 련

자해 누구나[孰] 먹기 좋게 음식을 불[火→灬]에 올리니 익는다는 뜻이다.

읽기 爛熟 난숙   劑熟 제숙

쓰기 숙객 熟客   숙고 熟考   숙달 熟達   숙독 熟讀   숙란 熟卵   숙련 熟練
숙면 熟眠   숙면 熟面   숙설 熟設   숙성 熟成   숙성 熟省   숙어 熟語
숙의 熟議   숙지 熟知   능숙 能熟   반숙 半熟   성숙 成熟   완숙 完熟
원숙 圓熟   조숙 早熟   친숙 親熟   숙실과 熟實果   숙지황 熟地黃
미숙아 未熟兒   숙불환생 熟不還生   심사숙고 深思熟考

熟

3급 부 子 총 11
누구 **숙**

자해 열매가 둥글게[丸] 잘 익으면 누구나 먹고 건강을 누릴[享] 수 있다는 의미에서 누구라는 뜻이다.

쓰기 숙수 孰誰 숙시 孰視 숙약 孰若 숙시숙비 孰是孰非
수원숙우 誰怨孰尤

🔗 誰 누구 수

純

4급II 부 糸 총 10
순수할 **순**

자해 실[糸] 중에서 처음 뽑았던 상태 그대로 머물러[屯] 있는 것은 아직 색을 입지 않은 순수한 것이라는 뜻이다.

읽기 純殷 순은

쓰기 순결 純潔 순금 純金 순도 純度 순면 純綿 순모 純毛 순백 純白
순정 純情 순종 純種 순진 純眞 순화 純化 단순 單純 불순 不純
청순 清純

🔗 潔 깨끗할 결

巡

3급II 부 巛 총 7
돌·순행할 **순**

자해 여러 지역을 물[川→巛] 흐르듯 차례로 가서[辶] 돌아다닌다는 뜻이다.

읽기 巡錫 순석 巡哨 순초 巡廻 순회 巡洋艦 순양함

쓰기 순경 巡警 순례 巡禮 순방 巡訪 순사 巡查 순시 巡視 순열 巡閱
순찰 巡察 순항 巡航 순행 巡行 별순 別巡 일순 一巡
초도순시 初度巡視

🔗 循 돌 순, 廻 돌 회

旬

3급II 부 日 총 6
열흘 **순**

자해 옛날 중국 사람들이 한 묶음으로 싸서[勹] 계산하던 날[日]의 단위인 열흘을 뜻한다.

읽기 呈旬 정순

쓰기 순간 旬刊 순년 旬年 순보 旬報 순선 旬宣 순일 旬日 순장 旬葬
상순 上旬 육순 六旬 중순 中旬 초순 初旬 칠순 七旬 팔순 八旬
하순 下旬 순망간 旬望間 사순절 四旬節 오순절 五旬節
삼순구식 三旬九食

瞬

3급II 부 目 총 17
눈깜짝일 **순**

자해 금세 피었다 지는 나팔꽃[舜]처럼 눈[目]을 빨리 감았다가 뜨며 깜짝인다는 뜻이다.

읽기 瞬膜 순막

쓰기 순간 瞬間 순시 瞬視 순시 瞬時 일순 一瞬 전순 轉瞬
순발력 瞬發力 순식간 瞬息間 일순간 一瞬間

3급 부 彳 총 12	循 돌 순	자해 병사가 길[行→彳]에서 방패[盾]를 들고 성곽을 지키며 주위를 돈다는 뜻이다. 읽기 循環霸 순환패 쓰기 순례 循例 순리 循吏 순사 循私 순속 循俗 순수 循守 순차 循次 　　순행 循行 순환 循環 악순환 惡循環 인순고식 因循姑息 　　혈액순환 血液循環

旋 돌 선, 巡 돌 순, 廻 돌 회

3급 부 歹 총 10	殉 따라죽을 순	자해 주인이 죽으면[歹] 노예도 일정 시간[旬] 안에 따라 죽는다는 뜻이다. 쓰기 순공 殉公 순교 殉教 순국 殉國 순사 殉死 순애 殉愛 순장 殉葬 　　순절 殉節 순직 殉職 순국선열 殉國先烈

3급 부 月(肉) 총 11	脣 입술 순	자해 조개[辰]가 혀를 내민 듯 우리 몸[肉→月]에서 비죽 내민 입술을 뜻한다. 읽기 脣脂 순지 焦脣 초순 丹脣皓齒 단순호치 쓰기 순설 脣舌 순음 脣音 순치 脣齒 결순 缺脣 주순 朱脣 　　순경음 脣輕音 순치음 脣齒音 순망치한 脣亡齒寒

3급Ⅱ 부 辶(辵) 총 9	述 펼 술	자해 차조[朮] 열매가 맺힐 때 앞으로 뻗어 나가듯[辶] 여러 갈래로 이야기를 펼친다는 뜻이다. 읽기 紹述 소술 쓰기 술어 述語 술작 述作 술회 述懷 공술 供述 구술 口述 기술 記述 　　논술 論述 상술 詳述 서술 敍述 약술 略述 저술 著述 전술 前述 　　진술 陳述 공술인 公述人

敍 펼 서, 著 지을 저

3급 부 戈 총 6	戌 개 술	자해 둥근 도끼 모양의 자루 달린 무기를 그린 글자인데, 후에 십이지(十二支) 중 열한 번째 동물인 개를 뜻하게 되었다. 쓰기 술년 戌年 술방 戌方 술시 戌時 술월 戌月 술일 戌日 갑술 甲戌 　　경술 庚戌 무술 戊戌 병술 丙戌 임술 壬戌 갑술년 甲戌年 　　경술국치 庚戌國恥

犬 개 견, 狗 개 구

4급 / 부 山 / 총 11 / 崇 / 높을 숭

유 高 높을 고, 隆 높을 륭, 尙 오히려 상
상 低 낮을 저

자해 조상을 모시는 종가[宗]의 역할이 산[山]처럼 높다는 뜻이다.

읽기 崇棟 숭동 崇峻 숭준

쓰기 숭경 崇敬 숭고 崇高 숭고 崇古 숭덕 崇德 숭령 崇嶺 숭모 崇慕
     숭미 崇美 숭배 崇拜 숭사 崇事 숭상 崇尙 숭앙 崇仰 숭유 崇儒
     신숭 信崇 존숭 尊崇 조상숭배 祖上崇拜

3급 II / 부 扌(手) / 총 9 / 拾 / 주을 습/열 십

유 收 거둘 수, 十 열 십
상 棄 버릴 기, 廢 버릴 폐

자해 손[扌]으로 물건을 모아서[合] 줍는다는 뜻이다.

쓰기 습골 拾骨 습득 拾得 습유 拾遺 습집 拾集 습취 拾取 십만 拾萬
     수습 收拾 습득물 拾得物 수습책 收拾策 재수습 再收拾
     도불습유 道不拾遺

3급 II / 부 氵(水) / 총 17 / 약 湿 / 濕 / 젖을 습

유 潤 불을 윤
상 乾 마를 건, 枯 마를 고, 燥 마를 조

자해 밝은 볕[日]에 잘 마른 실 뭉치[絲→㬎]를 물[氵]에 담그면 젖는다는 뜻이다.

읽기 肝膽濕熱 간담습열

쓰기 습기 濕氣 습도 濕度 습식 濕式 습지 濕地 습포 濕布 건습 乾濕
     냉습 冷濕 다습 多濕 제습 除濕 고온다습 高溫多濕
     풍한서습 風寒暑濕

3급 II / 부 衣 / 총 22 / 襲 / 엄습할 습

자해 죽은 사람의 몸에 용[龍]의 비늘처럼 겹겹의 옷[衣]이 덮이듯, 무언가 갑자기 덮쳐 엄습한다는 뜻이다.

쓰기 습격 襲擊 습래 襲來 습작 襲爵 강습 強襲 공습 攻襲 공습 空襲
     급습 急襲 기습 奇襲 내습 來襲 답습 踏襲 세습 世襲 야습 夜襲
     역습 逆襲 인습 因襲 일습 一襲 피습 被襲

4급 II / 부 手 / 총 8 / 承 / 이을 승

유 繼 이을 계, 連 이을 련
상 斷 끊을 단, 絶 끊을 절

자해 윗사람[了]이 내민 손[手]을 아랫사람이 양손[卄→氶]으로 이어받는다는 뜻이다.

읽기 承款 승관 承允 승윤 承旨 승지 承塵 승진 紹承 소승

쓰기 승계 承繼 승낙 承諾 승명 承命 승복 承服 승은 承恩 승인 承認
     승전 承前 승중 承重 계승 繼承 구승 口承 승중 承重 전승 傳承
     승정원 承政院 기승전결 起承轉結

3급II 부 丿 총 10 약 乗

乘 탈 승

상 降 내릴 강, 除 덜 제

자해 열매를 따기 위해 손을 뻗고[一] 두 발[北]로 나무[木]를 탄다는 뜻이다.

읽기 乘韋 승위 乘艦 승함 乘望風旨 승망풍지

쓰기 승강 乘降 승객 乘客 승기 乘機 승마 乘馬 승법 乘法 승선 乘船
승차 乘車 대승 大乘 동승 同乘 분승 分乘 사승 史乘 시승 試乘
야승 野乘 자승 自乘 편승 便乘 합승 合乘 승무원 乘務員
승용차 乘用車 승승장구 乘勝長驅 가감승제 加減乘除
대승불교 大乘佛敎 만승천자 萬乘天子 소승불교 小乘佛敎

3급II 부 亻(人) 총 14

僧 중 승

유 尼 여승 니

자해 사람[亻] 중에 일찍이[曾] 속세를 떠난 중을 뜻한다.

읽기 僧伽 승가 僧尼 승니 僧廬 승려 僧刹 승찰 妖僧 요승 尼僧 이승
托鉢僧 탁발승

쓰기 승가 僧家 승무 僧舞 승방 僧房 승복 僧服 승원 僧院 승적 僧籍
고승 高僧 군승 軍僧 불승 佛僧 여승 女僧 대처승 帶妻僧
파계승 破戒僧

3급II 부 日 총 8

昇 오를 승

유 登 오를 등
상 降 내릴 강

자해 해[日]가 높은 곳으로 떠오른다[升]는 뜻이다.

읽기 昇陟 승척

쓰기 승강 昇降 승격 昇格 승급 昇級 승급 昇給 승단 昇段 승등 昇騰
승진 昇進 승천 昇天 승화 昇華 비승 飛昇 상승 上昇
승강기 昇降機 급상승 急上昇

4급II 부 方 총 9

施 베풀 시:

유 設 베풀 설

자해 전쟁에서 이긴 부족은 깃발[㫃 → 𭤨] 아래에 펼쳐진[也] 전리품을 병사들에게 베푼다는 뜻이다.

읽기 施療 시료

쓰기 시공 施工 시비 施肥 시상 施賞 시설 施設 시술 施術 시정 施政
시주 施主 시책 施策 시행 施行 시혜 施惠 실시 實施 포시 布施

4급II 부 日 총 9

是 이·옳을 시:

상 非 아닐 비, 彼 저 피

자해 해[日]는 언제나 바르고[正→疋] 옳다는 뜻이다.

읽기 壹是 일시

쓰기 시비 是非 시인 是認 시일 是日 시정 是正 교시 校是 국시 國是
본시 本是 역시 亦是 필시 必是 혹시 或是 시비조 是非調
시시비비 是是非非 여시아문 如是我聞

視 (4급II, 부 見, 총 12) 볼 시:

유: 監 볼 감, 見 볼 견, 觀 볼 관, 覽 볼 람, 示 보일 시, 察 살필 찰

자해 조상이나 신[示]에게 올릴 음식이 제단에 잘 차려졌는지 본다[見]는 뜻이다.

읽기 視瞻 시첨　蔑視 멸시　鷹視 응시

쓰기
시각 視覺　시계 視界　시력 視力　시선 視線　시야 視野　시점 視點
시차 視差　시찰 視察　가시 可視　감시 監視　경시 輕視　난시 亂視
무시 無視　사시 斜視　순시 巡視　원시 遠視　좌시 坐視　주시 注視
중시 重視　질시 疾視　착시 錯視　천시 賤視　투시 透視
미시적 微視的　가시거리 可視距離

試 (4급II, 부 言, 총 13) 시험 시(:)

유: 驗 시험 험

자해 말[言]이나 글을 이용하여 정해진 법칙[式]대로 치르는 시험을 뜻한다.

읽기 試掘 시굴　試膽 시담

쓰기
시도 試圖　시련 試鍊　시료 試料　시보 試補　시승 試乘　시식 試食
시안 試案　시약 試藥　시용 試用　시음 試飮　시작 試作　시합 試合
시험 試驗　고시 考試　응시 應試　입시 入試　시금석 試金石
시사회 試寫會　시운전 試運轉　필기시험 筆記試驗

詩 (4급II, 부 言, 총 13) 시 시

유: 歌 노래 가

자해 말[言]하려는 내용을 절[寺]에서 불경 외는 소리처럼 운율에 맞게 표현하는 시를 뜻한다.

읽기 詩魔 시마　詩軸 시축　采詩 채시

쓰기
시가 詩歌　시경 詩經　시구 詩句　시극 詩劇　시론 詩論　시비 詩碑
시상 詩想　시선 詩仙　시인 詩人　시작 詩作　시적 詩的　시정 詩情
시제 詩題　시집 詩集　시편 詩篇　시평 詩評　시풍 詩風　시학 詩學
시화 詩畫　동시 童詩　서시 序詩　작시 作詩　장시 長詩　한시 漢詩

侍 (3급II, 부 亻(人), 총 8) 모실 시:

자해 벼슬아치[亻]가 마을의 관청[寺]에서 임금 대신 일을 처리하며 임금을 모신다는 뜻이다.

읽기 侍姬 시희　侍奉趨承 시봉추승

쓰기
시녀 侍女　시동 侍童　시랑 侍郎　시비 侍婢　시생 侍生　시위 侍衛
시의 侍醫　시종 侍從　시하 侍下　근시 近侍　내시 內侍
엄처시하 嚴妻侍下　층층시하 層層侍下

矢 (3급, 부 矢, 총 5) 화살 시:

자해 뾰족한 화살촉과 깃털 장식이 달린 화살이 곧게 날아가는 모습을 본뜬 글자로, 화살을 뜻한다.

읽기 蓬矢 봉시　弦矢 현시

쓰기
시석 矢石　시심 矢心　시언 矢言　궁시 弓矢　독시 毒矢　비시 飛矢
우시 雨矢　유시 流矢　전시 田矢　이발지시 已發之矢

息 쉴 식 (4급II, 부 心, 총 10)

- **자해**: 코[鼻→自]로 공기를 들이켜서 심장[心]이 뛰도록 숨을 쉰다는 뜻이다.
- **읽기**: 憩息 게식, 窒息 질식, 胎息 태식, 胎息法 태식법
- **쓰기**: 소식 蘇息, 안식 安息, 여식 女息, 영식 令息, 이식 利息, 자식 子息, 탄식 歎息, 휴식 休息, 고식적 姑息的, 무소식 無消息, 순식간 瞬息間, 안식년 安息年, 안식처 安息處, 희소식 喜消息, 자강불식 自強不息

유: 憩 쉴 게, 休 쉴 휴

飾 꾸밀 식 (3급II, 부 食, 총 14)

- **자해**: 사람[人→亻]이 먹고[食] 살만큼 여유가 되면 옷[巾]도 예쁘게 꾸민다는 뜻이다.
- **읽기**: 彫飾 조식
- **쓰기**: 식변 飾辯, 식비 飾非, 식설 飾說, 식종 飾終, 식지 飾智, 식희 飾喜, 가식 假飾, 미식 美飾, 복식 服飾, 수식 修飾, 외식 外飾, 장식 裝飾, 수식어 修飾語, 허례허식 虛禮虛飾

유: 裝 꾸밀 장

申 납 신 (4급II, 부 田, 총 5)

- **자해**: 번쩍이며 내리꽂는 번갯불의 모양으로, 주위에 그 존재를 밝게 알린다는 뜻이다.
- **읽기**: 申儆 신경, 申呂 신려, 申託 신탁, 申乭石 신돌석, 申申付託 신신부탁
- **쓰기**: 신고 申告, 신방 申方, 신주 申奏, 신청 申請, 내신 內申, 상신 上申, 신문고 申聞鼓, 신사임당 申師任堂, 신신당부 申申當付, 갑신정변 甲申政變, 이의신청 異議申請, 출생신고 出生申告

유: 告 고할 고

愼 삼갈 신: (3급II, 부 忄(心), 총 13)

- **자해**: 참된[眞] 사람은 말이나 행동을 할 때 마음[心]속으로 몇 번이고 생각하며, 몸가짐이나 언행을 삼간다는 뜻이다.
- **읽기**: 稷愼 직신
- **쓰기**: 신구 愼口, 신기 愼機, 신묵 愼默, 신사 愼思, 신사 愼辭, 신섭 愼攝, 신언 愼言, 신중 愼重, 신택 愼擇, 경신 敬愼, 겸신 謙愼, 계신 戒愼, 근신 謹愼, 독신 獨愼, 숙신 肅愼

유: 謹 삼갈 근

伸 펄 신 (3급, 부 亻(人), 총 7)

- **자해**: 사람[亻]이 말[申]을 할 때 이야기를 길게 펼친다는 뜻이다.
- **쓰기**: 신장 伸長, 신장 伸張, 신철 伸鐵, 신축 伸縮, 굴신 屈伸, 연신 延伸, 인신 引伸, 추신 追伸, 신축성 伸縮性, 여권신장 女權伸張

유: 張 베풀 장
상: 縮 줄일 축

晨 새벽 신

3급 부 日 총 11

자해 별[辰]은 지고 해[日]가 뜨려할 때가 새벽이다.

읽기 晨餐 신찬 晨炊 신취

쓰기 신계 晨鷄 신광 晨光 신기 晨起 신단 晨旦 신명 晨明 신석 晨夕
신성 晨星 신성 晨省 신조 晨朝 신혼 晨昏 혼정신성 昏定晨省

유 曉 새벽 효
상 暮 저물 모, 昏 어두울 혼

辛 매울 신

3급 부 辛 총 7

자해 죄인의 얼굴에 문신을 새기는 뾰족한 형벌 도구를 나타낸 글자이다. 문신이 새겨지는 고통과 괴로움에서 맵다는 뜻도 가진다.

읽기 辛酸 신산 獐耳細辛 장이세신

쓰기 신고 辛苦 신근 辛勤 신묘 辛卯 신미 辛味 신미 辛未 신방 辛方
신승 辛勝 신일 辛日 신축 辛丑 오신 五辛 향신료 香辛料
천신만고 千辛萬苦

유 烈 매울 렬

深 깊을 심

4급II 부 氵(水) 총 11

자해 물[氵]속으로 들어가면 들어갈수록 점점[罙] 깊이가 깊다는 뜻이다.

읽기 深坑 심갱 深窟 심굴 深悼 심도 深僻 심벽 深淵 심연 深穩 심온
深旨 심지 深衷 심충 深酷 심혹 深泓 심홍 湍深 단심
深淵薄氷 심연박빙

쓰기 심각 深刻 심경 深耕 심도 深度 심야 深夜 심의 深意 심전 深殿
심취 深趣 심층 深層 심해 深海 심화 深化 수심 水深 심심 甚深
야심 夜深 심호흡 深呼吸 심사숙고 深思熟考 심산유곡 深山幽谷

유 濬 깊을 준, 滉 깊을 황
상 淺 얕을 천

審 살필 심(:)

3급II 부 宀 총 15

자해 집[宀] 안을 차례차례[番] 꼼꼼히 살핀다는 뜻이다.

쓰기 심리 審理 심문 審問 심사 審査 심의 審議 심찰 審察 심판 審判
결심 結審 구심 球審 복심 覆審 예심 豫審 오심 誤審 원심 原審
재심 再審 주심 主審 심미안 審美眼 항고심 抗告審
불심검문 不審檢問

유 査 조사할 사, 省 살필 성, 察 살필 찰

甚 심할 심:

3급II 부 甘 총 9

자해 한 쌍의 짝[匹]이 된 부부가 달콤한[甘] 사랑을 나누니 정이 깊고 심하다는 뜻이다.

읽기 滋甚 자심

쓰기 심난 甚難 심대 甚大 심서 甚暑 심심 甚深 심악 甚惡 심엄 甚嚴
격심 激甚 극심 極甚 이심 已甚 태심 太甚 행심 幸甚
심지어 甚至於

유 激 격할 격, 劇 심할 극

3급 부 寸 총 12	尋 찾을 심 유 訪 찾을 방, 搜 찾을 수, 探 찾을 탐	**자해** 왼쪽[左→工], 오른쪽[右→口]을 번갈아 양손[⺕]을 법도[寸]에 맞게 조금씩 움직이며 방법을 찾는다는 뜻이다. **읽기** 尋覓 심멱 **쓰기** 심문 尋問　심방 尋訪　심사 尋思　심상 尋常　심인 尋人　심토 尋討 순심 巡尋　연심 研尋　천심 千尋　추심 推尋　심장적구 尋章摘句
3급Ⅱ 부 隹 총 18 약 双	雙 두·쌍 쌍 유 兩 두 량, 再 두 재	**자해** 두 마리의 새[隹隹]를 손[又] 위에 올려놓은 모습에서, 둘, 한 쌍이라는 뜻으로 쓰인다. **읽기** 雙融 쌍융　雙霸 쌍패　雙杆菌 쌍간균　雙步哨 쌍보초 **쓰기** 쌍동 雙童　쌍룡 雙龍　쌍림 雙林　쌍발 雙發　쌍방 雙方　쌍분 雙墳 쌍수 雙手　무쌍 無雙　쌍곡선 雙曲線　쌍권총 雙拳銃 쌍벌죄 雙罰罪　쌍안경 雙眼鏡　쌍화탕 雙和湯　쌍무협정 雙務協定 변화무쌍 變化無雙
4급 부 氏 총 4	氏 각시·성씨 씨 유 姓 성 성	**자해** 나무의 뿌리가 얽혀 있는 모습을 나타낸 글자로, 같은 뿌리를 가진 성씨를 뜻한다. **읽기** 芮氏 예씨　曹氏 조씨　葛天氏 갈천씨　伏羲氏 복희씨 夏禹氏 하우씨　呂氏春秋 여씨춘추 **쓰기** 계씨 季氏　성씨 姓氏　씨명 氏名　씨족 氏族　제씨 諸氏　종씨 宗氏 무명씨 無名氏　씨족사회 氏族社會　창씨개명 創氏改名
3급Ⅱ 부 二 총 8 약 亜	亞 버금 아(:) 유 副 버금 부, 仲 버금 중, 次 버금 차 상 元 으뜸 원	**자해** 곱사등이 두 명이 마주 선 모습을 본뜬 글자로, 이들을 건강한 사람보다 못하다 하여 버금이라는 뜻을 가진다. **읽기** 亞歐 아구　亞黃酸 아황산 **쓰기** 아류 亞流　아마 亞麻　아목 亞目　아성 亞聖　아연 亞鉛　아주 亞洲 아헌 亞獻　아세아 亞細亞　아열대 亞熱帶　노서아 露西亞 동남아 東南亞　동북아 東北亞
3급Ⅱ 부 戈 총 7	我 나 아: 유 余 나 여, 予 나 여, 吾 나 오 상 汝 너 여	**자해** 손[手]에 창[戈]을 들고 나라를 지키는 나를 뜻한다. **읽기** 自我型 자아형 **쓰기** 아국 我國　아군 我軍　아의 我意　아집 我執　몰아 沒我　무아 無我 소아 小我　자아 自我　재아 宰我　무아경 無我境　피아간 彼我間 아전인수 我田引水　물아일체 物我一體　유아독존 唯我獨尊

226

餓

3급 부 食(식) 총 16
주릴 아:

자해 먹을[食] 것으로 나[我]의 배를 채우지 못하고 배를 굶주린다는 뜻이다.

쓰기 아귀 餓鬼 아도 餓倒 아사 餓死 아살 餓殺 기아 飢餓 동아 凍餓
한아 寒餓 아귀도 餓鬼道 아사선상 餓死線上 아사지경 餓死之境

유 飢 주릴 기
상 飽 배부를 포

牙

3급II 부 牙 총 4
어금니 아

자해 위아래로 맞물려 있는 어금니의 모양을 본뜬 글자이다.

읽기 牙獐 아장 牙山灣 아산만 鮑叔牙 포숙아

쓰기 아기 牙器 아기 牙旗 아륜 牙輪 아성 牙城 아음 牙音 아전 牙錢
대아 大牙 독아 毒牙 상아 象牙 치아 齒牙 상아탑 象牙塔
서반아 西班牙

芽

3급II 부 艹(艸) 총 8
싹 아

자해 잇몸에 돋은 어금니[牙]처럼 땅에서 돋아난 싹을 뜻한다.

읽기 胎芽 태아

쓰기 아갑 芽甲 아생 芽生 동아 冬芽 두아 豆芽 맥아 麥芽 발아 發芽
신아 新芽 엽아 葉芽 육아 肉芽 주아 主芽 초아 草芽 출아 出芽
화아 花芽

雅

3급II 부 隹 총 12
맑을 아(:)

자해 어금니[牙] 안쪽 깊은 곳에서부터 나오는 새[隹]의 울음소리가 맑다는 뜻이다.

읽기 雅旨 아지

쓰기 아결 雅潔 아담 雅淡 아량 雅量 아악 雅樂 아정 雅正 아형 雅兄
아호 雅號 고아 高雅 단아 端雅 수아 秀雅 우아 優雅 청아 淸雅

유 淡 맑을 담, 淸 맑을 청
상 濁 흐릴 탁, 俗 풍속 속

阿

3급II 부 阝(阜) 총 8
언덕 아

자해 언덕[阝]을 올려다보듯 우러러보며 상대방이 좋아하는[可] 말로 아부한다는 뜻이다.

읽기 阿膠 아교 阿房羅刹 아방나찰

쓰기 아구 阿丘 아부 阿附 아비 阿鼻 아세 阿世 아종 阿從 아편 阿片
아방궁 阿房宮 아수라 阿修羅 아편중독 阿片中毒

유 丘 언덕 구, 岸 언덕 안, 厓 언덕 애

| 3급 부山 총8 | 岳 큰산 악 |

자해 산[山] 위에 또 큰 언덕[丘]들이 자리를 잡아 이루어진 큰 산을 뜻한다.

읽기 潘岳 반악　岳武穆 악무목　雉岳山 치악산

쓰기 악두 岳頭　악모 岳母　악부 岳父　악장 岳丈　남악 南岳　대악 大岳
산악 山岳　풍악 楓岳　관악산 冠岳山　북악산 北岳山
산악회 山岳會

| 4급Ⅱ 부目 총11 | 眼 눈 안: |
유 目 눈 목

자해 눈[目] 안에 머물러[艮] 있는 동그란 눈동자를 뜻한다.

읽기 眼彩 안채　礙眼 애안　隻眼 척안　炯眼 형안

쓰기 안경 眼鏡　안과 眼科　안광 眼光　안구 眼球　안대 眼帶　안목 眼目
안약 眼藥　안주 眼珠　안중 眼中　안질 眼疾　개안 開眼　노안 老眼
육안 肉眼　의안 義眼　주안 主眼　착안 着眼　혈안 血眼　혜안 慧眼
근시안 近視眼　방안지 方眼紙　백안시 白眼視　심미안 審美眼
쌍안경 雙眼鏡　안고수비 眼高手卑　안하무인 眼下無人

| 3급Ⅱ 부山 총8 | 岸 언덕 안: |
유 丘 언덕 구, 阿 언덕 아,
厓 언덕 애

자해 방패[干]처럼 바다나 강물을 막고 있는 산[山]의 언덕[厂]이라는 뜻이다.

읽기 塘岸 당안　汀岸 정안　津岸 진안　坡岸 파안

쓰기 안벽 岸壁　대안 對岸　서안 西岸　양안 兩岸　연안 沿岸　피안 彼岸
해안 海岸　남해안 南海岸　동해안 東海岸　해안선 海岸線

| 3급Ⅱ 부頁 총18 | 顔 낯 안: |
유 面 낯 면, 容 얼굴 용

자해 선비[彦]가 머리[頁]에서 항상 단정함을 유지해야 하는 낯(얼굴)을 뜻한다.

읽기 顔淵 안연　彊顔 강안　塵顔 진안

쓰기 안료 顔料　안면 顔面　안색 顔色　동안 童顔　무안 無顔　용안 容顔
파안 破顔　홍안 紅顔　안면박대 顔面薄待　파안대소 破顔大笑
후안무치 厚顔無恥

| 3급 부隹 총12 | 雁 기러기 안: |
유 鴻 기러기 홍

자해 언덕[厂] 위로 높이 날아 '사람 인[人→亻]' 자처럼 줄을 맞춰서 가는 새[隹]인 기러기를 뜻한다.

읽기 雁鼎 안정　舒雁 서안

쓰기 안노 雁奴　안당 雁堂　안사 雁使　안서 雁書　안신 雁信　안족 雁足
안주 雁柱　안진 雁陣　안항 雁行　목안 木雁　백안 白雁　홍안 鴻雁
후안 候雁

謁 뵐 알
3급 부 言 총 16

유 見 뵈올 현

- **자해** 윗사람에게 말씀[言]을 올려 뵙기를 청한다[曷]는 의미에서, 뵌다는 뜻이다.
- **읽기** 謁後塵 알후진
- **쓰기** 알고 謁告 알묘 謁廟 알성 謁聖 알현 謁見 내알 內謁 면알 面謁
  배알 拜謁 상알 上謁 청알 請謁 알성시 謁聖試
  알성급제 謁聖及第

暗 어두울 암:
4급II 부 日 총 13

유 冥 어두울 명
상 明 밝을 명

- **자해** 해[日]가 져서 앞이 보이지 않고 소리[音]만 들리니 어둡다는 뜻이다.
- **읽기** 暗款 암관 暗窟 암굴
- **쓰기** 암군 暗君 암귀 暗鬼 암기 暗記 암산 暗算 암살 暗殺 암송 暗誦
  암시 暗示 암실 暗室 암영 暗影 암우 暗愚 암운 暗雲 암투 暗鬪
  암표 暗標 암호 暗號 암흑 暗黑 명암 明暗 암거래 暗去來
  암매장 暗埋葬 암시장 暗市場 암행어사 暗行御史

巖 바위 암
3급II 부 山 총 23 약 岩

- **자해** 산[山]에, 굳세고 엄한[嚴] 자태로 버티고 있는 바위를 뜻한다.
- **읽기** 巖窟 암굴 鎔巖 용암 花崗巖 화강암 檜巖寺 회암사
- **쓰기** 암반 巖盤 암벽 巖壁 암석 巖石 괴암 怪巖 기암 奇巖
  암각화 巖刻畫 침적암 沈積巖 기암괴석 奇巖怪石
  기암절벽 奇巖絶壁

壓 누를 압
4급II 부 土 총 17 약 圧

유 押 누를 압, 抑 누를 억

- **자해** 오래 먹어 물린[厭] 음식을 흙[土]에 묻고 위에서 힘주어 누른다는 뜻이다.
- **읽기** 壓診 압진 壓軸 압축 減壓療法 감압요법
- **쓰기** 압권 壓卷 압도 壓倒 압력 壓力 압박 壓迫 압사 壓死 압승 壓勝
  압축 壓縮 가압 加壓 강압 強壓 기압 氣壓 수압 水壓 억압 抑壓
  위압 威壓 전압 電壓 제압 制壓 지압 地壓 지압 指壓 진압 鎭壓
  탄압 彈壓 혈압 血壓 고기압 高氣壓 고압선 高壓線
  고혈압 高血壓 변압기 變壓器 저기압 低氣壓

押 누를 압
3급 부 扌(手) 총 8

유 壓 누를 압, 抑 누를 억

- **자해** 손[扌]으로 갑옷[甲]처럼 무겁게 누른다는 뜻이다.
- **쓰기** 압교 押交 압령 押領 압류 押留 압송 押送 압수 押收 압운 押韻
  압인 押印 압지 押紙 수압 手押 차압 差押 가압류 假押留

仰 우러를 앙:
- 3급II, 부 亻(人), 총 6
- 유: 崇 높을 숭, 信 믿을 신

자해 사람[亻]이 높이[卬] 우러른다는 뜻이다.

읽기 仰款 앙관 瞻仰 첨앙 欽仰 흠앙 俛仰亭 면앙정
仰之彌高 앙지미고

쓰기 앙등 仰騰 앙망 仰望 앙사 仰射 앙주 仰奏 앙천 仰天 앙청 仰請
앙축 仰祝 경앙 敬仰 고앙 高仰 모앙 慕仰 숭앙 崇仰 신앙 信仰
추앙 推仰 앙천대소 仰天大笑

央 가운데 앙
- 3급II, 부 大, 총 5
- 유: 中 가운데 중
- 상: 邊 가 변

자해 크게[大] 팔다리를 펼친 사람이 베개[冂]의 한가운데를 베고 있는 모습을 본뜬 글자로, 가운데를 뜻한다.

쓰기 중앙 中央 진앙 震央 중앙부 中央部 중앙선 中央線
중앙청 中央廳 중앙정부 中央政府 중앙집권 中央集權
중앙집권제 中央集權制

殃 재앙 앙
- 3급, 부 歹, 총 9
- 유: 厄 액 액, 災 재앙 재, 禍 재앙 화
- 상: 福 복 복, 祐 복 우, 祚 복 조, 祜 복 호

자해 사람을 죽음[歹]의 한가운데[央]로 몰아넣는 재앙을 뜻한다.

쓰기 앙경 殃慶 앙급 殃及 앙화 殃禍 백앙 百殃 여앙 餘殃 재앙 災殃
천앙 天殃 앙급자손 殃及子孫 앙급지어 殃及池魚

哀 슬플 애
- 3급II, 부 口, 총 9
- 유: 悲 슬플 비, 悼 슬퍼할 도
- 상: 悅 기쁠 열, 怡 기쁠 이, 歡 기쁠 환, 喜 기쁠 희

자해 옷[衣]깃으로 눈물을 닦으며 입[口]으로 소리 내어 우니 슬프다는 뜻이다.

읽기 哀悼 애도 哀鬱 애울

쓰기 애가 哀歌 애련 哀憐 애모 哀慕 애석 哀惜 애소 哀訴 애수 哀愁
애원 哀怨 애절 哀切 애절 哀絕 애조 哀調 애통 哀痛 애환 哀歡
비애 悲哀 애이불비 哀而不悲 희로애락 喜怒哀樂

涯 물가 애
- 3급, 부 氵(水), 총 11
- 유: 洙 물가 수, 塢 물가 오, 汀 물가 정, 洲 물가 주

자해 바다나 강의 물[氵]이 언덕[厓]과 맞닿아 있는 물가를 뜻한다.

읽기 涯垠 애은

쓰기 애각 涯角 애안 涯岸 애제 涯際 애한 涯限 경애 境涯 무애 無涯
생애 生涯 수애 水涯 천애 天涯 공생애 公生涯 반생애 半生涯
사생애 私生涯 천애고아 天涯孤兒

4급II 부 氵(水) 총 11
液 진 액

자해 나무껍질에 상처를 내어 밤[夜]까지 오랫동안 받으면 얻을 수 있는 끈끈한 물[氵]이 진이다.

읽기 溶液 용액　融液 융액　脂液 지액　津液 진액　血液型 혈액형

쓰기 액량 液量　액비 液肥　액체 液體　액화 液化　독액 毒液　송액 松液
수액 水液　수액 樹液　정액 精液　탕액 湯液　혈액 血液
부동액 不凍液　소화액 消化液　혈액검사 血液檢查

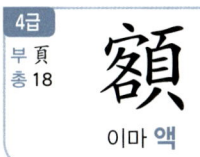
4급 부 頁 총 18
額 이마 액

자해 오는 손님[客]의 머리[頁]는 이마부터 보인다는 의미에서, 이마를 뜻한다.

읽기 遮額 차액　焦額 초액　扁額 편액

쓰기 액면 額面　액수 額數　액자 額子　가액 價額　감액 減額　거액 巨額
고액 高額　광액 廣額　금액 金額　다액 多額　반액 半額　소액 少額
잔액 殘額　전액 全額　정액 定額　증액 增額　차액 差額　총액 總額

유 首 머리 수, 頁 머리 혈

3급 부 厂 총 4
厄 액 액

자해 언덕[厂] 위에서 갑자기 굴러 떨어지는 바람에 몸을 웅크리고[㔾] 앉아 고통스러워한다는 데서, 재앙(액)을 뜻한다.

쓰기 액고 厄苦　액기 厄氣　액년 厄年　액운 厄運　액화 厄禍　곤액 困厄
재액 災厄　횡액 橫厄　낙미지액 落眉之厄　횡래지액 橫來之厄

유 殃 재앙 앙, 災 재앙 재, 禍 재앙 화
상 福 복 복

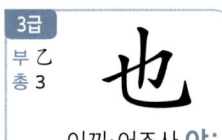
3급 부 乙 총 3
也 이끼·어조사 야:

자해 땅속에 숨어 있던 뱀이 머리를 들고 나오는 모습을 본뜬 글자로, 주로 문장 끝에 쓰이는 종결의 어조사이다.

쓰기 야대 也帶　필야 必也　혹야 或也　야무방 也無妨　급기야 及其也
독야청청 獨也靑靑　언즉시야 言則是也

3급 부 耳 총 9
耶 어조사 야

자해 고을[邑→阝]에서 일어나는 일에 귀[耳]를 기울여 듣고 의문을 갖는다는 뜻으로, 의문을 나타내는 어조사이다.

읽기 耶孃 야양

쓰기 야소 耶蘇　뇌야 賴耶　야화화 耶華和　서야벌 徐耶伐
유야무야 有耶無耶　천야만야 千耶萬耶

若 (3급II, 부 ⺿(艸), 총 9) 같을 **약**/반야 **야**

유 如 같을 여, 肖 같을 초
상 異 다를 이, 差 다를 차, 他 다를 타

자해 풀[⺿]을 오른손[右]으로 뽑아 놓고 보니 모양이 다 비슷하거나 같다는 뜻이다.

읽기 傍若無人 방약무인

쓰기 약간 若干　약배 若輩　약시 若是　약차 若此　약하 若何　약혹 若或
난야 蘭若　만약 萬若　반야 般若　자약 自若　명약관화 明若觀火
반야심경 般若心經　방약무인 傍若無人　태연자약 泰然自若
약불계지주 若不繫之舟

躍 (3급, 부 ⻊(足), 총 21) 뛸 **약**

유 跳 뛸 도

자해 새[隹]가 날개[羽]를 펼치고 날기 위해 발[足]로 뛰어오른다는 뜻이다.

쓰기 약동 躍動　약진 躍進　도약 跳躍　비약 飛躍　암약 暗躍　일약 一躍
활약 活躍　맹활약 猛活躍　각개약진 各個躍進　암중비약 暗中飛躍

羊 (4급II, 부 羊, 총 6) 양 **양**

자해 뿔이 달린 양의 머리를 본뜬 글자로, 양을 뜻한다.

읽기 羊祜 양호

쓰기 양모 羊毛　양육 羊肉　양피 羊皮　견양 犬羊　면양 綿羊　목양 牧羊
백양 白羊　산양 山羊　우양 牛羊　산양유 山羊乳
양두구육 羊頭狗肉　구절양장 九折羊腸

樣 (4급, 부 木, 총 15) 모양 **양**

유 貌 모양 모, 像 모양 상, 相 서로 상, 態 모습 태, 形 모양 형

자해 나무[木]를 양[羊]털처럼 길게[永] 베어서 깎아 만들 수 있는 여러 가지 모양을 뜻한다.

읽기 網樣質 망양질

쓰기 양상 樣相　양식 樣式　양태 樣態　각양 各樣　다양 多樣　모양 模樣
문양 文樣　별양 別樣　외양 外樣　각양각색 各樣各色
건축양식 建築樣式

壤 (3급II, 부 土, 총 20, 약 壌) 흙덩이 **양:**

유 塊 흙덩이 괴, 土 흙 토
상 天 하늘 천

자해 흙[土] 중에 농사를 짓는 데 도움[襄]을 주는 곱고 부드러운 흙덩이를 뜻한다.

읽기 僻壤 벽양

쓰기 격양 擊壤　운양 雲壤　적양 赤壤　천양 天壤　천양 泉壤　토양 土壤
평양 平壤　황양 黃壤　격양가 擊壤歌　사양토 沙壤土
천양지차 天壤之差

揚 날릴 양

- 3급II
- 부 扌(手)
- 총 12

유 揭 걸 게
상 抑 누를 억

자해 손[扌]에 든 깃발을 햇살[昜]을 향해 높이 날린다는 뜻이다.

읽기 揭揚 게양 旌揚 정양

쓰기 양륙 揚陸 양명 揚名 양양 揚揚 고양 高揚 등양 騰揚 부양 浮揚
억양 抑揚 인양 引揚 지양 止揚 찬양 讚揚 양수기 揚水機
의기양양 意氣揚揚 입신양명 立身揚名

讓 사양할 양:

- 3급II
- 부 言
- 총 24
- 약 讓

유 謙 겸손할 겸

자해 정중한 말[言]로 도움[襄]을 사양한다는 뜻이다.

쓰기 양도 讓渡 양보 讓步 양수 讓受 양여 讓與 양위 讓位 겸양 謙讓
경양 敬讓 분양 分讓 사양 辭讓 예양 禮讓 이양 移讓
사양지심 辭讓之心

楊 버들 양

- 3급
- 부 木
- 총 13

유 柳 버들 류

자해 나무[木]의 잎과 가지가 마치 햇살[昜]처럼 퍼져 흔들리는 버들(버드나무)을 뜻한다.

읽기 楊朱泣岐 양주읍기

쓰기 양류 楊柳 양주 楊州 양지 楊枝 백양 白楊 수양 垂楊 수양 水楊
적양 赤楊 양귀비 楊貴妃 백양목 白楊木

御 거느릴 어:

- 3급II
- 부 彳
- 총 11

유 領 거느릴 령,
率 거느릴 솔,
統 거느릴 통

자해 마부가 길을 가다가[行→彳] 정오[午]쯤 되면 멈춰서[止] 무릎 꿇고[卩] 쉬게 하며 말을 거느린다는 뜻이다.

읽기 御苑 어원 御札 어찰

쓰기 어명 御命 어사 御使 어압 御押 어용 御用 어자 御字 어전 御前
어주 御酒 제어 制御 통어 通御 어사화 御賜花
어용학자 御用學者 어전회의 御前會議 암행어사 暗行御史

於 어조사 어/탄식할 오

- 3급
- 부 方
- 총 8

자해 사방[方]으로 사람[人] 둘씩[冫] 인연을 맺어 주듯 말과 말을 연결해 주는 어조사로 쓰인다.

읽기 青出於藍 청출어람

쓰기 어심 於心 어언 於焉 어기중 於其中 어상반 於相半
어시호 於是乎 어언간 於焉間 어중간 於中間 어차피 於此彼
심지어 甚至於

憶 생각할 억

- 3급II
- 부 忄(心)
- 총 16

자해 마음[忄]속에 자신의 뜻[意]을 단단히 새겨 오래 생각한다는 뜻이다.

쓰기 억기 憶起 억념 憶念 기억 記憶 추억 追憶 회억 回憶
기억력 記憶力 기억상실 記憶喪失 기억소자 記憶素子

유 考 생각할 고, 念 생각 념, 慮 생각할 려, 思 생각 사, 想 생각 상

抑 누를 억

- 3급II
- 부 扌(手)
- 총 7

자해 손[扌]으로 높은[卬] 것을 누른다는 뜻이다.

읽기 抑鬱 억울 沮抑 저억

쓰기 억류 抑留 억불 抑佛 억압 抑壓 억양 抑揚 억제 抑制 억지 抑止
억탈 抑奪 억양법 抑揚法 억강부약 抑強扶弱 억하심정 抑何心情

유 壓 누를 압, 押 누를 압
상 揚 날릴 양

焉 어찌 언

- 3급
- 부 灬(火)
- 총 11

자해 새[鳥→焉]는 바르게[正] 나뭇가지에 어찌 앉을 수 있는지 궁금하다는 데에서, '어찌'라는 뜻이다.

읽기 揭焉 게언

쓰기 언오 焉烏 어언 於焉 종언 終焉 어언간 於焉間
언감생심 焉敢生心

유 那 어찌 나, 何 어찌 하

嚴 엄할 엄

- 4급
- 부 口
- 총 20
- 약 厳

자해 언덕[厂] 위에 바위들[口口]이 자리한 모습이 감히[敢] 올라가기 무서울 만큼 엄하다는 뜻이다.

읽기 嚴峻 엄준 嚴旨 엄지 嚴酷 엄혹 峻嚴 준엄 楞嚴經 능엄경

쓰기 엄격 嚴格 엄금 嚴禁 엄명 嚴命 엄밀 嚴密 엄선 嚴選 엄수 嚴守
엄수 嚴修 엄정 嚴正 엄중 嚴重 계엄 戒嚴 근엄 謹嚴 냉엄 冷嚴
무엄 無嚴 삼엄 森嚴 위엄 威嚴 장엄 莊嚴 존엄 尊嚴 준엄 俊嚴
지엄 至嚴 화엄경 華嚴經 엄동설한 嚴冬雪寒

유 肅 엄숙할 숙

如 같을 여

- 4급II
- 부 女
- 총 6

자해 여자[女]가 입[口]으로 하는 말은 대부분 부모님이나 남편의 의견과 같다는 뜻이다.

읽기 穆如淸風 목여청풍 炳如日星 병여일성

쓰기 여간 如干 여래 如來 여의 如意 여전 如前 여차 如此 여하 如何
여혹 如或 결여 缺如 혹여 或如 여반장 如反掌 여의주 如意珠
하여간 何如間 만사여의 萬事如意 일일여삼추 一日如三秋

유 若 같을 약, 肖 같을 초
상 異 다를 이, 差 다를 차, 他 다를 타

餘 남을 여

4급Ⅱ
부 食(식)
총 16
약 余

유 裕 넉넉할 유, 殘 남을 잔

자해 밥[食]이 많아서 내[余]가 먹고도 남는다는 뜻이다.

읽기 餘祚 여조   餘址 여지   餘塵 여진   餘薰 여훈

쓰기
여가 餘暇   여기 餘技   여념 餘念   여담 餘談   여력 餘力   여록 餘祿
여망 餘望   여묵 餘墨   여백 餘白   여분 餘分   여생 餘生   여세 餘勢
여운 餘韻   여유 餘裕   여적 餘滴   여죄 餘罪   여지 餘地   여타 餘他
여파 餘波   여한 餘恨   여흥 餘興   잔여 殘餘   궁여지책 窮餘之策

與 더불·줄 여:

4급
부 臼
총 14
약 与

유 給 줄 급, 授 줄 수, 參 참여할 참
상 受 받을 수, 野 들 야

자해 무거운 물건을 마주 들어[舁→𦥑] 올려 준다[与]는 의미에서, 더불다, 준다는 뜻이다.

쓰기
여건 與件   여당 與黨   여부 與否   여수 與受   여신 與信   여야 與野
간여 干與   공여 供與   관여 關與   급여 給與   기여 寄與   대여 貸與
부여 賦與   부여 附與   수여 受與   양여 讓與   증여 贈與   참여 參與
허여 許與   상여금 賞與金   증여세 贈與稅   여민동락 與民同樂
생살여탈 生殺與奪

予 나 여

3급
부 亅
총 4

유 我 나 아, 余 나 여, 吾 나 오
상 汝 너 여

자해 한쪽 손에서 다른 한쪽 손으로 베틀의 북을 주고받는 모습으로, 내 손에서 왔다 갔다 한다고 하여 나라는 뜻이다.

쓰기 여고 予告   여탈 予奪   여소자 予小子   여일인 予一人

余 나 여

3급
부 人
총 7

유 我 나 아, 予 나 여, 吾 나 오
상 汝 너 여

자해 지붕을 나무 기둥으로 받친 모습으로, 그 안에 깃든 나를 의미한다.

쓰기 여등 余等   여배 余輩   여월 余月

汝 너 여:

3급
부 氵(水)
총 6

상 我 나 아, 余 나 여, 予 나 여, 吾 나 오

자해 물[氵]가에 살던 여자[女]가 바로 너라는 뜻이다.

쓰기 여등 汝等   여배 汝輩   여의도 汝矣島

輿

3급 부 車 총 17
수레 여:

유 軻 수레 가, 車 수레 거·차, 輔 수레 량

자해 무거운 물건을 마주 들고[舁→튽] 가는 수레[車]를 뜻한다.

읽기 藍輿 남여

쓰기 여량 輿梁 여론 輿論 여망 輿望 여지 輿地 권여 權輿 상여 喪輿
승여 乘輿 여론조사 輿論調査 대동여지도 大東輿地圖

逆

4급II 부 辶(辵) 총 10
거스릴 역

상 順 순할 순

자해 거꾸로[屰] 서서 걸어가며[辶] 순리를 거스른다는 뜻이다.

쓰기 역경 逆境 역광 逆光 역려 逆旅 역류 逆流 역모 逆謀 역산 逆算
역설 逆說 역순 逆順 역습 逆襲 역적 逆賊 역전 逆轉 역전 逆戰
역정 逆情 역조 逆調 역조 逆潮 역풍 逆風 역행 逆行 역혼 逆婚
거역 拒逆 막역 莫逆 반역 叛逆 반역 反逆 부역 附逆
역이용 逆利用 대역죄 大逆罪

域

4급 부 土 총 11
지경 역

유 境 지경 경, 界 지경 계, 區 지경 구

자해 혹시[或]라도 땅[土]을 빼앗기지 않기 위해 나눠 놓은 지경(땅의 경계)을 뜻한다.

읽기 疆域 강역 槿域 근역 禹域 우역

쓰기 역내 域內 광역 光域 구역 區域 묘역 墓域 서역 西域 성역 聖域
수역 水域 영역 領域 유역 流域 음역 音域 이역 異域 전역 全域
지역 地域 해역 海域 지역사회 地域社會

易

4급 부 日 총 8
바꿀 역/쉬울 이:

유 貿 무역할 무, 替 바꿀 체, 兌 바꿀 태, 換 바꿀 환
상 難 어려울 난

자해 도마뱀을 그린 글자로, 상황에 따라 몸의 색을 쉽게 바꾸는 모습에서, 바꾸다, 쉽다는 뜻이다.

쓰기 역경 易經 역서 易書 역학 易學 간이 簡易 교역 交易 난이 難易
무역 貿易 안이 安易 용이 容易 주역 周易 평이 平易
밀무역 密貿易 역지사지 易地思之

亦

3급II 부 亠 총 6
또 역

유 又 또 우, 且 또 차

자해 사람[大→亣]의 양쪽[八] 겨드랑이를 그린 글자로, 양쪽에 모두 있어 '또'라는 뜻이다.

쓰기 역시 亦是 역연 亦然 기역 其亦 차역 此亦 역여시 亦如是
기역시 其亦是 차역시 此亦是 역참기중 亦參其中

役 부릴 역 (3급II, 부 彳, 총 7)

자해 몽둥이[殳]를 들고 길[行→彳]을 왔다 갔다 하며 다른 사람들이 일하도록 부린다는 뜻이다.

읽기 雇役 고역   董役 동역   備役 용역   句役 전역

쓰기
역원 役員   역할 役割   고역 苦役   노역 勞役   단역 端役   대역 代役
면역 免役   배역 配役   병역 兵役   복역 服役   부역 賦役   사역 使役
아역 兒役   악역 惡役   용역 用役   잡역 雜役   전역 轉役   조역 助役
주역 主役   중역 重役   징역 懲役   퇴역 退役   하역 荷役   현역 現役

비 使 부릴 사, 事 일 사

疫 전염병 역 (3급II, 부 疒, 총 9)

자해 여러 사람을 몽둥이[殳]로 때려눕히듯 집단으로 병[疒]들게 하는 전염병을 뜻한다.

읽기 檢疫圈 검역권   防疫網 방역망

쓰기
역귀 疫鬼   역병 疫病   역신 疫神   역질 疫疾   역학 疫學   검역 檢疫
면역 免疫   방역 防疫   수역 獸疫   홍역 紅疫   검역소 檢疫所
면역력 免疫力

비 病 병 병, 疾 병 질

譯 번역할 역 (3급II, 부 言, 총 20, 약 訳)

자해 어떤 나라의 말[言]을 엿보아[睪] 다른 나라의 말로 번역한다는 뜻이다.

읽기 倭譯 왜역

쓰기
역서 譯書   역자 譯者   국역 國譯   내역 內譯   대역 對譯   번역 飜譯
불역 佛譯   신역 新譯   오역 誤譯   완역 完譯   의역 意譯   중역 重譯
직역 直譯   초역 抄譯   통역 通譯   내역서 內譯書

비 飜 번역할 번

驛 역 역 (3급II, 부 馬, 총 23, 약 駅)

자해 먼 길을 가는 사람이 중간에 멈춰 말[馬]의 상태를 엿볼[睪] 수 있도록 만든 역을 뜻한다.

읽기 津驛 진역   驛勢圈 역세권

쓰기
역마 驛馬   역부 驛夫   역사 驛舍   역원 驛員   역장 驛長   역전 驛前
역졸 驛卒   역체 驛遞   역무원 驛務員   간이역 簡易驛
종착역 終着驛   역전경주 驛傳競走

演 펼 연: (4급II, 부 氵(水), 총 14)

자해 범[寅]이 뛰는 것처럼 물[氵]이 빠르게 흘러 펼쳐진다는 뜻이다.

읽기 演奏靴 연주화   講演網 강연망

쓰기
연극 演劇   연기 演技   연단 演壇   연사 演士   연설 演說   연습 演習
연승 演承   연예 演藝   연제 演題   연주 演奏   연출 演出   강연 講演
경연 競演   공연 公演   구연 口演   상연 上演   시연 試演   열연 熱演
재연 再演   조연 助演   주연 主演   초연 初演   출연 出演   협연 協演
예행연습 豫行演習   삼국지연의 三國志演義

비 敷 펼 부

煙 연기 연
4급Ⅱ 부火 총13

자해 불[火]을 잘 타지 못하게 막아서[䇎] 나오는 연기를 뜻한다.

읽기 煙埃 연애 塵煙 진연

쓰기 연경 煙景 연기 煙氣 연막 煙幕 연무 煙霧 연월 煙月 연초 煙草
금연 禁煙 무연 無煙 애연 愛煙 포연 砲煙 흑연 黑煙 흡연 吸煙
무연탄 無煙炭 애연가 愛煙家

硏 갈 연:
4급Ⅱ 부石 총11 약 研

자해 돌[石]의 표면을 평평하게[幵] 만들기 위해 간다는 뜻이다.

읽기 硏鑽 연찬

쓰기 연구 硏究 연마 硏磨 연수 硏修 연구생 硏究生 연구소 硏究所
연구원 硏究員 연수원 硏修院 연구논문 硏究論文

유 究 연구할 구, 磨 갈 마, 修 닦을 수

延 늘일 연
4급 부廴 총7

자해 발을 질질 끌며[丿] 가다 서다를[止→止] 반복하여 천천히 걸으면[廴], 걸리는 시간이 늘어난다는 뜻이다.

읽기 延祚 연조 延建坪 연건평

쓰기 연견 延見 연기 延期 연길 延吉 연명 延命 연불 延拂 연수 延壽
연장 延長 연착 延着 연체 延滯 구연 久延 순연 順延 지연 遲延
천연 遷延 연인원 延人員 연장전 延長戰 우천순연 雨天順延

유 遲 더딜 지
상 急 급할 급, 速 빠를 속

燃 탈 연
4급 부火 총16

자해 불[火]을 피우면 당연히[然] 탄다는 뜻이다.

쓰기 연등 燃燈 연료 燃料 연비 燃費 연소 燃燒 가연 可燃 내연 內燃
불연 不燃 재연 再燃 가연성 可燃性 불연재 不燃材
핵연료 核燃料

유 燒 사를 소, 焦 탈 초

緣 인연 연
4급 부糸 총15

자해 토막[彖]이 난 천을 실[糸]로 꿰매어 잇듯이, 사람들을 서로 이어주는 인연이라는 뜻이다.

읽기 緣膜 연막 魔緣 마연 傘緣 산연 塵緣 진연 絶緣劑 절연제

쓰기 연고 緣故 연변 緣邊 연분 緣分 연식 緣飾 연유 緣由 결연 結緣
기연 奇緣 내연 內緣 사연 事緣 악연 惡緣 인연 因緣 절연 絶緣
지연 地緣 혈연 血緣 연목구어 緣木求魚

鉛 납 연
- 4급 / 부 金 / 총 13 / 약 鈆
- **자해**: 쇠[金] 중에 늪[㕣]처럼 검푸른 빛을 띠고 있는 납을 뜻한다.
- **읽기**: 酸化鉛 산화연, 黃酸鉛 황산연
- **쓰기**: 연관 鉛管, 연독 鉛毒, 연사 鉛絲, 연철 鉛鐵, 연판 鉛版, 연필 鉛筆, 백연 白鉛, 아연 亞鉛, 황연 黃鉛, 흑연 黑鉛, 색연필 色鉛筆, 아연판 亞鉛版, 연피전선 鉛被電線

宴 잔치 연:
- 3급Ⅱ / 부 宀 / 총 10
- **자해**: 편안하게[安] 이야기[曰]를 나누며 즐기는 잔치라는 뜻이다.
- **쓰기**: 연가 宴歌, 연거 宴居, 연락 宴樂, 연석 宴席, 연식 宴息, 연회 宴會, 소연 小宴, 수연 壽宴, 주연 酒宴, 고희연 古稀宴, 송별연 送別宴, 축하연 祝賀宴, 회갑연 回甲宴

沿 물따라갈·따를 연(:)
- 3급Ⅱ / 부 氵(水) / 총 8
- **자해**: 물[氵]을 따라 내려가면 늪[㕣]이 이어진다는 의미에서, 물 따라간다는 뜻이다.
- **읽기**: 沿屍 연시
- **쓰기**: 연강 沿江, 연도 沿道, 연로 沿路, 연변 沿邊, 연선 沿線, 연안 沿岸, 연하 沿河, 연해 沿海, 연혁 沿革, 연근해 沿近海, 연해주 沿海州, 연안어업 沿岸漁業

燕 제비 연(:)
- 3급Ⅱ / 부 灬(火) / 총 16
- **자해**: 입을 벌리고 양 날개를 활짝 편 채로 날아오르는 제비를 그린 글자로, 제비를 뜻한다.
- **읽기**: 燕巢 연소, 燕脂 연지, 燕姬 연희, 燕岐郡 연기군
- **쓰기**: 연거 燕居, 연경 燕京, 연맥 燕麥, 연미 燕尾, 연식 燕息, 연오 燕烏, 연회 燕會, 귀연 歸燕, 연미복 燕尾服, 연산군 燕山君, 연홍지탄 燕鴻之歎

軟 연할 연:
- 3급Ⅱ / 부 車 / 총 11
- **자해**: 수레[車]바퀴가 마치 입을 벌린[欠] 것처럼 흠집이 생길 정도로 바퀴의 재질이 연하다는 뜻이다.
- **읽기**: 軟膜 연막, 軟塵 연진, 軟化劑 연화제
- **쓰기**: 연골 軟骨, 연금 軟禁, 연성 軟性, 연수 軟水, 연식 軟式, 연식 軟食, 연약 軟弱, 연질 軟質, 연타 軟打, 연화 軟化, 유연 柔軟, 연문학 軟文學, 유연성 柔軟性, 연체동물 軟體動物
- 유: 柔 부드러울 유
- 상: 堅 굳을 견, 硬 굳을 경, 固 굳을 고, 確 굳을 확

悅 기쁠 열

3급II 부 忄(心) 총 10

자해 마음[忄]이 기쁘다[兌]는 뜻이다.

읽기 悅憙 열희　怡悅 이열

쓰기 열구 悅口　열락 悅樂　열모 悅慕　열복 悅服　열색 悅色　열애 悅愛
감열 感悅　대열 大悅　법열 法悅　불열 不悅　오열 悟悅　화열 和悅
희열 喜悅

유 樂 즐길 락, 怡 기쁠 이, 兌 기쁠 태, 歡 기쁠 환, 喜 기쁠 희
상 悲 슬플 비, 嗚 슬플 오

閱 볼 열

3급 부 門 총 15

자해 문[門] 앞에 세워진 수레와 말의 수가 바뀌었는지[兌] 헤아리며 살펴본다는 뜻이다.

읽기 閥閱 벌열

쓰기 열독 閱讀　열람 閱覽　열력 閱歷　열병 閱兵　열시 閱視　열월 閱月
간열 簡閱　검열 檢閱　고열 考閱　교열 校閱　사열 査閱　전열 展閱

유 檢 검사할 검, 覽 볼 람, 査 조사할 사

染 물들 염:

3급II 부 木 총 9

자해 나무[木]에서 뽑아낸 물[氵]에 천을 여러[九] 번 담그면 물든다는 뜻이다.

읽기 染翰 염한　塵染 진염

쓰기 염료 染料　염법 染法　염색 染色　염직 染織　감염 感染　오염 汚染
전염 傳染　향염 香染　염색체 染色體　오염원 汚染源
전염병 傳染病

炎 불꽃 염

3급II 부 火 총 8

자해 불이 활활 타면서 사방으로 튀기는 불꽃을 뜻한다.

읽기 炎塵 염진　炎赫 염혁　酷炎 혹염　結膜炎 결막염　腦膜炎 뇌막염
腹膜炎 복막염　喉頭炎 후두염

쓰기 염상 炎上　염증 炎症　염증 炎蒸　염천 炎天　간염 肝炎　노염 老炎
뇌염 腦炎　비염 鼻炎　성염 盛炎　위염 胃炎　장염 腸炎　폐렴 肺炎
폭염 暴炎　위장염 胃腸炎　중이염 中耳炎　염량세태 炎涼世態
일본뇌염 日本腦炎

유 炳 불꽃 병, 燮 불꽃 섭
상 涼 서늘할 량

鹽 소금 염

3급II 부 鹵 총 24 약 塩

자해 소금밭[鹵]에서 물이 빠지는 것을 잘 보고[監] 있다가 건져 낸 소금을 뜻한다.

읽기 鹽酸 염산　驥服鹽車 기복염거

쓰기 염도 鹽度　염류 鹽類　염분 鹽分　염소 鹽素　염수 鹽水　염전 鹽田
염호 鹽湖　염화 鹽化　식염 食鹽　암염 巖鹽　죽염 竹鹽
염기성 鹽基性　염장법 鹽藏法　무염식 無鹽食　천일염 天日鹽

4급Ⅱ 부 木 총 14 약 栄
榮 영화 **영**

유 繁 번성할 번, 華 빛날 화

자해 나무[木]가 받쳐[冖]든 불꽃[炎→火火]처럼 화려한 꽃의 모습이 영화롭다는 뜻이다.

읽기 榮耀 영요

쓰기 영광 榮光　영달 榮達　영도 榮塗　영예 榮譽　영욕 榮辱　영전 榮轉
영화 榮華　공영 共榮　번영 繁榮　부영 富榮　허영 虛榮
허영심 虛榮心　영고성쇠 榮枯盛衰　부귀영화 富貴榮華

4급 부 日 총 9
映 비칠 **영(:)**

유 燾 비칠 도, 暎 비칠 영, 照 비칠 조

자해 해[日]가 하늘의 한가운데[央] 높이 떠서 비친다는 뜻이다.

읽기 炳映 병영　映畫俳優 영화배우

쓰기 영상 映像　영창 映窓　영채 映彩　영화 映畫　반영 反映　방영 放映
상영 上映　종영 終映　영사기 映寫機　영사실 映寫室
무성영화 無聲映畫

4급 부 火 총 17 약 営
營 경영할 **영**

자해 등불[炎→火火]을 받쳐[冖] 두고 가게[呂]를 경영한다는 뜻이다.

읽기 營窟 영굴　營療 영료　營繕 영선　營養劑 영양제

쓰기 영내 營內　영농 營農　영리 營利　영양 營養　영업 營業　영외 營外
영위 營爲　영창 營倉　감영 監營　경영 經營　공영 公營　관영 官營
국영 國營　군영 軍營　민영 民營　병영 兵營　시영 市營　야영 野營
운영 運營　입영 入營　직영 直營　진영 陣營　탈영 脫營
자영업자 自營業者

4급 부 辶(辵) 총 8
迎 맞을 **영**

유 適 맞을 적
상 送 보낼 송, 輸 보낼 수

자해 찾아온 손님을 마중 나가서[辶] 높이 우러러보며[卬] 맞이한다는 뜻이다.

읽기 趨迎 추영

쓰기 영빈 迎賓　영세 迎歲　영입 迎入　영접 迎接　영합 迎合　송영 送迎
신영 新迎　출영 出迎　환영 歡迎　송구영신 送舊迎新

3급Ⅱ 부 彡 총 15
影 그림자 **영:**

자해 햇볕[景]을 받아 머릿결[彡]처럼 아른거리는 그림자를 뜻한다.

읽기 隻影 척영　艦影 함영　幻影 환영　射影軸 사영축

쓰기 영상 影像　영인 影印　영전 影殿　영향 影響　근영 近影　무영 無影
반영 反影　암영 暗影　잔영 殘影　진영 眞影　투영 投影
영사본 影寫本　악영향 惡影響

泳 헤엄칠 영:
3급 / 부 氵(水) / 총 8

자해 물[氵]에서 오랫동안[永] 헤엄친다는 뜻이다.

읽기 水泳帽 수영모

쓰기 영법 泳法 경영 競泳 계영 繼泳 배영 背泳 수영 水泳 원영 遠泳
유영 遊泳 잠영 潛泳 접영 蝶泳 평영 平泳 혼영 混泳
수영복 水泳服 수영장 水泳場 자유영 自由泳

詠 읊을 영:
3급 / 부 言 / 총 12

자해 시나 노래처럼 말[言]을 길게[永] 늘여 읊는다는 뜻이다.

쓰기 영가 詠歌 영물 詠物 영송 詠誦 영시 詠詩 영음 詠吟 영창 詠唱
영탄 詠歎 영회 詠懷 낭영 朗詠 무영 舞詠 애영 愛詠 음영 吟詠
영탄법 詠歎法

🔗 歌 노래 가, 吟 읊을 음, 唱 부를 창

藝 재주 예:
4급Ⅱ / 부 艹(艸) / 총 19 / 약 芸, 藝

자해 몸을 구부리고 앉아 풀[艹]을 잘 심고[埶] 또 잘 피어오르게[云] 하는 재주를 뜻한다.

읽기 藝苑 예원 藝文類聚 예문유취

쓰기 예능 藝能 예명 藝名 예술 藝術 곡예 曲藝 공예 工藝 기예 技藝
도예 陶藝 무예 武藝 문예 文藝 서예 書藝 수예 手藝 연예 演藝
원예 園藝 학예 學藝 공예품 工藝品 민예품 民藝品
금속공예 金屬工藝

🔗 技 재주 기, 術 재주 술, 才 재주 재

豫 미리 예:
4급 / 부 豕 / 총 16 / 약 予

자해 코끼리[象]는 스스로 죽을 때를 미리[予] 알고 죽을 곳을 찾아간다는 의미에서, 미리를 뜻한다.

쓰기 예감 豫感 예견 豫見 예고 豫告 예기 豫期 예매 豫買 예방 豫防
예보 豫報 예비 豫備 예산 豫算 예상 豫想 예선 豫選 예습 豫習
예시 豫示 예심 豫審 예약 豫約 예언 豫言 예정 豫定 예행 豫行
유예 猶豫 예측불허 豫測不許 기소유예 起訴猶豫
집행유예 執行猶豫

譽 기릴·명예 예:
3급Ⅱ / 부 言 / 총 21 / 약 誉

자해 많은 사람이 더불어[與] 좋은 말[言]로 칭찬하며 위대한 사람이나 업적을 기린다는 뜻이다.

쓰기 예망 譽望 예문 譽聞 예성 譽聲 예언 譽言 명예 名譽 영예 榮譽
칭예 稱譽 허예 虛譽 불명예 不名譽 명예회복 名譽回復

🔗 頌 기릴 송, 讚 기릴 찬

3급 銳 날카로울 예:
부 金 / 총 15

자해 쇠[金]를 잘 갈아서 칼로 바꾸면[兌] 날카롭다는 뜻이다.

쓰기 예각 銳角 예기 銳騎 예도 銳刀 예둔 銳鈍 예리 銳利 예민 銳敏
예병 銳兵 예장 銳將 예지 銳智 신예 新銳 정예 精銳 첨예 尖銳
첨예화 尖銳化 정예부대 精銳部隊

㈜ 利 이할 리
㈝ 鈍 둔할 둔

4급II 誤 그르칠 오:
부 言 / 총 14

자해 말[言]을 할 때 함부로 큰소리치다가는[吳] 일을 그르친다는 뜻이다.

읽기 誤謬 오류 誤診 오진 闕誤 궐오

쓰기 오기 誤記 오답 誤答 오도 誤導 오발 誤發 오보 誤報 오산 誤算
오심 誤審 오역 誤譯 오용 誤用 오인 誤認 오입 誤入 오자 誤字
오차 誤差 오판 誤判 오해 誤解 과오 過誤 착오 錯誤
정오표 正誤表

㈜ 過 지날 과,
  謬 그르칠 류,
  錯 어긋날 착
㈝ 正 바를 정

3급II 悟 깨달을 오:
부 忄(心) / 총 10

자해 나[吾]의 마음[忄]속으로 생각하며 느끼고 깨닫는다는 뜻이다.

읽기 頓悟漸修 돈오점수

쓰기 오계 悟界 오도 悟道 오성 悟性 오열 悟悅 오인 悟忍 오철 悟徹
각오 覺悟 개오 開悟 묘오 妙悟 미오 迷悟 영오 英悟 회오 悔悟
손오공 孫悟空

㈜ 覺 깨달을 각

3급II 烏 까마귀 오
부 灬(火) / 총 10

자해 까마귀는 몸이 검기 때문에 눈이 잘 보이지 않아서 새[鳥]를 그린 글자에서 눈[一] 부분을 지워 까마귀를 뜻한다.

읽기 烏帽 오모 烏蟾 오섬 烏桓 오환 烏水晶 오수정
烏焉魚魯 오언어로

쓰기 오금 烏金 오매 烏梅 오석 烏石 오유 烏有 오죽 烏竹 금오 金烏
오골계 烏骨鷄 오죽헌 烏竹軒 오비이락 烏飛梨落
오합지졸 烏合之卒

3급 傲 거만할 오:
부 亻(人) / 총 13

자해 사람[亻]이 멋대로 놀고 시끄럽게[敖] 떠들며 잘난 체하는 태도가 거만하다는 뜻이다.

읽기 傲虐 오학

쓰기 오기 傲氣 오만 傲慢 오색 傲色 오시 傲視 오연 傲然 간오 簡傲
고오 高傲 태오 怠傲 오만무도 傲慢無道 오만방자 傲慢放恣
오상고절 傲霜孤節

㈜ 慢 거만할 만
㈝ 謙 겸손할 겸

吾

- 3급
- 부 口
- 총 7
- 나 오

유 我 나 아, 予 나 여, 余 나 여
상 汝 너 여

자해 다섯[五] 손가락으로 자신을 가리키며 입[口]으로 나라고 지칭한다는 것에서 나를 뜻한다.

쓰기 오군 吾君　오당 吾黨　오도 吾道　오등 吾等　오문 吾門　오배 吾輩
오인 吾人　오형 吾兄　오불관언 吾不關焉　오비삼척 吾鼻三尺

嗚

- 3급
- 부 口
- 총 13
- 슬플 오

유 悲 슬플 비, 哀 슬플 애
상 樂 즐길 락, 悅 기쁠 열, 怡 기쁠 이, 兌 기쁠 태, 歡 기쁠 환, 喜 기쁠 희

자해 까마귀[烏]가 입[口]으로 슬프게 운다는 의미에서, 슬프다는 뜻이다.

읽기 噫嗚 희오

쓰기 오오 嗚嗚　오읍 嗚泣　오호 嗚呼　오호애재 嗚呼哀哉
오호통재 嗚呼痛哉

娛

- 3급
- 부 女
- 총 10
- 즐길 오:

유 樂 즐길 락

자해 여자[女]와 함께 큰 소리[吳]로 웃고 떠들며 즐긴다는 뜻이다.

읽기 娛嬉 오희

쓰기 오락 娛樂　오유 娛遊　환오 歡娛　희오 喜娛　희오 戲娛
오락실 娛樂室　전자오락 電子娛樂

汚

- 3급
- 부 氵(水)
- 총 6
- 더러울 오:

유 辱 욕될 욕, 染 물들 염, 濁 흐릴 탁
상 淨 깨끗할 정

자해 물[氵]에서 나는 악취 때문에 코를 막고 숨을 굽어[亏] 쉬어야 할 정도로 더럽다는 뜻이다.

읽기 塵汚 진오

쓰기 오명 汚名　오물 汚物　오손 汚損　오수 汚水　오염 汚染　오욕 汚辱
오점 汚點　오직 汚職　오탁 汚濁　오염원 汚染源
탐관오리 貪官汚吏　환경오염 環境汚染

玉

- 4급II
- 부 玉
- 총 5
- 구슬 옥

유 瓊 구슬 경, 璿 구슬 선, 瑗 구슬 원, 珠 구슬 주
상 石 돌 석

자해 세 개의 구슬을 끈으로 꿴 모양[王]을 본뜬 글자로, 王(임금 왕) 자와 구별하기 위해 점[丶]을 찍었다.

읽기 玉琯 옥관　玉蟾 옥섬　玉珥 옥이　玉塵 옥진　玉瓚 옥찬　玉札 옥찰
玉釧 옥천　瑞玉 서옥　允玉 윤옥　胤玉 윤옥　彫玉 조옥　琢玉 탁옥
瓊樓玉宇 경루옥우　瓊枝玉葉 경지옥엽

쓰기 옥골 玉骨　옥좌 玉座　옥편 玉篇　옥형 玉衡　주옥 珠玉　홍옥 紅玉
옥지환 玉指環　금과옥조 金科玉條　금지옥엽 金枝玉葉

獄 옥 옥
3급II 부犭(犬) 총14

자해 개[犭]와 개[犬]가 짖듯이 말[言]로 싸우는 사람을 벌주기 위해 재판하여 가두는 감옥을 뜻한다.

읽기 煉獄 연옥　瑜獄 유옥

쓰기 옥고 獄苦　옥리 獄吏　옥사 獄舍　옥사 獄事　옥사 獄死　옥중 獄中
감옥 監獄　의옥 疑獄　지옥 地獄　출옥 出獄　탈옥 脫獄　투옥 投獄
하옥 下獄　교통지옥 交通地獄

擁 낄 옹:
3급 부扌(手) 총16

자해 손[扌]을 내밀어 기쁘게[雍] 서로 껴안으며 깍지를 낀다는 뜻이다.

쓰기 옹립 擁立　옹벽 擁壁　옹서 擁書　옹위 擁衛　옹호 擁護　포옹 抱擁

유 抱 안을 포

翁 늙은이 옹
3급 부羽 총10

자해 어른[公]의 턱에 수염이 깃털[羽]처럼 늘어져 있는 늙은이를 뜻한다.

쓰기 옹고 翁姑　옹사 翁師　옹주 翁主　가옹 家翁　내옹 乃翁　노옹 老翁
부옹 婦翁　산옹 山翁　어옹 漁翁　촌옹 村翁　새옹지마 塞翁之馬

유 老 늙을 로
상 幼 어릴 유, 稚 어릴 치

瓦 기와 와:
3급II 부瓦 총5

자해 지붕을 이는 데 쓰는 수키와(둥근 기와)와 암키와(평기와)가 겹쳐져 있는 모양을 본뜬 글자로, 기와를 뜻한다.

읽기 瓦縫 와봉　瓦甕 와옹　煉瓦 연와

쓰기 와가 瓦家　와기 瓦器　와당 瓦當　와석 瓦石　와옥 瓦屋　와전 瓦全
와해 瓦解　개와 蓋瓦　귀와 鬼瓦　농와 弄瓦　청와대 靑瓦臺

臥 누울 와:
3급 부臣 총8

자해 눈을 아래로 내린[臣] 사람[人]이 쉬기 위해 몸을 구부리고 눕는다는 뜻이다.

읽기 臥蠶 와잠

쓰기 와룡 臥龍　와병 臥病　와석 臥席　와실 臥室　안와 安臥　앙와 仰臥
한와 閑臥　횡와 橫臥

상 起 일어날 기

緩

3급II 부糸 총15 느릴 **완:**

- 유 徐 천천할 서, 遲 더딜 지
- 상 急 급할 급, 速 빠를 속

자해 함정에 빠진 사람을 끌어내기[爰] 위해 줄[糸]을 천천히 느리게 내려 준다는 의미에서, 느리다는 뜻이다.

읽기 舒緩 서완 緩下劑 완하제

쓰기 완곡 緩曲 완급 緩急 완만 緩慢 완착 緩着 완충 緩衝 완행 緩行
완형 緩刑 완화 緩和 서완 徐緩 완충장치 緩衝裝置
완충지대 緩衝地帶

曰

3급 부曰 총4 가로 **왈**

자해 입[口]으로 소리[一] 내어 말한다는 뜻이다.

쓰기 왈자 曰字 혹왈 或曰 왈가왈부 曰可曰否 왈시왈비 曰是曰非
왈형왈제 曰兄曰弟

往

4급II 부彳 총8 갈 **왕:**

- 유 去 갈 거
- 상 來 올 래, 返 돌이킬 반, 復 회복할 복, 還 돌아올 환

자해 삶의 주인[主]이 되어 자신의 길[行→彳]을 간다는 뜻이다.

읽기 往診 왕진

쓰기 왕고 往古 왕년 往年 왕래 往來 왕복 往復 왕왕 往往 기왕 旣往
내왕 來往 이왕 已往 왕생극락 往生極樂 고왕금래 古往今來
극락왕생 極樂往生 설왕설래 說往說來 우왕좌왕 右往左往
이왕지사 已往之事

畏

3급 부田 총9 두려워할 **외:**

- 유 恐 두려울 공, 懼 두려워할 구, 怖 두려워할 포

자해 귀신 가면[田]을 쓰고 지팡이를 든 사람[厹]을 보면 사람들이 두려워한다는 뜻이다.

읽기 怖畏 포외

쓰기 외경 畏敬 외구 畏懼 외기 畏忌 외사 畏事 외우 畏友 외한 畏寒
외형 畏兄 가외 可畏 경외 敬畏 무외 無畏 우외 憂畏
경외심 敬畏心

謠

4급II 부言 총17 약謡 노래 **요**

- 유 歌 노래 가, 曲 굽을 곡

자해 고기[肉→月]가 담긴 그릇[缶]을 두드리며 말[言]하듯 부르는 노래를 뜻한다.

쓰기 요언 謠言 요영 謠詠 가요 歌謠 고요 古謠 농요 農謠 동요 童謠
민요 民謠 부요 婦謠 속요 俗謠 시요 詩謠 여요 麗謠 풍요 風謠
항요 巷謠

3급 부 扌(手) 총 13 약 揺	搖 흔들 요	자해 양념을 섞기 위해 고기[肉→月]가 담긴 그릇[缶]을 손[扌]으로 들고 흔든다는 뜻이다.

유 動 움직일 동

읽기 搖動軸 요동축

쓰기 요개 搖改   요거 搖車   요동 搖動   요락 搖落   요란 搖亂   요성 搖聲
동요 動搖   초요 招搖   횡요 橫搖   요지부동 搖之不動

3급 부 月(肉) 총 13	腰 허리 요	자해 우리 몸[肉→月]에서 가장 중요한[要] 허리를 뜻한다.

읽기 腰繩 요승   腰斬 요참   纖腰 섬요   楚腰 초요   腎虛腰痛 신허요통

쓰기 요대 腰帶   요여 腰輿   요절 腰折   요통 腰痛   요하 腰下   궁요 弓腰
봉요 蜂腰   산요 山腰   세요 細腰   신요 伸腰   유요 柳腰
요절복통 腰折腹痛

3급 부 辶(辵) 총 14 약 遥	遙 멀 요	자해 고기[肉→月]와 그릇[缶]을 사러 시장으로 가는[辶] 길이 멀다는 뜻이다.

유 遼 멀 료, 遠 멀 원, 悠 멀 유
상 近 가까울 근

읽기 遼遙 요요

쓰기 요망 遙望   요배 遙拜   요석 遙昔   요요 遙遙   요원 遙遠   요천 遙天
요탁 遙度

3급Ⅱ 부 欠 총 11	欲 하고자할 욕	자해 입을 골짜기[谷]처럼 하품[欠]하듯 벌려 말하며 끊임없이 무엇을 하고자 한다는 뜻이다.

읽기 欲塵 욕진

쓰기 욕계 欲界   욕구 欲求   욕기 欲氣   욕망 欲望   욕심 欲心   욕정 欲情
의욕 意欲   정욕 情欲   권력욕 權力欲   욕계삼욕 欲界三欲
욕구불만 欲求不滿   욕속부달 欲速不達

3급Ⅱ 부 心 총 15	慾 욕심 욕	자해 무엇을 하고자 하는[欲] 마음[心]이 지나치게 크면 분수에 넘치는 욕심이라는 뜻이다.

쓰기 욕구 慾求   욕망 慾望   욕심 慾心   과욕 寡慾   과욕 過慾   금욕 禁慾
물욕 物慾   식욕 食慾   애욕 愛慾   야욕 野慾   육욕 肉慾   탐욕 貪慾
허욕 虛慾   사리사욕 私利私慾

유 貪 탐할 탐

3급II
부 辰
총 10

욕될 **욕**

유 慙 부끄러울 참, 恥 부끄러울 치
상 榮 영화 영

자해 농사를 지을 수 있는 도구인 조개껍데기[辰]를 손[寸]에 들어야 할 때를 놓치면 농사를 망쳐 벌을 받으니 욕되다는 뜻이다.

쓰기
욕림 辱臨　욕설 辱說　욕지 辱知　고욕 苦辱　곤욕 困辱　굴욕 屈辱
다욕 多辱　모욕 侮辱　봉욕 逢辱　설욕 雪辱　영욕 榮辱　오욕 汚辱
인욕 忍辱　치욕 恥辱

4급II
부 宀
총 10

얼굴 **용**

유 面 낯 면, 貌 모양 모, 顔 낯 안

자해 집[宀]이나 골짜기[谷]처럼 넓어서 많은 표정을 담을 수 있는 얼굴을 뜻한다.

읽기 容赦 용사　雍容 옹용　嬅容 화용　皮膚美容 피부미용

쓰기
용공 容共　용기 容器　용납 容納　용량 容量　용모 容貌　용서 容恕
용이 容易　용인 容認　용적 容積　용태 容態　관용 寬容　내용 內容
미용 美容　수용 收容　수용 受容　위용 偉容　이용 理容　진용 陳容
포용 包容　허용 許容　용의자 容疑者　형용사 形容詞

3급
부 广
총 11

떳떳할 **용**

유 常 떳떳할 상
상 劣 못할 렬, 拙 졸할 졸

자해 절구[庚→庚]를 써서[用] 찧어 먹을 나의 곡식이 있으니 구차하지 않고 떳떳하다는 뜻이다.

읽기 采庸 채용　勳庸 훈용

쓰기
용군 庸君　용렬 庸劣　용부 庸夫　용속 庸俗　용언 庸言　용의 庸醫
용인 庸人　용재 庸才　용졸 庸拙　등용 登庸　중용 中庸
중용지도 中庸之道

4급
부 亻(人)
총 17

넉넉할 **우**

유 秀 빼어날 수, 裕 넉넉할 유
상 劣 못할 렬, 拙 졸할 졸

자해 사람[亻]이 근심[憂]하고 노력하다 보면 생각이 성장해서 넉넉해 진다는 뜻이다.

읽기 優旨 우지

쓰기
우대 優待　우등 優等　우량 優良　우생 優生　우선 優先　우성 優性
우세 優勢　우수 優秀　우승 優勝　우아 優雅　우열 優劣　우월 優越
우위 優位　남우 男優　성우 聲優　여우 女優　준우승 準優勝
최우수 最優秀　우유부단 優柔不斷

4급
부 辶(辵)
총 13

만날 **우:**

유 逢 만날 봉

자해 원숭이[禺]가 이리저리 다니면서[辶] 서로 만난다는 뜻이다.

읽기 酷遇 혹우

쓰기
우해 遇害　경우 境遇　기우 奇遇　냉우 冷遇　대우 待遇　불우 不遇
예우 禮遇　지우 知遇　처우 處遇　후우 厚遇　천재일우 千載一遇

4급 부 阝(邑) 총 11	郵 우편 우	자해	집집마다 온 편지를 전하며[垂] 마을[邑→ 阝]을 돌아다니는 우편을 뜻한다.
		쓰기	우송 郵送 우신 郵信 우정 郵政 우체 郵遞 우편 郵便 우표 郵票 우체국 郵遞局 우편물 郵便物 우편환 郵便換 우편번호 郵便番號 연하우편 年賀郵便 항공우편 航空郵便

3급II 부 亻(人) 총 11	偶 짝 우:	자해	사람[亻]과 원숭이[禺]처럼 서로 비슷하게 생긴 것들끼리 만나 이룬 짝을 뜻한다.
		쓰기	우발 偶發 우상 偶像 우성 偶性 우수 偶數 우연 偶然 우인 偶人 우일 偶日 우합 偶合 기우 奇偶 대우 對偶 목우 木偶 배우 配偶 토우 土偶 배우자 配偶者 우상숭배 偶像崇拜

유 伴 짝 반, 配 짝 배, 匹 짝 필

3급II 부 宀 총 6	宇 집 우:	자해	만물을 감싸는 지붕[宀] 아래로 무한히 굽어[于] 나간 우주를 뜻한다. 우주의 공간 안에 삶의 터전인 집이 있다는 의미에서, 집을 뜻한다.
		읽기	棟宇 동우 蓬宇 봉우 峻宇 준우 瓊樓玉宇 경루옥우
		쓰기	우내 宇內 우주 宇宙 우하 宇下 기우 氣宇 당우 堂宇 어우 御宇 옥우 屋宇 전우 殿宇 천우 天宇 우주선 宇宙船 우주인 宇宙人 우주기지 宇宙基地

유 家 집 가, 館 집 관,
堂 집 당, 室 집 실,
屋 집 옥, 宙 집 주,
宅 집 택

3급II 부 心 총 13	愚 어리석을 우	자해	원숭이[禺]처럼 마음[心]을 둔하게 쓰니 어리석다는 뜻이다.
		읽기	愚魯 우로 愚衷 우충
		쓰기	우견 愚見 우계 愚計 우둔 愚鈍 우롱 愚弄 우민 愚民 우식 愚息 우악 愚惡 우열 愚劣 우제 愚弟 우직 愚直 우책 愚策 대우 大愚 현우 賢愚 우공이산 愚公移山 우문현답 愚問賢答 우민정치 愚民政治

상 賢 어질 현

3급II 부 心 총 15	憂 근심 우	자해	마음[心]속에 걱정이 많아 양손으로 머리[頁→ 頁]를 감싸고[冖] 천천히 걷고[夊] 있는 사람의 근심을 뜻한다.
		읽기	憂鬱 우울 憂焦 우초 殷憂 은우
		쓰기	우결 憂結 우국 憂國 우려 憂慮 우수 憂愁 우환 憂患 대우 大憂 망우 忘憂 백우 百憂 외우 外憂 정우 丁憂 내우외환 內憂外患 식자우환 識字憂患

유 愁 근심 수, 患 근심 환

3급II 부 羽 총 6	羽 깃 우:	자해	새의 날개에 있는 깃털을 그린 글자로, 깃을 뜻한다.
		읽기	鷺羽 노우
		쓰기	우대 羽隊　우렵 羽獵　우모 羽毛　우성 羽聲　우의 羽衣　우익 羽翼 우족 羽族　우충 羽蟲　모우 毛羽　미우 尾羽　항우 項羽 항우장사 項羽壯士

❋ 翼 날개 익

3급 부 二 총 3	于 어조사 우	자해	호흡이 자유롭지 못해 꺾이고 굽어 나오는 숨소리를 표현한 글자이다.
		쓰기	우귀 于歸　우금 于今　우례 于禮　우비 于飛　우선 于先 우산국 于山國　우산도 于山島　지우금 至于今

3급 부 又 총 2	又 또 우:	자해	오른손을 그린 글자로, 주로 손을 의미한다. 오른손은 또 자주 쓰이니 '또'라는 뜻을 가진다.
		쓰기	우뢰 又賴　우황 又況　일우 一又　우중지 又重之

❋ 亦 또 역, 且 또 차

3급 부 尢 총 4	尤 더욱 우	자해	절름발이[尢]가 짐[丶]까지 들고 가니 몸이 더욱 힘들다는 데에서, '더욱'이라는 뜻이다.
		쓰기	우극 尤極　우묘 尤妙　우물 尤物　우심 尤甚　우험 尤險　수우 殊尤 원우 怨尤　회우 悔尤

3급II 부 音 총 19	韻 운 운:	자해	사람들[員]의 입에서 나는 소리[音]를 어울리는 소리끼리 나누어 놓은 것이 운이다.
		쓰기	운문 韻文　운사 韻士　운율 韻律　운자 韻字　운책 韻冊　운치 韻致 운향 韻響　고운 高韻　신운 神韻　압운 押韻　애운 哀韻　여운 餘韻 음운 音韻

云 이를 운
3급 부 二 총 4

자해 말소리가 구름처럼 뭉게뭉게 피어오르도록 말한다(이른다)는 뜻이다.

쓰기 운운 云云　운위 云爲　운위 云謂

유 謂 이를 위

員 인원 원
4급II 부 口 총 10 약 員

자해 돈[貝]을 벌기 위해 둥그렇게[口→口] 모여 있는 사람들(인원)을 뜻한다.

읽기 闕員 궐원

쓰기 원석 員石　감원 減員　객원 客員　결원 缺員　계원 契員　공원 公員
관원 官員　교원 敎員　단원 團員　당원 黨員　대원 隊員　동원 動員
만원 滿員　서원 署員　역원 驛員　위원 委員　임원 任員　점원 店員
정원 定員　직원 職員　회원 會員　승무원 乘務員　외판원 外販員

圓 둥글 원
4급II 부 口 총 13

자해 사람들[員]이 넓게 둘러[口]앉아 있는 모양새가 둥글다는 뜻이다.

읽기 圓頓 원돈　圓融 원융　圓滑 원활

쓰기 원광 圓光　원만 圓滿　원무 圓舞　원반 圓盤　원숙 圓熟　원주 圓柱
원탁 圓卓　원형 圓形　단원 團圓　일원 一圓　원각사 圓覺寺
원불교 圓佛敎　동심원 同心圓　투원반 投圓盤

유 團 둥글 단, 丸 둥글 환
상 方 모 방

怨 원망할 원(:)
4급 부 心 총 9

자해 억울한 일을 당하여 저녁[夕]까지 몸을 이리저리 뒹굴며[㔾] 마음[心]속으로 원망한다는 뜻이다.

읽기 憾怨 감원　閨怨 규원

쓰기 원망 怨望　원성 怨聲　원한 怨恨　원혐 怨嫌　구원 舊怨　노원 怒怨
민원 民怨　사원 私怨　삼원 三怨　숙원 宿怨　애원 哀怨　은원 恩怨
함원 含怨

유 恨 한 한
상 恩 은혜 은

援 도울 원:
4급 부 扌(手) 총 12

자해 위험에 빠진 사람을 손[扌]으로 끌어당겨[爰] 빠져나올 수 있도록 돕는다는 뜻이다.

쓰기 원계 援繫　원군 援軍　원병 援兵　원용 援用　원조 援助　원필 援筆
원호 援護　경원 經援　구원 救援　성원 聲援　응원 應援　증원 增援
지원 支援　청원 請援　후원 後援　고립무원 孤立無援

유 救 구원할 구,
　　扶 도울 부,
　　助 도울 조, 護 도울 호

源 근원 원
- 4급 / 부 氵(水) / 총 13
- 유: 根 뿌리 근, 本 근본 본

자해 물줄기[氵]가 처음 시작된 언덕[原] 아래의 근원을 뜻한다.

읽기 淵源 연원 濬源 준원

쓰기 원류 源流 원천 源泉 근원 根源 기원 起源 발원 發源 세원 稅源
수원 水源 어원 語源 자원 字源 자원 資源 재원 財源 전원 電源
공급원 供給源 발원지 發源地 오염원 汚染源 무릉도원 武陵桃源
발본색원 拔本塞源

越 넘을 월
- 3급II / 부 走 / 총 12
- 유: 踰 넘을 유, 超 뛰어넘을 초

자해 병사가 도끼[戉]를 들고 달려가서[走] 상대국의 경계선을 넘는다는 뜻이다.

읽기 越女齊姬 월녀제희 吳越同舟 오월동주 越鳥巢南枝 월조소남지

쓰기 월경 越境 월권 越權 월남 越南 월동 越冬 월등 越等 월반 越班
월북 越北 월척 越尺 월편 越便 대월 貸越 우월 優越 이월 移越
초월 超越 추월 追越 탁월 卓越 우월감 優越感

爲 하·할 위(:)
- 4급II / 부 爪 / 총 12 / 약 為

자해 사람이 손[爪→爫]으로 코끼리[爲]를 잡고 어떤 일을 한다는 뜻이다.

쓰기 위기 爲己 위민 爲民 위시 爲始 위업 爲業 위인 爲人 위주 爲主
당위 當爲 무위 無爲 소위 所爲 영위 營爲 작위 作爲 행위 行爲
위정자 爲政者 당위성 當爲性 무작위 無作爲 인위적 人爲的
무위도식 無爲徒食 전화위복 轉禍爲福 지록위마 指鹿爲馬

衛 지킬 위
- 4급II / 부 行 / 총 15
- 유: 防 막을 방, 保 지킬 보, 守 지킬 수
- 상: 擊 칠 격, 攻 칠 공

자해 병사가 사람이 다니는[行] 길을 둘러싸고[韋] 돌며 마을을 지킨다는 뜻이다.

읽기 衛輔 위보 衛尉 위위 扈衛 호위

쓰기 위병 衛兵 위생 衛生 위성 衛星 경위 警衛 방위 防衛 수위 守衛
시위 侍衛 옹위 擁衛 자위 自衛 호위 護衛 위생복 衛生服
민방위 民防衛 위성중계 衛星中繼 전위예술 前衛藝術
정당방위 正當防衛

危 위태할 위
- 4급 / 부 卩(㔾) / 총 6
- 유: 殆 거의 태, 險 험할 험
- 상: 安 편안 안, 逸 편안할 일

자해 언덕[厂] 위에 있는 사람[⺈]을 보고 웅크린 사람[㔾]을 그려 위태하다는 뜻을 나타낸다.

읽기 危溺 위닉

쓰기 위공 危空 위급 危急 위기 危機 위난 危難 위독 危篤 위란 危亂
위로 危路 위루 危樓 위망 危亡 위중 危重 위태 危殆 위해 危害
위험 危險 안위 安危 위구심 危懼心 위기일발 危機一髮

4급 부 口 총 12 약 囲	圍 에워쌀 위	자해	나라의 경계[口]를 지키기 위해 주위를 둘러[韋] 에워싼다는 뜻이다.

읽기 包圍網 포위망

쓰기 위경 圍徑　위립 圍立　위옹 圍擁　공위 攻圍　범위 範圍　사위 四圍
옹위 擁圍　주위 周圍　중위 重圍　포위 包圍　광범위 廣範圍
주위환경 周圍環境

유 包 쌀 포

4급 부 女 총 8	委 맡길 위	자해	벼[禾]를 보관하는 곳간 열쇠를 그 집안의 여자[女]에게 맡긴다는 뜻이다.

읽기 委頓 위돈　委託 위탁

쓰기 위기 委棄　위세 委細　위원 委員　위임 委任　위적 委積　교위 敎委
상위 常委　소위 小委　위원장 委員長　위원회 委員會
위임장 委任狀

유 預 맡길 예, 任 맡길 임, 托 맡길 탁

4급 부 女 총 9	威 위엄 위	자해	여자[女]를 천하게 대하며 무기[戌]를 들고 위협할 때 드러나는 위엄을 뜻한다.

읽기 威網 위망　威柄 위병　威虐 위학

쓰기 위력 威力　위무 威武　위세 威勢　위신 威信　위압 威壓　위엄 威嚴
위용 威容　위의 威儀　위풍 威風　위협 威脅　국위 國威　권위 權威
맹위 猛威　시위 示威

유 嚴 엄할 엄

4급 부 心 총 15	慰 위로할 위	자해	제단[示] 위의 시체[尸]를 손[寸]으로 어루만지며 마음[心]을 다해 위로한다는 뜻이다.

쓰기 위락 慰樂　위로 慰勞　위문 慰問　위안 慰安　안위 安慰
위령제 慰靈祭　위문품 慰問品　조위금 弔慰金　위문편지 慰問便紙

3급 Ⅱ 부 亻(人) 총 14 약 偽	僞 거짓 위	자해	자연 그대로가 아니라 사람[亻]이 일하여[爲] 만들어 낸 것은 인위적인 것이라 거짓이라는 뜻이다.

읽기 僞膜 위막　僞札 위찰　僞勳 위훈

쓰기 위계 僞計　위명 僞名　위선 僞善　위작 僞作　위장 僞裝　위조 僞造
위증 僞證　위폐 僞幣　진위 眞僞　허위 虛僞　위증죄 僞證罪
위조지폐 僞造紙幣

유 假 거짓 가, 誕 거짓 탄
상 眞 참 진

胃

- 3급II
- 부 月(肉)
- 총 9
- 밥통 **위**

자해 음식물[田]로 꽉 찬 몸[肉→月]의 기관인 밥통(위)을 뜻한다.

읽기 胃酸 위산　胃癌 위암　胃酸過多 위산과다

쓰기 위경 胃經　위벽 胃壁　위병 胃病　위산 胃散　위염 胃炎　위장 胃腸
　　　위장 胃臟　위통 胃痛　개위 開胃　건위 健胃　반위 反胃　역위 逆胃

謂

- 3급II
- 부 言
- 총 16
- 이를 **위**

자해 위[胃]가 음식을 몸으로 전하듯이 말[言]을 남에게 전하여 이른다는 뜻이다.

쓰기 가위 可謂　소위 所謂　운위 云謂　방가위 方可謂　진소위 眞所謂

유 云 이를 운

違

- 3급
- 부 辶(辵)
- 총 13
- 어긋날 **위**

자해 병사들이 마을의 둘레[韋]를 순찰 다닐[辶] 때 서로 방향을 어긋나게 다닌다는 뜻이다.

읽기 違旨 위지

쓰기 위령 違令　위반 違反　위배 違背　위범 違犯　위법 違法　위복 違覆
　　　위약 違約　위한 違限　위헌 違憲　무위 無違　비위 非違　상위 相違
　　　위화감 違和感

유 錯 어긋날 착

緯

- 3급
- 부 糸
- 총 15
- 씨 **위**

자해 베틀에 세로로 걸린 날실[糸]을 가로로 지나가며 둘러싸는[韋] 씨실을 뜻한다.

쓰기 위도 緯度　위서 緯書　위선 緯線　경위 經緯　남위 南緯　북위 北緯
　　　오위 五緯　적위 赤緯　황위 黃緯　경위서 經緯書

상 經 지날 경

乳

- 4급
- 부 乙
- 총 8
- 젖 **유**

자해 손[爪→爫]으로 아이[子]를 안고 엄마의 가슴[乚]에서 먹이는 젖을 뜻한다.

읽기 乳菓 유과　乳脂 유지　煉乳 연유　乳房癌 유방암　乳酸菌 유산균
　　　脫脂粉乳 탈지분유

쓰기 유당 乳糖　유모 乳母　유방 乳房　유아 乳兒　유업 乳業　유취 乳臭
　　　두유 豆乳　모유 母乳　수유 授乳　우유 牛乳　유제품 乳製品
　　　이유식 離乳食　구상유취 口尚乳臭

儒 선비 유
4급 부亻(人) 총 16

유 士 선비 사, 彦 선비 언

자해 사람[亻] 중에 덕이 많아서 세상에 이롭게 쓰일[需] 학식이 있는 선비를 뜻한다.

읽기 儒胤 유윤 坑儒 갱유 僻儒 벽유 碩儒 석유

쓰기 유가 儒家 유교 儒敎 유도 儒道 유림 儒林 유생 儒生 유학 儒學
거유 巨儒 부유 腐儒 숭유 崇儒 홍유 鴻儒 유불선 儒佛仙
유가사상 儒家思想 숭유억불 崇儒抑佛

遊 놀 유
4급 부辶(辵) 총 13

유 戱 놀이 희

자해 어린아이[子]가 깃발[㫃→方]을 들고 돌아다니면서[辶] 신나게 논다는 뜻이다.

읽기 遊闕 유궐 遊衍 유연 釣遊 조유 嬉遊 희유 遊仙窟 유선굴

쓰기 유람 遊覽 유렵 遊獵 유리 遊離 유목 遊牧 유성 遊星 유세 遊說
유학 遊學 유휴 遊休 유희 遊戱 교유 交遊 부유 浮遊 외유 外遊
원유 遠遊 회유 回遊 유격대 遊擊隊 유원지 遊園地
유흥업 遊興業 몽유병 夢遊病 야유회 野遊會

遺 남길 유
4급 부辶(辵) 총 16

자해 귀한[貴] 물건을 남기고 간다[辶]는 의미에서, 남긴다는 뜻이다.

읽기 遺憾 유감 遺尿 유뇨 遺址 유지 遺翰 유한 遺勳 유훈

쓰기 유고 遺稿 유골 遺骨 유물 遺物 유산 遺産 유서 遺書 유아 遺兒
유언 遺言 유업 遺業 유작 遺作 유적 遺蹟 유전 遺傳 유족 遺族
유주 遺珠 유품 遺品 유훈 遺訓 유가족 遺家族 유류품 遺留品
유복자 遺腹子 유자녀 遺子女 후유증 後遺症 양호유환 養虎遺患
직무유기 職務遺棄

幼 어릴 유
3급Ⅱ 부幺 총 5

유 少 적을 소, 兒 아이 아, 稚 어릴 치
상 老 늙을 로, 長 긴 장, 丈 어른 장

자해 몸이 작아[幺] 힘[力]이 없는 어린아이를 뜻한다.

읽기 幼艾 유애

쓰기 유군 幼君 유년 幼年 유목 幼木 유소 幼少 유아 幼兒 유약 幼弱
유자 幼子 유충 幼蟲 유치 幼稚 노유 老幼 장유 長幼
유치원 幼稚園 유아세례 幼兒洗禮 장유유서 長幼有序

幽 그윽할 유
3급Ⅱ 부幺 총 9

자해 깊은 산[山] 속은 어두워서 작은[幺幺] 것들이 안 보일 정도로 그윽하다는 뜻이다.

읽기 幽僻 유벽 幽鬱 유울 幽峻 유준

쓰기 유거 幽居 유경 幽境 유계 幽界 유곡 幽谷 유령 幽靈 유명 幽明
유명 幽冥 유아 幽雅 유원 幽遠 유택 幽宅 유편 幽偏 유폐 幽閉
유현 幽玄 심유 深幽 심산유곡 深山幽谷

3급II
부 心
총 11

悠
멀 유

유 久 오랠 구, 遙 멀 요,
　 遠 멀 원
상 近 가까울 근

자해 마음[心]이 아득하게[攸] 느껴질 정도로 멀다는 뜻이다.

읽기 鬱悠 울유

쓰기 유격 悠隔　유구 悠久　유연 悠然　유원 悠遠　유유 悠悠　유장 悠長
　　　유홀 悠忽　유유자적 悠悠自適

3급II
부 木
총 9

柔
부드러울 유

유 軟 연할 연
상 堅 굳을 견, 硬 굳을 경,
　 固 굳을 고, 確 굳을 확

자해 창[矛]의 자루를 만드는 나무[木]는 탄력 있고 부드럽다는 뜻이다.

읽기 柔翰 유한　柔滑 유활　輯柔 집유

쓰기 유도 柔道　유순 柔順　유약 柔弱　유연 柔軟　강유 剛柔　온유 溫柔
　　　회유 懷柔　유연성 柔軟性　외유내강 外柔內剛　우유부단 優柔不斷

3급II
부 犭(犬)
총 12

猶
오히려 유

유 尙 오히려 상

자해 전설 속 원숭이를 나타내는 글자로, 겁이 많아 망설이는 특징에서 '오히려'라는 뜻이다.

쓰기 유녀 猶女　유손 猶孫　유예 猶豫　유자 猶子　유부족 猶不足
　　　유태교 猶太敎　유부유자 猶父猶子　과유불급 過猶不及
　　　기소유예 起訴猶豫　집행유예 執行猶豫

3급II
부 糸
총 14

維
벼리 유

유 綱 벼리 강, 紀 벼리 기

자해 줄[糸]을 엮어 만든 그물로 새[隹]를 잡을 때 잡아당기는 벼리를 뜻한다.

읽기 迦維 가유　纖維 섬유

쓰기 유계 維繫　유신 維新　유주 維舟　유지 維持　강유 綱維　보유 保維
　　　사유 四維　지유 地維　천유 天維　유세차 維歲次　유지비 維持費

3급II
부 衤(衣)
총 12

裕
넉넉할 유:

유 富 부자 부, 餘 남을 여,
　 足 발 족
상 窮 궁할 궁,
　 貧 가난할 빈

자해 옷[衣→衤]의 품이 깊고 넓은 골짜기[谷]처럼 크기가 넉넉하다는 뜻이다.

쓰기 유관 裕寬　유복 裕福　유족 裕足　광유 廣裕　부유 富裕　여유 餘裕
　　　풍유 豊裕　한유 閑裕　부유층 富裕層　여유만만 餘裕滿滿

誘 꾈 유

- 3급 II
- 부 言
- 총 14

유 惑 미혹할 혹

자해 말[言]을 빼어나게[秀] 잘하여 상대방을 자기가 원하는 대로 꾄다는 뜻이다.

읽기 誘衷 유충

쓰기 유도 誘導　유발 誘發　유인 誘引　유인 誘因　유치 誘致　유혹 誘惑
권유 勸誘　유도탄 誘導彈　청유법 請誘法　유도작전 誘導作戰
약취유인 略取誘引

唯 오직 유

- 3급
- 부 口
- 총 11

자해 새[隹]가 입[口]으로 낼 수 있는 소리는 오직 하나라는 의미에서, '오직'이라는 뜻이다.

쓰기 유물 唯物　유심 唯心　유일 唯一　유물론 唯物論　유심론 唯心論
유일신 唯一神　유물사관 唯物史觀　유아독존 唯我獨尊
유유낙낙 唯唯諾諾　유일무이 唯一無二

惟 생각할 유

- 3급
- 부 忄(心)
- 총 11

유 考 생각할 고,
慮 생각할 려,
思 생각 사, 想 생각 상

자해 새[隹]가 자유롭게 날아다니듯이 마음[忄]속으로 상상의 날개를 펼쳐 생각한다는 뜻이다.

쓰기 유독 惟獨　유방 惟房　유우 惟憂　공유 恭惟　복유 伏惟　사유 思惟
절유 竊惟

愈 나을 유

- 3급
- 부 心
- 총 13

자해 마음[心]의 병이 점점 앞으로 편안해지니[兪] 낫다는 뜻이다.

쓰기 유성 愈盛　유심 愈甚　유유 愈愈　유출유괴 愈出愈怪
유출유기 愈出愈奇

酉 닭 유

- 3급
- 부 酉
- 총 17

유 鷄 닭 계

자해 술이 담긴 병에 뚜껑이 덮인 모습을 본뜬 글자인데, 후에 십이지(十二支) 중 열 번째 동물인 닭을 뜻하게 되었다.

쓰기 유년 酉年　유말 酉末　유방 酉方　유시 酉時　유정 酉正　계유 癸酉
기유 己酉　묘유 卯酉　신유 辛酉　을유 乙酉　정유 丁酉

肉 고기 육 (4급II, 부 肉, 총 6)

자해 고기를 썬 조각을 본뜬 글자로, 고기를 뜻한다.

읽기 煉肉 연육　鼎肉 정육　脂肉 지육

쓰기
육감 肉感　육류 肉類　육미 肉味　육성 肉聲　육식 肉食　육신 肉身
육안 肉眼　육욕 肉慾　육체 肉體　육체 肉滯　육친 肉親　육탄 肉彈
육필 肉筆　식육 食肉　어육 魚肉　영육 靈肉　육박전 肉薄戰
고육책 苦肉策　근육질 筋肉質　탕수육 糖水肉　골육상잔 骨肉相殘
양두구육 羊頭狗肉　어두육미 魚頭肉尾　주지육림 酒池肉林

유 身 몸 신, 體 몸 체

潤 불을 윤: (3급II, 부 氵(水), 총 15)

자해 윤달[閏]에 비가 내려 물[氵]이 불어나니 대지가 윤택하고 이익이 분다는 뜻이다.

읽기 潤滑 윤활　滋潤 자윤　潤滑油 윤활유

쓰기
윤기 潤氣　윤문 潤文　윤색 潤色　윤택 潤澤　윤필 潤筆　부윤 富潤
수윤 秀潤　습윤 濕潤　옥윤 玉潤　이윤 利潤　침윤 浸潤　하윤 河潤

閏 윤달 윤: (3급, 부 門, 총 12)

자해 문[門] 안에 왕[王]이 들어앉아 출입과 몸가짐을 삼가는 시기인 윤달을 뜻한다.

쓰기
윤년 閏年　윤삭 閏朔　윤여 閏餘　윤월 閏月　윤위 閏位　윤일 閏日
윤집 閏集　윤초 閏秒　윤통 閏統　정윤 正閏

恩 은혜 은 (4급II, 부 心, 총 10)

자해 인연[因]을 맺은 상대에게 받은, 감사한 마음[心]인 은혜를 뜻한다.

읽기 恩傅 은부　恩赦 은사　恩錫 은석

쓰기
은공 恩功　은덕 恩德　은사 恩師　은인 恩人　은전 恩典　은정 恩情
은혜 恩惠　국은 國恩　망은 忘恩　보은 報恩　후은 厚恩
사은회 謝恩會　결초보은 結草報恩　배은망덕 背恩忘德

유 惠 은혜 혜
상 怨 원망할 원

隱 숨을 은 (4급, 부 阝(阜), 총 17, 약 隐, 隠)

자해 언덕[阝] 아래를 손[爪→爫]으로 파서 연장[工]을 묻고 다시 손[彐]으로 덮어 감추려는 마음[心]으로 숨기거나 숨는다는 뜻이다.

읽기 隱僻 은벽　隱耀 은요

쓰기
은거 隱居　은덕 隱德　은밀 隱密　은사 隱士　은신 隱身　은어 隱語
은연 隱然　은자 隱者　은퇴 隱退　은연중 隱然中
은인자중 隱忍自重

상 現 나타날 현, 顯 나타날 현

乙 새 을

3급Ⅱ 부 乙 총 1

유 鳥 새 조

자해 새싹이 구부러져 올라오는 모양을 그렸는데, 그 모습이 새와 닮아 새를 뜻하게 되었다.

읽기 乙卯倭亂 을묘왜란

쓰기 을골 乙骨　을과 乙科　을미 乙未　을사 乙巳　을시 乙時　을야 乙夜
을유 乙酉　을종 乙種　을축 乙丑　갑을 甲乙　을사조약 乙巳條約
을축갑자 乙丑甲子　갑남을녀 甲男乙女

陰 그늘 음

4급Ⅱ 부 阝(阜) 총 11

상 景 볕 경, 陽 볕 양

자해 언덕[阝] 위에 지금[今] 막 몰려온 구름[云]이 만들어 낸 어두운 그늘을 뜻한다.

읽기 陰鬱 음울

쓰기 음각 陰刻　음기 陰氣　음냉 陰冷　음덕 陰德　음력 陰曆　음모 陰謀
음문 陰門　음부 陰府　음부 陰部　음산 陰散　음성 陰聲　음성 陰性
음습 陰濕　음양 陰陽　음지 陰地　음침 陰沈　음해 陰害　음흉 陰凶
광음 光陰　녹음 綠陰　야음 夜陰　체음 滯陰　촌음 寸陰

淫 음란할 음

3급Ⅱ 부 氵(水) 총 11

자해 남녀가 더러운 물[氵]에 손을 가까이[垩] 담그듯 막된 행동을 하니 음란하다는 뜻이다.

읽기 淫溺 음닉　淫僻 음벽　淫虐 음학

쓰기 음담 淫談　음락 淫樂　음란 淫亂　음사 淫辭　음욕 淫慾　음탐 淫貪
음행 淫行　음화 淫畫　음황 淫荒　간음 姦淫　매음 賣淫　수음 手淫
황음 荒淫　음란물 淫亂物

吟 읊을 음

3급 부 口 총 7

 詠 읊을 영

자해 입[口]으로 지금[今] 마음속에 있는 말을 읊는다는 뜻이다.

읽기 吳吟 오음

쓰기 음곡 吟曲　음미 吟味　음송 吟誦　음시 吟詩　음영 吟詠　음유 吟遊
음정 吟情　음창 吟唱　낭음 朗吟　미음 微吟　음유시인 吟遊詩人
음풍농월 吟風弄月

泣 울 읍

3급 부 氵(水) 총 8

유 哭 울 곡
상 笑 웃음 소

자해 눈물[氵]이 여러 줄기로 서[立] 있는 듯 흘리며 운다는 뜻이다.

쓰기 읍감 泣感　읍곡 泣哭　읍소 泣訴　읍안 泣眼　읍청 泣請　읍혈 泣血
감읍 感泣　비읍 悲泣　애읍 哀泣　오읍 嗚泣　천읍 天泣　호읍 號泣

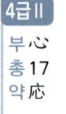 

4급II 부心 총17 약応 應 응할 응:

回 諾 허락할 낙

자해 옛날에 사냥용으로 키우던 매[雁]는 주인의 마음[心]을 잘 읽고 이에 따라 응한다는 뜻이다.

읽기 應札 응찰

쓰기 응낙 應諾 응답 應答 응당 應當 응대 應待 응대 應對 응모 應募
응분 應分 응사 應射 응시 應試 응용 應用 응원 應援 응전 應戰
응접 應接 대응 對應 반응 反應 불응 不應 상응 相應 순응 順應
적응 適應 호응 呼應 인과응보 因果應報 임기응변 臨機應變

3급 부冫 총16 凝 엉길 응:

回 結 맺을 결

자해 의심[疑]을 품은 사람들끼리 모여서 얼음[冫]처럼 뭉쳐 엉긴다는 뜻이다.

읽기 凝脂 응지

쓰기 응결 凝結 응고 凝固 응사 凝思 응수 凝水 응시 凝視 응적 凝積
응집 凝集 응착 凝着 응체 凝滯 응축 凝縮 응혈 凝血
응집력 凝集力

4급II 부羊 총13 義 옳을 의:

回 可 옳을 가

자해 내[我]가 순한 양[羊]처럼 착하게 행동하니 옳다는 뜻이다.

읽기 義淵 의연 衍義 연의 旨義 지의 厭世主義 염세주의

쓰기 의거 義擧 의경 義警 의리 義理 의무 義務 의병 義兵 의부 義父
의분 義憤 의안 義眼 의적 義賊 의절 義絶 의족 義足 의치 義齒
강의 講義 결의 結義 광의 廣義 대의 大義 도의 道義 자의 字義
정의 定義 주의 主義 충의 忠義 의용군 義勇軍 의형제 義兄弟
군신유의 君臣有義 삼국지연의 三國志演義

4급II 부言 총20 議 의논할 의(:)

回 論 논할 론

자해 사람들이 모여 말하며[言] 옳은[義] 결정을 내리기 위해 의논한다는 뜻이다.

읽기 諮議 자의

쓰기 의결 議決 의석 議席 의안 議案 의원 議員 의원 議院 의장 議長
의장 議場 의제 議題 의회 議會 각의 閣議 건의 建議 결의 決議
논의 論議 동의 同議 동의 動議 모의 謀議 문의 問議 물의 物議
발의 發議 부의 附議 상의 相議 숙의 熟議 심의 審議 이의 異議
쟁의 爭議 제의 提議 토의 討議 합의 合議 항의 抗議 회의 會議

4급 부亻(人) 총8 依 의지할 의

回 賴 의뢰할 뢰

자해 사람[亻]이 몸을 보호하기 위해 옷[衣]에 의지한다는 뜻이다.

읽기 依戴 의대 依韋 의위 依託 의탁

쓰기 의거 依據 의구 依舊 의례 依例 의뢰 依賴 의법 依法 의연 依然
의원 依願 의존 依存 의지 依支 귀의 歸依 의타심 依他心
의법처단 依法處斷 의원면직 依願免職 구태의연 舊態依然

儀 거동 의
4급 부 亻(人) 총 15

자해 사람[亻]들이 옳은[義] 태도로 행동하는 거동을 뜻한다.

쓰기 의궤 儀軌　의례 儀禮　의범 儀範　의식 儀式　의용 儀容　의전 儀典
　　　의절 儀節　의표 儀表　예의 禮儀　장의 葬儀　제의 祭儀
　　　국민의례 國民儀禮　예의범절 禮儀凡節　제천의식 祭天儀式

疑 의심할 의
4급 부 疋 총 14

자해 몸을 구부린 노인[老→匕]이 화살[矢]처럼 긴 지팡이로 바닥을 찍으며 걸어가자, 아이[子→マ]가 발[疋]로 뒤따르며 노인이 어디로 가는지 의심한다는 뜻이다.

읽기 疑沮 의저　疑怖 의포　闕疑 궐의

쓰기 의구 疑懼　의념 疑念　의단 疑團　의려 疑慮　의문 疑問　의심 疑心
　　　의안 疑案　의혹 疑惑　질의 質疑　혐의 嫌疑　회의 懷疑
　　　의구심 疑懼心　의처증 疑妻症　용의자 容疑者　피의자 被疑者
　　　반신반의 半信半疑

유 惑 미혹할 혹

宜 마땅 의
3급 부 宀 총 8 약 冝

자해 제사 지내는 집[宀]에서 고기 쌓인 그릇[且]을 마련하는 일은 마땅하다는 뜻이다.

쓰기 의당 宜當　의토 宜土　의합 宜合　의호 宜乎　기의 機宜　시의 時宜
　　　적의 適宜　편의 便宜　편의점 便宜店　시의적절 時宜適切
　　　편의시설 便宜施設

유 當 마땅 당

矣 어조사 의
3급 부 矢 총 7

자해 팔뚝을 접어[厶] 화살[矢]을 품에 넣고 공격을 마쳤다는 뜻에서, 문장을 맺는 어조사로 쓰인다.

쓰기 여의도 汝矣島　만사휴의 萬事休矣

移 옮길 이
4급Ⅱ 부 禾 총 11

자해 많은[多] 양의 벼[禾]를 창고로 옮긴다는 뜻이다.

읽기 搬移 반이

쓰기 이감 移監　이관 移管　이동 移動　이민 移民　이송 移送　이식 移植
　　　이월 移越　이임 移任　이장 移葬　이적 移籍　이전 移轉　이주 移住
　　　이직 移職　이체 移替　이행 移行　변이 變移　전이 轉移
　　　우공이산 愚公移山

유 搬 옮길 반, 運 옮길 운, 轉 구를 전

4급 부 田 총 11	 異 다를 **이:**

유) 他 다를 타, 差 다를 차
상) 同 한가지 동,
若 같을 약, 如 같을 여,
肖 같을 초

자해 가면[田]을 쓰고 두 다리와 양손을 벌리고[共] 서 있는 모습이 특이하고 남다르다는 뜻이다.

읽기 異瑞 이서 異采 이채 妖異 요이

쓰기 이견 異見 이단 異端 이례 異例 이론 異論 이변 異變 이상 異狀
이상 異常 이색 異色 이설 異說 이성 異性 이역 異域 이의 異議
이적 異蹟 이채 異彩 이체 異體 격이 隔異 괴이 怪異 기이 奇異
이방인 異邦人 이복형제 異腹兄弟 동상이몽 同床異夢

3급II 부 己 총 3	 已 이미 **이:**

유) 旣 이미 기

자해 뱀이 입을 벌려 상대에게 이빨을 드러낸 모습을 나타낸 글자이다. 이미 상대의 목숨은 끝났다는 데에서 이미, 끝나다는 뜻을 가진다.

쓰기 이결 已決 이구 已久 이귀 已歸 이사 已事 이성 已成 이심 已甚
이왕 已往 이진 已盡 부득이 不得已 이왕지사 已往之事
막부득이 莫不得已

3급 부 大 총 6	 夷 오랑캐 **이**

자해 중국에서 볼 때 큰 활[弓]을 메고 오는 사람[大]은 오랑캐라는 뜻이다.

읽기 夷艦 이함 淮夷 회이

쓰기 이계 夷界 이멸 夷滅 이험 夷險 남이 南夷 도이 島夷 동이 東夷
명이 明夷 변이 邊夷 사이 四夷 양이 洋夷 이이제이 以夷制夷

3급 부 而 총 6	而 말이을 **이**

자해 양쪽 뺨 아래로 늘어진 수염을 본뜬 글자로, 수염이 길게 이어진 것처럼 말을 잇는다는 뜻이다.

쓰기 이공 而公 이립 而立 이이 而已 이후 而後 연이 然而
사이비 似而非 이금이후 而今以後 박이부정 博而不精
형이상학 形而上學 형이하학 形而下學

4급II 부 皿 총 10	 益 더할 **익**

유) 加 더할 가, 添 더할 첨
상) 損 덜 손, 除 덜 제

자해 물[水→氺]을 그릇[皿]에 더한다는 뜻이다.

읽기 毘益 비익

쓰기 익심 益甚 익우 益友 익조 益鳥 공익 公益 국익 國益 권익 權益
무익 無益 손익 損益 수익 收益 수익 受益 순익 純益 유익 有益
이익 利益 차익 差益 편익 便益 노익장 老益壯 부익부 富益富
다다익선 多多益善 백해무익 百害無益 홍익인간 弘益人間

翼 (날개 익) — 3급II, 부 羽, 총 17

자해 새나 곤충의 몸에 있는 두 개의 깃[羽]이 좌우 각각 다른[異] 방향으로 달린 날개를 뜻한다.

읽기 翼戴 익대 · 翼亮 익량 · 輔翼 보익 · 鵬翼 붕익 · 毘翼 비익

쓰기 쌍익 雙翼 · 양익 兩翼 · 우익 羽翼 · 우익 右翼 · 일익 一翼 · 좌익 左翼 · 우익수 右翼手 · 좌익수 左翼手 · 비익연리 比翼連理

🈶 羽 깃 우

印 (도장 인) — 4급II, 부 卩, 총 6

자해 신하가 무릎을 꿇고[卩] 바친 상소에 임금이 손[爫→爪→曰]으로 도장을 찍는 모습을 나타낸 글자로, 도장을 뜻한다.

읽기 印籠 인롱 · 印札 인찰

쓰기 인각 印刻 · 인감 印鑑 · 인도 印度 · 인본 印本 · 인상 印象 · 인세 印稅 · 인쇄 印刷 · 인장 印章 · 인주 印朱 · 인지 印紙 · 인출 印出 · 각인 刻印 · 관인 官印 · 봉인 封印 · 소인 消印 · 영인 影印 · 조인 調印 · 직인 職印

引 (끌 인) — 4급II, 부 弓, 총 4

자해 활을 쏘기 위해 활시위[弓]에 화살[丨]을 걸어서 끌어당긴다는 뜻이다.

읽기 底引網 저인망 · 引繩批根 인승비근

쓰기 인견 引見 · 인계 引繼 · 인도 引導 · 인력 引力 · 인상 引上 · 인섭 引攝 · 인솔 引率 · 인신 引伸 · 인양 引揚 · 인용 引用 · 인접 引接 · 인증 引證 · 인책 引責 · 인출 引出 · 인하 引下 · 인혐 引嫌 · 견인 牽引 · 색인 索引 · 유인 誘引 · 할인 割引 · 흡인 吸引 · 인계인수 引繼引受 · 만유인력 萬有引力 · 범인인도 凡人引渡 · 아전인수 我田引水

🈶 牽 끌 견, 導 인도할 도, 拉 끌 랍, 惹 이끌 야, 提 끌 제, 携 이끌 휴
🈺 推 밀 추

認 (알 인) — 4급II, 부 言, 총 14

자해 남의 말[言]을 잘 참고[忍] 들으며 내용을 이해하여 안다는 뜻이다.

읽기 認准 인준

쓰기 인가 認可 · 인식 認識 · 인정 認定 · 인증 認證 · 인지 認知 · 인허 認許 · 공인 公認 · 관인 官認 · 묵인 默認 · 부인 否認 · 승인 承認 · 시인 是認 · 오인 誤認 · 용인 容認 · 자인 自認 · 추인 追認 · 확인 確認 · 검인정 檢認定 · 미확인 未確認

🈶 識 알 식, 知 알 지

仁 (어질 인) — 4급, 부 亻(人), 총 4

자해 두[二] 사람[亻]이 서로 배려하며 생각해 준다는 의미에서, 어질다는 뜻이다.

읽기 仁瑞 인서 · 仁徽 인휘 · 輔仁 보인 · 杏仁 행인 · 皇甫仁 황보인

쓰기 인덕 仁德 · 인술 仁術 · 인의 仁義 · 인자 仁者 · 인자 仁慈 · 인정 仁政 · 지인용 智仁勇 · 인자무적 仁者無敵 · 인자요산 仁者樂山 · 살신성인 殺身成仁

🈶 慈 사랑 자, 賢 어질 현

3급II 부 心 총 7 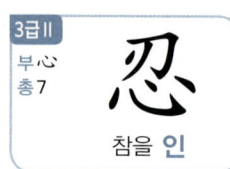 참을 **인** ⊕ 耐 견딜 내	**자해** 칼날[刃]이 심장[心]에 박힌 것처럼 괴롭고 아픈 마음을 참는다는 뜻이다. **쓰기** 인고 忍苦 인내 忍耐 인욕 忍辱 인종 忍從 강인 強忍 견인 堅忍 　　 불인 不忍 잔인 殘忍 인동초 忍冬草 인지위덕 忍之爲德 　　 목불인견 目不忍見 불인지심 不忍之心 은인자중 隱忍自重

3급 부 女 총 9  혼인 **인** ⊕ 婚 혼인할 혼	**자해** 여자[女]가 남자와 인연[因]을 맺어 함께 살게 되는 혼인을 뜻한다. **쓰기** 인가 姻家 인숙 姻叔 인제 姻弟 인척 姻戚 인친 姻親 인형 姻兄 　　 결인 結姻 근인 近姻 외인 外姻 혼인 婚姻 친인척 親姻戚 　　 혼인식 婚姻式 혼인성사 婚姻聖事

3급 부 宀 총 11  범·동방 **인** ⊕ 虎 범 호	**자해** 양손으로 화살을 잡아 과녁에 꽂은 모양으로, 화살같이 빠르고 강한 범(호랑이)을 뜻한다. **쓰기** 인년 寅年 인념 寅念 인방 寅方 인시 寅時 인월 寅月 인일 寅日 　　 인좌 寅坐 경인 庚寅 무인 戊寅 병인 丙寅 임인 壬寅 　　 갑인년 甲寅年 갑인자 甲寅字

3급II 부 辶(辵) 총 12 편안할 **일** ⊕ 安 편안 안, 　 穩 편안할 온	**자해** 토끼[兔→兎]가 맹수를 만나면 재빨리 달려가[辶] 잘 숨어서 잡히지 않으니 몸이 편안하다는 뜻이다. **읽기** 逸驥 일기 **쓰기** 일거 逸居 일덕 逸德 일민 逸民 일사 逸士 일주 逸走 일탈 逸脫 　　 일품 逸品 일화 逸話 독일 獨逸 안일 安逸 은일 隱逸 　　 무사안일 無事安逸 백범일지 白凡逸志

3급II 부 士 총 4 북방 **임:**	**자해** 사람[亻]이 등에 짐[一]을 메고 땅[一]을 디디며 북쪽으로 걷는 모습을 나타낸 글자로, 북방을 뜻한다. **읽기** 壬辰倭亂 임진왜란 **쓰기** 임년 壬年 임란 壬亂 임방 壬方 임술 壬戌 임시 壬時 임신 壬申 　　 임오 壬午 임인 壬人 임인 壬寅 임진 壬辰 임오군란 壬午軍亂

賃

3급II 부貝 총13
품삯 임:

자해 자기에게 맡겨진[任] 일을 모두 하고 받는 돈[貝]인 품삯을 뜻한다.

읽기 傭賃 용임

쓰기 임금 賃金 임대 賃貸 임차 賃借 공임 工賃 무임 無賃 운임 運賃
체임 滯賃 임대료 賃貸料 임대차 賃貸借 임차인 賃借人
저임금 低賃金 무임승차 無賃乘車

姿

4급 부女 총9
모양 자:

유 貌 모양 모, 樣 모양 양, 態 모습 태

자해 여자[女]들이 차례[次]대로 얌전하게 앉아 있는 모양을 뜻한다.

읽기 瓊姿 경자 姿采 자채

쓰기 자모 姿貌 자색 姿色 자세 姿勢 자태 姿態 방자 芳姿 용자 容姿
웅자 雄姿 고자세 高姿勢 저자세 低姿勢 기본자세 基本姿勢

資

4급 부貝 총13
재물 자

유 財 재물 재, 質 바탕 질, 貨 재물 화

자해 살아가는 데 있어 사람 다음[次]으로 필요한 것이 재물[貝]이라는 뜻이다.

읽기 融資 융자

쓰기 자격 資格 자금 資金 자력 資力 자료 資料 자본 資本 자산 資産
자원 資源 자재 資財 자질 資質 내자 內資 물자 物資 증자 增資
출자 出資 투자 投資 합자 合資 군자금 軍資金 기자재 機資材
수자원 水資源 원자재 原資材 학자금 學資金

姉

4급 부女 총8
손윗누이 자

상 妹 누이 매

자해 여자[女] 중에 엄마가 시장[市] 보는 것을 돕는 사람인 손윗누이를 뜻한다.

쓰기 자매 姉妹 자부 姉夫 자씨 姉氏 자형 姉兄 고자 姑姉 우자 愚姉
장자 長姉 자모회 姉母會 자매결연 姉妹結緣 형제자매 兄弟姉妹

慈

3급II 부心 총14
사랑 자

유 愛 사랑 애, 仁 어질 인
상 憎 미울 증

자해 부모가 자식을 품고 이[玆] 마음[心] 저 마음을 다 내주는 사랑을 뜻한다.

쓰기 자당 慈堂 자모 慈母 자비 慈悲 자선 慈善 자애 慈愛 자형 慈兄
자혜 慈惠 가자 家慈 인자 仁慈 무자비 無慈悲
대자대비 大慈大悲

| 3급II
부 刂(刀)
총 8
刺 찌를 자:/찌를 척 |
|---|

자해 뾰족한 가시[朿] 같은 칼[刀→刂]로 찌른다는 뜻이다.

읽기 刺網 자망 縫刺 봉자

쓰기 자객 刺客 자격 刺激 자도 刺刀 자모 刺毛 자묵 刺墨 자살 刺殺
자상 刺傷 자자 刺字 척살 刺殺 난자 亂刺 면자 免刺 자자 自刺

유 衝 찌를 충

| 3급II
부 糸
총 12
紫 자줏빛 자 |

자해 자연에 있는 이것[此]저것을 모아 물들인 실[糸]은 색이 섞인 자줏빛이라는 뜻이다.

읽기 紫葛 자갈 紫闕 자궐 紫水晶 자수정

쓰기 자색 紫色 자연 紫煙 자외선 紫外線 산자수명 山紫水明

| 3급
부 心
총 10
恣 마음대로·방자할 자: |

자해 자기 마음[心]속에 정해 놓은 차례[次]대로 함부로 행동하니 방자하다는 뜻이다.

쓰기 자락 恣樂 자욕 恣慾 자의 恣意 자포 恣暴 자행 恣行 기자 忌恣
방자 放恣 횡자 橫恣 자의적 恣意的 오만방자 傲慢放恣

| 3급
부 玄
총 10
兹 이 자 |

자해 양쪽 손에 든 검은 실[玄玄→兹]처럼 가까운 것을 가리킬 때 하는 말인 이, 이것을 뜻한다.

쓰기 금자 今兹 내자 來兹

유 斯 이 사, 是 이 시
상 彼 저 피

| 3급
부 爪
총 18
爵 벼슬 작 |

자해 왕이 하사한 참새 모양의 술잔[𠠇]을 손[寸]에 받아든 신하 또는 벼슬을 뜻한다.

읽기 爵弁 작변 勳爵 훈작

쓰기 작위 爵位 작호 爵號 공작 公爵 남작 男爵 백작 伯爵 봉작 封爵
인작 人爵 자작 子爵 진작 進爵 천작 天爵 헌작 獻爵 후작 侯爵
고관대작 高官大爵

유 官 벼슬 관, 吏 벼슬아치 리, 尉 벼슬 위

酌 (술부을·잔질할 작) — 3급, 부 酉, 총 10

자해 술통[酉] 안의 술을 국자[勺]로 퍼서 잔에 술을 붓는다는 뜻이다.

쓰기 작교 酌交 작부 酌婦 작정 酌定 대작 對酌 자작 自酌 전작 前酌
참작 參酌 첨작 添酌 청작 淸酌 무작정 無酌定
작수성례 酌水成禮 정상참작 情狀參酌

殘 (남을 잔) — 4급, 부 歹, 총 12, 약 残

자해 전쟁터에서 창과 창[戈戈→戔]을 맞대고 서로 공격하며 찔러 죽여 뼈[歹]만 남았다는 뜻이다.

읽기 殘闕 잔궐 殘虐 잔학 殘酷 잔혹

쓰기 잔고 殘高 잔금 殘金 잔당 殘黨 잔명 殘命 잔반 殘飯 잔설 殘雪
잔악 殘惡 잔액 殘額 잔업 殘業 잔여 殘餘 잔인 殘忍 잔존 殘存
잔포 殘暴 쇠잔 衰殘 패잔병 敗殘兵 동족상잔 同族相殘

유 餘 남을 여

暫 (잠깐 잠(:)) — 3급II, 부 日, 총 15

자해 목이 베이는[斬] 죄인이 해[日]를 볼 수 있는 잠깐을 뜻한다.

쓰기 잠간 暫間 잠견 暫見 잠류 暫留 잠벌 暫罰 잠봉 暫逢 잠시 暫時
잠정 暫定 잠허 暫許 잠정적 暫定的 잠정결론 暫定結論

潛 (잠길 잠) — 3급II, 부 氵(水), 총 15

자해 물[氵] 속에 일찍[朁]부터 들어가 있으면 팔다리가 잠긴다는 뜻이다.

읽기 潛淵 잠연 潛水艦 잠수함

쓰기 잠복 潛伏 잠수 潛水 잠입 潛入 잠재 潛在 잠적 潛跡 잠항 潛航
잠행 潛行 침잠 沈潛 잠망경 潛望鏡 잠복기 潛伏期
잠수교 潛水橋

유 沒 빠질 몰, 沈 잠길 침
상 浮 뜰 부

雜 (섞일 잡) — 4급, 부 隹, 총 18, 약 雑

자해 여러 가지 천을 모아서[集] 옷[衣→衤]을 만드니 무늬가 섞여 있다는 뜻이다.

읽기 塵雜 진잡

쓰기 잡거 雜居 잡곡 雜穀 잡귀 雜鬼 잡균 雜菌 잡기 雜技 잡념 雜念
잡다 雜多 잡담 雜談 잡무 雜務 잡문 雜文 잡범 雜犯 잡비 雜費
잡음 雜音 잡종 雜種 잡지 雜誌 잡초 雜草 잡탕 雜湯 잡화 雜貨
난잡 亂雜 번잡 煩雜 복잡 複雜 착잡 錯雜 추잡 醜雜 혼잡 混雜
잡기장 雜記帳 잡상인 雜商人 잡역부 雜役夫 주색잡기 酒色雜技

유 混 섞을 혼

將

4급II
부 寸
총 11
약 将

장수 장(:)

유 帥 장수 수
상 軍 군사 군, 兵 병사 병, 士 선비 사, 卒 마칠 졸

자해 전쟁터에서 나무 조각[爿]으로 만든 위패를 모시고 손[寸]으로 재물과 고기[肉→月]를 들어 제단에 바치는 장수를 뜻한다.

읽기 將棋 장기 　 倭將 왜장 　 准將 준장

쓰기 장교 將校 　 장군 將軍 　 장래 將來 　 장병 將兵 　 장사 將士 　 장성 將星
장수 將帥 　 장양 將養 　 장차 將次 　 노장 老將 　 맹장 猛將 　 명장 名將
무장 武將 　 소장 小將 　 주장 主將 　 지장 智將 　 수문장 守門將
독불장군 獨不將軍 　 백전노장 百戰老將 　 일취월장 日就月將

障

4급II
부 阝(阜)
총 14

막을 장

유 拒 막을 거, 防 막을 방, 礙 거리낄 애, 抵 막을 저

자해 언덕[阝]이 땅을 양쪽으로 구분[章] 지으며 길의 중간을 막는다는 뜻이다.

읽기 障礙 장애

쓰기 장벽 障壁 　 장해 障害 　 고장 故障 　 내장 內障 　 만장 萬障 　 보장 保障
외장 外障 　 지장 支障 　 행장 行障 　 녹내장 綠內障 　 백내장 白內障
안전보장 安全保障

壯

4급
부 士
총 7
약 壮

장할 장:

유 健 굳셀 건

자해 나무 조각[爿]으로 만든 무기를 들고 선 사내[士]의 모습이 씩씩하고 장하다는 뜻이다.

쓰기 장골 壯骨 　 장관 壯觀 　 장년 壯年 　 장담 壯談 　 장대 壯大 　 장렬 壯烈
장사 壯士 　 장원 壯元 　 장정 壯丁 　 장쾌 壯快 　 장판 壯版 　 강장 強壯
건장 健壯 　 비장 悲壯 　 웅장 雄壯 　 노익장 老益壯 　 소장파 少壯派
호언장담 豪言壯談

帳

4급
부 巾
총 11

장막 장

유 幕 장막 막

자해 천[巾]을 길게[長] 둘러 친 장막을 뜻한다.

읽기 屍帳 시장

쓰기 장기 帳記 　 장막 帳幕 　 장부 帳簿 　 장설 帳設 　 기장 記帳 　 대장 臺帳
모장 毛帳 　 원장 原帳 　 통장 通帳 　 포장 布帳 　 휘장 揮帳
일기장 日記帳 　 포장마차 布帳馬車

張

4급
부 弓
총 11

베풀 장

유 伸 펼 신, 擴 넓힐 확
상 縮 줄일 축

자해 활[弓]을 길게[長] 당겨 화살을 쏘듯 자신의 것을 널리 풀어 베푼다는 뜻이다.

읽기 張網類 장망류

쓰기 장력 張力 　 장설 張設 　 장수 張數 　 장황 張皇 　 과장 誇張 　 긴장 緊張
신장 伸張 　 주장 主張 　 책장 冊張 　 출장 出張 　 확장 擴張
장삼이사 張三李四 　 갑오경장 甲午更張 　 허장성세 虛張聲勢

獎

4급
부 犬
총 15
약 奬, 獎

장려할 장(:)

유 勸 권할 권, 勵 힘쓸 려

자해 전쟁터에서 장수[將]들이 이길 수 있도록 개[犬]가 짖는 듯한 큰 소리로 격려하고 장려한다는 뜻이다.

쓰기 장려 獎勵　장예 獎譽　장진 獎進　장학 獎學　격장 激獎　권장 勸獎
추장 推獎　장려상 獎勵賞　장충단 獎忠壇　장학금 獎學金

腸

4급
부 月(肉)
총 13

창자 장

자해 햇살[昜]이 길게 비치는 것처럼 몸[肉→月]에서 가장 긴 기관인 창자를 뜻한다.

읽기 腸腎 장신　腎腸 신장

쓰기 장벽 腸壁　간장 肝腸　결장 結腸　단장 斷腸　대장 大腸　맹장 盲腸
소장 小腸　심장 心腸　위장 胃腸　직장 直腸　탈장 脫腸
구곡간장 九曲肝腸　구절양장 九折羊腸　십이지장 十二指腸

裝

4급
부 衣
총 13
약 装

꾸밀 장

유 飾 꾸밀 식

자해 씩씩하고[壯] 훌륭한 모습을 뽐내기 위해 옷[衣]을 잘 차려입고 꾸민다는 뜻이다.

읽기 鋪裝 포장　鋪裝道路 포장도로

쓰기 장비 裝備　장식 裝飾　장착 裝着　장치 裝置　가장 假裝　경장 輕裝
군장 軍裝　남장 男裝　무장 武裝　변장 變裝　복장 服裝　성장 盛裝
양장 洋裝　여장 女裝　여장 旅裝　위장 僞裝　정장 正裝　치장 治裝
포장 包裝　장신구 裝身具　비무장 非武裝

丈

3급Ⅱ
부 一
총 3

어른 장:

유 長 긴 장
상 少 적을 소

자해 긴 지팡이로 땅을 짚으며 걸어가는 어른의 모습으로, 어른을 뜻한다.

읽기 椿府丈 춘부장

쓰기 장모 丈母　장부 丈夫　장인 丈人　장척 丈尺　빙장 聘丈　사장 査丈
노인장 老人丈　대장부 大丈夫　여장부 女丈夫　주인장 主人丈
춘부장 春府丈　기고만장 氣高萬丈

掌

3급Ⅱ
부 手
총 12

손바닥 장:

자해 손[手]을 높이[尙→尚] 들어 올릴 때 밖으로 드러나 보이는 손바닥을 뜻한다.

읽기 掌握 장악

쓰기 장골 掌骨　장풍 掌風　관장 管掌　분장 分掌　차장 車掌　합장 合掌
장중주 掌中珠　선인장 仙人掌　여반장 如反掌　장편소설 掌篇小說
박장대소 拍掌大笑

粧

- 3급II
- 부 米
- 총 12
- 단장할 장
- 유 飾 꾸밀 식

자해 하얀 쌀[米]을 빻아 얼굴에 바르며[庄] 뽀얗게 단장한다는 뜻이다.

읽기 姸粧 연장

쓰기 장경 粧鏡　장식 粧飾　내장 內粧　단장 丹粧　미장 美粧　세장 歲粧
치장 治粧　화장 化粧　미장원 美粧院　은장도 銀粧刀
화장지 化粧紙　화장품 化粧品

臟

- 3급II
- 부 月(肉)
- 총 22
- 약 臓
- 오장 장:
- 유 腸 창자 장

자해 몸[肉→月]속에 감춰져[藏] 있는 다섯 가지 내장인 오장을 뜻한다.

읽기 腎臟 신장

쓰기 장기 臟器　장부 臟腑　간장 肝臟　구장 九臟　내장 內臟　심장 心臟
오장 五臟　폐장 肺臟　심장병 心臟病　장기이식 臟器移植

莊

- 3급II
- 부 艹(艸)
- 총 11
- 약 荘
- 씩씩할 장

자해 풀[艹]이 씩씩하고[壯] 무성하게 자란 모습이 장엄하다는 뜻이다.

쓰기 장경 莊敬　장엄 莊嚴　장원 莊園　장자 莊子　장중 莊重　별장 別莊
사장 私莊　산장 山莊　전장 田莊　노장사상 老莊思想

葬

- 3급II
- 부 艹(艸)
- 총 13
- 장사지낼 장:
- 유 喪 잃을 상

자해 죽은[死] 사람을 들에 들고 나가 풀숲[茻→艹]에 묻고 장사 지낸다는 뜻이다.

쓰기 장례 葬禮　장의 葬儀　장지 葬地　국장 國葬　매장 埋葬　수장 水葬
순장 殉葬　안장 安葬　암장 暗葬　이장 移葬　풍장 風葬　합장 合葬
화장 火葬　장례식 葬禮式　장송곡 葬送曲　장의사 葬儀社
가매장 假埋葬　고려장 高麗葬　부장품 副葬品　생매장 生埋葬
암매장 暗埋葬

藏

- 3급II
- 부 艹(艸)
- 총 18
- 약 蔵
- 감출 장:

자해 숨기고[臧] 싶은 물건을 풀[艹]로 덮어 감춘다는 뜻이다.

쓰기 장경 藏經　장부 藏府　장서 藏書　장중 藏中　비장 祕藏　사장 死藏
사장 私藏　소장 所藏　수장 收藏　저장 貯藏　냉장고 冷藏庫
대장경 大藏經　무진장 無盡藏　소장품 所藏品　애장품 愛藏品
저장고 貯藏庫

3급 부 土 총 16	墻 담 장	자해	흙[土]을 높게 쌓아서 인색[嗇]하게 막은 담을 뜻한다.
		쓰기	장내 墻內 장외 墻外 장하 墻下 격장 隔墻 궁장 宮墻 월장 越墻 토장 土墻

3급Ⅱ 부 木 총 10	栽 심을 재:	자해	나무[木]의 가지를 치고 일부를 끊어[戈] 새로 심는다는 뜻이다.
		읽기	栽揷 재삽
		쓰기	재배 栽培 재식 栽植 식재 植栽 윤재 輪栽 노지재배 露地栽培

유 植 심을 식

3급Ⅱ 부 衣 총 12	裁 옷마를 재	자해	옷[衣]을 만들기 위해 옷감을 치수에 맞게 끊어[戈] 마름질한다는 뜻이다.
		읽기	裁衷 재충 裁縫師 재봉사 裁縫絲 재봉사 闕席裁判 궐석재판
		쓰기	재가 裁可 재단 裁斷 재량 裁量 재정 裁定 재판 裁判 결재 決裁 기재 旣裁 독재 獨裁 양재 洋裁 제재 制裁 중재 仲裁 체재 體裁 총재 總裁

3급Ⅱ 부 車 총 13	載 실을 재:	자해	수레[車]의 공간을 적절하게 끊어[戈] 가며 물건을 싣는다는 뜻이다.
		읽기	揭載 게재 艦載 함재
		쓰기	재송 載送 재필 載筆 재화 載貨 기재 記載 등재 登載 만재 滿載 연재 連載 적재 積載 전재 全載 전재 轉載 차재 車載 편재 偏載 천재일우 千載一遇

3급 부 口 총 9 약 㦲	哉 어조사 재	자해	입[口]에서 말이 끊긴다[戈]는 의미에서, 마지막에 나오는 의문과 감탄의 어조사로 쓰인다.
		쓰기	쾌재 快哉 재생명 哉生明 오호애재 嗚呼哀哉 오호통재 嗚呼痛哉

宰 재상 재:
3급 / 부 宀 / 총 10

자해 관청[宀]에 형벌 도구[辛]를 갖춰 두고 재판이나 행정을 처리하며 주재하는 사람인 재상을 뜻한다.

읽기 宰柄 재병   宰輔 재보

쓰기 재관 宰官   재목 宰木   재부 宰府   재살 宰殺   재상 宰相   재신 宰臣
재우 宰牛   재인 宰人   재제 宰制   재할 宰割   경재 卿宰   국재 國宰
수재 守宰   주재 主宰   총재 總宰

低 낮을 저:
4급Ⅱ / 부 亻(人) / 총 7

자해 신분이 낮은[氐] 사람[亻]은 항상 자세를 숙여 낮다는 뜻이다.

쓰기 저가 低價   저공 低空   저급 低級   저두 低頭   저렴 低廉   저리 低利
저속 低俗   저온 低溫   저율 低率   저음 低音   저조 低調   저지 低地
저질 低質   저하 低下   고저 高低   최저 最低   저기압 低氣壓
저임금 低賃金   저자세 低姿勢   저혈압 低血壓

유 卑 낮을 비
상 高 높을 고, 尊 높을 존,
埈 높을 준, 峻 높을 준,
崔 높을 최, 卓 높을 탁

底 밑 저:
4급 / 부 广 / 총 8

자해 집[广]에서도 낮은[氐] 부분이니 아주 맨 밑이라는 뜻이다.

읽기 底引網 저인망

쓰기 저력 底力   저류 底流   저면 底面   저변 底邊   저의 底意   저층 底層
저하 底下   근저 根底   기저 基底   도저 到底   심저 心底   철저 徹底
해저 海底

抵 막을 저:
3급Ⅱ / 부 扌(手) / 총 8

자해 상대를 손[扌]으로 잡아 가장 낮은[氐] 곳까지 밀어서 공격을 막는다는 뜻이다.

쓰기 저달 抵達   저당 抵當   저사 抵死   저촉 抵觸   저항 抵抗   대저 大抵
저당권 抵當權   저항력 抵抗力   근저당 根抵當   무저당 無抵當
저사위한 抵死爲限

유 抗 겨룰 항

著 나타날 저:
3급Ⅱ / 부 艹(艸) / 총 13

자해 대나무나 풀잎[艹]에 적힌 옛사람[者]의 글에는 그들의 뜻과 생각이 나타난다는 뜻이다.

읽기 著雍 저옹

쓰기 저명 著名   저서 著書   저술 著述   저자 著者   저작 著作   착압 著押
공저 共著   논저 論著   유저 遺著   졸저 拙著   쾌저 快著   편저 編著
현저 顯著   저작권 著作權

유 作 지을 작, 造 지을 조

敵 대적할 적
4급Ⅱ 부 攵(攴) 총 15

자해: 나무의 밑동[啇]을 치듯[攵] 상대를 치며 대적한다는 뜻이다.

읽기: 敵艦 적함

쓰기: 적국 敵國, 적군 敵軍, 적기 敵旗, 적대 敵對, 적수 敵手, 적습 敵襲, 적의 敵意, 적정 敵情, 적지 敵地, 적진 敵陣, 강적 強敵, 대적 對敵, 무적 無敵, 숙적 宿敵, 외적 外敵, 정적 政敵, 천적 天敵, 필적 匹敵, 적대감 敵對感, 이적행위 利敵行爲, 인자무적 仁者無敵, 중과부적 衆寡不敵

積 쌓을 적
4급 부 禾 총 16

유: 貯 쌓을 저, 蓄 모을 축, 築 쌓을 축
상: 壞 무너질 괴, 崩 무너질 붕

자해: 자기 논의 벼[禾]는 자기가 책임지고[責] 추수하여 쌓는다는 뜻이다.

읽기: 積屍 적시, 積鬱 적울, 積聚 적취, 庚積 유적, 沖積 충적

쓰기: 적금 積金, 적량 積量, 적립 積立, 적분 積分, 적산 積算, 적선 積善, 적설 積雪, 적재 積載, 적채 積債, 적체 積滯, 견적 見積, 노적 露積, 누적 累積, 면적 面積, 산적 山積, 선적 船積, 승적 乘積, 용적 容積, 집적 集積, 축적 蓄積, 적극적 積極的, 적설량 積雪量, 적재량 積財量, 야적장 野積場, 용적률 容積率

籍 문서 적
4급 부 竹 총 20

유: 券 문서 권, 簿 문서 부

자해: 대나무[竹] 조각에 농사짓는[耤] 사람의 명단을 적은 문서를 뜻한다.

읽기: 艦籍 함적, 勳籍 훈적

쓰기: 국적 國籍, 당적 黨籍, 무적 無籍, 병적 兵籍, 복적 復籍, 본적 本籍, 사적 史籍, 서적 書籍, 원적 原籍, 이적 移籍, 입적 入籍, 재적 在籍, 전적 典籍, 제적 除籍, 지적 地籍, 호적 戶籍, 자국적 自國籍, 학적부 學籍簿, 이중국적 二重國籍, 호적초본 戶籍抄本

績 길쌈 적
4급 부 糸 총 17

유: 紡 길쌈 방, 織 짤 직

자해: 실[糸]을 각 책임[責]에 맞게 짜서 완성하는 일이 길쌈이라는 뜻이다.

읽기: 紡績 방적, 丕績 비적, 勳績 훈적, 徽績 휘적, 綿紡績 면방적, 紡文績學 방문적학

쓰기: 적공 績工, 적녀 績女, 고적 考績, 공적 功績, 기적 記績, 미적 美績, 사적 事績, 성적 成績, 실적 實績, 업적 業績, 전적 前績, 치적 治績, 행적 行績

適 맞을 적
4급 부 辶(辵) 총 15

자해: 밭으로 가서[辶] 채소의 밑동[啇]을 딸 때는 적당히 익은 것이 알맞다는 뜻이다.

쓰기: 적격 適格, 적귀 適歸, 적기 適期, 적당 適當, 적량 適量, 적법 適法, 적성 適性, 적시 適時, 적용 適用, 적응 適應, 적인 適人, 적임 適任, 적절 適切, 적정 適正, 적합 適合, 최적 最適, 쾌적 快適, 적법절차 適法節次, 적자생존 適者生存, 적재적소 適材適所, 유유자적 悠悠自適

4급 / 부 貝 / 총 13 / 賊 도둑 적

자해 무기[戎]를 들고 위협하며 남의 재물[貝]을 빼앗는 도둑을 뜻한다.

읽기 적굴 賊窟 적소 賊巢 적학 賊虐 비적 匪賊 왜적 倭賊 첩적 諜賊

쓰기 적도 賊徒 적신 賊臣 적심 賊心 거적 巨賊 도적 盜賊 마적 馬賊
산적 山賊 역적 逆賊 오적 五賊 외적 外賊 의적 義賊 해적 海賊
화적 火賊 흉적 凶賊

유 盜 도둑 도, 竊 훔칠 절

3급Ⅱ / 부 宀 / 총 11 / 寂 고요할 적

자해 집[宀] 안에 아저씨[叔]만 홀로 있으니 말이 없어 고요하다는 뜻이다.

읽기 울적 鬱寂 충적 沖寂

쓰기 적념 寂念 적멸 寂滅 적연 寂然 적적 寂寂 고적 孤寂 공적 空寂
유적 幽寂 입적 入寂 잠적 潛寂 정적 靜寂 한적 閑寂 현적 玄寂

유 靜 고요할 정, 閑 한가할 한
상 忙 바쁠 망

3급Ⅱ / 부 扌(手) / 총 14 / 摘 딸 적

자해 손[扌]으로 나무나 채소의 밑동[商]을 딴다는 뜻이다.

쓰기 적과 摘果 적기 摘記 적독 摘讀 적록 摘錄 적발 摘發 적시 摘示
적아 摘芽 적요 摘要 적재 摘載 적출 摘出 지적 指摘

3급Ⅱ / 부 竹 / 총 11 / 笛 피리 적

자해 대나무[竹]에 뚫은 구멍으로부터 말미암아[由] 소리가 나는 피리를 뜻한다.

읽기 노적 蘆笛 마적 魔笛 가정적 柯亭笛

쓰기 적성 笛聲 각적 角笛 경적 警笛 고적 鼓笛 구적 口笛 기적 汽笛
아적 牙笛 옥적 玉笛 호적 胡笛 호적 號笛 고적대 鼓笛隊
만파식적 萬波息笛

유 琯 옥피리 관

3급Ⅱ / 부 阝(足) / 총 13 / 跡 발자취 적

자해 발[足→疋]을 앞으로 또[亦] 한 걸음씩 내디딜 때마다 생기는 발자취를 뜻한다.

쓰기 적포 跡捕 고적 古跡 궤적 軌跡 기적 奇跡 유적 遺跡 이적 履跡
인적 人跡 잠적 潛跡 족적 足跡 추적 追跡 필적 筆跡 항적 航跡
유적지 遺跡地

유 蹟 자취 적

蹟 자취 적

- 3급II
- 부 足
- 총 18

자해 과거를 책임지던[責] 선인들이 발[足→𧾷]로 밟으며 살아온 자취를 뜻한다.

쓰기 계적 繼蹟 고적 古蹟 기적 奇蹟 문적 文蹟 사적 史蹟 사적 事蹟
성적 聖蹟 열적 烈蹟 유적 遺蹟 행적 行蹟

유 跡 발자취 적

滴 물방울 적

- 3급
- 부 氵(水)
- 총 14

자해 물[氵]이 열매의 밑동[商]까지 굴러 와서 떨어지는 모습의 물방울을 뜻한다.

읽기 硯滴 연적

쓰기 적로 滴露 적수 滴水 무적 霧滴 수적 水滴 여적 餘滴 유적 油滴
일적 一滴 잔적 殘滴 점적 點滴 흑적 黑滴 여적란 餘滴欄

田 밭 전

- 4급II
- 부 田
- 총 5

자해 밭과 그 경계인 논두렁을 그린 글자로, 밭을 뜻한다.

읽기 田廬 전려 田疇 전주 圭田 규전 甫田 보전 沃田 옥전 阪田 판전
田柴科 전시과

쓰기 전답 田畓 전렵 田獵 전원 田園 전지 田地 공전 公田 단전 丹田
방전 方田 사전 私田 염전 鹽田 유전 油田 토전 土田 화전 火田
화전민 火田民 전원생활 田園生活 상전벽해 桑田碧海
아전인수 我田引水 이전투구 泥田鬪狗

성 畓 논 답

專 오로지 전

- 4급
- 부 寸
- 총 11

자해 실패(실감개)[叀]에 실을 감을 때에는 손[寸]을 오로지 한쪽 방향으로 해서 돌려야 한다는 의미에서, 오로지라는 뜻이다.

읽기 專貰 전세 專託 전탁

쓰기 전공 專攻 전권 專權 전단 專斷 전담 專擔 전매 專賣 전무 專務
전문 專門 전속 專屬 전용 專用 전위 專爲 전임 專任 전제 專制
전횡 專橫 전유물 專有物 전관수역 專管水域 일심전력 一心專力

轉 구를 전:

- 4급
- 부 車
- 총 18
- 약 転

자해 수레[車]의 바퀴가 앞으로 가기 위해 오로지[專] 한 방향으로 구른다는 뜻이다.

읽기 轉蓬 전봉 廻轉 회전

쓰기 전근 轉勤 전기 轉記 전사 轉寫 전송 轉送 전업 轉業 전역 轉役
전용 轉用 전재 轉載 전적 轉籍 전전 轉轉 전직 轉職 전출 轉出
전환 轉換 공전 公轉 역전 逆轉 이전 移轉 자전 自轉 회전 回轉
성전환 性轉換 윤전기 輪轉機 전화위복 轉禍爲福
급전직하 急轉直下 기승전결 起承轉結 심기일전 心機一轉

유 廻 돌 회, 回 돌 회

錢 돈 전:
- 4급 / 부 金 / 총 16 / 약 銭
- 유 幣 화폐 폐

자해 쇠[金]를 깎거나[戔] 녹여서 만들어 썼던 옛날 돈(화폐)을 뜻한다.

읽기 俸錢 봉전　錫錢 석전　貰錢 세전　餐錢 찬전　錢塘江 전당강

쓰기 전곡 錢穀　전주 錢主　전표 錢票　금전 金錢　급전 急錢　동전 銅錢
본전 本錢　엽전 葉錢　일전 一錢　지전 紙錢　환전 換錢
수전노 守錢奴　무전여행 無錢旅行

殿 전각 전:
- 3급II / 부 殳 / 총 13

자해 방이 여러 채로 펼쳐져[展→尸] 있어 몽둥이[殳]를 들고 밤낮으로 지켜야 하는 전각을 뜻한다.

읽기 伏魔殿 복마전

쓰기 전각 殿閣　전각 殿角　전계 殿階　전내 殿內　전당 殿堂　전랑 殿廊
전시 殿試　전우 殿宇　전최 殿最　전하 殿下　궁전 宮殿　내전 內殿
대전 大殿　별전 別殿　보전 寶殿　불전 佛殿　성전 聖殿　신전 神殿
어전 御殿　정전 正殿　대웅전 大雄殿　태극전 太極殿

絕 끊을 절
- 4급II / 부 糸 / 총 12
- 유 斷 끊을 단, 切 끊을 절
- 상 結 맺을 결, 繼 이을 계, 續 이을 속

자해 사람[卩]이 실[糸]에 칼[刀]을 갖다 대서 실을 끊는다는 뜻이다.

읽기 絕垠 절은　絕峻 절준　絕塵 절진　絕亢 절항　遮絕 차절　悽絕 처절
韋編三絕 위편삼절　通信杜絕 통신두절

쓰기 절경 絕景　절교 絕交　절규 絕叫　절단 絕斷　절대 絕對　절망 絕望
절명 絕命　절묘 絕妙　절벽 絕壁　절식 絕食　절연 絕緣　절찬 絕讚
절필 絕筆　절후 絕後　거절 拒絕　근절 根絕　기절 氣絕　단절 斷絕
사절 謝絕　혼절 昏絕　절해고도 絕海孤島　포복절도 抱腹絕倒

折 꺾을 절
- 4급 / 부 扌(手) / 총 7
- 유 曲 굽을 곡, 屈 굽힐 굴
- 상 貞 곧을 정, 直 곧을 직

자해 손[扌]에 도끼[斤]를 들고 나무를 찍어서 꺾는다는 뜻이다.

읽기 折衷 절충　中折帽 중절모

쓰기 절골 折骨　절반 折半　절열 折閱　절요 折腰　절충 折衝　곡절 曲折
골절 骨折　굴절 屈折　단절 斷折　면절 面折　반절 半折
구절양장 九折羊腸　백절불굴 百折不屈

竊 훔칠 절
- 3급 / 부 穴 / 총 22 / 약 窃
- 유 盜 도둑 도, 賊 도둑 적

자해 구멍[穴]으로 들어온 벌레[萬]가 슬그머니[乁] 쌀[米]을 훔친다는 뜻이다.

읽기 竊脂 절지

쓰기 절거 竊據　절념 竊念　절도 竊盜　절발 竊發　절위 竊位　절음 竊飮
절적 竊賊　절청 竊聽　절취 竊取　구절 狗竊　초절 草竊
절도범 竊盜犯

占

4급 부 卜 총 5
점령할 점:/점칠 점

유 領 거느릴 령, 卜 점 복

자해 거북이 배딱지를 구워서 나온 점[卜]의 결과를 입[口]으로 해석하며 점친다는 뜻이다.

읽기 胎占 태점

쓰기 점거 占居 점거 占據 점령 占領 점술 占術 점용 占用 점유 占有
강점 強占 과점 寡占 독점 獨占 선점 先占 점성술 占星術
독과점 獨寡占

點

4급 부 黑 총 17 약 点, 奌
점 점(:)

자해 얼굴에서 검게[黑] 차지하고[占] 있는 점을 뜻한다.

읽기 焦點 초점

쓰기 점검 點檢 점등 點燈 점멸 點滅 점선 點線 점수 點數 점심 點心
점자 點字 점점 點點 점호 點呼 점화 點火 감점 減點 강점 強點
거점 據點 결점 缺點 관점 觀點 극점 極點 낙점 落點 단점 短點
동점 同點 득점 得點 만점 滿點 맹점 盲點 반점 半點 벌점 罰點
빙점 氷點 시점 時點 약점 弱點 오점 汚點 채점 採點

漸

3급II 부 氵(水) 총 14
점점 점:

유 進 나아갈 진

자해 목이 베일[斬] 시간이 물[氵]밀 듯이 점차 다가온다는 의미에서, 점점이라는 뜻이다.

읽기 漸摩 점마   頓悟漸修 돈오점수

쓰기 점감 漸減 점고 漸高 점등 漸騰 점락 漸落 점염 漸染 점점 漸漸
점증 漸增 점진 漸進 점차 漸次 적점 積漸 점진적 漸進的
점입가경 漸入佳境

接

4급II 부 扌(手) 총 11
이을 접

유 續 이을 속

자해 남자가 손[扌]으로 첩[妾]을 잡아끌어 가까이하면 사이가 이어진다는 뜻이다.

읽기 鎔接 용접

쓰기 접견 接見 접경 接境 접골 接骨 접근 接近 접대 接待 접목 接木
접선 接線 접속 接續 접수 接受 접수 接收 접종 接種 접전 接戰
접점 接點 접착 接着 접촉 接觸 접합 接合 간접 間接 교접 交接
근접 近接 대접 待接 면접 面接 영접 迎接 접두사 接頭辭
접미사 接尾辭 피골상접 皮骨相接

蝶

3급 부 虫 총 15
나비 접

자해 벌레[虫] 중에 나뭇잎[枼] 사이로 날아다니는 나비를 뜻한다.

읽기 雌蝶 자접

쓰기 접몽 蝶夢 접무 蝶舞 접아 蝶兒 접영 蝶泳 고접 孤蝶 백접 白蝶
봉접 蜂蝶 유접 遊蝶 호접 胡蝶 화접 花蝶 접형골 蝶形骨
호접지몽 胡蝶之夢

政 | 정사 정 (4급II, 부 攴(攵), 총 9)

유의 治 다스릴 치

자해 나라를 바르게[正] 이끌기 위해 회초리[攵]로 지시하며 다스리는 정사를 뜻한다.

읽기 政綱 정망　政柄 정병　倭政 왜정　虐政 학정　酷政 혹정
勤政勳章 근정훈장

쓰기
정강 政綱　정객 政客　정견 政見　정경 政經　정계 政界　정국 政局
정권 政權　정당 政堂　정도 政塗　정략 政略　정변 政變　정부 政府
정사 政社　정세 政勢　정적 政績　정책 政策　정치 政治　군정 軍政
농정 農政　선정 善政　임정 臨政　재정 財政　폭정 暴政　학정 學政

程 | 한도·길 정 (4급II, 부 禾, 총 12)

유의 道 길 도, 路 길 로

자해 벼[禾]를 윗사람에게 바치기[呈] 위해 농사지어 나가는 길(과정)을 뜻한다.

쓰기
정도 程道　공정 工程　과정 過程　과정 課程　과정 科程　규정 規程
노정 路程　도정 道程　등정 登程　사정 射程　상정 上程　여정 旅程
역정 驛程　일정 日程　노정기 路程記　대장정 大長程
방정식 方程式　이정표 里程標　사정거리 射程距離

精 | 정할 정 (4급II, 부 米, 총 14)

자해 쌀[米]에서 푸른[靑] 쌀눈이 보이도록 벗기니 거칠지 않고 정하다는 뜻이다.

읽기 精紡 정방　精巢 정소　蔘精 삼정　腎精 신정

쓰기
정결 精潔　정관 精管　정교 精巧　정기 精氣　정독 精讀　정력 精力
정령 精靈　정맥 精麥　정밀 精密　정백 精白　정병 精兵　정산 精算
정선 精選　정성 精誠　정세 精細　정신 精神　정액 精液　정예 精銳
정유 精油　정자 精子　정제 精製　정진 精進　정통 精通　정화 精華
사정 射精　수정 受精　주정 酒精　정근상 精勤賞

丁 | 고무래·장정 정 (4급, 부 一, 총 2)

자해 밭의 흙을 고르거나 아궁이의 재를 긁어모으는 데에 쓰는 '丁' 자 모양의 고무래를 뜻한다.

읽기 丁疆 정강

쓰기
정남 丁男　정년 丁年　정녕 丁寧　정우 丁憂　정제 丁祭　정향 丁香
가정 家丁　군정 軍丁　백정 白丁　병정 兵丁　솔정 率丁　압정 押丁
원정 園丁　장정 壯丁　갑을병정 甲乙丙丁

整 | 가지런할 정: (4급, 부 攴(攵), 총 16)

유의 齊 가지런할 제

자해 묶은[束] 나무 끝이 일정하지 않아 삐져나온 부분을 쳐서[攵] 바르게[正] 만드니 가지런하다는 뜻이다.

읽기 整頓 정돈　整峻 정준

쓰기
정군 整軍　정렬 整列　정리 整理　정비 整備　정수 整數　정연 整然
정제 整齊　정지 整地　정풍 整風　정형 整形　보정 補整　조정 調整
정형수술 整形手術

靜 고요할 정
- 4급
- 부 靑
- 총 16
- 약 静

자해 다툼[爭]이 깨끗하게[淸→靑] 정리되어 주위가 고요하다는 뜻이다.

읽기 靜僻 정벽 　靜淵 정연 　靜穩 정온 　沖靜 충정 　鎭靜劑 진정제

쓰기 정관 靜觀 　정맥 靜脈 　정물 靜物 　정섭 靜攝 　정숙 靜肅 　정양 靜養
　　 정일 靜逸 　정적 靜的 　정적 靜寂 　정좌 靜坐 　냉정 冷靜 　동정 動靜
　　 안정 安靜 　진정 鎭靜 　평정 平靜 　한정 閑靜 　정전기 靜電氣
　　 정중동 靜中動

유 肅 엄숙할 숙, 寂 고요할 적
상 動 움직일 동

井 우물 정(:)
- 3급Ⅱ
- 부 二
- 총 4

자해 네모나게 만든 우물을 위에서 내려다본 모양을 본뜬 글자로, 우물을 뜻한다.

읽기 浚井 준정 　臨渴掘井 임갈굴정

쓰기 정간 井間 　정연 井然 　관정 管井 　유정 油井 　천정 天井
　　 정간지 井間紙 　정읍사 井邑詞 　정전법 井田法 　정화수 井華水
　　 정중관천 井中觀天 　시정잡배 市井雜輩 　천정부지 天井不知

亭 정자 정
- 3급Ⅱ
- 부 亠
- 총 9

자해 다리 기둥[丁]을 높게[高→亠] 세워서 지은 정자를 뜻한다.

읽기 柯亭 가정 　柯亭笛 가정적 　俛仰亭 면앙정 　鮑石亭 포석정

쓰기 정각 亭閣 　정자 亭子 　고정 孤亭 　기정 旗亭 　다정 茶亭 　역정 驛亭
　　 연정 蓮亭 　요정 料亭 　노인정 老人亭 　망양정 望洋亭
　　 팔각정 八角亭 　토정비결 土亭秘訣

廷 조정 정
- 3급Ⅱ
- 부 廴
- 총 7

자해 신하[壬]가 매일 걸어[廴] 나가야 하는 곳인 조정을 뜻한다.

읽기 廷尉 정위 　闕廷 궐정

쓰기 정론 廷論 　정리 廷吏 　개정 開廷 　관정 官廷 　궁정 宮廷 　법정 法廷
　　 송정 訟廷 　조정 朝廷 　출정 出廷 　퇴정 退廷 　폐정 閉廷 　휴정 休廷

征 칠 정
- 3급Ⅱ
- 부 彳
- 총 8

자해 바르지 않은 세력 앞에 나아가서[彳] 그들을 바르게[正] 하기 위해 친다는 뜻이다.

읽기 征塵 정진

쓰기 정도 征途 　정로 征路 　정벌 征伐 　정복 征服 　정부 征夫 　정인 征人
　　 정토 征討 　북정 北征 　외정 外征 　원정 遠征 　장정 長征 　출정 出征
　　 원정대 遠征隊 　원정경기 遠征競技

유 擊 칠 격, 伐 칠 벌, 討 칠 토

3급II
부 氵(水)
총 11
약 浄

淨 깨끗할 정

유 潔 깨끗할 결
상 汚 더러울 오

자해 물[氵]이 고요하여[靜→爭] 속이 들여다보일 정도로 깨끗하다는 뜻이다.

읽기 淨沼 정소   淨刹 정찰   淨名尉 정명위

쓰기 정결 淨潔   정수 淨水   정토 淨土   정화 淨化   부정 不淨   세정 洗淨
청정 淸淨   정수기 淨水器   서방정토 西方淨土   자정작용 自淨作用
청정해역 淸淨海域

3급II
부 貝
총 9

貞 곧을 정

유 直 곧을 직
상 曲 굽을 곡, 折 꺾을 절

자해 점[卜]을 친 결과에 대해 조개[貝]처럼 입을 꽉 다물고 따르는 곧은 마음을 뜻한다.

읽기 貞亮 정량   貞珉 정민

쓰기 정결 貞潔   정렬 貞烈   정민 貞敏   정숙 貞淑   정절 貞節   정조 貞操
견정 堅貞   동정 童貞   부정 不貞   충정 忠貞   정부인 貞夫人

3급II
부 頁
총 11

頂 정수리 정

자해 고무래[丁]의 꼭대기에 달린 널조각처럼 머리[頁]의 꼭대기에 달린 정수리를 뜻한다.

읽기 頂戴 정대   摩頂 마정

쓰기 정례 頂禮   정부 頂部   정상 頂上   정점 頂點   등정 登頂   산정 山頂
절정 絶頂   천정 天頂   정상급 頂上級   정상회담 頂上會談

3급
부 言
총 9

訂 바로잡을 정

유 矯 바로잡을 교,
正 바를 정

자해 말[言]로 타일러서 상대의 비뚤어진 마음을 고무래[丁]처럼 곧게 바로잡는다는 뜻이다.

쓰기 정약 訂約   정정 訂正   정정 訂定   개정 改訂   고정 考訂   교정 校訂
수정 修訂   신정 新訂   재정 再訂   중정 重訂   개정판 改訂版
교정본 校訂本

4급II
부 刂(刀)
총 8

制 절제할 제:

자해 제멋대로 뻗은 나뭇가지[未]를 칼[刂]로 쳐내듯 자신의 마음을 절제한다는 뜻이다.

읽기 制帽 제모   制俸 제봉   制霸 제패

쓰기 제도 制度   제동 制動   제복 制服   제서 制書   제압 制壓   제약 制約
제어 制御   제재 制裁   제정 制定   제지 制止   제한 制限   제헌 制憲
강제 強制   관제 官制   궤제 軌制   규제 規制   법제 法制   세제 稅制
억제 抑制   자제 自制   전제 專制   절제 節制   체제 體制   통제 統制
학제 學制   제공권 制空權   내각제 內閣制   허가제 許可制

280

提 끌 제

4급 II 부 扌(手) 총 12

유 牽 끌 견, 引 끌 인, 携 이끌 휴
상 推 밀 추

자해 손[扌]으로 자신이 옳다고[是] 생각하는 것을 끌어당긴다는 뜻이다.

읽기 提呈 제정

쓰기 제고 提高　제공 提供　제기 提起　제독 提督　제소 提訴　제시 提示
제안 提案　제언 提言　제의 提議　제창 提唱　제청 提請　제출 提出
제휴 提携　전제 前提　제등행렬 提燈行列

濟 건널 제:

4급 II 부 氵(水) 총 17 약 済

유 渡 건널 도

자해 물결[氵]이 세차지 않고 가지런할[齊] 때 사람들이 강을 건넌다는 뜻이다.

읽기 亮濟 양제

쓰기 제도 濟度　제미 濟美　제민 濟民　제세 濟世　제주 濟州　결제 決濟
경제 經濟　구제 救濟　변제 辨濟　홍제 弘濟　제세안민 濟世安民
제제다사 濟濟多士　경세제민 經世濟民　공제조합 共濟組合

祭 제사 제:

4급 II 부 示 총 11

유 祀 제사 사

자해 고기[肉→月]를 손[又]으로 들어 제단[示]에 바치며 신에게 올리는 제사를 뜻한다.

읽기 祭靴 제화　闕祭 궐제　殷祭 은제

쓰기 제관 祭官　제기 祭器　제단 祭壇　제례 祭禮　제문 祭文　제물 祭物
제복 祭服　제수 祭需　제전 祭典　제주 祭主　제주 祭酒　제향 祭享
기제 忌祭　사제 司祭　시제 時祭　축제 祝祭　기우제 祈雨祭
위령제 慰靈祭　제천의식 祭天儀式　관혼상제 冠婚喪祭

製 지을 제:

4급 II 부 衣 총 14

유 作 지을 작, 造 지을 조

자해 옷감[衣]을 치수에 맞게 마름질하여[制] 옷을 짓는다는 뜻이다.

읽기 製菓 제과　製劑 제제　製菓店 제과점　手製靴 수제화
縫製工場 봉제공장

쓰기 제강 製鋼　제당 製糖　제도 製圖　제련 製鍊　제본 製本　제분 製粉
제빙 製氷　제약 製藥　제작 製作　제재 製材　제조 製造　제지 製紙
제철 製鐵　제품 製品　목제 木製　미제 美製　복제 複製　사제 私製
수제 手製　외제 外製

除 덜 제

4급 II 부 阝(阜) 총 10

유 減 덜 감, 削 깎을 삭
상 加 더할 가, 添 더할 첨

자해 언덕[阝]처럼 쌓은 계단에 남은[余] 먼지를 쓸어서 점점 덜어낸다는 뜻이다.

읽기 撤除 철제　除害劑 제해제

쓰기 제거 除去　제대 除隊　제독 除毒　제막 除幕　제명 除名　제번 除番
제법 除法　제설 除雪　제수 除授　제야 除夜　제외 除外　제적 除籍
제초 除草　면제 免除　방제 防除　배제 排除　삭제 削除　소제 掃除
절제 切除　해제 解除

際

4급II
부 阝(阜)
총 14

즈음·가 제:

유 交 사귈 교

자해 사람들이 언덕[阝]에 모여 제사[祭]를 지내며 친근하게 다져 놓은 사이를 뜻한다.

읽기 鵬際 붕제　垠際 은제

쓰기 제애 際涯　제우 際遇　제회 際會　교제 交際　국제 國際　무제 無際
수제 水際　실제 實際　차제 此際　국제적 國際的
국제공항 國際空港　국제연합 國際聯合

帝

4급
부 巾
총 9

임금 제:

유 君 임금 군, 王 임금 왕, 皇 임금 황
상 民 백성 민, 臣 신하 신

자해 하늘에 제사 지내는 제단을 그린 글자로, 그 권한을 가진 임금을 뜻한다.

읽기 帝闕 제궐　帝傅 제부　帝祐 제우　帝胤 제윤　帝祚 제조
隋文帝 수문제　魏武帝 위무제

쓰기 제국 帝國　제왕 帝王　제정 帝政　대제 大帝　반제 反帝　일제 日帝
천제 天帝　황제 皇帝　제국주의 帝國主義　옥황상제 玉皇上帝
일제시대 日帝時代

諸

3급II
부 言
총 16

모두 제

유 皆 다 개, 咸 다 함

자해 자신의 주장을 말하기[言] 위해 모인 사람들[者] 모두를 뜻한다.

읽기 諸葛 제갈　諸彦 제언　蟾諸 섬제　諸葛亮 제갈량

쓰기 제가 諸家　제공 諸公　제국 諸國　제군 諸君　제도 諸島　제반 諸般
제씨 諸氏　제원 諸元　제원 諸員　제위 諸位　제현 諸賢　제후 諸侯
편제 偏諸　제반절차 諸般節次　제자백가 諸子百家

齊

3급II
부 齊
총 14
약 斉

가지런할 제

유 整 가지런할 정

자해 곡식의 줄기 위로 이삭이 가지런히 자란 모습에서 가지런하다는 뜻으로 쓰인다.

읽기 齊魯 제로　斬齊 참제

쓰기 제가 齊家　제급 齊給　제등 齊等　제민 齊民　제심 齊心　제창 齊唱
균제 均齊　부제 不齊　일제 一齊　정제 整齊　수신제가 修身齊家
일제사격 一齊射擊

堤

3급
부 土
총 12

둑 제

자해 흙[土]을 바르게[是] 쌓아 올려 만든 둑을 뜻한다.

읽기 堤塘 제당

쓰기 제방 堤防　본제 本堤　설제 雪堤　잠제 潛堤　장제 長堤　토제 土堤
하제 河堤　횡제 橫堤　방조제 防潮堤　방파제 防波堤

4급Ⅱ	
부 力 총 7	助 도울 조:

유 扶 도울 부, 援 도울 원, 佑 도울 우, 佐 도울 좌, 贊 도울 찬

자해 고기가 겹겹이 쌓인 그릇[且]을 힘껏[力] 들어 옮기며 제사 준비를 돕는다는 뜻이다.

읽기 佑助 우조   祐助 우조   天佑神助 천우신조

쓰기 조교 助敎   조력 助力   조사 助詞   조산 助產   조수 助手   조언 助言
조역 助役   조연 助演   조장 助長   공조 共助   구조 救助   내조 內助
방조 傍助   보조 補助   부조 扶助   원조 援助   찬조 贊助   협조 協助
조동사 助動詞   상부상조 相扶相助

4급Ⅱ	
부 日 총 6	早 이를 조:

유 旦 아침 단, 晨 새벽 신, 曉 새벽 효
상 晩 늦을 만, 夕 저녁 석

자해 해[日]가 풀숲[十] 위로 얼굴을 내민 이른 시간을 뜻한다.

쓰기 조급 早急   조기 早期   조로 早老   조루 早漏   조산 早產   조세 早世
조속 早速   조숙 早熟   조조 早朝   조춘 早春   조퇴 早退   조혼 早婚
조만간 早晚間   조실부모 早失父母   조조할인 早朝割引
시기상조 時機尙早

4급Ⅱ	
부 辶(辵) 총 11	造 지을 조:

유 工 장인 공, 構 얽을 구, 作 지을 작, 著 나타날 저, 製 지을 제

자해 나라의 중요한 건물을 지을 때에는 신에게 가서[辶] 알리고[告] 짓는다는 뜻이다.

읽기 造菓 조과   造癌 조암   鎔造 용조

쓰기 조경 造景   조림 造林   조선 造船   조성 造成   조어 造語   조작 造作
조폐 造幣   조형 造形   조화 造化   조화 造花   개조 改造   건조 建造
구조 構造   급조 急造   모조 模造   변조 變造   석조 石造   위조 僞造
제조 製造   창조 創造   축조 築造   조물주 造物主   피조물 被造物
조폐공사 造幣公社

4급Ⅱ	
부 鳥 총 11	鳥 새 조

유 禽 새 금, 乙 새 을

자해 새의 얼굴과 눈, 몸통과 다리, 긴 꽁지를 자세히 그린 글자로, 새를 뜻한다.

읽기 鳥網 조망   瑞鳥 서조   蜀鳥 촉조   籠中鳥 농중조
籠鳥戀雲 농조연운

쓰기 조류 鳥類   조수 鳥獸   조장 鳥葬   길조 吉鳥   백조 白鳥   비조 飛鳥
익조 益鳥   화조 花鳥   황조 黃鳥   후조 候鳥   불사조 不死鳥
칠면조 七面鳥   조족지혈 鳥足之血   일석이조 一石二鳥

4급	條
부 木 총 11 약 条	가지 조

유 枝 가지 지

자해 나무[木]에서 빠르게[攸] 뻗어 나가는 가지를 뜻한다.

읽기 條款 조관   條枚 조매   柯條 가조   鐵條網 철조망

쓰기 조건 條件   조례 條例   조리 條理   조목 條目   조문 條文   조약 條約
조주 條奏   조항 條項   교조 敎條   신조 信條   지조 枝條
무조건 無條件   부조리 不條理   금과옥조 金科玉條
축조심의 逐條審議

潮 밀물·조수 조 (4급, 부 氵(水), 총 15)

자해 아침[朝]이 되면 바닷물[氵]이 밀려 들어와 밀물이 된다는 뜻이다.

쓰기 조류 潮流　조수 潮水　조차 潮差　간조 干潮　고조 高潮　만조 滿潮
사조 思潮　역조 逆潮　적조 赤潮　초조 初潮　퇴조 退潮　풍조 風潮
홍조 紅潮　방조제 防潮堤　조력발전 潮力發電

組 짤 조 (4급, 부 糸, 총 11)

자해 실[糸]을 엮고 또[且] 엮어서 짠다는 뜻이다.

읽기 縫組 봉조

쓰기 조각 組閣　조립 組立　조성 組成　조장 組長　조직 組織　조판 組版
조합 組合　개조 改組　골조 骨組　노조 勞組　수리조합 水利組合
협동조합 協同組合

유 紡 길쌈 방, 績 길쌈 적, 織 짤 직

兆 억조 조 (3급Ⅱ, 부 儿, 총 6)

자해 점칠 때 거북이 배딱지가 심하게 갈라진 모양을 그려 많은 수의 단위를 나타내는 조를 표현한 것으로, 조를 뜻한다.

읽기 瑞兆 서조　京兆尹 경조윤　汪兆銘 왕조명

쓰기 조민 兆民　조역 兆域　조점 兆占　가조 家兆　길조 吉兆　망조 亡兆
몽조 夢兆　억조 億兆　전조 前兆　징조 徵兆　흉조 凶兆
억조창생 億兆蒼生

照 비칠 조: (3급Ⅱ, 부 灬(火), 총 13)

자해 불빛[火→灬]이 밝게[昭] 비친다는 뜻이다.

읽기 照亮 조량　浚照 준조　照膽鏡 조담경　照魔鏡 조마경

쓰기 조도 照度　조등 照騰　조명 照明　조준 照準　조회 照會　관조 觀照
낙조 落照　대조 對照　일조 日照　전조 轉照　참조 參照　탐조 探照
조명등 照明燈　일조량 日照量

유 映 비칠 영

租 조세 조 (3급Ⅱ, 부 禾, 총 10)

자해 농사지은 벼[禾]를 가져 가고 또[且] 가져 가는 가혹한 조세(세금)를 뜻한다.

쓰기 조계 租界　조세 租稅　조차 租借　감조 減租　면조 免租　연조 年租
잔조 殘租　전조 田租　조세법 租稅法　준조세 準租稅

유 賦 부세 부, 稅 세금 세

3급
부 弓
총 4

弔
조상할 조:

유 喪 잃을 상
상 慶 경사 경,
　 賀 하례할 하

자해 전쟁터에서 죽은 전우를 향해 활[弓]을 땅에다 세워[丨]놓고 조상한다는 뜻이다.

읽기 弔悼 조도

쓰기 조가 弔歌　조객 弔客　조곡 弔哭　조교 弔橋　조기 弔旗　조문 弔文
　　　조문 弔問　조사 弔辭　조사 弔詞　조상 弔喪　조의 弔意　조장 弔狀
　　　조전 弔電　조화 弔花　경조 慶弔　근조 謹弔　조문객 弔問客
　　　조위금 弔慰金　경조사 慶弔事

3급
부 火
총 17

燥
마를 조

유 乾 마를 건
상 濕 젖을 습

자해 마치 새가 우는[喿] 것처럼 불[火]이 시끄럽고 크게 타오르니 모두 타서 물기가 마른다는 뜻이다.

읽기 焦燥 초조　亢燥 항조

쓰기 조갈 燥渴　조강 燥強　조습 燥濕　조열 燥熱　건조 乾燥　경조 輕燥
　　　고조 高燥　번조 煩燥　조갈증 燥渴症　무미건조 無味乾燥

4급Ⅱ
부 寸
총 12

尊
높을 존

유 高 높을 고, 貴 귀할 귀,
　 崇 높을 숭
상 卑 낮을 비, 侍 모실 시

자해 마을의 우두머리[酋]가 손[寸]에 술을 들고 신에게 올리며 신을 높인다는 뜻이다.

읽기 尊札 존찰　尊翰 존한

쓰기 존경 尊敬　존귀 尊貴　존대 尊待　존속 尊屬　존엄 尊嚴　존중 尊重
　　　존칭 尊稱　존형 尊兄　석존 釋尊　지존 至尊　자존심 自尊心
　　　남존여비 男尊女卑　유아독존 唯我獨尊　직계존속 直系尊屬

4급
부 子
총 6

存
있을 존

유 有 있을 유, 在 있을 재
상 亡 망할 망, 滅 멸할 멸,
　 沒 빠질 몰, 無 없을 무,
　 廢 폐할 폐

자해 땅에서 올라온 새싹[才→𠂇] 아래에는 그 식물의 씨앗[子]이 있다는 뜻이다.

읽기 癌的存在 암적존재

쓰기 존립 存立　존망 存亡　존문 存問　존부 存否　존속 存續　존재 存在
　　　존치 存置　존폐 存廢　공존 共存　보존 保存　부존 賦存　상존 尚存
　　　상존 常存　생존 生存　실존 實存　의존 依存　자존 自存　잔존 殘存
　　　현존 現存　적자생존 適者生存

3급
부 扌(手)
총 8

拙
졸할 졸

유 劣 못할 렬
상 秀 빼어날 수,
　 優 넉넉할 우, 俊 준걸 준

자해 손[扌]으로 싹을 뽑아 억지로 나오게[出] 하다가 도리어 죽이게 되었으니 재주가 졸하다는 뜻이다.

쓰기 졸고 拙稿　졸렬 拙劣　졸속 拙速　졸의 拙意　졸자 拙者　졸작 拙作
　　　졸저 拙著　졸전 拙戰　졸직 拙直　졸책 拙策　졸필 拙筆　치졸 稚拙
　　　졸장부 拙丈夫　대교약졸 大巧若拙

宗 마루 종

4급II
부 宀
총 8

유 廟 사당 묘

자해 집[宀] 안에 제단[示]을 차리고 조상을 모시는 첫째(마루)라는 뜻이다.

읽기 宗旨 종지 睿宗 예종 宗廟社稷 종묘사직

쓰기 종가 宗家 종교 宗教 종단 宗團 종묘 宗廟 종손 宗孫 종씨 宗氏
종족 宗族 종친 宗親 종파 宗派 개종 改宗 유종 儒宗 조종 祖宗
종주국 宗主國 종친회 宗親會

從 좇을 종(:)

4급
부 彳
총 11
약 从, 従

유 遵 좇을 준, 追 쫓을 추
상 主 주인 주

자해 길[彳]에서 앞사람[人]의 뒤를 뒷사람[人]이 발[足→龰]로 좇는다는 뜻이다.

읽기 扈從 호종

쓰기 종군 從軍 종래 從來 종사 從事 종속 從屬 종전 從前 종향 從享
복종 服從 상종 相從 순종 順從 시종 侍從 재종 再從 주종 主從
추종 追從 종량제 從量制 종업원 從業員 종형제 從兄弟
면종복배 面從腹背 백의종군 白衣從軍 삼종지도 三從之道
여필종부 女必從夫 유유상종 類類相從

鍾 쇠북 종

4급
부 金
총 17

자해 쇠[金]를 녹여 큰 소리를 내도록 만든 무거운[重] 종(쇠북)을 뜻한다.

쓰기 종로 鍾路 약종 藥鍾 옥종 玉鍾 황종 黃鍾

縱 세로 종

3급II
부 糸
총 17
약 縦

상 橫 가로 횡

자해 베틀에 걸린 실[糸]이 위에서부터 쭉 따라와[從] 놓인 모습이 세로이다.

읽기 縱軸 종축

쓰기 종단 縱斷 종대 縱隊 종대 縱帶 종적 縱的 종주 縱走 종탄 縱誕
종횡 縱橫 방종 放縱 조종 操縱 조종사 操縱士
종횡무진 縱橫無盡

座 자리 좌:

4급
부 广
총 10

유 席 자리 석, 位 자리 위

자해 집[广] 안에 사람이 앉을[坐] 수 있는 자리를 뜻한다.

읽기 碩座教授 석좌교수

쓰기 좌객 座客 좌담 座談 좌상 座上 좌석 座席 좌중 座中 좌표 座標
좌흥 座興 강좌 講座 계좌 計座 구좌 口座 권좌 權座 상좌 上座
성좌 星座 왕좌 王座 좌우명 座右銘 당좌수표 當座手票

坐 앉을 좌:
3급II 부 土 총 7

약 立 설 립, 臥 누울 와

자해 흙[土] 위에 두 사람[人人]이 마주 보며 앉아 있다는 뜻이다.

읽기 鼎坐 정좌

쓰기 좌계 坐繫　좌골 坐骨　좌립 坐立　좌상 坐像　좌선 坐禪　좌시 坐視
좌약 坐藥　좌와 坐臥　좌죄 坐罪　좌판 坐板　대좌 對坐　연좌 連坐
정좌 正坐　정좌 靜坐　좌불안석 坐不安席　연좌시위 連坐示威

佐 도울 좌:
3급 부 亻(人) 총 7

자해 지위가 높은 사람[亻]의 왼쪽[左]에 서서 비서처럼 일을 돕는다는 뜻이다.

읽기 輔佐 보좌　毘佐 비좌　弼佐 필좌

쓰기 좌랑 佐郞　좌명 佐命　좌사 佐史　좌평 佐平　기좌 起佐　보좌 補佐
보좌 保佐　상좌 上佐　양좌 良佐　왕좌 王佐　현좌 賢佐

유 補 기울 보, 扶 도울 부, 援 도울 원, 助 도울 조

走 달릴 주
4급II 부 走 총 7

자해 사람[大→土]이 발[足→疋]을 앞뒤로 움직이며 빠르게 달리는 모습을 나타낸 글자로, 달린다는 뜻이다.

읽기 趨走 추주　滑走 활주　阪上走丸 판상주환

쓰기 주구 走狗　주력 走力　주사 走査　주자 走者　주파 走破　주행 走行
경주 競走　계주 繼走　도주 逃走　독주 獨走　분주 奔走　역주 力走
종주 縱走　질주 疾走　탈주 脫走　패주 敗走　주마등 走馬燈
주마간산 走馬看山　동분서주 東奔西走

유 奔 달릴 분

周 두루 주
4급 부 口 총 8

자해 입[口]을 잘 써서[用→冃] 말을 잘하니 주위에 사람들이 두루 모인다는 뜻이다.

읽기 周鉢 주발　姬周 희주　鄭夢周 정몽주

쓰기 주년 周年　주도 周到　주밀 周密　주변 周邊　주선 周旋　주역 周易
주위 周圍　주지 周知　일주 一周　주파수 周波數
주도면밀 周到綿密　용의주도 用意周到

유 遍 두루 편

朱 붉을 주
4급 부 木 총 6

자해 나무[木]의 가지[一] 끝에 붉은 열매[丿]가 달린 모습을 나타낸 글자로, 붉다는 뜻이다.

읽기 朱闕 주궐　朱錫 주석　朱熹 주희

쓰기 주단 朱丹　주목 朱木　주묵 朱墨　주문 朱門　주색 朱色　주서 朱書
주토 朱土　주홍 朱紅　주황 朱黃　인주 印朱　자주 紫朱
주자학 朱子學

유 丹 붉을 단, 赤 붉을 적, 紅 붉을 홍

酒 술 주(:)
4급 / 부 酉 / 총 10

자해 술병[酉] 안에 들어 있는 물[氵]은 술이라는 뜻이다.

읽기 酒鋪 주포 醴酒 예주 旨酒 지주 蟾蛇酒 섬사주

쓰기
주막 酒幕 주사 酒邪 주석 酒席 주세 酒稅 주연 酒宴 감주 甘酒
권주 勸酒 금주 禁酒 농주 農酒 독주 毒酒 맥주 麥酒 밀주 密酒
반주 飯酒 소주 燒酒 약주 藥酒 양주 洋酒 음주 飮酒 제주 祭酒
청주 清酒 탁주 濁酒 폭주 暴酒 주안상 酒案床 권주가 勸酒歌
애주가 愛酒家 합환주 合歡酒 주색잡기 酒色雜技

宙 집 주:
3급II / 부 宀 / 총 8

유 閣 집 각, 館 집 관, 堂 집 당, 室 집 실, 屋 집 옥, 宇 집 우, 宅 집 택, 戶 집 호

자해 만물을 감싸는 지붕[宀] 아래로부터 말미암아[由] 무한한 시간을 갖게 된 우주를 의미한다. 우주라는 공간 안에 삶의 터전인 집이 있다는 의미에서, 집을 뜻한다.

읽기 宇宙塵 우주진

쓰기
우주 宇宙 우주계 宇宙界 우주선 宇宙船 우주인 宇宙人
대우주 大宇宙 소우주 小宇宙 우주기지 宇宙基地
우주왕복선 宇宙往復船

奏 아뢸 주(:)
3급II / 부 大 / 총 9

자해 양손[𠬞 → 夫]에 악기[天]를 들고 연주하며 신에게 제사를 아뢴다는 뜻이다.

읽기 倂奏 병주 滑奏 활주

쓰기
주곡 奏曲 주달 奏達 주문 奏文 주문 奏聞 주소 奏疏 주악 奏樂
주자 奏者 주청 奏請 주효 奏效 독주 獨奏 독주 讀奏 면주 面奏
반주 伴奏 변주 變奏 복주 伏奏 상주 上奏 연주 演奏 전주 前奏
중주 重奏 진주 進奏 취주 吹奏 탄주 彈奏 합주 合奏
변주곡 變奏曲 이중주 二重奏 협주곡 協奏曲

柱 기둥 주
3급II / 부 木 / 총 9

자해 나무[木]의 중심[主]이 되어 가지와 잎을 떠받치는 기둥을 뜻한다.

읽기 柱樑 주량

쓰기
주련 柱聯 주석 柱石 주심 柱心 사주 四柱 석주 石柱 전주 電柱
지주 支柱 사주팔자 四柱八字

株 그루 주
3급II / 부 木 / 총 10

자해 나무[木]를 베어내고 남은 붉은[朱] 뿌리 쪽 그루(그루터기)를 뜻한다.

쓰기
주가 株價 주권 株券 주금 株金 주식 株式 주주 株主 주총 株總
구주 舊株 신주 新株 우량주 優良株 우선주 優先株
유망주 有望株 인기주 人氣株 주가지수 株價指數
주식회사 株式會社 수주대토 守株待兔 적송일주 赤松一株

洲 물가 주
- 3급Ⅱ
- 부 氵(水)
- 총 9

자해 물[氵]이 감싸고 있는 고을[州]의 주변은 물가라는 뜻이다.

읽기 蘆洲 노주 濠洲 호주

쓰기 대주 大洲 만주 滿洲 미주 美洲 백주 白洲 사주 四洲 사주 沙洲
아주 亞洲 오주 五洲 삼각주 三角洲 육대주 六大洲

🔗 涯 물가 애, 汀 물가 정

珠 구슬 주
- 3급Ⅱ
- 부 玉(玉)
- 총 10

자해 구슬[玉→王] 중에 옅은 붉은[朱] 빛이 도는 진주 구슬을 뜻한다.

읽기 珠璣 주기 珠珥 주이 璇珠 선주 驪龍之珠 여룡지주

쓰기 주각 珠閣 주로 珠露 주리 珠履 주미 珠米 주산 珠算 주옥 珠玉
주전 珠殿 주한 珠汗 누주 淚珠 묵주 默珠 미주 美珠 보주 寶珠
염주 念珠 진주 珍珠 진주 眞珠 여의주 如意珠

🔗 玉 구슬 옥

鑄 쇠불릴 주
- 3급Ⅱ
- 부 金
- 총 22
- 약 鋳

자해 쇠[金]에 다른 목숨[壽]을 불어넣기 위해 녹여서 쇠 불린다는 뜻이다.

읽기 鑄鎔 주용 鑄型 주형

쓰기 주공 鑄工 주금 鑄金 주물 鑄物 주자 鑄字 주전 鑄錢 주조 鑄造
주철 鑄鐵 주폐 鑄幣 주화 鑄貨 개주 改鑄 사주 私鑄 재주 再鑄

🔗 鍊 쇠불릴 련

舟 배 주
- 3급
- 부 舟
- 총 6

자해 통나무를 쪼개서 만든 배의 모양을 그린 글자로, 배를 뜻한다.

읽기 舟艦 주함 扁舟 편주 吳越同舟 오월동주

쓰기 주거 舟車 주사 舟師 주유 舟遊 주행 舟行 동주 同舟 방주 方舟
부주 浮舟 편주 片舟 각주구검 刻舟求劍 일엽편주 一葉片舟

🔗 舶 배 박, 船 배 선, 艇 배 정, 艦 배 함

竹 대 죽
- 4급Ⅱ
- 부 竹
- 총 6

자해 길쭉한 대나무 줄기와 잎을 본뜬 글자로, 대나무(대)를 뜻한다.

읽기 竹胎 죽태

쓰기 죽간 竹簡 죽공 竹工 죽도 竹刀 죽엽 竹葉 송죽 松竹 오죽 烏竹
폭죽 爆竹 죽부인 竹夫人 죽림칠현 竹林七賢 죽마고우 竹馬故友
파죽지세 破竹之勢

4급Ⅱ~3급

289

準

4급II
부 氵(水)
총 13
약 凖

준할 준:

자해 물[氵] 위를 준해 수평으로 나는 송골매[隼]처럼 수평과 중심을 유지해야 하는 법을 뜻한다.

읽기 準繩 준승

쓰기 준거 準據　준례 準例　준비 準備　준용 準用　준칙 準則　기준 基準
수준 水準　융준 隆準　조준 照準　평준 平準　표준 標準
준결승 準決勝　준우승 準優勝　준조세 準租稅　표준어 標準語

俊

3급
부 亻(人)
총 9

준걸 준:

유 傑 뛰어날 걸, 秀 빼어날 수
상 劣 못할 렬

자해 진실한[允] 외모와 천천히 걷는[夊] 자태를 지닌 뛰어난 사람[亻]인 준걸을 뜻한다.

읽기 俊弼 준필

쓰기 준걸 俊傑　준덕 俊德　준민 俊敏　준수 俊秀　준엄 俊嚴　준영 俊英
준이 俊異　준일 俊逸　준재 俊才　준호 俊豪　신준 神俊　영준 英俊
현준 賢俊

遵

3급
부 辶(辵)
총 16

좇을 준:

유 從 좇을 종, 追 쫓을 추

자해 명성이 높은[尊] 사람에게는 사람들이 가서[辶] 따르고 그 뜻을 좇는다는 뜻이다.

쓰기 준거 遵據　준범 遵範　준법 遵法　준봉 遵奉　준수 遵守　준시 遵施
준용 遵用　준행 遵行　준대로 遵大路　준법정신 遵法精神

衆

4급II
부 血
총 12

무리 중:

유 群 무리 군, 徒 무리 도, 等 무리 등, 類 무리 류
상 寡 적을 과

자해 태양 아래에서 피[血]땀 흘려 일하는 사람들[人人人→乑]의 무리를 뜻한다.

쓰기 중론 衆論　중생 衆生　중지 衆志　중지 衆智　중평 衆評　공중 公衆
관중 觀衆　군중 群衆　대중 大衆　민중 民衆　청중 聽衆　출중 出衆
합중국 合衆國　중과부적 衆寡不敵　중구난방 衆口難防

仲

3급II
부 亻(人)
총 6

버금 중(:)

유 副 버금 부, 亞 버금 아, 次 버금 차
상 伯 맏 백

자해 사람[亻] 중에 첫째와 막내의 가운데[中]에 태어난 둘째를 의미하여, 버금이라는 뜻이다.

읽기 仲呂 중려

쓰기 중개 仲介　중매 仲媒　중삭 仲朔　중씨 仲氏　중재 仲裁　중추 仲秋
중형 仲兄　백중 伯仲　중개인 仲介人　중추절 仲秋節
중추가절 仲秋佳節　백중숙계 伯仲叔季　백중지세 伯仲之勢

卽 곧 즉 (3급Ⅱ, 부 卩, 총 9, 약 即)

자해 향기로운 음식[皀]을 보고 사람이 꿇어앉아[卩] 곧 먹는다는 의미에서, '곧'이라는 뜻이다.

읽기 卽祚 즉조

쓰기 즉각 卽刻 즉결 卽決 즉답 卽答 즉사 卽死 즉석 卽席 즉시 卽時
즉심 卽審 즉위 卽位 즉효 卽效 즉흥 卽興 즉흥적 卽興的
즉석식품 卽席食品 부즉불리 不卽不離 일촉즉발 一觸卽發

增 더할 증 (4급Ⅱ, 부 土, 총 15, 약 増)

자해 흙덩이[土]가 거듭[曾] 쌓이며 층을 더한다는 뜻이다.

읽기 增俸 증봉 增殖 증식

쓰기 증가 增加 증간 增刊 증감 增感 증강 增強 증대 增大 증보 增補
증산 增産 증설 增設 증액 增額 증원 增員 증자 增資 증진 增進
증축 增築 증편 增便 증폭 增幅 급증 急增 누증 累增 점증 漸增
체증 遞增 할증 割增

유 加 더할 가, 添 더할 첨
상 減 덜 감, 削 깎을 삭, 省 덜 생, 損 덜 손, 除 덜 제

證 증거 증 (4급, 부 言, 총 19, 약 証)

자해 높은 곳에 올라서[登] 진실의 말[言]을 알리기 위해 갖추어야 하는 증거를 뜻한다.

쓰기 증거 證據 증권 證券 증명 證明 증서 證書 증언 證言 증인 證人
증좌 證左 증지 證紙 증참 證參 증험 證驗 간증 干證 검증 檢證
고증 考證 공증 公證 물증 物證 반증 反證 방증 傍證 변증 辨證
보증 保證 사증 査證 실증 實證 심증 心證 위증 僞證 인증 認證
입증 立證 확증 確證 영수증 領收證 통행증 通行證

憎 미울 증 (3급Ⅱ, 부 忄(心), 총 15)

자해 마음[忄]속에 섭섭함이 거듭[曾] 쌓여서 상대가 밉다는 뜻이다.

쓰기 증기 憎忌 증념 憎念 증오 憎惡 증원 憎怨 증척 憎斥 증통 憎痛
증혐 憎嫌 가증 可憎 애증 愛憎 질증 疾憎 증오심 憎惡心

유 惡 미워할 오
상 愛 사랑 애

曾 일찍 증 (3급Ⅱ, 부 曰, 총 12, 약 曽)

자해 오지그릇[曰] 위에 놓여 있는 시루[皿]의 갈라진[八] 구멍 위로 뜨거운 김이 일찍 오르는 모습에서, '일찍'이라는 뜻이다.

읽기 曾閔 증민

쓰기 증경 曾經 증사 曾思 증손 曾孫 증왕 曾往 증유 曾遊 증전 曾前
증조 曾祖 증험 曾驗 증조부 曾祖父 미증유 未曾有

症 증세 증(:)
- 3급II, 부 疒, 총 10
- **자해**: 병든[疒] 사람을 바르게[正] 고치기 위해서 잘 살펴야 하는 증세를 뜻한다.
- **읽기**: 厭症 염증　尿毒症 요독증　塵肺症 진폐증　合併症 합병증　腎不全症 신부전증
- **쓰기**: 증상 症狀　증세 症勢　갈증 渴症　염증 炎症　중증 重症　통증 痛症　증후군 症候群　건망증 健忘症　불감증 不感症　불면증 不眠症　식곤증 食困症　의처증 疑妻症　자폐증 自閉症　후유증 後遺症

蒸 찔 증
- 3급II, 부 艹(艸), 총 14, 약 蒸
- **자해**: 풀[艹]과 땔감의 도움[丞]을 받아 불[火→灬]을 피워 찐다는 뜻이다.
- **읽기**: 蒸鬱 증울　蒸炊 증취
- **쓰기**: 증기 蒸氣　증등 蒸騰　증민 蒸民　증발 蒸發　증산 蒸散　증염 蒸炎　증제 蒸製　사증 沙蒸　염증 炎蒸　한증 汗蒸　황증 黃蒸　수증기 水蒸氣

贈 줄 증
- 3급, 부 貝, 총 19
- **자해**: 재물[貝]을 거듭[曾] 쌓거나 모아서 남에게 준다는 뜻이다.
- **읽기**: 贈呈 증정
- **쓰기**: 증물 贈物　증여 贈與　증유 贈遺　기증 寄贈　추증 追贈　투증 投贈　혜증 惠贈　증여세 贈與稅　기증품 寄贈品
- 給 줄 급, 賜 줄 사, 授 줄 수, 與 줄 여, 呈 드릴 정

志 뜻 지
- 4급II, 부 心, 총 7
- **자해**: 선비[士]의 마음[心]에 있는 깊은 뜻을 뜻한다.
- **읽기**: 楚漢志 초한지　箕山之志 기산지지
- **쓰기**: 지망 志望　지사 志士　지원 志願　지조 志操　지향 志向　기지 氣志　동지 同志　유지 有志　의지 意志　입지 立志　촌지 寸志　투지 鬪志　독지가 篤志家　삼국지 三國志　초지일관 初志一貫
- 意 뜻 의, 志 뜻 지, 趣 뜻 취

指 가리킬 지
- 4급II, 부 扌(手), 총 9
- **자해**: 음식의 맛[旨]을 보는 손가락[手→扌]인 검지로 무언가를 가리킨다는 뜻이다.
- **쓰기**: 지도 指導　지령 指令　지명 指名　지목 指目　지수 指數　지시 指示　지압 指壓　지장 指章　지적 指摘　지정 指定　지침 指針　지칭 指稱　지탄 指彈　지표 指標　지향 指向　지휘 指揮　굴지 屈指　단지 斷指　장지 長指　중지 中指　지남철 指南鐵　지록위마 指鹿爲馬　지명타자 指名打者　지천위서 指天爲誓　지호지간 指呼之間　십이지장 十二指腸

292

支

4급 II
부 支
총 4

지탱할 지

자해 손[又]으로 나뭇가지[十]를 잡고 몸을 지탱한다는 뜻이다.

읽기 支軸 지축

쓰기
지국 支局　지급 支給　지류 支流　지배 支配　지부 支部　지불 支拂
지사 支社　지서 支署　지소 支所　지원 支院　지원 支援　지장 支障
지점 支店　지주 支柱　지지 支持　지출 支出　수지 收支　의지 依支
탁지 度支　기관지 氣管支　십이지 十二支　지리멸렬 支離滅裂
가지급금 假支給金

至

4급 II
부 至
총 6

이를 지

🈶 到 이를 도, 着 붙을 착,
致 이를 치

자해 먼 곳에서 날아온 화살이 과녁에 이르러 꽂힌 모습을 그린 글자로, 이른다는 뜻이다.

쓰기
지극 至極　지금 至今　지급 至急　지난 至難　지당 至當　지대 至大
지독 至毒　지락 至樂　지론 至論　지상 至上　지성 至誠　지엄 至嚴
지월 至月　지일 至日　지존 至尊　지친 至親　내지 乃至　답지 踏至
동지 冬至　하지 夏至　심지어 甚至於　지성감천 至誠感天
자초지종 自初至終

持

4급
부 扌(手)
총 9

가질 지

🈶 取 가질 취

자해 관청[寺]에서 처리해 준 일의 결과를 문서로 받아 손[扌]에 가진다는 뜻이다.

읽기 握持 악지

쓰기
지론 持論　지병 持病　지분 持分　지참 持參　견지 堅持　소지 所持
유지 維持　주지 住持　지지 支持　파지 把持　지구력 持久力
지구전 持久戰　지속성 持續性　소지품 所持品

智

4급
부 日
총 12

슬기·지혜 지

🈶 睿 슬기 예,
慧 슬기로울 혜
🈯 愚 어리석을 우

자해 아는[知] 내용을 토대로 사물에 대해 해[日]처럼 밝게 판단하는 지혜를 뜻한다.

읽기 膽智 담지　睿智 예지　金閼智 김알지

쓰기
지략 智略　지모 智謀　지혜 智慧　기지 奇智　기지 機智　예지 銳智
이지 理智　인지 人智　중지 衆智　지덕체 智德體　지인용 智仁勇
이지적 理智的　인의예지신 仁義禮智信

誌

4급
부 言
총 14

기록할 지

🈶 記 기록할 기,
錄 기록할 록

자해 말[言]이나 뜻[志]을 글로 기록한다는 뜻이다.

읽기 謄寫雜誌 등사잡지

쓰기
지면 誌面　지문 誌文　지상 誌上　지석 誌石　교지 校誌　귀지 貴誌
명지 銘誌　묘지 墓誌　본지 本誌　외지 外誌　일지 日誌　잡지 雜誌
타지 他誌　탑지 塔誌　회지 會誌　묘지문 墓誌文

之 (갈 지) — 3급II, 부 丿, 총 4
유: 去 갈 거, 往 갈 왕
상: 來 올 래

자해: 사람이 땅을 밟고 걸어가는 모습을 그린 글자로, 간다는 뜻이다.

읽기: 盧昇之 노승지　王羲之 왕희지　琴瑟之樂 금실지락
箕山之志 기산지지　岐黃之術 기황지술　盧生之夢 노생지몽
棟梁之器 동량지기　棟梁之材 동량지재　霜雪之鷺 상설지로
驪龍之珠 여룡지주　驪色之馬 여색지마　熊虎之將 웅호지장

쓰기: 기왕지사 既往之事　만시지탄 晚時之歎　백중지세 伯仲之勢
삼천지교 三遷之教　새옹지마 塞翁之馬　요지부동 搖之不動

池 (못 지) — 3급II, 부 氵(水), 총 6
유: 潭 못 담, 沼 못 소, 澤 못 택

자해: 물[氵]이 고여서 뱀[也]이 살 수 있는 못(연못)을 뜻한다.

읽기: 池沼 지소　塘池 당지　沼池 소지　硯池 연지　苑池 원지　濬池 준지

쓰기: 지각 池閣　내지 內池　만지 滿池　산지 山池　연지 蓮池　옥지 玉池
전지 電池　천지 天池　건전지 乾電池　수원지 水源池
유수지 遊水池　저수지 貯水池　축전지 蓄電池　주지육림 酒池肉林

枝 (가지 지) — 3급II, 부 木, 총 8
유: 柯 가지 가, 條 가지 조

자해: 나무[木] 기둥에서 갈라져[支] 나온 가지를 뜻한다.

읽기: 枝梧 지오　枝胤 지윤　瓊枝玉葉 경지옥엽　巢林一枝 소림일지

쓰기: 지간 枝幹　지엽 枝葉　지육 枝肉　간지 幹枝　고지 枯枝　전지 全枝
접지 接枝　죽지 竹枝　지엽적 枝葉的　금지옥엽 金枝玉葉

只 (다만 지) — 3급, 부 口, 총 5
유: 但 다만 단

자해: 입[口]으로 숨을 내뱉는[八] 짧은 순간이라는 의미에서, '다만'이라는 뜻이다.

쓰기: 지금 只今　단지 但只

遲 (더딜·늦을 지) — 3급, 부 辶(辵), 총 16, 약 遅
유: 晚 늦을 만, 延 늘일 연
상: 急 급할 급, 速 빠를 속

자해: 코뿔소[犀]처럼 천천히 걸으니[辶] 더디다는 뜻이다.

읽기: 舒遲 서지　陵遲處斬 능지처참

쓰기: 지각 遲刻　지류 遲留　지맥 遲脈　지명 遲明　지발 遲發　지연 遲延
지참 遲參　지체 遲滯　지진아 遲進兒　지지부진 遲遲不進

職 직분 직 (4급II, 부 耳, 총 18)
유 官 벼슬 관

자해 상관의 소리[音]를 귀[耳]를 세워 잘 듣고서 창[戈]을 들고 맡아 일하는 직분을 뜻한다.

쓰기 직공 職工　직권 職權　직급 職級　직능 職能　직료 職僚　직무 職務
직분 職分　직업 職業　직원 職員　직위 職位　직인 職人　직장 職場
직종 職種　직책 職責　겸직 兼職　공직 公職　관직 官職　교직 教職
구직 求職　면직 免職　무직 無職　보직 補職　복직 復職　사직 辭職
순직 殉職　이직 離職　미관말직 微官末職　삭탈관직 削奪官職

織 짤 직 (4급, 부 糸, 총 18)
유 紡 길쌈 방, 績 길쌈 적, 組 짤 조

자해 실[糸]을 베틀에 걸어 창[戈] 부딪치는 것과 같은 소리[音]를 내며 직물을 짠다는 뜻이다.

읽기 織縫 직봉　紡織 방직

쓰기 직공 織工　직기 織機　직녀 織女　직물 織物　직부 織婦　직조 織造
견직 絹織　교직 交織　모직 毛織　수직 手織　염직 染織　조직 組織
혼직 混織　직녀성 織女星　면직물 綿織物　편직물 編織物
견우직녀 牽牛織女

眞 참 진 (4급II, 부 目, 총 10)
상 假 거짓 가, 僞 거짓 위, 誕 거짓 탄

자해 비수[匕]처럼 날카롭게 눈[目]뜨고 감추어진[乚] 것을 나누고[八] 파헤쳐 보아도 참되다는 뜻이다.

읽기 天眞爛漫 천진난만

쓰기 진가 眞價　진공 眞空　진담 眞談　진리 眞理　진미 眞味　진범 眞犯
진부 眞否　진상 眞相　진성 眞性　진솔 眞率　진수 眞數　진실 眞實
진심 眞心　진언 眞言　진영 眞影　진위 眞僞　진의 眞意　진재 眞宰
진정 眞正　진정 眞情　진주 眞珠　진품 眞品　박진 迫眞　사진 寫眞

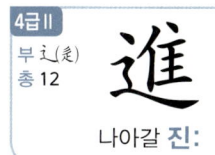

進 나아갈 진: (4급II, 부 辶(辵), 총 12)
유 就 나아갈 취
상 退 물러날 퇴

자해 새[隹]가 날갯짓을 하며 앞으로 나아간다[辶]는 뜻이다.

읽기 進呈 진정　進駐 진주　進陟 진척　頓進 돈진　趨進 추진　亢進 항진

쓰기 진갑 進甲　진격 進擊　진군 進軍　진급 進級　진도 進度　진로 進路
진보 進步　진취 進取　진퇴 進退　진학 進學　진행 進行　진헌 進獻
진화 進化　경진 競進　급진 急進　누진 累進　돌진 突進　약진 躍進
직진 直進　체진 遞進　추진 推進　진주리 進奏吏　진주원 進奏院
지진아 遲進兒　지지부진 遲遲不進

珍 보배 진 (4급, 부 玉, 총 9, 약 珎)
유 寶 보배 보

자해 옥[玉→王] 중에 윤이 나는 머릿결[彡]과 같이 찬란한 빛이 나는 진귀한 보배를 뜻한다.

읽기 珍圭 진규　珍瑞 진서　珍錫 진석　琦珍 기진

쓰기 진경 珍景　진귀 珍貴　진기 珍技　진기 珍奇　진미 珍味　진주 珍珠
진중 珍重　진품 珍品　진풍경 珍風景　산해진미 山海珍味

4급 부 皿 총 14 약 尽 **盡** 다할 진: 유 窮 다할 궁, 極 다할 극	자해	붓처럼 생긴 수세미 털끝이 닳아 해질 정도로[聿→肀] 그릇[皿]을 닦는 데 힘을 다한다는 뜻이다.
	읽기	一網打盡 일망타진
	쓰기	진력 盡力 진심 盡心 극진 極盡 매진 賣盡 미진 未盡 비진 備盡 소진 消盡 타진 打盡 탈진 脫盡 진종일 盡終日 무진장 無盡藏 진충보국 盡忠報國 기진맥진 氣盡脈盡 무궁무진 無窮無盡 종횡무진 縱橫無盡

4급 부 阝(阜) 총 10 **陣** 진칠 진 유 屯 진칠 둔	자해	군사들이 적과 싸우기 위해 언덕[阜→阝]에 전차[車]를 배치하여 진을 친다는 뜻이다.
	읽기	陣哨 진초
	쓰기	진영 陣營 진지 陣地 진통 陣痛 대진 對陣 적진 敵陣 전진 前陣 직진 直陣 출진 出陣 퇴진 退陣 포진 布陣 배수진 背水陣 학익진 鶴翼陣

3급Ⅱ 부 扌(手) 총 10 **振** 떨칠 진: 유 奮 떨칠 분, 拂 떨칠 불	자해	농부가 손[扌]에 조개[辰] 도구를 들고 곡식을 베며 노동요를 불러 흥을 떨친다는 뜻이다.
	읽기	振怖 진포
	쓰기	진기 振起 진동 振動 진무 振武 진작 振作 진폭 振幅 진흥 振興 견진 堅振 대진 大振 발진 發振 부진 不振 삼진 三振

3급Ⅱ 부 辰 총 7 **辰** 별 진/때 신 유 庚 별 경, 星 별 성	자해	농사 도구로 쓰던 큰 조개를 나타낸 글자로, 조개를 들고 별이 보일 때까지 일한다는 데에서, 별을 뜻한다.
	읽기	壬辰倭亂 임진왜란
	쓰기	진말 辰末 진방 辰方 진숙 辰宿 진시 辰時 진한 辰韓 경진 庚辰 무진 戊辰 생신 生辰 양신 良辰 원신 元辰 일진 日辰 임진 壬辰 탄신 誕辰 무진년 戊辰年 일월성신 日月星辰

3급Ⅱ 부 金 총 18 **鎭** 진압할 진(:) 유 壓 누를 압	자해	쇠[金]로 만든 물건으로 억눌러 진정시키며 참되게[眞] 행동하도록 진압한다는 뜻이다.
	읽기	鎭圭 진규 鎭靜劑 진정제 鎭痛劑 진통제
	쓰기	진산 鎭山 진압 鎭壓 진위 鎭慰 진정 鎭定 진정 鎭靜 진중 鎭重 진통 鎭痛 진혼 鎭魂 진화 鎭火 독진 獨鎭 문진 文鎭 서진 書鎭 중진 重鎭

陳

3급 II
부 阝(阜)
총 11
베풀 진:/묵을 진

유 設 베풀 설, 施 베풀 시

자해 언덕[阜→阝]의 동쪽[東]에 물건을 늘어놓고 베푼다는 뜻이다.

읽기 陳亮 진량

쓰기 진두 陳頭　진부 陳腐　진사 陳謝　진설 陳設　진술 陳述　진언 陳言
진열 陳列　진정 陳情　진주 陳奏　진피 陳皮　개진 開陳
진정서 陳情書　진평재육 陳平宰肉　신진대사 新陳代謝

震

3급 II
부 雨
총 15
우레 진:

유 雷 우레 뢰

자해 비[雨]가 올 때 번개가 별[辰]처럼 번쩍이는 동시에 하늘을 흔드는 우레(천둥)를 뜻한다.

읽기 震悼 진도　震怖 진포

쓰기 진경 震驚　진공 震恐　진노 震怒　진단 震檀　진도 震度　진동 震動
진뢰 震雷　진사 震死　진원 震源　진재 震災　진전 震電　진폭 震幅
강진 強震　내진 耐震　미진 微震　약진 弱震　여진 餘震　지진 地震
진천동지 震天動地

疾

3급 II
부 疒
총 10
병 질

유 病 병 병, 患 근심 환

자해 화살[矢]을 맞아 병든다[疒]는 의미에서, 병이라는 뜻이다.

읽기 託疾 탁질

쓰기 질고 疾苦　질고 疾故　질병 疾病　질시 疾視　질주 疾走　질풍 疾風
질환 疾患　각질 脚疾　괴질 怪疾　독질 篤疾　수질 水疾　악질 惡疾
안질 眼疾

秩

3급 II
부 禾
총 10
차례 질

유 序 차례 서, 第 차례 제

자해 추수한 볏단[禾]을 잃어버리지[失] 않도록 차례로 쌓는다는 의미에서, 차례라는 뜻이다.

읽기 秩俸 질봉

쓰기 질고 秩高　질만 秩滿　질미 秩米　질비 秩卑　질서 秩序　질서 秩敍
질차 秩次　고질 高秩　관질 官秩　상질 上秩　하질 下秩
무질서 無秩序　위계질서 位階秩序

姪

3급
부 女
총 9
조카 질

상 叔 아재비 숙

자해 다른 여자[女]의 몸에서 태어나 나와 가족 관계에 이른[至] 조카를 뜻한다.

쓰기 질녀 姪女　질부 姪婦　질손 姪孫　당질 堂姪　백질 伯姪　숙질 叔姪
족질 族姪　종질 從姪　처질 妻姪　척질 戚姪　숙질간 叔姪間

3급II 부 土 총 11

執 잡을 집

유 拘 잡을 구, 握 쥘 악, 操 잡을 조, 捕 잡을 포
상 放 놓을 방

자해 도망치던 죄인에게 쇠고랑[幸]을 채우고 무릎을 굽히게[丸] 하여 잡는다는 뜻이다.

읽기 執柯 집가　執圭 집규　執柄 집병

쓰기 집권 執權　집념 執念　집도 執刀　집무 執務　집사 執事　집주 執奏
집착 執着　집필 執筆　집행 執行　고집 固執　부집 父執　아집 我執
재집 宰執　편집 偏執　집행부 執行部　집행유예 執行猶豫

3급II 부 彳 총 15 약 徴

徵 부를 징

유 聘 부를 빙, 召 부를 소, 招 부를 초

자해 아무리 자신의 신분이 낮아 작고[微→𢼸] 미천해도 재주가 있으면 왕[壬]이 부른다는 뜻이다.

읽기 瑞徵 서징　魏徵 위징

쓰기 징발 徵發　징병 徵兵　징수 徵收　징용 徵用　징조 徵兆　징집 徵集
징표 徵表　징험 徵驗　징후 徵候　상징 象徵　성징 性徵　추징 追徵
특징 特徵　징병검사 徵兵檢查

3급 부 心 총 19

懲 징계할 징

유 戒 경계할 계

자해 죄인을 불러서[徵] 뉘우치는 마음[心]이 들도록 징계한다는 뜻이다.

읽기 懲艾 징애　懲窒 징질　懲毖錄 징비록

쓰기 징계 懲戒　징벌 懲罰　징악 懲惡　징역 懲役　징지 懲止　징치 懲治
엄징 嚴懲　형징 刑懲　징계처분 懲戒處分　권선징악 勸善懲惡

4급II 부 欠 총 6

次 버금 차

유 副 버금 부, 亞 버금 아, 仲 버금 중

자해 두[二→冫] 번째라고 입을 크게 벌리고[欠] 불리는 것은, 으뜸의 다음인 버금을 뜻한다.

읽기 李次頓 이차돈

쓰기 차관 次官　차기 次期　차남 次男　차녀 次女　차례 次例　차석 次席
차선 次善　차원 次元　차장 次長　차점 次點　차제 次第　누차 屢次
목차 目次　석차 席次　연차 年次　월차 月次　장차 將次　점차 漸次
차관보 次官補　차선책 次善策

4급 부 工 총 10

差 다를 차

유 別 다를 별, 異 다를 이, 他 다를 타
상 若 같을 약, 如 같을 여, 肖 같을 초

자해 축 늘어진 벼 이삭[禾→𠂉]을 왼[左]손으로 잡고 보니 길이가 다르다는 뜻이다.

읽기 預差 예차　艇差 정차

쓰기 차감 差減　차도 差度　차등 差等　차별 差別　차사 差使　차송 差送
차액 差額　차이 差異　차익 差益　차입 差入　차출 差出　격차 格差
교차 交差　낙차 落差　시차 時差　오차 誤差　참차 參差　쾌차 快差
편차 偏差　시각차 視覺差　일교차 日較差　참차부제 參差不齊
천양지차 天壤之差　천차만별 千差萬別　함흥차사 咸興差使

借

3급II
부 亻(人)
총 10
빌·빌릴 **차:**

상 貸 빌릴 대

자해 사람[亻]은 옛날[昔]부터 전해 내려온 자연을 빌려 쓴다는 뜻이다.

읽기 借款 차관

쓰기 차금 借金　차명 借名　차문 借問　차변 借邊　차용 借用　차입 借入
차주 借主　가차 假借　대차 貸借　임차 賃借　조차 租借
차용증 借用證　임대차 賃貸借　차용증서 借用證書

此

3급II
부 止
총 6
이 **차**

유 是 이 시
상 彼 저 피

자해 몸을 굽힌 사람[匕]이 발걸음을 멈추어[止] 서서 가리키는 이, 이것을 뜻한다.

쓰기 차생 此生　차시 此時　차야 此夜　차제 此際　차회 此回　차후 此後
여차 如此　피차 彼此　어차피 於此彼　차일피일 此日彼日
피차일반 彼此一般

且

3급
부 一
총 5
또 **차:**

유 亦 또 역, 又 또 우

자해 조상이나 신에게 바칠 고기나 음식이 그릇 위에 겹겹이 쌓인 모습을 나타낸 글자로, '또'라는 뜻이다.

쓰기 차설 且說　차월 且月　차치 且置　구차 苟且　황차 況且
중차대 重且大　차경차희 且驚且喜　차신차의 且信且疑
차치물론 且置勿論

錯

3급II
부 金
총 16
어긋날 **착**

유 謬 그르칠 류,
誤 그르칠 오

자해 쇠[金] 중에 옛날[昔]에 만들어져 오래된 것은 녹이 섞이고 모양이 틀어져 어긋난다는 뜻이다.

읽기 錯謬 착류　錯峙 착치

쓰기 착각 錯覺　착란 錯亂　착렬 錯列　착시 錯視　착오 錯誤　착잡 錯雜
착형 錯衡　교착 交錯　도착 倒錯　실착 失錯　도착증 倒錯症
시행착오 試行錯誤　정신착란 精神錯亂

捉

3급
부 扌(手)
총 10
잡을 **착**

유 執 잡을 집, 把 잡을 파,
捕 잡을 포

자해 손[扌]으로 도망가는 사람의 발[足]을 잡는다는 뜻이다.

쓰기 착거 捉去　착래 捉來　착롱 捉弄　착송 捉送　착수 捉囚　착필 捉筆
추착 推捉　파착 把捉　포착 捕捉　활착 活捉　순간포착 瞬間捕捉

讚 기릴 찬:
4급 부 言 / 총 26 / 약 讃

- **자해** 남을 돕는[贊] 사람에게 칭찬하는 말[言]을 전하며 그 훌륭함을 기린다는 뜻이다.
- **쓰기** 찬가 讚歌　찬미 讚美　찬사 讚辭　찬양 讚揚　격찬 激讚　과찬 過讚
  극찬 極讚　예찬 禮讚　자찬 自讚　절찬 絶讚　칭찬 稱讚
  찬송가 讚頌歌　자화자찬 自畫自讚

유 頌 기릴 송, 譽 기릴 예

贊 도울 찬:
3급II 부 貝 / 총 19 / 약 赞

- **자해** 어려운 사람에게 남보다 먼저[先] 더 먼저[先] 다가가서 재물[貝]을 주며 돕는다는 뜻이다.
- **읽기** 贊佑 찬우　毘贊 비찬
- **쓰기** 찬결 贊決　찬동 贊同　찬반 贊反　찬부 贊否　찬성 贊成　찬의 贊意
  찬자 贊者　찬조 贊助　찬표 贊票　협찬 協贊　찬조금 贊助金

유 補 기울 보, 扶 도울 부, 援 도울 원, 助 도울 조
상 反 돌아올 반

察 살필 찰
4급II 부 宀 / 총 14

- **자해** 집[宀]에 차려 놓은 제사[祭] 음식이 제대로 갖추어 졌는지 살핀다는 뜻이다.
- **읽기** 箕察 기찰　繩察 승찰　亮察 양찰　偵察 정찰　診察 진찰
  彰往察來 창왕찰래
- **쓰기** 감찰 監察　검찰 檢察　경찰 警察　고찰 考察　관찰 觀察　불찰 不察
  사찰 查察　성찰 省察　순찰 巡察　시찰 視察　정찰 貞察　추찰 推察
  통찰 洞察　편찰 偏察　경찰서 警察署

유 監 볼 감, 省 살필 성

慘 참혹할 참
3급 부 忄(心) / 총 14 / 약 惨

- **자해** 힘들고 고된 일에 참여하게[參] 된 사람은 마음[忄]이 참혹하다는 뜻이다.
- **읽기** 慘虐 참학　慘酷 참혹　悽慘 처참
- **쓰기** 참경 慘景　참고 慘苦　참극 慘劇　참변 慘變　참사 慘事　참사 慘死
  참살 慘殺　참상 慘狀　참패 慘敗　참형 慘刑　참화 慘禍　무참 無慘
  비참 悲慘

유 酷 심할 혹

慙 부끄러울 참
3급 부 心 / 총 15

- **자해** 잘못된 일을 베어[斬] 없애 버리고 싶을 정도로 마음[心]이 부끄럽다는 뜻이다.
- **읽기** 慙沮 참저
- **쓰기** 참개 慙慨　참괴 慙愧　참덕 慙德　참복 慙伏　참분 慙憤　참사 慙死
  참색 慙色　참한 慙汗　참회 慙悔

유 愧 부끄러울 괴

創

4급II
부 刂(刀)
총 12
비롯할 창:

유 始 비로소 시, 造 지을 조

자해 곳집[倉]을 짓는 일은 칼[刂]로 나무를 베는 것으로부터 비롯한다는 뜻이다.

읽기 創艾 창애

쓰기 창간 創刊　창건 創建　창립 創立　창사 創社　창상 創傷　창설 創設
창시 創始　창안 創案　창업 創業　창의 創意　창작 創作　창제 創制
창조 創造　창출 創出　창간호 創刊號　창세기 創世記
독창적 獨創的　초창기 草創期　창씨개명 創氏改名

倉

3급II
부 人
총 10
곳집 창(:)

유 庫 곳집 고

자해 곡식을 쌓아두는 창고의 지붕[스]과 문짝[戶], 출입문[口]을 본뜬 글자로, 곳집(창고)을 뜻한다.

읽기 倉扁 창편

쓰기 창고 倉庫　창속 倉粟　창졸 倉卒　창황 倉皇　개창 開倉　곡창 穀倉
영창 營倉　탄창 彈倉　창졸간 倉卒間　곡창지대 穀倉地帶

昌

3급II
부 日
총 8
창성할 창(:)

유 繁 번성할 번, 盛 성할 성

자해 햇빛[日]이 수면에 해[日]의 그림자를 비칠 정도로 창성하다는 뜻이다.

읽기 殷昌 은창

쓰기 창성 昌盛　창언 昌言　창운 昌運　창평 昌平　번창 繁昌　융창 隆昌
벽창우 碧昌牛

蒼

3급II
부 艹(艸)
총 14
푸를 창

유 綠 푸를 록, 碧 푸를 벽, 靑 푸를 청

자해 곳집[倉] 주변에 풀[艹]이 많이 자라고 있으니 그 빛이 푸르다는 뜻이다.

읽기 蒼旻 창민　蒼鷹 창응　蒼昊 창호　鬱蒼 울창　蒼龍窟 창룡굴

쓰기 창공 蒼空　창망 蒼茫　창백 蒼白　창생 蒼生　창원 蒼遠　창천 蒼天
창해 蒼海　고색창연 古色蒼然　만경창파 萬頃蒼波
억조창생 億兆蒼生

暢

3급
부 日
총 14
화창할 창:

유 和 화할 화

자해 번개[申]처럼 환하게 햇볕[昜]이 내리쬐니 날이 화창하다는 뜻이다.

읽기 舒暢 서창　融暢 융창

쓰기 창달 暢達　창락 暢樂　창무 暢茂　창월 暢月　창쾌 暢快　창회 暢懷
명창 明暢　유창 流暢　통창 通暢　화창 和暢

採

4급
부 扌(手)
총 11
캘 채:

유 取 가질 취, 擇 가릴 택

자해 손[爪→爫]으로 딴 나무[木]의 열매나 잎 중에 먹을 수 있는 것을 손[扌]으로 골라 캔다는 뜻이다.

읽기 採掘 채굴 採蔘 채삼

쓰기 채광 採鑛 채광 採光 채록 採錄 채벌 採伐 채산 採算 채석 採石
채용 採用 채유 採油 채점 採點 채집 採集 채취 採取 채탄 採炭
채택 採擇 채혈 採血 채화 採火 공채 公採 벌채 伐採 특채 特採
채석장 採石場

債

3급 II
부 亻(人)
총 13
빚 채:

자해 돈을 빌린 사람[亻]이 책임지고[責] 갚아야 할 빚을 뜻한다.

읽기 倭債 왜채

쓰기 채권 債券 채권 債權 채무 債務 공채 公債 국채 國債 기채 起債
복채 卜債 부채 負債 사채 私債 외채 外債 채권자 債權者
채무국 債務國 국공채 國公債 회사채 會社債

彩

3급 II
부 彡
총 11
채색 채:

자해 손[爪→爫]으로 나무[木]에서 딴 잎이 햇빛을 받아 반짝거리는 머릿결[彡]처럼 고운 빛깔(채색)을 뜻한다.

읽기 彩型化 채형화

쓰기 채도 彩度 채색 彩色 채운 彩雲 채화 彩畫 광채 光彩 다채 多彩
문채 文彩 색채 色彩 오채 五彩 윤채 輪彩 이채 異彩
수채화 水彩畫 채문토기 彩紋土器

菜

3급 II
부 艹(艸)
총 12
나물 채:

유 蔬 나물 소

자해 나무[木]의 잎 중에 손[爪→爫]으로 따서 먹을 수 있는 풀[艹]인 나물을 뜻한다.

읽기 瓜菜 과채

쓰기 채근 菜根 채독 菜毒 채색 菜色 채소 菜蔬 채식 菜食 건채 乾菜
산채 山菜 생채 生菜 야채 野菜 화채 花菜 채마전 菜麻田
채송화 菜松花

冊

4급
부 冂
총 5
책 책

유 卷 책 권, 書 글 서, 篇 책 편

자해 종이가 없던 옛날에 길게 조각낸 대나무를 끈으로 엮어 만들었던 책을 본뜬 글자로, 책을 뜻한다.

쓰기 책력 冊曆 책립 冊立 책명 冊名 책방 冊房 책봉 冊封 책상 冊床
책자 冊子 책장 冊張 공책 空冊 별책 別冊 분책 分冊 서책 書冊
세자책봉 世子冊封

策 꾀 책
- 부 竹
- 총 12
- 3급II
- 유의자: 計 셀 계, 略 간략할 략, 謀 꾀 모

자해: 대나무[竹]로 가시[朿]처럼 따갑게 만든 채찍을 들고서 말을 길들이기 위해 내는 꾀를 뜻한다.

읽기: 策勳 책훈   撥策 규책

쓰기: 책동 策動   책략 策略   책명 策命   책문 策問   책정 策定   계책 計策
대책 對策   묘책 妙策   방책 方策   비책 秘策   산책 散策   상책 上策
술책 術策   시책 施策   실책 失策   정책 政策   획책 劃策
고육책 苦肉策   궁여지책 窮餘之策

處 곳 처:
- 부 虍
- 총 11
- 약 処
- 4급II
- 유의자: 所 바 소

자해: 호랑이[虎→虍]가 천천히 걷다가[夂] 잠시 안석[几]에 기대어 쉬는 곳이라는 뜻이다.

읽기: 處斬 처참   僻處 벽처   措處 조처   陵遲處斬 능지처참

쓰기: 처결 處決   처녀 處女   처단 處斷   처리 處理   처방 處方   처벌 處罰
처분 處分   처사 處事   처서 處暑   처세 處世   처소 處所   처신 處身
처우 處遇   처지 處地   처치 處置   처형 處刑   각처 各處   거처 居處
거처 去處   근처 近處   난처 難處   대처 對處   도처 到處   모처 某處

妻 아내 처
- 부 女
- 총 8
- 3급II
- 상대자: 夫 지아비 부

자해: 비녀[一]를 손[ヨ]으로 잡아 머리에 꽂은[ㅣ] 여자[女]는 남자와 혼인한 아내를 뜻한다.

쓰기: 처가 妻家   처남 妻男   처자 妻子   처제 妻弟   처족 妻族   처형 妻兄
본처 本妻   부처 夫妻   상처 喪妻   악처 惡妻   양처 良妻   전처 前妻
공처가 恐妻家   대처승 帶妻僧   애처가 愛妻家   의처증 疑妻症
현지처 現地妻   엄처시하 嚴妻侍下   일부다처 一夫多妻
현모양처 賢母良妻

尺 자 척
- 부 尸
- 총 4
- 3급II
- 유의자: 度 법도 도

자해: 손목에서 팔꿈치까지의 길이를 재는 모습으로, 그 길이가 한 자(약 30㎝)라는 뜻이다.

읽기: 尺翰 척한   繩尺 승척   鮑尺 포척

쓰기: 척도 尺度   척지 尺紙   척지 尺地   척토 尺土   서척 書尺   월척 越尺
촌척 寸尺   축척 縮尺   척관법 尺貫法   구척장신 九尺長身
삼척동자 三尺童子

戚 친척 척
- 부 戈
- 총 11
- 3급II

자해: 콩[尗]이 한 줄기에서 무성하게[戊] 자라나는 것처럼 한 집안에서 무성하게 뻗어 나간 친척을 뜻한다.

읽기: 戚勳 척훈

쓰기: 척분 戚分   척속 戚屬   척신 戚臣   척질 戚姪   외척 外戚   인척 姻戚
족척 族戚   친척 親戚   혼척 婚戚   휴척 休戚   일가친척 一家親戚

3급II 부扌(手) 총8
拓 넓힐 척/박을 탁
유 擴 넓힐 확

자해 손[扌]으로 돌[石]을 가려내어 밭을 넓힌다는 뜻이다.
읽기 拓殖 척식
쓰기 척사 拓士　척지 拓地　척토 拓土　탁본 拓本　간척 干拓　개척 開拓
　　　광척 廣拓　낙척 落拓　간척지 干拓地　개척정신 開拓精神

3급 부斤 총5
斥 물리칠 척
유 却 물리칠 각, 排 밀칠 배
상 和 화할 화

자해 도끼[斤]의 예리한 날[丶]로 적군을 물리친다는 뜻이다.
읽기 斥倭 척왜
쓰기 척력 斥力　척불 斥佛　척사 斥邪　척언 斥言　척축 斥逐　척화 斥和
　　　척후 斥候　거척 拒斥　배척 排斥　척화비 斥和碑　척후병 斥候兵

4급 부水 총9
泉 샘 천

자해 하얀[白] 포말을 일으키며 솟아나오는 물[水]인 샘을 뜻한다.
읽기 淵泉 연천　醴泉 예천
쓰기 천석 泉石　천수 泉水　천양 泉壤　천포 泉布　감천 甘泉　광천 鑛泉
　　　구천 九泉　냉천 冷泉　영천 靈泉　온천 溫泉　원천 源泉　황천 黃泉

3급II 부氵(水) 총11 약 浅
淺 얕을 천:
유 薄 엷을 박
상 深 깊을 심, 濬 깊을 준, 滉 깊을 황

자해 물[氵]의 깊이가 창[戔戔→戔]을 짚으며 건널 수 있을 정도로 얕다는 뜻이다.
읽기 膚淺 부천
쓰기 천견 淺見　천근 淺近　천려 淺慮　천록 淺綠　천박 淺薄　천재 淺才
　　　천학 淺學　단천 短淺　심천 深淺　일천 日淺　과문천식 寡聞淺識

3급II 부貝 총15 약 賎
賤 천할 천:
유 卑 낮을 비
상 貴 귀할 귀

자해 쇠로 만든 창[戔戔→戔] 모양의 돈에 밀려 조개[貝]의 가치가 천해졌다는 뜻이다.
쓰기 천가 賤價　천기 賤技　천대 賤待　천민 賤民　천시 賤視　천인 賤人
　　　천직 賤職　천칭 賤稱　귀천 貴賤　미천 微賤　비천 卑賤
　　　존비귀천 尊卑貴賤

3급Ⅱ 부 足(⻊) 총 15 약 践  밟을 **천:** 🔗 踏 밟을 답	자해	발[足]을 해칠[戈戈→戔] 때까지 오래도록 길을 밟는다는 뜻이다.
	읽기	踐祚 천조
	쓰기	천극 踐極 천년 踐年 천답 踐踏 천력 踐歷 천수 踐修 천약 踐約 천언 踐言 천행 踐行 등천 騰踐 실천 實踐 실천력 實踐力 실천철학 實踐哲學

3급Ⅱ 부 辶(辵) 총 15 약 迁 옮길 **천:** 🔗 運 옮길 운, 移 옮길 이	자해	사람[㔾]이 머리를 덮은[襾] 물건을 양손[⺽→大]으로 들고 가며[辶] 위치를 옮긴다는 뜻이다.
	읽기	遷鋪 천포
	쓰기	천객 遷客 천도 遷都 천선 遷善 천연 遷延 천이 遷移 천적 遷謫 변천 變遷 좌천 左遷 파천 播遷 개과천선 改過遷善 맹모삼천 孟母三遷 삼천지교 三遷之敎

3급 부 艹(艸) 총 17 천거할 **천:** 🔗 擧 들 거	자해	신령스런 동물인 해치[廌]에게 신성한 풀[艹]을 바치듯 윗사람에게 사람을 소개하고 천거한다는 뜻이다.
	읽기	薦紳 천신
	쓰기	천거 薦擧 천도 薦度 천신 薦新 천주 薦奏 공천 公薦 낙천 落薦 자천 自薦 추천 推薦 타천 他薦 추천서 推薦書 모수자천 毛遂自薦

3급Ⅱ 부 口 총 10 밝을 **철** 🔗 明 밝을 명, 晳 밝을 석 상 冥 어두울 명, 　暗 어두울 암, 　昏 어두울 혼	자해	똑 부러지게[折] 판단하고 분명하게 입[口]으로 말할 수 있는 사람은 사리에 밝다는 뜻이다.
	읽기	濬哲 준철
	쓰기	철리 哲理 철인 哲人 철학 哲學 명철 明哲 선철 先哲 영철 英哲 현철 賢哲 철학자 哲學者 철학개론 哲學槪論 교부철학 敎父哲學

3급Ⅱ 부 彳 총 15  통할 **철** 🔗 貫 꿸 관, 通 통할 통, 　透 사무칠 투	자해	자식을 기를[育] 때 매로 치며[攵] 행실을 바로잡아야 자식이 바른길[行→彳]로 통한다는 뜻이다.
	읽기	呈徹 정철
	쓰기	철골 徹骨 철야 徹夜 철저 徹底 철효 徹曉 관철 貫徹 냉철 冷徹 통철 通徹 투철 透徹 철두철미 徹頭徹尾 철천지한 徹天之恨

3급 — 尖 (뾰족할 첨)
부 小, 총 6

자해 아래는 크고[大] 위로 올라갈수록 점점 작아져[小] 뾰족한 모양을 나타내 뾰족하다는 뜻이다.

읽기 尖纖 첨섬

쓰기 첨단 尖端　첨병 尖兵　첨봉 尖峯　첨예 尖銳　첨탑 尖塔
첨예화 尖銳化　최첨단 最尖端　첨단기술 尖端技術
첨단산업 尖端産業

유 端 끝 단, 銳 날카로울 예

3급 — 添 (더할 첨)
부 氵(水), 총 11

자해 물[氵]을 끼얹어서 상대에게 치욕스러운[忝] 마음을 더한다는 뜻이다.

쓰기 첨가 添加　첨감 添減　첨배 添杯　첨부 添附　첨삭 添削　첨작 添酌
별첨 別添　첨가물 添加物　첨삭지도 添削指導　금상첨화 錦上添花

유 加 더할 가, 增 더할 증
상 減 덜 감, 削 깎을 삭

3급 — 妾 (첩 첩)
부 女, 총 8

자해 늘 주인의 옆에 서서[立] 시중을 드는 여자[女]를 나타내는 글자로, 후에 첩이라는 뜻을 가지게 되었다.

읽기 姬妾 희첩

쓰기 첩부 妾婦　첩실 妾室　첩자 妾子　첩출 妾出　내첩 內妾　동첩 童妾
미첩 美妾　소첩 小妾　신첩 臣妾　애첩 愛妾　작첩 作妾　처첩 妻妾
천첩 賤妾

4급 II — 請 (청할 청)
부 言, 총 15

자해 파릇한[靑] 젊은이들이 웃어른께 가르침의 말씀[言]을 청한다는 뜻이다.

읽기 請旨 청지　請札 청찰　請託 청탁　彊請 강청

쓰기 청구 請求　청부 請負　청약 請約　청원 請願　청유 請由　청혼 請婚
간청 懇請　강청 强請　소청 訴請　소청 所請　신청 申請　요청 要請
자청 自請　재청 再請　제청 提請　주청 奏請　초청 招請　하청 下請

유 願 원할 원

4급 — 廳 (관청 청)
부 广, 총 25, 약 庁

자해 백성의 소리를 듣고[聽] 일을 처리하는 집[广]인 관청을 뜻한다.

쓰기 청사 廳舍　개청 開廳　관청 官廳　구청 區廳　군청 郡廳　도청 道廳
대청 大廳　시청 市廳　경시청 警視廳　병무청 兵務廳
조달청 調達廳　중앙청 中央廳　특허청 特許廳

유 府 마을 부, 署 마을 서

聽 들을 청

4급 / 부 耳 / 총 22 / 약 聴

- 자해: 왕[王]이 귀[耳]를 기울여 덕[德→悳]이 있는 사람의 말을 듣는다는 뜻이다.
- 읽기: 聽允 청윤, 聽診 청진, 幻聽 환청, 聽診器 청진기
- 쓰기: 청각 聽覺, 청강 聽講, 청력 聽力, 청중 聽衆, 청취 聽取, 가청 可聽, 경청 傾聽, 난청 難聽, 도청 盜聽, 방청 傍聽, 시청 視聽, 편청 偏聽, 공청회 公聽會, 방청객 傍聽客, 보청기 補聽器

유 聞 들을 문
상 問 물을 문

晴 갤 청

3급 / 부 日 / 총 12

- 자해: 비가 그치고 해[日]가 나오며 푸른[青] 하늘이 보이니 날씨가 갠다는 뜻이다.
- 읽기: 晴旭 청욱, 晴昊 청호
- 쓰기: 청기 晴氣, 청랑 晴朗, 청우 晴雨, 청천 晴天, 청화 晴和, 기청 祈晴, 만청 晚晴, 반청 半晴, 음청 陰晴, 추청 秋晴, 춘청 春晴, 쾌청 快晴, 호청 好晴

滯 막힐 체

3급Ⅱ / 부 氵(水) / 총 14

- 자해: 물[氵]이 흐르는 중간에 띠[帶]가 형성되어 있어 흐름이 막힌다는 뜻이다.
- 읽기: 凝滯 애체
- 쓰기: 체공 滯空, 체납 滯納, 체념 滯念, 체류 滯留, 체불 滯佛, 체임 滯賃, 체재 滯在, 체증 滯症, 급체 急滯, 연체 延滯, 적체 積滯, 정체 停滯, 지체 遲滯, 침체 沈滯, 연체료 延滯料, 체공시간 滯空時間, 교통체증 交通滯症

유 塞 막힐 색, 壅 막힐 옹, 窒 막힐 질

替 바꿀 체

3급 / 부 日 / 총 12

- 자해: 한 사내[夫]가 일하다가 힘들면 다른 사내[夫]에게 말하여[曰] 자리를 바꾼다는 뜻이다.
- 쓰기: 체번 替番, 체환 替換, 개체 改替, 교체 交替, 대체 代替, 융체 隆替, 이체 移替, 입체 立替, 체비지 替費地, 세대교체 世代交替

유 換 바꿀 환

逮 잡을 체

3급 / 부 辶(辵) / 총 12

- 자해: 사람을 뒤따라가서[辶] 손을 그 사람에게 미치게[隶] 하여 잡는다는 뜻이다.
- 쓰기: 체계 逮繫, 체야 逮夜, 체좌 逮坐, 체포 逮捕, 급체 及逮, 미체 未逮, 연체 連逮, 체포영장 逮捕令狀, 긴급체포 緊急逮捕, 체포감금죄 逮捕監禁罪, 불체포특권 不逮捕特權

유 捕 잡을 포

3급	遞	
부 辶(辵) 총 14 약 逓	갈릴 체	

- **자해** 범[虎]이 언덕[厂] 이리 저리를 다니면서[辶] 자유자재로 갈마든다는 뜻이다.
- **쓰기** 체가 遞加 체감 遞減 체개 遞改 체거 遞去 체귀 遞歸 체대 遞代
  체송 遞送 체신 遞信 체임 遞任 체전 遞傳 체증 遞增 체차 遞差
  역체 驛遞 우체국 郵遞局 우체부 郵遞夫

4급	招	
부 扌(手) 총 8	부를 초	

- **자해** 가까운 거리의 사람에게 손짓[扌]하여 부른다[召]는 뜻이다.
- **읽기** 招輯 초집
- **쓰기** 초대 招待 초래 招來 초빙 招聘 초청 招請 초치 招致 초혼 招魂
  문초 問招 자초 自招 초대권 招待券 초대장 招待狀
  초청장 招請狀 초혼제 招魂祭
- 🔑 聘 부를 빙, 召 부를 소, 呼 부를 호

3급Ⅱ	礎	
부 石 총 18	주춧돌 초	

- **자해** 돌[石] 중에 건물의 무게를 견디기 위해 괴로워하는[楚] 주춧돌을 뜻한다.
- **읽기** 巢礎 소초
- **쓰기** 초석 礎石 초업 礎業 초재 礎材 계초 階礎 국초 國礎 기초 基礎
  단초 斷礎 정초 定礎 주초 柱礎 황초 黃礎 기초공사 基礎工事

3급Ⅱ	肖	
부 月(肉) 총 7	닮을·같을 초	

- **자해** 부모에게 물려받은 작은[小] 신체[肉→月]는 부모의 모습을 닮는다는 뜻이다.
- **읽기** 酷肖 혹초
- **쓰기** 초사 肖似 초상 肖像 불초 不肖 초상권 肖像權 초상화 肖像畫
  불초자 不肖子
- 🔑 似 닮을 사, 若 같을 약, 如 같을 여

3급Ⅱ	超	
부 走 총 12	뛰어넘을 초	

- **자해** 상대가 부르면[召] 빨리 달려가기[走] 위해 여러 장애물을 뛰어넘는다는 뜻이다.
- **쓰기** 초과 超過 초극 超克 초범 超凡 초연 超然 초요 超遙 초월 超越
  초인 超人 초탈 超脫 초능력 超能力 초단파 超短波
  초당파 超黨派 초만원 超滿員 초비상 超非常 초음속 超音速
  초음파 超音波 초인적 超人的 초자연 超自然
- 🔑 過 지날 과, 越 넘을 월

抄 뽑을 초

3급 부 扌(手) 총 7

자해 원본의 글이나 문장에서 필요한 부분을 손[扌]으로 조금씩[少] 뽑는다는 뜻이다.

읽기 謄抄 등초

쓰기 초계 抄啓 초기 抄記 초략 抄掠 초록 抄錄 초본 抄本 초사 抄寫
초역 抄譯 초집 抄集 초출 抄出 잡초 雜抄 호적초본 戶籍抄本

유 募 뽑을 모, 拔 뽑을 발, 抽 뽑을 추

秒 분초 초

3급 부 禾 총 9

자해 벼[禾]의 껍질에 붙은 작은[少] 부분을 시간 단위에 비유하여 분초를 뜻한다.

쓰기 초속 秒速 초침 秒針 기초 記秒 매초 每秒 분초 分秒 윤초 閏秒
초시계 秒時計

促 재촉할 촉

3급II 부 亻(人) 총 9

자해 사람[亻]이 발[足]을 동동 구르며 빨리하라고 재촉한다는 뜻이다.

쓰기 촉구 促求 촉급 促急 촉박 促迫 촉산 促産 촉성 促成 촉진 促進
단촉 短促 독촉 督促 최촉 催促 태촉 太促 판촉 販促

유 急 급할 급, 迫 핍박할 박, 催 재촉할 최

觸 닿을 촉

3급II 부 角 총 20 약 触

자해 애벌레[蜀]는 뿔[角]처럼 달린 촉수를 써서 사물에 닿는다는 뜻이다.

읽기 觸網 촉망

쓰기 촉각 觸角 촉각 觸覺 촉감 觸感 촉노 觸怒 촉매 觸媒 촉발 觸發
촉수 觸手 감촉 感觸 계촉 繫觸 불촉 不觸 저촉 抵觸 접촉 接觸
일촉즉발 一觸卽發

유 接 이을 접

燭 촛불 촉

3급 부 火 총 17

자해 불[火]꽃이 애벌레[蜀]처럼 꿈틀거리는 촛불을 뜻한다.

읽기 炳燭 병촉 秉燭 병촉 脂燭 지촉

쓰기 촉광 燭光 촉대 燭臺 촉루 燭漏 촉수 燭數 촉심 燭心 촉찰 燭察
거촉 巨燭 명촉 明燭 통촉 洞燭 향촉 香燭 화촉 華燭
화촉동방 華燭洞房

銃 총 총
4급Ⅱ 부金 총14

자해 쇠[金]로 만든 탄알을 채워서[充] 쓰는 총을 뜻한다.

읽기 火繩銃 화승총

쓰기 총검 銃劍 총격 銃擊 총기 銃器 총렵 銃獵 총살 銃殺 총상 銃傷
총성 銃聲 총탄 銃彈 총포 銃砲 권총 拳銃 소총 小銃 엽총 獵銃
장총 長銃 집총 執銃 기관총 機關銃 기총소사 機銃掃射

總 다 총:
4급Ⅱ 부糸 총17 약総, 総

유 皆 다 개, 咸 다 함, 合 합할 합

자해 여러 색의 실[糸]을 한눈에 밝게[悤] 찾을 수 있도록 한 곳에 다 모은다는 의미에서, 다는 뜻이다.

읽기 總聚 총취 總網羅 총망라

쓰기 총각 總角 총경 總警 총계 總計 총국 總局 총량 總量 총력 總力
총론 總論 총리 總理 총무 總務 총섭 總攝 총수 總數 총수 總帥
총액 總額 총원 總員 총장 總長 총재 總裁 총점 總點 총판 總販
총평 總評 총합 總合 총파업 總罷業

聰 귀밝을 총
3급 부耳 총17 약聡, 聡

자해 귀[耳]로 상대방의 말을 밝게[悤] 알아들으니 귀가 밝다는 뜻이다.

읽기 薛聰 설총

쓰기 총기 聰氣 총기 聰記 총명 聰明 총민 聰敏 총오 聰悟 총찰 聰察
총혜 聰慧 성총 聖聰

催 재촉할 최:
3급Ⅱ 부亻(人) 총13

유 促 재촉할 촉

자해 사람[亻]이 높은[崔] 산을 오르기 위해 발걸음을 재촉한다는 뜻이다.

읽기 催淚劑 최루제 催眠劑 최면제

쓰기 최고 催告 최면 催眠 최촉 催促 개최 開催 주최 主催
최루탄 催淚彈 개최지 開催地 공시최고 公示催告

推 밀 추
4급 부扌(手) 총11

상 導 인도할 도, 引 끌 인

자해 새[隹]는 싸울 때 손[扌]처럼 날개를 뻗어 서로 민다는 뜻이다.

읽기 推鞠 추국 推戴 추대 推俸 추봉 推衍 추연 推託 추탁

쓰기 추계 推計 추고 推考 추구 推究 추론 推論 추리 推理 추산 推算
추심 推尋 추앙 推仰 추열 推閱 추이 推移 추정 推定 추진 推進
추천 推薦 추측 推測 유추 類推

追

3급II
부 辶(辵)
총 10
쫓을·따를 **추**

유 隨 따를 수, 從 좇을 종, 遵 좇을 준

자해 언덕[阜→自]으로 도망친 사람을 뒤따라가서[辶] 쫓는다는 뜻이다.

읽기 追悼 추도 追悼辭 추도사

쓰기
추가 追加 추격 追擊 추경 追更 추구 追求 추구 追究 추궁 追窮
추기 追記 추념 追念 추돌 追突 추모 追慕 추방 追放 추상 追想
추신 追伸 추억 追憶 추월 追越 추인 追認 추적 追跡 추종 追從
추징 追徵 추후 追後 소추 訴追 추격전 追擊戰

抽

3급
부 扌(手)
총 8
뽑을 **추**

유 拔 뽑을 발

자해 손[扌]으로 밭[田]에 난 잡초[丨]를 뽑는다는 뜻이다.

쓰기
추리 抽利 추발 抽拔 추상 抽象 추세 抽稅 추신 抽身 추출 抽出
추탈 抽脫 추상화 抽象化 추출물 抽出物 추상명사 抽象名詞

醜

3급
부 酉
총 17
추할 **추**

상 美 아름다울 미,
徽 아름다울 휘,
休 아름다울 휴,
嬉 아름다울 희

자해 술[酉]에 취해 귀신[鬼]처럼 날뛰는 모습이 추하다는 뜻이다.

읽기 姸醜 연추

쓰기
추남 醜男 추녀 醜女 추모 醜貌 추부 醜夫 추악 醜惡 추잡 醜雜
추태 醜態 추행 醜行

築

4급II
부 竹
총 16
쌓을 **축**

유 貯 쌓을 저, 積 쌓을 적

자해 집을 짓기 위해 모든[凡] 공구[工]를 가지고 나무[木] 기둥을 세우고 대나무[竹] 지붕을 쌓는다는 뜻이다.

읽기 傭築 용축

쓰기
축대 築臺 축성 築城 축조 築造 축항 築港 개축 改築 건축 建築
구축 構築 석축 石築 신축 新築 증축 增築 건축양식 建築樣式

蓄

4급II
부 ⺿(艸)
총 14
모을 **축**

유 募 모을 모, 貯 쌓을 저,
積 쌓을 적, 集 모을 집

자해 농사일에 도움을 주는 짐승[畜]을 먹이기 위해 풀[⺿]을 쌓아 모은다는 뜻이다.

읽기 蓄聚 축취

쓰기
축원 蓄怨 축재 蓄財 축적 蓄積 축전 蓄電 축첩 蓄妾 비축 備蓄
저축 貯蓄 전축 電蓄 함축 含蓄 축음기 蓄音機 축전지 蓄電池
부정축재 不正蓄財 함분축원 含憤蓄怨

4급 부 糸 총 17 **縮** 줄일 축

상 伸 펼 신, 張 베풀 장, 擴 넓힐 확

자해 실[糸]로 짠 직물을 뜨거운 물에 오래 재워[宿] 두면 오그라들어 크기가 줄어든다는 뜻이다.

읽기 縮絳 축봉   濃縮 농축

쓰기 축도 縮圖   축미 縮米   축소 縮小   축쇄 縮刷   축약 縮約   축척 縮尺
감축 減縮   군축 軍縮   긴축 緊縮   단축 短縮   수축 收縮   신축 伸縮
압축 壓縮   축지법 縮地法   신축성 伸縮性   군비축소 軍備縮小

3급II 부 田 총 10 **畜** 짐승 축

유 獸 짐승 수

자해 줄[絃→玄]을 묶어 끌며 밭[田]을 갈도록 길들인 짐승을 뜻한다.

읽기 畜聚 축취

쓰기 축사 畜舍   축산 畜産   축생 畜生   축양 畜養   축우 畜牛   축협 畜協
가축 家畜   농축 農畜   목축 牧畜   양축 養畜   유축 有畜   종축 種畜
축산업 畜産業

3급 부 一 총 4 **丑** 소 축

유 牛 소 우

자해 사람이 손[⇒]을 뻗쳐 소의 코뚜레[丨]를 잡는 모습을 그린 글자로, 소를 뜻한다.

쓰기 축년 丑年   축방 丑方   축생 丑生   축시 丑時   축월 丑月   축일 丑日
을축 乙丑   계축일기 癸丑日記

3급 부 辶(辵) 총 11 **逐** 쫓을 축

유 驅 몰 구, 追 쫓을 추

자해 집에서 기르던 돼지[豕]가 도망가면 따라가서[辶] 쫓는다는 뜻이다.

읽기 驅逐艦 구축함

쓰기 축객 逐客   축귀 逐鬼   축록 逐鹿   축삭 逐朔   축조 逐條   축출 逐出
각축 角逐   구축 驅逐   각축전 角逐戰   축조심의 逐條審議

4급II 부 心 총 8 **忠** 충성 충

상 逆 거스릴 역

자해 어느 곳으로도 흔들리지 않고 중심[中]을 지키는 충성스런 마음[心]을 뜻한다.

읽기 忠亮 충량   忠謨 충모   忠允 충윤

쓰기 충견 忠犬   충고 忠告   충성 忠誠   충신 忠臣   충실 忠實   충심 忠心
충언 忠言   충의 忠義   충절 忠節   충정 忠貞   충혼 忠魂   충효 忠孝
불충 不忠   현충일 顯忠日

蟲 벌레 충

4급II 부 虫 총 18 약 虫

자해 뱀들[虫虫虫→蟲]이 우글거리는 모양을 나타낸 글자로, 후에 꿈틀대는 모든 벌레를 뜻하게 되었다.

읽기 殺蟲劑 살충제

쓰기 충재 蟲災 충치 蟲齒 구충 驅蟲 독충 毒蟲 모충 毛蟲 상충 桑蟲
송충 松蟲 유충 幼蟲 해충 害蟲 기생충 寄生蟲 병충해 病蟲害

衝 찌를 충

3급II 부 行 총 15

자해 무거운[重] 짐을 들고 가다가[行] 중심을 잃고 남에게 부딪치거나 찌른다는 뜻이다.

읽기 衝擊療法 충격요법

쓰기 충격 衝擊 충돌 衝突 충동 衝動 충살 衝殺 충연 衝然 충천 衝天
상충 上衝 완충 緩衝 요충 要衝 절충 折衝 요충지 要衝地
사기충천 士氣衝天 완충지대 緩衝地帶 정면충돌 正面衝突
좌충우돌 左衝右突

유 突 갑자기 돌

取 가질 취:

4급II 부 又 총 8

자해 옛날 전쟁터에서 자신이 죽인 적군의 수를 증명하기 위해 적군의 귀[耳]를 잘라 손[又]에 가졌다는 뜻이다.

쓰기 취득 取得 취소 取消 취식 取食 취재 取材 취조 取調 취필 取筆
사취 詐取 섭취 攝取 수취 受取 약취 略取 쟁취 爭取 채취 採取
청취 聽取 탈취 奪取 취득세 取得稅 수취인 受取人
진취적 進取的 취사선택 取捨選擇 무전취식 無錢取食

유 得 얻을 득, 持 가질 지
상 捨 버릴 사

就 나아갈 취:

4급 부 尤 총 12

자해 출세를 하기 위해 공부를 더욱[尤] 열심히 해서 서울[京]의 벼슬길로 나아간다는 뜻이다.

쓰기 취업 就業 취역 就役 취임 就任 취직 就職 취침 就寢 취학 就學
취항 就航 거취 去就 성취 成就 진취 進就 진취적 進取的
취로사업 就勞事業 소원성취 所願成就 일취월장 日就月將

유 去 갈 거, 進 나아갈 진
상 退 물러날 퇴

趣 뜻 취:

4급 부 走 총 15

자해 달려가서[走] 무엇인가를 가지려는[取] 의지나 뜻을 뜻한다.

읽기 趣旨 취지

쓰기 취미 趣味 취사 趣舍 취의 趣意 취향 趣向 가취 佳趣 아취 雅趣
정취 情趣 풍취 風趣 흥취 興趣 악취미 惡趣味

유 意 뜻 의, 志 뜻 지

吹 불 취: (3급II, 부 口, 총 7)

자해 입[口]을 하품[欠]하듯 벌려 숨을 불어 낸다는 뜻이다.

쓰기 취구 吹口 취명 吹鳴 취입 吹入 취적 吹笛 취주 吹奏 취타 吹打
가취 歌吹 고취 鼓吹 대취 大吹 역취 力吹 취타수 吹打手

상 吸 마실 흡

醉 취할 취: (3급II, 부 酉, 총 15, 약 酔)

자해 술병[酉]의 술이 끝날[卒] 때까지 마시면 취한다는 뜻이다.

읽기 痲醉 마취

쓰기 취객 醉客 취기 醉氣 취면 醉眠 취중 醉中 취흥 醉興 도취 陶醉
만취 滿醉 숙취 熟醉 숙취 宿醉 심취 心醉 취생몽사 醉生夢死

臭 냄새 취: (3급, 부 自, 총 10)

자해 개[犬]가 코[鼻→自]를 킁킁거리며 맡는 냄새를 뜻한다.

읽기 酷臭 혹취

쓰기 취각 臭覺 취기 臭氣 구취 口臭 무취 無臭 악취 惡臭 여취 餘臭
제취 除臭 주취 酒臭 체취 體臭 탈취 脫臭 향취 香臭
구상유취 口尚乳臭 유취만년 遺臭萬年

測 헤아릴 측 (4급II, 부 氵(水), 총 12)

자해 일정한 법칙[則]에 따라 물[氵]의 깊이를 헤아린다는 뜻이다.

읽기 測揆 측규

쓰기 측량 測量 측정 測定 측지 測地 계측 計測 관측 觀測 목측 目測
실측 實測 예측 豫測 추측 推測 흉측 凶測 측우기 測雨器
측후소 測候所 괴상망측 怪常罔測

유 揆 헤아릴 규, 量 헤아릴 량, 度 헤아릴 탁

側 곁 측 (3급II, 부 亻(人), 총 11)

자해 사람[亻]이 법칙[則]을 지키지 못하고 한쪽 곁으로 치우친다는 의미에서, 곁이라는 뜻이다.

읽기 僻側 벽측

쓰기 측근 側近 측면 側面 측목 側目 귀측 貴側 남측 南側 반측 反側
북측 北側 양측 兩側 외측 外側 우측 右側 좌측 左側 편측 片側
좌측통행 左側通行

유 旁 곁 방, 傍 곁 방

層 층 층 (4급, 부 尸, 총 15)

유 階 섬돌 계

자해 집[尸] 위에 집이 거듭[曾] 겹쳐져 이루어진 층을 뜻한다.

읽기 峻層 준층　成層圈 성층권

쓰기
층계 層階　층수 層數　각층 各層　계층 階層　고층 高層　기층 基層
단층 單層　단층 斷層　상층 上層　심층 深層　지층 地層　하층 下層
가일층 加一層　고위층 高位層　부유층 富裕層　빈민층 貧民層
서민층 庶民層　중산층 中産層　지식층 知識層　특권층 特權層
층암절벽 層巖絶壁　층층시하 層層侍下　고층건물 高層建物

治 다스릴 치 (4급Ⅱ, 부 氵(水), 총 8)

유 理 다스릴 리, 攝 다스릴 섭, 政 정사 정

자해 홍수가 나지 않게 물[氵]의 흐름을 잘 살펴 백성이 기뻐하도록[台] 다스린다는 뜻이다.

읽기 治療 치료　鞠治 국치　繩治 승치　療治 요치　診治 진치

쓰기
치가 治家　치국 治國　치도 治道　치략 治略　치리 治理　치민 治民
치산 治山　치세 治世　치수 治水　치습 治濕　치안 治安　치장 治粧
치장 治裝　치적 治積　치하 治下　내치 內治　법치 法治　완치 完治
정치 政治　퇴치 退治

置 둘 치: (4급Ⅱ, 부 罒(网), 총 13)

유 措 둘 조

자해 그물[网→罒]을 엉키지 않도록 곧게[直] 세워 펼쳐 둔다는 뜻이다.

읽기 預置 예치　措置 조치　抛置 포치　定置網 정치망

쓰기
치독 置毒　치부 置簿　치주 置酒　치중 置中　치중 置重　치표 置標
치환 置換　구치 拘置　대치 代置　도치 倒置　방치 放置　배치 配置
비치 備置　설치 設置　안치 安置　영치 領置　위치 位置　임치 任置
장치 裝置　처치 處置　구치소 拘置所　유치장 留置場
전치사 前置詞　하치장 荷置場　치지도외 置之度外

齒 이 치 (4급Ⅱ, 부 齒, 총 15, 약 歯)

자해 입을 벌리면[凵] 박혀 머물러[止] 있는 윗니와 아랫니[𣥂]를 본뜬 글자로, 이를 뜻한다.

읽기 皓齒 호치　丹脣皓齒 단순호치

쓰기
치과 齒科　치골 齒骨　치덕 齒德　치석 齒石　치아 齒牙　치약 齒藥
치열 齒列　치통 齒痛　건치 健齒　견치 犬齒　불치 不齒　연치 年齒
의치 義齒　충치 蟲齒　풍치 風齒　각자무치 角者無齒
순망치한 脣亡齒寒　절치부심 切齒腐心

値 값 치 (3급Ⅱ, 부 亻(人), 총 10)

유 價 값 가

자해 사람[亻]이 정직하고 곧은[直] 기준으로 매긴 값을 뜻한다.

쓰기
치우 値遇　가치 價値　상치 相値　수치 數値　가중치 加重値
가치관 價値觀　근사치 近似値　절대치 絶對値　평균치 平均値
가치판단 價値判斷　희소가치 稀少價値

恥 부끄러울 치

3급II 부 心 총 10

자해 귀[耳]까지 빨개질 정도로 마음[心]이 부끄럽다는 뜻이다.

쓰기 치부 恥部 치사 恥事 치심 恥心 치욕 恥辱 고치 苦恥 국치 國恥
면치 免恥 무치 無恥 설치 雪恥 염치 廉恥 국치일 國恥日
파렴치 破廉恥 후안무치 厚顔無恥

유 愧 부끄러울 괴, 辱 욕될 욕, 慙 부끄러울 참

稚 어릴 치

3급II 부 禾 총 13

자해 벼[禾] 이삭 중에 작은 새[隹]가 먹기 좋아하는 어린 것을 뜻한다.

읽기 稚蠶 치잠

쓰기 치기 稚氣 치목 稚木 치수 稚樹 치심 稚心 치아 稚兒 치어 稚魚
치자 稚子 치졸 稚拙 치희 稚戲 유치 幼稚 유치원 幼稚園

유 幼 어릴 유
상 老 늙을 로, 長 긴 장, 丈 어른 장

漆 옻 칠

3급II 부 氵(水) 총 14

자해 진액[液→氵]을 얻으려고 사람[人]이 옻나무[木]에 상처를 내면 나오는 물[水→氺]이 옻이라는 뜻이다.

읽기 漆膠 칠교 膠漆 교칠

쓰기 칠기 漆器 칠독 漆毒 칠목 漆木 칠실 漆室 칠야 漆夜 칠판 漆板
칠흑 漆黑 금칠 金漆 생칠 生漆 유칠 油漆 착칠 着漆
칠공예 漆工藝

유 黑 검을 흑

侵 침노할 침

4급II 부 亻(人) 총 9

자해 사람[亻]이 손[又]에 빗자루[帚→⺻]를 들고 쓸어버리듯 다른 지역을 침노한다는 뜻이다.

읽기 侵疆 침강 侵牟 침모 侵虐 침학

쓰기 침공 侵攻 침략 侵略 침략 侵掠 침벌 侵伐 침범 侵犯 침입 侵入
침탈 侵奪 침해 侵害 남침 南侵 내침 來侵 재침 再侵
불가침 不可侵

유 掠 노략질할 략, 犯 범할 범

寢 잘 침:

4급 부 宀 총 14

자해 집[宀]으로 들어와서 손[又]에 빗자루[帚→⺻]를 들고 평상[爿] 주위를 쓴 후 잠을 잔다는 뜻이다.

쓰기 침구 寢具 침대 寢臺 침석 寢席 침식 寢息 침식 寢食 침실 寢室
침전 寢殿 기침 起寢 동침 同寢 취침 就寢 불침번 不寢番

유 眠 잘 면, 睡 졸음 수, 宿 잘 숙
상 起 일어날 기

針

4급 부 金 총 10
바늘 침(:)

자해 쇠[金]를 갈아서 십[十]자 모양으로 뾰족하게 만든 바늘을 뜻한다.

읽기 縫針 봉침 磁針 자침

쓰기 침모 針母 침선 針線 침술 針術 검침 檢針 독침 毒針 방침 方針
봉침 蜂針 분침 分針 시침 時針 일침 一針 지침 指針 초침 秒針
침엽수 針葉樹 조침문 弔針文

沈

3급Ⅱ 부 氵(水) 총 7
잠길 침(:)/성 심:

유 沒 빠질 몰, 潛 잠길 잠, 浸 잠길 침
상 浮 뜰 부

자해 물[氵]에서 오래 머뭇거리다가[冘] 서서히 잠긴다는 뜻이다.

읽기 沈溺 침닉 沈頓 침돈 沈鬱 침울

쓰기 심씨 沈氏 침강 沈降 침면 沈眠 침몰 沈沒 침묵 沈默 침사 沈思
침수 沈水 침잠 沈潛 침주 沈奏 침중 沈重 침착 沈着 침체 沈滯
침통 沈痛 격침 擊沈 부침 浮沈 음침 陰沈 심청전 沈淸傳

浸

3급Ⅱ 부 氵(水) 총 10
잠길 침:

유 沒 빠질 몰, 潛 잠길 잠, 沈 잠길 침
상 浮 뜰 부

자해 물[氵]이 조금씩 계속 침범하여[侵→叏] 온통 잠긴다는 뜻이다.

읽기 浸劑 침제

쓰기 침례 浸禮 침수 浸水 침염 浸染 침윤 浸潤 침음 浸淫 침입 浸入
침종 浸種 침출 浸出 침투 浸透 거침 巨浸 침례교 浸禮敎

枕

3급 부 木 총 8
베개 침:

자해 사람이 머리를 대고 머물[冘] 수 있도록 나무[木]를 깎아 만든 베개를 뜻한다.

읽기 膠枕 교침 藤枕 등침 屍枕 시침 莞枕 완침

쓰기 침두 枕頭 침목 枕木 침상 枕上 침석 枕席 개침 開枕 기침 起枕
목침 木枕 방침 方枕 안침 安枕 옥침 玉枕 고침단명 高枕短命

稱

4급 부 禾 총 14
약 称
일컬을 칭

자해 곡식[禾]을 손으로 들어 올려[爯] 저울에 재고 무게를 소리 내어 일컫는다는 뜻이다.

읽기 稱旨 칭지 稱託 칭탁 汎稱 범칭

쓰기 칭거 稱擧 칭격 稱格 칭덕 稱德 칭도 稱道 칭량 稱量 칭명 稱名
칭모 稱慕 칭미 稱美 칭병 稱病 칭사 稱辭 칭선 稱善 칭송 稱頌
칭정 稱情 칭제 稱帝 칭직 稱職 칭질 稱疾 칭찬 稱讚 칭형 稱衡
칭호 稱號 가칭 假稱 개칭 改稱 경칭 敬稱 대칭 對稱 명칭 名稱

快 쾌할 쾌

4급 II
부 忄(心)
총 7

유 爽 상쾌할 상

자해 마음[忄]을 탁 터놓아[夬] 상쾌하다는 뜻이다.

읽기 快速艇 쾌속정

쓰기 쾌감 快感 쾌거 快擧 쾌도 快刀 쾌락 快諾 쾌락 快樂 쾌재 快哉
쾌적 快適 쾌주 快走 쾌차 快差 쾌청 快晴 쾌활 快活 경쾌 輕快
명쾌 明快 불쾌 不快 완쾌 完快 통쾌 痛快 호쾌 豪快
쾌남아 快男兒 쾌속선 快速船 불쾌지수 不快指數

墮 떨어질 타:

3급
부 土
총 15
약 堕

유 落 떨어질 락

자해 제사 지내고 남은 고기[隋]를 흙[土]에 묻기 위해 땅에 떨어뜨린다는 뜻이다.

읽기 墮胎 타태

쓰기 타락 墮落 타루 墮淚 타옥 墮獄 타지 墮地 타죄 墮罪 실타 失墮
타기술중 墮其術中

妥 온당할 타:

3급
부 女
총 7

유 當 마땅 당

자해 옛날에는 남자의 손[爪→爫]으로 여자[女]를 눌러 복종시키는 것이 온당했다는 뜻이다.

쓰기 타결 妥結 타당 妥當 타상 妥商 타안 妥安 타협 妥協 미타 未妥
타당성 妥當性 타협안 妥協案 보편타당 普遍妥當

托 맡길 탁

3급
부 扌(手)
총 6

유 預 맡길 예, 委 맡길 위, 任 맡길 임

자해 손[扌]에 든 것을 남에게 부탁하며[乇] 맡긴다는 뜻이다.

읽기 托鉢 탁발 托鉢僧 탁발승

쓰기 탁생 托生 탁엽 托葉 탁자 托子 의탁 依托 차탁 茶托
무의탁 無依托 무의무탁 無依無托

濁 흐릴 탁

3급
부 氵(水)
총 16

반 淨 깨끗할 정, 淸 맑을 청

자해 강물[氵] 중에 중국의 촉[蜀]나라에 있는 탁수(濁水)는 흐리다는 뜻이다.

읽기 濃濁 농탁 尿濁 요탁

쓰기 탁류 濁流 탁색 濁色 탁세 濁世 탁수 濁水 탁음 濁音 탁주 濁酒
둔탁 鈍濁 오탁 汚濁 청탁 淸濁 혼탁 混濁 일어탁수 一魚濁水
상탁하부정 上濁下不淨

濯 씻을 탁
- 3급 / 부 氵(水) / 총 17

자해 새[隹]가 물[氵]에서 날개[羽]를 씻는다는 뜻이다.

쓰기 탁족 濯足 동탁 童濯 세탁 洗濯 탁지우 濯枝雨 세탁물 洗濯物 세탁소 洗濯所

유 洗 씻을 세

彈 탄알 탄:
- 4급 / 부 弓 / 총 15 / 약 弹

자해 활[弓]이나 총에서 하나[單]씩 튕겨 나가는 탄알을 뜻한다.

읽기 彈徽 탄휘 雍門彈 옹문탄

쓰기 탄관 彈冠 탄규 彈糾 탄금 彈琴 탄도 彈道 탄력 彈力 탄성 彈性 탄압 彈壓 탄약 彈藥 탄주 彈奏 탄창 彈倉 탄환 彈丸 규탄 糾彈 방탄 防彈 실탄 失彈 유탄 流彈 지탄 指彈 총탄 銃彈 포탄 砲彈 폭탄 爆彈 탄도탄 彈道彈 오발탄 誤發彈 유도탄 誘導彈 육탄전 肉彈戰 조명탄 照明彈 최루탄 催淚彈 핵탄두 核彈頭

歎 탄식할 탄:
- 4급 / 부 欠 / 총 15

자해 진흙탕[堇→英]과 같은 어려움에 빠져 입을 벌리고[欠] 탄식한다는 뜻이다.

읽기 歎悼 탄도

쓰기 탄복 歎服 탄성 歎聲 탄식 歎息 탄원 歎願 감탄 感歎 개탄 慨歎 경탄 敬歎 경탄 驚歎 자탄 自歎 통탄 痛歎 한탄 恨歎 탄원서 歎願書 만시지탄 晚時之歎

誕 낳을·거짓 탄:
- 3급 / 부 言 / 총 14

자해 말[言]을 길게 늘여[延] 거짓말을 한다는 의미에서, 거짓이라는 뜻이다.

쓰기 탄강 誕降 탄기 誕欺 탄망 誕妄 탄생 誕生 탄신 誕辰 탄일 誕日 방탄 放誕 생탄 生誕 성탄 聖誕 강탄절 降誕節 불탄일 佛誕日 성탄절 聖誕節

유 欺 속일 기, 妄 망령될 망, 生 날 생

脫 벗을 탈
- 4급 / 부 月(肉) / 총 11

자해 곤충이나 벌레가 몸[肉→月]을 바꾸기[兌] 위해 허물을 벗는다는 뜻이다.

읽기 脫硫 탈류 脫帽 탈모 脫脂 탈지 脫胎 탈태 脫脂綿 탈지면 脫脂粉乳 탈지분유

쓰기 탈고 脫稿 탈곡 脫穀 탈당 脫黨 탈락 脫落 탈루 脫漏 탈선 脫線 탈세 脫稅 탈속 脫俗 탈수 脫水 탈영 脫營 탈옥 脫獄 탈의 脫衣 탈주 脫走 탈진 脫盡 탈출 脫出 탈퇴 脫退 탈피 脫皮 소탈 疏脫 이탈 離脫 초탈 超脫 해탈 解脫 허탈 虛脫

유 裸 벗을 라

奪 빼앗을 탈
3급II 부大 총14

자해 큰[大] 날개를 가진 새[隹]를 사람이 손[寸]으로 잡아 자유를 빼앗는다는 뜻이다.

읽기 奪胎 탈태　換骨奪胎 환골탈태

쓰기 탈기 脫氣　탈재 奪財　탈취 奪取　탈환 奪還　강탈 強奪　삭탈 削奪
수탈 收奪　약탈 掠奪　여탈 與奪　쟁탈 爭奪　침탈 侵奪
삭탈관직 削奪官職　생살여탈 生殺與奪

유 掠 노략질할 략

探 찾을 탐
4급 부扌(手) 총11

자해 손[扌]으로 점점[罙] 깊은 곳까지 더듬어 물건을 찾는다는 뜻이다.

읽기 探偵 탐정　偵探 정탐

쓰기 탐구 探究　탐구 探求　탐문 探問　탐방 探訪　탐사 探査　탐색 探索
탐정 探情　탐조 探照　탐지 探知　탐험 探險　내탐 內探　염탐 廉探
탐조등 探照燈

유 訪 찾을 방, 索 찾을 색, 尋 찾을 심

貪 탐낼 탐
3급 부貝 총11

자해 지금[今] 눈앞에 있는 재물[貝]을 탐낸다는 뜻이다.

읽기 貪虐 탐학　貪酷 탐혹

쓰기 탐권 貪權　탐렴 貪廉　탐리 貪利　탐욕 貪慾　탐위 貪位　탐재 貪財
탐정 貪政　탐호 貪好　탐횡 貪橫　식탐 食貪　탐관오리 貪官汚吏
소탐대실 小貪大失

유 慾 욕심 욕

塔 탑 탑
3급II 부土 총13

자해 흙[土] 위에 돌을 모아[合] 쌓은 건축물에 이끼[艹]가 서려 있는 탑의 모습으로, 탑을 뜻한다.

읽기 塔酸 탑산

쓰기 탑비 塔碑　금탑 金塔　불탑 佛塔　사탑 寺塔　석탑 石塔　철탑 鐵塔
관제탑 管制塔　금자탑 金字塔　다보탑 多寶塔　사령탑 司令塔
상아탑 象牙塔

湯 끓을 탕:
3급II 부氵(水) 총12

자해 물[氵]을 햇볕[昜]처럼 뜨겁게 끓인다는 뜻이다.

읽기 湯網 탕망　湯鼎 탕정　湯劑 탕제　炊湯 취탕　沐浴湯 목욕탕
蔘鷄湯 삼계탕

쓰기 탕기 湯器　탕액 湯液　탕약 湯藥　탕전 湯殿　냉탕 冷湯　열탕 熱湯
온탕 溫湯　욕탕 浴湯　잡탕 雜湯　재탕 再湯　중탕 重湯
탕원미 湯元味　보신탕 補身湯　쌍화탕 雙和湯　약탕기 藥湯器
금성탕지 金城湯池

態

4급II 부 心 총 14

모습 **태:**

유 像 모양 상, 樣 모양 양, 姿 모양 자, 形 모양 형

자해 어떤 일을 능하게[能] 할 수 있는 마음[心]이 밖으로 드러난 모습을 뜻한다.

읽기 妖態 요태

쓰기 태도 態度 태세 態勢 동태 動態 변태 變態 사태 事態 상태 狀態
생태 生態 세태 世態 실태 實態 양태 樣態 용태 容態 자태 姿態
작태 作態 중태 重態 추태 醜態 행태 行態 형태 形態
구태의연 舊態依然 천태만상 千態萬象

殆

3급II 부 歹 총 9

거의 **태**

유 危 위태할 위

자해 태풍[台]이 오면 거의 죽을[歹] 정도로 위태롭다는 의미에서, 거의라는 뜻이다.

쓰기 태무 殆無 태반 殆半 곤태 困殆 불태 不殆 위태 危殆 의태 疑殆
태무심 殆無心

泰

3급II 부 氺(水) 총 10

클 **태**

유 巨 클 거, 大 큰 대, 太 클 태
상 微 작을 미, 小 작을 소, 扁 작을 편

자해 양손[廾→夶]을 모아 물[水→氺]을 크게 뜬 모습에서, 크다는 뜻이다.

읽기 泰山峻嶺 태산준령

쓰기 태국 泰國 태두 泰斗 태산 泰山 태연 泰然 태평 泰平
태산북두 泰山北斗 태연자약 泰然自若 국태민안 國泰民安
천하태평 天下泰平

怠

3급 부 心 총 9

게으를 **태**

유 慢 게으를 만
상 勤 부지런할 근

자해 기쁜[台] 마음[心]이 지나쳐서 마음가짐이 무너지니 게으르다는 뜻이다.

쓰기 태납 怠納 태만 怠慢 태업 怠業 태오 怠傲 과태 過怠 근태 勤怠
완태 緩怠 혼태 昏怠 황태 荒怠 과태료 過怠料

擇

4급 부 扌(手) 총 16 약 択

가릴 **택**

유 拔 뽑을 발, 選 가릴 선

자해 여러 물건을 엿보고[睪] 그 중에 좋은 것을 손[扌]으로 가려낸다는 뜻이다.

쓰기 택선 擇善 택일 擇一 택일 擇日 택지 擇地 택혼 擇婚 선택 選擇
채택 採擇 취택 取擇 양자택일 兩者擇一 취사선택 取捨選擇

澤

- 3급II
- 부 氵(水)
- 총 16
- 약 沢

못 택

유 潭 못 담, 沼 못 소, 池 못 지

자해 물[氵]이 고여 투명하게 물속이 잘 보이는[睪] 못(연못)을 뜻한다.

읽기 沼澤 소택 · 淵澤 연택 · 沮澤 저택 · 脂澤 지택

쓰기 택우 澤雨, 광택 光澤, 덕택 德澤, 산택 山澤, 수택 手澤, 윤택 潤澤, 은택 恩澤, 인택 仁澤, 천택 川澤, 혜택 惠澤, 하해지택 河海之澤

討

- 4급
- 부 言
- 총 10

칠 토(:)

유 伐 칠 벌, 征 칠 정
상 防 막을 방, 守 지킬 수

자해 상대를 말[言]로 비난하고, 손[寸]으로 손가락질하며 공격한다(친다)는 뜻이다.

읽기 討匪 토비

쓰기 토론 討論, 토문 討問, 토벌 討伐, 토색 討索, 토식 討食, 토의 討議, 토죄 討罪, 토파 討破, 검토 檢討, 공토 攻討, 성토 聲討

兔

- 3급II
- 부 儿
- 총 8
- 약 兎

토끼 토

유 卯 토끼 묘

자해 긴 귀와 이빨, 긴 다리와 꼬리를 가진 토끼를 본뜬 글자로, 토끼를 뜻한다.

쓰기 토사 兔舍, 토순 兔脣, 토안 兔眼, 토영 兔影, 토월 兔月, 가토 家兔, 야토 野兔, 양토 養兔, 적토마 赤兔馬

吐

- 3급II
- 부 口
- 총 6

토할 토(:)

자해 입[口]에 있는 것을 땅[土]에 토한다는 뜻이다.

읽기 吐握 토악, 吐劑 토제, 歐吐 구토

쓰기 토기 吐氣, 토로 吐露, 토설 吐說, 토진 吐盡, 토출 吐出, 토파 吐破, 토혈 吐血, 설토 說吐, 실토 實吐, 토유병 吐乳病

統

- 4급II
- 부 糸
- 총 12

거느릴 통:

유 領 거느릴 령, 率 거느릴 솔, 御 거느릴 어, 總 다 총

자해 몇 갈래로 갈라진 실[糸]을 한가득 채워[充] 줄을 꼬듯이 힘을 하나로 모아 거느린다는 뜻이다.

읽기 統輯 통집, 龐統 방통, 旨統 지통

쓰기 통감 統監, 통계 統計, 통섭 統攝, 통솔 統率, 통영 統營, 통일 統一, 통장 統將, 통제 統制, 통치 統治, 통합 統合, 가통 家統, 계통 系統, 법통 法統, 심통 心統, 전통 傳統, 정통 正統, 체통 體統, 총통 總統, 혈통 血統, 통수권 統帥權

痛 (4급, 부 疒, 총 12) 아플 통:

자해 병든[疒] 사람의 몸에서 솟아오르는[甬] 고통으로 아프다는 뜻이다.

읽기 痛悼 통도　婉痛 만통　酷痛 혹통　鎭痛劑 진통제
腎虛腰痛 신허요통

쓰기 통감 痛感　통곡 痛哭　통념 痛念　통렬 痛烈　통분 痛憤　통심 痛心
통음 痛飮　통절 痛切　통증 痛症　통쾌 痛快　통탄 痛歎　통한 痛恨
고통 苦痛　두통 頭痛　복통 腹痛　분통 憤痛　비통 悲痛　애통 哀痛
요통 腰痛　위통 胃痛　진통 陣痛　치통 齒痛　침통 沈痛

退 (4급Ⅱ, 부 辶(辵), 총 10) 물러날 퇴:

상 進 나아갈 진

자해 가던[辶] 길을 그치고[艮] 뒤로 물러난다는 뜻이다.

읽기 退闕 퇴궐　退艦 퇴함　撤退 철퇴　幻退 환퇴

쓰기 퇴각 退却　퇴거 退去　퇴근 退勤　퇴로 退路　퇴물 退物　퇴보 退步
퇴사 退社　퇴색 退色　퇴역 退役　퇴원 退院　퇴위 退位　퇴임 退任
퇴장 退藏　퇴장 退場　퇴정 退廷　퇴조 退潮　퇴주 退酒　퇴직 退職
퇴진 退陣　퇴치 退治　퇴학 退學　퇴행 退行　퇴화 退化　감퇴 減退
격퇴 擊退　사퇴 辭退　쇠퇴 衰退　용퇴 勇退　은퇴 隱退

投 (4급, 부 扌(手), 총 7) 던질 투

유 抛 던질 포

자해 사냥을 위해 손[扌]으로 몽둥이[殳]를 던진다는 뜻이다.

읽기 投網 투망　投託 투탁　投翰 투한

쓰기 투고 投稿　투구 投球　투기 投機　투매 投賣　투사 投射　투서 投書
투숙 投宿　투약 投藥　투영 投影　투옥 投獄　투입 投入　투자 投資
투표 投票　투하 投下　투항 投降　투원반 投圓盤
의기투합 意氣投合

鬪 (4급, 부 鬥, 총 20) 싸움 투

유 競 다툴 경, 爭 다툴 쟁, 戰 싸움 전
상 協 화할 협, 和 화할 화

자해 두 사람이 서로 손에 든 무기[鬥]를 세우고[尌→斲] 싸운다는 뜻이다.

읽기 鬪艦 투함

쓰기 투견 鬪犬　투계 鬪鷄　투기 鬪技　투병 鬪病　투쟁 鬪爭　투지 鬪志
투혼 鬪魂　건투 健鬪　격투 激鬪　결투 決鬪　권투 拳鬪　난투 亂鬪
분투 奮鬪　암투 暗鬪　전투 戰鬪　혈투 血鬪　감투정신 敢鬪精神
악전고투 惡戰苦鬪

透 (3급Ⅱ, 부 辶(辵), 총 11) 사무칠 투

유 徹 통할 철

자해 벼가 빼어나게[秀] 자라 나가는[辶] 모습이 마치 하늘에 사무치는듯하다는 뜻이다.

읽기 透磁率 투자율

쓰기 투명 透明　투사 透寫　투시 透視　투영 透映　투철 透徹　등투 騰透
침투 浸透　투명체 透明體　투수층 透水層　투시도 透視圖
투시력 透視力

波 물결 파 (4급II, 부 氵(水), 총 8)

유: 浪 물결 랑, 漣 잔물결 련

자해: 동물의 가죽[皮] 표면이 구불구불한 것처럼 물[氵]에 일어나는 구불구불한 물결을 뜻한다.

쓰기: 파고 波高, 파급 波及, 파동 波動, 파랑 波浪, 파문 波文, 파시 波市, 파장 波長, 뇌파 腦波, 단파 短波, 세파 世波, 여파 餘波, 음파 音波, 인파 人波, 전파 電波, 추파 秋波, 풍파 風波, 한파 寒波, 고주파 高周波, 방파제 防波堤, 주파수 周波數, 초단파 超短波, 초음파 超音波, 만경창파 萬頃蒼波, 평지풍파 平地風波

破 깨뜨릴 파: (4급II, 부 石, 총 10)

유: 壞 무너질 괴, 裂 찢어질 렬

자해: 돌[石]로 동물의 가죽[皮]을 두드려 모양을 깨뜨린다는 뜻이다.

읽기: 破瓜 파과, 破膽 파담

쓰기: 파격 破格, 파경 破鏡, 파계 破戒, 파괴 破壞, 파국 破局, 파기 破棄, 파멸 破滅, 파문 破門, 파산 破産, 파선 破船, 파손 破損, 파열 破裂, 파자 破字, 파재 破材, 파제 破題, 파지 破紙, 파편 破片, 간파 看破, 답파 踏破, 독파 讀破, 돌파 突破, 동파 凍破, 발파 發破, 타파 打破, 폭파 爆破, 파렴치 破廉恥, 파안대소 破顔大笑, 파죽지세 破竹之勢

派 갈래 파 (4급, 부 氵(水), 총 9)

자해: 물[氵]이 갈라져[辰] 흐르면서 만들어진 갈래를 뜻한다.

읽기: 僻派 벽파

쓰기: 파견 派遣, 파병 派兵, 파생 派生, 파쟁 派爭, 각파 各派, 교파 敎派, 구파 舊派, 급파 急派, 남파 南派, 당파 黨派, 밀파 密派, 분파 分派, 신파 新派, 우파 右派, 유파 流波, 일파 一派, 자파 自派, 정파 政派, 종파 宗派, 좌파 左派, 증파 增派, 특파 特派, 학파 學派

把 잡을 파: (3급, 부 扌(手), 총 7)

유: 拘 잡을 구, 握 쥘 악, 操 잡을 조, 執 잡을 집

자해: 뱀[巴→巴]을 놓치지 않게 손[扌]으로 움켜잡는다는 뜻이다.

읽기: 把握 파악

쓰기: 파반 把盤, 파수 把手, 파수 把守, 파주 把住, 파지 把持, 파착 把捉, 파필 把筆, 검파 劍把, 입파 入把, 총파 銃把, 파수막 把守幕, 파수병 把守兵

播 뿌릴 파(:) (3급, 부 扌(手), 총 15)

자해: 농부가 손[扌]으로 차례차례[番] 씨를 뿌린다는 뜻이다.

읽기: 繩播 승파

쓰기: 파다 播多, 파설 播說, 파식 播植, 파종 播種, 파천 播遷, 건파 乾播, 대파 代播, 만파 晚播, 전파 傳播, 직파 直播, 점파기 點播機, 건답직파 乾畓直播

罷 마칠 파:
3급 부 罒(网) 총 15
유 了 마칠 료, 終 마칠 종

자해 재능[能]이 있는 사람이라도 법망[网→罒]에 걸리는 일은 그만 마쳐야 한다는 뜻이다.

읽기 併罷 병파　撤罷 철파

쓰기 파가 罷家　파군 罷君　파귀 罷歸　파면 罷免　파시 罷市　파업 罷業
파장 罷場　파직 罷職　자파 自罷　혁파 革罷　총파업 總罷業
봉고파직 封庫罷職

頗 자못 파
3급 부 頁 총 14
유 偏 치우칠 편

자해 가죽[皮]을 벗길 때 힘이 들어서 머리[頁]가 한쪽으로 자못 치우친다는 뜻이다.

쓰기 파다 頗多　파편 頗偏　편파 偏頗　편파적 偏頗的
편파판정 偏頗判定

判 판단할 판
4급 부 刂(刀) 총 7

자해 물건의 반[半]을 칼[刂]로 나누고 공평한지 판단한다는 뜻이다.

읽기 判型 판형　闕席裁判 궐석재판　漢城判尹 한성판윤

쓰기 판결 判決　판단 判斷　판독 判讀　판례 判例　판명 判明　판별 判別
판사 判事　판서 判書　판압 判押　판이 判異　판정 判定　결판 決判
공판 公判　국판 菊判　담판 談判　배판 培判　비판 批判　심판 審判
오판 誤判　재판 裁判　판무식 判無識

版 판목 판
3급II 부 片 총 8

자해 잘린 나무 조각[片]에 글씨를 새겨 반대로[反] 찍어낼 수 있는 판목(나무 조각)을 뜻한다.

읽기 網版 망판　寺刹板 사찰판

쓰기 판권 版權　판도 版圖　판목 版木　판화 版畫　가판 架版　동판 銅版
목판 木版　신판 新版　연판 鉛版　원판 原版　재판 再版　절판 絶版
제판 製版　조판 組版　중판 重版　초판 初版　출판 出版　활판 活版
개정판 改訂版　동판화 銅版畫　복사판 複寫版　한정판 限定版

販 팔 판
3급 부 貝 총 11
유 賣 팔 매
상 購 살 구, 買 살 매

자해 돈[貝]을 주고 사 온 물건을 반대로[反] 판다는 뜻이다.

읽기 傭販 용판　購販場 구판장

쓰기 판금 販禁　판로 販路　판매 販賣　판촉 販促　가판 街販　공판 共販
시판 市販　외판 外販　직판 直販　총판 總販　판매원 販賣員
공판장 共販場　외판원 外販員　자판기 自販機

貝 조개 패: (3급, 부 貝, 총 7)

자해 조갯살이 삐죽 나온 조개를 그린 글자로, 조개를 뜻한다.

읽기 貝闕 패궐

쓰기 패갑 貝甲 패류 貝類 패물 貝物 패석 貝石 패옥 貝玉 패주 貝柱
패화 貝貨 권패 卷貝 어패 魚貝 종패 種貝 주패 珠貝
패석회 貝石灰 어패류 魚貝類

篇 책 편 (4급, 부 竹, 총 15)

자해 대나무[竹]를 납작하게[扁] 자른 조각에 쓴 글을 엮어 만든 책을 뜻한다.

읽기 篇軸 편축 篇翰 편한

쓰기 편차 篇次 단편 短篇 상편 上篇 시편 詩篇 옥편 玉篇 장편 長篇
전편 全篇 전편 前篇 중편 中篇 하편 下篇 후편 後篇
천편일률 千篇一律

유 冊 책 책

偏 치우칠 편 (3급II, 부 亻(人), 총 11)

자해 사람[亻]의 생각이 좁으면[扁] 중심을 잃고 한쪽으로 치우친다는 뜻이다.

읽기 偏僻 편벽

쓰기 편각 偏角 편견 偏見 편광 偏光 편당 偏黨 편모 偏母 편식 偏食
편애 偏愛 편액 偏額 편재 偏在 편중 偏重 편차 偏差 편파 偏頗
편향 偏向 반편 半偏 편두통 偏頭痛 편집증 偏執症
편파적 偏頗的 불편부당 不偏不黨

유 僻 궁벽할 벽

片 조각 편(:) (3급II, 부 片, 총 4)

자해 나무를 반으로 잘랐을 때 오른쪽 조각의 모습을 본뜬 글자로, 조각을 뜻한다.

쓰기 편각 片刻 편도 片道 편면 片面 편모 片貌 편지 片志 편지 片紙
단편 斷片 아편 阿片 파편 破片 편층운 片層雲 편편금 片片金
단편적 斷片的 편도요금 片道料金 아편중독 阿片中毒
일엽편주 一葉片舟 일편단심 一片丹心

編 엮을 편 (3급II, 부 糸, 총 15)

자해 납작한[扁] 대나무 조각에 쓴 글을 모아서 실[糸]로 엮는다는 뜻이다.

읽기 編輯 편집 韋編 위편 韋編三絶 위편삼절

쓰기 편곡 編曲 편대 編隊 편류 編柳 편물 編物 편성 編成 편수 編修
편입 編入 편자 編者 편저 編著 편제 編制 편직 編織 개편 改編
속편 續編 재편 再編 편년체 編年體 편직물 編織物
편대비행 編隊飛行

유 構 얽을 구

遍

3급
부 辶(辵)
총 13
두루 **편**

유 普 넓을 보
상 特 특별할 특

자해 작게[扁] 둘러쳐진 울타리 밖으로 널리 돌아다니니[辶] 발길이 두루 미친다는 뜻이다.

쓰기 편관 遍觀 편답 遍踏 편력 遍歷 편만 遍滿 편산 遍散 편신 遍身
편재 遍在 보편 普遍 보편성 普遍性 보편적 普遍的
보편타당 普遍妥當

評

4급
부 言
총 12
평할 **평:**

유 批 비평할 비

자해 말[言]로 공평하게[平] 사물의 좋고 나쁨이나 옳고 그름을 평한다는 뜻이다.

읽기 酷評 혹평

쓰기 평가 評價 평결 評決 평론 評論 평전 評傳 평점 評點 평정 評定
평판 評判 강평 講評 논평 論評 만평 漫評 비평 批評 세평 世評
시평 時評 시평 詩評 악평 惡評 정평 定評 촌평 寸評 총평 總評
품평 品評 호평 好評 평의회 評議會 재평가 再評價

閉

4급
부 門
총 11
닫을 **폐:**

상 開 열 개

자해 대문[門]에 빗장[才]을 걸어 닫는다는 뜻이다.

읽기 鍵閉 건폐 尿閉 요폐 鬱閉 울폐

쓰기 폐강 閉講 폐교 閉校 폐막 閉幕 폐문 閉門 폐색 閉塞 폐쇄 閉鎖
폐업 閉業 폐점 閉店 폐회 閉會 개폐 開閉 밀폐 密閉 유폐 幽閉
자폐증 自閉症

弊

3급 II
부 廾
총 15
폐단·해질 **폐:**

유 害 해할 해

자해 해진[敝] 옷을 양손[⺶ → 廾]으로 가리고 가는 모습과 같이 해로운 현상이 바로 폐단이라는 뜻이다.

읽기 弊廬 폐려 弊札 폐찰

쓰기 폐가 弊家 폐단 弊端 폐사 弊社 폐습 弊習 폐풍 弊風 폐해 弊害
민폐 民弊 악폐 惡弊 작폐 作弊 전폐 前弊 통폐 通弊 피폐 疲弊

廢

3급 II
부 广
총 15
약 廃
폐할·버릴 **폐:**

유 棄 버릴 기, 亡 망할 망
상 存 있을 존, 置 둘 치

자해 집[广]에 살던 사람이 모두 떠나가[發] 없다는 의미에서, 폐한다는 뜻이다.

읽기 廢址 폐지 廢撤 폐철 廢艦 폐함 廢后 폐후 頓廢 돈폐 撤廢 철폐

쓰기 폐가 廢家 폐간 廢刊 폐광 廢鑛 폐교 廢校 폐기 廢棄 폐농 廢農
폐론 廢論 폐물 廢物 폐석 廢石 폐선 廢船 폐수 廢水 폐업 廢業
폐유 廢油 폐인 廢人 폐지 廢止 폐차 廢車 폐품 廢品 폐합 廢合
개폐 改廢 존폐 存廢 편폐 偏廢 황폐 荒廢 노폐물 老廢物
식음전폐 食飮全廢

肺 허파 폐: (3급II, 부 月(肉), 총 8)

자해 몸[月]에서 시장[市]처럼 바쁘게 호흡하는 허파를 뜻한다.

읽기 肺癌 폐암　塵肺症 진폐증

쓰기 폐렴 肺炎　폐병 肺病　폐환 肺患　간폐 肝肺　심폐 心肺
폐결핵 肺結核　폐기량 肺氣量　폐활량 肺活量　심폐기능 心肺機能

幣 화폐 폐: (3급, 부 巾, 총 15)

자해 옛날에 비단[巾]으로 만들어서 닳아 해질[敝] 때까지 쓰던 화폐를 뜻한다.

읽기 珪幣 규폐

쓰기 폐객 幣客　폐물 幣物　폐제 幣制　납폐 納幣　예폐 禮幣　위폐 僞幣
전폐 錢幣　조폐 造幣　지폐 紙幣　화폐 貨幣　조폐공사 造幣公社
화폐개혁 貨幣改革

유 錢 돈 전

蔽 덮을 폐: (3급, 부 艹(艸), 총 16)

자해 너덜너덜하게 해진[敝] 옷을 창피하여 풀[艹]로 덮는다는 뜻이다.

읽기 蔽遮 폐차　壅蔽 옹폐　遮蔽 차폐

쓰기 폐공 蔽空　폐목 蔽目　폐색 蔽塞　폐신 蔽身　폐안 蔽眼　폐야 蔽野
옹폐 擁蔽　은폐 隱蔽　폐일언 蔽一言　건폐율 建蔽率

유 蓋 덮을 개, 隱 숨을 은

包 쌀 포(:) (4급II, 부 勹, 총 5)

자해 엄마의 배가 배 안의 아이[巳]를 감싸고[勹] 있는 모습에서, 싸다는 뜻이다.

읽기 包蔘 포삼　包圍網 포위망

쓰기 포복 包覆　포섭 包攝　포용 包容　포위 包圍　포장 包裝　포피 包皮
포함 包含　내포 內包　소포 小包　포용력 包容力
진공포장 眞空包裝

 飾 꾸밀 식,
圍 에워쌀 위,
裝 꾸밀 장,
含 머금을 함

布 베·펼 포(:)/보시 보: (4급II, 부 巾, 총 5)

자해 손[ナ]으로 베[巾]를 잡고 편다는 뜻이다.

읽기 葛布 갈포　韋布 위포

쓰기 보시 布施　포고 布告　포교 布教　포목 布木　포복 布覆　포부 布覆
포석 布石　포의 布衣　포장 布帳　포진 布陣　공포 公布　도포 塗布
마포 麻布　모포 毛布　발포 發布　배포 配布　분포 分布　선포 宣布
습포 濕布　유포 流布　선전포고 宣戰布告

328

砲 대포 포:
4급II 부 石 총 10

자해 돌[石]처럼 단단한 탄알을 싸고[包] 있다가 멀리 쏘는 대포를 뜻한다.

읽기 砲艦 포함 艦砲 함포

쓰기 포격 砲擊 포대 砲臺 포문 砲門 포병 砲兵 포성 砲聲 포수 砲手
포연 砲煙 포차 砲車 포탄 砲彈 포화 砲火 공포 空砲 거포 巨砲
대포 大砲 발포 發砲 총포 銃砲 축포 祝砲 고사포 高射砲
곡사포 曲射砲 박격포 迫擊砲 십자포 十字砲 투포환 投砲丸

胞 세포 포(:)
4급 부 月(肉) 총 9

자해 몸[肉→月]을 둘러싸고[包] 있는 물질인 세포를 뜻한다.

읽기 胞胎 포태 僑胞 교포 癌細胞 암세포

쓰기 포궁 胞宮 포의 胞衣 포자 胞子 동포 同胞 세포 細胞
다세포 多細胞 단세포 單細胞 포자식물 胞子植物
세포분열 細胞分裂

浦 개 포
3급II 부 氵(水) 총 10

자해 바닷물[氵]이 사람이 살고 있는 채소밭[甫] 근처의 강까지 들어와 맞닿아 있는 개를 뜻한다.

읽기 浦灣 포만

쓰기 포구 浦口 포민 浦民 포변 浦邊 포세 浦稅 포전 浦田 포촌 浦村
포항 浦項 포항 浦港 남포 南浦 김포공항 金浦空港

유 津 나루 진

捕 잡을 포:
3급II 부 扌(手) 총 10

자해 손[扌]으로 채소밭[甫]에 난 채소를 뽑기 위해 잡는다는 뜻이다.

읽기 捕繩 포승

쓰기 포계 捕繫 포구 捕球 포수 捕手 포졸 捕卒 포착 捕捉 포획 捕獲
급포 及捕 생포 生捕 수포 收捕 체포 逮捕 토포 討捕
포도청 捕盜廳

유 拘 잡을 구, 操 잡을 조,
捉 잡을 착, 獲 얻을 획

抱 안을 포:
3급 부 扌(手) 총 8

자해 손[扌]으로 상대방을 감싸서[包] 안는다는 뜻이다.

읽기 塵抱 진포

쓰기 포란 抱卵 포병 抱病 포부 抱負 포옥 抱玉 포옹 抱擁 포주 抱主
고포 高抱 숙포 宿抱 여포 旅抱 회포 懷抱 포복절도 抱腹絶倒

유 擁 낄 옹, 懷 품을 회

3급 부食(食) 총 14
飽 배부를 포:

- **자해** 밥[食]을 많이 먹어서 배 속에 아이를 감싸고[包] 있는 것처럼 배부르다는 뜻이다.
- **쓰기** 포간 飽看 포만 飽滿 포문 飽聞 포식 飽食 포화 飽和
  포만감 飽滿感 포식난의 飽食暖衣 비육불포 非肉不飽

상 飢 주릴 기, 餓 주릴 아

4급II 부日 총 15
暴 사나울 폭/모질 포:

- **자해** 햇살[日]이 강렬하고 사나울 때, 양손으로 함께[共] 쌀[米→米]을 들고 나가 말린다는 의미에서, 사납다는 뜻이다.
- **읽기** 暴虐 포학 暴桀 폭걸 暴酷 폭혹
- **쓰기** 포악 暴惡 폭군 暴君 폭도 暴徒 폭동 暴動 폭등 暴騰 폭락 暴落
  폭력 暴力 폭로 暴露 폭리 暴利 폭발 暴發 폭서 暴暑 폭설 暴雪
  폭언 暴言 폭염 暴炎 폭우 暴雨 폭음 暴飮 폭정 暴政 폭행 暴行
  난폭 亂暴 횡포 橫暴 폭풍우 暴風雨 자포자기 自暴自棄

유 猛 사나울 맹, 虐 모질 학

4급 부火 총 19
爆 불터질 폭

- **자해** 불꽃[火]이 사납게[暴] 퍼지며 터진다는 뜻이다.
- **읽기** 增爆劑 증폭제
- **쓰기** 폭격 爆擊 폭발 爆發 폭사 爆死 폭소 爆笑 폭약 爆藥 폭음 爆音
  폭죽 爆竹 폭탄 爆彈 폭파 爆破 폭풍 爆風 맹폭 猛爆 원폭 原爆
  자폭 自爆 전폭기 戰爆機

3급 부巾 총 12
幅 폭 폭

- **자해** 천[巾]의 면을 끝에서 끝까지 가득[畐] 잰 길이가 폭이라는 뜻이다.
- **쓰기** 폭광 幅廣 강폭 江幅 낙폭 落幅 노폭 路幅 대폭 大幅 보폭 步幅
  소폭 小幅 증폭 增幅 진폭 振幅 진폭 震幅 차폭 車幅 화폭 畫幅
  전폭적 全幅的 차폭등 車幅燈

4급II 부示 총 11
票 표 표

- **자해** 제사에서 중요한 내용[要→覀]을 적어 제단[示] 위에 올려 두는 표를 뜻한다.
- **읽기** 票姚 표요
- **쓰기** 표결 票決 표연 票然 가표 可票 감표 鑑票 개표 開票 계표 計票
  득표 得票 매표 賣票 부표 否票 수표 手票 암표 暗票 우표 郵票
  증표 證票 차표 車票 투표 投票 환표 換票 가격표 價格票
  공수표 空手票 기표소 記票所 매표소 賣票所 번호표 番號票
  부동표 浮動票 매표행위 買票行爲

標 표할 표
- 4급
- 부 木
- 총 15

자해 나무[木]에 표[票]를 걸어 위치를 표시한다는 뜻이다.

읽기 標峻 표준　標札 표찰　標軸 표축

쓰기
표기 標記　표본 標本　표시 標示　표어 標語　표적 標的　표제 標題
표준 標準　표지 標紙　표지 標識　목표 目標　물표 物標　부표 浮標
비표 秘標　상표 商標　음표 音標　좌표 座標　지표 指標

漂 떠다닐 표
- 3급
- 부 氵(水)
- 총 14

자해 물[氵] 위에 표[票]처럼 작은 물건이 둥둥 떠다닌다는 뜻이다.

읽기 漂白劑 표백제

쓰기
표녀 漂女　표류 漂流　표모 漂母　표박 漂泊　표백 漂白　표설 漂說
표실 漂失　표연 漂然　표조 漂鳥　표착 漂着　표표 漂漂　표풍 漂風
부표 浮漂　표류기 漂流記

- 유 浮 뜰 부
- 상 留 머무를 류, 停 머무를 정

豊 풍년 풍
- 4급 II
- 부 豆
- 총 13

자해 제기[豆]에 제사 음식을 가득 담아 올릴 수 있게[曲] 된 해인 풍년을 뜻한다.

쓰기
풍년 豊年　풍만 豊滿　풍미 豊味　풍부 豊富　풍성 豊盛　풍어 豊漁
풍작 豊作　풍족 豊足　풍흉 豊凶　대풍 大豊　등풍 登豊　연풍 年豊
시화연풍 時和年豊

- 상 凶 흉할 흉

楓 단풍 풍
- 3급 II
- 부 木
- 총 13

자해 나무[木] 중에 가을바람[風]이 불면 잎이 붉게 물드는 단풍을 뜻한다.

쓰기
풍국 楓菊　풍림 楓林　풍엽 楓葉　관풍 觀楓　단풍 丹楓　상풍 霜楓

疲 피곤할 피
- 4급
- 부 疒
- 총 10

자해 몸의 가죽[皮]이 병상[疒]에 붙을 정도로 늘어져 피곤하다는 뜻이다.

쓰기
피곤 疲困　피둔 疲鈍　피로 疲勞　피민 疲民　피병 疲兵　피연 疲軟
피폐 疲弊　피로회복 疲勞回復

- 유 困 곤할 곤

避

4급 부 辶(辵) 총 17
피할 피:

유 逃 도망할 도

자해 임금[辟]이 행차할 때 길을 가는[辶] 행인들은 길옆으로 피한다는 뜻이다.

읽기 避妊 피임　廻避 회피　避獐逢虎 피장봉호

쓰기 피난 避難　피란 避亂　피서 避暑　피신 避身　기피 忌避　대피 待避
도피 逃避　소피 所避　회피 回避　피난민 避難民
피난처 避難處　피뢰침 避雷針　피서지 避暑地

彼

3급II 부 彳 총 8
저 피:

상 是 이 시, 我 나 아, 此 이 차

자해 가죽[皮]을 덮어 몸을 보호하며 걸어야[彳] 하는 먼 곳, 저쪽을 뜻한다.

쓰기 피아 彼我　피안 彼岸　피인 彼人　피지 彼地　피차 彼此
피아간 彼我間　어차피 於此彼　피차일반 彼此一般
차일피일 此日彼日

皮

3급II 부 皮 총 5
가죽 피

유 膚 살갗 부, 革 가죽 혁
상 骨 뼈 골

자해 손[又]에 칼[丨]을 들고 동물의 가죽[厂]을 벗기는 모습을 나타낸 글자로, 가죽을 뜻한다.

읽기 皮釬 피갑　皮膜 피막　皮弁 피변　皮膚 피부　獐皮 장피　檜皮 회피
皮膚病 피부병　皮膚美容 피부미용　結弓獐皮 결궁장피

쓰기 피골 皮骨　피대 皮帶　피봉 皮封　피하 皮下　피혁 皮革　거피 去皮
계피 桂皮　내피 內皮　면피 面皮　모피 毛皮　수피 獸皮　양피 羊皮
외피 外皮　우피 牛皮　오가피 五加皮　철면피 鐵面皮

被

3급II 부 衤(衣) 총 10
입을 피:

자해 가죽[皮]으로 된 옷[衤]을 입는다는 뜻이다.

읽기 被釬 피갑　被拉 피랍

쓰기 피검 被檢　피격 被擊　피고 被告　피복 被服　피복 被覆　피살 被殺
피선 被選　피소 被訴　피체 被逮　피해 被害　피동사 被動詞
피사체 被寫體　피의자 被疑者　피해망상 被害妄想

畢

3급II 부 田 총 11
마칠 필

유 竟 마침내 경

자해 농작물을 해치는 동물을 잡기 위해 밭[田]에 그물[ᄁ]을 치는 작업을 마쳤다는 뜻이다.

쓰기 필경 畢竟　필납 畢納　필생 畢生　필세 畢世　필업 畢業　미필 未畢
예필 禮畢　완필 完畢　검사필 檢查畢　검정필 檢定畢
납세필증 納稅畢證

匹 짝 필
3급 / 부 匚 / 총 4

유 配 짝 배, 偶 짝 우

자해 상자[匚] 안에 나누어[八] 담은 두 필의 옷감이 짝을 이룬다는 의미에서, 짝이라는 뜻이다.

쓰기 필대 匹對 필마 匹馬 필부 匹夫 필부 匹婦 필적 匹敵 마필 馬匹
배필 配匹 양필 良匹 필마단기 匹馬單騎 필부지용 匹夫之勇
필부필부 匹夫匹婦

何 어찌 하
3급Ⅱ / 부 亻(人) / 총 7

유 豈 어찌 기, 那 어찌 나, 奚 어찌 해

자해 사람[亻]이 좋은[可] 물건을 보면 어찌하여 좋은지 의심을 품는다는 의미에서, '어찌'라는 뜻이다.

쓰기 하고 何故 하등 何等 하시 何時 하여 何如 하인 何人 하처 何處
하필 何必 기하 幾何 수하 誰何 여하 如何 하여가 何如歌
하여간 何如間 하대명년 何待明年 기하급수 幾何級數
억하심정 抑何心情

荷 멜 하(:)
3급Ⅱ / 부 艹(艸) / 총 11

자해 캔 풀[艹]을 어찌[何] 가지고 갈지 걱정하며 등에 멘다는 뜻이다.

쓰기 하물 荷物 하선 荷船 하역 荷役 하주 荷主 하중 荷重 하향 荷香
하화 荷花 박하 薄荷 부하 負荷 입하 入荷 집하 集荷 출하 出荷
하치장 荷置場 과부하 過負荷 수하물 手荷物

賀 하례할 하:
3급Ⅱ / 부 貝 / 총 12

유 慶 경사 경

자해 재물[貝]이나 칭찬을 더하여[加] 하례(축하)한다는 뜻이다.

쓰기 하객 賀客 하례 賀禮 하의 賀儀 하정 賀正 경하 慶賀 경하 敬賀
축하 祝賀 치하 致賀 연하장 年賀狀 축하연 祝賀宴
근하신년 謹賀新年 연하엽서 年賀葉書 연하우편 年賀郵便

鶴 학 학
3급Ⅱ / 부 鳥 / 총 21

자해 고상하게 높이 나는[隺] 새[鳥]인 학을 뜻한다.

읽기 학봉 鶴俸 학정 鶴鼎 서학 瑞鶴 호학 皓鶴

쓰기 학망 鶴望 학무 鶴舞 학발 鶴髮 학수 鶴壽 학익 鶴翼 백학 白鶴
선학 仙鶴 청학 靑鶴 단정학 丹頂鶴 학발쌍친 鶴髮雙親
학수고대 鶴首苦待 군계일학 群鷄一鶴

限 한할 한: (4급II, 부 阝(阜), 총 9)

- **자해**: 높은 언덕[阝]에 막혀 걸음을 멈춘다[艮]는 의미에서, 한한다는 뜻이다.
- **읽기**: 踰限 유한
- **쓰기**: 한계 限界 한도 限度 한정 限定 국한 局限 권한 權限 기한 期限
  무한 無限 상한 上限 시한 時限 연한 年限 유한 有限 제한 制限
  하한 下限 무기한 無期限 무제한 無制限 무한대 無限大
  무한량 無限量 무한정 無限定 최대한 最大限 최소한 最小限
  한계상황 限界狀況

恨 한 한: (4급, 부 忄(心), 총 9)

- **자해**: 마음[忄]속에 머물러[艮] 잊히지 않는 한을 뜻한다.
- **쓰기**: 한사 恨事 한탄 恨歎 여한 餘恨 원한 怨恨 유한 遺恨 정한 情恨
  통한 痛恨 혐한 嫌恨 회한 悔恨 천추유한 千秋遺恨
  철천지한 徹天之恨
- **유**: 怨 원망할 원, 悔 뉘우칠 회
- **상**: 恩 은혜 은

閑 한가할 한 (4급, 부 門, 총 12)

- **자해**: 문[門] 안에 있는 나무[木] 그늘에서 한가하게 시간을 보낸다는 의미에서, 한가하다는 뜻이다.
- **쓰기**: 한가 閑暇 한담 閑談 한량 閑良 한사 閑邪 한산 閑散 한인 閑人
  한적 閑寂 한직 閑職 한화 閑話 공한지 空閑地 농한기 農閑期
  등한시 等閑視 망중한 忙中閑 유한계급 有閑階級
- **상**: 忙 바쁠 망

汗 땀 한(:) (3급II, 부 氵(水), 총 6)

- **자해**: 체온이 너무 높게 오르는 것을 막기[干] 위해 몸에서 내는 물[氵]인 땀을 뜻한다.
- **읽기**: 尿汗症 요한증 止汗劑 지한제
- **쓰기**: 한당 汗黨 한마 汗馬 한증 汗蒸 한한 汗汗 도한 盜汗 미한 微汗
  발한 發汗 유한 油汗 한증막 汗蒸幕 불한당 不汗黨
  한마지로 汗馬之勞

旱 가물 한: (3급, 부 日, 총 7)

- **자해**: 해[日]가 계속 내리쬐며 비를 막으니[干] 가문다는 뜻이다.
- **읽기**: 亢旱 항한
- **쓰기**: 한귀 旱鬼 한기 旱氣 한도 旱稻 한련 旱蓮 한로 旱路 한뢰 旱雷
  한서 旱暑 한수 旱水 한열 旱熱 한염 旱炎 한재 旱災 한전 旱田
  한징 旱徵 한해 旱害 고한 枯旱 구한 久旱 내한 耐旱 대한 大旱
  칠년대한 七年大旱

割 벨 할
- 3급II
- 부 刂(刀)
- 총 12
- 유의어: 分 나눌 분

자해 상대를 해치기[害] 위해 칼[刂]로 벤다는 뜻이다.

쓰기 할거 割據　할당 割當　할례 割禮　할복 割腹　할부 割賦　할애 割愛
할인 割引　할증 割增　분할 分割　역할 役割　재할 宰割
군웅할거 群雄割據

含 머금을 함
- 3급II
- 부 口
- 총 7
- 유의어: 包 쌀 포

자해 지금[今] 입[口] 속에 음식물을 넣고 머금는다는 뜻이다.

읽기 含憾 함감

쓰기 함량 含量　함묵 含默　함소 含笑　함수 含水　함원 含怨　함유 含有
함축 含蓄　함혐 含嫌　포함 包含　함축성 含蓄性
함분축원 含憤蓄怨

陷 빠질 함:
- 3급II
- 부 阝(阜)
- 총 11
- 유의어: 溺 빠질 닉, 沒 빠질 몰

자해 언덕[阝]에 있던 구덩이[臼]에 사람[⺈]이 빠진다는 뜻이다.

읽기 陷溺 함닉　坑陷 갱함

쓰기 함락 陷落　함몰 陷沒　함성 陷城　함입 陷入　함지 陷地　함해 陷害
결함 缺陷　경함 傾陷　기함 氣陷　모함 謀陷　실함 失陷

咸 다 함
- 3급
- 부 口
- 총 9
- 유의어: 皆 다 개, 總 다 총

자해 무기[戌]를 들고 입[口]으로 소리치며 적진으로 함께 돌진하는 병사들 모두, 다를 뜻한다.

쓰기 함고 咸告　함등 咸登　함복 咸服　함씨 咸氏　함양 咸陽　함열 咸悅
함지 咸池　함집 咸集　함찰 咸察　함흥차사 咸興差使

港 항구 항:
- 4급II
- 부 氵(水)
- 총 12

자해 물[氵]가에 배가 드나들 수 있는 거리[巷]를 만들어 놓은 것이 항구라는 뜻이다.

읽기 港灣 항만

쓰기 항구 港口　항도 港都　개항 開港　공항 空港　군항 軍港　귀항 歸港
기항 寄港　상항 商港　어항 漁港　외항 外港　입항 入港　축항 築港
출항 出港

航 (배 항:)

4급Ⅱ 부 舟 총 10

유: 舶 배 박, 船 배 선, 艇 큰배 정, 舟 배 주

자해 돛을 높이[亢] 달고 강이나 바다를 건너는 배[舟]를 뜻한다.

읽기 航空母艦 항공모함

쓰기 항로 航路　항모 航母　항법 航法　항속 航速　항적 航跡　항해 航海
　　　 결항 缺航　귀항 歸航　난항 難航　도항 渡航　밀항 密航　순항 巡航
　　　 운항 運航　잠항 潛航　직항 直航　출항 出航　취항 就航　회항 回航
　　　 항공기 航空機　항법사 航法士　외항선 外航船　항공우편 航空郵便

抗 (겨룰 항:)

4급 부 扌(手) 총 7

유: 競 다툴 경, 爭 다툴 쟁, 戰 싸움 전

자해 손[扌]을 높이[亢] 들고 상대방과 겨룬다는 뜻이다.

읽기 抗生劑 항생제　抗塵走俗 항진주속

쓰기 항거 抗拒　항고 抗告　항명 抗命　항변 抗辯　항소 抗訴　항수 抗手
　　　 항의 抗議　항일 抗日　항쟁 抗爭　항전 抗戰　항체 抗體　항형 抗衡
　　　 대항 對抗　반항 反抗　저항 抵抗　불가항력 不可抗力

恒 (항상 항)

3급Ⅱ 부 忄(心) 총 9

유: 常 떳떳할 상

자해 해가 매일 빛을 뻗치듯이[亘] 마음[忄]이 항상 변함이 없다는 의미에서, '항상'이라는 뜻이다.

쓰기 항구 恒久　항덕 恒德　항산 恒産　항상 恒常　항성 恒星　항성 恒性
　　　 항시 恒時　항심 恒心　항온 恒溫　항용 恒用　항구적 恒久的
　　　 항다반사 恒茶飯事

項 (항목 항:)

3급Ⅱ 부 頁 총 12

유: 款 항목 관, 條 가지 조

자해 머리[頁] 아래에 '工'자 모양의 목덜미를 뜻하다가 후에 낱낱의 항목을 뜻하게 되었다.

읽기 款項 관항　獐項里 장항리

쓰기 항령 項領　항목 項目　항쇄 項鎖　각항 各項　다항 多項　문항 問項
　　　 별항 別項　사항 事項　여항 餘項　전항 前項　조항 條項
　　　 동류항 同類項　공지사항 公知事項

巷 (거리 항:)

3급 부 己 총 9

유: 街 거리 가

자해 마을 사람들[巳]이 함께[共] 거닐며 생활하는 거리를 뜻한다.

읽기 僻巷 벽항

쓰기 항가 巷歌　항간 巷間　항담 巷談　항설 巷說　항어 巷語　항의 巷議
　　　 가항 街巷　도항 塗巷　빈항 貧巷　시항 市巷　이항 里巷　형항 衡巷
　　　 가담항설 街談巷說

解

4급Ⅱ
부 角
총 13

풀 해:

⊕ 放 놓을 방, 釋 풀 석
⊗ 結 맺을 결

자해 소[牛]를 칼[刀]로 뿔[角]과 각 부위별로 해체하여 풀어낸다는 뜻이다.

읽기 解雇 해고　解傭 해용　鎔解 용해　溶解 용해　熔解 용해　融解 융해
沮解 저해　解熱劑 해열제

쓰기 해갈 解渴　해결 解決　해답 解答　해독 解毒　해독 解讀　해득 解得
해면 解免　해명 解明　해몽 解夢　해방 解放　해법 解法　해빙 解氷
해산 解產　해산 解散　해석 解析　해석 解釋　해설 解說　해소 解消
해약 解約　해탈 解脫　화해 和解　결자해지 結者解之

亥

3급
부 亠
총 6

돼지 해

⊕ 豚 돼지 돈

자해 돼지의 튀어나온 코, 긴 주둥이, 볼록한 배, 짧은 네 다리, 꼬리를 그린 글자로, 돼지를 뜻한다.

쓰기 해년 亥年　해말 亥末　해방 亥方　해생 亥生　해시 亥時　해월 亥月
해일 亥日　해정 亥正　해좌 亥坐　해초 亥初　계해 癸亥　을해 乙亥
을해년 乙亥年

奚

3급
부 大
총 10

어찌 해

⊕ 那 어찌 나, 何 어찌 하

자해 줄[糸→幺]로 묶여 포졸의 손[爪]에 끌려가는 사람[大]을 보니 어찌된 일인지 의문스럽다는 의미에서, '어찌'라는 뜻이다.

쓰기 해가 奚暇　해고 奚故　해금 奚琴　해노 奚奴　해동 奚童　해아 奚兒
해약 奚若　해여 奚如　해특 奚特　해필 奚必　소해 小奚

該

3급
부 言
총 13

갖출·마땅 해

⊕ 具 갖출 구, 當 마땅 당,
備 갖출 비, 宜 마땅 의

자해 신에게 고사를 드릴 때, 돼지[亥]머리까지 올리고 모두 갖추었다고 신에게 말한다[言]는 의미에서, 갖춘다는 뜻이다.

읽기 呈該 정해

쓰기 해당 該當　해리 該吏　해민 該敏　해박 該博　해씨 該氏　해지 該地
해당자 該當者

核

4급
부 木
총 10

씨 핵

자해 나무[木]에서 열린 열매의 가운데 돼지[亥]처럼 통통하게 들어있는 씨를 뜻한다.

읽기 核膜 핵막　綜核 종핵

쓰기 핵과 核果　핵도 核桃　핵심 核心　핵자 核子　결핵 結核　과핵 果核
내핵 耐核　중핵 中核　핵무기 核武器　핵무장 核武裝
핵발전 核發電　핵분열 核分裂　핵실험 核實驗　핵폭탄 核爆彈
원자핵 原子核　폐결핵 肺結核

鄉 시골 향

4급II 부 阝(邑) 총 13 약 郷
상 京 서울 경

- **자해** 사람[彡]과 사람[阝] 사이에 향기로운[皀] 음식을 두고 정겹게 식사하는 시골을 뜻한다.
- **읽기** 鄉紳 향신
- **쓰기** 향가 鄉歌　향교 鄉校　향군 鄉軍　향리 鄉里　향수 鄉愁　향악 鄉樂
  향약 鄉約　향촌 鄉村　향토 鄉土　경향 京鄉　고향 故鄉　귀향 歸鄉
  낙향 落鄉　동향 同鄉　망향 望鄉　본향 本鄉　사향 思鄉　색향 色鄉
  타향 他鄉　향우회 鄉友會　실향민 失鄉民　이상향 理想鄉

香 향기 향

4급II 부 香 총 9
형 馥 향기 복, 芬 향기 분, 誾 향기 은

- **자해** 벼[禾]를 밥솥[曰]에 넣고 지을 때 나는 향기를 뜻한다.
- **읽기** 香籠 향롱　香馥 향복　香獐 향장　香薰 향훈　芬香 분향　芸香 운향
  馨香 형향　芳香劑 방향제　鬱金香 울금향　熏陸香 훈육향
- **쓰기** 향기 香氣　향로 香爐　향료 香料　향수 香水　향유 香油　향화 香火
  묵향 墨香　암향 暗香　향신료 香辛料　만수향 萬壽香
  춘향가 春香歌

響 울릴 향:

3급II 부 音 총 22

- **자해** 고요한 시골[鄉]에서는 소리[音]가 잘 울려 퍼진다는 의미에서, 울린다는 뜻이다.
- **읽기** 灘響 탄향
- **쓰기** 향응 響應　향판 響板　반향 反響　영향 影響　음향 音響
  교향곡 交響曲　교향악 交響樂　악영향 惡影響　교향악단 交響樂團

享 누릴 향:

3급 부 亠 총 8

- **자해** 높은[高→亠] 제단 위에서 조상의 제사를 지내는 자손[子]은 복을 누린다는 뜻이다.
- **읽기** 享祐 향우
- **쓰기** 향년 享年　향락 享樂　향례 享禮　향사 享祀　향수 享受　향유 享有
  배향 配享　시향 時享　제향 祭享　추향 秋享　춘향 春享
  춘향대제 春享大祭

虛 빌 허

4급II 부 虍 총 12 약 虚
유 空 빌 공
상 實 열매 실, 盈 찰 영

- **자해** 숲에 호랑이[虍]가 나타나면 동물이 모두 도망가서 풀[㪳]만 남고 주위가 텅 빈다는 뜻이다.
- **읽기** 虛誕 허탄　盈虛 영허　沖虛 충허　充虛 충허　腎虛腰痛 신허요통
- **쓰기** 허공 虛空　허구 虛構　허기 虛氣　허기 虛飢　허망 虛妄　허무 虛無
  허비 虛費　허사 虛事　허사 虛辭　허상 虛像　허상 虛想　허세 虛勢
  허송 虛送　허수 虛數　허실 虛實　허약 虛弱　허언 虛言　허욕 虛慾
  허위 虛僞　허점 虛點　허풍 虛風　허황 虛荒　공허 空虛

4급 부 心 총 16
憲 법 헌:

- 자해: 눈[目→罒]으로 질서를 해치는[害→丯] 사람을 살펴서 바로잡게 하려는 마음[心]으로 만들어진 법을 뜻한다.
- 쓰기: 헌법 憲法 헌병 憲兵 헌장 憲章 헌정 憲政 개헌 改憲 관헌 官憲 궤헌 軌憲 당헌 黨憲 위헌 違憲 입헌 入憲 제헌 制憲 호헌 護憲 사헌부 司憲府 제헌절 制憲節

🔁 規 법 규, 例 법식 례, 律 법칙 률, 範 법 범, 法 법 법, 式 법 식

3급Ⅱ 부 犬 총 20 약 献
獻 드릴 헌:

- 자해: 솥[鬳]에 개[犬]를 넣고 삶아 신에게 드린다는 뜻이다.
- 읽기: 獻呈 헌정
- 쓰기: 헌금 獻金 헌납 獻納 헌당 獻堂 헌상 獻上 헌수 獻壽 헌신 獻身 헌혈 獻血 헌화 獻花 공헌 貢獻 문헌 文獻 봉헌 奉獻 종헌 終獻 진헌 進獻 초헌 初獻

🔁 貢 바칠 공, 呈 드릴 정, 贈 줄 증

3급 부 車 총 10
軒 집 헌

- 자해: 수레[車] 중에 비를 막는[干] 처마가 있는 수레를 뜻하다가 후에 처마가 있는 집을 뜻하게 되었다.
- 읽기: 軒岐 헌기 軒冕 헌면 軒頊 헌욱 軒昊 헌호
- 쓰기: 헌거 軒擧 헌기 軒騎 헌두 軒頭 헌등 軒燈 헌호 軒號 동헌 東軒 등헌 騰軒 오죽헌 烏竹軒 헌헌장부 軒軒丈夫

🔁 閣 집 각, 館 집 관, 宮 집 궁, 堂 집 당, 舍 집 사, 室 집 실

4급Ⅱ 부 馬 총 23 약 験
驗 시험 험:

- 자해: 모든[僉] 말[馬]을 타 보고 살펴서 시험한다는 뜻이다.
- 쓰기: 험복 驗覆 험좌 驗左 경험 經驗 선험 先驗 수험 受驗 시험 試驗 실험 實驗 영험 靈驗 증험 證驗 체험 體驗 효험 效驗 실험실 實驗室 핵실험 核實驗

🔁 試 시험 시

4급 부 阝(阜) 총 16 약 険
險 험할 험:

- 자해: 언덕[阝]이 모두[僉] 험하다는 뜻이다.
- 읽기: 險峻 험준 險滑 험활 峻險 준험
- 쓰기: 험구 險口 험난 險難 험담 險談 험로 險路 험상 險狀 험악 險惡 모험 冒險 보험 保險 위험 危險 탐험 探險 편험 偏險

🔁 危 위태할 위

革 (가죽 혁) — 4급, 부 革, 총 9

- 유: 韋 가죽 위, 皮 가죽 피

자해: 동물의 벗긴 가죽을 넓게 펴 말리는 모습을 나타낸 글자로, 가죽을 뜻한다.

읽기: 韋革 위혁 鼎革 정혁

쓰기: 혁대 革帶 혁명 革命 혁신 革新 개혁 改革 변혁 變革 연혁 沿革 피혁 皮革 혁세공 革細工 반혁명 反革命 군사혁명 軍事革命 동학혁명 東學革命 무혈혁명 無血革命 종교개혁 宗敎改革

賢 (어질 현) — 4급II, 부 貝, 총 15, 약 贤

- 유: 良 어질 량, 仁 어질 인
- 상: 惡 악할 악, 愚 어리석을 우

자해: 재물[貝]을 굳게[臤] 보관했다가 남들에게 나누어 주니 어질다는 뜻이다.

읽기: 賢輔 현보

쓰기: 현명 賢明 현부 賢婦 현숙 賢淑 현우 賢友 현인 賢人 현자 賢者 현재 賢宰 명현 名賢 선현 先賢 성현 聖賢 제현 諸賢 현모양처 賢母良妻 죽림칠현 竹林七賢

顯 (나타날 현:) — 4급, 부 頁, 총 23, 약 顕

- 유: 著 나타날 저, 現 나타날 현

자해: 머리[頁]에 밝은[㬎] 장식물로 휘감으니 화려하게 나타난다는 뜻이다.

읽기: 顯允 현윤 顯敞 현창 顯赫 현혁

쓰기: 현고 顯考 현공 顯功 현관 顯官 현귀 顯貴 현달 顯達 현시 顯示 현저 顯著 현주 顯奏 현직 顯職 개현 開顯 현미경 顯微鏡 현충일 顯忠日 파사현정 破邪顯正

懸 (달 현:) — 3급II, 부 心, 총 20

- 유: 繫 맬 계

자해: 고을[縣] 사람들의 마음[心]에 경각심이 생기도록 죄수의 목을 베어 매단다는 뜻이다.

읽기: 懸湍 현단

쓰기: 현격 懸隔 현고 懸鼓 현란 懸欄 현상 懸賞 현안 懸案 현주 懸珠 현판 懸板 현상금 懸賞金 현수막 懸垂幕 현판식 懸板式 현상수배 懸賞手配

玄 (검을 현) — 3급II, 부 玄, 총 5

- 유: 黑 검을 흑
- 상: 白 흰 백, 素 흴 소, 皓 흴 호

자해: 손[亠]에 가는 실타래[糸→幺]를 들고 물들인 색이 검다는 뜻이다.

읽기: 玄圭 현규 玄冕 현면 玄謨 현모 玄耀 현요 玄旨 현지 玄津 현진 鄭玄 정현 玄海灘 현해탄

쓰기: 현관 玄關 현덕 玄德 현목 玄木 현묘 玄妙 현무 玄武 현미 玄米 현손 玄孫 현실 玄室 현학 玄學 현황 玄黃 유현 幽玄

絃 줄 현

3급 부 糸 총 11

자해 현묘한[玄] 소리를 내는 실[糸]로, 악기에 거는 줄을 뜻한다.

쓰기 현가 絃歌　현송 絃誦　현악 絃樂　삼현 三絃　속현 續絃　절현 絶絃
화현 和絃　현악기 絃樂器　관현악 管絃樂　관현악기 管絃樂器
삼현육각 三絃六角　현악삼중주 絃樂三重奏

유 線 줄 선

縣 고을 현:

3급 부 糸 총 16 약 県

자해 죄수의 머리를 거꾸로 매달아[県] 묶어[系] 둔 고을을 뜻한다.

읽기 僻縣 벽현　邢臺縣 형대현

쓰기 현감 縣監　현관 縣官　현군 縣君　현령 縣令　현리 縣吏　현형 縣衡
군현 郡縣　주현 州縣　주부군현 州府郡縣

유 郡 고을 군, 邑 고을 읍

血 피 혈

4급 II 부 血 총 6

자해 동물의 피가 그릇에 담겨 있는 모습을 나타낸 글자로, 피를 뜻한다.

읽기 血尿 혈뇨　血胤 혈윤　尿血 요혈　鬱血 울혈　獐血 장혈
血液型 혈액형　止血劑 지혈제　屍山血海 시산혈해

쓰기 혈관 血管　혈기 血氣　혈당 血糖　혈로 血路　혈루 血淚　혈맥 血脈
혈맹 血盟　혈서 血書　혈안 血眼　혈압 血壓　혈액 血液　혈연 血緣
혈육 血肉　혈전 血戰　혈족 血族　혈청 血清　혈통 血統　혈투 血鬪
빈혈 貧血　선혈 鮮血　수혈 輸血　지혈 止血　헌혈 獻血

穴 굴 혈

3급 II 부 穴 총 5

자해 원시 시대에 집[宀]의 역할을 한 동굴에 구멍[八]이 뚫려 있는 모습을 나타낸 글자로, 굴을 뜻한다.

읽기 掘穴 굴혈　窟穴 굴혈

쓰기 혈거 穴居　혈심 穴深　혈처 穴處　경혈 經穴　공혈 孔穴　동혈 洞穴
모혈 毛穴　묘혈 墓穴　산혈 山穴　암혈 巖穴　통혈 通穴　호혈 虎穴
삼성혈 三姓穴

유 窟 굴 굴

嫌 싫어할 혐

3급 부 女 총 13

자해 여자[女]에게 여러 가지 집안일을 겸하게[兼] 하면 힘이 들어 싫어한다는 뜻이다.

읽기 嫌厭 혐염

쓰기 혐가 嫌家　혐기 嫌忌　혐기 嫌氣　혐오 嫌惡　혐외 嫌畏　혐원 嫌怨
혐의 嫌疑　혐점 嫌點　혐오감 嫌惡感　혐의자 嫌疑者

유 忌 꺼릴 기, 厭 싫어할 염, 惡 미워할 오
상 好 좋을 호

協 화할 협 (4급II, 부 十, 총 8)

자해 여러[十] 사람이 서로 힘을 합쳐[力力力→劦] 화합한다는 뜻이다.

읽기 紳士協定 신사협정

쓰기 협동 協同 협력 協力 협상 協商 협심 協心 협약 協約 협의 協議
협정 協定 협조 協助 협조 協調 협주 協奏 협찬 協贊 협회 協會
농협 農協 타협 妥協 협동조합 協同組合 불협화음 不協和音

유 和 화할 화

脅 위협할 협 (3급II, 부 月(肉), 총 10)

자해 힘이 센[力力力→劦] 여러 명의 사람이 상대방의 몸[月]에 상처를 입히며 위협한다는 뜻이다.

쓰기 협박 脅迫 협식 脅息 협약 脅約 협약 脅弱 협제 脅制 협종 脅從
협탈 脅奪 위협 威脅 유협 誘脅 협박장 脅迫狀

유 迫 핍박할 박, 威 위엄 위

刑 형벌 형 (4급, 부 刂(刀), 총 6)

자해 목에 형틀[开]을 채우거나 칼[刂]로 죽이는 형벌을 뜻한다.

읽기 刑網 형망 刑柄 형병 峻刑 준형 斬刑 참형 酷刑 혹형
絞首刑 교수형

쓰기 형기 刑期 형벌 刑罰 형법 刑法 형장 刑場 감형 減刑 구형 求刑
극형 極刑 사형 死刑 실형 實刑 악형 惡刑 중형 重刑 처형 處刑
체형 體刑 행형 行刑 화형 火刑 형무소 刑務所 종신형 終身刑
형사사건 刑事事件 형사소송 刑事訴訟

유 罰 벌할 벌

衡 저울대 형 (3급II, 부 行, 총 16)

자해 물속을 다니는[行] 물고기[魚→奐]가 균형을 잡고 헤엄치듯 균형을 이룬 저울대를 뜻한다.

쓰기 형기 衡器 형도 衡度 형문 衡門 형평 衡平 권형 權衡 균형 均衡
은형 銀衡 칭형 稱衡 평형 平衡 형평성 衡平性 도량형 度量衡
불균형 不均衡

유 均 고를 균, 稱 일컬을 칭

亨 형통할 형 (3급, 부 亠, 총 7)

자해 높은[高→亯] 제단 위에서 조상께 제사를 마치고[了] 나면 모든 일이 형통하다는 뜻이다.

읽기 呂運亨 여운형

쓰기 형국 亨國 형통 亨通 만사형통 萬事亨通 원형이정 元亨利貞

螢 반딧불 형 (3급, 부 虫, 총 16, 약 蛍)

자해 등불[火火]을 받쳐[冖] 든 것처럼 빛을 내는 벌레[虫]인 반딧불이를 뜻한다.

읽기 聚螢 취형

쓰기 형광 螢光　형석 螢石　형설 螢雪　형창 螢窓　형화 螢火
형광등 螢光燈　형광판 螢光板　형광물질 螢光物質
형설지공 螢雪之功

惠 은혜 혜: (4급II, 부 心, 총 12, 약 恵)

유의어: 恩 은혜 은

자해 실을 짜서 실패[叀]에 감아 내다 팔며 자식을 기르는 어머님의 마음[心]이 은혜롭다는 의미에서 은혜라는 뜻이다.

읽기 惠棟 혜동　惠札 혜찰　惠翰 혜한　惇惠 돈혜

쓰기 혜사 惠賜　혜서 惠書　혜성 惠聲　혜정 惠政　혜존 惠存　혜증 惠贈
혜택 惠澤　시혜 施惠　은혜 恩惠　자혜 慈惠　천혜 天惠　특혜 特惠
호혜 互惠　최혜국 最惠國　특혜관세 特惠關稅

慧 슬기로울 혜: (3급II, 부 心, 총 15)

 유의어: 睿 슬기 예, 智 슬기 지

자해 어떤 일을 빗자루[彗]로 쓸듯이 깔끔하게 처리하는 마음[心]을 가졌으니 슬기롭다는 뜻이다.

쓰기 혜근 慧根　혜명 慧命　혜성 慧聖　혜심 慧心　혜안 慧眼　혜오 慧悟
지혜 知慧　지혜 智慧

兮 어조사 혜 (3급, 부 八, 총 4)

자해 감탄하여 입에서 소리를 뱉는 모양으로, 말과 숨을 고르는 목적으로 쓰는 어조사이다.

쓰기 낙혜 樂兮　사팔혜 沙八兮　실혜가 實兮歌　도품혜정 道品兮停

呼 부를 호 (4급II, 부 口, 총 8)

자해 입[口]으로 목소리를 끌어올려[乎] 상대를 부른다는 뜻이다.

읽기 呼沖 호충　頓呼法 돈호법

쓰기 호가 呼價　호객 呼客　호명 呼名　호소 呼訴　호응 呼應　호출 呼出
호칭 呼稱　호흡 呼吸　등호 騰呼　연호 連呼　오호 嗚呼　점호 點呼
환호 歡呼　심호흡 深呼吸　호형호제 呼兄呼弟

好 좋을 호:
4급II 부 女 총 6

유의어: 良 어질 량
상대어: 惡 미워할 오

자해 여자인[女] 어머니가 자식[子]을 안고 좋아한다는 뜻이다.

읽기 好事多魔 호사다마

쓰기 호가 好價 호감 好感 호기 好機 호미 好美 호사 好事 호상 好喪 호색 好色 호오 好惡 호의 好意 호재 好材 호전 好轉 호조 好調 호평 好評 호황 好況 선호 選好 애호 愛好 양호 良好 우호 友好 절호 絶好 호경기 好景氣 호기심 好奇心 호색한 好色漢 호시절 好時節 호전적 好戰的 동호인 同好人

戶 집 호:
4급II 부 戶 총 4

유의어: 家 집 가, 閣 집 각, 館 집 관, 堂 집 당, 室 집 실, 屋 집 옥, 宅 집 택

자해 한쪽 문을 나타내는 글자로, 문과 집을 뜻한다.

읽기 葛戶 갈호 蓬戶 봉호

쓰기 호구 戶口 호당 戶當 호수 戶數 호별 戶別 호적 戶籍 호주 戶主 각호 各戶 대호 大戶 만호 萬戶 문호 門戶 상호 商戶 창호 窓戶 가가호호 家家戶戶 문호개방 門戶開放

護 도울 호:
4급II 부 言 총 21

유의어: 輔 도울 보, 扶 도울 부, 援 도울 원, 助 도울 조

자해 황새[雚→蒦]를 손[又]에 잡은 사람에게 동물을 보호하자고 말하며[言] 동물을 돕는다는 뜻이다.

읽기 輔護 보호

쓰기 호국 護國 호상 護喪 호송 護送 호신 護身 호위 護衛 호헌 護憲 가호 加護 간호 看護 경호 警護 구호 救護 방호 防護 변호 辯護 보호 保護 수호 守護 애호 愛護 양호 養護 옹호 擁護 원호 援護 호신술 護身術 양호실 養護室

浩 넓을 호:

3급II 부 氵(水) 총 10

유의어: 廣 넓을 광, 博 넓을 박, 洪 넓을 홍
상대어: 狹 좁을 협

자해 신에게 비[氵]를 기원하며 고하니[告] 비가 전 지역에 넓게 내린다는 의미에서, 넓다는 뜻이다.

쓰기 호가 浩歌 호기 浩氣 호대 浩大 호박 浩博 호번 浩繁 호연 浩然 호탄 浩歎 호호 浩浩 호연지기 浩然之氣

胡 되 호

3급II 부 月(肉) 총 9

자해 몸[月]에서 귀밑부터 턱 끝까지 오래[古] 길러야 모양이 나는 구레나룻을 뜻하다가 후에 이민족을 낮잡아 이르는 오랑캐를 뜻하게 되었다.

읽기 胡盧 호로 胡塵 호진 彊胡 강호 賈胡 고호 盧胡 노호 胡應麟 호응린

쓰기 호도 胡桃 호란 胡亂 호맥 胡麥 호복 胡服 호수 胡壽 호연 胡燕 호인 胡人 호적 胡笛 병자호란 丙子胡亂

虎 범 호(:)
- 3급Ⅱ / 부 虍 / 총 8
- 유 寅 범 인

자해 사납게 입을 벌리고 튼튼한 다리로 걷는 호랑이를 본뜬 글자로, 호랑이를 뜻한다.

읽기 虎膽 호담 熊虎之將 웅호지장 避獐逢虎 피장봉호

쓰기 호골 虎骨 호구 虎口 호반 虎班 호병 虎兵 호피 虎皮 호혈 虎穴
호환 虎患 맹호 猛虎 백호 白虎 비호 飛虎 전중호 殿中虎
호사유피 虎死留皮 삼인성호 三人成虎 양호유환 養虎遺患

豪 호걸 호
- 3급Ⅱ / 부 豕 / 총 14
- 유 傑 뛰어날 걸

자해 등덜미가 높게[高→亠] 솟은 멧돼지와 같이 씩씩하고 지혜가 뛰어난 호걸을 뜻한다.

읽기 豪彊 호강 豪膽 호담 豪華燦爛 호화찬란

쓰기 호걸 豪傑 호기 豪氣 호방 豪放 호언 豪言 호우 豪雨 호족 豪族
호쾌 豪快 호화 豪華 강호 強豪 문호 文豪 부호 富豪 토호 土豪
호언장담 豪言壯談 영웅호걸 英雄豪傑

乎 어조사 호
- 3급 / 부 丿 / 총 5

자해 목소리를 길게 끌어올리며 의문이나 감탄을 표현하는 어조사이다.

읽기 鬱乎 울호 煥乎 환호

쓰기 단호 斷乎 확호 確乎

互 서로 호:
- 3급 / 부 二 / 총 4
- 유 相 서로 상

자해 새끼줄을 좌우로 번갈아 감은 모양으로, 짝이나 관계를 이루는 서로를 뜻한다.

쓰기 호각 互角 호선 互選 호양 互讓 호조 互助 호칭 互稱 호혜 互惠
호환 互換 상호 相互 호각지세 互角之勢 호혜관세 互惠關稅

毫 터럭 호
- 3급 / 부 毛 / 총 11
- 유 毛 털 모, 髮 터럭 발

자해 길어서 높이[高→亠] 솟아오른 짐승의 터럭(털)[毛]을 뜻한다.

읽기 毫纖 호섬 纖毫 섬호 獐毫 장호

쓰기 호단 豪端 호말 毫末 호모 毫毛 호발 毫髮 소호 小毫 옥호 玉毫
추호 秋毫 휘호 揮毫 호홀지간 毫忽之間

或 혹 혹 (4급, 부 戈, 총 8)

자해 창[戈]을 들고 백성[口]과 땅[一]을 지키다가 낯선 사람을 보고 혹시나 하는 의심을 하는 마음이라는 의미에서, 혹(혹시)이라는 뜻이다.

쓰기 혹시 或是 혹시 或時 혹야 或也 혹여 或如 혹왈 或曰 혹자 或者
간혹 間或 만혹 萬或 설혹 設或 여혹 如或

惑 미혹할 혹 (3급II, 부 心, 총 12)

🔗 迷 미혹할 미

자해 혹시나[或] 하는 마음[心]으로 의심하며 헤매니 정신이 미혹하다는 뜻이다.

읽기 惑溺 혹닉 魅惑 매혹 妖惑 요혹 溺惑 익혹 炫惑 현혹 幻惑 환혹

쓰기 혹도 惑道 혹란 惑亂 혹성 惑星 혹세 惑世 곤혹 困惑 당혹 當惑
망혹 妄惑 미혹 迷惑 불혹 不惑 유혹 誘惑 의혹 疑惑
당혹감 當惑感

婚 혼인할 혼 (4급, 부 女, 총 11)

🔗 姻 혼인 인

자해 여자[女]를 어두울[昏] 때 맞이하여 혼인한다는 뜻이다.

쓰기 혼기 婚期 혼담 婚談 혼례 婚禮 혼사 婚事 혼수 婚需 혼인 婚姻
혼주 婚主 혼처 婚處 혼혐 婚嫌 결혼 結婚 구혼 求婚 금혼 禁婚
기혼 旣婚 만혼 晚婚 성혼 成婚 신혼 新婚 약혼 約婚 이혼 離婚
재혼 再婚 정혼 定婚 조혼 早婚 중혼 重婚 청혼 請婚 초혼 初婚
파혼 破婚 화혼 華婚 회혼 回婚

混 섞을 혼: (4급, 부 氵(水), 총 11)

🔗 雜 섞일 잡

자해 물[氵]에 여러 가지 재료를 같이[昆] 넣고 섞는다는 뜻이다.

읽기 混紡 혼방

쓰기 혼동 混同 혼란 混亂 혼선 混線 혼성 混成 혼성 混聲 혼숙 混宿
혼식 混食 혼영 混泳 혼용 混用 혼입 混入 혼잡 混雜 혼전 混戰
혼탁 混濁 혼합 混合 혼혈 混血

魂 넋 혼 (3급II, 부 鬼, 총 14)

🔗 靈 신령 령

자해 구름[云]처럼 떠다니는 귀신[鬼]의 넋을 뜻한다.

읽기 魂膽 혼담 蜀魂 촉혼

쓰기 혼기 魂氣 혼령 魂靈 혼신 魂神 망혼 亡魂 상혼 商魂 영혼 靈魂
진혼 鎭魂 초혼 招魂 충혼 忠魂 투혼 鬪魂

昏 어두울 혼
3급 부日 총8

- 자해: 나무뿌리[氏] 밑으로 해[日]가 떨어지니 날이 어둡다는 뜻이다.
- 읽기: 昏札 혼찰 昏虐 혼학
- 쓰기: 혼명 昏明 혼미 昏迷 혼수 昏睡 혼암 昏暗 혼야 昏夜 혼절 昏絶
  혼침 昏沈 황혼 黃昏 혼수상태 昏睡狀態 혼정신성 昏定晨省

유: 冥 어두울 명, 暗 어두울 암
상: 朗 밝을 랑, 明 밝을 명

忽 갑자기 홀
3급II 부心 총8

- 자해: 마음[心]에 생각하지 말아야[勿] 했던 일이 갑자기 생각난다는 의미에서, 갑자기라는 뜻이다.
- 쓰기: 홀대 忽待 홀변 忽變 홀시 忽視 홀연 忽然 홀출 忽出 홀홀 忽忽
  경홀 輕忽 소홀 疏忽 홀왕홀래 忽往忽來

유: 突 갑자기 돌

紅 붉을 홍
4급 부糸 총9

- 자해: 실타래[糸]에 장인[工]이 입힌 색 중에서 붉은 색을 뜻한다.
- 읽기: 紅瓊 홍경 紅蔘 홍삼 紅旭 홍욱 紅脂 홍지 紅塵 홍진
  紅鞨鞨 홍말갈
- 쓰기: 홍매 紅梅 홍백 紅白 홍상 紅裳 홍안 紅顔 홍역 紅疫 홍엽 紅葉
  홍옥 紅玉 홍조 紅潮 홍주 紅珠 홍차 紅茶 홍해 紅海 주홍 朱紅
  진홍 眞紅 청홍 靑紅 홍등가 紅燈街 홍일점 紅一點
  주홍색 朱紅色

유: 丹 붉을 단, 赤 붉을 적, 朱 붉을 주

洪 넓을 홍
3급II 부氵(水) 총9

- 자해: 물[氵]이 모든 것을 함께[共] 덮어 버릴 정도로 넓게 찼다는 의미에서, 넓다는 뜻이다.
- 읽기: 洪謨 홍모 洪纖 홍섬 洪淵 홍연 洪津 홍진 葛洪 갈홍
  洪範九疇 홍범구주
- 쓰기: 홍궤 洪軌 홍규 洪規 홍량 洪量 홍범 洪範 홍복 洪福 홍복 洪覆
  홍성 洪城 홍수 洪水 홍어 洪魚 홍주 洪州 홍진 洪震 홍하 洪河
  홍화 洪化 홍길동전 洪吉童傳

유: 廣 넓을 광, 博 넓을 박, 浩 넓을 호
상: 狹 좁을 협

弘 클 홍
3급 부弓 총5

- 자해: 활[弓]을 쏘기 위해 팔[厶]로 당기니 그 벌어진 모양이 크다는 뜻이다.
- 읽기: 弘敷 홍부 弘敞 홍창
- 쓰기: 홍교 弘敎 홍대 弘大 홍도 弘道 홍범 弘範 홍보 弘報 홍서 弘誓
  홍익 弘益 홍제 弘濟 홍체 弘滯 홍통 弘通 관홍 寬弘
  홍문관 弘文館 홍서주 弘誓舟 홍익인간 弘益人間

유: 巨 클 거, 大 큰 대, 泰 클 태, 太 클 태
상: 微 작을 미, 小 작을 소, 扁 작을 편

鴻 기러기 홍
3급 / 부 鳥 / 총 17

자해 강[江] 옆에 사는 새[鳥]인 기러기를 뜻한다.

읽기 鴻謨 홍모　鴻瑞 홍서　鴻徽 홍휘　鴻禧 홍희

쓰기 홍귀 鴻歸　홍기 鴻基　홍도 鴻圖　홍명 鴻名　홍모 鴻毛　홍박 鴻博
홍서 鴻緖　홍안 鴻雁　홍유 鴻儒　홍은 鴻恩　홍지 鴻志　홍택 鴻澤
홍필 鴻筆　홍학 鴻學

유 雁 기러기 안

貨 재물 화:
4급II / 부 貝 / 총 11

자해 여러 가지 물품과 바꿀[化] 수 있는 돈이나 재물[貝]을 뜻한다.

읽기 蔘貨 삼화　殖貨 식화　外貨預金 외화예금

쓰기 화물 貨物　화주 貨主　화차 貨車　화폐 貨幣　경화 硬貨　금화 金貨
미화 美貨　보화 寶貨　악화 惡貨　양화 良貨　외화 外貨　은화 銀貨
일화 日貨　잡화 雜貨　재화 財貨　통화 通貨　한화 韓貨
화물차 貨物車　백화점 百貨店　수화물 手貨物　통화개혁 通貨改革

유 資 재물 자, 財 재물 재

華 빛날 화
4급 / 부 艹(艸) / 총 11

자해 꽃이나 풀[艹]이 활짝[華] 피어 아름답게 빛난다는 뜻이다.

읽기 華僑 화교　華閥 화벌　華姸 화연　華翰 화한　華煥 화환

쓰기 화갑 華甲　화려 華麗　화발 華髮　화상 華商　화촉 華燭　화혼 華婚
번화 繁華　산화 散華　승화 昇華　영화 榮華　정화 精華　중화 中華
호화 豪華　화엄경 華嚴經　정화수 井華水　부귀영화 富貴榮華

유 燦 빛날 찬, 煥 빛날 환, 輝 빛날 휘

禍 재앙 화:
3급II / 부 示 / 총 14

자해 신[示]에게 큰 잘못을 저질러 입이 비뚤어지는[咼] 벌을 받았으니 재앙이라는 뜻이다.

읽기 禍胎 화태　禍酷 화혹　貫禍 고화

쓰기 화근 禍根　화기 禍機　화복 禍福　화인 禍因　비화 飛禍　사화 士禍
윤화 輪禍　재화 災禍　전화 戰禍　참화 慘禍　필화 筆禍
길흉화복 吉凶禍福　전화위복 轉禍爲福

유 殃 재앙 앙, 厄 액 액, 災 재앙 재, 凶 흉할 흉
상 祐 복 우, 祚 복 조, 祜 복 호, 禧 복 희

禾 벼 화
3급 / 부 禾 / 총 5

자해 고개를 숙인 벼의 모양을 그린 글자로, 벼를 뜻한다.

읽기 瑞禾 서화　植禾 직화

쓰기 화곡 禾穀　화리 禾利　화묘 禾苗　화적 禾積　화주 禾主　화척 禾尺
만화 晚禾　송화 松禾　전화 田禾　종화도 種禾稻

유 稻 벼 도

確 굳을 확

4급II 부 石 총 15
유 堅 굳을 견, 硬 굳을 경, 固 굳을 고
상 軟 연할 연

자해 단단한 돌[石]과 고상하게 높이 나는 학[鶴→隺]처럼 심지가 단단하고 굳다는 뜻이다.

읽기 確診 확진

쓰기 확고 確固　확답 確答　확률 確率　확립 確立　확보 確保　확신 確信
　　 확실 確實　확약 確約　확언 確言　확인 確認　확정 確定　확증 確證
　　 명확 明確　정확 正確　정확 精確　미확인 未確認　불확실 不確實
　　 확고부동 確固不動

擴 넓힐 확

3급 부 扌(手) 총 18 약 拡
유 張 베풀 장
상 縮 줄일 축

자해 손[扌]으로 벌려서 좀 더 넓게[廣] 넓힌다는 뜻이다.

쓰기 확대 擴大　확산 擴散　확연 擴延　확장 擴張　확전 擴戰　확충 擴充
　　 확대경 擴大鏡　확대율 擴大率　확성기 擴聲器

穫 거둘 확

3급 부 禾 총 19
유 收 거둘 수

자해 사냥꾼이 황새[蒦→隺]를 손[又]에 취하듯 벼[禾]를 거둔다는 뜻이다.

읽기 芸穫 운확

쓰기 경확 耕穫　수확 收穫　추확 秋穫　다수확 多收穫　무수확 無收穫
　　 수확량 收穫量　수확률 收穫率

歡 기쁠 환

4급 부 欠 총 22 약 欢, 歓
유 悅 기쁠 열, 喜 기쁠 희
상 怒 성낼 노, 哀 슬플 애

자해 황새[蒦]처럼 입을 크게 벌리고[欠] 웃으니 기쁘다는 뜻이다.

쓰기 환담 歡談　환대 歡待　환성 歡聲　환송 歡送　환심 歡心　환약 歡躍
　　 환영 歡迎　환호 歡呼　환희 歡喜　애환 哀歡　환락가 歡樂街
　　 환호성 歡呼聲　합환주 合歡酒

環 고리 환(:)

4급 부 王(玉) 총 17

자해 옥[玉]이나 놀라서 동그랗게 뜬 눈[睘]처럼 둥근 고리를 뜻한다.

읽기 環翊 환익

쓰기 환경 環境　환상 環狀　환시 環視　환옥 環玉　금환 金環　순환 循環
　　 일환 一環　지환 指環　화환 花環　악순환 惡循環　옥지환 玉指環
　　 중인환시 衆人環視

換

3급II
부 扌(手)
총 12

바꿀 환:

유 替 바꿀 체

자해 손[扌]으로 빛나는[奐] 보석을 건네주며 다른 물건과 바꾼다는 뜻이다.

읽기 兌換 태환　換骨奪胎 환골탈태

쓰기 환기 換氣　환매 換買　환물 換物　환불 換拂　환산 換算　환언 換言
환율 換率　환전 換錢　환표 換票　교환 交換　변환 變換　외환 外換
전환 轉換　호환 互換　환거래 換去來　환절기 換節期
우편환 郵便換

還

3급II
부 辶(辵)
총 17

돌아올 환

유 歸 돌아갈 귀,
回 돌아올 회

자해 가던[辶] 길을 멈추고 놀란 눈[睘]으로 돌아온다는 뜻이다.

읽기 牟還 모환　撤還 철환

쓰기 환갑 還甲　환국 還國　환급 還給　환도 還都　환류 還流　환부 還付
환불 還拂　환생 還生　환속 還屬　환속 還俗　환수 還收　환원 還元
귀환 歸還　반환 返還　상환 償還　생환 生還　소환 召還　송환 送還
탈환 奪還　금의환향 錦衣還鄉

丸

3급
부 丶
총 3

둥글 환

유 團 둥글 단, 圓 둥글 원

자해 반죽한 물건을 아홉[九] 번 굴려서 만든 덩어리[丶]가 둥글다는 뜻이다.

읽기 丸劑 환제　阪上走丸 판상주환

쓰기 환약 丸藥　환의 丸衣　목환 木丸　비환 飛丸　일환 一丸　탄환 彈丸
투환 投丸　포환 砲丸　청심환 清心丸　투포환 投砲丸

況

4급
부 氵(水)
총 8

상황 황:

유 狀 형상 상

자해 농사에 필요한 물[氵]이 불었는지 줄었는지를 형[兄]이 먼저 나서서 살피는 상황이라는 뜻이다.

쓰기 황차 況且　개황 概況　경황 景況　근황 近況　불황 不況　상황 狀況
성황 盛況　실황 實況　작황 作況　전황 戰況　정황 情況　현황 現況
호황 好況　활황 活況

皇

3급II
부 白
총 9

임금 황

유 君 임금 군, 王 임금 왕,
帝 임금 제

상 民 백성 민, 臣 신하 신

자해 화려한 빛[白]이 나는 왕관을 쓴 임금[王]이라는 뜻이다.

읽기 皇謨 황모　皇胤 황윤　皇祚 황조　皇祜 황호　皇后 황후
皇甫仁 황보인　皇太后 황태후　芬皇寺 분황사　秦始皇 진시황
皇天后土 황천후토

쓰기 황고 皇考　황국 皇國　황궁 皇宮　황녀 皇女　황명 皇命　황비 皇妃
황성 皇城　황실 皇室　황은 皇恩　황제 皇帝　황족 皇族　교황 教皇
장황 張皇　천황 天皇　삼황오제 三皇五帝

荒 (3급Ⅱ, 부 艹(艸), 총 10) 거칠 황

자해 냇물[川→ 儿]이 없으니[亡] 풀[艹]도 말라서 땅이 거칠다는 뜻이다.

읽기 荒僻 황벽 荒疇 황주

쓰기 황년 荒年 황당 荒唐 황량 荒涼 황성 荒城 황야 荒野 황지 荒地
황탄 荒誕 황토 荒土 황폐 荒廢 허황 虛荒 흉황 凶荒
황폐화 荒廢化

回 (4급Ⅱ, 부 口, 총 6) 돌아올 회

뜀 歸 돌아갈 귀, 還 돌아올 환

자해 물이 소용돌이치며 빙글빙글 도는 모습을 나타낸 글자로, 돌아온다는 뜻이다.

읽기 回診 회진 撤回 철회

쓰기 회갑 回甲 회고 回顧 회군 回軍 회귀 回歸 회답 回答 회람 回覽
회랑 回廊 회로 回路 회복 回復 회부 回附 회사 回邪 회상 回想
회선 回船 회선 回線 회선 回旋 회수 回收 회수 回數 회신 回信
회심 回心 회용 回容 회유 回遊 회전 回轉 회춘 回春 회피 回避
회항 回航 회혼 回婚 금회 今回 매회 每回 선회 旋回 수회 數回

灰 (4급, 부 火, 총 6) 재 회

자해 불[火]에 타고 남은 찌꺼기를 손[厂]으로 긁어모은 재를 뜻한다.

읽기 灰塵 회진

쓰기 회벽 灰壁 회색 灰色 목회 木灰 백회 白灰 석회 石灰 양회 洋灰
회백색 灰白色 암회색 暗灰色 화산회 火山灰 회색분자 灰色分子

悔 (3급Ⅱ, 부 忄(心), 총 10) 뉘우칠 회:

자해 마음[忄]으로 매일[每] 돌아보며 잘못한 일을 뉘우친다는 뜻이다.

읽기 憾悔 감회 亢龍有悔 항룡유회

쓰기 회개 悔改 회심 悔心 회오 悔悟 회죄 悔罪 회치 悔恥 회탄 悔歎
회한 悔恨 감회 感悔 통회 痛悔 후회 後悔 후회막급 後悔莫及

懷 (3급Ⅱ, 부 忄(心), 총 19, 약 懐) 품을 회

뜀 抱 안을 포

자해 마음[忄]속에 어떤 생각을 품는다[褱]는 뜻이다.

읽기 懷瑾 회근 懷妊 회임 懷輯 회집 懷胎 회태 款懷 관회 舒懷 서회
塵懷 진회 衷懷 충회

쓰기 회고 懷古 회구 懷舊 회유 懷柔 회의 懷疑 회중 懷中 회포 懷抱
감회 感懷 소회 所懷 술회 述懷 추회 追懷 회고담 懷古談

劃 그을 획

3급 II 부 刂(刀) 총 14

자해 붓[聿]으로 밭[田]의 경계선[一]을 그릴 때에는 칼[刂]로 자르듯이 분명하게 선을 긋는다는 뜻이다.

읽기 碩劃 석획

쓰기 획수 劃數　획순 劃順　획연 劃然　획일 劃一　획정 劃定　획책 劃策
계획 計劃　구획 區劃　기획 企劃　획기적 劃期的　획일적 劃一的
구획정리 區劃整理

獲 얻을 획

3급 II 부 犭(犬) 총 17

자해 사냥개[犭]가 잡아온 황새[蒦→萑]를 손[又]으로 얻는다는 뜻이다.

읽기 獲麟 획린

쓰기 획득 獲得　획리 獲利　남획 濫獲　살획 殺獲　생획 生獲　어획 漁獲
장획 藏獲　포획 捕獲

유 得 얻을 득
상 失 잃을 실

橫 가로 횡

3급 II 부 木 총 16

자해 누런[黃] 나무[木]로 만든 빗장을 가로질러 채운다는 의미에서, 가로를 뜻한다.

읽기 橫柯 횡가　橫虐 횡학　橫隔膜 횡격막

쓰기 횡대 橫帶　횡렬 橫列　횡령 橫領　횡류 橫流　횡보 橫步　횡서 橫書
횡선 橫線　횡수 橫數　횡재 橫材　횡재 橫災　횡포 橫暴　횡행 橫行
전횡 專橫　종횡 縱橫　횡단보도 橫斷步道　종횡무진 縱橫無盡

상 縱 세로 종

曉 새벽 효:

3급 부 日 총 16 약 暁

자해 해[日]가 높이[堯] 떠오르기 시작하는 새벽을 뜻한다.

쓰기 효달 曉達　효득 曉得　효로 曉露　효성 曉星　효습 曉習　효연 曉然
효오 曉悟　효월 曉月　불효 拂曉　통효 通曉　잔월효성 殘月曉星

유 晨 새벽 신
상 昏 어두울 혼

候 기후 후:

4급 부 亻(人) 총 10

자해 사람[亻]이 과녁[⼂]에 화살[矢]을 쏠 때 살펴야 하는 그 사이[丨]의 기후를 뜻한다.

읽기 腎候 신후　診候 진후　諜候 첩후

쓰기 후보 候補　후조 候鳥　기후 氣候　문후 問候　절후 節候　증후 症候
징후 徵候　천후 天候　기체후 氣體候　악천후 惡天候
입후보 立候補　전천후 全天候　증후군 症候群　척후병 斥候兵
측후소 測候所

厚 [4급] 부 厂 총 9 두터울 후:

자해 언덕[厂] 아래에 음식을 두텁게[旱] 쌓아서 신에게 제사를 드리니 정성이 두텁다는 뜻이다.

읽기 濃厚 농후   淳厚 순후

쓰기 후대 厚待   후덕 厚德   후미 厚味   후박 厚薄   후박 厚朴   후사 厚賜
후사 厚謝   후생 厚生   후안 厚顔   후의 厚意   안후 顔厚   온후 溫厚
중후 重厚   충후 忠厚   후생사업 厚生事業   후안무치 厚顔無恥
상후하박 上厚下薄

유 篤 도타울 독, 敦 도타울 돈
상 薄 엷을 박

侯 [3급] 부 亻(人) 총 9 제후 후

자해 사람[亻] 중에 화살[矢]을 과녁[厂]에 적중시키는, 출중한 실력을 갖춘 제후라는 뜻이다.

읽기 偵侯 정후   診侯 진후

쓰기 후왕 侯王   후작 侯爵   공후 公侯   군후 君侯   봉후 封侯   열후 列侯
왕후 王侯   제후 諸侯   토후 土侯   토후국 土侯國
왕후장상 王侯將相

毀 [3급] 부 殳 총 13 헐 훼:

자해 절구[臼] 안의 곡식을 절굿공이[殳]로 빻아서 헌다는 뜻이다.

읽기 毀頓 훼돈   毀沮 훼저   毀撤 훼철

쓰기 훼괴 毀壞   훼기 毀棄   훼단 毀短   훼멸 毀滅   훼모 毀慕   훼상 毀傷
훼손 毀損   훼절 毀節   훼치 毀齒   파훼 破毀   명예훼손 名譽毀損

유 壞 무너질 괴, 損 덜 손
상 建 세울 건

揮 [4급] 부 扌(手) 총 12 휘두를 휘

자해 장군은 군사[軍]들이 볼 수 있도록 손[扌]을 휘둘러 지시한다는 의미에서, 휘두른다는 뜻이다.

쓰기 휘검 揮劍   휘발 揮發   휘수 揮手   휘장 揮帳   휘호 揮毫   발휘 發揮
지휘 指揮   휘발유 揮發油   지휘권 指揮權   지휘자 指揮者
일필휘지 一筆揮之

유 指 가리킬 지

輝 [3급] 부 車 총 15 빛날 휘

자해 행군하는 군인[軍]의 모습이 빛난다[光]는 뜻이다.

읽기 輝耀 휘요   輝赫 휘혁   輝煥 휘환

쓰기 휘광 輝光   휘도 輝度   휘석 輝石   휘선 輝線   휘암 輝巖   휘탄 輝炭
광휘 光輝   덕휘 德輝   명휘 明輝   성휘 星輝   안휘 顔輝

유 燦 빛날 찬, 華 빛날 화, 煥 빛날 환

携 이끌 휴

3급 부 扌(手) 총 13

자해 살찐 새[隽]를 사냥하여 손[扌]으로 이끌고 온다는 의미에서, 이끈다는 뜻이다.

쓰기 휴대 携帶　휴지 携持　휴행 携行　부휴 扶携　제휴 提携
휴대품 携帶品　휴대전화 携帶電話　기술제휴 技術提携

유 引 끌 인, 提 끌 제

胸 가슴 흉

3급II 부 月(肉) 총 10

자해 몸[月] 중에 흉한[凶] 일에 대비하여 심장을 감싸고[勹] 있는 부위인 가슴을 뜻한다.

읽기 胸中麟甲 흉중인갑

쓰기 흉골 胸骨　흉배 胸背　흉벽 胸壁　흉복 胸腹　흉부 胸部　흉상 胸像
흉심 胸心　흉액 胸液　흉위 胸圍　흉중 胸中　쌍학흉배 雙鶴胸背

吸 마실 흡

4급II 부 口 총 7

자해 공기가 입[口]속에 미치도록[及] 들이마신다는 뜻이다.

읽기 吸收合併 흡수합병

쓰기 흡기 吸氣　흡력 吸力　흡반 吸盤　흡수 吸收　흡수 吸水　흡연 吸煙
흡인 吸引　흡입 吸入　흡착 吸着　호흡 呼吸　흡인력 吸引力
흡혈귀 吸血鬼　심호흡 深呼吸

유 飮 마실 음

興 일 흥(:)

4급II 부 臼 총 16 약 兴

자해 여럿이 같이[同] 물건을 마주 들고[舁] 일어난다는 뜻이다.

읽기 興旺 흥왕　紹興 소흥

쓰기 흥국 興國　흥망 興亡　흥미 興味　흥분 興奮　흥성 興盛　흥업 興業
흥취 興趣　흥행 興行　발흥 發興　부흥 復興　신흥 新興　여흥 餘興
유흥 遊興　중흥 中興　즉흥 卽興　진흥 振興　체흥 遞興　취흥 醉興
흥신소 興信所　흥망성쇠 興亡盛衰　흥진비래 興盡悲來

유 起 일어날 기, 盛 성할 성
상 亡 망할 망, 衰 쇠할 쇠

希 바랄 희

4급II 부 巾 총 7

자해 여름철에는 사람들이 성글게[爻→乂] 짠 베옷[巾]을 입기를 바란다는 뜻이다.

읽기 希冕 희면　希旨 희지

쓰기 희구 希求　희망 希望　희원 希願

유 望 바랄 망, 願 원할 원

喜

4급 부 口 총 12
기쁠 **희**

자해) 북[鼓→ 휴]을 치고 입[口]으로 노래를 부르니 기쁘다는 뜻이다.

쓰기) 희극 喜劇 희락 喜樂 희보 喜報 희비 喜悲 희색 喜色 희수 喜壽
희약 喜躍 희열 喜悅 희우 喜雨 감희 感喜 환희 歡喜
희소식 喜消息 희로애락 喜怒哀樂 희색만면 喜色滿面
희희낙락 喜喜樂樂 일희일비 一喜一悲

유) 樂 즐길 락, 悅 기쁠 열, 歡 기쁠 환
상) 怒 성낼 노, 悲 슬플 비, 哀 슬플 애

稀

3급II 부 禾 총 12
드물 **희**

자해) 벼[禾]농사가 바라는[希] 만큼 풍년인 해는 드물다는 뜻이다.

읽기) 稀酸 희산

쓰기) 희귀 稀貴 희년 稀年 희대 稀代 희미 稀微 희박 稀薄 희석 稀釋
희성 稀姓 희세 稀世 희소 稀少 희수 稀壽 희유 稀有 고희 古稀
희대미문 稀代未聞 희소가치 稀少價値

유) 薄 엷을 박
상) 密 빽빽할 밀

戱

3급II 부 戈 총 17
약 戱, 戲
놀이 **희**

자해) 그릇[虘]에 음식을 담아 제단에 올려놓고 창[戈]을 들어 춤추는 놀이를 뜻한다.

읽기) 鞠戲 국희 闋戲 궐희 魔戲 마희 沮戲 저희 呈戲 정희

쓰기) 희곡 戱曲 희극 戱劇 희롱 戱弄 희소 戱笑 희오 戱娛 희칭 戱稱
희필 戱筆 희화 戱畫 어희 語戱 연희 演戱 오희 於戱 유희 遊戱
희곡화 戱曲化

유) 遊 놀 유

2급 배정 한자 ① (신습 한자)

葛 칡 갈
부 艹(艸) 총 13

자해 덩굴[艹]이 자라다가 여름이 지나고 나면 그 자라는 것을 그치는[曷] 칡을 뜻한다.

읽기 葛根 갈근 葛藤 갈등 葛籠 갈롱 葛粉 갈분 葛衣 갈의 葛湯 갈탕
葛布 갈포 葛洪 갈홍 葛花 갈화 瓜葛 과갈 管葛 관갈 細葛 세갈
疏葛 소갈 虎葛 호갈 葛藤禪 갈등선 葛天氏 갈천씨

憾 섭섭할 감:
부 忄(心) 총 16

자해 마음[忄]에 아쉬운 감정[感]이 남아서 섭섭하다는 뜻이다.

읽기 憾怨 감원 憾情 감정 憾悔 감회 舊憾 구감 悲憾 비감 私憾 사감
素憾 소감 宿憾 숙감 遺憾 유감

유 悲 슬플 비, 怨 원망할 원
  恨 한 한
상 憙 기뻐할 희, 喜 기쁠 희

坑 구덩이 갱
부 土 총 7

자해 사람의 목[亢]구멍처럼 움푹하게 팬 땅[土]이 구덩이라는 뜻이다.

읽기 坑谷 갱곡 坑口 갱구 坑内 갱내 坑道 갱도 坑木 갱목 坑夫 갱부
坑井 갱정 鑛坑 광갱 金坑 금갱 溫坑 온갱 銀坑 은갱 炭坑 탄갱

憩 쉴 게:
부 心 총 16

자해 혀[舌]가 보이도록 입을 크게 벌리고 숨을 쉬며[息] 쉰다는 뜻이다.

읽기 憩泊 게박 憩息 게식 憩潮 게조 小憩 소게 休憩 휴게
休憩室 휴게실

유 息 쉴 식, 休 쉴 휴

揭 높이들·걸 게:
부 扌(手) 총 12

자해 손[扌]에 그림을 들고 어찌하든[曷] 벽에 건다는 뜻이다.

읽기 揭示 게시 揭揚 게양 揭載 게재 高揭 고게 上揭 상게
揭示物 게시물 揭示板 게시판 國旗揭揚 국기게양

유 擧 들 거, 掛 걸 괘,
  揚 날릴 양

2급
雇 품팔 고
부 隹 총 12

- **자해**: 남의 집[戶]에 철새[隹]처럼 잠시 머물러 품을 판다는 뜻이다.
- **읽기**: 雇兵 고병 雇役 고역 雇用 고용 雇備 고용 雇值 고치 解雇 해고
  雇用主 고용주 整理解雇 정리해고

유 傭 품팔 용

2급
戈 창 과
부 戈 총 4

- **자해**: 창의 모양을 본뜬 글자로, 창을 뜻한다.
- **읽기**: 戈甲 과갑 戈劍 과검 戈盾 과순 干戈 간과 兵戈 병과

유 矛 창 모
상 干 방패 간, 盾 방패 순

2급
瓜 오이 과
부 瓜 총 5

- **자해**: 덩굴에 매달린 오이의 모양을 본뜬 글자로, 오이를 뜻한다.
- **읽기**: 瓜期 과기 瓜年 과년 瓜田 과전 瓜菜 과채 南瓜 남과 木瓜 모과
  青瓜 청과 破瓜 파과

2급
菓 과자 과/실과 과:
부 艹(艸) 총 12

- **자해**: 초[艹]목의 열매[果]처럼 맛있는 과자를 뜻한다.
- **읽기**: 菓子 과자 菓品 과품 茶菓 다과 銘菓 명과 氷菓 빙과 生菓 생과
  乳菓 유과 製菓 제과 造菓 조과 漢菓 한과 油蜜菓 유밀과
  製菓店 제과점

유 果 실과 과

2급
款 항목 관:
부 欠 총 12

- **자해**: 선비[士]가 결함[欠]이 보이면[示] 그것을 조목조목 고치기 위해 정성을 다한다는 의미에서, 조목, 항목이라는 뜻이다.
- **읽기**: 款曲 관곡 款談 관담 款待 관대 款誠 관성 款接 관접 交款 교관
  落款 낙관 約款 약관 定款 정관 借款 차관

유 誠 정성 성, 項 항목 항

2급
傀 허수아비 괴:
부 亻(人) 총 12

- **자해**: 사람[亻]이 귀신[鬼]들린 듯 조종을 당하는 허수아비를 뜻한다.
- **읽기**: 傀奇 괴기 傀然 괴연

僑 (더부살이 교) — 2급, 부亻(人), 총14

자해 지체 높은[喬] 사람[亻]의 집에서 더부살이한다는 뜻이다.

읽기 僑居 교거 僑廬 교려 僑民 교민 僑胞 교포 韓僑 한교 華僑 화교 僑民會 교민회 在美僑胞 재미교포

膠 (아교 교) — 2급, 부月(肉), 총15

자해 새의 날개가 아교로 칠해 몸[月]에 붙인 것 같이 딱 달라붙어 있어야 높이 날 수 [翏] 있다는 의미에서, 아교라는 뜻이다.

읽기 膠固 교고 膠沙 교사 膠狀 교상 膠着 교착 膠漆 교칠 阿膠 아교 漆膠 칠교 膠着語 교착어 膠柱鼓瑟 교주고슬

絞 (목맬 교) — 2급, 부糸, 총12

자해 실[糸]로 만든 끈을 교차시켜서[交] 목을 맨다는 뜻이다.

읽기 絞死 교사 絞殺 교살 絞布 교포 絞首臺 교수대 絞首刑 교수형

歐 (구라파·칠 구) — 2급, 부欠, 총15, 약 欧

자해 입을 벌리고[欠] 몸 안에 있는 것[區]을 토한다는 뜻이다.

읽기 歐文 구문 歐美 구미 毆打 구타 歐吐 구토 東歐 동구 北歐 북구 西歐 서구

유 攻 칠 공, 拍 칠 박, 征 칠 정, 打 칠 타, 討 칠 토, 吐 토할 토

購 (살 구) — 2급, 부貝, 총17

자해 쌓여[冓] 있는 물건 중에서 좋은 것을 골라 돈[貝]을 주고 산다는 뜻이다.

읽기 購讀 구독 購買 구매 購書 구서 購入 구입 急購 급구 博購 박구 希購 희구 購販場 구판장 新聞購讀 신문구독

유 買 살 매
상 賣 팔 매, 販 팔 판

鷗 (갈매기 구) — 2급, 부鳥, 총22

자해 일정한 구역[區]인 해변에서 사는 새[鳥]인 갈매기를 뜻한다.

읽기 鷗鷺 구로 鷗盟 구맹 白鷗 백구 海鷗 해구

| 2급
부 扌(手)
총 11 | 掘
팔 굴 | 자해 몸을 구부리고[屈] 손[扌]으로 흙이나 땅을 판다는 뜻이다.
읽기 濫掘 남굴　盜掘 도굴　發掘 발굴　試掘 시굴　採掘 채굴
臨渴掘井 임갈굴정 |

| 2급
부 穴
총 13 | 窟
굴 굴 | 자해 몸을 구부리고[屈] 들어가는 구멍[穴]인 동굴을 뜻한다.
읽기 窟居 굴거　窟室 굴실　窟穴 굴혈　洞窟 동굴　石窟 석굴　巢窟 소굴
巖窟 암굴　土窟 토굴　貧民窟 빈민굴 |

유 洞 골 동, 穴 굴 혈

| 2급
부 囗
총 11 | 圈
우리 권 | 자해 짐승을 몰아넣고 말아서[卷] 겹겹으로 에워싼[囗] 우리를 뜻한다.
읽기 圈內 권내　圈外 권외　共産圈 공산권　南極圈 남극권
當選圈 당선권　大氣圈 대기권　文化圈 문화권　凡野圈 범야권
北極圈 북극권　上位圈 상위권　生活圈 생활권　成層圈 성층권
勢力圈 세력권　首都圈 수도권　驛勢圈 역세권　運動圈 운동권
颱風圈 태풍권　下位圈 하위권　南大門商圈 남대문상권 |

| 2급
부 門
총 18 | 闕
대궐 궐 | 자해 문[門] 안의 신하들이 임금 앞에서 고개를 숙이는[欮→欠] 대궐을 뜻한다.
읽기 闕閣 궐각　闕內 궐내　闕漏 궐루　闕文 궐문　闕本 궐본　闕席 궐석
闕食 궐식　闕誤 궐오　闕疑 궐의　闕字 궐자　宮闕 궁궐　大闕 대궐
入闕 입궐　闕席裁判 궐석재판　補闕選擧 보궐선거 |

| 2급
부 門
총 14 | 閨
안방 규 | 자해 문[門] 안에 서옥[圭]같이 귀한 규수가 거처하는 안방을 뜻한다.
읽기 閨房 규방　閨秀 규수　閨怨 규원　閨中 규중　空閨 공규
閨房歌詞 규방가사 |

| 2급
부 木
총 12 | 棋
바둑 기 | 자해 나무[木]판에 키[其] 엮은 모양처럼 그어 두는 바둑을 뜻한다.
읽기 棋客 기객　棋局 기국　棋盤 기반　棋譜 기보　棋士 기사　棋聖 기성
棋列 기열　棋院 기원　棋子 기자　棋戰 기전　國棋 국기　博棋 박기
復棋 복기　速棋 속기　將棋 장기 |

濃 짙을 농:
2급 부氵(水) 총16

자해 물[氵]이 풍족해서 농사[農]가 잘 되어 곡식의 색이 짙다는 뜻이다.

읽기 濃淡 농담　濃度 농도　濃霧 농무　濃縮 농축　濃厚 농후

상 淡 맑을 담, 薄 엷을 박

尿 오줌 뇨
2급 부尸 총7

자해 입으로 마신 물[水]이 죽은[尸] 물로 변해 나오는 것이 오줌이라는 뜻이다.

읽기 尿道 요도　尿意 요의　尿精 요정　尿閉 요폐　尿血 요혈　檢尿 검뇨
糖尿 당뇨　放尿 방뇨　排尿 배뇨　夜尿 야뇨　血尿 혈뇨
尿毒症 요독증　利尿劑 이뇨제　泌尿器 비뇨기　泌尿器科 비뇨기과

尼 여승 니
2급 부尸 총5

자해 자신의 욕망을 죽이고[尸] 비수[匕]로 머리카락을 자른 여자가 여승이라는 뜻이다.

읽기 尼房 이방　尼寺 이사　尼僧 이승　尼院 이원　僧尼 승니
尼法師 이법사　尼師今 이사금　摩尼敎 마니교　比丘尼 비구니
沙彌尼 사미니　釋迦牟尼 석가모니

溺 빠질 닉

2급 부氵(水) 총13

자해 몸이 약한[弱] 사람이 물[氵]에 빠진다는 뜻이다.

읽기 溺沒 익몰　溺死 익사　溺愛 익애　沒溺 몰닉　耽溺 탐닉　惑溺 혹닉

유 沒 빠질 몰, 陷 빠질 함

鍛 쇠불릴 단
2급 부金 총17

자해 쇠[金]를 달구어 두드려[段] 늘린다는 데서, 쇠를 불린다는 뜻이다.

읽기 鍛工 단공　鍛金 단금　鍛鍊 단련　鍛造 단조　鍛鐵 단철

유 鍊 쇠불릴 련, 煉 달굴 련

潭 못 담

2급 부氵(水) 총15

자해 일찍[早]부터 넓고 오목하게 팬 땅에 물[氵]이 덮여서[襾] 고여 있는 못(연못)을 뜻한다.

읽기 潭潭 담담　潭思 담사　潭水 담수　潭心 담심　青潭 청담
白鹿潭 백록담

유 塘 못 당, 沼 못 소, 淵 못 연, 池 못 지

| 2급
부 月(肉)
총 17
약 胆 | 膽
쓸개 담: | 자해 몸[月] 안에 음식물이 이르면[詹] 소화를 돕는 쓸개를 뜻한다.
읽기 膽大 담대 膽略 담략 膽力 담력 膽石 담석 膽小 담소 肝膽 간담
落膽 낙담 大膽 대담 熊膽 웅담 膽大心小 담대심소
肝膽相照 간담상조 |

| 2급
부 土
총 8 | 垈
집터 대 | 자해 집안 대대로[代] 살아온 땅[土]인 집터를 뜻한다.
읽기 垈地 대지 家垈 가대 苗垈 묘대 裸垈地 나대지 落星垈 낙성대 |

| 2급
부 戈
총 17 | 戴
일 대: | 자해 수레에 싣는[載→弋] 것과는 달리[異] 머리에 인다는 뜻이다.
읽기 戴冠 대관 戴白 대백 戴星 대성 戴勝 대승 奉戴 봉대 推戴 추대
戴冠式 대관식 男負女戴 남부여대 不俱戴天 불구대천 |

 奉 받들 봉

| 2급
부 忄(心)
총 11 | 悼
슬퍼할 도 | 자해 마음[忄]의 감정이 북받쳐 올라와[卓] 슬퍼한다는 뜻이다.
읽기 悼歌 도가 悼痛 도통 悲悼 비도 深悼 심도 哀悼 애도 追悼 추도
追悼辭 추도사 悼二將歌 도이장가 思悼世子 사도세자 |

 慨 슬퍼할 개, 悲 슬플 비, 哀 슬플 애, 悽 슬퍼할 처
상 歡 기쁠 환, 喜 기쁠 희

| 2급
부 木
총 10 | 桐
오동나무 동 | 자해 휘거나 트지 않으며 한결같이[同] 고운 나무[木]인 오동나무를 뜻한다.
읽기 梧桐 오동 油桐 유동 青桐 청동 碧梧桐 벽오동 |

 梧 오동나무 오

| 2급
부 木
총 12 | 棟
마룻대 동 | 자해 동쪽[東]의 곧고 질 좋은 나무[木]는 마룻대에 사용한다는 의미에서, 마룻대를 뜻한다.
읽기 棟幹 동간 棟梁 동량 棟宇 동우 病棟 병동 棟梁之器 동량지기
棟梁之材 동량지재 精神病棟 정신병동 汗牛充棟 한우충동 |

2급 藤 등나무 등
부 艹(艸) 총 19

자해 물이 솟아오르듯이[滕] 덩굴[艹]이 위로 오르는 나무인 등나무를 뜻한다.

읽기 藤架 등가 藤紙 등지 葛藤 갈등 藤家具 등가구

2급 謄 베낄 등
부 言 총 17

자해 내[朕]가 말하면[言] 다른 사람이 받아 적는다는 의미에서, 베낀다는 뜻이다.

읽기 謄記 등기 謄錄 등록 謄本 등본 謄寫 등사 謄抄 등초
戶籍謄本 호적등본 住民登錄謄本 주민등록등본

유 寫 베낄 사

2급 裸 벗을 라:
부 衤(衣) 총 13

자해 과일[果]을 먹기 위해 껍질을 벗기듯 옷[衣]을 벗는다는 뜻이다.

읽기 裸麥 나맥 裸婦 나부 裸像 나상 裸身 나신 裸體 나체 半裸 반라
全裸 전라 裸垈地 나대지 赤裸裸 적나라

유 脫 벗을 탈

2급 洛 물이름 락
부 氵(水) 총 9

자해 물[氵]은 흐르며 각각[各]의 물 이름을 가진다는 의미에서, 물 이름을 뜻한다.

읽기 洛誦 낙송 洛水 낙수 洛陽 낙양 洛花 낙화 京洛 경락 上洛 상락
入洛 입락 洛東江 낙동강

2급 爛 빛날 란:
부 火 총 21

자해 불[火]을 켜서 난간[闌]에 놓으니 빛난다는 뜻이다.

읽기 爛開 난개 爛漫 난만 爛發 난발 爛熟 난숙 腐爛 부란 燦爛 찬란
能手能爛 능수능란 天眞爛漫 천진난만 豪華燦爛 호화찬란

유 燿 빛날 요, 燦 빛날 찬, 赫 빛날 혁

2급 藍 쪽 람
부 艹(艸) 총 18 약 蓝

자해 여러 가지 풀[艹]들을 잘 살펴서[監] 쪽을 찾는다는 의미에서, 쪽을 뜻한다.

읽기 藍色 남색 藍實 남실 伽藍 가람 甘藍 감람 出藍 출람
藍靑色 남청색 靑出於藍 청출어람

拉 끌 랍

2급
부 扌(手)
총 8

- 자해: 서[立] 있는 사람을 손[扌]으로 끌고 간다는 의미에서, 끈다는 뜻이다.
- 읽기: 拉枯 납고　拉北 납북　拉殺 납살　拉致 납치　被拉 피랍

유 引 끌 인, 提 끌 제
상 推 밀 추

輛 수레 량:

2급
부 車
총 15
약 辆

- 자해: 바퀴 둘[兩] 달린 수레[車]를 나타낸 글자로, 수레를 뜻한다.
- 읽기: 車輛 차량　過積車輛 과적차량　車輛番號 차량번호

유 軻 수레 가,
車 수레 거·차,
輿 수레 여

煉 달굴 련

2급
부 火
총 13

- 자해: 불순물을 가려내어[柬] 쇠를 불[火]에 달군다는 뜻이다.
- 읽기: 煉丹 연단　煉獄 연옥　煉瓦 연와　煉乳 연유　煉肉 연육　煉炭 연탄
  修煉 수련

유 鍛 쇠불릴 단,
鍊 쇠불릴 련

籠 대바구니 롱(:)

2급
부 竹
총 22
약 篭

- 자해: 대나무[竹]로 용[龍]의 비늘같이 엮어 짠 바구니를 뜻한다.
- 읽기: 籠球 농구　籠絡 농락　籠城 농성　燈籠 등롱　藥籠 약롱　鳥籠 조롱
  香籠 향롱　籠中鳥 농중조　籠鳥戀雲 농조연운

療 병고칠 료

2급
부 疒
총 17

- 자해: 의사가 불[尞]을 밝히고 병[疒]을 치료를 한다는 의미에서, 병 고친다는 뜻이다.
- 읽기: 療飢 요기　療方 요방　療法 요법　療病 요병　療養 요양　加療 가료
  施療 시료　醫療 의료　診療 진료　治療 치료　物理療法 물리요법

硫 유황 류

2급
부 石
총 12

- 자해: 유황석[石]에 열을 가하면 물이 흐르듯이[流→㐬] 녹아 흘러내리는 유황을 뜻한다.
- 읽기: 硫酸 유산　硫化 유화　硫黃 유황　硫酸銅 유산동　硫黃島 유황도

謬 그르칠 류 (2급, 부 言, 총 18)

자해 말[言]이 사실을 떠나서 높이 날아가는[翏] 것은 잘못이라는 의미에서, 그르친다는 뜻이다.

읽기 謬見 유견 謬例 유례 謬算 유산 謬想 유상 謬習 유습 謬傳 유전 糾謬 규류 誤謬 오류

유 誤 그르칠 오

摩 문지를 마 (2급, 부 手, 총 15)

자해 삼[麻]을 손[手]에 쥐고 비벼서 실을 만든다는 의미에서, 문지른다는 뜻이다.

읽기 摩尼敎 마니교 摩天樓 마천루 摩耶夫人 마야부인

痲 저릴 마 (2급, 부 疒, 총 13)

자해 몸이 삼대[麻]처럼 뻣뻣하게 굳고 저려 오는 병[疒]을 나타내어, 저리다는 뜻이다.

읽기 痲藥 마약 痲醉 마취 痲醉劑 마취제

魔 마귀 마 (2급, 부 鬼, 총 21)

자해 귀신[鬼]을 보면 사람이 놀라 삼대[麻]처럼 뻣뻣하게 된다는 의미에서, 마귀를 뜻한다.

읽기 魔界 마계 魔軍 마군 魔窟 마굴 魔鬼 마귀 魔力 마력 魔法 마법 魔手 마수 魔術 마술 魔王 마왕 病魔 병마 色魔 색마 心魔 심마 惡魔 악마 火魔 화마 伏魔殿 복마전 好事多魔 호사다마

膜 꺼풀·막 막 (2급, 부 月(肉), 총 15)

자해 몸[月]의 여러 기관을 둘러싼 막[幕→莫]을 뜻한다.

읽기 膜骨 막골 角膜 각막 鼓膜 고막 骨膜 골막 網膜 망막 結膜炎 결막염 腦膜炎 뇌막염 腹膜炎 복막염 處女膜 처녀막 橫隔膜 횡격막

娩 낳을 만: (2급, 부 女, 총 10)

자해 여자[女]가 뱃속에서 태아를 기르던 일을 면하고[免] 아이를 낳는다는 뜻이다.

읽기 娩痛 만통 分娩 분만 分娩室 분만실

유 産 낳을 산, 誕 낳을 탄

2급 | 灣 물굽이 만
부 氵(水) / 총 25 / 약 湾

자해 바다[氵]가 육지를 향해 굽어[彎] 들어온 곳이 물굽이라는 뜻이다.

읽기 灣流 만류 灣商 만상 灣入 만입 臺灣 대만 港灣 항만 牙山灣 아산만

2급 | 蠻 오랑캐 만
부 虫 / 총 25 / 약 蛮

자해 중국의 한 지역에 사는 종족으로 무질서하고 어지럽게[䜌] 살면서 뱀[虫]을 신성시하는 종족인 오랑캐를 뜻한다.

읽기 蠻勇 만용 蠻行 만행 南蠻 남만 野蠻 야만 野蠻人 야만인

유 夷 오랑캐 이, 匈 오랑캐 흉

2급 | 網 그물 망
부 糸 / 총 14

자해 실[糸]을 엮어[罔] 만든 그물을 뜻한다.

읽기 網球 망구 網羅 망라 網膜 망막 網狀 망상 法網 법망 漁網 어망 投網 투망 道路網 도로망 連絡網 연락망 電算網 전산망 情報網 정보망 鐵條網 철조망 包圍網 포위망 一網打盡 일망타진 底引網漁船 저인망어선

2급 | 枚 낱 매
부 木 / 총 8

자해 채찍 혹은 매[攵]로 쓸 만한 나뭇가지[木]를 뜻하는 글자였는데, 후에 하나하나 센다는 의미에서 낱이라는 뜻을 가지게 되었다.

읽기 枚擧 매거 枚數 매수 十枚 십매 條枚 조매

유 個 낱 개

2급 | 魅 매혹할 매
부 鬼 / 총 15

자해 뛰어나게 예쁘지는 않으나[未] 귀신[鬼]에게 홀리는 것과 같이 매혹적이라는 의미에서, 매혹하다는 뜻이다.

읽기 魅力 매력 魅了 매료 魅惑 매혹

유 惑 미혹할 혹

2급 | 蔑 업신여길 멸
부 艹(艸) / 총 15

자해 수자리[戍] 서는 병사가 피곤해서 눈썹[++]이 눈[目→罒]을 덮듯, 앞이 잘 안 보이게 되고 나중에는 아예 쳐다보지도 않는다는 뜻이다. 후에 업신여긴다는 뜻을 가지게 되었다.

읽기 蔑視 멸시 蔑如 멸여 蔑然 멸연 輕蔑 경멸 陵蔑 능멸 侮蔑 모멸

유 侮 업신여길 모
상 敬 공경 경, 恭 공손할 공

2급	
부 巾	
총 12	帽 모자 모

자해 머리를 덮기[冒] 위해 천[巾]으로 만든 모자를 뜻한다.

읽기 帽子 모자 軍帽 군모 校帽 교모 着帽 착모 脫帽 탈모
防寒帽 방한모 四角帽 사각모 安全帽 안전모 中折帽 중절모

2급	
부 矛	
총 5	矛 창 모

자해 장식용 긴 창의 모습을 본뜬 글자로, 창을 뜻한다.

읽기 矛戈 모과 矛盾 모순 利矛 이모 矛盾概念 모순개념

유 戈 창 과
상 干 방패 간, 盾 방패 순

2급	
부 氵(水)	
총 7	沐 머리감을 목

자해 나무[木]로 만든 통에 물[氵]을 부어 머리를 감는다는 뜻이다.

읽기 沐浴 목욕 沐雨 목우 洗沐 세목 沐浴湯 목욕탕

유 浴 목욕할 욕

2급	
부 糸	
총 10	紊 어지러울·문란할 문

자해 글[文]을 실[糸]이 얽혀 있는 것처럼 써서 어지럽다는 뜻이다.

읽기 紊亂 문란 紊緖 문서

유 亂 어지러울 란,
紛 어지러울 분

2급	
부 舟	
총 11	舶 배 박

자해 배[舟] 중에 흰[白] 돛을 높이 달고 외국을 다니는 큰 배를 뜻한다.

읽기 舶賈 박고 舶物 박물 大舶 대박 商舶 상박 船舶 선박
舶來品 박래품

유 船 배 선, 艇 배 정,
舟 배 주, 艦 큰배 함,
航 배 항

2급	
부 扌(手)	
총 13	搬 옮길 반

자해 손[扌]으로 옮긴다[般]는 뜻이다.

읽기 搬運 반운 搬移 반이 搬入 반입 搬出 반출 運搬 운반

유 移 옮길 이, 運 옮길 운,
遷 옮길 천

2급 부 糸 총 10
紡 길쌈 방
자해 실[糸]을 여러 방향[方]으로 놓으면서 베를 짜는 것이 길쌈이라는 뜻이다.

읽기 紡毛 방모　紡績 방적　紡織 방직　紡車 방차　混紡 혼방
綿紡績 면방적　紡文績學 방문적학

유 績 길쌈 적

2급 부 亻(人) 총 10
俳 배우 배
자해 사람[亻] 중에 현실이나 실제가 아닌[非] 연기를 하는 배우를 뜻한다.

읽기 俳優 배우　映畫排優 영화배우

2급 부 貝 총 15
賠 물어줄 배:
자해 남에게 손해를 끼치면 곱절[倍→音]의 재물[貝]을 물어주어야 한다는 뜻이다.

읽기 賠償 배상　賠償金 배상금　賠償義務 배상의무　損害賠償 손해배상

유 償 갚을 상

2급 부 木 총 9
柏 측백 백
자해 나무[木] 결이 흰[白] 측백나무를 뜻한다.

읽기 柏谷 백곡　姜柏 강백　冬柏 동백　松柏 송백　春柏 춘백　側柏 측백
柏栗寺 백률사　柏葉茶 백엽차

2급 부 門 총 14
閥 문벌 벌
자해 문[門] 앞에서 사람[亻]이 창[戈]을 들고 지키는 지체 높은 문벌을 뜻한다.

읽기 閥閱 벌열　閥族 벌족　官閥 관벌　軍閥 군벌　門閥 문벌　財閥 재벌
族閥 족벌　派閥 파벌　學閥 학벌

2급 부 氵(水) 총 6
汎 넓을 범:
자해 물[氵]에 모든[凡] 것이 잠겨 있다는 의미에서, 넓다는 뜻이다.

읽기 汎濫 범람　汎論 범론　汎美 범미　汎舟 범주　汎稱 범칭
汎神論 범신론　汎國民的 범국민적

유 廣 넓을 광, 漠 넓을 막,
博 넓을 박, 普 넓을 보
상 陜 좁을 협

2급 | 僻 궁벽할 벽
부 亻(人) / 총 15

자해 사람[亻]이 위험을 피해서[辟] 사는 곳은 궁벽하다는 뜻이다.

읽기 僻居 벽거　僻見 벽견　僻路 벽로　僻論 벽론　僻書 벽서　僻字 벽자
　　　僻地 벽지　僻村 벽촌　奇僻 기벽　偏僻 편벽

유 偏 치우칠 편

2급 | 倂 아우를 병:
부 亻(人) / 총 10 / 약 併

자해 사람[亻]이 함께[幷] 어울리도록 아우른다는 뜻이다.

읽기 倂肩 병견　倂記 병기　倂起 병기　倂略 병략　倂發 병발　倂用 병용
　　　倂置 병치　倂合 병합　倂殺打 병살타　合倂症 합병증

2급 | 俸 녹 봉:
부 亻(人) / 총 10

자해 나랏일을 받들어서[奉] 행한 사람[亻]이 받는 녹봉을 뜻한다.

읽기 俸給 봉급　俸祿 봉록　俸米 봉미　減俸 감봉　祿俸 녹봉　薄俸 박봉
　　　本俸 본봉　年俸 연봉　月俸 월봉　日俸 일봉　初俸 초봉　號俸 호봉

유 祿 녹 록

2급 | 縫 꿰맬 봉
부 糸 / 총 17

자해 실[糸]로 천 등을 맞대어[逢] 꿰맨다는 뜻이다.

읽기 縫製 봉제　縫合 봉합　裁縫 재봉　彌縫策 미봉책　裁縫師 재봉사
　　　裁縫絲 재봉사　縫製工場 봉제공장　縫合手術 봉합수술
　　　天衣無縫 천의무봉

2급 | 敷 펼 부(:)
부 攵(攴) / 총 15 / 약 旉

자해 쳐서[攵] 넓게 퍼지도록[尃]한다는 의미에서, 편다는 뜻이다.

읽기 敷告 부고　敷設 부설　敷衍 부연　敷演 부연　敷地 부지　敷土 부토
　　　敷衍說明 부연설명　高水敷地 고수부지

유 舒 펼 서, 演 펼 연

2급 | 膚 살갗 부
부 月(肉) / 총 15

자해 밥을 밥그릇[盧→膚]이 싸고 있듯이 사람의 육체[肉→月]를 감싸고 있는 살갗을 뜻한다.

읽기 膚見 부견　膚淺 부천　髮膚 발부　皮膚 피부　皮膚病 피부병
　　　身體髮膚 신체발부　皮膚美容 피부미용

유 皮 가죽 피

| 2급
부 弓
총 5 | **弗** 아닐·말 **불** | 자해 활[弓]과 칼[刂]을 들고 대항하는 이는 아군이 아니라는 의미에서, 아니라는 뜻이다.
읽기 弗素 불소　弗豫 불예　弗治 불치　弗貨 불화　百弗 백불 |

| 2급
부 匚
총 10 | **匪** 비적 **비:** | 자해 자기 물건이 아닌데[非] 상자[匚]에 담아서 달아나는 사람인 비적(도둑)을 뜻한다.
읽기 匪徒 비도　匪賊 비적　共匪 공비　土匪 토비　討匪 토비
匪石之心 비석지심 |

유 賊 도둑 적

| 2급
부 口
총 10 | **唆** 부추길 **사** | 자해 천천히 걸어가서[夋] 입[口]으로 사람을 꾀거나 부추긴다는 뜻이다.
읽기 敎唆 교사　示唆 시사　敎唆犯 교사범 |

| 2급
부 赤
총 11 | **赦** 용서할 **사:** | 자해 누군가가 때려서[攵] 내 몸에 붉은[赤] 피가 났으나 용서한다는 뜻이다.
읽기 赦令 사령　赦免 사면　赦罪 사죄　寬赦 관사　大赦 대사　放赦 방사
恩赦 은사　特赦 특사 |

유 恕 용서할 서

| 2급
부 食(食)
총 14 | **飼** 기를 **사** | 자해 동물에게 먹이[食]를 주며 잘 맡아[司] 기른다는 뜻이다.
읽기 飼料 사료　飼養 사양　飼育 사육　飼草 사초　放飼 방사 |

유 養 기를 양, 育 기를 육

| 2급
부 人
총 12 | **傘** 우산 **산** | 자해 우산의 모양을 본뜬 글자로, 우산을 뜻한다.
읽기 傘下 산하　陽傘 양산　雨傘 우산　日傘 일산　落下傘 낙하산
傘下團體 산하단체 |

酸 실 산

- **2급** 부 酉 총 14
- **자해**: 술[酉]도 시간이 오래 지나면[夋] 맛이 변하여 시다는 뜻이다.
- **읽기**: 酸味 산미, 酸鼻 산비, 酸性 산성, 酸素 산소, 酸化 산화, 胃酸 위산, 黃酸 황산, 過酸化 과산화, 水酸化 수산화, 乳酸菌 유산균, 酸化水素 산화수소, 胃酸過多 위산과다, 靑酸加里 청산가리

蔘 삼 삼

- **2급** 부 艹(艸) 총 15
- **자해**: 환자 세[參] 사람을 구할 수 있는 풀[艹]인 삼을 뜻한다.
- **읽기**: 乾蔘 건삼, 苦蔘 고삼, 曲蔘 곡삼, 白蔘 백삼, 山蔘 산삼, 水蔘 수삼, 人蔘 인삼, 直蔘 직삼, 海蔘 해삼, 紅蔘 홍삼, 蔘鷄湯 삼계탕

插 꽃을 삽

- **2급** 부 扌(手) 총 12 약 挿
- **자해**: 곡식을 찧기 위해 손[扌]으로 절굿공이를 잡고 천[千] 번 만 번 절구[臼]에 내리꽂는다는 의미에서, 꽂는다는 뜻이다.
- **읽기**: 插木 삽목, 插樹 삽수, 插入 삽입, 插紙 삽지, 插花 삽화, 插畫 삽화, 插話 삽화

箱 상자 상

- **2급** 부 竹 총 15
- **자해**: 대나무[竹]를 서로[相] 엮어 만든 상자를 뜻한다.
- **읽기**: 箱籠 상롱, 箱房 상방, 箱子 상자, 巾箱 건상, 果箱 과상, 木箱 목상, 書箱 서상

瑞 상서 서:

- **2급** 부 玉(玉) 총 13
- **자해**: 옥[玉]이 나오기 시작했으니[耑] 상서롭다는 뜻이다.
- **읽기**: 瑞光 서광, 瑞氣 서기, 瑞年 서년, 瑞露 서로, 瑞夢 서몽, 瑞祥 서상, 瑞雪 서설, 瑞玉 서옥, 瑞雨 서우, 瑞雲 서운, 瑞兆 서조, 瑞鳥 서조, 瑞草 서초, 慶瑞 경서, 吉瑞 길서, 祥瑞 상서
- **유**: 祥 상서 상, 禎 상서로울 정

碩 클 석

- **2급** 부 石 총 14
- **자해**: 머리[頁]가 큰 돌[石]처럼 크다는 뜻이다.
- **읽기**: 碩德 석덕, 碩老 석로, 碩望 석망, 碩士 석사, 碩儒 석유, 碩學 석학, 博碩 박석, 碩果不食 석과불식, 碩座敎授 석좌교수
- **유**: 巨 클 거, 大 큰 대, 太 클 태, 泰 클 태
- **상**: 微 작을 미, 小 작을 소

繕 기울 선:
- 2급 / 부 糸 / 총 18
- 자해: 실[糸]로 해어진 옷을 보기 좋게[善] 기운다는 뜻이다.
- 읽기: 繕補 선보, 繕寫 선사, 補繕 보선, 修繕 수선, 營繕 영선
- 유 補 기울 보

纖 가늘 섬
- 2급 / 부 糸 / 총 23 / 약 繊
- 자해: 실[糸]이 가늘다[韱]는 뜻이다.
- 읽기: 纖巧 섬교, 纖刀 섬도, 纖羅 섬라, 纖麗 섬려, 纖毛 섬모, 纖眉 섬미, 纖細 섬세, 纖弱 섬약, 纖腰 섬요, 纖月 섬월, 纖維 섬유, 纖纖玉手 섬섬옥수, 天然纖維 천연섬유
- 유 細 가늘 세

貰 세놓을 세:
- 2급 / 부 貝 / 총 12
- 자해: 일정한 기간[世]동안 사용료로 돈[貝]을 받고 세를 놓는다는 뜻이다.
- 읽기: 貰家 세가, 貰房 셋방, 貰錢 세전, 房貰 방세, 月貰 월세, 專貰 전세, 朔月貰 삭월세

紹 이을 소
- 2급 / 부 糸 / 총 11
- 자해: 실[糸]을 잇듯이 사람을 불러서[召] 소개하고 서로 이어준다는 뜻이다.
- 읽기: 紹介 소개, 紹繼 소계, 紹賓 소빈, 紹述 소술, 紹絶 소절, 紹興 소흥, 紹介狀 소개장, 職業紹介 직업소개
- 유 繼 이을 계, 絡 이을 락, 連 이을 련, 續 이을 속
- 상 斷 끊을 단, 絶 끊을 절

盾 방패 순
- 2급 / 부 目 / 총 9
- 자해: 도끼[斤]와 같은 병기의 공격으로부터 눈[目]과 머리 등을 보호하는 방패를 뜻한다.
- 읽기: 矛盾 모순, 圓盾 원순
- 유 干 방패 간
- 상 戈 창 과, 矛 창 모

升 되 승
- 2급 / 부 十 / 총 4
- 자해: 비스듬히[丿] 두 손으로 들고[廾] 곡식을 담는 되를 뜻한다.
- 읽기: 升鑑 승감, 升平 승평, 斗升 두승, 十升 십승, 升斗之利 승두지리, 以升量石 이승양석

屍 주검 시:
2급 부 尸 총 9

자해 죽은[死] 몸[尸]을 의미하여 시체, 주검을 뜻한다.
읽기 屍身 시신   屍體 시체   檢屍 검시   屍山血海 시산혈해

殖 불릴 식
2급 부 歹 총 12

자해 죽지[歹] 않고 곧게[直] 자라면 초목이 번성할 수 있다는 의미에서, 불린다는 뜻이다.
읽기 殖利 식리   殖産 식산   殖財 식재   繁殖 번식   養殖 양식   增殖 증식
生殖器 생식기

유 繁 번성할 번, 增 더할 증

紳 띠 신:
2급 부 糸 총 11

자해 신분을 알리기[申] 위해 실[糸]로 만든 띠를 말한다.
읽기 紳士 신사   紳商 신상   高紳 고신   薦紳 천신   鄕紳 향신
紳士協定 신사협정

유 帶 띠 대

腎 콩팥 신:
2급 부 月(肉) 총 12 약 肾

자해 다른 신체[月]기관에 비해 단단한 [臤] 신체 부위인 콩팥을 뜻한다.
읽기 腎管 신관   腎氣 신기   腎熱 신열   腎臟 신장   內腎 내신
腎不全 신부전   海狗腎 해구신   腎不全症 신부전증
腎虛腰痛 신허요통

握 쥘 악
2급 부 扌(手) 총 12

자해 손[扌]에 집[屋]안 일의 권한을 쥔다는 뜻이다.
읽기 握卷 악권   握力 악력   握髮 악발   握手 악수   掌握 장악   把握 파악
握月擔風 악월담풍

유 把 잡을 파

癌 암 암:
2급 부 疒 총 17

자해 바위[嵒]처럼 단단한 종기가 생기는 병[疒]인 암을 뜻한다.
읽기 肝癌 간암   發癌 발암   舌癌 설암   胃癌 위암   肺癌 폐암   抗癌 항암
末期癌 말기암   癌病棟 암병동   癌細胞 암세포   乳房癌 유방암
子宮癌 자궁암   喉頭癌 후두암   癌的存在 암적존재

礙 거리낄 애:
- 2급 / 부 石 / 총 19 / 약 碍
- 유 拘 잡을 구, 障 막을 장

자해 길을 가다가 돌[石]이 떨어지니 사람들이 돌이 또 떨어질까 의심하며[疑] 통행을 주저한다는 데서, 거리낀다는 뜻이다.

읽기 礙産 애산 礙眼 애안 礙子 애자 拘礙 구애 無礙 무애 障礙 장애 礙人耳目 애인이목

惹 이끌 야:
- 2급 / 부 心 / 총 13
- 유 起 일어날 기

자해 마음[心]이 같은[若] 사람들끼리는 이끌리는 것이 있다는 의미에서, 이끈다는 뜻이다.

읽기 惹起 야기 惹端 야단 惹出 야출

孃 아가씨 양
- 2급 / 부 女 / 총 20 / 약 嬢
- 유 娘 계집 낭

자해 부모의 도움[襄]이 없어도 될 만큼 다 자란 여자[女]라는 의미에서, 아가씨를 뜻한다.

읽기 貴孃 귀양 老孃 노양 野孃 야양 令孃 영양 李孃 이양 村孃 촌양

硯 벼루 연:
- 2급 / 부 石 / 총 12

자해 특별히 좋은 돌[石]로 잘 보고[見] 골라 벼루로 사용했다는 의미에서, 벼루를 뜻한다.

읽기 硯床 연상 硯石 연석 硯滴 연적 硯池 연지 硯海 연해 筆硯 필연 端溪硯 단계연 紙筆硯墨 지필연묵

厭 싫어할 염:
- 2급 / 부 厂 / 총 14
- 유 嫌 싫어할 혐

자해 개[犬]가 언덕[厂] 아래에서 고기[肉→月]를 입[口]에 물고[一] 실컷 먹어서 물리니 싫어한다는 뜻이다.

읽기 厭忌 염기 厭世 염세 厭勝 염승 厭足 염족 厭症 염증 厭世主義 염세주의

預 맡길·미리 예:
- 2급 / 부 頁 / 총 13
- 유 豫 미리 예, 任 맡길 임, 託 맡길 탁

자해 머릿속[頁]으로 나[予]의 미래에 대해 미리 생각하고 대비한다는 의미에서, 미리라는 뜻이다.

읽기 預金 예금 預慮 예려 預買 예매 預備 예비 預想 예상 預置 예치 預託 예탁 預度 예탁 參預 참예 預置金 예치금 別段預金 별단예금

梧 오동나무 오(:)
2급 부木 총11

자해 나무[木] 중에 나[吾]와 우리가 악기나 가구 등의 재목으로 많이 쓰는 오동나무를 뜻한다.

읽기 梧桐 오동 梧葉 오엽 梧月 오월 碧梧桐 벽오동

유 桐 오동나무 동

穩 편안할 온
2급 부禾 총19 약穩, 穏

자해 급한[急] 경우를 대비해 미리 벼[禾]를 쌓아 두고 있으면 편안하다는 뜻이다.

읽기 穩健 온건 穩當 온당 穩全 온전 穩便 온편 穩和 온화 穩話 온화
不穩 불온 深穩 심온 安穩 안온 平穩 평온

유 安 편안 안, 逸 편안할 일

歪 기울 왜·외
2급 부止 총9

자해 바르지[正] 않다[不]는 의미에서, 기울다는 뜻이다.

읽기 歪曲 왜곡 歪力 왜력 歪曲報道 왜곡보도 歷史歪曲 역사왜곡
眞實歪曲 진실왜곡

유 曲 굽을 곡

妖 요사할 요
2급 부女 총7

자해 여자[女]가 아리따우면서[夭] 요사스럽다는 뜻이다.

읽기 妖怪 요괴 妖鬼 요귀 妖氣 요기 妖女 요녀 妖妄 요망 妖霧 요무
妖物 요물 妖婦 요부 妖邪 요사 妖書 요서 妖星 요성 妖術 요술
妖僧 요승 妖言 요언 妖雲 요운 妖異 요이 妖人 요인 妖精 요정
妖態 요태 妖花 요화

傭 품팔 용
2급 부亻(人) 총13

자해 돈을 주고 사람을[亻] 쓴다[庸]는 의미에서, 품 판다는 뜻이다.

읽기 傭兵 용병 傭船 용선 傭役 용역 傭員 용원 傭人 용인 傭賃 용임
雇傭 고용 日傭職 일용직

유 雇 품팔 고

熔 녹을 용
2급 부火 총14

자해 불[火]은 모든 것을 받아들여[容] 녹인다는 뜻이다.

읽기 熔巖 용암 熔解 용해 熔鑛爐 용광로

유 鎔 쇠녹일 용

鬱 답답할 울

- 2급
- 부 鬯
- 총 29
- 약 欝

자해 수풀[林]이 울창하고[鬯] 빽빽하게[彡] 덮여서[冖] 숲의 통로가 질그릇[缶]의 입구 정도로 작다는 의미에서, 답답하다는 뜻이다.

읽기 鬱結 울결　鬱氣 울기　鬱怒 울노　鬱林 울림　鬱茂 울무　鬱憤 울분　鬱森 울삼　鬱塞 울색　鬱然 울연　鬱郁 울욱　鬱鬱 울울　鬱寂 울적　鬱蒼 울창　鬱火 울화　抑鬱 억울　憂鬱 우울　陰鬱 음울　沈鬱 침울　鬱陵島 울릉도　憂鬱症 우울증

苑 나라동산 원:

- 2급
- 부 艹(艸)
- 총 9

자해 풀[艹]과 나무가 무성하여 뒹굴며[夗] 놀기 좋은 동산을 뜻한다.

읽기 苑沼 원소　苑樹 원수　苑池 원지　苑花 원화　故苑 고원　宮苑 궁원　鹿苑 녹원　文苑 문원　秘苑 비원　藥苑 약원　御苑 어원　藝苑 예원　學苑 학원　花苑 화원

유 園 동산 원

尉 벼슬 위

- 2급
- 부 寸
- 총 11

자해 법도[寸]를 엄격하게 보여주는[示] 사람[尸]으로 벼슬아치를 뜻한다.

읽기 尉官 위관　尉斗 위두　校尉 교위　大尉 대위　少尉 소위　准尉 준위　中尉 중위

유 卿 벼슬 경, 官 벼슬 관, 爵 벼슬 작

融 녹을 융

- 2급
- 부 虫
- 총 16

자해 솥[鬲] 안에 들어간 벌레[虫]는 끓는 물에 녹는다는 뜻이다.

읽기 融液 융액　融資 융자　融暢 융창　融通 융통　融合 융합　融解 융해　融化 융화　融和 융화　金融 금융　金融政策 금융정책

유 溶 녹을 용, 熔 녹을 용

貳 두·갖은 두 이:

- 2급
- 부 貝
- 총 12
- 약 弐, 弍

자해 돈[貝]으로 주살[弋] 두[二] 개를 산다는 의미에서, 둘이라는 뜻이다.

읽기 貳車 이거　貳師 이사　貳相 이상　貳臣 이신　貳心 이심

유 二 두 이

刃 칼날 인:

- 2급
- 부 刀
- 총 3

자해 칼[刀]에 점[丶]을 찍어 칼날을 표시한 글자로, 칼날을 뜻한다.

읽기 刃傷 인상　刃創 인창　白刃 백인　手刃 수인　自刃 자인

2급 부士 총12 약壱	壹 한·갖은 한 일	자해	뚜껑이 덮여 있는[亠] 항아리에 사람[士]이 먹는 콩[豆]으로 만든 간장이 하나 가득 담겨 있다는 데에서, 하나라는 뜻이다.
		읽기	壹大 일대 壹是 일시 壹意 일의

유 一 한 일

2급 부女 총7	妊 아이밸 임:	자해	배가 불룩한[壬] 여자[女]를 의미하는 글자로, 아이를 배다, 임신하다는 뜻이다.
		읽기	妊婦 임부 不妊 불임 胎妊 태임 避妊 피임 懷妊 회임 妊産婦 임산부

유 胎 아이밸 태

2급 부石 총14	磁 자석 자	자해	쇳가루를 끌어당기는 이[玆] 돌[石]이 자석이라는 뜻이다.
		읽기	磁極 자극 磁器 자기 磁氣 자기 磁力 자력 磁石 자석 磁性 자성 磁場 자장 磁針 자침 陶磁 도자 白磁 백자 電磁 전자 靑磁 청자

2급 부言 총16	諮 물을 자:	자해	말[言]로 묻는다[咨]는 의미에서, 묻는다는 뜻이다.
		읽기	諮決 자결 諮謀 자모 諮問 자문 諮議 자의 諮問機關 자문기관

유 問 물을 문

2급 부隹 총14	雌 암컷 자	자해	수컷 옆에 있는 이[此] 새[隹]가 암컷이라는 뜻이다.
		읽기	雌伏 자복 雌性 자성 雌雄 자웅 雌花 자화 雌雄同體 자웅동체

상 雄 수컷 웅

2급 부虫 총24 약蚕	蠶 누에 잠	자해	뽕잎을 먹고 때가 되면 몸에서 바꾸어[朁] 실을 토해내는 벌레[蚰]인 누에를 뜻한다.
		읽기	蠶具 잠구 蠶農 잠농 蠶絲 잠사 蠶食 잠식 蠶室 잠실 蠶業 잠업 養蠶 양잠 春蠶 춘잠

沮 막을 저:
2급 / 부 氵(水) / 총 8

자해 강물[氵]에 둑이나 제방을 쌓아[且] 물길을 막는다는 뜻이다.

읽기 沮氣 저기 沮散 저산 沮喪 저상 沮抑 저억 沮議 저의 沮止 저지
沮澤 저택 沮害 저해 沮止線 저지선 沮害要因 저해요인

유 拒 막을 거, 杜 막을 두, 防 막을 방, 閼 막을 알, 障 막을 장, 抵 막을 저

偵 염탐할 정
2급 / 부 亻(人) / 총 11

자해 마음이 곧은[貞] 사람[亻]인지 알기 위해 염탐한다는 뜻이다.

읽기 偵客 정객 偵察 정찰 偵諜 정첩 偵探 정탐 密偵 밀정 探偵 탐정

유 諜 염탐할 첩

呈 드릴 정
2급 / 부 口 / 총 7

자해 사람이 땅에 서서[壬] 입[口]으로 윗사람에게 말씀을 드린다는 뜻이다.

읽기 呈納 정납 呈上 정상 呈訴 정소 呈送 정송 呈示 정시 敬呈 경정
謹呈 근정 露呈 노정 拜呈 배정 奉呈 봉정 贈呈 증정 進呈 진정
獻呈 헌정 贈呈本 증정본

유 獻 드릴 헌

艇 배 정
2급 / 부 舟 / 총 13

자해 배[舟] 중에 마당[廷]처럼 편편한 큰 배를 뜻한다.

읽기 競艇 경정 小艇 소정 釣艇 조정 舟艇 주정 艦艇 함정
救命艇 구명정 飛行艇 비행정 快速艇 쾌속정

유 舶 배 박, 船 배 선, 舟 배 주, 艦 큰배 함, 航 배 항

劑 약제 제
2급 / 부 刂(刀) / 총 16 / 약 剤

자해 약초를 가지런히[齊] 칼[刂]로 썰어서 조제한 약제를 뜻한다.

읽기 洗劑 세제 藥劑 약제 製劑 제제 調劑 조제 湯劑 탕제 丸劑 환제
強心劑 강심제 強壯劑 강장제 防腐劑 방부제 芳香劑 방향제
殺蟲劑 살충제 睡眠劑 수면제 營養劑 영양제 利尿劑 이뇨제
止血劑 지혈제 鎭靜劑 진정제 鎭痛劑 진통제 淸涼劑 청량제
催眠劑 최면제 抗生劑 항생제 解熱劑 해열제 幻覺劑 환각제

彫 새길 조
2급 / 부 彡 / 총 11

자해 무늬[彡]를 두루[周] 새긴다는 뜻이다.

읽기 彫刻 조각 彫像 조상 彫飾 조식 彫心 조심 彫玉 조옥 彫琢 조탁
毛彫 모조 木彫 목조 浮彫 부조 彫刻品 조각품

유 刻 새길 각, 刊 새길 간

377

措 둘 조
2급 부 扌(手) 총 11

자해 손[扌]으로 물건을 예전[昔]에 있던 자리에 둔다는 뜻이다.

읽기 措辭 조사　措語 조어　措處 조처　措置 조치　擧措 거조
措手不及 조수불급　緊急措置 긴급조치

유 置 둘 치

釣 낚을·낚시 조:
2급 부 金 총 11

자해 쇠[金]를 구부려 국자[勺] 모양의 낚시 바늘을 만들어 물고기를 낚는다는 뜻이다.

읽기 釣臺 조대　釣名 조명　釣船 조선　釣魚 조어　釣遊 조유　釣況 조황

綜 모을 종
2급 부 糸 총 14

자해 베를 짤 때 실[糸]을 다스리는 우두머리[宗] 굵은 실로, 베틀의 날실을 한 칸씩 걸러서 끌어올려 모으는 기능을 한다는 데에서, 모은다는 뜻이다.

읽기 綜管 종관　綜達 종달　綜覽 종람　綜理 종리　綜絲 종사　綜詳 종상
綜析 종석　綜合 종합　綜核 종핵

유 集 모을 집, 合 합할 합
상 漫 흩어질 만, 班 나눌 반, 分 나눌 분, 散 흩을 산

駐 머무를 주:
2급 부 馬 총 15

자해 말[馬]을 여관의 주인[主]에게 맡기고 머문다는 뜻이다.

읽기 駐軍 주군　駐屯 주둔　駐留 주류　駐泊 주박　駐兵 주병　駐步 주보
駐在 주재　駐車 주차　常駐 상주　停駐 정주　進駐 진주

유 留 머무를 류, 停 머무를 정

准 비준 준:
2급 부 冫 총 10

자해 얼음[冫]이 어는 계절에 철새[隹]가 머물도록 허용한다는 의미에서, 허용하다, 비준하다는 뜻이다.

읽기 准尉 준위　准將 준장　批准 비준　認准 인준　准士官 준사관
批准書 비준서

旨 뜻 지
2급 부 日 총 6

자해 음식을 숟가락[匕]으로 떠서 입[口]안에 혀[一]로 맛본다는 의미에서, 맛, 뜻을 뜻한다.

읽기 旨甘 지감　旨意 지의　旨義 지의　高旨 고지　論旨 논지　密旨 밀지
本旨 본지　聖旨 성지　要旨 요지　宗旨 종지　主旨 주지　趣旨 취지

유 意 뜻 의, 義 옳을 의, 志 뜻 지, 趣 뜻 취

脂 기름 지

2급 부 月(肉) 총 10

자해: 고기[肉→月]의 맛[旨]을 더해 주는 기름을 뜻한다.

읽기: 脂粉 지분 脂韋 지위 脂肉 지육 脂澤 지택 丹脂 단지 樹脂 수지
油脂 유지 乳脂 유지 凝脂 응지 竊脂 절지 脫脂 탈지 皮脂 피지
合成樹脂 합성수지

유: 油 기름 유

塵 티끌 진

2급 부 土 총 14

자해: 사슴[鹿]이 마른 땅[土]을 밟고 지나가면서 일으킨 먼지, 티끌을 뜻한다.

읽기: 塵境 진경 塵界 진계 塵露 진로 塵世 진세 塵俗 진속 塵埃 진애
塵煙 진연 塵外 진외 塵土 진토 落塵 낙진 蒙塵 몽진 微塵 미진
防塵 방진 粉塵 분진 風塵 풍진 塵肺症 진폐증
和光同塵 화광동진

유: 埃 티끌 애

津 나루 진(:)

2급 부 氵(水) 총 9

자해: 손에 노를 들고[聿] 저어 바다[氵]를 건너다니는 선착장인 나루를 뜻한다.

읽기: 津軍 진군 津氣 진기 津渡 진도 津梁 진량 津筏 진벌 津夫 진부
津岸 진안 津液 진액 津驛 진역 津人 진인 津卒 진졸 迷津 미진
松津 송진 鷺梁津 노량진 興味津津 흥미진진

診 진찰할 진

2급 부 言 총 12

자해: 병을 살필 때 말[言]로 세밀하게[㐱] 물어본다는 의미에서, 진찰하다는 뜻이다.

읽기: 診斷 진단 診療 진료 診脈 진맥 診夢 진몽 診病 진병 診察 진찰
診治 진치 檢診 검진 內診 내진 來診 내진 誤診 오진 往診 왕진
聽診 청진 初診 초진 打診 타진 宅診 택진 特診 특진 回診 회진
休診 휴진 聽診器 청진기

유: 療 병고칠 료

窒 막힐 질

2급 부 穴 총 11

자해: 구멍[穴]에 무언가가 이르러[至] 막힌다는 뜻이다.

읽기: 窒氣 질기 窒死 질사 窒酸 질산 窒塞 질색 窒素 질소 窒息 질식
窒礙 질애

유: 塞 막힐 색, 막힐 옹,
滯 막힐 체

輯 모을 집

2급 부 車 총 16

자해: 수레[車]를 타고 가며 입[口]으로 하는 말을 귀[耳]로 들어 소문을 모은다는 뜻이다.

읽기: 輯錄 집록 輯成 집성 補輯 보집 收輯 수집 完輯 완집 特輯 특집
編輯 편집 編輯部 편집부

유: 集 모을 집
상: 漫 흩어질 만, 散 흩을 산

遮 가릴 차(:)
2급 / 부辶(辵) / 총15

자해 여러 사람[庶]이 길을 가면[辶] 길이 막힌다는 의미에서, 가린다, 막는다는 뜻이다.

읽기 遮擊 차격　遮光 차광　遮斷 차단　遮道 차도　遮路 차로　遮壁 차벽　遮額 차액　遮陽 차양　遮日 차일　遮絶 차절　遮止 차지　遮蔽 차폐

유 閼 막을 알, 蔽 덮을 폐

餐 밥 찬
2급 / 부食 / 총16

자해 손[又]에 고기가 붙어 있는 뼈[歹]를 들고 먹는[食] 것을 나타낸 글자로, 밥이라는 뜻이다.

읽기 餐飯 찬반　餐食 찬식　佳餐 가찬　晩餐 만찬　常餐 상찬　聖餐 성찬　素餐 소찬　夜餐 야찬　午餐 오찬　朝餐 조찬

유 飯 밥 반, 食 밥 식

刹 절 찰
2급 / 부刂(刀) / 총8

자해 나무[木]를 칼[刂]로 베어다가[乂] 지은 절을 뜻한다.

읽기 刹那 찰나　巨刹 거찰　古刹 고찰　名刹 명찰　佛刹 불찰　寺刹 사찰

유 寺 절 사

札 편지 찰
2급 / 부木 / 총5

자해 나무판[木]에 갈고리[乚]로 글자를 새겨 편지를 썼다는 의미에서, 편지라는 뜻이다.

읽기 札翰 찰한　簡札 간찰　鑑札 감찰　改札 개찰　開札 개찰　落札 낙찰　名札 명찰　芳札 방찰　書札 서찰　應札 응찰　入札 입찰　標札 표찰　現札 현찰　改札口 개찰구

유 簡 대쪽 간, 翰 편지 한

斬 벨 참(:)
2급 / 부斤 / 총11

자해 죄인을 형틀[車]에 묶고 도끼[斤]로 목을 벤다는 뜻이다.

읽기 斬級 참급　斬頭 참두　斬伐 참벌　斬殺 참살　斬首 참수　斬屍 참시　斬新 참신　斬刑 참형　腰斬 요참　陵遲處斬 능지처참

彰 드러날 창
2급 / 부彡 / 총14

자해 털[彡]이 있는 붓으로 글[章]을 써서 그 내용이 밝게 드러난다는 뜻이다.

읽기 彰德 창덕　彰明 창명　彰善 창선　彰示 창시　表彰 표창　表彰狀 표창장　彰往察來 창왕찰래

滄 큰바다 창
- 2급 / 부 氵(水) / 총 13
- 자해: 창고[倉]만한 큰 물결[氵]이 이는 넓고 푸른 바다를 뜻한다.
- 읽기: 滄浪 창랑, 滄茫 창망, 滄熱 창열, 滄波 창파, 滄海 창해, 滄桑之變 창상지변, 滄海一粟 창해일속, 萬頃滄波 만경창파
- 유: 洋 큰바다 양

悽 슬퍼할 처:
- 2급 / 부 忄(心) / 총 11
- 자해: 남편 잃은 아내[妻]의 마음[忄]은 슬프다는 뜻이다.
- 읽기: 悽然 처연, 悽絶 처절, 悽慘 처참
- 유: 慨 슬퍼할 개, 悼 슬퍼할 도, 哀 슬플 애

隻 외짝 척
- 2급 / 부 隹 / 총 10
- 자해: 새[隹] 한 마리를 손[又]으로 잡고 있다는 의미에서, 외짝을 뜻한다.
- 읽기: 隻劍 척검, 隻句 척구, 隻騎 척기, 隻步 척보, 隻手 척수, 隻身 척신, 隻眼 척안, 隻愛 척애, 隻言 척언, 隻字 척자, 隻窓 척창, 五隻船 오척선
- 유: 雙 두·쌍 쌍

 거둘 철
- 2급 / 부 扌(手) / 총 15
- 자해: 아이를 기를[育] 때, 회초리로 쳐서[攵] 혼낸 후에는 반드시 손[扌]으로 거두어 안아 주어야 한다는 의미에서, 거둔다는 뜻이다.
- 읽기: 撤去 철거, 撤軍 철군, 撤兵 철병, 撤收 철수, 撤市 철시, 撤廢 철폐, 撤回 철회, 不撤晝夜 불철주야
- 유: 收 거둘 수

諜 염탐할 첩
- 2급 / 부 言 / 총 16
- 자해: 나뭇잎[枼]으로 몸을 숨기고 적이 무슨 말[言]을 하는지 동정을 살핀다는 의미에서, 염탐한다는 뜻이다.
- 읽기: 諜報 첩보, 諜人 첩인, 諜者 첩자, 諜知 첩지, 諜候 첩후, 間諜 간첩, 防諜 방첩, 諜報網 첩보망, 防諜部隊 방첩부대
- 유: 偵 염탐할 정

締 맺을 체
- 2급 / 부 糸 / 총 15
- 자해: 임금[帝]과 제후가 실[糸]로 이어진 것과 같은 이유는 동맹을 맺었기 때문이라는 의미에서, 맺는다는 뜻이다.
- 읽기: 締結 체결, 締交 체교, 締構 체구, 締盟 체맹, 締約 체약
- 유: 結 맺을 결, 契 맺을 계, 約 맺을 약

2급 哨 망볼 초
부 口 / 총 10

자해 입[口]은 다물고 작은[肖] 손짓으로 적의 동태를 알리며 망본다는 뜻이다.

읽기 哨戒 초계   哨官 초관   哨兵 초병   哨船 초선   哨所 초소   步哨 보초   巡哨 순초   前哨 전초   哨戒艦 초계함   前哨戰 전초전

2급 焦 탈 초
부 灬(火) / 총 12

자해 새[隹]를 불[灬]에 굽는다는 의미에서, 탄다는 뜻이다.

읽기 焦急 초급   焦眉 초미   焦脣 초순   焦點 초점   焦燥 초조   焦土 초토   焦土化 초토화   焦眉之急 초미지급   勞心焦思 노심초사   脣焦口燥 순초구조

유 燃 탈 연

2급 趨 달아날 추
부 走 / 총 17

자해 꼴[芻]을 먹는 짐승처럼 고개를 숙이고 달려간다[走]는 의미에서, 달아난다는 뜻이다.

읽기 趨拜 추배   趨步 추보   趨勢 추세   趨迎 추영   趨進 추진   趨向 추향   歸趨 귀추

2급 蹴 찰 축
부 足 / 총 19

자해 발[足]로 공이 나아가도록[就] 찬다는 뜻이다.

읽기 蹴球 축구   蹴鞠 축국   蹴踏 축답   一蹴 일축

2급 軸 굴대 축
부 車 / 총 12

자해 수레[車]가 굴러갈 수 있는 까닭[由]은 굴대가 있기 때문이라는 의미에서, 굴대를 뜻한다.

읽기 軸距 축거   權軸 권축   機軸 기축   基軸 기축   主軸 주축   支軸 지축   地軸 지축   車軸 차축   回轉軸 회전축   天方地軸 천방지축

2급 衷 속마음 충
부 衣 / 총 10

자해 눈에 보이지 않는 옷[衣] 속[中]을 나타낸 글자로, 속마음을 뜻한다.

읽기 衷懇 충간   衷曲 충곡   衷誠 충성   衷心 충심   衷情 충정   衷正 충정   衷懷 충회   苦衷 고충   聖衷 성충   折衷 절충

2급 부火 총8 炊 불땔 취:

자해 입을 크게 벌리고[欠] 입김을 불어 넣으며 불[火]을 땐다는 뜻이다.

읽기 炊飯 취반　炊事 취사　炊煙 취연　炊湯 취탕　自炊 자취　蒸炊 증취
炊事兵 취사병　炊事道具 취사도구

2급 부玉(玉) 총12 琢 다듬을 탁

자해 옥[玉→王]을 끌로 쪼아 다듬을 때 소리가 나는[豕] 것을 나타낸 글자로, 다듬는다는 뜻이다.

읽기 琢器 탁기　琢磨 탁마　琢玉 탁옥　彫琢 조탁　追琢 추탁
上色琢器 상색탁기

2급 부言 총10 託 부탁할 탁

자해 말[言]로 정중히 부탁한다[乇]는 뜻이다.

읽기 託故 탁고　託國 탁국　託辭 탁사　託事 탁사　託送 탁송　託身 탁신
託言 탁언　託疾 탁질　假託 가탁　結託 결탁　供託 공탁　寄託 기탁
反託 반탁　付託 부탁　受託 수탁　信託 신탁　預託 예탁　委託 위탁
依託 의탁　請託 청탁　稱託 칭탁　託兒所 탁아소
託孤寄命 탁고기명

2급 부月(肉) 총9 胎 아이밸 태

자해 몸[肉→月]에 별[台]과 같은 아이를 품고 있다는 의미에서, 아이를 배다는 뜻이다.

읽기 胎教 태교　胎氣 태기　胎內 태내　胎動 태동　胎膜 태막　胎母 태모
胎夢 태몽　胎盤 태반　胎生 태생　胎兒 태아　胎葉 태엽　落胎 낙태
母胎 모태　受胎 수태　雙胎 쌍태　脫胎 탈태　胞胎 포태　懷胎 회태
胎息法 태식법　換骨奪胎 환골탈태

🔁 妊 아이밸 임

2급 부風 총14 颱 태풍 태

자해 별[台]을 흔들 정도로 강한 바람[風]이라는 의미에서, 태풍을 뜻한다.

읽기 颱風 태풍　颱風眼 태풍안　颱風被害 태풍피해

2급 부雨 총21 약霸 霸 으뜸 패:

자해 비[雨]를 맞지 않고 오랜 세월[月] 동안 쓸 수 있는 가죽[革]이 으뜸이라는 뜻이다.

읽기 霸國 패국　霸權 패권　霸氣 패기　霸道 패도　霸略 패략　霸業 패업
霸王 패왕　霸者 패자　連霸 연패　爭霸 쟁패　制霸 제패
霸權主義 패권주의　霸氣滿滿 패기만만　春秋五霸 춘추오패

🔁 元 으뜸 원

坪 들 평
- 2급
- 부 土
- 총 8

자해 평평한[平] 땅[土]인 들을 뜻한다.

읽기 坪數 평수 　建坪 건평 　延建坪 연건평 　坪當價格 평당가격

유 郊 들 교, 野 들 야

怖 두려워할 포
- 2급
- 부 忄(心)
- 총 8

자해 베[布]가 손상되거나 분실될까 염려되어 마음[忄]속으로 항상 두려워한다는 뜻이다.

읽기 怖懼 포구 　怖伏 포복 　怖畏 포외 　恐怖 공포 　畏怖 외포
恐怖心 공포심 　怖苦發心 포고발심

유 恐 두려울 공,
懼 두려워할 구,
畏 두려워할 외

抛 던질 포:
- 2급
- 부 扌(手)
- 총 7

자해 손[扌]에 더욱 많은[九] 힘[力]을 모아 던진다는 뜻이다.

읽기 抛車 포거 　抛棄 포기 　抛置 포치 　抛物線 포물선

유 棄 버릴 기, 投 던질 투

鋪 펼·가게 포
- 2급
- 부 金
- 총 15

자해 쇠붙이[金]를 넓게[甫] 만든다는 의미에서, 편다는 뜻이다.

읽기 鋪道 포도 　鋪張 포장 　店鋪 점포 　典當鋪 전당포 　紙物鋪 지물포
鋪裝道路 포장도로

유 敷 펼 부, 舒 펼 서,
店 가게 점

虐 모질 학
- 2급
- 부 虍
- 총 9

자해 호랑이[虍]가 발톱[爪→ㅌ]으로 동물이나 사람을 해치니 모질다는 뜻이다.

읽기 虐待 학대 　虐殺 학살 　虐政 학정 　自虐 자학 　殘虐 잔학 　暴虐 포학
酷虐 혹학 　凶虐 흉학 　兒童虐待 아동학대 　暴虐無道 포학무도

유 暴 모질 포, 酷 심할 혹

翰 편지 한:
- 2급
- 부 羽
- 총 16

자해 아침 해가 돋을 때[倝] 깃[羽]이 있는 짐승인 새의 발목에 묶어 날려 보내는 서신, 편지를 뜻한다.

읽기 翰林 한림 　翰毛 한모 　翰墨 한묵 　翰飛 한비 　翰札 한찰 　公翰 공한
內翰 내한 　書翰 서한 　翰林院 한림원 　翰林別曲 한림별곡
如飛如翰 여비여한

유 札 편지 찰

艦 큰배 함:
- 2급
- 부 舟
- 총 20
- 약 艦

자해 배[舟] 중에 적의 동태를 살피며[監] 싸우는 배를 뜻한다.

읽기 艦隊 함대　艦尾 함미　艦上 함상　艦船 함선　艦長 함장　艦艇 함정
艦砲 함포　巨艦 거함　軍艦 군함　大艦 대함　母艦 모함　乘艦 승함
戰艦 전함　砲艦 포함　驅逐艦 구축함　巡洋艦 순양함
潛水艦 잠수함　航空母艦 항공모함

유 舶 배 박, 船 배 선, 艇 배 정, 舟 배 주, 航 배 항

弦 시위 현
- 2급
- 부 弓
- 총 8

자해 활[弓]에 매여 있는 검은[玄] 줄인 활시위를 뜻한다.

읽기 弦管 현관　弦矢 현시　弦影 현영　空弦 공현　弓弦 궁현　上弦 상현
正弦 정현　下弦 하현

峽 골짜기 협
- 2급
- 부 山
- 총 10
- 약 峡

자해 양쪽에 산[山]을 끼고[夾] 있는 골짜기를 뜻한다.

읽기 峽谷 협곡　峽路 협로　峽灣 협만　峽水 협수　峽雲 협운　山峽 산협
地峽 지협　海峽 해협　大韓海峽 대한해협

유 谷 골 곡

型 모형 형
- 2급
- 부 土
- 총 9

자해 평평하게[幵] 칼[刂]로 다듬거나 흙[土]으로 만든 틀, 모형을 뜻한다.

읽기 舊型 구형　金型 금형　大型 대형　模型 모형　母型 모형　小型 소형
新型 신형　元型 원형　原型 원형　類型 유형　典型 전형　定型 정형
鑄型 주형　體型 체형　判型 판형　流線型 유선형　血液型 혈액형

濠 호주 호
- 2급
- 부 氵(水)
- 총 17

자해 물[氵]이 크게[豪] 둘러싸고 있는 해자를 뜻하는 글자로, 후에 호주(오스트레일리아)의 뜻도 가지게 되었다.

읽기 濠洲 호주　內濠 내호　城濠 성호　外濠 외호

유 壕 해자 호

酷 심할 혹
- 2급
- 부 酉
- 총 14

자해 독한 술[酉]은 냄새로 그 존재를 알린다[告]는 의미에서, 냄새가 심하다는 뜻이다.

읽기 酷毒 혹독　酷烈 혹렬　酷吏 혹리　酷法 혹법　酷似 혹사　酷暑 혹서
酷炎 혹염　酷評 혹평　酷寒 혹한　酷刑 혹형　冷酷 냉혹　嚴酷 엄혹
殘酷 잔혹　慘酷 참혹

유 劇 심할 극, 甚 심할 심

2급 靴 신 화
부 革 총 13
유 履 밟을 리

자해 가죽[革]의 모양을 바꾸어[化] 만든 신을 뜻한다.

읽기 靴工 화공 軍靴 군화 短靴 단화 洋靴 양화 長靴 장화 製靴 제화 着靴 착화 手製靴 수제화 室內靴 실내화 洋靴店 양화점 運動靴 운동화 蹴球靴 축구화

2급 幻 헛보일 환:
부 幺 총 4

자해 작은[幺] 물건이 있던 곳에 다른 무언가를 싸서[勹→勹] 놓았더니 이전의 작은 물건이 계속 있는 것처럼 보인다는 의미에서, 헛보인다는 뜻이다.

읽기 幻覺 환각 幻滅 환멸 幻夢 환몽 幻法 환법 幻像 환상 幻想 환상 幻相 환상 幻術 환술 幻影 환영 幻聽 환청 幻惑 환혹 夢幻 몽환 變幻 변환 幻覺劑 환각제 幻燈機 환등기

2급 滑 미끄러울 활/익살스러울 골
부 氵(水) 총 13

자해 뼈[骨]의 표면에 물[氵]이 묻으면 미끄럽다는 뜻이다.

읽기 滑降 활강 滑氷 활빙 滑走 활주 圓滑 원활 潤滑 윤활 滑走路 활주로 潤滑油 윤활유

2급 廻 돌 회
부 廴 총 9
유 巡 돌 순, 避 피할 피, 回 돌 회

자해 빙빙 돌면서[回] 걷는다[廴]는 의미에서, 돈다는 뜻이다.

읽기 廻顧 회고 廻塗 회도 廻廊 회랑 廻禮 회례 廻旋 회선 廻轉 회전 廻風 회풍 廻避 회피 廻向 회향 上廻 상회 巡廻 순회 輪廻 윤회 出廻 출회 下廻 하회

2급 喉 목구멍 후
부 口 총 12

자해 숨이 입[口]에서 과녁[侯]인 허파에 이르는 동안 목구멍을 통한다는 데에서, 목구멍을 뜻한다.

읽기 喉骨 후골 喉頭 후두 喉門 후문 喉舌 후설 喉音 후음 喉頭炎 후두염 喉舌之臣 후설지신

2급 勳 공 훈
부 力 총 16 약 勛
유 功 공 공

자해 연기[熏]가 하늘 높이 올라가듯이 힘[力]을 써서 높은 업적을 쌓은 데서, 공(공로)이라는 뜻이다.

읽기 勳功 훈공 勳貴 훈귀 勳級 훈급 勳記 훈기 勳德 훈덕 勳等 훈등 勳勞 훈로 勳門 훈문 勳閥 훈벌 勳賞 훈상 勳書 훈서 勳臣 훈신 勳業 훈업 勳爵 훈작 勳章 훈장 勳績 훈적 勳戚 훈척 功勳 공훈 武勳 무훈 報勳 보훈 敍勳 서훈 首勳 수훈 偉勳 위훈 勳舊派 훈구파

386

2급
부 口
총 16

한숨쉴 **희**

자해 일이 뜻[意]대로 되지 않아 입[口]으로 한숨을 쉰다는 뜻이다.

읽기 噫氣 희기   噫嗚 희오   噫噫 희희

2급
부 女
총 9

계집 **희**

자해 빗[臣]질하는 여자[女]를 나타낸 글자로, 여자(계집)를 뜻한다.

읽기 姬周 희주   姬妾 희첩   佳姬 가희   舞姬 무희   美姬 미희   王姬 왕희
妖姬 요희   帝姬 제희

유 女 계집 녀, 娘 계집 낭, 媛 계집 원
상 男 사내 남, 郞 사내 랑

2급
부 灬(火)
총 13

빛날 **희**

자해 불빛[火→灬]에 아름다움[叵]이 더욱 빛난다는 뜻이다.

읽기 熙笑 희소   熙熙 희희   廣熙 광희   熙熙壤壤 희희양양

유 耀 빛날 요, 煜 빛날 욱, 歡 기쁠 환
상 暗 어두울 암

2급 배정 한자 ② (인명·지명 한자)

2급
부 亻(人)
총 7
절 가
유 寺 절 사, 刹 절 찰

읽기
伽羅 가라
伽藍 가람
伽倻 가야
僧伽 승가
伽倻琴 가야금
伽倻山 가야산

2급
부 木
총 9
가지 가
유 條 가지 조, 枝 가지 지
상 葉 잎 엽

읽기
柯葉 가엽
柯亭 가정
柯條 가조
交柯 교가
柯亭笛 가정적
南柯一夢 남가일몽

2급
부 貝
총 13
성 가/장사 고
유 商 장사 상

읽기
賈島 가도
賈船 고선
賈人 고인
賈胡 고호
都賈 도고
商賈 상고

2급
부 車
총 12
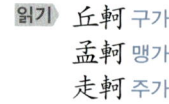
수레·사람이름 가
유 車 수레 거·차,
輛 수레 량, 輿 수레 여

읽기
丘軻 구가
孟軻 맹가
走軻 주가

2급
부 辶(辵)
총 9
부처이름 가

읽기
迦藍 가람
迦葉 가섭
迦維 가유
迦陵頻迦 가릉빈가
釋迦牟尼 석가모니

2급
부 王(玉)
총 9
쌍옥 각

읽기
朴勝珏 박승각
崔珏圭 최각규

2급
부 木
총 7
몽둥이 간
유 干 방패 간

읽기
杆菌 간균
杆城 간성
欄杆 난간

2급
부 艮
총 6
괘이름 간

읽기
艮方 간방
艮止 간지
艮峴 간현

2급
부 革
총 18
오랑캐이름 갈

읽기
靺鞨 말갈
履鞨 이갈
靺鞨族 말갈족

2급
부 山
총 8
곶 갑
유 串 땅이름 곶

읽기
岬角 갑각
岬寺 갑사
山岬 산갑

2급	鉀	읽기	貫鉀 관갑
부 金 총 13	갑옷 갑		被鉀 피갑
			皮鉀 피갑

유 甲 갑옷 갑

2급	姜	읽기	姬姜 희강
부 女 총 9	성 강		姜邯贊 강감찬
			姜太公 강태공
			姜希顔 강희안

2급	岡	읽기	岡陵 강릉
부 山 총 8	산등성이 강		岡阜 강부
			高岡 고강
			福岡 복강

유 丘 언덕 구, 陵 언덕 릉,
岸 언덕 안, 原 언덕 원

2급	崗	읽기	崗阜 강부
부 山 총 11	언덕 강		花崗巖 화강암

유 丘 언덕 구, 陵 언덕 릉,
岸 언덕 안, 原 언덕 원

2급	彊	읽기	彊求 강구
부 弓 총 16	굳셀 강		彊弓 강궁
			彊記 강기
			武彊 무강
			力彊 역강
			雄彊 웅강
			自彊不息 자강불식

유 強 강할 강, 健 굳셀 건
상 弱 약할 약

2급	疆	읽기	疆界 강계
부 田 총 19	지경 강		疆域 강역
			疆土 강토
			無疆 무강
			邊疆 변강
			萬壽無疆 만수무강

유 境 지경 경, 界 지경 계,
區 지경 구, 垠 지경 은

2급	价	읽기	价人 개인
부 亻(人) 총 6	클 개:		使价 사개
			价川郡 개천군

유 碩 클 석, 偉 클 위,
太 클 태, 泰 클 태

2급	塏	읽기	勝塏 승개
부 土 총 13	높은땅 개:		李塏 이개

2급	鍵	읽기	鍵盤 건반
부 金 총 17	자물쇠·열쇠 건:		鍵閉 건폐
			關鍵 관건
			管鍵 관건
			金汝鍵 김여건
			鍵盤樂器 건반악기

유 關 관계할 관

2급	杰	읽기	金邦杰 김방걸
부 木 총 8	뛰어날 걸		

유 傑 뛰어날 걸

2급	桀	읽기	桀王 걸왕
부 木 총 10	하왕이름 걸		桀紂 걸주
			暴桀 폭걸
			凶桀 흉걸

2급	甄	읽기	甄工 견공
부 瓦 총 14	질그릇 견		甄陶 견도
			甄拔 견발
			甄別 견별
			甄表 견표

유 陶 질그릇 도

급수	한자	훈음	읽기
2급 부亻(人) 총15	儆	경계할 경:	儆儆 경경 儆戒 경계 儆備 경비 申儆 신경 自儆 자경 趙儆 조경

유 戒 경계할 계

| 2급 부火 총8 | 炅 | 빛날 경 | 申炅 신경
趙炅 조경
寒炅 한경 |

유 燁 빛날 엽, 曜 빛날 요,
輝 빛날 휘, 熙 빛날 희

| 2급 부王(玉) 총16 | 璟 | 옥빛 경: | 璟玉 경옥
宋璟 송경 |

| 2급 부王(玉) 총19 | 瓊 | 구슬 경 | 瓊團 경단
瓊盤 경반
瓊玉 경옥
瓊音 경음
瓊章 경장
紅瓊 홍경
瓊樓玉宇 경루옥우 |

유 璿 구슬 선, 玉 구슬 옥,
瑗 구슬 원, 珠 구슬 주

| 2급 부白 총11 | 皐 | 언덕 고 | 皐皐 고고
皐復 고복
皐月 고월
皐蘭寺 고란사
皐蘭草 고란초 |

유 丘 언덕 구, 阜 언덕 부,
岸 언덕 안, 原 언덕 원

| 2급 부丨 총7 | 串 | 꿸 관/땅이름 곶 | 魚串 어관
石串洞 석관동
長山串 장산곶
竹串島 죽곶도 |

유 貫 꿸 관, 岬 곶 갑

| 2급 부王(玉) 총12 | 琯 | 옥피리 관 | 白琯 백관
玉琯 옥관 |

| 2급 부木 총14 | 槐 | 회화나무·느티나무 괴 | 槐木 괴목
槐門 괴문
槐實 괴실
槐花 괴화
三槐 삼괴
槐山郡 괴산군
槐安夢 괴안몽 |

| 2급 부王(玉) 총7 | 玖 | 옥돌 구 | 玖璇 구선
瓊玖 경구
李玖 이구 |

유 珉 옥돌 민,
玟 아름다운돌 민

| 2급 부阝(邑) 총8 | 邱 | 언덕 구 | 大邱 대구
靑邱 청구
靑邱圖 청구도 |

유 皐 언덕 고, 丘 언덕 구,
陵 언덕 릉, 阜 언덕 부

| 2급 부革 총17 | 鞠 | 성·국문할 국 | 鞠躬 국궁
鞠問 국문
鞠育 국육
鞠戲 국희
蹴鞠 축국
鞠景仁 국경인 |

유 球 공 구

| 2급 부土 총6 | 圭 | 서옥·쌍토 규 | 圭角 규각
圭復 규복
圭璋 규장
圭田 규전
圭瓚 규찬
圭表 규표
刀圭 도규 |

2급

奎 별 규
부 大 / 총 9
유) 庚 별 경, 星 별 성, 辰 별 진

읽기) 奎文 규문 / 奎星 규성 / 奎宿 규수 / 奎運 규운 / 奎章 규장 / 奎章閣 규장각 / 李奎報 이규보

揆 헤아릴 규
부 扌(手) / 총 12
유) 度 헤아릴 탁, 測 헤아릴 측

읽기) 揆地 규지 / 揆策 규책 / 端揆 단규 / 百揆 백규 / 一揆 일규 / 測揆 측규 / 度揆 탁규

珪 홀 규
부 王(玉) / 총 10
유) 圭 쌍토 규

읽기) 珪石 규석 / 珪素 규소 / 珪璋 규장 / 珪幣 규폐 / 朴珪壽 박규수

槿 무궁화 근:
부 木 / 총 15

읽기) 槿域 근역 / 槿花 근화 / 木槿 목근 / 朝槿 조근 / 槿花心 근화심

瑾 아름다운옥 근:
부 王(玉) / 총 15
유) 瓊 구슬 경, 玉 구슬 옥

읽기) 細瑾 세근 / 柳瑾 유근 / 懷瑾 회근

兢 떨릴 긍:
부 儿 / 총 14
유) 謹 삼갈 근, 愼 삼갈 신

읽기) 兢戒 긍계 / 兢懼 긍구 / 兢兢業業 긍긍업업 / 戰戰兢兢 전전긍긍

冀 바랄 기
부 八 / 총 16
유) 望 바랄 망, 願 바랄 원

읽기) 冀圖 기도 / 冀望 기망 / 冀願 기원 / 冀州 기주 / 希冀 희기

岐 갈림길 기
부 山 / 총 7

읽기) 岐塗 기도 / 岐路 기로 / 岐山 기산 / 分岐 분기 / 燕岐郡 연기군 / 岐黃之術 기황지술 / 多岐亡羊 다기망양

沂 물이름 기
부 氵(水) / 총 7

읽기) 沂水 기수 / 沂河 기하

淇 물이름 기
부 氵(水) / 총 11

읽기) 淇水 기수 / 淇河 기하 / 淇園長 기원장 / 劉秉淇 유병기

琦 옥이름 기
부 王(玉) / 총 12

읽기) 琦辭 기사 / 琦珍 기진 / 琦行 기행

琪 아름다운옥 기
부 王(玉) / 총 12

읽기) 琪樹 기수 / 琪花 기화

2급 부王(玉) 총16	璣 별이름 기	읽기: 珠璣 주기 / 璇璣玉衡 선기옥형	2급 부竹 총14	箕 키 기	읽기: 箕伯 기백 / 箕星 기성 / 箕子 기자 / 箕張 기장 / 箕察 기찰 / 箕山之志 기산지지
2급 부老 총10	耆 늙을 기 유 老 늙을 로	읽기: 耆年 기년 / 耆德 기덕 / 耆老 기로 / 耆蒙 기몽 / 耆儒 기유 / 耆老所 기로소	2급 부馬 총18	騏 준마 기 유 驥 천리마 기	읽기: 騏驥 기기 / 騏麟 기린
2급 부馬 총26	驥 천리마 기 유 騏 준마 기	읽기: 驥足 기족 / 老驥 노기 / 理驥 이기 / 驥服鹽車 기복염거 / 人中騏驥 인중기기	2급 부鹿 총19	麒 기린 기 유 麟 기린 린	읽기: 麒麟 기린 / 麒麟兒 기린아
2급 부氵(水) 총12	湍 여울 단 유 灘 여울 탄	읽기: 湍流 단류 / 湍水 단수 / 湍深 단심 / 湍中 단중 / 激湍 격단 / 急湍 급단	2급 부土 총13	塘 못 당 유 潭 못 담, 淵 못 연, 池 못 지, 澤 못 택	읽기: 塘報 당보 / 塘池 당지 / 芳塘 방당 / 蓮塘 연당 / 堤塘 제당 / 池塘 지당 / 春塘 춘당
2급 부心 총12	悳 큰 덕 유 德 큰 덕	읽기: 權秉悳 권병덕	2급 부灬(火) 총18 약焘	燾 비칠 도 유 映 비칠 영, 暎 비칠 영, 照 비칠 조	읽기: 燾育 도육 / 宋相燾 송상도
2급 부忄(心) 총11	惇 도타울 돈 유 篤 도타울 독, 敦 도타울 돈	읽기: 惇謹 돈근 / 惇德 돈덕 / 惇惇 돈돈 / 惇信 돈신 / 惇惠 돈혜	2급 부火 총16	燉 불빛 돈	읽기: 徐燉珏 서돈각 / 朱有燉 주유돈

頓 조아릴 돈:
2급 / 부 頁 / 총 13

읽기
- 頓然 돈연
- 査頓 사돈
- 整頓 정돈
- 停頓 정돈
- 異次頓 이차돈
- 頓首百拜 돈수백배
- 頓悟漸修 돈오점수

乭 이름 돌
2급 / 부 乙 / 총 6

읽기
- 申乭石 신돌석

董 바를 동:
2급 / 부 艹(艸) / 총 13

읽기
- 董督 동독
- 董率 동솔
- 董役 동역
- 董正 동정
- 董仲舒 동중서
- 骨董品 골동품

유 正 바를 정

杜 막을 두
2급 / 부 木 / 총 7

읽기
- 杜康 두강
- 杜隔 두격
- 杜甫 두보
- 杜絶 두절
- 杜門不出 두문불출
- 通信杜絶 통신두절

유 拒 막을 거, 防 막을 방, 抵 막을 저

鄧 나라이름 등:
2급 / 부 阝(邑) / 총 15

읽기
- 鄧林 등림
- 鄧析子 등석자
- 鄧小平 등소평

萊 명아주 래
2급 / 부 艹(艸) / 총 12

읽기
- 萊婦 내부
- 東萊 동래
- 老萊子 노래자
- 東萊區 동래구
- 蓬萊山 봉래산

亮 밝을 량
2급 / 부 亠 / 총 9

읽기
- 亮達 양달
- 亮直 양직
- 亮察 양찰
- 亮許 양허
- 淸亮 청량
- 諸葛亮 제갈량

유 朗 밝을 랑, 明 밝을 명
상 暗 어두울 암

樑 들보 량
2급 / 부 木 / 총 15

읽기
- 棟樑 동량
- 朴汝樑 박여량
- 棟樑之器 동량지기
- 棟樑之材 동량지재

유 梁 들보 량

呂 성·법칙 려:
2급 / 부 口 / 총 7

읽기
- 呂尙 여상
- 六呂 육려
- 律呂 율려
- 呂宋煙 여송연
- 呂運亨 여운형
- 呂氏春秋 여씨춘추

유 律 법칙 률

廬 농막집 려
2급 / 부 广 / 총 19 / 약 庐

읽기
- 廬幕 여막
- 廬舍 여사
- 廬山 여산
- 結廬 결려
- 三顧草廬 삼고초려

礪 숫돌 려:
2급 / 부 石 / 총 20

읽기
- 礪山 여산
- 礪石 여석
- 礪行 여행
- 磨礪 마려
- 勉礪 면려
- 泰山如礪 태산여려

驪 검은말 려·리
2급 / 부 馬 / 총 29

읽기
- 驪馬 여마
- 驪州 여주
- 驪州郡 여주군
- 驪龍之珠 여룡지주

| 2급 부 氵(水) 총 14 **漣** 잔물결 련 | 읽기 漣落 연락 / 漣川 연천 / 細漣 세련 / 淸漣 청련 / 漣川郡 연천군 | 2급 부 氵(水) 총 16 **濂** 물이름 렴 | 읽기 宋濂 송렴 / 周濂溪 주렴계 / 濂溪學派 염계학파 |

| 2급 부 王(玉) 총 9 **玲** 옥소리 령 | 읽기 玲玲 영령 | 2급 부 酉 총 20 **醴** 단술 례: | 읽기 醴酒 예주 / 醴泉 예천 / 甘醴 감례 / 醴酒不設 예주불설 |

| 2급 부 皿 총 16 **盧** 성 로 | 읽기 盧昇之 노승지 / 盧天命 노천명 / 盧弓盧矢 노궁노시 / 盧生之夢 노생지몽 | 2급 부 艹(艸) 총 20 약 芦 **蘆** 갈대 로 | 읽기 蘆管 노관 / 蘆頭 노두 / 蘆岸 노안 / 蘆笛 노적 / 蘆汀 노정 / 蘆花 노화 / 蘆原區 노원구 |

| 2급 부 魚 총 15 **魯** 노나라·노둔할 로 유 鈍 둔할 둔 | 읽기 魯鈍 노둔 / 魯論 노론 / 愚魯 우로 / 魚魯不辨 어로불변 | 2급 부 鳥 총 24 **鷺** 해오라기·백로 로 | 읽기 鷺鷗 노구 / 鷺序 노서 / 鷺羽 노우 / 白鷺 백로 / 鷺梁津 노량진 / 霜雪之鷺 상설지로 |

| 2급 부 辶(辵) 총 16 **遼** 멀 료 유 遙 멀 요, 悠 멀 유 상 近 가까울 근 | 읽기 遼隔 요격 / 遼史 요사 / 遼遠 요원 / 遼河 요하 / 遼賀 요하 / 遼寧省 요령성 / 遼東半島 요동반도 | 2급 부 刂(刀) 총 15 **劉** 죽일·묘금도 류 유 殺 죽일 살 | 읽기 劉邦 유방 / 劉備 유비 |

| 2급 부 山 총 11  산이름 륜 | 읽기 河崙 하륜 | 2급 부 木 총 13 **楞** 네모질 릉 | 읽기 楞角 능각 / 楞嚴經 능엄경 |

| 2급 부 鹿 총 23 | 麟 기린 **린** | 읽기 | 麟角 인각 / 麟鳳 인봉 / 麟筆 인필 / 麒麟 기린 / 鳳麟 봉린 / 麒麟兒 기린아 / 麟鳳龜龍 인봉귀룡 |

유 麒 기린 기

| 2급 부 革 총 14 | 靺 말갈 **말** | 읽기 | 靺鞨 말갈 |

| 2급 부 豸 총 13 | 貊 맥국 **맥** | 읽기 | 貊弓 맥궁 / 九貊 구맥 / 蠻貊 만맥 / 濊貊 예맥 / 胡貊 호맥 / 小水貊 소수맥 |

| 2급 부 見 총 11 | 覓 찾을 **멱** | 읽기 | 覓去 멱거 / 覓得 멱득 / 覓來 멱래 / 覓索 멱색 / 木覓山 목멱산 |

유 訪 찾을 방, 索 찾을 색, 搜 찾을 수, 尋 찾을 심

| 2급 부 冂 총 11 | 冕 면류관 **면:** | 읽기 | 冕服 면복 |

| 2급 부 亻(人) 총 9 | 俛 힘쓸·구푸릴 **면:** | 읽기 | 俛首 면수 / 俛仰亭 면앙정 / 俛仰亭歌 면앙정가 |

| 2급 부 氵(水) 총 7 | 沔 물이름·빠질 **면:** | 읽기 | 沔水 면수 |

| 2급 부 牛 총 6 | 牟 성·보리 **모** | 읽기 | 牟尼 모니 / 牟利 모리 / 牟食 모식 / 牟然 모연 / 釋迦牟尼 석가모니 |

| 2급 부 艹(艸) 총 9 | 茅 띠 **모** | 읽기 | 茅根 모근 / 茅舍 모사 / 茅屋 모옥 / 茅草 모초 |

| 2급 부 言 총 18 | 謨 꾀 **모** | 읽기 | 謨訓 모훈 / 高謨 고모 / 奇謨 기모 / 聖謨 성모 / 雄謨 웅모 / 遠謨 원모 |

유 謀 꾀 모, 策 꾀 책

| 2급 부 禾 총 16 | 穆 화목할 **목** | 읽기 | 穆穆 목목 / 敦穆 돈목 / 安穆 안목 / 悅穆 열목 / 和穆 화목 / 穆穆曲 목목곡 / 穆如淸風 목여청풍 |

유 睦 화목할 목, 美 아름다울 미, 悅 기쁠 열, 和 화할 화

| 2급 부 日 총 9 | 昴 별이름 **묘:** | 읽기 | 昴星 묘성 / 昴宿 묘수 / 星昴 성묘 |

2급 부氵(水) 총7	汶 물이름 문	읽기 汶水 문수		2급 부弓 총17 약弥	彌 미륵·오랠 미	읽기 彌久 미구 / 彌滿 미만 / 彌望 미망 / 彌縫策 미봉책 / 彌阿里 미아리

유 久 오랠 구

2급 부日 총8	旻 하늘 민	읽기 旻天 민천 / 九旻 구민 / 蒼旻 창민 / 淸旻 청민 / 秋旻 추민		2급 부日 총8	旼 화할 민	읽기 洪吉旼 홍길민 / 旼旼穆穆 민민목목

유 乾 하늘 건, 天 하늘 천, 昊 하늘 호

유 睦 화목할 목, 穆 화목할 목

2급 부王(玉) 총8	玟 아름다운돌 민	읽기 安玟英 안민영		2급 부王(玉) 총9	珉 옥돌 민	읽기 徐珉濠 서민호

유 玖 옥돌 구, 珉 옥돌 민

유 玖 옥돌 구, 玟 아름다운돌 민

2급 부門 총12	閔 성 민	읽기 閔妃 민비 / 閔然 민연 / 憐閔 연민 / 憂閔 우민 / 閔泳煥 민영환		2급 부氵(水) 총15	潘 성 반	읽기 潘沐 반목 / 潘岳 반악 / 潘楊之好 반양지호

2급 부石 총17	磻 반계 반·번	읽기 磻溪 반계		2급 부氵(水) 총12	渤 바다이름 발	읽기 渤海 발해

2급 부金 총13	鉢 바리때 발	읽기 銅鉢 동발 / 飯鉢 반발 / 沙鉢 사발 / 衣鉢 의발 / 周鉢 주발 / 托鉢僧 탁발승 / 沙鉢通文 사발통문		2급 부方 총10	旁 곁 방:	읽기 旁系 방계 / 旁觀 방관 / 旁國 방국 / 旁人 방인 / 旁通 방통 / 路旁 노방 / 四旁 사방

유 傍 곁 방, 側 곁 측

龐 높은집 방
- 2급 / 부 龍 / 총 19
- 읽기: 龐統 방통, 龐德公 방덕공, 龐眉皓髮 방미호발

襃 성 배
- 2급 / 부 衣 / 총 14
- 읽기: 襃度 배도, 襃克廉 배극렴, 襃仲孫 배중손

筏 뗏목 벌
- 2급 / 부 竹 / 총 12
- 읽기: 筏橋 벌교, 筏夫 벌부, 舟筏 주벌, 津筏 진벌

范 성 범:
- 2급 / 부 艹(艸) / 총 9
- 읽기: 范鎔 범용

卞 성 변:
- 2급 / 부 卜 / 총 4
- 읽기: 卞急 변급, 卞隨 변수, 卞季良 변계량

弁 고깔 변:
- 2급 / 부 廾 / 총 5
- 읽기: 弁冕 변면, 弁言 변언, 弁韓 변한, 將弁 장변

昞 밝을 병:
- 2급 / 부 日 / 총 9
- 유: 煥 빛날 환, 晃 밝을 황
- 상: 暗 어두울 암

昺 밝을 병:
- 2급 / 부 日 / 총 9
- 읽기: 邢昺 형병
- 유: 昞 밝을 병, 晃 밝을 황
- 상: 暗 어두울 암

柄 자루 병:
- 2급 / 부 木 / 총 9
- 읽기: 柄臣 병신, 柄用 병용, 國柄 국병, 權柄 권병, 斗柄 두병, 兵柄 병병

炳 불꽃 병:
- 2급 / 부 火 / 총 9
- 읽기: 炳然 병연, 炳映 병영, 炳煜 병욱, 炳燭 병촉, 趙炳玉 조병옥, 炳如日星 병여일성
- 유: 燮 불꽃 섭, 炎 불꽃 염
- 상: 暗 어두울 암

秉 잡을 병:
- 2급 / 부 禾 / 총 8
- 읽기: 秉權 병권, 秉法 병법, 秉燭 병촉, 秉軸 병축
- 유: 操 잡을 조, 執 잡을 집, 捉 잡을 착, 逮 잡을 체

潽 물이름 보:
- 2급 / 부 氵(水) / 총 15
- 읽기: 尹潽善 윤보선

2급 甫 클 보:
부用 총7

읽기: 甫甫 보보, 甫兒 보아, 甫田 보전, 杜甫 두보, 皇甫仁 황보인

유: 太 클 태, 泰 클 태
상: 微 작을 미, 小 작을 소

2급 輔 도울 보:
부車 총14

읽기: 輔導 보도, 輔相 보상, 輔翼 보익, 輔佐 보좌, 輔幣 보폐, 輔弼 보필, 輔國安民 보국안민

유: 佑 도울 우, 翊 도울 익, 佐 도울 좌, 弼 도울 필

2급 馥 향기 복
부香 총18

읽기: 馥氣 복기, 馥郁 복욱, 芳馥 방복, 香馥 향복

유: 芳 꽃다울 방, 芬 향기 분, 香 향기 향, 馨 꽃다울 형

2급 蓬 쑥 봉
부艹(艸) 총15

읽기: 蓬廬 봉려, 蓬門 봉문, 蓬矢 봉시, 蓬萊山 봉래산, 蓬頭亂髮 봉두난발, 蓬頭歷齒 봉두역치

유: 艾 쑥 애

2급 傅 스승 부:
부亻(人) 총12

읽기: 傅佐 부좌, 師傅 사부, 良傅 양부, 傅生之論 부생지론

유: 師 스승 사, 佐 도울 좌

2급 釜 가마 부
부金 총10

읽기: 釜山 부산, 釜鼎 부정, 釜鼎器 부정기, 京釜線 경부선, 釜中生魚 부중생어

2급 阜 언덕 부:
부阜 총8

읽기: 岡阜 강부, 高阜 고부, 曲阜 곡부, 丘阜 구부, 山阜 산부, 阜陵恩 부릉은

유: 邱 언덕 구, 陵 언덕 릉, 阿 언덕 아, 岸 언덕 안

2급 芬 향기 분
부艹(艸) 총8

읽기: 芬蘭 분란, 芬芳 분방, 芬芬 분분, 芬香 분향, 芬馨 분형, 蘭芬 난분, 芬皇寺 분황사

유: 芳 꽃다울 방, 馥 향기 복, 香 향기 향, 馨 꽃다울 형

2급 鵬 새 붕
부鳥 총19

읽기: 鵬圖 붕도, 鵬飛 붕비, 鵬翼 붕익, 鵬程 붕정, 大鵬 대붕, 李起鵬 이기붕, 周世鵬 주세붕

유: 禽 새 금, 鳳 봉새 봉, 乙 새 을, 鳥 새 조

2급 丕 클 비
부一 총5

읽기: 丕基 비기, 丕圖 비도, 丕命 비명, 丕業 비업, 丕績 비적, 丕顯 비현, 丕訓 비훈

유: 巨 클 거, 大 큰 대, 泰 클 태

2급 毖 삼갈 비
부比 총9

읽기: 懲毖 징비, 懲毖錄 징비록

유: 謹 삼갈 근, 愼 삼갈 신, 頊 삼갈 욱

2급 毘 도울 비
부比 총9

읽기: 毘補 비보, 毘益 비익, 毘翼 비익, 毘佐 비좌, 毘贊 비찬, 茶毘 다비, 毘盧峯 비로봉

유: 翊 도울 익, 助 도울 조, 佐 도울 좌, 弼 도울 필

| 2급
부氵(水)
총8
泌
분비할 비:/스며흐를 필 | 읽기) 分泌物 분비물
泌尿器科 비뇨기과 | 2급
부彡
총11
彬
빛날 빈 | 읽기) 彬彬 빈빈
彬蔚 빈울
李漢彬 이한빈 |

유) 爛 빛날 란, 燁 빛날 엽,
曜 빛날 요, 燦 빛날 찬

| 2급
부馬
총12
馮
탈 빙/성 풍 | 읽기) 馮河 빙하
馮夷 풍이
馮國璋 풍국장 | 2급
부氵(水)
총8
泗
물이름 사: | 읽기) 泗水 사수
泗河 사하
泗上弟子 사상제자 |

| 2급
부广
총9
庠
학교 상 | 읽기) 庠校 상교
庠序 상서
庠學 상학
國庠 국상
上庠 상상
下庠 하상
金庠基 김상기 | 2급
부舌
총12
舒
펼 서: | 읽기) 舒卷 서권
舒眉 서미
舒情 서정
舒遲 서지
安舒 안서
振舒 진서
舒川郡 서천군 |

유) 校 학교 교

유) 敍 펼 서, 述 펼 술,
伸 펼 신

| 2급
부大
총15
奭
클·쌍백 석 | 읽기) 李範奭 이범석 | 2급
부日
총12
晳
밝을 석 | 읽기) 明晳 명석 |

유) 巨 클 거, 大 큰 대,
丕 클 비, 碩 클 석

유) 明 밝을 명, 哲 밝을 철

| 2급
부金
총16
錫
주석 석 | 읽기) 錫鑛 석광
錫杖 석장
錫錢 석전
朱錫 주석
羅錫疇 나석주 | 2급
부王(玉)
총13
瑄
도리옥 선 | 읽기) 瑄玉 선옥
李瑄根 이선근 |

| 2급
부王(玉)
총15
璇
옥 선 | 읽기) 璇宮 선궁
璇閨 선규
璇室 선실
璇珠 선주
璇璣玉衡 선기옥형 | 2급
부王(玉)
총18
璿
구슬 선 | 읽기) 璿宮 선궁
璿珠 선주
璿源略譜 선원약보 |

유) 璿 구슬 선, 珠 구슬 주

유) 瓊 구슬 경, 璇 옥 선,
珠 구슬 주

2급 부 卜 총 11	髙 사람이름 설	읽기	李相髙 이상설

2급 부 艹(艸) 총 17	薛 성 설	읽기	薛聰 설총

2급 부 日 총 16	暹 햇살치밀·나라이름 섬	읽기	暹羅 섬라 / 東暹 동섬

2급 부 虫 총 19	蟾 두꺼비 섬	읽기	蟾桂 섬계 / 蟾光 섬광 / 蟾宮 섬궁 / 蟾蛇酒 섬사주 / 蟾津江 섬진강

2급 부 阝(阜) 총 10	陝 땅이름 섬	읽기	陝縣 섬현 / 陝西省 섬서성

2급 부 火 총 17 약 燮	燮 불꽃 섭	읽기	燮理 섭리 / 燮伐 섭벌 / 燮友 섭우 / 燮和 섭화 / 調燮 조섭 / 李仲燮 이중섭

유 炳 불꽃 병, 炎 불꽃 염, 和 화할 화

2급 부 日 총 11	晟 밝을 성	읽기	李晟 이성

유 明 밝을 명, 昞 밝을 병, 昭 밝을 소, 晙 밝을 준

2급 부 巛 총 11	巢 새집 소	읽기	巢窟 소굴 / 卵巢 난소 / 病巢 병소 / 歸巢性 귀소성 / 巢林一枝 소림일지 / 歸巢本能 귀소본능

2급 부 氵(水) 총 8	沼 못 소	읽기	沼上 소상 / 沼池 소지 / 沼澤 소택 / 德沼 덕소 / 淵沼 연소 / 龍沼 용소 / 沼澤地 소택지

유 淵 못 연, 池 못 지, 澤 못 택

2급 부 阝(邑) 총 8	邵 땅이름·성 소	읽기	邵雍 소옹 / 邵台輔 소태보

2급 부 宀 총 7	宋 성 송:	읽기	宋書 송서 / 宋朝 송조 / 宋學 송학 / 南宋 남송 / 北宋 북송 / 宋時烈 송시열 / 宋襄之仁 송양지인

2급 부 氵(水) 총 9	洙 물가 수	읽기	洙泗 수사 / 洙水 수수 / 洙泗學 수사학 / 金性洙 김성수

유 涯 물가 애, 塢 물가 오, 汀 물가 정, 洲 물가 주

銖
2급 / 부 金 / 총 14 / 저울눈 **수**

읽기: 銖兩 수량 / 銖分 수분 / 銖寸 수촌 / 銖積寸累 수적촌루

隋
2급 / 부 阝(阜) / 총 12 / 수나라 **수**

읽기: 隋唐 수당 / 隋書 수서 / 隋文帝 수문제

洵
2급 / 부 氵(水) / 총 9 / 참으로 **순**

읽기: 洵美 순미

淳
2급 / 부 氵(水) / 총 11 / 순박할 **순**

읽기: 淳良 순량 / 淳朴 순박 / 淳昌 순창 / 淳厚 순후

珣
2급 / 부 王(玉) / 총 10 / 옥이름 **순**

읽기: 珣玉 순옥 / 李珣 이순

舜
2급 / 부 舛 / 총 12 / 순임금 **순**

읽기: 舜英 순영 / 舜禹 순우 / 堯舜 요순 / 李舜臣 이순신

荀
2급 / 부 ++(艸) / 총 10 / 풀이름 **순**

읽기: 荀悅 순열 / 荀子 순자 / 荀草 순초

瑟
2급 / 부 王(玉) / 총 13 / 큰거문고 **슬**

읽기: 琴瑟 금슬 / 膠柱鼓瑟 교주고슬

유 琴 거문고 금

繩
2급 / 부 糸 / 총 19 / 약 縄 / 노끈 **승**

읽기: 繩墨 승묵 / 繩索 승삭 / 繩尺 승척 / 捕繩 포승 / 火繩銃 화승총

柴
2급 / 부 木 / 총 10 / 섶 **시:**

읽기: 柴糧 시량 / 柴木 시목 / 柴草 시초 / 柴炭 시탄 / 田柴科 전시과

湜
2급 / 부 氵(水) / 총 12 / 물맑을 **식**

읽기: 湜湜 식식 / 金湜 김식 / 淸湜 청식

유 澈 맑을 철, 淸 맑을 청, 瀅 물맑을 형

軾
2급 / 부 車 / 총 13 / 수레가로나무 **식**

읽기: 據軾 거식 / 蘇軾 소식 / 金富軾 김부식

2급	潘 즙낼·물이름 심:	읽기: 瀋水 심수, 瀋陽 심양, 瀋安鐵道 심안철도	2급	閼 막을 알	읽기: 閼塞 알색, 單閼 단알, 金閼智 김알지

유 拒 막을 거, 杜 막을 두, 抵 막을 저, 沮 막을 저

| 2급 부鳥 총16 | 鴨 오리 압 | 읽기: 鴨爐 압로, 家鴨 가압, 水鴨 수압, 野鴨 야압, 土鴨 토압, 黃鴨 황압, 鴨綠江 압록강 | 2급 부土 총10 | 埃 티끌 애 | 읽기: 埃及 애급, 埃滅 애멸, 煙埃 연애, 塵埃 진애, 土埃 토애, 黃埃 황애 |

유 塵 티끌 진

| 2급 부艹(艸) 총6 | 艾 쑥 애 | 읽기: 艾年 애년, 艾葉 애엽, 艾人 애인, 江艾 강애, 蘭艾 난애, 蓬艾 봉애 | 2급 부亻(人) 총11 | 倻 가야 야 | 읽기: 伽倻 가야, 倻溪集 야계집, 伽倻琴 가야금, 伽倻山 가야산, 大伽倻 대가야 |

유 蓬 쑥 봉

| 2급 부衣 총17 | 襄 도울 양(:) | 읽기: 襄禮 양례, 襄陽 양양, 襄陽郡 양양군 | 2급 부彡 총9 | 彦 선비 언: | 읽기: 彦士 언사, 彦會 언회, 諸彦 제언 |

유 輔 도울 보, 扶 도울 부, 毘 도울 비, 援 도울 원

유 士 선비 사, 儒 선비 유

| 2급 부女 총9 약姸 | 姸 고울 연: | 읽기: 姸麗 연려, 姸芳 연방, 姸粧 연장, 姸醜 연추, 華姸 화연 | 2급 부氵(水) 총12 약渊, 渕 | 淵 못 연 | 읽기: 淵源 연원, 深淵 심연, 淵蓋蘇文 연개소문 |

유 麗 고울 려
상 醜 추할 추

유 塘 못 당, 潭 못 담, 池 못 지, 澤 못 택

| 2급 부行 총9 | 衍 넓을 연: | 읽기: 衍文 연문, 衍義 연의, 衍字 연자, 敷衍 부연, 鄭昌衍 정창연 | 2급 부門 총16 | 閻 마을 염 | 읽기: 閻羅 염라, 閻長 염장, 閻羅國 염라국, 閻錫山 염석산, 閻羅大王 염라대왕 |

유 廣 넓을 광, 浩 넓을 호, 洪 넓을 홍

유 里 마을 리, 府 마을 부, 署 마을 서

燁 빛날 엽
- 2급, 부 火, 총 16
- 읽기: 燁然 엽연, 燁燁 엽엽, 白善燁 백선엽, 盛茂燁 성무엽
- 유: 爛 빛날 란, 曜 빛날 요, 耀 빛날 요, 燦 빛날 찬

暎 비칠 영:
- 2급, 부 日, 총 13
- 읽기: 暎窓 영창, 金洙暎 김수영, 張志暎 장지영, 黃晳暎 황석영
- 유: 燾 비칠 도, 映 비칠 영, 照 비칠 조

瑛 옥빛 영
- 2급, 부 王(玉), 총 13
- 읽기: 金瑛 김영

盈 찰 영
- 2급, 부 皿, 총 9
- 읽기: 盈德 영덕, 盈滿 영만, 盈月 영월, 盈虛 영허
- 유: 滿 찰 만
- 상: 空 빌 공, 虛 빌 허

濊 종족이름 예:
- 2급, 부 氵(水), 총 16
- 읽기: 濊貊 예맥, 東濊 동예, 汪濊 왕예

睿 슬기 예:
- 2급, 부 目, 총 14
- 읽기: 睿達 예달, 睿德 예덕, 睿覽 예람, 睿宗 예종, 睿旨 예지
- 유: 智 슬기 지, 慧 슬기로울 혜

芮 성 예:
- 2급, 부 艹(艸), 총 8
- 읽기: 芮氏 예씨, 芮芮 예예, 芮宗錫 예종석

吳 성 오
- 2급, 부 口, 총 7
- 읽기: 吳吟 오음, 吳子 오자, 吳世昌 오세창, 吳越同舟 오월동주

墺 물가 오:
- 2급, 부 土, 총 16
- 읽기: 墺地利 오지리, 墺太利 오태리
- 유: 洙 물가 수, 涯 물가 애, 汀 물가 정, 洲 물가 주

沃 기름질 옥
- 2급, 부 氵(水), 총 7
- 읽기: 沃畓 옥답, 沃沮 옥저, 沃田 옥전, 沃川 옥천, 沃土 옥토, 肥沃 비옥, 沃野千里 옥야천리
- 유: 肥 살찔 비

鈺 보배 옥
- 2급, 부 金, 총 13
- 읽기: 李鈺 이옥, 金承鈺 김승옥
- 유: 寶 보배 보, 珍 보배 진

甕 독 옹:
- 2급, 부 瓦, 총 18
- 읽기: 甕器 옹기, 甕算 옹산, 甕井 옹정, 甕津 옹진, 鐵甕城 철옹성

2급 / 부邑 / 총10	邕 막힐 옹	읽기: 邕睦 옹목, 蔡邕 채옹
유 塞 막힐 색

2급 / 부佳 / 총13	雍 화할 옹	읽기: 雍睦 옹목, 雍穆 옹목, 雍防 옹방, 雍容 옹용, 雍蔽 옹폐, 雍和 옹화, 雍正帝 옹정제
유 睦 화목할 목, 穆 화목할 목, 和 화할 화

2급 / 부艹(艸) / 총11	莞 빙그레할 완/왕골 관	읽기: 莞島 완도

2급 / 부日 / 총8	旺 왕성할 왕:	읽기: 旺盛 왕성, 旺運 왕운, 興旺 흥왕
유 繁 번성할 번, 盛 성할 성, 昌 창성할 창

2급 / 부氵(水) / 총7	汪 넓을 왕(:)	읽기: 汪茫 왕망, 汪洋 왕양, 汪兆銘 왕조명
유 漠 넓을 막, 洪 넓을 홍

2급 / 부亻(人) / 총10	倭 왜나라 왜	읽기: 倭奴 왜노, 倭亂 왜란, 倭兵 왜병, 倭人 왜인, 倭將 왜장, 倭賊 왜적, 倭政 왜정

2급 / 부土 / 총12 / 약 尭	堯 요임금 요	읽기: 堯舜 요순, 堯堯 요요

2급 / 부女 / 총9	姚 예쁠 요	읽기: 姚姚 요요, 姚克一 요극일, 姚江學派 요강학파
유 美 아름다울 미

2급 / 부羽 / 총20	耀 빛날 요	읽기: 耀德 요덕, 耀耀 요요, 輝耀 휘요, 金耀燮 김요섭
유 曜 빛날 요, 燿 빛날 요, 煜 빛날 욱, 燦 빛날 찬

2급 / 부氵(水) / 총13	溶 녹을 용	읽기: 溶媒 용매, 溶液 용액, 溶溶 용용, 溶解 용해, 水溶性 수용성
유 熔 녹을 용

2급 / 부玉(玉) / 총14	瑢 패옥소리 용	읽기: 瑢瑢 선용

2급 / 부金 / 총18	鎔 쇠녹일 용	읽기: 鎔范 용범, 鎔巖 용암, 鎔接 용접, 鎔解 용해, 鎔鑛爐 용광로
유 熔 녹을 용

| 2급
부 金
총 19 | 鏞
쇠북 용 | 읽기 | 金鏞 금용
大鏞 대용
白禹鏞 백우용
趙鏞夏 조용하 |

유 鍾 쇠북 종

| 2급
부 亻(人)
총 7 | 佑
도울 우: | 읽기 | 佑命 우명
佑助 우조
保佑 보우
金佑明 김우명
天佑神助 천우신조 |

유 保 지킬 보, 扶 도울 부, 助 도울 조, 佐 도울 좌

| 2급
부 示
총 10 | 祐
복 우: | 읽기 | 祐助 우조
降祐 강우
保祐 보우
福祐 복우
神祐 신우
天祐 천우
金祐鎭 김우진 |

유 福 복 복, 祚 복 조
상 殃 재앙 앙, 災 재앙 재

| 2급
부 内
총 9 | 禹
성 우(:) | 읽기 | 禹貢 우공
禹域 우역
禹王 우왕
夏禹氏 하우씨 |

| 2급
부 日
총 6 | 旭
아침해 욱 | 읽기 | 旭光 욱광
旭日 욱일
張旭 장욱
紅旭 홍욱
旭日昇天 욱일승천 |

| 2급
부 日
총 9 | 昱
햇빛밝을 욱 | 읽기 | 昱昱 욱욱
鄭炳昱 정병욱 |

유 曜 빛날 요, 耀 빛날 요, 煥 빛날 환, 晃 밝을 황

| 2급
부 火
총 13 | 煜
빛날 욱 | 읽기 | 煜煜 욱욱
李煜 이욱 |

유 赫 빛날 혁, 煥 빛날 환, 晃 밝을 황, 熙 빛날 희

| 2급
부 阝(邑)
총 9 | 郁
성할 욱 | 읽기 | 郁烈 욱렬
郁文 욱문
郁馥 욱복
郁郁 욱욱
郁郁靑靑 욱욱청청 |

| 2급
부 頁
총 13 | 頊
삼갈 욱 | 읽기 | 頊頊 욱욱 |

유 謹 삼갈 근, 毖 삼갈 비, 愼 삼갈 신

| 2급
부 艹(艸)
총 8 | 芸
향풀 운 | 읽기 | 芸閣 운각
芸夫 운부
芸芸 운운
芸窓 운창
芸香 운향
林芸 임운 |

| 2급
부 艹(艸)
총 15 | 蔚
고을이름 울 | 읽기 | 蔚山 울산
蔚然 울연
蔚興 울흥
彬蔚 빈울
蔚珍郡 울진군 |

| 2급
부 灬(火)
총 14 | 熊
곰 웅 | 읽기 | 熊女 웅녀
熊膽 웅담
熊掌 웅장
熊津 웅진
白熊 백웅
伏熊 복웅
熊虎之將 웅호지장 |

2급 부 女 총 12 **媛** 계집 **원**	읽기	媛女 원녀 媛妃 원비 宮媛 궁원 班媛 반원 淑媛 숙원 良媛 양원 才媛 재원

유 女 계집 녀, 娘 계집 낭
상 男 사내 남, 郞 사내 랑

2급 부 玉 총 13 **瑗** 구슬 **원**

읽기 瑗玉 원옥
趙瑗 조원

유 瓊 구슬 경, 璿 구슬 선, 玉 구슬 옥, 珠 구슬 주

2급 부 衣 총 10 **袁** 성 **원**

읽기 袁枚 원매
袁紹 원소

2급 부 氵(水) 총 12 **渭** 물이름 **위**

읽기 渭水 위수
渭陽 위양
渭陽丈 위양장
渭川面 위천면
渭南文集 위남문집
太公釣渭 태공조위

2급 부 韋 총 9 **韋** 가죽 **위**

읽기 韋帶 위대
韋衣 위의
韋布 위포
韋革 위혁
韋編三絕 위편삼절

유 皮 가죽 피, 革 가죽 혁

2급 부 鬼 총 18 **魏** 성 **위**

읽기 魏書 위서
魏徵 위징
東魏 동위
北魏 북위
西魏 서위
後魏 후위
魏武帝 위무제

2급 부 入 총 9 **兪** 대답할·인월도 **유**

읽기 兪扁之術 유편지술

유 答 대답 답
상 問 물을 문

2급 부 广 총 11 **庾** 곳집·노적가리 **유**

읽기 庾積 유적
金庾信 김유신

유 庫 곳집 고, 倉 곳집 창

2급 부 木 총 13 **楡** 느릅나무 **유**

읽기 楡柳 유류

2급 부 足 총 16 **踰** 넘을 **유**

읽기 踰年 유년
踰歷 유력
踰嶺 유령
踰獄 유옥
踰月 유월
踰限 유한
水踰里 수유리

유 越 넘을 월

2급 부 儿 총 4 **允** 맏 **윤:**

읽기 允可 윤가
允恭 윤공
允君 윤군
允玉 윤옥
允友 윤우
允許 윤허
允文允武 윤문윤무

유 孟 맏 맹, 伯 맏 백

2급 부 尸 총 4 **尹** 성 **윤:**

읽기 卿尹 경윤
官尹 관윤
庶尹 서윤
令尹 영윤
尹奉吉 윤봉길
京兆尹 경조윤
漢城判尹 한성판윤

| 2급 부 月(肉) 총 9 | 胤 자손 윤 | 읽기 | 胤君 윤군 / 胤玉 윤옥 / 胤友 윤우 / 胤子 윤자 / 令胤 영윤 |

유 孫 손자 손

| 2급 부 金 총 12 | 鈗 창 윤 | 읽기 | 鈗器 윤기 / 鈗人 윤인 / 金鈗 김윤 / 執鈗 집윤 |

유 戈 창 과, 矛 창 모
상 干 방패 간, 盾 방패 순

| 2급 부 土 총 9 | 垠 지경 은 | 읽기 | 垠界 은계 / 垠際 은제 / 地垠 지은 |

유 疆 지경 강, 境 지경 경, 界 지경 계, 區 지경 구

| 2급 부 殳 총 10 | 殷 은나라 은 | 읽기 | 殷鑑 은감 / 殷富 은부 / 殷商 은상 / 殷憂 은우 / 殷殷 은은 / 殷昌 은창 / 殷鑑不遠 은감불원 |

| 2급 부 言 총 15 | 誾 향기 은 | 읽기 | 誾誾 은은 / 南誾 남은 |

| 2급 부 鳥 총 24 | 鷹 매 응(:) | 읽기 | 鷹犬 응견 / 鷹視 응시 / 籠鷹 농응 / 秋鷹 추응 / 鷹岩洞 응암동 / 眼如鷹 안여응 |

| 2급 부 亻(人) 총 6 | 伊 저 이 | 읽기 | 伊昔 이석 / 伊時 이시 / 伊人 이인 / 伊太利 이태리 |

| 2급 부 忄(心) 총 8 | 怡 기쁠 이 | 읽기 | 怡色 이색 / 怡神 이신 / 怡顔 이안 / 怡悅 이열 / 南怡 남이 / 歡怡 환이 / 嬉怡 희이 |

유 悅 기쁠 열, 歡 기쁠 환

| 2급 부 王(玉) 총 10 | 珥 귀고리 이: | 읽기 | 玉珥 옥이 / 李珥 이이 |

| 2급 부 羽 총 11 | 翊 도울 익 | 읽기 | 翊戴 익대 / 翊成 익성 / 翊贊 익찬 / 輔翊 보익 / 翊戴功臣 익대공신 |

유 輔 도울 보, 扶 도울 부, 毘 도울 비, 襄 도울 양

| 2급 부 亻(人) 총 8 | 佾 줄춤 일 | 읽기 | 佾舞 일무 / 八佾舞 팔일무 |

유 舞 춤출 무

| 2급 부 金 총 18 | 鎰 무게이름 일 | 읽기 | 萬鎰 만일 / 張鎰 장일 |

滋 불을 자
2급 / 부 氵(水) / 총 12
읽기: 滋漫 자만, 滋茂 자무, 滋殖 자식, 滋甚 자심, 滋雨 자우, 滋養分 자양분, 滋養劑 자양제
유: 潤 불을 윤

庄 전장 장
2급 / 부 广 / 총 6
읽기: 庄家 장가, 庄河市 장하시

獐 노루 장
2급 / 부 犭(犬) / 총 14
읽기: 獐角 장각, 獐肝 장간, 獐島 장도, 獐毛 장모, 獐足 장족, 牙獐 아장, 香獐 향장

璋 홀 장
2급 / 부 王(玉) / 총 15
읽기: 圭璋 규장, 弄璋 농장, 朱元璋 주원장, 弄璋之慶 농장지경
유: 圭 홀 규

蔣 성 장
2급 / 부 艹(艸) / 총 15 / 약 蒋
읽기: 蔣介石 장개석, 蔣生傳 장생전, 蔣英實 장영실

甸 경기 전
2급 / 부 田 / 총 7
읽기: 甸服 전복, 甸役 전역, 甸人 전인, 甸地 전지, 畿甸 기전
유: 畿 경기 기

楨 광나무 정
2급 / 부 木 / 총 13
읽기: 楨幹 정간, 家楨 가정, 國楨 국정, 基楨 기정

汀 물가 정
2급 / 부 氵(水) / 총 5
읽기: 汀蘭 정란, 汀沙 정사, 汀線 정선, 汀岸 정안, 汀瀅 정형
유: 洙 물가 수, 墺 물가 오, 涯 물가 애, 洲 물가 주

旌 기 정
2급 / 부 方 / 총 11
읽기: 旌鼓 정고, 旌旗 정기, 旌門 정문, 旌賞 정상, 旌善 정선, 旌節 정절, 銘旌 명정
유: 旗 기 기

晶 맑을 정
2급 / 부 日 / 총 12
읽기: 晶光 정광, 晶耀 정요, 結晶 결정, 液晶 액정, 結晶體 결정체, 水晶體 수정체, 紫水晶 자수정
유: 淡 맑을 담, 淑 맑을 숙, 澈 맑을 철, 淸 맑을 청

珽 옥이름 정
2급 / 부 王(玉) / 총 11
읽기: 玉珽 옥정

禎 상서로울 정
2급 / 부 示 / 총 14
읽기: 禎祥 정상, 禎瑞 정서, 祥禎 상정, 孫基禎 손기정
유: 福 복 복, 祥 상서 상, 瑞 상서 서

2급 부 阝(邑) 총 15 **鄭** 나라 정:	읽기 鄭聲 정성 / 鄭重 정중 / 鄭玄 정현 / 鄭夢周 정몽주	2급 부 鼎 총 13 **鼎** 솥 정	읽기 鼎談 정담 / 鼎立 정립 / 鼎銘 정명 / 鼎分 정분 / 鼎席 정석 / 鼎足 정족 / 九鼎 구정
2급 부 曰 총 10 **曹** 성 조	읽기 曹植 조식 / 曹氏 조씨 / 曹奉岩 조봉암	2급 부 示 총 10 **祚** 복 조	읽기 祚慶 조경 / 祚命 조명 / 祚胤 조윤 / 景祚 경조 / 吉祚 길조 / 福祚 복조 / 溫祚王 온조왕
		유 福 복 복, 祜 복 호, 禧 복 희	
2급 부 走 총 14 **趙** 나라 조:	읽기 趙光祖 조광조 / 趙子龍 조자룡	2급 부 王(玉) 총 12 **琮** 옥홀 종	읽기 琮花 종화
2급 부 田 총 19 **疇** 이랑 주	읽기 疇輩 주배 / 疇昔 주석 / 範疇 범주 / 田疇 전주 / 羅錫疇 나석주 / 洪範九疇 홍범구주	2급 부 土 총 10 **埈** 높을 준:	읽기 埈險 준험 / 李埈容 이준용
유 頃 이랑 경		유 高 높을 고, 隆 높을 륭, 峻 높을 준, 崔 높을 최	
2급 부 山 총 10 **峻** 높을·준엄할 준:	읽기 峻德 준덕 / 峻嶺 준령 / 峻路 준로 / 峻峯 준봉 / 峻烈 준열 / 峻節 준절 / 險峻 험준	2급 부 日 총 11 **晙** 밝을 준:	읽기 權晙 권준 / 安東晙 안동준
유 高 높을 고, 隆 높을 륭, 嚴 엄할 엄, 埈 높을 준		유 郞 밝을 랑, 明 밝을 명, 晧 밝을 호	
2급 부 氵(水) 총 10 **浚** 깊게할 준:	읽기 浚急 준급 / 浚井 준정 / 浚照 준조 / 浚湖 준호 / 幽浚 유준 / 許浚 허준	2급 부 氵(水) 총 17 **濬** 깊을 준:	읽기 濬潭 준담 / 濬源 준원 / 濬池 준지 / 濬川 준천 / 濬哲 준철 / 急濬 급준
		유 深 깊을 심, 浚 깊게할 준	

급수/부수/총획	한자	훈음	읽기
2급 부馬 총17	駿	준마 준:	駿犬 준견 / 駿骨 준골 / 駿驥 준기 / 駿良 준량 / 駿馬 준마 / 駿敏 준민 / 駿足 준족

유 驥 천리마 기, 騏 준마 기

| 2급 부土 총7 | 址 | 터 지 | 址臺 지대 / 故址 고지 / 舊址 구지 / 寺址 사지 / 城址 성지 / 遺址 유지 |

유 基 터 기

| 2급 부艹(艸) 총8 | 芝 | 지초 지 | 芝眉 지미 / 芝宇 지우 / 芝草 지초 / 瑞芝 서지 / 靈芝 영지 / 芝蘭之交 지란지교 / 芝蘭之室 지란지실 |

| 2급 부禾 총13 | 稙 | 올벼 직 | 稙禾 직화 / 李耕稙 이경직 |

유 稻 벼 도, 禾 벼 화

| 2급 부禾 총15 | 稷 | 피 직 | 稷山 직산 / 稷神 직신 / 后稷 후직 / 宗廟社稷 종묘사직 |

| 2급 부日 총10 | 晉 | 진나라 진: | 晉書 진서 / 晉州 진주 / 晉秩 진질 / 東晉 동진 / 三晉 삼진 / 西晉 서진 / 晉文公 진문공 |

| 2급 부禾 총10 | 秦 | 성 진 | 秦鏡 진경 / 秦聲 진성 / 秦律 진율 / 前秦 전진 / 秦穆公 진목공 / 秦始皇 진시황 / 先秦時代 선진시대 |

| 2급 부火 총17 | 燦 | 빛날 찬: | 燦爛 찬란 / 燦然 찬연 / 燦煥 찬환 / 豪華燦爛 호화찬란 |

유 煜 빛날 욱, 昱 빛날 욱, 赫 빛날 혁, 煥 빛날 환

| 2급 부王(玉) 총17 | 璨 | 옥빛 찬: | 璨璨 찬찬 |

| 2급 부王(玉) 총23 약瓚 | 瓚 | 옥잔 찬 | 圭瓚 규찬 / 玉瓚 옥찬 / 璋瓚 장찬 / 姜邯瓚 강감찬 / 崔瓚植 최찬식 |

| 2급 부金 총27 약鑽 | 鑽 | 뚫을 찬 | 鑽空 찬공 / 鑽具 찬구 / 鑽礪 찬려 / 鑽木 찬목 / 鑽研 찬연 / 研鑽 연찬 / 研鑽會 연찬회 |

| 2급 부攵(攴) 총12 | 敞 | 시원할 창 | 敞麗 창려 / 高敞 고창 / 寬敞 관창 / 劉敞 유창 / 通敞 통창 / 華敞 화창 |

2급 부日 총9	昶 해길 창:	읽기	金基昶 김기창

| 2급 부土 총11 | 埰 사패지 채: | 읽기 | 埰邑 채읍
埰地 채지 |

| 2급 부艹(艸) 총15 | 蔡 성 채: | 읽기 | 蔡倫 채륜
神蔡 신채
靈蔡 영채
蔡濟恭 채제공 |

| 2급 부采 총8 | 采 풍채 채: | 읽기 | 采色 채색
喝采 갈채
風采 풍채
拍手喝采 박수갈채 |

| 2급 부阝(阜) 총10 | 陟 오를 척 | 읽기 | 陟降 척강
陟罰 척벌
進陟 진척
三陟市 삼척시 |

유 登 오를 등, 騰 오를 등
상 降 내릴 강

| 2급 부金 총11 | 釧 팔찌 천 | 읽기 | 寶釧 보천
玉釧 옥천
銀釧 은천 |

| 2급 부口 총12 | 喆 밝을·쌍길 철 | 읽기 | 羅喆 나철 |

유 哲 밝을 철

| 2급 부氵(水) 총15 | 澈 맑을 철 | 읽기 | 鏡澈 경철
鄭澈 정철
淸澈 청철 |

유 晶 맑을 정, 淸 맑을 청
상 濁 흐릴 탁

| 2급 부目 총18 | 瞻 볼 첨 | 읽기 | 瞻敬 첨경
瞻顧 첨고
瞻望 첨망
瞻奉 첨봉
瞻仰 첨앙
瞻星臺 첨성대
瞻言百里 첨언백리 |

유 觀 볼 관, 覽 볼 람, 視 볼 시, 閱 볼 열

| 2급 부木 총13 | 楚 초나라 초 | 읽기 | 楚腰 초요
楚絶 초절
楚楚 초초
苦楚 고초
淸楚 청초
楚漢志 초한지
四面楚歌 사면초가 |

| 2급 부虫 총13 | 蜀 나라이름 촉 | 읽기 | 蜀道 촉도
蜀相 촉상
蜀鳥 촉조
蜀漢 촉한
蜀魂 촉혼
後蜀 후촉
魏吳蜀 위오촉 |

| 2급 부山 총11 | 崔 성·높을 최 | 읽기 | 崔致遠 최치원 |

| 2급 부 木 총 13 | 楸 가래 추 | 읽기 | 楸局 추국
楸木 추목 | 2급 부 阝(邑) 총 13 | 鄒 추나라 추 | 읽기 | 鄒衍 추연
鄒魯學 추로학
鄒魯之鄕 추로지향 |

| 2급 부 木 총 13 | 椿 참죽나무 춘 | 읽기 | 椿年 춘년
椿堂 춘당
椿庭 춘정
林椿 임춘
椿府丈 춘부장 | 2급 부 氵(水) 총 7 약 冲 | 沖 화할 충 | 읽기 | 沖氣 충기
沖年 충년
崔沖 최충 |

| 2급 부 耳 총 14 | 聚 모을 취: | 읽기 | 聚軍 취군
聚落 취락
聚散 취산
聚訟 취송
聚土 취토
聚合 취합
雲聚 운취 | 2급 부 山 총 9 | 峙 언덕 치 | 읽기 | 對峙 대치
大峙洞 대치동
八良峙 팔량치
對峙狀況 대치상황 |

유 集 모을 집, 會 모을 회
상 散 흩을 산

유 崗 언덕 강, 阜 언덕 고,
丘 언덕 구, 邱 언덕 구

| 2급 부 隹 총 13 | 雉 꿩 치 | 읽기 | 山雉 산치
野雉 야치
雉岳山 치악산
春雉自鳴 춘치자명 | 2급 부 氵(水) 총 22 | 灘 여울 탄 | 읽기 | 灘上 탄상
灘聲 탄성
灘響 탄향
新灘津 신탄진
漢灘江 한탄강
玄海灘 현해탄 |

| 2급 부 耳 총 10 | 耽 즐길 탐 | 읽기 | 耽溺 탐닉
耽讀 탐독
耽羅 탐라
耽樂 탐락
耽味 탐미
耽美 탐미
耽羅國 탐라국 | 2급 부 儿 총 7 약 兑 | 兌 바꿀·기쁠 태 | 읽기 | 兌方 태방
兌換 태환
商兌 상태 |

유 肯 즐길 긍, 樂 즐길 락,
娛 즐길 오

유 換 바꿀 환

| 2급 부 口 총 5 | 台 별 태 | 읽기 | 台德 이덕
台臨 태림
台傅 태부
台鼎 태정
三台 삼태
天台宗 천태종 | 2급 부 土 총 8 | 坡 언덕 파 | 읽기 | 坡塘 파당
坡岸 파안
坡州 파주
坡平面 파평면
靑坡洞 청파동 |

유 陵 언덕 릉, 阜 언덕 부,
阿 언덕 아, 岸 언덕 안

| 2급 부阝(阜) 총7 **阪** 언덕 판 | 읽기 阪路 판로 / 阪田 판전 / 大阪 대판 / 阪上走丸 판상주환 | 2급 부彡 총12 **彭** 성 팽 | 읽기 彭祖 팽조 / 彭沖 팽충 / 彭紹升 팽소승 |

유 阿 언덕 아, 岸 언덕 안, 原 언덕 원, 坡 언덕 파

| 2급 부戶 총9 **扁** 작을 편 | 읽기 扁額 편액 / 扁題 편제 / 扁舟 편주 / 扁平 편평 | 2급 부艹(艸) 총13 **葡** 포도 포 | |

유 微 작을 미, 小 작을 소
상 价 클 개, 巨 클 거

| 2급 부魚 총16 **鮑** 절인물고기 포: | 읽기 鮑尺 포척 / 鮑石亭 포석정 / 鮑叔牙 포숙아 / 管鮑之交 관포지교 | 2급 부木 총7 **杓** 북두자루 표 | 읽기 玉杓 옥표 / 酒杓 주표 / 元斗杓 원두표 |

유 柄 자루 병

| 2급 부弓 총12 **弼** 도울 필 | 읽기 弼導 필도 / 弼成 필성 / 輔弼 보필 / 徐載弼 서재필 | 2급 부阝(邑) 총8 **邯** 조나라서울 한/ 사람이름 감 | 읽기 姜邯瓚 강감찬 |

유 輔 도울 보, 毘 도울 비, 翊 도울 익, 助 도울 조

| 2급 부亠 총4 **亢** 높을 항 | 읽기 亢羅 항라 / 亢進 항진 / 亢秩 항질 / 高亢 고항 / 亢龍有悔 항룡유회 | 2급 부氵(水) 총7 **沆** 넓을 항: | 읽기 沆茫 항망 / 崔沆 최항 |

유 高 높을 고, 崔 높을 최
상 卑 낮을 비, 低 낮을 저

유 漠 넓을 막, 茫 아득할 망

| 2급 부木 총7 **杏** 살구 행: | 읽기 杏壇 행단 / 杏林 행림 / 杏仁 행인 / 杏花 행화 / 銀杏 은행 / 杏堂洞 행당동 | 2급 부火 총18 **爀** 불빛 혁 | 읽기 權爀 권혁 / 金尙爀 김상혁 |

赫 빛날 혁
2급 / 부 赤 / 총 14

읽기: 赫怒 혁노, 赫然 혁연, 赫赫 혁혁, 朴赫居世 박혁거세

유: 彬 빛날 빈, 燁 빛날 엽, 曜 빛날 요, 耀 빛날 요

峴 고개 현:
2급 / 부 山 / 총 10

읽기: 峴山 현산, 葛峴 갈현, 炭峴 탄현, 阿峴洞 아현동

유: 嶺 고개 령

炫 밝을 현:
2급 / 부 火 / 총 9

읽기: 炫怪 현괴, 炫耀 현요, 炫炫 현현, 炫惑 현혹

鉉 솥귀 현
2급 / 부 金 / 총 13

읽기: 鉉席 현석, 鉉台 현태, 三鉉 삼현, 崔鉉培 최현배

陜 좁을 협/땅이름 합
2급 / 부 阝(阜) / 총 10 / 약 陕

읽기: 陜川 합천

상: 廣 넓을 광, 漠 넓을 막, 汎 넓을 범, 普 넓을 보

瀅 물맑을 형:
2급 / 부 氵(水) / 총 18

읽기: 汀瀅 정형, 金基瀅 김기형

유: 淡 맑을 담, 淑 맑을 숙, 湜 물맑을 식, 澈 맑을 철

炯 빛날 형
2급 / 부 火 / 총 9

읽기: 炯心 형심, 炯眼 형안, 炯然 형연, 炯炯 형형, 楊炯 양형

유: 明 밝을 명, 炳 밝을 병, 晃 밝을 황, 熙 빛날 희

瑩 밝을 형/옥돌 영
2급 / 부 玉 / 총 15

읽기: 瑩鏡 영경, 瑩然 영연, 崔瑩 최영

邢 성 형
2급 / 부 阝(邑) / 총 7

읽기: 邢人 형인, 邢臺縣 형대현

馨 꽃다울 형
2급 / 부 香 / 총 20

읽기: 馨氣 형기, 馨香 형향, 芬馨 분형, 餘馨 여형, 柳馨遠 유형원

유: 芳 꽃다울 방, 馥 향기 복, 芬 향기 분, 香 향기 향

壕 해자 호
2급 / 부 土 / 총 17

읽기: 待避壕 대피호, 防空壕 방공호

유: 濠 호주 호

扈 따를 호:
2급 / 부 戶 / 총 11

읽기: 扈衛 호위, 扈從 호종

유: 隨 따를 수, 從 좇을 종, 追 따를 추

昊 하늘 호:
2급 / 부 日 / 총 8

읽기
昊天 호천
蒼昊 창호
晴昊 청호
金炳昊 김병호
昊天罔極 호천망극

유 乾 하늘 건, 旻 하늘 민, 天 하늘 천

澔 넓을 호:
2급 / 부 氵(水) / 총 15

읽기 鄭澔 정호

유 普 넓을 보, 衍 넓을 연, 汪 넓을 왕, 浩 넓을 호

祜 복 호
2급 / 부 示 / 총 10

읽기
多祜 다호
福祜 복호
神祜 신호
天祜 천호

유 福 복 복, 祚 복 조, 禧 복 희

泓 물깊을 홍
2급 / 부 氵(水) / 총 8

읽기
泓水 홍수
泓泓 홍홍
深泓 심홍

樺 벚나무·자작나무 화
2급 / 부 木 / 총 15

읽기
樺巾 화건
樺燭 화촉
樺太 화태
樺皮 화피

煥 빛날 환:
2급 / 부 火 / 총 13

읽기
煥爛 환란
煥麗 환려

유 爛 빛날 란, 炳 밝을 병, 燁 빛날 엽, 煜 빛날 욱

晧 밝을 호:
2급 / 부 日 / 총 11

읽기
晧月 호월
黃一晧 황일호

유 朗 밝을 랑, 亮 밝을 량, 明 밝을 명, 昞 밝을 병

皓 흴 호
2급 / 부 白 / 총 12

읽기
皓髮 호발
皓雪 호설
皓首 호수
皓月 호월
皓天 호천
皓皓白髮 호호백발
丹脣皓齒 단순호치

유 白 흰 백, 素 흴 소
상 黑 검을 흑

鎬 호경 호:
2급 / 부 金 / 총 18

읽기
鎬京 호경
鼎鎬 정호

嬅 탐스러울 화
2급 / 부 女 / 총 14

읽기
嬅容 화용
嬅晶 화정
嬅女容麗 화녀용려

桓 굳셀 환
2급 / 부 木 / 총 10

읽기
桓雄 환웅
桓因 환인
桓桓 환환
盤桓 반환
烏桓 오환

滉 깊을 황
2급 / 부 氵(水) / 총 13

읽기 李滉 이황

유 深 깊을 심, 濬 깊을 준
상 淺 얕을 천

| 2급 | 晃 밝을 황 | 읽기: 晃耀 황요, 晃昱 황욱, 晃晃 황황, 姜世晃 강세황 |
부 日 / 총 10

뜻 明 밝을 명, 昺 밝을 병

| 2급 | 檜 전나무 회: | 읽기: 檜木 회목, 檜皮 회피, 老檜 노회, 松檜 송회, 檜巖寺 회암사 |
부 木 / 총 17

| 2급 | 淮 물이름 회 | 읽기: 淮水 회수, 淮陽 회양, 淮皮 회피, 淮南子 회남자, 淮陽郡 회양군 |
부 氵(水) / 총 11

| 2급 | 后 임금·왕후 후: | 읽기: 后宮 후궁, 后妃 후비, 后王 후왕, 后土 후토, 母后 모후, 太后 태후, 皇后 황후 |
부 口 / 총 6

뜻 妃 왕비 비

| 2급 | 壎 질나팔 훈 | 읽기: 弄壎 농훈 |
부 土 / 총 17

| 2급 | 熏 불길 훈 | 읽기: 熏夕 훈석, 熏燒 훈소, 沈熏 심훈, 南益熏 남익훈, 衆口熏天 중구훈천 |
부 灬(火) / 총 14

| 2급 | 薰 향풀 훈 | 읽기: 薰氣 훈기, 薰陶 훈도, 薰育 훈육, 薰風 훈풍, 薰化 훈화, 餘薰 여훈, 香薰 향훈 |
부 艹(艸) / 총 18

| 2급 | 徽 아름다울 휘 | 읽기: 徽索 휘삭, 徽言 휘언, 徽音 휘음, 徽章 휘장, 徽號 휘호 |
부 彳 / 총 17

뜻 美 아름다울 미, 烋 아름다울 휴

| 2급 | 烋 아름다울 휴 | 읽기: 金宗烋 김종휴, 李秀烋 이수휴 |
부 灬(火) / 총 10

뜻 美 아름다울 미, 嬉 아름다울 희

| 2급 | 匈 오랑캐 흉 | 읽기: 匈奴 흉노 |
부 勹 / 총 6

| 2급 | 欽 공경할 흠 | 읽기: 欽敬 흠경, 欽念 흠념, 欽命 흠명, 欽慕 흠모, 欽服 흠복, 欽仰 흠앙, 欽定 흠정 |
부 欠 / 총 12

뜻 敬 공경 경, 仰 우러를 앙

| 2급 | 嬉 아름다울 희 | 읽기: 嬉樂 희락, 嬉笑 희소, 嬉遊 희유, 嬉戲 희희, 嬉嬉 희희 |
부 女 / 총 15

뜻 佳 아름다울 가, 烋 아름다울 휴

2급	憙	읽기 悅憙 열희
부 心 총 16	기뻐할 희	

유 悅 기쁠 열

2급	熹	읽기 朱熹 주희
부 灬(火) 총 16	빛날 희	

유 曜 빛날 요, 耀 빛날 요, 煜 빛날 욱, 熙 빛날 희

2급	禧	읽기 禧年 희년 福禧 복희 新禧 신희
부 示 총 17	복 희	

유 福 복 복, 祚 복 조, 祜 복 호

2급	羲	읽기 伏羲 복희 伏羲氏 복희씨 王羲之 왕희지
부 羊 총 16	복희 희	

부록

- 2급 시험 문제 유형 분석
- 사자성어
- 장단음
- 상대자·상대어
- 유의자
- 동음이의어
- 동자이음어
- 잘못 읽기 쉬운 한자어
- 약자
- 모의 전국한자능력검정시험 정답
- 모의시험 답안지

2급 시험 문제 유형 분석

유형 1 독음 쓰기

[問 1-2] 다음 문장에서 밑줄 친 漢字語의 讀音을 쓰시오.
  [1] 생사를 건 冒險 모험
  [2] 魅惑적인 자태 매혹

[問 3-4] 다음 漢字語의 讀音을 쓰시오.
  [3] 沐浴 목욕
  [4] 和暢 화창

▶독음을 묻는 문제는 총 150문제 중 45문제 정도 출제되어, 비중이 가장 큰 문제 유형입니다. 이 유형은 2급 배정 한자 2,355자의 뜻과 음을 정확하게 익혔다면 쉽게 풀 수 있습니다. 하지만 한자어이기 때문에 두음 법칙, 속음 현상에 유의하여야 합니다. 예를 들면, 類義語는 類의 음이 '류'이지만 '유의어'로 표기하여야 합니다. 困難은 難의 음이 '난'이지만 '곤란'으로 표기하여야 합니다. 또, 한자의 음이 여러 개인 경우도 유의하셔야 합니다. 예를 들면, 下降의 降은 '강'과 '항' 두 개의 음이 있으나 이 단어에서는 '내리다'의 뜻이기 때문에 '강'으로 읽습니다. 이러한 경우에는 단어의 뜻을 생각하면 그 단어의 독음을 쉽게 알 수 있습니다.

유형 2 훈·음 쓰기

[問 1-2] 다음 漢字의 訓과 음을 쓰시오.
  [1] 握 쥘 악
  [2] 傅 스승 부

▶한자의 훈과 음을 묻는 문제는 총 150문제 중 27문제 정도 출제됩니다. 각 한자는 여러 가지 뜻과 음을 가지고 있지만 (사)한국어문회에서 제시한 대표 훈과 음으로 공부하셔야 합니다. 이 책의 배정 한자는 (사)한국어문회에서 제시한 대표 훈과 음으로 실어 놓았으니 이 책에 있는 훈과 음으로 익히면 됩니다.

유형 3 장단음 구분하기

[問 1-2] 다음 漢字語 중 첫 音節이 長音으로 발음되는 것의 번호를 쓰시오.
- [1] ① 贈呈　　② 痲醉　　③ 庶民　　④ 餘暇
- [2] ① 勳章　　② 雁行　　③ 糾彈　　④ 拙著

▶ 한자어의 장단음을 묻는 문제는 총 150문제 중 5문제 정도로 출제되며, 수험자들이 가장 어려워하는 유형입니다. 장단음을 구별하는 것이 쉽지 않기 때문에 평소 국어사전에서 한자어를 찾아 장단음을 확인하며 익히는 것이 효과적입니다.

유형 4 한자 쓰기

[問 1-2] 다음 문장에서 밑줄 친 漢字語를 漢字(正字)로 쓰시오.
◎ 그의 [1]극진한 [2]효도에 동네 사람들의 [3]칭찬이 자자했다.
　　極盡　　孝道　　　　稱讚

▶ 한자어를 한자로 쓰는 문제는 총 150문제 중 30문제 정도 출제됩니다. 2급 쓰기 배정 한자로 조합된 한자어가 출제되니 2급 쓰기 배정 한자와 한자어를 많이 써 보면서 익히는 것이 중요합니다. 3급 기출 문제 중에서, 독음을 묻는 문제에 제시된 한자어를 써 보는 것도 한자 쓰기 문제를 대비하는 데에 효과적일 수 있습니다.

유형 5 유의자 쓰기

[問 1-2] 다음 漢字와 비슷한 뜻을 가진 漢字(正字)를 ( ) 안에 써넣어 문장에 적합한 漢字語가 되게 하시오.
- [1] 여인은 (憂)愁에 가득찬 눈으로 한참동안 창밖을 바라보고 있었다.
- [2] 불량한 학생들을 懲(戒)하다.

▶ 유의자를 써서 한자어를 완성하는 문제는 총 150문제 중 5문제 정도 출제됩니다. 배정 한자를 익힐 때, 뜻이 비슷한 한자들을 연계해서 학습한다면 쉽게 풀 수 있는 문제입니다. 이 책의 유의자 부분을 익히면 더욱 쉽게 문제를 풀 수 있습니다.

유형 6 상대자 쓰기

[問 1-2] 다음 漢字와 뜻이 反對 또는 相對되는 漢字(正字)를 써서 漢字語를 완성하시오.
- [1] (今) 昔
- [2] 表 (裏)

▶ 반대자/상대자를 써서 한자어를 완성하는 문제는 총 150문제 중 5문제 정도 출제됩니다. 배정 한자를 익힐 때, 뜻이 반대되거나 상대되는 한자들을 연계해서 학습한다면 쉽게 풀 수 있는 문제입니다. 이 책의 상대자 부분을 익히면 더욱 쉽게 문제를 풀 수 있습니다.

유형 7　상대어 쓰기

[問 1-2] 다음 漢字語의 反對語 또는 相對語를 2음절로 된 漢字(正字)로 쓰시오.
　[1] 記憶 ↔ (忘却)
　[2] (拘束) ↔ 放免

▶ 반대어/상대어를 쓰는 문제는 총 150문제 중 5문제 정도 출제됩니다. 단어를 익힐 때, 뜻이 반대되거나 상대되는 단어들을 연계해서 학습한다면 쉽게 풀 수 있는 문제입니다. 이 책의 상대어 부분을 익히면 더욱 쉽게 문제를 풀 수 있습니다.

유형 8　사자성어 쓰기

[問 1-2] 다음 ( ) 안에 알맞은 漢字(正字)를 써넣어 四字成語를 완성하시오.
　[1] 萬頃(蒼)波: 한없이 넓고 푸른 바다.
　[2] (滅)私奉公: 사적인 것을 버리고 공적인 것을 위하여 힘써 일함.

▶ 사자성어를 완성하는 문제는 총 150문제 중 10문제 정도 출제됩니다. 사자성어를 익힐 때, 사자성어의 글자 하나 하나를 풀이하고 그 의미를 생각하며 학습한다면 사자성어의 뜻과 의미에 알맞은 한자를 유추하여 완성할 수 있을 것입니다.

유형 9　동음이의어 쓰기

[問 1-2] 다음 漢字語의 同音異義語를 漢字(正字)로 쓰되, 제시된 뜻에 맞는 것으로 하시오.
　[1] 婚前 - (混戰): 두 편이 어지럽게 뒤섞여 승패를 가름할 수 없을 만큼 치열하게 다툼.
　[2] 彈性 - (歎聲): 한탄하거나 탄식하는 소리.

▶ 뜻에 알맞은 동음이의어를 쓰는 문제는 총 150문제 중 5문제 정도 출제됩니다. 동음이의어란, 소리는 같지만 뜻이 다른 한자어입니다. 동음이의어가 여러 개인 것들도 있기 때문에 제시된 뜻에 알맞은 한자어인지 확인하셔야 합니다. 이 책의 동음이의어 부분을 익히면 더욱 효율적으로 학습할 수 있습니다.

유형 10　부수 쓰기

[問 1-2] 다음 漢字의 部首를 쓰시오.
　[1] 同 - (口)
　[2] 式 - (弋)

▶ 한자의 부수를 쓰는 문제는 총 150문제 중 5문제 정도 출제됩니다. 부수는 자전을 이용해 한자의 뜻과 음을 알고자 할 때 사용하기 위한 것이지만 한자의 뜻을 짐작할 수 있는 중요한 부분이기에 배정 한자를 익힐 때 부수를 생각하며 익히면 더욱 효과적입니다.

유형 11   약자 쓰기

[問 1-2] 다음 漢字의 略字를 쓰시오.

[1] 釋 - (釈)

[2] 寶 - (宝)

▶한자의 약자를 쓰는 문제는 총 150문제 중 3문제 정도 출제됩니다. 약자는 획수가 많은 한자를 간단하게 줄여서 쓴 글자입니다. 약자를 익히다보면 약간의 규칙적인 부분이 보이기도 하니 그 규칙을 찾아가며 익힌다면 더욱 효율적일 것입니다.

유형 12   한자어 뜻풀이 하기

[問 1-2] 다음 漢字語의 뜻을 쓰시오.

[1] 蠶農 누에 농사.

[2] 生菜 익히지 않고 날로 무친 나물.

▶한자어의 뜻을 묻는 문제는 총 150문제 중 5문제 정도 출제됩니다. 한자어의 한자 한 글자 한 글자의 뜻을 생각하면 유추하기 쉽습니다. 한자어를 익힐 때 그 뜻을 함께 익히도록 합니다.

사자성어

ㄱ

街談巷說 가담항설
길거리나 마을에 떠도는 소문.

佳人薄命 가인박명
아름다운 여자는 수명이 짧고 운명이 기구함을 뜻함.

刻骨難忘 각골난망
은혜가 뼈에 새길 만큼 커서 잊기 어려움.

刻骨銘心 각골명심
뼈 속에 새기고 마음속에 새긴다는 뜻으로, 마음속에 깊이 새겨 두고 잊지 아니함.

刻骨痛恨 각골통한
뼈에 사무칠 만큼 원통하고 한스러움.

角者無齒 각자무치
뿔이 있는 짐승은 날카로운 이가 없다는 뜻으로, 한 사람이 여러 가지 재주나 복을 다 가질 수 없음.

刻舟求劍 각주구검
어리석고 융통성이 없음을 이르는 말.

肝膽相照 간담상조
서로 속마음을 털어놓고 친하게 사귐.

感慨無量 감개무량
마음속에서 느끼는 감동이나 느낌이 끝이 없음.

敢不生心 감불생심
감히 엄두도 내지 못함.

甘言利說 감언이설
남의 비위에 맞도록 꾸민 달콤한 말과 이로운 조건을 내세워 꾀는 말.

感之德之 감지덕지
감사하게 여기고 덕으로 여긴다는 데서, 매우 고맙게 여김.

甲男乙女 갑남을녀
평범한 사람들을 이름.

江湖煙波 강호연파
강이나 호수 위에 안개처럼 하얗게 이는 기운.

改過遷善 개과천선
잘못이나 허물을 고쳐 착하게 됨.

蓋世之才 개세지재
세상을 뒤덮을 만한 뛰어난 재주.

居安思危 거안사위
편안하게 살 때에 앞으로 닥칠 위태로움을 생각함.

擧案齊眉 거안제미
밥상을 눈썹과 나란히 들고 남편에게 가지고 간다는 뜻으로, 아내가 남편을 깍듯이 공경함을 이르는 말.

乞人憐天 걸인연천
거지가 하늘을 걱정한다는 뜻으로, 격에 맞지 않는 걱정을 이르는 말.

格物致知 격물치지
실제 사물의 이치를 연구하여 지식을 완전하게 함을 이름.

隔世之感 격세지감
오래지 않은 동안에 몰라보게 변하여 아주 다른 세상이 된 것 같은 느낌.

牽強附會 견강부회
이치에 맞지 않는 말을 억지로 끌어 붙여 자기에게 유리하게 함을 이름.

見利思義 견리사의
이익을 보면 의리를 먼저 생각함.

犬馬之勞 견마지로
개나 말 정도의 하찮은 힘이라는 뜻으로, 윗사람에게 충성을 하는 자신의 노력을 낮추어 이르는 말.

見物生心 견물생심
물건을 보면 그것을 가지고 싶은 마음이 생김.

堅忍不拔 견인불발
굳게 참고 견디어 마음이 흔들리지 않음.

結者解之 결자해지
맺은 사람이 풀어야 한다는 뜻으로, 자기가 저지른 일은 자기가 해결하여야 함을 이르는 말.

結草報恩 결초보은
죽어 혼령이 되어서라도 은혜를 잊지 않고 갚음을 이르는 말.

兼人之勇 겸인지용
혼자서 능히 여러 사람을 당해낼 만한 용기.

輕擧妄動 경거망동
경솔하여 생각 없이 망령되게 행동함.

傾國之色 경국지색
한 나라를 위기에 빠뜨릴 정도의 미인. 뛰어나게 아름다운 미인.

經世濟民 경세제민
세상을 다스리고 백성을 구함.

敬天勤民 경천근민
하느님을 공경하고 백성을 위해 부지런히 일함.

驚天動地 경천동지
하늘을 놀라게 하고 땅을 뒤흔든다는 뜻으로, 세상을 몹시 놀라게 함을 이르는 말.

敬天愛人 경천애인
하늘을 공경하고 사람을 사랑함.

鷄卵有骨 계란유골
계란에 뼈가 있다는 뜻으로, 운수가 나쁜 사람은 모처럼의 좋은 기회를 만나도 역시 일이 잘 안됨을 이르는 말.

鷄鳴狗盜 계명구도
비굴하게 남을 속이는 하찮은 재주. 또는 그런 재주를 가진 사람.

孤軍奮鬪 고군분투
외로운 군력으로 분발하여 싸운다는 뜻으로, 혼자서 많은 수의 적군과 용감하게 잘 싸움.

高臺廣室 고대광실
높은 대와 넓은 집이라는 뜻으로, 굉장히 크고 좋은 집을 이르는 말.

孤立無援 고립무원
고립되어 구원을 받을 데가 없음.

姑息之計 고식지계
당장의 편안함을 택하는 꾀나 방법.

苦肉之策 고육지책
적을 속이기 위해 거짓으로 제 몸을 괴롭히는 계책.

孤掌難鳴 고장난명
혼자의 힘만으로는 어떤 일을 하기가 어려움을 이르는 말.

苦盡甘來 고진감래
쓴 것이 다하면 단 것이 온다는 뜻으로, 고생 끝에 즐거움을 옴을 이르는 말.

高枕安眠 고침안면
베개를 높이 하여 편안히 잔다는 뜻으로, 근심 없이 편안히 지냄을 이르는 말.

曲學阿世 곡학아세
진리에 어긋난 학문으로 세상 사람에게 아첨함.

骨肉相殘 골육상잔
가까운 혈족끼리 서로 해치고 죽임.

空前絶後 공전절후
전에도 없었고 앞으로도 없을 일.

過猶不及 과유불급
정도를 지나침은 미치지 못함과 같다는 뜻으로, 중용이 중요함을 이르는 말.

瓜田李下 과전이하
오이 밭에서는 갓을 고쳐 쓰지 말라는 뜻으로, 의심받기 쉬운 행동은 하지 않는 것이 좋음을 이르는 말.

矯角殺牛 교각살우
소의 뿔을 바로잡으려다 소를 죽인다는 뜻으로, 잘못된 점을 고치려다가 그 방법이나 정도가 지나쳐 오히려 일을 그르침을 이르는 말.

巧言令色 교언영색
남에게 아첨하려고 듣기 좋게 꾸미는 말과 보기 좋게 꾸미는 얼굴빛.

敎學相長 교학상장
남을 가르치는 일과 스승에게서 배우는 일은 모두 자기의 학업을 증진시킴.

九曲肝腸 구곡간장
굽이굽이 서린 창자라는 뜻으로, 깊은 마음속 또는 시름이 쌓인 마음속을 비유적으로 이르는 말.

口蜜腹劍 구밀복검
말로는 친한 체하나 속으로는 해칠 생각이 있음을 이르는 말.

九死一生 구사일생
여러 차례 죽을 고비를 넘기고 겨우 살아남.

口尙乳臭 구상유취
입에서 아직 젖내가 난다는 뜻으로, 언행이 유치함을 이르는 말.

九牛一毛 구우일모
아홉 마리의 소 가운데 박힌 하나의 털이란 뜻으로, 많은 것 가운데 극히 적은 것을 이르는 말.

九折羊腸 구절양장
아홉 번 꺾인 양의 창자라는 뜻으로, 꼬불꼬불하며 험한 산길을 이르는 말.

國泰民安 국태민안
나라는 태평하고 백성은 편안함.

群鷄一鶴 군계일학
많은 사람 가운데서 뛰어난 인물을 이르는 말.

君臣有義 군신유의
임금과 신하 사이의 도리는 의리에 있음을 이르는 말.

群雄割據 군웅할거
여러 영웅이 각기 한 지방씩 차지하고 위세를 부림.

君爲臣綱 군위신강
임금은 신하의 모범이 되어야 한다는 말.

窮餘之策 궁여지책
궁한 나머지 생각다 못하여 짜낸 계책.

權謀術數 권모술수
목적 달성을 위하여 수단과 방법을 가리지 아니하는 온갖 모략이나 술책.

權不十年 권불십년
권세가 십 년을 가지 못한다는 뜻으로, 아무리 높은 권세라도 오래가지 못함을 이르는 말.

勸善懲惡 권선징악
착한 일을 권장하고 악한 일을 징계함.

克己復禮 극기복례
자기의 욕심을 극복하고 예를 회복함.

極惡無道 극악무도
지극히 악하고 도의심이 없음.

近墨者黑 근묵자흑
먹을 가까이하는 사람은 검어진다는 뜻으로, 나쁜 사람과 가까이하면 물들기 쉬움을 비유적으로 이르는 말.

近朱者赤 근주자적
붉은 색을 가까이하는 사람은 붉어지게 됨.

金科玉條 금과옥조
금이나 옥처럼 귀중히 여겨 꼭 지켜야 할 법칙이나 규정.

金蘭之契 금란지계
친구 사이의 매우 두터운 정을 이르는 말.

錦上添花 금상첨화
비단 위에 꽃을 더한다는 뜻으로, 좋은 일 위에 또 좋은 일이 더하여짐을 비유적으로 이르는 말.

金石之交 금석지교
쇠나 돌처럼 변함없이 사귐.

金城湯池 금성탕지
쇠로 만든 성과 그 둘레에 파놓은 뜨거운 물로 가득 찬 못이라는 뜻으로, 방어 시설이 잘된 성을 이르는 말.

今時初聞 금시초문
바로 지금 처음으로 들음.

錦衣夜行 금의야행
비단옷을 입고 밤길을 다닌다는 뜻으로, 아무 보람 없는 일을 함을 이르는 말.

錦衣玉食 금의옥식
비단옷과 흰쌀밥이라는 뜻으로 사치스럽고 부유스런 생활을 이름.

錦衣還鄕 금의환향
비단옷을 입고 고향에 돌아온다는 뜻으로, 출세를 하여 고향에 돌아가거나 돌아옴을 말함.

金枝玉葉 금지옥엽
금으로 된 가지와 옥으로 된 잎이라는 뜻으로, 임금의 가족을 높여 이르는 말.

氣高萬丈 기고만장
일이 뜻대로 잘되어, 우쭐하며 뽐내는 기세가 대단함.

起死回生 기사회생
거의 죽을 뻔하다가 회복되어 살아남.

奇想天外 기상천외
생각이 기발하고 엉뚱함.

吉凶禍福 길흉화복
길흉과 화복.

ㄴ

落落長松 낙락장송
가지가 길게 축축 늘어진 키가 큰 소나무.

落木寒天 낙목한천
낙엽 진 나무와 차가운 하늘. 곧 추운 겨울철을 이르는 말.

落花流水 낙화유수
떨어지는 꽃과 흐르는 물이라는 뜻으로, 가는 봄의 경치를 이르는 말. 또는 남녀가 서로 그리워함을 이르는 말.

難攻不落 난공불락
공격하기가 어려워 쉽사리 함락되지 아니함.

亂臣賊子 난신적자
나라를 어지럽게 하는 신하와 부모에게 거역하는 자식.

難兄難弟 난형난제
누구를 형이라 하고 누구를 아우라 하기 어렵다는 뜻으로, 서로 비슷하여 우열을 가리기 어려움을 이르는 말.

南柯一夢 남가일몽
꿈과 같이 헛된 한 때의 부귀영화를 이르는 말.

男負女戴 남부여대
가난한 사람들이 살 곳을 찾아 이리저리 떠돌아다님을 이르는 말.

內憂外患 내우외환
나라 안팎의 여러 가지 걱정거리.

內柔外剛 내유외강
겉으로는 강하게 보이나 속은 부드러움.

怒甲移乙 노갑이을
갑에게서 당한 노여움을 을에게 화풀이한다는 뜻으로, 어떠한 사람에게서 당한 노여움을 다른 사람에게 화풀이함을 이르는 말.

怒氣衝天 노기충천
성난 기색이 하늘을 찌를 정도로 잔뜩 성이 나 있음.

怒發大發 노발대발
몹시 노하여 성을 냄.

勞心焦思 노심초사
몹시 마음을 쓰며 애를 태움.

綠楊芳草 녹양방초
푸른 버들과 아름다운 풀.

論功行賞 논공행상
공적의 크고 작음을 논의하여 그에 알맞은 상을 줌.

累卵之勢 누란지세
달걀을 충충이 쌓아 놓은 것과 같은 몹시 위태로운 형세를 비유적으로 이르는 말.

累卵之危 누란지위
달걀을 충충이 쌓아 놓은 것과 같은 몹시 아슬아슬한 위기를 비유적으로 이르는 말.

能小能大 능소능대
모든 일에 두루 능함.

ㄷ

多多益善 다다익선
많으면 많을수록 더욱 좋음.

多才多能 다재다능
여러 방면에 재능이 많음.

斷機之戒 단기지계
학문을 중도에 그만두는 것은 짜던 베의 날을 끊는 것과 같이 아무런 이익이 없으니 학업을 중도의 그만두는 것을 경계함을 이르는 말.

單刀直入 단도직입
칼 한 자루를 들고 적진으로 곧장 쳐 들어간다는 뜻으로, 여러 말을 늘어놓지 아니하고 바로 요점이나 본문제를 중심적으로 말함을 이르는 말.

丹脣皓齒 단순호치
붉은 입술과 흰 이라는 뜻으로, 아름다운 여자를 이르는 말.

堂狗風月 당구풍월
서당의 개가 풍월을 읊는다는 뜻으로, 그 분야에 대해 경험과 지식이 없는 사람일지라도 오래 있으면 얼마간의 경험과 지식을 가짐을 이르는 말.

大驚失色 대경실색
몹시 놀라 얼굴빛이 하얗게 변함.

大器晚成 대기만성
큰 그릇은 만드는 데 시간이 오래 걸린다는 뜻으로, 크게 될 사람은 늦게 이루어짐을 이르는 말.

大同小異 대동소이
큰 차이 없이 거의 같음.

大聲痛哭 대성통곡
큰 목소리로 슬피 욺.

塗炭之苦 도탄지고
진흙 구렁에 빠지고 숯불에 타는 괴로움을 이르는 말.

獨不將軍 독불장군
무슨 일이든 자기 생각대로 혼자서 처리하는 사람.

獨也靑靑 독야청청
남들이 모두 절개를 꺾는 상황 속에서도 홀로 절개를 굳게 지킴을 비유적으로 이르는 말.

同價紅裳 동가홍상
같은 값이면 다홍치마라는 뜻으로, 같은 값이면 좋은 물건을 가짐을 이르는 말.

同苦同樂 동고동락
같이 고생하고 같이 즐김. 괴로움과 즐거움을 함께 함.

東問西答 동문서답
물음과는 전혀 상관없는 엉뚱한 대답.

同病相憐 동병상련
비슷한 처지에 있는 사람끼리 서로 가엾게 여김을 이르는 말.

東奔西走 동분서주
사방으로 이리저리 몹시 바쁘게 돌아다님.

同床異夢 동상이몽
같은 자리에 자면서 다른 꿈을 꾼다는 뜻으로, 겉으로는 같은 행동을 하면서도 속으로는 서로 딴 생각을 하고 있음을 이르는 말.

杜門不出 두문불출
문을 닫고 나오지 않는다는 뜻으로, 집에만 있고 바깥출입을 하지 않음.

登高自卑 등고자비
높은 곳에 오르려면 낮은 곳에서부터 오른다는 뜻으로, 일을 순서대로 하여야 함을 이르는 말.

燈下不明 등하불명
등잔 밑이 어둡다는 뜻으로, 가까이에 있는 물건이나 사람을 잘 찾지 못함을 이르는 말.

燈火可親 등화가친
등불을 가까이할 만하다는 뜻으로, 서늘한 가을밤은 글을 읽기에 좋음을 이르는 말.

■

馬耳東風 마이동풍
남의 말을 귀담아듣지 아니하고 지나쳐 흘려버림을 이르는 말.

莫上莫下 막상막하
더 낫고 못함의 차이가 거의 없음.

莫逆之友 막역지우
서로 거스름이 없는 아주 친한 친구.

萬頃蒼波 만경창파
한없이 넓고 푸른 바다.

萬古不變 만고불변
아주 오랜 세월 동안 변하지 않음.

晚時之歎 만시지탄
시기에 늦어 기회를 놓쳤음을 안타까워하는 탄식.

罔極之恩 망극지은
끝없이 베풀어 주는 혜택이나 고마움.

亡羊之歎 망양지탄
갈림길에서 양을 잃어버리고 찾을 길이 없어 탄식한다는 뜻으로, 학문의 길이 여러 갈래여서 한 갈래의 진리도 얻기 어려움을 이르는 말.

茫然自失 망연자실
정신을 잃고 어리둥절한 모양.

面從腹背 면종복배
겉으로는 복종하는 체하면서 속으로는 배반함.

滅私奉公 멸사봉공
사적인 것을 버리고 공적인 것을 위하여 힘써 일함.

明鏡止水 명경지수
맑은 거울과 고요한 물. 잡념과 가식과 헛된 욕심 없이 맑고 깨끗한 마음.

名實相符 명실상부
이름과 실상이 서로 부합함.

明若觀火 명약관화
불을 보듯 분명하고 뻔함.

命在頃刻 명재경각
목숨이 곧 끊어질 것 같은 지경에 이름.

目不識丁 목불식정
아주 간단한 글자인 '丁' 자를 보고도 그것이 고무래인 줄을 알지 못한다는 뜻으로, 아주 까막눈임을 이르는 말.

目不忍見 목불인견
눈앞에 벌어진 상황 따위를 눈뜨고는 차마 볼 수 없음.

武陵桃源 무릉도원
별천지를 비유적으로 이르는 말.

無不通知 무불통지
무슨 일이든지 환히 통하여 모르는 것이 없음.

無所不爲 무소불위
못하는 일이 없음.

無爲徒食 무위도식
하는 일이 없이 먹고 놀음.

聞一知十 문일지십
하나를 듣고 열을 안다는 뜻으로, 지극히 총명함을 이르는 말.

門前乞食 문전걸식
문 앞에서 음식을 구걸한다는 뜻으로, 이 집 저 집 돌아다니며 빌어먹음.

門前成市 문전성시
찾아오는 사람이 많아 문 앞이 시장을 이루다시피 함.

勿失好機 물실호기
좋은 기회를 놓치지 아니함.

物我一體 물아일체
자연과 자아가 하나가 된 상태. 대상물에 완전히 몰입된 경지.

美辭麗句 미사여구
좋은 말과 화려한 글귀.

ㅂ

博覽强記 박람강기
여러 가지의 책을 널리 많이 읽고 기억을 잘함.

拍掌大笑 박장대소
손뼉을 치고 크게 웃음.

博學多識 박학다식
학식이 넓고 아는 것이 많음.

拔本塞源 발본색원
좋지 않은 일의 근본 원인을 완전히 없애서 다시는 그러한 일이 생길 수 없도록 함.

傍若無人 방약무인
곁에 사람이 없는 것과 같이 아무 거리낌 없이 함부로 말하고 행동함.

背恩忘德 배은망덕
남에게 입은 은덕을 저버리고 배신함.

百家爭鳴 백가쟁명
많은 학자 등이 자기의 학설이나 주장을 자유롭게 발표하여 논쟁하는 일.

百計無策 백계무책
어려운 일을 당하여 온갖 계책을 다 써도 해결할 방도를 찾지 못함.

白骨難忘 백골난망
죽어서 백골이 되어도 잊을 수 없다는 뜻으로, 남에게 입은 큰 은덕에 대한 고마움의 뜻으로 이르는 말.

百年大計 백년대계
먼 앞날까지 내다보고 세우는 크고 중요한 계획.

百年河淸 백년하청
아무리 세월이 지나도 어떤 일이 이루어지기 어려움을 이르는 말.

白面書生 백면서생
한갓 글만 읽고 세상일에는 전혀 경험이 없는 사람.

百戰老將 백전노장
수많은 싸움을 치른 노련한 장수.

百戰百勝 백전백승
싸울 때마다 다 이김.

百折不屈 백절불굴
어떠한 난관에도 결코 굽히지 않음.

伯仲之勢 백중지세
서로 우열을 가리기 힘든 형세.

百八煩惱 백팔번뇌
(불교에서) 사람이 지닌 108가지의 번뇌.

富貴在天 부귀재천
부귀는 하늘의 뜻에 달려 있어서 인력으로는 어찌할 수 없음을 이름.

夫婦有別 부부유별
오륜의 하나로, 남편과 아내 사이에는 서로 침범하지 않아야 하는 구별이 있음을 이름.

夫爲婦綱 부위부강
남편은 아내의 모범이 되어야 함.

父爲子綱 부위자강
부모는 자식의 모범이 되어야 함.

不知其數 부지기수
헤아릴 수 없을 만큼 많음.

夫唱婦隨 부창부수
남편이 주장하고 아내가 이에 따름.

附和雷同 부화뇌동
줏대 없이 남의 의견에 따라 움직임.

北窓三友 북창삼우
거문고, 술, 시를 아울러 이르는 말.

不俱戴天 불구대천
하늘을 함께 이지 못한다는 뜻으로, 세상에서 같이 살 수 없을 만큼 큰 원한을 가짐을 비유적으로 이르는 말.

不問可知 불문가지
묻지 아니하여도 알 수 있음.

不問曲直 불문곡직
옳고 그름을 따지지 아니함.

不遠千里 불원천리
천 리 길도 멀다고 여기지 않음.

不撤晝夜 불철주야
어떤 일에 몰두하여 밤낮을 가리지 않음.

不恥下問 불치하문
아랫사람이나 자기보다 못한 사람에게 모르는 것을 묻는 일을 부끄러워하지 않음.

不偏不黨 불편부당
아주 공평하여 어느 한쪽으로 치우치지 아니함.

朋友有信 붕우유신
오륜의 하나로, 벗 사이에는 믿음이 있어야 함을 이름.

鵬程萬里 붕정만리
앞길이 매우 멀고도 큼. 양양한 장래를 비유적으로 이르는 말.

非一非再 비일비재
같은 현상이나 일이 한 두 번이 아니고 많음.

貧者一燈 빈자일등
가난한 사람이 바치는 하나의 등이라는 뜻으로, 물질의 많고 적음보다 정성이 중요함을 비유적으로 이르는 말.

氷炭之間 빙탄지간
얼음과 숯의 사이처럼 서로 화합될 수 없는 사이.

人

四顧無親 사고무친
사방을 둘러보아도 의지할 만한 사람이 아무도 없음.

四分五裂 사분오열
여러 갈래로 갈기갈기 찢어짐.

沙上樓閣 사상누각
모래 위의 누각이라는 뜻으로, 기초가 약하여 오래가지 못하는 일을 이르는 말.

死生決斷 사생결단
죽고 사는 것을 돌보지 않고 끝장을 내려 함.

事必歸正 사필귀정
모든 일은 반드시 바른길로 돌아감.

山紫水明 산자수명
산은 자줏빛으로 선명하고 물은 맑다는 뜻으로, 산천의 경치가 아름다움을 이르는 말.

殺身成仁 살신성인
자기 몸을 희생하여 인을 이룸. 옳은 일을 위하여 자기 몸을 희생함.

三顧草廬 삼고초려
인재를 맞아들이기 위하여 참을성 있게 노력함.

森羅萬象 삼라만상
우주에 존재하는 온갖 사물과 현상.

三旬九食 삼순구식
삼십 일 동안 아홉 끼니밖에 먹지 못한다는 뜻으로, 몹시 가난함을 이르는 말.

三從之道 삼종지도
여자가 따라야 할 세 가지 도리로, 어려서는 아버지를, 결혼해서는 남편을, 남편이 죽은 후에는 자식을 따라야 한다는 유교 규범.

桑田碧海 상전벽해
뽕나무 밭이 변하여 푸른 바다가 된다는 뜻으로, 세상일의 변천이 심함을 비유적으로 이르는 말.

塞翁之馬 새옹지마
인생의 길흉화복은 변화가 많아서 예측하기가 어려움을 이름.

生不如死 생불여사
살아 있음이 죽는 것만 못하다는 뜻으로, 어려운 형편에 있음을 이르는 말.

先見之明 선견지명
앞일을 미리 내다보고 아는 지혜.

先公後私 선공후사
공적인 일을 먼저하고 사사로운 일은 뒤로 미룸.

雪膚花容 설부화용
눈처럼 하얀 살결과 꽃 같이 고운 얼굴이라는 뜻으로, 미인의 용모를 이름.

雪上加霜 설상가상
눈 위에 서리가 덮인다는 뜻으로, 엎친 데 덮친 격으로 난처한 일이나 불행한 일이 잇따라 일어남을 이르는 말.

說往說來 설왕설래
서로 변론을 주고받으며 옥신각신함.

纖纖玉手 섬섬옥수
가냘프고 고운 여자의 손을 이르는 말.

騷人墨客 소인묵객
시문과 서화에 종사하는 사람.

小貪大失 소탐대실
작은 것을 탐하다가 큰 것을 잃음.

束手無策 속수무책
손을 묶어 놓아 방책이 없다는 뜻으로, 어찌할 도리가 없어 꼼짝 못한다는 말.

送舊迎新 송구영신
묵은해를 보내고 새해를 맞음.

首丘初心 수구초심
여우가 죽을 때 머리를 자기가 살던 굴 쪽으로 둔다는 뜻으로, 고향을 그리워하는 마음을 이르는 말.

壽福康寧 수복강녕
장수하고 행복하며 건강하고 평안함.

手不釋卷 수불석권
손에서 책을 놓지 않음.

修身齊家 수신제가
몸을 닦고 집안을 바로잡음.

水魚之交 수어지교
물고기와 물의 관계처럼 아주 친밀하여 떨어질 수 없는 사이를 비유적으로 이르는 말.

守株待兔 수주대토
한 가지 일에만 얽매여 발전을 모르는 어리석은 사람을 비유적으로 이르는 말.

宿虎衝鼻 숙호충비
자는 호랑이의 코를 찌른다는 뜻으로, 공연히 건드려 화를 입거나 일을 불리하게 만듦을 이르는 말.

脣亡齒寒 순망치한
입술이 없으면 이가 시리다는 뜻으로, 서로 이해관계가 밀접하여 어느 한쪽이 망하면 다른 한쪽도 온전하기 어려움을 이르는 말.

乘勝長驅 승승장구
싸움에서 이긴 기세를 타고 계속 몰아침.

是是非非 시시비비
옳은 것은 옳고 그른 것은 그르다고 함.

始終如一 시종여일
처음부터 끝까지 한결같아 변함없음.

始終一貫 시종일관
처음부터 끝까지 한결같이 함.

食少事煩 **식소사번**
먹을 것은 적고 할 일은 많음.

識字憂患 **식자우환**
학식이 있는 것이 오히려 근심이 됨.

信賞必罰 **신상필벌**
공이 있는 자에게는 반드시 상을 주고, 죄가 있는 자에게는 반드시 벌을 줌.

身言書判 **신언서판**
인물을 선택하는 데 기준으로 삼았던 네 가지 조건으로, 신수, 말씨, 문필, 판단력을 일컬음.

身體髮膚 **신체발부**
몸과 머리털과 피부라는 뜻으로, 몸 전체를 이르는 말.

神出鬼沒 **신출귀몰**
귀신같이 나타났다가 사라진다는 뜻으로, 자유자재로 나타나고 사라짐을 비유적으로 이르는 말.

實事求是 **실사구시**
사실에 근거하여 진리를 탐구하는 일.

深思熟考 **심사숙고**
깊이 잘 생각함.

深山幽谷 **심산유곡**
깊은 산의 으슥한 골짜기.

十中八九 **십중팔구**
열 가운데 여덟이나 아홉이라는 뜻으로, 거의 대부분이거나 거의 틀림없다는 말.

○

我田引水 **아전인수**
자기 논에 물 대기라는 뜻으로, 자기에게만 이롭도록 생각하거나 행동함을 이르는 말.

惡戰苦鬪 **악전고투**
몹시 어렵게 싸움.

安分知足 **안분지족**
편안한 마음으로 제 분수를 지키며 만족할 줄을 앎.

安貧樂道 **안빈낙도**
가난한 생활을 하면서도 편안한 마음으로 도를 즐겨 지킴.

安心立命 **안심입명**
하찮은 일에 흔들리지 않는 경지.

眼下無人 **안하무인**
눈 아래 사람이 없다는 뜻으로, 다른 사람을 업신여김을 이르는 말.

哀乞伏乞 **애걸복걸**
슬프게 빌고 엎드려 빈다는 뜻으로, 애처롭게 사정하며 간절히 빈다는 말.

藥房甘草 **약방감초**
무슨 일이든 빠짐없이 낌.

弱肉強食 **약육강식**
약한 것은 강한 것에게 먹힘.

羊頭狗肉 **양두구육**
양의 머리를 걸어 놓고 개고기를 판다는 뜻으로, 겉보기만 그럴듯하고 속은 변변치 못함을 이르는 말.

梁上君子 **양상군자**
들보 위의 군자라는 뜻으로, 도둑을 점잖게 이르는 말.

魚東肉西 **어동육서**
제사 음식을 상에 놓을 때, 생선은 동쪽에 고기는 서쪽에 놓는 일.

魚頭肉尾 **어두육미**
물고기는 머리 쪽이 맛이 있고 짐승 고기는 꼬리 쪽이 맛이 있다는 말.

語不成說 어불성설
말이 조금도 사리에 맞지 아니함.

漁父之利 어부지리
제삼자가 이익을 취함.

抑強扶弱 억강부약
강한 자를 누르고 약한 자를 도와줌.

言語道斷 언어도단
말할 길이 끊어졌다는 뜻으로, 어이가 없어서 말하려 해도 말할 수 없음을 이르는 말.

言中有骨 언중유골
말 속에 뼈가 있다는 뜻으로, 예사로운 말 같으나 그 속에 단단한 속뜻이 들어 있음을 이르는 말.

嚴妻侍下 엄처시하
무서운 아내를 아래에서 모시고 있다는 데서, 아내에게 쥐어 사는 남편을 조롱하는 말.

如履薄氷 여리박빙
살얼음을 밟는 것과 같다는 뜻으로, 아슬아슬하고 위험한 일을 비유적으로 이르는 말.

如出一口 여출일구
여러 사람의 말이 같음.

女必從夫 여필종부
아내는 반드시 남편을 따라야 한다는 말.

易地思之 역지사지
처지를 바꾸어서 생각해 봄.

緣木求魚 연목구어
나무에 올라가서 물고기를 구한다는 뜻으로, 도저히 불가능한 일을 굳이 하려 함을 비유적으로 이르는 말.

連戰連勝 연전연승
때마다 연달아 이김.

榮枯盛衰 영고성쇠
인생이나 사물의 번성함과 쇠락함이 서로 바뀜.

五穀百果 오곡백과
온갖 곡식과 온갖 과일.

五里霧中 오리무중
오 리나 되는 짙은 안개 속에 있다는 뜻으로, 어떤 일의 방향이나 갈피를 잡을 수 없음을 이르는 말.

吾鼻三尺 오비삼척
내 코가 석 자라는 뜻으로, 자기 사정이 급하여 남을 돌볼 겨를이 없음을 이르는 말.

烏飛梨落 오비이락
까마귀 날자 배 떨어진다는 뜻으로, 아무 관계도 없이 한 일이 공교롭게 같은 때에 일어나 의심을 받거나 난처한 위치에 서게 됨을 이르는 말.

傲霜孤節 오상고절
서릿발 속에서도 굴하지 않고 외로이 지키는 절개라는 뜻으로, 국화를 이르는 말.

五車之書 오거지서
다섯 수레에 실을을 만한 책이라는 뜻으로, 많은 책을 이르는 말.

烏合之卒 오합지졸
까마귀가 모인 것처럼 질서 없이 모인 병졸이라는 뜻으로, 규율이 없고 무질서한 병졸 또는 군중을 이르는 말.

玉骨仙風 옥골선풍
살빛이 희고 고결하여 신선과 같은 풍채.

溫故知新 온고지신
옛것을 익히고 그것을 미루어 새것을 앎.

曰可曰否 왈가왈부
어떤 일에 대하여 옳거니 옳지 않거니 하고 말함.

樂山樂水 요산요수
산과 물을 좋아한다는 뜻으로, 곧 산수(山水)의 자연을 즐기고 좋아한다는 말.

搖之不動 요지부동
흔들어도 꼼짝하지 않음.

龍頭蛇尾 용두사미
용의 머리와 뱀의 꼬리라는 뜻으로, 처음은 좋으나 끝은 좋지 않음을 이르는 말.

龍味鳳湯 용미봉탕
용과 봉황으로 만든 음식이라는 뜻으로, 맛이 아주 좋은 음식을 비유적으로 이르는 말.

雨順風調 우순풍조
비가 때맞추어 알맞게 내리고 바람이 고르게 분다는 뜻으로, 농사 짓기에 알맞게 기후가 순조로움을 이르는 말.

右往左往 우왕좌왕
이리저리 왔다 갔다 하며 일이나 나아가는 방향을 종잡지 못함.

優柔不斷 우유부단
줏대 없이 어물거리기만 하고 딱 잘라 결단을 내리지 못함.

牛耳讀經 우이독경
쇠귀에 경 읽기라는 뜻으로, 아무리 일러 주어도 알아듣지 못함.

遠禍召福 원화소복
화를 멀리 하고 복을 불러들임.

危機一髮 위기일발
조금의 여유도 없이 몹시 절박한 순간.

有口無言 유구무언
입은 있어도 말은 없다는 뜻으로, 변명할 말이 없거나 변명하지 못함을 이르는 말.

有名無實 유명무실
이름만 그럴듯하고 실속은 없음.

流芳百世 유방백세
꽃다운 이름이 후세에 길이 전함.

有備無患 유비무환
미리 준비가 되어 있으면 근심할 거리가 없음.

唯我獨尊 유아독존
오직 자기만이 홀로 존귀하다는 뜻으로, 세상에 자기 혼자만이 잘났다고 하는 일.

類類相從 유유상종
같은 무리끼리 서로 어울려 사귐.

悠悠自適 유유자적
속세를 떠나 얽매이는 것 없이 조용하고 편안하게 삶.

隱忍自重 은인자중
마음속에 감추어 참고 견디면서 행동을 신중하게 함.

吟風弄月 음풍농월
맑은 바람을 쐬며 시를 읊고 밝은 달을 바라보며 시를 짓는다는 뜻으로, 풍류를 즐긴다는 말.

異口同聲 이구동성
입은 다르나 소리는 같다는 뜻으로, 여러 사람의 말이 한결같음을 이르는 말.

以卵擊石 이란격석
달걀로 돌을 친다는 뜻으로, 아주 약한 것으로 강한 것에 맞서서 당해 내려고 하는 어리석음을 이르는 말.

以心傳心 이심전심
마음과 마음으로 서로 뜻이 통함.

以熱治熱 이열치열
열로써 열을 다스림. 곧 힘은 힘으로써 물리친다는 따위를 이를 때 쓰는 말.

利用厚生 이용후생
기구를 편리하게 사용하고 의식(衣食)을 넉넉하게 하여 백성의 생활을 윤택하게 함.

泥田鬪狗 이전투구
진흙탕에서 싸우는 개라는 뜻으로, 자기의 이익을 위하여 비열하게 다툼을 비유적으로 이르는 말.

離合集散 이합집산
헤어졌다가 모였다가 하는 일.

因果應報 인과응보
전생에 지은 선악에 따라 현재의 행과 불행이 결정되고, 현세의 지은 선악에 따라 내세에서의 행과 불행이 결정되는 일.

人面獸心 인면수심
사람의 얼굴을 하고 있으나 마음은 짐승과 같다는 뜻으로, 마음이나 행동이 흉악함을 이르는 말.

人命在天 인명재천
사람의 목숨은 하늘에 달려 있음.

人死留名 인사유명
사람은 죽어서 이름을 남김.

一刻千金 일각천금
아무리 짧은 시간이라도 천금과 같이 귀함을 이르는 말.

一擧兩得 일거양득
한 가지 일로 두 가지 이익을 얻음.

日久月深 일구월심
날이 오래고 달이 깊어 간다는 뜻으로, 세월이 흐를수록 더함을 이르는 말.

一刀兩斷 일도양단
한 칼로 쳐서 두 동강이를 낸다는 뜻으로, 어떤 일을 머뭇거리지 아니하고 선뜻 결정함을 이르는 말.

一蓮托生 일련탁생
어떤 일이 선악이나 결과에 대한 예견에 관계없이 끝까지 행동과 운명을 같이 함을 이르는 말.

一脈相通 일맥상통
하나의 맥락으로 서로 통한다는 뜻으로, 솜씨나 성격 등이 비슷하다는 말.

一罰百戒 일벌백계
본보기로 한 사람에게 엄한 처벌을 하여 다른 사람들에게 경각심을 불러일으키게 하는 일을 이르는 말.

一絲不亂 일사불란
한 타래의 실이 전혀 엉클어지지 않았다는 데서 질서 정연하여 조금도 어지러움이 없음을 이르는 말.

一石二鳥 일석이조
하나의 돌로 두 마리의 새를 잡는다는 뜻으로, 한 가지 일로 두 가지 이익을 얻음을 이르는 말.

一魚濁水 일어탁수
한 마리의 물고기가 물을 흐린다는 뜻으로, 한 사람의 잘못으로 여러 사람이 피해를 입게 됨을 이르는 말.

一言半句 일언반구
한 마디의 말과 반 구절이라는 뜻으로, 아주 짧은 말이나 글귀를 이르는 말.

一衣帶水 일의대수
한 줄기 좁은 강물이나 바닷물.

一以貫之 일이관지
하나의 이치로 모든 것을 꿰뚫음.

一日三秋 일일삼추
하루가 삼년과 같다는 뜻으로, 몹시 기다림을 이르는 말.

一日之長 일일지장
하루 먼저 태어났다는 뜻으로, 나이가 조금 위임을 이르는 말.

一場春夢 일장춘몽
한바탕의 봄꿈이라는 뜻으로, 헛된 영화나 덧없는 일을 비유적으로 이르는 말.

一觸卽發 일촉즉발
조금만 닿아도 폭발할 것 같이 몹시 위급한 상태.

日就月將 일취월장
나날이 다달이 발전함.

一波萬波 일파만파
하나의 물결이 수많은 물결을 일으킨다는 뜻으로, 작은 한 사건이 많은 사건으로 확대됨을 이르는 말.

一片丹心 일편단심
한 조각의 붉은 마음이라는 뜻으로, 진심에서 우러나오는 변치 않는 마음을 이르는 말.

一筆揮之 일필휘지
글씨를 단숨에 죽 씀.

一喜一悲 일희일비
한편으로는 기쁘고 한편으로는 슬퍼함. 기쁜 일과 슬픈 일이 번갈아 일어남.

臨機應變 임기응변
그때그때 처한 사태에 맞추어 즉각 그 자리에서 결정하거나 처리함.

立身揚名 입신양명
출세하여 이름을 세상에 널리 알림.

ㅈ

自激之心 자격지심
자기가 한 일에 대하여 스스로 미흡하게 여기는 마음.

自業自得 자업자득
자기가 저지른 일의 결과를 자기가 받음.

自中之亂 자중지란
같은 편끼리 하는 싸움.

自初至終 자초지종
처음부터 끝까지의 과정.

自暴自棄 자포자기
자신을 스스로 포기하고 돌보지 않음.

自畫自讚 자화자찬
자기가 한 일을 스스로 자랑함.

作心三日 작심삼일
단단히 먹은 마음이 사흘을 가지 못한다는 뜻으로, 결심이 굳지 못함을 이르는 말.

張三李四 장삼이사
평범한 사람들을 이르는 말.

適材適所 적재적소
마땅한 인재를 마땅한 자리에 씀. 또는 그런 자리.

電光石火 전광석화
번갯불이나 부싯돌의 불이 번쩍거리는 것과 같이 매우 짧은 시간을 비유적으로 이르는 말.

前無後無 전무후무
이전에도 없었고 앞으로도 없음.

轉禍爲福 전화위복
화가 바뀌어 복이 됨.

切齒腐心 절치부심
몹시 분하여 이를 갈며 속을 썩임.

漸入佳境 점입가경
들어갈수록 점점 재미가 있음.

朝令暮改 조령모개
아침에 명령을 내렸다가 저녁에 고친다는 뜻으로, 법령을 자꾸 고쳐 갈피를 잡기가 어려움을 이르는 말.

朝變夕改 조변석개
아침저녁으로 고친다는 뜻으로, 계획이나 결정 따위를 일관성이 없이 자주 고침을 이르는 말.

朝三暮四 조삼모사
간사한 꾀로 남을 속여 희롱함을 이르는 말.

鳥足之血 조족지혈
새 발의 피라는 뜻으로, 아주 적은 분량을 비유적으로 이르는 말.

足脫不及 족탈불급
맨발로 뛰어도 미치지 못한다는 뜻으로, 능력·역량 따위가 두드러져 도저히 다른 사람이 따라가지 못할 정도임을 비유적으로 이르는 말.

存亡之秋 존망지추
생존과 사망이 결정되는 아주 절박한 시기.

種豆得豆 종두득두
콩을 심으면 콩이 나온다는 뜻으로, 원인에 따라 결과가 생김을 이르는 말.

縱橫無盡 종횡무진
자유자재로 행동하여 거침이 없는 상태.

坐不安席 좌불안석
걱정스럽거나 마음이 불안하여 한 자리에 오래 앉아 있지 못하고 안절부절 못하는 모양을 이르는 말.

坐井觀天 좌정관천
우물 속에 앉아서 하늘을 본다는 뜻으로, 사람의 견문이 매우 좁음을 이르는 말.

左之右之 좌지우지
이리저리 제 마음대로 다루거나 휘두름.

左衝右突 좌충우돌
이리저리 마구 찌르고 부딪침. 아무에게나 또는 아무 일에나 함부로 맞닥뜨림.

主客一體 주객일체
주인과 손이 한 몸이라는 뜻으로, 주체와 객체가 하나가 된다는 말.

晝耕夜讀 주경야독
낮에는 밭 갈고, 밤에는 글을 읽는다는 뜻으로, 어려운 여건 속에서도 꿋꿋이 공부함을 이르는 말.

走馬看山 주마간산
말을 타고 달리며 산천을 구경한다는 뜻으로, 자세히 살피지 않고 대충 보고 지나감.

酒池肉林 주지육림
술로 못을 이루고 고기로 숲을 이룬다는 뜻으로, 호사스러운 술잔치를 이르는 말.

竹馬故友 죽마고우
대말을 타고 놀던 벗이라는 뜻으로, 어릴 때부터 같이 놀며 자란 벗.

衆寡不敵 중과부적
적은 수의 사람으로는 많은 수의 사람을 대적하지 못함.

衆口難防 중구난방
뭇사람의 말을 막기가 어렵다는 뜻으로, 막기 어려울 정도로 여럿이 마구 떠듦을 이르는 말.

指鹿爲馬 지록위마
윗사람을 농락해 권세를 마음대로 휘두름을 이르는 말.

支離滅裂 지리멸렬
흩어지고 찢기어 갈피를 잡을 수 없음.

知命之年 지명지년
쉰 살의 나이를 달리 이르는 말.

至誠感天 지성감천
지극한 정성에 하늘도 감동함.

盡忠報國 진충보국
충성을 다하여 나라의 은혜를 갚음.

進退兩難 진퇴양난
이러지도 저러지도 못하는 어려운 처지.

進退維谷 진퇴유곡
이러지도 저러지도 못하는 꼼짝할 수 없는 궁지.

ㅊ

此日彼日 차일피일
이 날 저 날 하고 자꾸 기한을 미루는 모양.

滄海一粟 창해일속
큰 바다에 한 알의 좁쌀이라는 뜻으로, 아주 많거나 넓은 것 가운데 매우 작은 것을 이르는 말.

天高馬肥 천고마비
하늘은 높고 말은 살찐다는 뜻으로, 가을철을 이르는 말.

千慮一得 천려일득
어리석은 사람도 많은 생각을 하다보면 그 가운데 한 가지쯤 좋은 것이 있을 수 있음을 이르는 말.

千慮一失 천려일실
지혜로운 사람이라도 여러 생각 가운데에 간혹 잘못된 것이 있을 수 있음을 이르는 말.

天生緣分 천생연분
하늘이 정해 준 연분.

千辛萬苦 천신만고
온갖 어려운 고생. 또는 그것을 겪음.

天壤之差 천양지차
하늘과 땅의 차이라는 뜻으로, 엄청난 차이를 말함.

天人共怒 천인공노
하늘과 사람이 함께 노한다는 뜻으로, 도저히 용서할 수 없음을 이르는 말.

千載一遇 천재일우
천 년에 한 번 만난다는 뜻으로, 좀처럼 만나기 어려운 좋은 기회를 이르는 말.

千差萬別 천차만별
여러 가지 사물이 모두 차이가 있고 구별이 있음.

千篇一律 천편일률
여럿이 개별적인 특성이 없이 모두 비슷함을 이르는 말.

徹頭徹尾 철두철미
처음부터 끝까지 철저하게.

靑出於藍 청출어람
쪽에서 나온 푸른 물감이 쪽보다 더 푸르다는 뜻으로, 제자가 스승보다 뛰어남을 비유적으로 이르는 말.

寸鐵殺人 촌철살인
한 치의 쇠붙이로 사람을 죽인다는 뜻으로, 간단한 말로도 남을 감동시키거나 남의 약점을 찌를 수 있음을 이르는 말.

秋風落葉 추풍낙엽
가을바람에 떨어지는 나뭇잎. 어떤 형세나 세력이 갑자기 기울어짐을 비유적으로 이르는 말.

出將入相 출장입상
나가서는 장수가 되고 들어와서는 재상이 된다는 뜻으로, 문무(文武)를 다 갖추어 장상(將相)의 벼슬을 모두 지냄을 이르는 말.

忠言逆耳 충언역이
충고하는 말은 귀에 거슬림.

取捨選擇 취사선택
취할 것은 취하고 버릴 것은 버림.

醉生夢死 취생몽사
술에 취하여 꿈 속에 살고 죽는다는 뜻으로, 한평생을 하는 일 없이 흐리멍덩하게 살아감을 비유적으로 이르는 말.

置之度外 치지도외
내버려 두어 문제로 삼지 않음.

七去之惡 칠거지악
아내를 내쫓을 수 있는 이유가 되는 일곱 가지 사항.

ㅌ

他山之石 타산지석
다른 산의 나쁜 돌이라도 자신의 산의 옥돌을 가는 데 쓸 수 있다는 뜻으로, 다른 사람의 하찮은 말이나 행동도 자신의 지식과 인격을 수양하는 데에 도움이 될 수 있음을 비유적으로 이르는 말.

卓上空論 탁상공론
현실성이 없는 허황된 이론.

貪官汚吏 탐관오리
재물을 탐내어 빼앗는, 행실이 깨끗하지 못한 관리.

泰山北斗 태산북두
태산과 북두칠성을 아울러 이르는 말. 세상 사람들로부터 존경받는 사람을 비유적으로 이르는 말.

ㅍ

破邪顯正 파사현정
그릇된 것을 깨뜨리고 정법(正法)을 드러내는 일.

破顔大笑 파안대소
즐거운 표정으로 활짝 웃음.

破竹之勢 파죽지세
대를 쪼개는 기세라는 뜻으로, 적을 거침없이 물리치고 쳐들어가는 기세를 이르는 말.

八方美人 팔방미인
어느 모로 보나 아름다운 사람이라는 뜻으로, 여러 방면에 능통한 사람을 비유적으로 이르는 말.

抱腹絶倒 포복절도
배를 안고 넘어진다는 뜻으로, 몹시 웃음을 말함.

飽食暖衣 포식난의
배부르게 먹고 따뜻하게 입는다는 뜻으로, 옷과 음식이 넉넉함을 이르는 말.

表裏不同 표리부동
겉과 속이 다름.

風前燈火 풍전등화
바람 앞의 등불이라는 뜻으로, 매우 위태로운 처지에 놓여 있음을 비유적으로 이르는 말.

皮骨相接 피골상접
살가죽과 뼈가 맞붙을 정도로 몹시 마름.

彼此一般 피차일반
두 편이 서로 같음.

匹夫匹婦 필부필부
평범한 남녀.

ㅎ

下石上臺 하석상대
아랫돌 빼서 윗돌 괴고 윗돌 빼서 아랫돌 괸다는 뜻으로, 임시변통으로 이리저리 둘러맞춤을 이르는 말.

鶴首苦待 학수고대
학의 목처럼 목을 길게 빼고 몹시 기다림.

咸興差使 함흥차사
심부름을 가서 돌아오지 않거나 늦게 온 사람을 이르는 말.

恒茶飯事 항다반사
밥을 먹고 차를 마시는 일이라는 뜻으로, 늘 있는 일을 이르는 말.

虛張聲勢 허장성세
실속은 없으면서 큰소리치거나 허세를 부림.

軒軒丈夫 헌헌장부
외모가 준수하고 풍채가 당당한 남자.

賢母良妻 현모양처
어진 어머니이면서 착한 아내.

螢雪之功 형설지공
반딧불과 눈빛으로 글을 읽었다는 고사에서 나온 말로, 고생을 하면서도 부지런하고 꾸준하게 공부하는 자세를 이르는 말.

浩然之氣 호연지기
하늘과 땅 사이에 가득 찬 넓고 큰 원기. 거침없이 넓고 큰 기개.

好衣好食 호의호식
잘 먹고 잘 입음.

昏定晨省 혼정신성
밤에는 부모의 잠자리를 살펴 드리고 이른 아침에는 안부를 묻는다는 뜻으로, 부모를 잘 섬기고 효성을 다함을 이르는 말.

紅爐點雪 홍로점설
빨갛게 달아오른 화로 위에 한 송이의 눈을 뿌리면 순식간에 녹아 없어지는 데에서, 사욕이나 의혹이 일시에 꺼져 없어짐을 비유적으로 이르는 말.

弘益人間 홍익인간
널리 인간을 이롭게 함.

畫蛇添足 화사첨족
뱀을 다 그리고 나서 발을 그려 넣는다는 뜻으로, 쓸데없는 군짓을 하여 도리어 잘못되게 함을 이르는 말.

花朝月夕 화조월석
꽃 피는 아침과 달 밝은 밤이라는 뜻으로, 경치가 좋은 시절을 이르는 말.

會者定離 회자정리
만나는 자는 반드시 헤어지게 마련임.

興亡盛衰 흥망성쇠
흥하고 망하고 성하고 쇠함을 뜻함.

興盡悲來 흥진비래
즐거운 일이 다하면 슬픈 일이 온다는 데서, 순환하는 세상의 이치를 이르는 말.

喜怒哀樂 희로애락
기쁨과 노여움과 슬픔과 즐거움을 아울러 이르는 말.

장단음

(1) 첫 음절에서 장음으로 발음되는 한자어

可 옳을 가:	可決(가결)	可能(가능)
佳 아름다울 가:	佳作(가작)	
假 거짓 가:	假令(가령)	假定(가정)
暇 틈 가:	暇日(가일)	
姦 간음할 간:	姦淫(간음)	姦通(간통)
懇 간절할 간:	懇曲(간곡)	懇切(간절)
減 덜 감:	減少(감소)	減縮(감축)
敢 감히 감:	敢鬪(감투)	敢行(감행)
感 느낄 감:	感激(감격)	感謝(감사)
憾 섭섭할 감:	憾情(감정)	
講 욀 강:	講究(강구)	講演(강연)
介 낄 개:	介意(개의)	介入(개입)
慨 슬퍼할 개:	慨然(개연)	慨歎(개탄)
概 대개 개:	概念(개념)	概論(개론)
去 갈 거:	去來(거래)	去就(거취)
巨 클 거:	巨物(거물)	

拒 막을 거:	拒否(거부)	拒逆(거역)
距 상거할 거:	距今(거금)	距離(거리)
據 근거 거:	據點(거점)	
擧 들 거:	擧動(거동)	擧行(거행)
建 세울 건:	建設(건설)	建築(건축)
健 굳셀 건:	健康(건강)	健在(건재)
儉 검소할 검:	儉朴(검박)	儉素(검소)
劍 칼 검:	劍道(검도)	劍舞(검무)
檢 검사할 검:	檢擧(검거)	檢査(검사)
揭 높이들 게:	揭示(게시)	揭載(게재)
憩 쉴 게:	憩流(게류)	憩息(게식)
見 볼 견:	見聞(견문)	見解(견해)
遣 보낼 견:	遣唐使(견당사)	
竟 마침내 경:	竟夜(경야)	
敬 공경 경:	敬禮(경례)	敬意(경의)
慶 경사 경:	慶事(경사)	慶州(경주)

443

警 깨우칠 경:	警戒(경계)	警覺心(경각심)
鏡 거울 경:	鏡鑑(경감)	鏡浦臺(경포대)
競 다툴 경:	競技(경기)	競爭(경쟁)
系 이어맬 계:	系報(계보)	系統(계통)
戒 경계할 계:	戒嚴(계엄)	戒律(계율)
季 계절 계:	季刊(계간)	季節(계절)
界 지경 계:	界標(계표)	界限(계한)
癸 천간 계:	癸亥(계해)	癸丑日記(계축일기)
係 맬 계:	係數(계수)	係長(계장)
計 셀 계:	計略(계략)	計算(계산)
桂 계수나무 계:	桂冠(계관)	桂樹(계수)
啓 열 계:	啓蒙(계몽)	啓示(계시)
繫 맬 계:	繫留(계류)	繫辭(계사)
繼 이을 계:	繼續(계속)	繼承(계승)
古 예 고:	古典(고전)	古稀(고희)
告 고할 고:	告發(고발)	告示(고시)
困 곤할 곤:	困境(곤경)	困難(곤란)
共 한가지 공:	共感(공감)	共謀(공모)

攻 칠 공:	攻擊(공격)	攻防戰(공방전)
供 이바지할 공:	供給(공급)	供託(공탁)
貢 바칠 공:	貢納(공납)	貢獻(공헌)
果 실과 과:	果樹(과수)	果然(과연)
過 지날 과:	過激(과격)	過誤(과오)
誇 자랑할 과:	誇示(과시)	誇張(과장)
寡 적을 과:	寡默(과묵)	寡婦(과부)
款 항목 관:	款談(관담)	款項(관항)
廣 넓을 광:	廣告(광고)	廣範圍(광범위)
鑛 쇳돌 광:	鑛夫(광부)	鑛石(광석)
愧 부끄러울 괴:	愧死(괴사)	
壞 무너질 괴:	壞滅(괴멸)	壞症(괴중)
校 학교 교:	校舍(교사)	校訓(교훈)
敎 가르칠 교:	敎授(교수)	敎訓(교훈)
矯 바로잡을 교:	矯導所(교도소)	
久 오랠 구:	久遠(구원)	
救 구원할 구:	救命(구명)	救助(구조)
舊 예 구:	舊習(구습)	舊式(구식)

한자	뜻·음	예1	예2
郡	고을 군:	郡守(군수)	郡廳(군청)
拳	주먹 권:	拳銃(권총)	拳鬪(권투)
勸	권할 권:	勸誘(권유)	勸善懲惡(권선징악)
軌	바퀴자국 궤:	軌度(궤도)	軌跡(궤적)
鬼	귀신 귀:	鬼氣(귀기)	鬼神(귀신)
貴	귀할 귀:	貴族(귀족)	貴重(귀중)
歸	돌아갈 귀:	歸家(귀가)	歸國(귀국)
近	가까울 근:	近郊(근교)	近況(근황)
僅	겨우 근:	僅僅(근근)	僅少(근소)
謹	삼갈 근:	謹愼(근신)	謹嚴(근엄)
禁	금할 금:	禁忌(금기)	禁煙(금연)
錦	비단 금:	錦上添花(금상첨화)	錦衣還鄕(금의환향)
肯	즐길 긍:	肯諾(긍낙)	肯定(긍정)
那	어찌 나:	那邊(나변)	
暖	따뜻할 난:	暖帶(난대)	暖流(난류)
乃	이에 내:	乃公(내공)	乃至(내지)
內	안 내:	內閣(내각)	內部(내부)
耐	견딜 내:	耐久(내구)	耐震(내진)
念	생각 념:	念頭(염두)	念願(염원)
怒	성낼 노:	怒氣(노기)	怒色(노색)
但	다만 단:	但書(단서)	但只(단지)
斷	끊을 단:	斷水(단수)	斷食(단식)
膽	쓸개 담:	膽大(담대)	
代	대신 대:	代理(대리)	代表(대표)
待	기다릴 대:	待遇(대우)	待避(대피)
貸	빌릴 대:	貸館(대관)	貸出(대출)
對	대할 대:	對決(대결)	對話(대화)
戴	일 대:	戴白(대백)	戴冠式(대관식)
倒	넘어질 도:	倒産(도산)	倒錯的(도착적)
途	길 도:	途上(도상)	途中下車(도중하차)
道	길 도:	道德(도덕)	道理(도리)
導	인도할 도:	導入(도입)	導出(도출)
洞	골 동:/밝을 통:	洞窟(동굴) 洞察(통찰)	洞里(동리) 洞徹(통철)
凍	얼 동:	凍結(동결)	凍破(동파)
動	움직일 동:	動機(동기)	動詞(동사)
鈍	둔할 둔:	鈍感(둔감)	鈍化(둔화)

等 무리 등:	等級(등급)	等式(등식)
裸 벗을 라:	裸身(나신)	裸體(나체)
卵 알 란:	卵生(난생)	卵巢(난소)
亂 어지러울 란:	亂動(난동)	亂離(난리)
爛 빛날 란:	爛漫(난만)	爛熟(난숙)
濫 넘칠 람:	濫發(남발)	濫用(남용)
朗 밝을 랑:	朗讀(낭독)	朗誦(낭송)
冷 찰 랭:	冷却(냉각)	冷凍(냉동)
兩 두 량:	兩極(양극)	兩親(양친)
勵 힘쓸 려:	勵精(여정)	勵行(여행)
鍊 쇠불릴 련:	鍊磨(연마)	鍊金術(연금술)
練 익힐 련:	練習(연습)	練兵場(연병장)
戀 그리워할 련:	戀慕(연모)	戀情(연정)
例 법식 례:	例示(예시)	例外(예외)
隷 종 례:	隷僕(예복)	隷屬(예속)
老 늙을 로:	老衰(노쇠)	老人(노인)
路 길 로:	路線(노선)	路資(노자)
弄 희롱할 롱:	弄談(농담)	弄調(농조)

了 마칠 료:	了結(요결)	了定(요정)
淚 눈물 루:	淚管(누관)	
漏 샐 루:	漏落(누락)	
里 마을 리:	里長(이장)	里程標(이정표)
理 다스릴 리:	理論(이론)	理致(이치)
利 이할 리:	利潤(이윤)	利己主義(이기주의)
離 떠날 리:	離陸(이륙)	離別(이별)
裏 속 리:	裏面(이면)	裏作(이작)
履 밟을 리:	履行(이행)	履歷書(이력서)
李 오얏 리:	李下不整冠(이하부정관)	
吏 관리 리:	吏讀(이두)	
馬 말 마:	馬上(마상)	馬耳東風(마이동풍)
萬 일만 만:	萬歲(만세)	萬愚節(만우절)
晩 늦을 만:	晩學(만학)	晩時之歎(만시지탄)
漫 흩어질 만:	漫筆(만필)	漫畫(만화)
妄 망령될 망:	妄動(망동)	妄想症(망상증)
望 바랄 망:	望鄉(망향)	望遠鏡(망원경)
買 살 매:	買受(매수)	買占(매점)

한자	훈음	예1	예2
猛	사나울 맹:	猛犬(맹견)	猛烈(맹렬)
免	면할 면:	免稅(면세)	免職(면직)
面	낯 면:	面接(면접)	面壁參禪(면벽참선)
勉	힘쓸 면:	勉勵(면려)	勉學(면학)
命	목숨 명:	命令(명령)	命脈(명맥)
母	어미 모:	母系(모계)	母校(모교)
某	아무 모:	某國(모국)	
慕	그릴 모:	慕情(모정)	慕華(모화)
暮	저물 모:	暮境(모경)	暮年(모년)
卯	토끼 묘:	卯末(묘말)	卯初(묘초)
妙	묘할 묘:	妙技(묘기)	
苗	모 묘:	苗脈(묘맥)	苗木(묘목)
墓	무덤 묘:	墓碑(묘비)	墓誌(묘지)
廟	사당 묘:	廟堂(묘당)	廟議(묘의)
戊	천간 무:	戊辰(무진)	戊午士禍(무오사화)
茂	무성할 무:	茂林(무림)	茂盛(무성)
武	호반 무:	武器(무기)	武斷(무단)
務	힘쓸 무:	務望(무망)	務實力行(무실역행)
貿	무역할 무:	貿穀(무곡)	貿易(무역)
舞	춤출 무:	舞臺(무대)	
霧	안개 무:	霧散(무산)	霧消(무소)
問	물을 문:	問病(문병)	問題(문제)
反	돌이킬 반:	反對(반대)	反省(반성)
半	반 반:	半減(반감)	半導體(반도체)
伴	짝 반:	伴奏(반주)	
返	돌이킬 반:	返納(반납)	返送(반송)
叛	배반할 반:	叛亂(반란)	叛逆(반역)
訪	찾을 방:	訪問(방문)	訪議(방의)
拜	절 배:	拜禮(배례)	拜席(배석)
背	등 배:	背景(배경)	背水陣(배수진)
配	나눌 배:	配給(배급)	配當(배당)
培	북돋울 배:	培植(배식)	培養(배양)
輩	무리 배:	輩出(배출)	
犯	범할 범:	犯法(범법)	犯罪(범죄)
汎	넓을 범:	汎論(범론)	汎神論(범신론)
範	법 범:	範圍(범위)	範疇(범주)

한자	훈음	예1	예2
辨	분별할 변:	辨別(변별)	辨證(변증)
辯	말씀 변:	辯論(변론)	辯明(변명)
變	변할 변:	變更(변경)	變化(변화)
丙	남녘 병:	丙午(병오)	丙子(병자)
竝	나란히 병:	竝立(병립)	竝用(병용)
病	병 병:	病菌(병균)	病院(병원)
倂	아우를 병:	倂記(병기)	
步	걸음 보:	步兵(보병)	步幅(보폭)
普	넓을 보:	普及(보급)	普遍的(보편적)
補	기울 보:	補償(보상)	補充(보충)
報	알릴 보:	報償(보상)	報告書(보고서)
譜	족보 보:	譜學(보학)	
寶	보배 보:	寶庫(보고)	寶物(보물)
奉	받들 봉:	奉仕(봉사)	奉呈式(봉정식)
俸	녹 봉:	俸給(봉급)	
鳳	봉새 봉:	鳳德(봉덕)	
否	아닐 부:	否決(부결)	否認(부인)
負	질 부:	負擔(부담)	負債(부채)
副	버금 부:	副詞(부사)	副業(부업)
富	부자 부:	富強(부강)	富貴(부귀)
腐	썩을 부:	腐敗(부패)	
賦	부세 부:	賦與(부여)	賦課(부과)
憤	분할 분:	憤慨(분개)	憤激(분격)
奮	떨칠 분:	奮發(분발)	奮鬪(분투)
比	견줄 비:	比較(비교)	
批	비평할 비:	批判(비판)	批評(비평)
肥	살찔 비:	肥料(비료)	肥沃(비옥)
卑	낮을 비:	卑賤(비천)	卑下(비하)
匪	비적 비:	匪賊(비적)	
祕	숨길 비:	祕訣(비결)	祕密(비밀)
悲	슬플 비:	悲劇(비극)	悲鳴(비명)
費	쓸 비:	費目(비목)	費用(비용)
備	갖출 비:	備考(비고)	備蓄(비축)
婢	계집종 비:	婢妾(비첩)	
鼻	코 비:	鼻炎(비염)	鼻祖(비조)
士	선비 사:	士氣(사기)	士禍(사화)

한자	뜻/음	예시1	예시2
巳	뱀 사	巳時(사시)	巳坐(사좌)
四	넉 사	四季(사계)	四君子(사군자)
史	사기 사	史記(사기)	史學(사학)
死	죽을 사	死亡(사망)	死因(사인)
似	닮을 사	似而非(사이비)	
事	일 사	事件(사건)	事大主義(사대주의)
使	하여금 사	使命(사명)	使者(사자)
捨	버릴 사	捨身(사신)	捨石工(사석공)
赦	용서할 사	赦免(사면)	赦罪(사죄)
賜	줄 사	賜姓(사성)	賜藥(사약)
謝	사례할 사	謝禮(사례)	謝罪(사죄)
産	낳을 산	産卵(산란)	産母(산모)
散	흩을 산	散漫(산만)	散在(산재)
算	셈 산	算術(산술)	算出(산출)
上	윗 상	上客(상객)	上層(상층)
想	생각 상	想念(상념)	想定(상정)
序	차례 서	序頭(서두)	序列(서열)
恕	용서할 서	恕諒(서량)	恕免(서면)
庶	여러 서	庶務(서무)	庶民(서민)
敍	펼 서	敍事(서사)	敍述(서술)
暑	더울 서	暑滯(서체)	暑退(서퇴)
署	마을 서	署名(서명)	署長(서장)
瑞	상서 서	瑞光(서광)	瑞氣(서기)
誓	맹세할 서	誓約(서약)	誓願(서원)
緖	실마리 서	緖論(서론)	緖業(서업)
善	착할 선	善導(선도)	善意(선의)
選	가릴 선	選擧(선거)	選拔(선발)
繕	기울 선	繕補(선보)	繕寫(선사)
性	성품 성	性格(성격)	性質(성질)
姓	성 성	姓名(성명)	
盛	성할 성	盛大(성대)	盛況(성황)
聖	성인 성	聖經(성경)	聖人(성인)
世	인간 세	世界(세계)	世評(세평)
洗	씻을 세	洗鍊(세련)	洗濯(세탁)
細	가늘 세	細密(세밀)	細胞(세포)
稅	세금 세	稅關(세관)	稅制(세제)

歲 해 세:	歲暮(세모)	歲拜(세배)
勢 형세 세:	勢道(세도)	勢力(세력)
貰 세놓을 세:	貰家(세가)	貰房(셋방)
小 작을 소:	小劇場(소극장)	小企業(소기업)
少 적을 소:	少量(소량)	少數(소수)
所 바 소:	所望(소망)	所謂(소위)
笑 웃음 소:	笑聲(소성)	笑話(소화)
損 덜 손:	損傷(손상)	損害(손해)
送 보낼 송:	送別(송별)	送舊迎新(송구영신)
訟 송사할 송:	訟事(송사)	訟隻(송척)
頌 칭송할 송:	頌德(송덕)	頌祝(송축)
誦 욀 송:	誦讀(송독)	誦說(송설)
刷 인쇄할 쇄:	刷馬(쇄마)	刷新(쇄신)
鎖 쇠사슬 쇄:	鎖骨(쇄골)	鎖國(쇄국)
順 순할 순:	順序(순서)	順位(순위)
市 저자 시:	市街(시가)	市場(시장)
示 보일 시:	示唆(시사)	示威(시위)
矢 화살 시:	矢數(시수)	矢言(시언)
侍 모실 시:	侍墓(시묘)	侍婢(시비)
始 비로소 시:	始作(시작)	始務式(시무식)
是 이 시:	是認(시인)	是是非非(시시비비)
屍 주검 시:	屍身(시신)	屍體(시체)
施 베풀 시:	施策(시책)	施行(시행)
視 볼 시:	視察(시찰)	視聽者(시청자)
信 믿을 신:	信仰(신앙)	信義(신의)
腎 콩팥 신:	腎熱(신열)	腎臟(신장)
愼 삼갈 신:	愼戒(신계)	愼重(신중)
紳 띠 신:	紳士(신사)	紳商(신상)
甚 심할 심:	甚難(심난)	甚深(심심)
我 나 아:	我執(아집)	我田引水(아전인수)
餓 주릴 아:	餓鬼(아귀)	餓死(아사)
岸 언덕 안:	岸壁(안벽)	
案 책상 안:	案件(안건)	案內(안내)
眼 눈 안:	眼鏡(안경)	眼下無人(안하무인)
暗 어두울 암:	暗記(암기)	暗示(암시)
仰 어두울 앙:	仰望(앙망)	仰視(앙시)

한자	훈음	예1	예2
礙	거리낄 애:	礙眼(애안)	
也	어조사 야:	也帶(야대)	也無妨(야무방)
夜	밤 야:	夜景(야경)	夜勤(야근)
野	들 야:	野球(야구)	野望(야망)
惹	이끌 야:	惹起(야기)	惹端(야단)
養	기를 양:	養鷄(양계)	養殖(양식)
壤	흙덩이 양:	壤地(양지)	壤土(양토)
讓	사양할 양:	讓渡(양도)	讓步(양보)
御	거느릴 어:	御命(어명)	御用(어용)
語	말씀 어:	語感(어감)	語不成說(어불성설)
汝	너 여:	汝等(여등)	汝輩(여배)
與	더불 여:	與件(여건)	與野(여야)
輿	수레 여:	輿駕(여가)	輿望(여망)
宴	잔치 연:	宴樂(연락)	宴會(연회)
軟	연할 연:	軟骨(연골)	軟弱(연약)
硏	갈 연:	硏究(연구)	硏修(연수)
硯	벼루 연:	硯床(연상)	硯滴(연적)
演	펼 연:	演劇(연극)	演習(연습)
染	물들 염:	染料(염료)	染病(염병)
厭	싫어할 염:	厭忌(염기)	厭世(염세)
永	길 영:	永劫(영겁)	永訣式(영결식)
泳	헤엄칠 영:	泳法(영법)	
詠	읊을 영:	詠歌(영가)	詠歎(영탄)
影	그림자 영:	影像(영상)	影響(영향)
預	맡길 예:	預金(예금)	
銳	날카로울 예:	銳角(예각)	銳利(예리)
豫	미리 예:	豫想(예상)	豫約(예약)
藝	재주 예:	藝能(예능)	藝術(예술)
譽	기릴 예:	譽聲(예성)	譽言(예언)
午	낮 오:	午睡(오수)	午後(오후)
五	다섯 오:	五感(오감)	五倫(오륜)
汚	더러울 오:	汚名(오명)	汚染(오염)
悟	깨달을 오:	悟道(오도)	悟性(오성)
娛	즐길 오:	娛樂(오락)	娛遊(오유)
傲	거만할 오:	傲氣(오기)	傲慢(오만)
誤	그르칠 오:	誤報(오보)	誤解(오해)

擁 낄 옹:	擁壁(옹벽)	擁護(옹호)
瓦 기와 와:	瓦屋(와옥)	瓦解(와해)
臥 누울 와:	臥龍(와룡)	臥病(와병)
緩 느릴 완:	緩急(완급)	緩衝(완충)
往 갈 왕:	往復(왕복)	往診(왕진)
外 바깥 외:	外國(외국)	外交官(외교관)
畏 두려워할 외:	畏敬(외경)	畏縮(외축)
用 쓸 용:	用途(용도)	用意(용의)
勇 날랠 용:	勇氣(용기)	勇斷(용단)
又 또 우:	又況(우황)	
友 벗 우:	友邦(우방)	友愛(우애)
宇 집 우:	宇內(우내)	宇宙(우주)
羽 깃 우:	羽毛(우모)	羽調(우조)
雨 비 우:	雨備(우비)	雨傘(우산)
偶 짝 우:	偶像(우상)	偶然(우연)
運 옮길 운:	運命(운명)	運營(운영)
韻 운 운:	韻律(운율)	韻致(운치)
援 도울 원:	援助(원조)	援護(원호)

遠 멀 원:	遠隔(원격)	遠景(원경)
願 원할 원:	願望(원망)	願書(원서)
有 있을 유:	有感(유감)	有名無實(유명무실)
閏 윤달 윤:	閏年(윤년)	閏月(윤월)
潤 불을 윤:	潤色(윤색)	潤澤(윤택)
凝 엉길 응:	凝結(응결)	凝視(응시)
應 응할 응:	應當(응당)	應需(응수)
意 뜻 의:	意欲(의욕)	意氣衝天(의기충천)
義 옳을 의:	義理(의리)	義務(의무)
二 두 이:	二流(이류)	二律背反(이율배반)
已 이미 이:	已久(이구)	已往之事(이왕지사)
以 써 이:	以南(이남)	以心傳心(이심전심)
耳 귀 이:	耳順(이순)	耳鳴症(이명증)
異 다를 이:	異質的(이질적)	異口同聲(이구동성)
貳 갖은두 이:	貳極(이극)	
壬 북방 임:	壬戌(임술)	壬辰倭亂(임진왜란)
賃 품삯 임:	賃貸(임대)	賃借(임차)
妊 아이밸 임:	妊婦(임부)	妊産婦(임산부)

漢字	訓音	예1	예2
諮	물을 자	諮問(자문)	
丈	어른 장	丈母(장모)	丈夫(장부)
壯	장할 장	壯觀(장관)	壯途(장도)
掌	손바닥 장	掌甲(장갑)	掌骨(장골)
葬	장사지낼 장	葬禮(장례)	葬儀社(장의사)
在	있을 재	在庫(재고)	在野(재야)
再	두 재	再開(재개)	再現(재현)
栽	심을 재	栽培(재배)	栽植(재식)
低	낮을 저	低價(저가)	低調(저조)
底	밑 저	底邊(저변)	底意(저의)
抵	막을 저	抵抗(저항)	抵當權(저당권)
貯	쌓을 저	貯蓄(저축)	貯水池(저수지)
典	법 전	典據(전거)	典範(전범)
展	펼 전	展望(전망)	展覽會(전람회)
電	번개 전	電鐵(전철)	電話(전화)
殿	전각 전	殿閣(전각)	殿堂(전당)
錢	돈 전	錢穀(전곡)	錢貨(전화)
戰	싸움 전	戰亂(전란)	戰爭(전쟁)
轉	구를 전	轉落(전락)	轉換(전환)
店	가게 점	店員(점원)	店鋪(점포)
漸	점점 점	漸增(점증)	漸次(점차)
定	정할 정	定款(정관)	定着(정착)
整	가지런할 정	整理(정리)	整備(정비)
弟	아우 제	弟子(제자)	
制	절제할 제	制度(제도)	制約(제약)
帝	임금 제	帝王(제왕)	帝政(제정)
第	차례 제	第一(제일)	第三者(제삼자)
祭	제사 제	祭禮(제례)	祭祀(제사)
製	지을 제	製粉(제분)	製作(제작)
際	즈음 제	際遇(제우)	際會(제회)
濟	건널 제	濟度(제도)	濟物浦(제물포)
弔	조상할 조	弔旗(조기)	弔花(조화)
早	이를 조	早熟(조숙)	早退(조퇴)
助	도울 조	助敎(조교)	助力(조력)
造	지을 조	造成(조성)	造作(조작)
釣	낚을 조	釣臺(조대)	釣況(조황)

한자	단어1	단어2
照 비칠 조	照明(조명)	照會(조회)
左 왼 좌:	左傾(좌경)	左翼(좌익)
坐 앉을 좌:	坐禪(좌선)	坐不安席(좌불안석)
佐 도울 좌:	佐郞(좌랑)	佐平(좌평)
座 자리 좌:	座席(좌석)	座中(좌중)
罪 허물 죄:	罪過(죄과)	罪責感(죄책감)
住 살 주:	住所(주소)	住宅(주택)
注 부을 주:	注目(주목)	注意(주의)
駐 머무를 주:	駐屯(주둔)	駐車場(주차장)
俊 준걸 준:	俊傑(준걸)	俊才(준재)
准 비준 준:	准尉(준위)	准將(준장)
準 준할 준:	準例(준례)	準備(준비)
遵 좇을 준:	遵法(준법)	遵守(준수)
重 무거울 중:	重傷(중상)	重工業(중공업)
衆 무리 중:	衆寡不敵(중과부적)	衆口難防(중구난방)
振 떨칠 진:	振動(진동)	振興(진흥)
進 나아갈 진:	進路(진로)	進退兩難(진퇴양난)
盡 다할 진:	盡力(진력)	盡忠(진충)
震 우레 진:	震動(진동)	震災(진재)
且 또 차:	且置(차치)	
借 빌릴 차:	借用(차용)	借入(차입)
贊 도울 찬:	贊成(찬성)	贊助(찬조)
讚 기릴 찬:	讚美(찬미)	讚辭(찬사)
唱 부를 창:	唱歌(창가)	唱劇(창극)
創 비롯할 창:	創立(창립)	創造(창조)
暢 화창할 창:	暢達(창달)	暢懷(창회)
菜 나물 채:	菜蔬(채소)	菜松花(채송화)
採 캘 채:	採點(채점)	採取(채취)
彩 채색 채:	彩色(채색)	彩雲(채운)
債 빚 채:	債券(채권)	債務(채무)
處 곳 처:	處理(처리)	處世(처세)
悽 슬퍼할 처:	悽絶(처절)	悽慘(처참)
淺 얕을 천:	淺聞(천문)	淺薄(천박)
踐 밟을 천:	踐踏(천답)	踐歷(천력)
賤 천할 천:	賤待(천대)	賤視(천시)
遷 옮길 천:	遷都(천도)	遷善(천선)

한자	훈음	단어1	단어2
薦	천거할 천:	薦擧(천거)	薦新(천신)
寸	마디 촌:	寸數(촌수)	寸陰(촌음)
村	마을 촌:	村落(촌락)	村婦(촌부)
總	다 총:	總計(총계)	總額(총액)
最	가장 최:	最近(최근)	最善(최선)
吹	불 취:	吹笛(취적)	吹奏(취주)
取	가질 취:	取消(취소)	取材(취재)
臭	냄새 취:	臭氣(취기)	臭敗(취패)
就	나아갈 취:	就任(취임)	就職(취직)
醉	취할 취:	醉客(취객)	醉興(취흥)
趣	뜻 취:	趣味(취미)	趣向(취향)
炊	불땔 취:	炊事(취사)	
致	이를 치:	致富(치부)	致賀(치하)
置	둘 치:	置簿(치부)	置換(치환)
浸	잠길 침:	浸潤(침윤)	
寢	잘 침:	寢臺(침대)	寢室(침실)
打	칠 타:	打算(타산)	打診(타진)
妥	온당할 타:	妥結(타결)	妥當(타당)
墮	떨어질 타:	墮落(타락)	
炭	숯 탄:	炭鑛(탄광)	炭素(탄소)
誕	낳을 탄:	誕生(탄생)	誕辰(탄신)
彈	탄알 탄:	彈壓(탄압)	彈丸(탄환)
歎	탄식할 탄:	歎服(탄복)	歎息(탄식)
湯	끓을 탕:	湯藥(탕약)	
態	모습 태:	態度(태도)	態勢(태세)
痛	아플 통:	痛哭(통곡)	痛症(통증)
統	거느릴 통:	統制(통제)	統合(통합)
退	물러날 퇴:	退却(퇴각)	退役(퇴역)
破	깨뜨릴 파:	破壞(파괴)	破裂(파열)
罷	마칠 파:	罷免(파면)	罷業(파업)
貝	조개 패:	貝物(패물)	貝貨(패화)
敗	패할 패:	敗北(패배)	敗戰(패전)
霸	으뜸 패:	霸權(패권)	霸者(패자)
評	평할 평:	評論(평론)	評判(평판)
肺	허파 폐:	肺炎(폐렴)	肺癌(폐암)
閉	닫을 폐:	閉鎖(폐쇄)	閉會(폐회)

한자	뜻/음	예1	예2
廢	폐할 폐	廢兵(폐병)	廢人(폐인)
蔽	덮을 폐	蔽一言(폐일언)	
弊	폐단 폐	弊端(폐단)	弊習(폐습)
幣	화폐 폐	幣物(폐물)	
抛	던질 포	抛棄(포기)	抛物線(포물선)
抱	안을 포	抱負(포부)	抱擁(포옹)
捕	잡을 포	捕校(포교)	捕盜(포도)
砲	대포 포	砲擊(포격)	砲彈(포탄)
飽	배부를 포	飽滿(포만)	飽腹(포복)
品	물건 품	品格(품격)	品質(품질)
彼	저 피	彼岸(피안)	彼此(피차)
被	입을 피	被告(피고)	被殺(피살)
避	피할 피	避難(피난)	避暑(피서)
下	아래 하	下降(하강)	下車(하차)
夏	여름 하	夏季(하계)	夏服(하복)
賀	하례할 하	賀客(하객)	賀禮(하례)
旱	가물 한	旱災(한재)	旱害(한해)
恨	한 한	恨歎(한탄)	
限	한할 한	限界(한계)	限度(한도)
漢	한수 한	漢文(한문)	漢族(한족)
翰	편지 한	翰墨(한묵)	翰林別曲(한림별곡)
陷	빠질 함	陷沒(함몰)	
艦	큰배 함	艦隊(함대)	艦艇(함정)
抗	겨룰 항	抗辯(항변)	抗訴(항소)
巷	거리 항	巷間(항간)	巷說(항설)
航	배 항	航空(항공)	航海(항해)
港	항구 항	港口(항구)	港灣(항만)
項	항목 항	項目(항목)	項鎖(항쇄)
害	해할 해	害毒(해독)	害蟲(해충)
海	바다 해	海岸(해안)	海洋(해양)
解	풀 해	解決(해결)	解析(해석)
幸	다행 행	幸福(행복)	幸運(행운)
向	향할 향	向上(향상)	向後(향후)
享	누릴 향	享年(향년)	享樂(향락)
憲	법 헌	憲法(헌법)	憲章(헌장)
獻	드릴 헌	獻金(헌금)	獻血(헌혈)

驗 시험 험:	驗算(험산)	驗電氣(험전기)
險 험할 험:	險難(험난)	險談(험담)
現 나타날 현:	現代(현대)	現實(현실)
縣 고을 현:	縣監(현감)	縣令(현령)
懸 달 현:	懸賞(현상)	懸板式(현판식)
顯 나타날 현:	顯官(현관)	顯著(현저)
惠 은혜 혜:	惠存(혜존)	惠澤(혜택)
慧 슬기로울 혜:	慧敏(혜민)	慧眼(혜안)
戶 집 호:	戶口(호구)	戶籍(호적)
互 서로 호:	互選(호선)	互惠(호혜)
好 좋을 호:	好感(호감)	好調(호조)
浩 넓을 호:	浩氣(호기)	
護 도울 호:	護衛(호위)	護憲(호헌)
混 섞을 혼:	混同(혼동)	混亂(혼란)
貨 재물 화:	貨物(화물)	貨幣(화폐)
禍 재앙 화:	禍根(화근)	禍難(화난)
幻 헛보일 환:	幻覺(환각)	幻影(환영)
患 근심 환:	患難(환난)	患者(환자)

換 바꿀 환:	換算(환산)	換率(환율)
況 상황 황:	況且(황차)	
悔 뉘우칠 회:	悔改(회개)	
會 모일 회:	會計(회계)	會者定離(회자정리)
孝 효도 효:	孝道(효도)	孝誠(효성)
效 본받을 효:	效能(효능)	效用(효용)
曉 새벽 효:	曉星(효성)	曉示(효시)
厚 두터울 후:	厚待(후대)	厚生(후생)
後 뒤 후:	後記(후기)	後代(후대)
訓 가르칠 훈:	訓練(훈련)	訓示(훈시)
毀 헐 훼:	毀損(훼손)	

(2) 첫 음절에서 장단 두 가지로 발음되는 한자어

街 거리 가(:)	단 街路樹(가로수)	
	장 街道(가도)	街頭(가두)

肝 간 간(:)	단 肝氣(간기)	
	장 肝膽(간담)	肝癌(간암)

間 사이 간(:)	단 間隔(간격)	
	장 間食(간식)	間接(간접)

簡 간략할 간(:)	단 簡單(간단)	簡略(간략)
	장 簡易(간이)	簡紙(간지)

強 강할 강(:)	단 強力(강력)	強化(강화)
	장 強迫(강박)	強奪(강탈)

降 내릴 강(:)/ 항복할 항	단 降兵(항병)	降伏(항복)
	장 降雪(강설)	降雨(강우)

更 고칠 경/ 다시 갱:	단 更張(경장)	更正(경정)
	장 更生(갱생)	更新(갱신)

景 볕 경(:)	단 景氣(경기)	景致(경치)
	장 景品(경품)	景福宮(경복궁)

考 생각할 고(:)	단 考案(고안)	考察(고찰)
	장 考古(고고)	考査(고사)

故 연고 고(:)	단 故鄕(고향)	
	장 故事(고사)	故意(고의)

怪 괴이할 괴(:)	단 怪常(괴상)	怪異(괴이)
	장 怪談(괴담)	怪變(괴변)

口 입 구(:)	단 口文(구문)	口錢(구전)
	장 口辯(구변)	口號(구호)

勤 부지런할 근(:)	단 勤苦(근고)	
	장 勤勉(근면)	勤務(근무)

難 어려울 난(:)	단 難關(난관)	難解(난해)
	장 難色(난색)	

唐 당나라·당황할 당(:)	단 唐書(당서)	唐詩(당시)
	장 唐突(당돌)	

帶 띠 대(:)	단 帶紋(대문)	帶狀(대상)
	장 帶同(대동)	帶妻僧(대처승)

大 큰 대(:)	단 大斗(대두)	大田(대전)
	장 大闕(대궐)	大勢(대세)

度 법도 도(:)/ 헤아릴 탁	단 度支(탁지)	
	장 度數(도수)	

冬 겨울 동(:)	단 冬至(동지)	
	장 冬眠(동면)	冬寒(동한)

童 아이 동(:)	단 童蒙先習(동몽선습)	
	장 童心(동심)	童謠(동요)

來 올 래(:)	단 來歷(내력)	來日(내일)
	장 來賓(내빈)	來世(내세)

令 하여금 령(:)	단 令息(영식)	令狀(영장)
	장 令監(영감)	

露 이슬 로(:)	단 露骨(노골)	露出(노출)
	장 露積(노적)	

料 헤아릴 료(:)	단 料量(요량)	料理(요리)
	장 料金(요금)	料給(요급)

滿 찰 만(:)	단 滿期(만기)	滿足(만족)
	장 滿發(만발)	滿月(만월)

賣 팔 매(:)	단 賣買(매매)	
	장 賣場(매장)	賣店(매점)

聞 들을 문(:)	단 聞慶(문경)	
	장 聞見(문견)	聞道(문도)

未 아닐 미(:)	단 未安(미안)	
	장 未達(미달)	未滿(미만)

美 아름다울 미(:)	단 美國(미국)	美軍(미군)
	장 美德(미덕)	美術(미술)

迷 미혹할 미(:)	단 迷兒(미아)	迷惑(미혹)
	장 迷路(미로)	迷夢(미몽)

放 놓을 방(:)	단 放學(방학)	
	장 放送(방송)	放火(방화)

倍 곱 배(:)	단 倍達民族(배달민족)	
	장 倍加(배가)	倍率(배율)

保 지킬 보(:)	단 保證(보증) 장 保管(보관)	保溫(보온)
復 회복할 복/ 다시 부:	단 復古(복고) 장 復活(부활)	復學(복학) 復興(부흥)
符 부호 부(:)	단 符節(부절) 장 符籍(부적)	符合(부합)
府 마을 부(:)	단 府使(부사) 장 府君(부군)	府域(부역)
敷 펼 부(:)	단 敷地(부지) 장 敷設(부설)	敷衍(부연)
分 나눌 분(:)	단 分斷(분단) 장 分量(분량)	分明(분명) 分數(분수)
粉 가루 분(:)	단 粉末(분말) 장 粉紅(분홍)	粉筆(분필)
非 아닐 비(:)	단 非但(비단) 장 非想(비상)	非行(비행)
思 생각 사(:)	단 思考(사고) 장 思想(사상)	思念(사념)
殺 죽일 살/ 감할 쇄:	단 殺伐(살벌) 장 殺到(쇄도)	殺人(살인)
尙 오히려 상(:)	단 尙宮(상궁) 장 尙古(상고)	尙武(상무)
狀 형상 상/ 문서 장:	단 狀態(상태) 장 狀啓(장계)	狀況(상황) 狀頭(장두)
喪 잃을 상(:)	단 喪服(상복) 장 喪夫(상부)	喪失(상실) 喪妻(상처)
徐 천천할 서(:)	단 徐羅伐(서라벌) 장 徐步(서보)	徐行(서행)
說 말씀 설/ 달랠 세:	단 說明(설명) 장 說客(세객)	說往說來(설왕설래)
素 본디·흴 소(:)	단 素材(소재) 장 素服(소복)	素質(소질)

掃 쓸 소(:)	단 掃射(소사) 장 掃除(소제)	掃蕩(소탕) 掃地(소지)
手 손 수(:)	단 手段(수단) 장 手巾(수건)	手術(수술)
試 시험 시(:)	단 試合(시합) 장 試圖(시도)	試驗(시험) 試食(시식)
審 살필 심(:)	단 審理(심리) 장 審議(심의)	審査(심사) 審判(심판)
沿 물따라갈 연(:)	단 沿道(연도) 장 沿革(연혁)	沿岸(연안)
映 비칠 영(:)	단 映像(영상) 장 映窓(영창)	映畫(영화) 映彩(영채)
汪 넓을 왕(:)	단 汪然(왕연) 장 汪洋(왕양)	汪兆銘(왕조명)
飮 마실 음(:)	단 飮服(음복) 장 飮福(음복)	飮食(음식)
刺 찌를 자/ 찌를 척	단 刺殺(척살) 장 刺客(자객)	
暫 잠깐 잠(:)	단 暫定(잠정) 장 暫時(잠시)	暫許(잠허)
長 긴 장(:)	단 長短(장단) 장 長成(장성)	長點(장점) 長幼(장유)
將 장수 장(:)	단 將軍(장군) 장 將校(장교)	將來(장래) 將兵(장병)
著 입을 착/ 나타날 저:	단 著押(착압) 장 著書(저서)	著述(저술)
點 점 점(:)	단 點燈(점등) 장 點心(점심)	點火(점화)
正 바를 정(:)	단 正月(정월) 장 正答(정답)	正初(정초) 正義(정의)
操 잡을 조(:)	단 操縱(조종) 장 操心(조심)	操作(조작) 操業(조업)
從 좇을 종(:)	단 從軍(종군) 장 從祖(종조)	從事(종사) 從兄(종형)

種 씨 종(:)	단 種子(종자) 장 種類(종류)	種族(종족) 種別(종별)
仲 버금 중(:)	단 仲介(중개) 장 仲兄(중형)	仲媒(중매)
陳 베풀 진:/ 묵을 진	단 陳腐(진부) 장 陳述(진술)	陳容(진용) 陳列(진열)
津 나루 진(:)	단 津渡(진도) 장 津氣(진기)	津人(진인)
遮 가릴 차(:)	단 遮額(차액) 장 遮斷(차단)	遮路(차로)
倉 곳집 창(:)	단 倉庫(창고) 장 倉卒(창졸)	
沈 잠길 침(:)/ 성 심:	단 沈降(침강) 장 深淸(심청)	沈鬱(침울)
針 바늘 침(:)	단 針形(침형) 장 針母(침모)	針葉樹(침엽수) 針線(침선)
討 칠 토(:)	단 討伐(토벌) 장 討論(토론)	討捕(토포) 討議(토의)
片 조각 편(:)	단 片道(편도) 장 片紙(편지)	片面(편면)
便 편할 편(:)	단 便利(편리) 장 便紙(편지)	便益(편익)
布 베·펼 포(:)	단 布木(포목) 장 布敎(포교)	布帳(포장) 布陣(포진)
包 쌀 포(:)	단 包裝(포장) 장 包括(포괄)	包含(포함) 包容(포용)
暴 사나울 폭/ 모질 포:	단 暴徒(폭도) 장 暴惡(포악)	暴露(폭로) 暴虐(포학)
韓 한국 한(:)	단 韓構字(한구자) 장 韓服(한복)	韓藥(한약)
汗 땀 한(:)	단 汗黨(한당) 장 汗馬(한마)	汗蒸(한증)
火 불 화(:)	단 火曜日(화요일) 장 火爐(화로)	火傷(화상)

畫 그림 화:/ 그을 획	단 畫順(획순) 장 畫家(화가)	畫一(획일) 畫幅(화폭)
化 될 화(:)	단 化粧(화장) 장 化石(화석)	化合(화합)
興 일 흥(:)	단 興亡(흥망) 장 興味(흥미)	興奮(흥분) 興趣(흥취)

상대자·상대어

상대자
뜻이 반대(反對) 또는 상대(相對)되는 한자

可 옳을 가 ↔ 否 아닐 부
佳 아름다울 가 ↔ 醜 추할 추
加 더할 가 ↔ 減 덜 감
加 더할 가 ↔ 省 덜 생
加 더할 가 ↔ 除 덜 제
干 방패 간 ↔ 戈 창 과
干 방패 간 ↔ 滿 찰 만
干 방패 간 ↔ 矛 창 모
簡 간략할 간 ↔ 細 가늘 세
甘 달 감 ↔ 苦 쓸 고
減 덜 감 ↔ 益 더할 익
減 덜 감 ↔ 添 더할 첨
江 강 강 ↔ 山 메 산
降 내릴 강 ↔ 騰 오를 등
降 내릴 강 ↔ 昇 오를 승
降 내릴 강 ↔ 陟 오를 척
剛 굳셀 강 ↔ 柔 부드러울 유
强 강할 강 ↔ 弱 약할 약
康 편안 강 ↔ 危 위태할 위
個 낱 개 ↔ 總 다 총
個 낱 개 ↔ 咸 다 함
皆 다 개 ↔ 個 낱 개

皆 다 개 ↔ 枚 낱 매
開 열 개 ↔ 閉 닫을 폐
慨 슬퍼할 개 ↔ 悅 기쁠 열
慨 슬퍼할 개 ↔ 怡 기쁠 이
慨 슬퍼할 개 ↔ 兌 기쁠 태
慨 슬퍼할 개 ↔ 歡 기쁠 환
慨 슬퍼할 개 ↔ 喜 기쁠 희
巨 클 거 ↔ 微 작을 미
巨 클 거 ↔ 細 가늘 세
巨 클 거 ↔ 少 작을 소
巨 클 거 ↔ 扁 작을 편
去 갈 거 ↔ 來 올 래
去 갈 거 ↔ 留 머무를 류
乾 하늘 건 ↔ 坤 땅 곤
乾 하늘 건 ↔ 地 땅 지
乾 마를 건 ↔ 濕 젖을 습
遣 보낼 견 ↔ 迎 맞을 영
遣 보낼 견 ↔ 適 맞을 적
牽 끌 견 ↔ 推 밀 추
堅 굳을 견 ↔ 軟 연할 연
潔 깨끗할 결 ↔ 汚 더러울 오
結 맺을 결 ↔ 釋 풀 석
結 맺을 결 ↔ 解 풀 해
京 서울 경 ↔ 鄕 시골 향
慶 경사 경 ↔ 弔 조상할 조

輕 가벼울 경	↔	重 무거울 중		功 공 공	↔	過 지날 과
硬 굳을 경	↔	軟 연할 연		功 공 공	↔	罪 허물 죄
經 지날 경	↔	緯 씨 위		公 공평할 공	↔	私 사사 사
競 다툴 경	↔	和 화할 화		供 이바지할 공	↔	需 쓸 수
競 다툴 경	↔	協 화할 협		空 빌 공	↔	滿 찰 만
繼 이을 계	↔	斷 끊을 단		空 빌 공	↔	盈 찰 영
繼 이을 계	↔	切 끊을 절		空 빌 공	↔	有 있을 유
繼 이을 계	↔	絶 끊을 절		空 빌 공	↔	在 있을 재
啓 열 계	↔	閉 닫을 폐		空 빌 공	↔	存 있을 존
高 높을 고	↔	卑 낮을 비		戈 창 과	↔	盾 방패 순
高 높을 고	↔	低 낮을 저		寬 너그러울 관	↔	猛 사나울 맹
高 높을 고	↔	下 아래 하		光 빛 광	↔	陰 그늘 음
姑 시어미 고	↔	婦 며느리 부		廣 넓을 광	↔	陜 좁을 협
枯 마를 고	↔	濕 젖을 습		敎 가르칠 교	↔	學 배울 학
枯 마를 고	↔	潤 불을 윤		巧 공교할 교	↔	拙 졸할 졸
故 연고 고	↔	新 새 신		俱 함께 구	↔	獨 홀로 독
古 예 고	↔	今 이제 금		拘 잡을 구	↔	放 놓을 방
苦 쓸 고	↔	樂 즐길 락		購 살 구	↔	賣 팔 매
哭 울 곡	↔	笑 웃음 소		購 살 구	↔	販 팔 판
曲 굽을 곡	↔	貞 곧을 정		君 임금 군	↔	民 백성 민
曲 굽을 곡	↔	直 곧을 직		君 임금 군	↔	臣 신하 신
坤 땅 곤	↔	旻 하늘 민		群 무리 군	↔	獨 홀로 독
坤 땅 곤	↔	天 하늘 천		屈 굽힐 굴	↔	伸 펼 신
坤 땅 곤	↔	昊 하늘 호		屈 굽힐 굴	↔	貞 곧을 정
骨 뼈 골	↔	肉 고기 육		屈 굽힐 굴	↔	直 곧을 직
攻 칠 공	↔	防 막을 방		弓 활 궁	↔	矢 화살 시
攻 칠 공	↔	守 지킬 수		窮 궁할 궁	↔	富 부자 부

窮 궁할 궁 ↔	裕 넉넉할 유	濃 짙을 농 ↔	淡 맑을 담
貴 귀할 귀 ↔	賤 천할 천	濃 짙을 농 ↔	薄 엷을 박
克 이길 극 ↔	敗 패할 패	溺 빠질 닉 ↔	浮 뜰 부
近 가까울 근 ↔	遠 멀 원	多 많을 다 ↔	寡 적을 과
勤 부지런할 근 ↔	慢 거만할 만	多 많을 다 ↔	少 적을 소
勤 부지런할 근 ↔	怠 게으를 태	單 홑 단 ↔	複 겹칠 복
今 이제 금 ↔	昔 예 석	斷 끊을 단 ↔	絡 이을 락
及 미칠 급 ↔	落 떨어질 락	斷 끊을 단 ↔	連 이을 련
急 급할 급 ↔	徐 천천할 서	斷 끊을 단 ↔	聯 연이을 련
急 급할 급 ↔	緩 느릴 완	斷 끊을 단 ↔	紹 이을 소
起 일어날 기 ↔	結 맺을 결	斷 끊을 단 ↔	續 이을 속
起 일어날 기 ↔	伏 엎드릴 복	斷 끊을 단 ↔	承 이을 승
起 일어날 기 ↔	陷 빠질 함	斷 끊을 단 ↔	接 이을 접
飢 주릴 기 ↔	飽 배부를 포	端 끝 단 ↔	初 처음 초
吉 길할 길 ↔	凶 흉할 흉	旦 아침 단 ↔	夕 저녁 석
諾 허락할 낙 ↔	否 아닐 부	淡 맑을 담 ↔	濁 흐릴 탁
暖 따뜻할 난 ↔	寒 찰 한	答 대답 답 ↔	問 물을 문
難 어려울 난 ↔	易 쉬울 이	答 대답 답 ↔	諮 물을 자
男 사내 남 ↔	娘 계집 낭	當 마땅 당 ↔	落 떨어질 락
男 사내 남 ↔	女 계집 녀	當 마땅 당 ↔	否 아닐 부
男 사내 남 ↔	媛 계집 원	黨 무리 당 ↔	獨 홀로 독
男 사내 남 ↔	姬 계집 희	隊 무리 대 ↔	獨 홀로 독
南 남녘 남 ↔	北 북녘 북	大 큰 대 ↔	微 작을 미
內 안 내 ↔	外 바깥 외	大 큰 대 ↔	小 작을 소
女 계집 녀 ↔	郞 사내 랑	大 큰 대 ↔	扁 작을 편
寧 편안 녕 ↔	危 위태할 위	貸 빌릴 대 ↔	借 빌릴 차
奴 종 노 ↔	婢 계집종 비	徒 무리 도 ↔	獨 홀로 독

悼 슬퍼할 도 ↔ 悅 기쁠 열	裸 벗을 라 ↔ 着 붙을 착
悼 슬퍼할 도 ↔ 怡 기쁠 이	絡 이을 락 ↔ 絶 끊을 절
悼 슬퍼할 도 ↔ 兌 기쁠 태	絡 이을 락 ↔ 切 끊을 절
悼 슬퍼할 도 ↔ 歡 기쁠 환	拉 끌 랍 ↔ 推 밀 추
悼 슬퍼할 도 ↔ 喜 기쁠 희	郎 사내 랑 ↔ 娘 계집 낭
都 도읍 도 ↔ 農 농사 농	郎 사내 랑 ↔ 媛 계집 원
獨 홀로 독 ↔ 等 무리 등	郎 사내 랑 ↔ 姬 계집 희
獨 홀로 독 ↔ 類 무리 류	朗 밝을 랑 ↔ 冥 어두울 명
獨 홀로 독 ↔ 輩 무리 배	朗 밝을 랑 ↔ 暗 어두울 암
獨 홀로 독 ↔ 衆 무리 중	朗 밝을 랑 ↔ 昏 어두울 혼
冬 겨울 동 ↔ 夏 여름 하	來 올 래 ↔ 赴 갈 부
同 한가지 동 ↔ 異 다를 이	來 올 래 ↔ 之 갈 지
東 동녘 동 ↔ 西 서녘 서	來 올 래 ↔ 進 나아갈 진
凍 얼 동 ↔ 熔 녹을 용	來 올 래 ↔ 就 나아갈 취
凍 얼 동 ↔ 溶 녹을 용	冷 찰 랭 ↔ 暖 따뜻할 난
凍 얼 동 ↔ 融 녹을 융	冷 찰 랭 ↔ 熱 더울 열
童 아이 동 ↔ 丈 어른 장	冷 찰 랭 ↔ 溫 따뜻할 온
動 움직일 동 ↔ 靜 고요할 정	良 어질 량 ↔ 否 아닐 부
動 움직일 동 ↔ 止 그칠 지	旅 나그네 려 ↔ 主 주인 주
頭 머리 두 ↔ 尾 꼬리 미	連 이을 련 ↔ 絶 끊을 절
鈍 둔할 둔 ↔ 敏 민첩할 민	連 이을 련 ↔ 切 끊을 절
鈍 둔할 둔 ↔ 銳 날카로울 예	聯 연이을 련 ↔ 絶 끊을 절
得 얻을 득 ↔ 失 잃을 실	聯 연이을 련 ↔ 切 끊을 절
得 얻을 득 ↔ 喪 잃을 상	劣 못할 렬 ↔ 秀 빼어날 수
登 오를 등 ↔ 降 내릴 강	劣 못할 렬 ↔ 優 넉넉할 우
登 오를 등 ↔ 落 떨어질 락	老 늙을 로 ↔ 少 적을 소
等 무리 등 ↔ 孤 외로울 고	老 늙을 로 ↔ 幼 어릴 유

勞 일할 로 ↔	使 하여금 사	罔 없을 망 ↔	有 있을 유
了 마칠 료 ↔	始 비로소 시	罔 없을 망 ↔	存 있을 존
了 마칠 료 ↔	初 처음 초	罔 없을 망 ↔	在 있을 재
累 자주 루 ↔	稀 드물 희	買 살 매 ↔	賣 팔 매
陸 뭍 륙 ↔	海 바다 해	買 살 매 ↔	販 팔 판
隆 높을 륭 ↔	卑 낮을 비	枚 낱 매 ↔	總 다 총
隆 높을 륭 ↔	低 낮을 저	枚 낱 매 ↔	咸 다 함
利 이할 리 ↔	損 덜 손	免 면할 면 ↔	司 맡을 사
利 이할 리 ↔	害 해할 해	免 면할 면 ↔	委 맡길 위
理 다스릴 리 ↔	亂 어지러울 란	免 면할 면 ↔	任 맡길 임
離 떠날 리 ↔	合 합할 합	免 면할 면 ↔	托 맡길 탁
吏 벼슬아치 리 ↔	民 백성 민	滅 멸할 멸 ↔	盛 성할 성
莫 없을 막 ↔	有 있을 유	滅 멸할 멸 ↔	興 일 흥
莫 없을 막 ↔	在 있을 재	明 밝을 명 ↔	滅 멸할 멸
莫 없을 막 ↔	存 있을 존	明 밝을 명 ↔	冥 어두울 명
漠 넓을 막 ↔	陜 좁을 협	明 밝을 명 ↔	暗 어두울 암
晚 늦을 만 ↔	早 이를 조	母 어미 모 ↔	子 아들 자
滿 찰 만 ↔	虛 빌 허	矛 창 모 ↔	盾 방패 순
漫 흩어질 만 ↔	募 모을 모	沒 빠질 몰 ↔	浮 뜰 부
漫 흩어질 만 ↔	綜 모을 종	茂 무성할 무 ↔	衰 쇠할 쇠
漫 흩어질 만 ↔	集 모을 집	無 없을 무 ↔	在 있을 재
漫 흩어질 만 ↔	輯 모을 집	默 잠잠할 묵 ↔	騷 떠들 소
漫 흩어질 만 ↔	蓄 모을 축	問 물을 문 ↔	兪 대답할 유
漫 흩어질 만 ↔	聚 모을 취	文 글월 문 ↔	武 호반 무
末 끝 말 ↔	初 처음 초	文 글월 문 ↔	言 말씀 언
忙 바쁠 망 ↔	閑 한가할 한	物 물건 물 ↔	心 마음 심
忘 잊을 망 ↔	憶 생각할 억	美 아름다울 미 ↔	醜 추할 추

微 작을 미	↔	价 클 개	防 막을 방	↔	討 칠 토
微 작을 미	↔	甫 클 보	放 놓을 방	↔	秉 잡을 병
微 작을 미	↔	丕 클 비	放 놓을 방	↔	操 잡을 조
微 작을 미	↔	碩 클 석	放 놓을 방	↔	執 잡을 집
微 작을 미	↔	奭 클 석	放 놓을 방	↔	捉 잡을 착
微 작을 미	↔	偉 클 위	放 놓을 방	↔	逮 잡을 체
微 작을 미	↔	泰 클 태	放 놓을 방	↔	把 잡을 파
微 작을 미	↔	太 클 태	放 놓을 방	↔	捕 잡을 포
微 작을 미	↔	弘 클 홍	輩 무리 배	↔	孤 외로울 고
民 백성 민	↔	官 벼슬 관	白 흰 백	↔	玄 검을 현
民 백성 민	↔	王 임금 왕	煩 번거로울 번	↔	簡 간략할 간
民 백성 민	↔	帝 임금 제	伐 칠 벌	↔	守 지킬 수
民 백성 민	↔	主 임금 주	汎 넓을 범	↔	陜 좁을 협
民 백성 민	↔	后 임금 후	別 다를 별	↔	若 같을 약
密 빽빽할 밀	↔	稀 드물 희	別 다를 별	↔	如 같을 여
拍 칠 박	↔	防 막을 방	別 다를 별	↔	肖 같을 초
拍 칠 박	↔	守 지킬 수	兵 병사 병	↔	帥 장수 수
博 넓을 박	↔	陜 좁을 협	保 지킬 보	↔	擊 칠 격
班 나눌 반	↔	綜 모을 종	保 지킬 보	↔	攻 칠 공
班 나눌 반	↔	合 합할 합	保 지킬 보	↔	歐 칠 구
發 필 발	↔	着 붙을 착	保 지킬 보	↔	征 칠 정
防 막을 방	↔	擊 칠 격	保 지킬 보	↔	打 칠 타
防 막을 방	↔	攻 칠 공	保 지킬 보	↔	討 칠 토
防 막을 방	↔	歐 칠 구	普 넓을 보	↔	陜 좁을 협
防 막을 방	↔	伐 칠 벌	腹 배 복	↔	背 등 배
防 막을 방	↔	征 칠 정	福 복 복	↔	殃 재앙 앙
防 막을 방	↔	打 칠 타	福 복 복	↔	災 재앙 재

本 근본 본 ↔	末 끝 말	氷 얼음 빙 ↔	炭 숯 탄
父 아비 부 ↔	母 어미 모	士 선비 사 ↔	民 백성 민
浮 뜰 부 ↔	沈 잠길 침	士 선비 사 ↔	帥 장수 수
夫 지아비 부 ↔	婦 며느리 부	師 스승 사 ↔	弟 아우 제
夫 지아비 부 ↔	子 아들 자	死 죽을 사 ↔	生 날 생
夫 지아비 부 ↔	妻 아내 처	死 죽을 사 ↔	活 살 활
富 부자 부 ↔	困 곤할 곤	社 모일 사 ↔	散 흩을 산
分 나눌 분 ↔	綜 모을 종	邪 간사할 사 ↔	正 바를 정
分 나눌 분 ↔	合 합할 합	捨 버릴 사 ↔	拾 주울 습
不 아닐 불 ↔	正 바를 정	斜 비낄 사 ↔	平 평평할 평
妃 왕비 비 ↔	王 임금 왕	賜 줄 사 ↔	受 받을 수
妃 왕비 비 ↔	皇 임금 황	山 메 산 ↔	川 내 천
妃 왕비 비 ↔	后 임금 후	山 메 산 ↔	河 물 하
卑 낮을 비 ↔	崇 높을 숭	山 메 산 ↔	海 바다 해
卑 낮을 비 ↔	尊 높을 존	散 흩을 산 ↔	募 모을 모
卑 낮을 비 ↔	埈 높을 준	散 흩을 산 ↔	綜 모을 종
卑 낮을 비 ↔	峻 높을 준	散 흩을 산 ↔	集 모을 집
卑 낮을 비 ↔	崔 높을 최	散 흩을 산 ↔	輯 모을 집
卑 낮을 비 ↔	卓 높을 탁	散 흩을 산 ↔	蓄 모을 축
卑 낮을 비 ↔	亢 높을 항	散 흩을 산 ↔	聚 모을 취
悲 슬플 비 ↔	樂 즐길 락	散 흩을 산 ↔	會 모일 회
悲 슬플 비 ↔	悅 기쁠 열	殺 죽일 살 ↔	活 살 활
悲 슬플 비 ↔	怡 기쁠 이	殺 감할 쇄 ↔	益 더할 익
悲 슬플 비 ↔	兌 기쁠 태	殺 감할 쇄 ↔	增 더할 증
悲 슬플 비 ↔	歡 기쁠 환	殺 감할 쇄 ↔	添 더할 첨
貧 가난할 빈 ↔	富 부자 부	上 윗 상 ↔	下 아래 하
賓 손 빈 ↔	主 주인 주	喪 잃을 상 ↔	獲 얻을 획

詳 자세할 상	↔	簡 간략할 간	小 작을 소	↔	弘 클 홍
詳 자세할 상	↔	略 약할 략	昭 밝을 소	↔	冥 어두울 명
賞 상줄 상	↔	罰 벌할 벌	昭 밝을 소	↔	暗 어두울 암
生 날 생	↔	滅 멸할 멸	昭 밝을 소	↔	昏 어두울 혼
生 날 생	↔	沒 빠질 몰	笑 웃음 소	↔	鳴 울 명
生 날 생	↔	殺 죽일 살	笑 웃음 소	↔	泣 울 읍
徐 천천할 서	↔	速 빠를 속	消 사라질 소	↔	著 나타날 저
昔 예 석	↔	新 새 신	消 사라질 소	↔	現 나타날 현
析 쪼갤 석	↔	綜 모을 종	消 사라질 소	↔	顯 나타날 현
析 쪼갤 석	↔	合 합할 합	紹 이을 소	↔	切 끊을 절
碩 클 석	↔	小 작을 소	紹 이을 소	↔	絶 끊을 절
碩 클 석	↔	扁 작을 편	速 빠를 속	↔	徐 천천할 서
先 먼저 선	↔	後 뒤 후	速 빠를 속	↔	緩 느릴 완
善 착할 선	↔	惡 악할 악	續 이을 속	↔	切 끊을 절
成 이룰 성	↔	敗 패할 패	續 이을 속	↔	絶 끊을 절
省 덜 생	↔	益 더할 익	損 덜 손	↔	得 얻을 득
省 덜 생	↔	增 더할 증	損 덜 손	↔	益 더할 익
省 덜 생	↔	添 더할 첨	損 덜 손	↔	添 더할 첨
盛 성할 성	↔	衰 쇠할 쇠	送 보낼 송	↔	受 받을 수
細 가늘 세	↔	大 큰 대	送 보낼 송	↔	迎 맞을 영
小 작을 소	↔	价 클 개	衰 쇠할 쇠	↔	興 일 흥
小 작을 소	↔	甫 클 보	水 물 수	↔	陸 뭍 륙
小 작을 소	↔	丕 클 비	水 물 수	↔	火 불 화
小 작을 소	↔	奭 클 석	手 손 수	↔	足 발 족
小 작을 소	↔	偉 클 위	守 지킬 수	↔	歐 칠 구
小 작을 소	↔	泰 클 태	守 지킬 수	↔	征 칠 정
小 작을 소	↔	太 클 태	守 지킬 수	↔	打 칠 타

守 지킬 수	↔	討 칠 토	始 비로소 시	↔	終 마칠 종
受 받을 수	↔	給 줄 급	始 비로소 시	↔	罷 마칠 파
受 받을 수	↔	拂 떨칠 불	始 비로소 시	↔	畢 마칠 필
受 받을 수	↔	授 줄 수	是 이 시	↔	非 아닐 비
受 받을 수	↔	贈 줄 증	新 새 신	↔	古 예 고
收 거둘 수	↔	給 줄 급	新 새 신	↔	舊 예 구
收 거둘 수	↔	支 지탱할 지	伸 펼 신	↔	縮 줄일 축
殊 다를 수	↔	若 같을 약	臣 신하 신	↔	民 백성 민
殊 다를 수	↔	如 같을 여	臣 신하 신	↔	王 임금 왕
殊 다를 수	↔	肖 같을 초	臣 신하 신	↔	帝 임금 제
輸 보낼 수	↔	受 받을 수	臣 신하 신	↔	主 임금 주
首 머리 수	↔	尾 꼬리 미	臣 신하 신	↔	皇 임금 황
需 쓸 수	↔	給 줄 급	臣 신하 신	↔	后 임금 후
叔 아재비 숙	↔	姪 조카 질	信 믿을 신	↔	疑 의심할 의
淑 맑을 숙	↔	濁 흐릴 탁	失 잃을 실	↔	拾 주을 습
崇 높을 숭	↔	低 낮을 저	失 잃을 실	↔	獲 얻을 획
拾 주을 습	↔	棄 버릴 기	心 마음 심	↔	身 몸 신
拾 주을 습	↔	廢 버릴 폐	心 마음 심	↔	體 몸 체
昇 오를 승	↔	降 내릴 강	深 깊을 심	↔	淺 얕을 천
勝 이길 승	↔	負 질 부	我 나 아	↔	汝 너 여
勝 이길 승	↔	敗 패할 패	兒 아이 아	↔	丈 어른 장
承 이을 승	↔	切 끊을 절	雅 맑을 아	↔	俗 풍속 속
承 이을 승	↔	絶 끊을 절	雅 맑을 아	↔	濁 흐릴 탁
乘 탈 승	↔	降 내릴 강	餓 주릴 아	↔	飽 배부를 포
乘 탈 승	↔	除 덜 제	安 편안 안	↔	否 아닐 부
始 비로소 시	↔	末 끝 말	安 편안 안	↔	危 위태할 위
始 비로소 시	↔	卒 마칠 졸	壓 누를 압	↔	釋 풀 석

壓 누를 압	↔	解 풀 해	逆 거스를 역	↔	順 순할 순
殃 재앙 앙	↔	祐 복 우	延 늘일 연	↔	縮 줄일 축
殃 재앙 앙	↔	祚 복 조	然 그럴 연	↔	否 아닐 부
殃 재앙 앙	↔	祜 복 호	姸 고울 연	↔	醜 추할 추
殃 재앙 앙	↔	禧 복 희	悅 기쁠 열	↔	嗚 슬플 오
哀 슬플 애	↔	樂 즐길 락	悅 기쁠 열	↔	悽 슬퍼할 처
哀 슬플 애	↔	悅 기쁠 열	熱 더울 열	↔	涼 서늘할 량
哀 슬플 애	↔	怡 기쁠 이	炎 불꽃 염	↔	涼 서늘할 량
哀 슬플 애	↔	兌 기쁠 태	厭 싫어할 염	↔	好 좋을 호
哀 슬플 애	↔	歡 기쁠 환	榮 영화 영	↔	枯 마를 고
哀 슬플 애	↔	喜 기쁠 희	榮 영화 영	↔	辱 욕될 욕
愛 사랑 애	↔	惡 미워할 오	銳 날카로울 예	↔	鈍 둔할 둔
愛 사랑 애	↔	憎 미울 증	豫 미리 예	↔	決 결단할 결
夜 밤 야	↔	午 낮 오	汚 더러울 오	↔	淨 깨끗할 정
若 같을 약	↔	異 다를 이	嗚 슬플 오	↔	怡 기쁠 이
若 같을 약	↔	差 다를 차	嗚 슬플 오	↔	兌 기쁠 태
若 같을 약	↔	他 다를 타	嗚 슬플 오	↔	歡 기쁠 환
抑 누를 억	↔	釋 풀 석	嗚 슬플 오	↔	喜 기쁠 희
抑 누를 억	↔	揚 날릴 양	玉 구슬 옥	↔	石 돌 석
抑 누를 억	↔	解 풀 해	溫 따뜻할 온	↔	涼 서늘할 량
言 말씀 언	↔	行 다닐 행	穩 편안할 온	↔	危 위태할 위
予 나 여	↔	汝 너 여	翁 늙은이 옹	↔	幼 어릴 유
如 같을 여	↔	異 다를 이	翁 늙은이 옹	↔	稚 어릴 치
如 같을 여	↔	差 다를 차	緩 느릴 완	↔	急 급할 급
如 같을 여	↔	他 다를 타	緩 느릴 완	↔	敏 민첩할 민
與 줄 여	↔	受 받을 수	往 갈 왕	↔	來 올 래
與 줄 여	↔	野 들 야	往 갈 왕	↔	返 돌이킬 반

往 갈 왕 ↔ 復 회복할 복	慈 사랑 자 ↔ 憎 미울 증
往 갈 왕 ↔ 還 돌아올 환	昨 어제 작 ↔ 今 이제 금
用 쓸 용 ↔ 捨 버릴 사	長 긴 장 ↔ 短 짧을 단
雨 비 우 ↔ 晴 갤 청	長 긴 장 ↔ 幼 어릴 유
優 넉넉할 우 ↔ 劣 못할 렬	將 장수 장 ↔ 兵 병사 병
遠 멀 원 ↔ 近 가까울 근	將 장수 장 ↔ 士 선비 사
危 위태할 위 ↔ 逸 편안할 일	將 장수 장 ↔ 卒 마칠 졸
僞 거짓 위 ↔ 眞 참 진	災 재앙 재 ↔ 祐 복 우
有 있을 유 ↔ 無 없을 무	災 재앙 재 ↔ 祚 복 조
幼 어릴 유 ↔ 丈 어른 장	災 재앙 재 ↔ 祜 복 호
恩 은혜 은 ↔ 怨 원망할 원	災 재앙 재 ↔ 禧 복 희
隱 숨을 은 ↔ 見 볼 견	爭 다툴 쟁 ↔ 協 화할 협
隱 숨을 은 ↔ 顯 나타날 현	爭 다툴 쟁 ↔ 和 화할 화
隱 숨을 은 ↔ 現 나타날 현	低 낮을 저 ↔ 尊 높을 존
音 소리 음 ↔ 義 옳을 의	低 낮을 저 ↔ 埈 높을 준
音 소리 음 ↔ 訓 가르칠 훈	低 낮을 저 ↔ 峻 높을 준
陰 그늘 음 ↔ 陽 볕 양	低 낮을 저 ↔ 崔 높을 최
陰 그늘 음 ↔ 晴 갤 청	低 낮을 저 ↔ 卓 높을 탁
益 더할 익 ↔ 除 덜 제	低 낮을 저 ↔ 亢 높을 항
人 사람 인 ↔ 天 하늘 천	前 앞 전 ↔ 後 뒤 후
因 인할 인 ↔ 果 실과 과	戰 싸움 전 ↔ 協 화할 협
入 들 입 ↔ 出 날 출	田 밭 전 ↔ 畓 논 답
日 날 일 ↔ 月 달 월	切 끊을 절 ↔ 接 이을 접
子 아들 자 ↔ 女 계집 녀	折 꺾을 절 ↔ 貞 곧을 정
自 스스로 자 ↔ 他 다를 타	折 꺾을 절 ↔ 直 곧을 직
姉 손윗누이 자 ↔ 妹 누이 매	正 바를 정 ↔ 反 돌아올 반
雌 암컷 자 ↔ 雄 수컷 웅	正 바를 정 ↔ 副 버금 부

正 바를 정	↔	誤 그르칠 오	主 주인 주	↔	從 좇을 종
正 바를 정	↔	僞 거짓 위	晝 낮 주	↔	夜 밤 야
提 끌 제	↔	推 밀 추	俊 준걸 준	↔	劣 못할 렬
弔 조상할 조	↔	賀 하례할 하	中 가운데 중	↔	外 바깥 외
早 이를 조	↔	晩 늦을 만	衆 무리 중	↔	寡 적을 과
朝 아침 조	↔	暮 저물 모	贈 줄 증	↔	答 대답 답
朝 아침 조	↔	夕 저녁 석	增 더할 증	↔	減 덜 감
朝 아침 조	↔	野 들 야	增 더할 증	↔	削 깎을 삭
祖 할아비 조	↔	孫 손자 손	增 더할 증	↔	省 덜 생
燥 마를 조	↔	濕 젖을 습	增 더할 증	↔	損 덜 손
尊 높을 존	↔	卑 낮을 비	增 더할 증	↔	除 덜 제
尊 높을 존	↔	侍 모실 시	地 땅 지	↔	旻 하늘 민
存 있을 존	↔	亡 망할 망	地 땅 지	↔	昊 하늘 호
存 있을 존	↔	滅 멸할 멸	知 알 지	↔	行 다닐 행
存 있을 존	↔	沒 빠질 몰	智 지혜 지	↔	愚 어리석을 우
存 있을 존	↔	無 없을 무	遲 더딜 지	↔	敏 민첩할 민
存 있을 존	↔	廢 폐할 폐	遲 더딜 지	↔	速 빠를 속
拙 졸할 졸	↔	秀 빼어날 수	眞 참 진	↔	假 거짓 가
拙 졸할 졸	↔	俊 준걸 준	眞 참 진	↔	僞 거짓 위
終 마칠 종	↔	初 처음 초	眞 참 진	↔	誕 거짓 탄
縱 세로 종	↔	橫 가로 횡	進 나아갈 진	↔	退 물러날 퇴
左 왼 좌	↔	右 오른 우	集 모을 집	↔	配 나눌 배
坐 앉을 좌	↔	立 설 립	集 모을 집	↔	散 흩을 산
坐 앉을 좌	↔	臥 누울 와	差 다를 차	↔	肖 같을 초
罪 허물 죄	↔	罰 벌할 벌	贊 도울 찬	↔	反 돌아올 반
罪 허물 죄	↔	刑 형벌 형	悽 슬퍼할 처	↔	怡 기쁠 이
主 주인 주	↔	客 손 객	悽 슬퍼할 처	↔	台 기쁠 태

悽 슬퍼할 처 ↔ 歡 기쁠 환		投 던질 투 ↔ 打 칠 타	
悽 슬퍼할 처 ↔ 喜 기쁠 희		鬪 싸움 투 ↔ 協 화할 협	
隻 외짝 척 ↔ 雙 두 쌍		鬪 싸움 투 ↔ 和 화할 화	
天 하늘 천 ↔ 壤 흙덩이 양		罷 마칠 파 ↔ 初 처음 초	
天 하늘 천 ↔ 地 땅 지		廢 폐할 폐 ↔ 立 설 립	
淺 얕을 천 ↔ 濬 깊을 준		廢 폐할 폐 ↔ 置 둘 치	
淺 얕을 천 ↔ 滉 깊을 황		表 겉 표 ↔ 裏 속 리	
添 더할 첨 ↔ 減 덜 감		皮 가죽 피 ↔ 骨 뼈 골	
添 더할 첨 ↔ 削 깎을 삭		彼 저 피 ↔ 我 나 아	
淸 맑을 청 ↔ 濁 흐릴 탁		彼 저 피 ↔ 此 이 차	
醜 추할 추 ↔ 徽 아름다울 휘		夏 여름 하 ↔ 冬 겨울 동	
醜 추할 추 ↔ 烋 아름다울 휴		學 배울 학 ↔ 問 물을 문	
醜 추할 추 ↔ 嬉 아름다울 희		閑 한가할 한 ↔ 忙 바쁠 망	
縮 줄일 축 ↔ 張 베풀 장		寒 찰 한 ↔ 暖 따뜻할 난	
縮 줄일 축 ↔ 擴 넓힐 확		寒 찰 한 ↔ 暑 더울 서	
春 봄 춘 ↔ 秋 가을 추		寒 찰 한 ↔ 熱 더울 열	
出 날 출 ↔ 缺 이지러질 결		寒 찰 한 ↔ 溫 따뜻할 온	
出 날 출 ↔ 納 들일 납		合 합할 합 ↔ 配 나눌 배	
出 날 출 ↔ 沒 빠질 몰		合 합할 합 ↔ 別 나눌 별	
忠 충성 충 ↔ 逆 거스릴 역		海 바다 해 ↔ 空 빌 공	
取 가질 취 ↔ 貸 빌릴 대		向 향할 향 ↔ 背 등 배	
取 가질 취 ↔ 捨 버릴 사		虛 빌 허 ↔ 實 열매 실	
就 나아갈 취 ↔ 退 물러날 퇴		虛 빌 허 ↔ 盈 찰 영	
親 친할 친 ↔ 疏 소통할 소		賢 어질 현 ↔ 愚 어리석을 우	
快 쾌할 쾌 ↔ 鈍 둔할 둔		玄 검을 현 ↔ 白 흰 백	
太 클 태 ↔ 扁 작을 편		玄 검을 현 ↔ 素 흴 소	
吐 토할 토 ↔ 納 들일 납		玄 검을 현 ↔ 皓 흴 호	

顯 나타날 현	↔	微 작을 미
顯 나타날 현	↔	密 빽빽할 밀
嫌 싫어할 혐	↔	好 좋을 호
兄 형 형	↔	弟 아우 제
形 모양 형	↔	影 그림자 영
呼 부를 호	↔	應 응할 응
呼 부를 호	↔	吸 마실 흡
浩 넓을 호	↔	陜 좁을 협
好 좋을 호	↔	惡 미워할 오
昏 어두울 혼	↔	明 밝을 명
弘 클 홍	↔	扁 작을 편
洪 넓을 홍	↔	陜 좁을 협
火 불 화	↔	河 물 하
禍 재앙 화	↔	福 복 복
禍 재앙 화	↔	祐 복 우
禍 재앙 화	↔	祚 복 조
禍 재앙 화	↔	祜 복 호
禍 재앙 화	↔	禧 복 희
和 화할 화	↔	戰 싸움 전
皇 임금 황	↔	民 백성 민
會 모일 회	↔	散 흩을 산
厚 두터울 후	↔	薄 엷을 박
訓 가르칠 훈	↔	學 배울 학
毁 헐 훼	↔	譽 기릴 예
凶 흉할 흉	↔	豊 풍년 풍
胸 가슴 흉	↔	背 등 배
黑 검을 흑	↔	白 흰 백
黑 검을 흑	↔	皓 흴 호
興 일 흥	↔	亡 망할 망
興 일 흥	↔	敗 패할 패
喜 기쁠 희	↔	怒 성낼 노
喜 기쁠 희	↔	悲 슬플 비

상대어
뜻이 반대(反對) 또는 상대(相對)되는 한자어

可決 가결	↔	否決 부결
架空 가공	↔	實在 실재
可溶 가용	↔	不溶 불용
加入 가입	↔	脫退 탈퇴
加重 가중	↔	輕減 경감
幹線 간선	↔	支線 지선
干涉 간섭	↔	放任 방임
干潮 간조	↔	滿潮 만조
減俸 감봉	↔	增俸 증봉
減産 감산	↔	增産 증산
感性 감성	↔	理性 이성
剛健 강건	↔	柔弱 유약
槪述 개술	↔	詳述 상술
拒否 거부	↔	承認 승인
巨視 거시	↔	微視 미시
建設 건설	↔	破壞 파괴
傑作 걸작	↔	拙作 졸작

揭揚 게양	↔	下旗 하기	農繁 농번	↔	農閑 농한
結果 결과	↔	原因 원인	濃色 농색	↔	淡色 담색
經常 경상	↔	臨時 임시	濃粧 농장	↔	淡粧 담장
故意 고의	↔	過失 과실	濃厚 농후	↔	稀薄 희박
苦痛 고통	↔	快樂 쾌락	能動 능동	↔	被動 피동
困難 곤란	↔	容易 용이	單純 단순	↔	複雜 복잡
供給 공급	↔	需要 수요	單式 단식	↔	複式 복식
公平 공평	↔	偏頗 편파	當番 당번	↔	非番 비번
公翰 공한	↔	私翰 사한	大型 대형	↔	小型 소형
巧妙 교묘	↔	拙劣 졸렬	獨白 독백	↔	對話 대화
拘束 구속	↔	放免 방면	獨創 독창	↔	模倣 모방
舊型 구형	↔	新型 신형	杜絶 두절	↔	不絶 부절
均等 균등	↔	差等 차등	漠然 막연	↔	確然 확연
僅少 근소	↔	過多 과다	滅亡 멸망	↔	隆盛 융성
近接 근접	↔	遠隔 원격	明朗 명랑	↔	憂鬱 우울
近海 근해	↔	遠洋 원양	模型 모형	↔	元型 원형
急激 급격	↔	緩慢 완만	物質 물질	↔	精神 정신
及第 급제	↔	落第 낙제	美談 미담	↔	醜聞 추문
奇數 기수	↔	偶數 우수	敏速 민속	↔	遲鈍 지둔
記憶 기억	↔	忘却 망각	密集 밀집	↔	散在 산재
樂天 낙천	↔	厭世 염세	薄畓 박답	↔	沃畓 옥답
濫用 남용	↔	節約 절약	薄土 박토	↔	沃土 옥토
納稅 납세	↔	徵稅 징세	反目 반목	↔	和睦 화목
朗讀 낭독	↔	默讀 묵독	搬入 반입	↔	搬出 반출
內包 내포	↔	外延 외연	反託 반탁	↔	贊託 찬탁
老鍊 노련	↔	未熟 미숙	發掘 발굴	↔	埋沒 매몰
弄談 농담	↔	眞談 진담	發生 발생	↔	消滅 소멸

白晝 백주	⇔	深夜 심야	抑制 억제	⇔	促進 촉진
保守 보수	⇔	進步 진보	嚴格 엄격	⇔	寬大 관대
不當 부당	⇔	妥當 타당	年頭 연두	⇔	歲暮 세모
敷衍 부연	⇔	省略 생략	穩健 온건	⇔	過激 과격
富裕 부유	⇔	貧窮 빈궁	溫暖 온난	⇔	寒冷 한랭
分析 분석	⇔	綜合 종합	王道 왕도	⇔	霸道 패도
分析 분석	⇔	統合 통합	外柔 외유	⇔	內剛 내강
紛爭 분쟁	⇔	和解 화해	容易 용이	⇔	難解 난해
卑俗 비속	⇔	高雅 고아	溶解 용해	⇔	凝固 응고
辭任 사임	⇔	就任 취임	優待 우대	⇔	虐待 학대
上廻 상회	⇔	下廻 하회	偶然 우연	⇔	必然 필연
生面 생면	⇔	熟面 숙면	韻文 운문	⇔	散文 산문
碩學 석학	⇔	淺學 천학	原告 원고	⇔	被告 피고
仙界 선계	⇔	紅塵 홍진	原書 원서	⇔	譯書 역서
禪尼 선니	⇔	禪門 선문	遠心 원심	⇔	求心 구심
洗練 세련	⇔	稚拙 치졸	怨恨 원한	⇔	恩惠 은혜
消滅 소멸	⇔	生成 생성	遺失 유실	⇔	拾得 습득
送舊 송구	⇔	迎新 영신	柔和 유화	⇔	強硬 강경
濕潤 습윤	⇔	乾燥 건조	隆起 융기	⇔	沈降 침강
昇天 승천	⇔	降臨 강림	融解 융해	⇔	凝固 응고
新婦 신부	⇔	新郎 신랑	應用 응용	⇔	原理 원리
紳士 신사	⇔	淑女 숙녀	義務 의무	⇔	權利 권리
愼重 신중	⇔	輕率 경솔	異端 이단	⇔	正統 정통
惡化 악화	⇔	好轉 호전	離別 이별	⇔	相逢 상봉
愛好 애호	⇔	嫌惡 혐오	人爲 인위	⇔	自然 자연
野圈 야권	⇔	與圈 여권	入闕 입궐	⇔	退闕 퇴궐
野蠻 야만	⇔	文明 문명	潛在 잠재	⇔	顯在 현재

低下 저하	↔	向上 향상	抽象 추상	↔	具體 구체
絶讚 절찬	↔	酷評 혹평	縮小 축소	↔	擴大 확대
漸進 점진	↔	急進 급진	忠臣 충신	↔	逆臣 역신
精算 정산	↔	槪算 개산	治世 치세	↔	亂世 난세
靜肅 정숙	↔	騷亂 소란	稱讚 칭찬	↔	非難 비난
定着 정착	↔	漂流 표류	快勝 쾌승	↔	慘敗 참패
弔客 조객	↔	賀客 하객	退步 퇴보	↔	進步 진보
左遷 좌천	↔	榮轉 영전	特殊 특수	↔	普遍 보편
重厚 중후	↔	輕薄 경박	廢業 폐업	↔	開業 개업
增進 증진	↔	減退 감퇴	飽食 포식	↔	飢餓 기아
支出 지출	↔	收入 수입	被害 피해	↔	加害 가해
直接 직접	↔	間接 간접	畢讀 필독	↔	始讀 시독
眞實 진실	↔	虛僞 허위	下待 하대	↔	恭待 공대
質疑 질의	↔	應答 응답	下落 하락	↔	騰貴 등귀
集合 집합	↔	解散 해산	夏至 하지	↔	冬至 동지
差別 차별	↔	平等 평등	陷沒 함몰	↔	隆起 융기
借用 차용	↔	返濟 반제	許可 허가	↔	禁止 금지
着帽 착모	↔	脫帽 탈모	革新 혁신	↔	保守 보수
贊成 찬성	↔	反對 반대	顯官 현관	↔	微官 미관
贊評 찬평	↔	酷評 혹평	現實 현실	↔	理想 이상
斬新 참신	↔	陳腐 진부	酷暑 혹서	↔	酷寒 혹한
彰善 창선	↔	彰惡 창악	紅顔 홍안	↔	白髮 백발
創造 창조	↔	模倣 모방	訓讀 훈독	↔	音讀 음독
添加 첨가	↔	削減 삭감	吸氣 흡기	↔	排氣 배기
聽者 청자	↔	話者 화자	興奮 흥분	↔	安靜 안정
超人 초인	↔	凡人 범인	興奮 흥분	↔	鎭靜 진정
總角 총각	↔	處女 처녀			

유의자

可 옳을 가 ≒ 義 옳을 의	歌 노래 가 ≒ 詠 읊을 영
加 더할 가 ≒ 益 더할 익	歌 노래 가 ≒ 謠 노래 요
加 더할 가 ≒ 增 더할 증	歌 노래 가 ≒ 唱 부를 창
佳 아름다울 가 ≒ 美 아름다울 미	却 물리칠 각 ≒ 斥 물리칠 척
價 값 가 ≒ 値 값 치	刻 새길 각 ≒ 刊 새길 간
家 집 가 ≒ 閣 집 각	刻 새길 각 ≒ 銘 새길 명
家 집 가 ≒ 館 집 관	脚 다리 각 ≒ 橋 다리 교
家 집 가 ≒ 宮 집 궁	脚 다리 각 ≒ 梁 돌다리 량
家 집 가 ≒ 堂 집 당	覺 깨달을 각 ≒ 悟 깨달을 오
家 집 가 ≒ 室 집 실	干 방패 간 ≒ 盾 방패 순
家 집 가 ≒ 屋 집 옥	姦 간음할 간 ≒ 淫 음란할 음
家 집 가 ≒ 宇 집 우	看 볼 간 ≒ 監 볼 감
家 집 가 ≒ 院 집 원	看 볼 간 ≒ 見 볼 견
家 집 가 ≒ 宙 집 주	看 볼 간 ≒ 觀 볼 관
家 집 가 ≒ 宅 집 택	看 볼 간 ≒ 覽 볼 람
家 집 가 ≒ 戶 집 호	看 볼 간 ≒ 視 볼 시
家 집 가 ≒ 軒 집 헌	看 볼 간 ≒ 閱 볼 열
假 거짓 가 ≒ 僞 거짓 위	看 볼 간 ≒ 瞻 볼 첨
街 거리 가 ≒ 徑 길 경	間 사이 간 ≒ 隔 사이뜰 격
街 거리 가 ≒ 道 길 도	幹 줄기 간 ≒ 脈 줄기 맥
街 거리 가 ≒ 路 길 로	簡 간략할 간 ≒ 略 간략할 략
街 거리 가 ≒ 程 길 정	減 덜 감 ≒ 省 덜 생
街 거리 가 ≒ 巷 거리 항	減 덜 감 ≒ 損 덜 손
歌 노래 가 ≒ 曲 굽을 곡	減 덜 감 ≒ 除 덜 제
歌 노래 가 ≒ 樂 노래 악	監 볼 감 ≒ 觀 볼 관

監 볼 감 ≒ 視 볼 시	開 열 개 ≒ 啓 열 계
監 볼 감 ≒ 察 살필 찰	慨 슬퍼할 개 ≒ 悼 슬퍼할 도
憾 섭섭할 감 ≒ 怨 원망할 원	慨 슬퍼할 개 ≒ 哀 슬플 애
憾 섭섭할 감 ≒ 恨 한 한	慨 슬퍼할 개 ≒ 嗚 슬플 오
感 느낄 감 ≒ 覺 깨달을 각	慨 슬퍼할 개 ≒ 悽 슬퍼할 처
甲 갑옷 갑 ≒ 鉀 갑옷 갑	更 다시 갱 ≒ 覆 다시 복
江 강 강 ≒ 河 물 하	更 다시 갱 ≒ 復 다시 부
鋼 강철 강 ≒ 鐵 쇠 철	去 갈 거 ≒ 赴 갈 부
強 강할 강 ≒ 健 굳셀 건	去 갈 거 ≒ 往 갈 왕
剛 굳셀 강 ≒ 彊 굳셀 강	去 갈 거 ≒ 之 갈 지
剛 굳셀 강 ≒ 健 굳셀 건	去 갈 거 ≒ 進 나아갈 진
剛 굳셀 강 ≒ 桓 굳셀 환	距 상거할 거 ≒ 離 떠날 리
康 편안 강 ≒ 寧 편안 녕	巨 클 거 ≒ 价 클 개
康 편안 강 ≒ 穩 편안할 온	巨 클 거 ≒ 大 큰 대
康 편안 강 ≒ 逸 편안할 일	巨 클 거 ≒ 甫 클 보
綱 벼리 강 ≒ 紀 벼리 기	巨 클 거 ≒ 丕 클 비
綱 벼리 강 ≒ 維 벼리 유	巨 클 거 ≒ 碩 클 석
講 욀 강 ≒ 釋 풀 석	巨 클 거 ≒ 奭 클 석
講 욀 강 ≒ 誦 욀 송	巨 클 거 ≒ 偉 클 위
講 욀 강 ≒ 解 풀 해	巨 클 거 ≒ 泰 클 태
蓋 덮을 개 ≒ 覆 덮을 부	巨 클 거 ≒ 太 클 태
蓋 덮을 개 ≒ 蔽 덮을 폐	巨 클 거 ≒ 弘 클 홍
介 낄 개 ≒ 擁 낄 옹	車 수레 거·차 ≒ 軻 수레 가
改 고칠 개 ≒ 更 고칠 경	車 수레 거·차 ≒ 輛 수레 량
皆 다 개 ≒ 總 다 총	車 수레 거·차 ≒ 輿 수레 여
皆 다 개 ≒ 咸 다 함	居 살 거 ≒ 留 머무를 류
個 낱 개 ≒ 枚 낱 매	居 살 거 ≒ 住 살 주

拒 막을 거 ≒ 杜 막을 두	遣 보낼 견 ≒ 送 보낼 송
拒 막을 거 ≒ 防 막을 방	遣 보낼 견 ≒ 輸 보낼 수
拒 막을 거 ≒ 閼 막을 알	絹 비단 견 ≒ 錦 비단 금
拒 막을 거 ≒ 障 막을 장	決 결단할 결 ≒ 斷 끊을 단
拒 막을 거 ≒ 抵 막을 저	決 결단할 결 ≒ 判 판단할 판
拒 막을 거 ≒ 沮 막을 저	結 맺을 결 ≒ 束 묶을 속
擧 들 거 ≒ 揭 높이들 게	結 맺을 결 ≒ 約 맺을 약
擧 들 거 ≒ 動 움직일 동	結 맺을 결 ≒ 締 맺을 체
件 물건 건 ≒ 品 물건 품	潔 깨끗할 결 ≒ 白 흰 백
建 세울 건 ≒ 立 설 립	潔 깨끗할 결 ≒ 淨 깨끗할 정
乾 마를 건 ≒ 枯 마를 고	訣 이별할 결 ≒ 別 나눌 별
乾 마를 건 ≒ 燥 마를 조	兼 겸할 겸 ≒ 倂 아우를 병
乾 하늘 건 ≒ 旻 하늘 민	謙 겸손할 겸 ≒ 讓 사양할 양
乾 하늘 건 ≒ 天 하늘 천	庚 별 경 ≒ 奎 별 규
乾 하늘 건 ≒ 昊 하늘 호	庚 별 경 ≒ 星 별 성
傑 뛰어날 걸 ≒ 杰 뛰어날 걸	庚 별 경 ≒ 辰 별 진
檢 검사할 검 ≒ 査 조사할 사	京 서울 경 ≒ 都 도읍 도
檢 검사할 검 ≒ 閱 볼 열	頃 이랑 경 ≒ 疇 이랑 주
檢 검사할 검 ≒ 察 살필 찰	頃 잠깐 경 ≒ 暫 잠깐 잠
格 격식 격 ≒ 式 법 식	景 볕 경 ≒ 光 빛 광
激 격할 격 ≒ 烈 매울 렬	景 볕 경 ≒ 陽 볕 양
擊 칠 격 ≒ 打 칠 타	卿 벼슬 경 ≒ 官 벼슬 관
堅 굳을 견 ≒ 强 강할 강	卿 벼슬 경 ≒ 吏 벼슬아치 리
堅 굳을 견 ≒ 固 굳을 고	卿 벼슬 경 ≒ 尉 벼슬 위
牽 끌 견 ≒ 引 끌 인	卿 벼슬 경 ≒ 爵 벼슬 작
犬 개 견 ≒ 狗 개 구	慶 경사 경 ≒ 福 복 복
犬 개 견 ≒ 戌 개 술	慶 경사 경 ≒ 祝 빌 축

慶 경사 경 ≒	賀 하례할 하	契 맺을 계 ≒	約 맺을 약
硬 굳을 경 ≒	堅 굳을 견	契 맺을 계 ≒	締 맺을 체
硬 굳을 경 ≒	固 굳을 고	繼 이을 계 ≒	續 이을 속
硬 굳을 경 ≒	確 굳을 확	繼 이을 계 ≒	承 이을 승
傾 기울 경 ≒	倒 넘어질 도	計 셀 계 ≒	算 셈 산
傾 기울 경 ≒	斜 비낄 사	計 셀 계 ≒	數 셈 수
傾 기울 경 ≒	歪 기울 왜	季 계절 계 ≒	末 끝 말
鏡 거울 경 ≒	鑑 거울 감	季 계절 계 ≒	節 마디 절
經 지날 경 ≒	過 지날 과	階 섬돌 계 ≒	級 등급 급
經 지날 경 ≒	歷 지날 력	階 섬돌 계 ≒	段 층계 단
經 글 경 ≒	句 글귀 구	階 섬돌 계 ≒	層 층 층
經 글 경 ≒	文 글월 문	鷄 닭 계 ≒	酉 닭 유
經 글 경 ≒	詞 글 사	溪 시내 계 ≒	川 내 천
經 글 경 ≒	書 글 서	古 예 고 ≒	故 연고 고
經 글 경 ≒	章 글 장	古 예 고 ≒	舊 예 구
境 지경 경 ≒	疆 지경 강	古 예 고 ≒	昔 예 석
境 지경 경 ≒	界 지경 계	考 생각할 고 ≒	念 생각 념
境 지경 경 ≒	區 구역 구	考 생각할 고 ≒	慮 생각할 려
境 지경 경 ≒	域 지경 역	考 생각할 고 ≒	想 생각 상
境 지경 경 ≒	垠 지경 은	考 생각할 고 ≒	憶 생각할 억
競 다툴 경 ≒	爭 다툴 쟁	考 생각할 고 ≒	惟 생각할 유
警 깨우칠 경 ≒	覺 깨달을 각	苦 쓸 고 ≒	難 어려울 난
警 깨우칠 경 ≒	戒 경계할 계	苦 쓸 고 ≒	辛 매울 신
系 이어맬 계 ≒	係 맬 계	枯 마를 고 ≒	渴 목마를 갈
系 이어맬 계 ≒	繫 맬 계	孤 외로울 고 ≒	獨 홀로 독
戒 경계할 계 ≒	儆 경계할 경	雇 품팔 고 ≒	傭 품팔 용
癸 북방 계 ≒	壬 북방 임	告 알릴 고 ≒	白 흰 백

告 알릴 고	≒	示 보일 시		貢 바칠 공	≒	納 들일 납
高 높을 고	≒	隆 높을 륭		貢 바칠 공	≒	呈 드릴 정
高 높을 고	≒	埈 높을 준		貢 바칠 공	≒	獻 드릴 헌
高 높을 고	≒	峻 높을 준		恐 두려울 공	≒	懼 두려워할 구
高 높을 고	≒	崔 높을 최		恐 두려울 공	≒	畏 두려워할 외
高 높을 고	≒	卓 높을 탁		恐 두려울 공	≒	怖 두려워할 포
高 높을 고	≒	亢 높을 항		共 한가지 공	≒	同 한가지 동
庫 곳집 고	≒	庾 곳집 유		供 이바지할 공	≒	給 줄 급
庫 곳집 고	≒	倉 곳집 창		供 이바지할 공	≒	與 줄 여
谷 골 곡	≒	洞 골 동		孔 구멍 공	≒	穴 굴 혈
哭 울 곡	≒	鳴 울 명		戈 창 과	≒	矛 창 모
哭 울 곡	≒	泣 울 읍		果 실과 과	≒	菓 실과 과
穀 곡식 곡	≒	糧 양식 량		果 실과 과	≒	實 열매 실
坤 땅 곤	≒	地 땅 지		過 지날 과	≒	去 갈 거
困 곤할 곤	≒	窮 궁할 궁		過 지날 과	≒	失 잃을 실
困 곤할 곤	≒	疲 피곤할 피		過 지날 과	≒	誤 그르칠 오
工 장인 공	≒	作 지을 작		寡 적을 과	≒	少 적을 소
工 장인 공	≒	造 지을 조		官 벼슬 관	≒	爵 벼슬 작
功 공 공	≒	勳 공 훈		冠 갓 관	≒	帽 모자 모
攻 칠 공	≒	擊 칠 격		款 항목 관	≒	項 항목 항
攻 칠 공	≒	歐 칠 구		貫 꿸 관	≒	串 꿸 관
攻 칠 공	≒	拍 칠 박		貫 꿸 관	≒	徹 통할 철
攻 칠 공	≒	伐 칠 벌		貫 꿸 관	≒	通 통할 통
攻 칠 공	≒	征 칠 정		觀 볼 관	≒	覽 볼 람
攻 칠 공	≒	打 칠 타		觀 볼 관	≒	察 살필 찰
攻 칠 공	≒	討 칠 토		關 관계할 관	≒	鎖 쇠사슬 쇄
空 빌 공	≒	虛 빌 허		關 관계할 관	≒	與 줄 여

光 빛 광 ≒ 明 밝을 명	矯 바로잡을 교 ≒ 訂 바로잡을 정
光 빛 광 ≒ 色 빛 색	久 오랠 구 ≒ 彌 오랠 미
光 빛 광 ≒ 彩 채색 채	具 갖출 구 ≒ 備 갖출 비
光 빛 광 ≒ 輝 빛날 휘	具 갖출 구 ≒ 該 갖출 해
廣 넓을 광 ≒ 漠 넓을 막	求 구할 구 ≒ 乞 빌 걸
廣 넓을 광 ≒ 博 넓을 박	求 구할 구 ≒ 索 찾을 색
廣 넓을 광 ≒ 汎 넓을 범	救 구원할 구 ≒ 援 도울 원
廣 넓을 광 ≒ 普 넓을 보	救 구원할 구 ≒ 濟 건널 제
廣 넓을 광 ≒ 衍 넓을 연	丘 언덕 구 ≒ 崗 언덕 강
廣 넓을 광 ≒ 汪 넓을 왕	丘 언덕 구 ≒ 皐 언덕 고
廣 넓을 광 ≒ 沆 넓을 항	丘 언덕 구 ≒ 邱 언덕 구
廣 넓을 광 ≒ 浩 넓을 호	丘 언덕 구 ≒ 陵 언덕 릉
廣 넓을 광 ≒ 澔 넓을 호	丘 언덕 구 ≒ 阜 언덕 부
廣 넓을 광 ≒ 洪 넓을 홍	丘 언덕 구 ≒ 岸 언덕 안
掛 걸 괘 ≒ 揭 걸 게	丘 언덕 구 ≒ 原 언덕 원
塊 흙덩이 괴 ≒ 壤 흙덩이 양	丘 언덕 구 ≒ 峙 언덕 치
怪 괴이할 괴 ≒ 奇 기특할 기	丘 언덕 구 ≒ 坡 언덕 파
怪 괴이할 괴 ≒ 異 다를 이	丘 언덕 구 ≒ 阪 언덕 판
愧 부끄러울 괴 ≒ 慙 부끄러울 참	區 구분할 구 ≒ 別 나눌 별
愧 부끄러울 괴 ≒ 恥 부끄러울 치	區 구분할 구 ≒ 分 나눌 분
郊 들 교 ≒ 野 들 야	區 지경 구 ≒ 域 지경 역
郊 들 교 ≒ 坪 들 평	拘 잡을 구 ≒ 秉 잡을 병
巧 공교할 교 ≒ 妙 묘할 묘	拘 잡을 구 ≒ 攝 잡을 섭
校 학교 교 ≒ 庠 학교 상	拘 잡을 구 ≒ 操 잡을 조
敎 가르칠 교 ≒ 訓 가르칠 훈	拘 잡을 구 ≒ 執 잡을 집
橋 다리 교 ≒ 梁 들보 량	拘 잡을 구 ≒ 捉 잡을 착
矯 바로잡을 교 ≒ 正 바를 정	拘 잡을 구 ≒ 逮 잡을 체

拘 잡을 구	≒	把 잡을 파	窮 다할 궁	≒	極 다할 극
拘 잡을 구	≒	捕 잡을 포	窮 다할 궁	≒	盡 다할 진
購 살 구	≒	買 살 매	宮 집 궁	≒	闕 대궐 궐
構 얽을 구	≒	絡 얽을 락	宮 집 궁	≒	殿 전각 전
構 얽을 구	≒	造 지을 조	卷 책 권	≒	冊 책 책
構 얽을 구	≒	築 쌓을 축	卷 책 권	≒	篇 책 편
君 임금 군	≒	王 임금 왕	券 문서 권	≒	狀 문서 장
君 임금 군	≒	帝 임금 제	券 문서 권	≒	籍 문서 적
君 임금 군	≒	主 임금 주	勸 권할 권	≒	勵 힘쓸 려
君 임금 군	≒	皇 임금 황	勸 권할 권	≒	勉 힘쓸 면
君 임금 군	≒	后 임금 후	勸 권할 권	≒	奬 장려할 장
軍 군사 군	≒	兵 병사 병	鬼 귀신 귀	≒	神 귀신 신
軍 군사 군	≒	士 선비 사	貴 귀할 귀	≒	重 무거울 중
軍 군사 군	≒	卒 마칠 졸	歸 돌아갈 귀	≒	還 돌아올 환
郡 고을 군	≒	邑 고을 읍	規 법 규	≒	格 격식 격
郡 고을 군	≒	州 고을 주	規 법 규	≒	度 법도 도
郡 고을 군	≒	縣 고을 현	規 법 규	≒	呂 법칙 려
群 무리 군	≒	黨 무리 당	規 법 규	≒	例 법식 례
群 무리 군	≒	隊 무리 대	規 법 규	≒	律 법칙 률
群 무리 군	≒	徒 무리 도	規 법 규	≒	範 법 범
群 무리 군	≒	等 무리 등	規 법 규	≒	式 법 식
群 무리 군	≒	類 무리 류	規 법 규	≒	典 법 전
群 무리 군	≒	輩 무리 배	規 법 규	≒	則 법칙 칙
群 무리 군	≒	衆 무리 중	規 법 규	≒	憲 법 헌
窟 굴 굴	≒	穴 굴 혈	糾 얽힐 규	≒	結 맺을 결
屈 굽힐 굴	≒	曲 굽을 곡	糾 얽힐 규	≒	明 밝을 명
屈 굽힐 굴	≒	折 꺾을 절	糾 얽힐 규	≒	察 살필 찰

糾 얽힐 규 ≒	彈 탄알 탄	肯 즐길 긍 ≒	耽 즐길 탐
龜 터질 균 ≒	裂 찢어질 렬	寄 부칠 기 ≒	附 부칠 부
均 고를 균 ≒	等 무리 등	飢 주릴 기 ≒	餓 주릴 아
均 고를 균 ≒	調 고를 조	己 몸 기 ≒	身 몸 신
均 고를 균 ≒	平 평평할 평	企 꾀할 기 ≒	望 바랄 망
極 다할 극 ≒	端 끝 단	技 재주 기 ≒	術 재주 술
極 다할 극 ≒	盡 다할 진	技 재주 기 ≒	藝 재주 예
克 이길 극 ≒	勝 이길 승	技 재주 기 ≒	才 재주 재
劇 심할 극 ≒	甚 심할 심	祈 빌 기 ≒	祝 빌 축
劇 심할 극 ≒	酷 심할 혹	豈 어찌 기 ≒	那 어찌 나
根 뿌리 근 ≒	本 근본 본	豈 어찌 기 ≒	奈 어찌 내
謹 삼갈 근 ≒	愼 삼갈 비	豈 어찌 기 ≒	焉 어찌 언
謹 삼갈 근 ≒	愼 삼갈 신	豈 어찌 기 ≒	何 어찌 하
謹 삼갈 근 ≒	頊 삼갈 욱	豈 어찌 기 ≒	奚 어찌 해
金 쇠 금 ≒	鐵 쇠 철	記 기록할 기 ≒	錄 기록할 록
禽 새 금 ≒	鳳 봉새 봉	記 기록할 기 ≒	識 기록할 지
禽 새 금 ≒	鵬 새 붕	記 기록할 기 ≒	誌 기록할 지
禽 새 금 ≒	乙 새 을	基 터 기 ≒	垈 집터 대
禽 새 금 ≒	鳥 새 조	基 터 기 ≒	址 터 지
琴 거문고 금 ≒	瑟 큰거문고 슬	旣 이미 기 ≒	已 이미 이
急 급할 급 ≒	迫 핍박할 박	棄 버릴 기 ≒	捨 버릴 사
急 급할 급 ≒	速 빠를 속	棄 버릴 기 ≒	廢 버릴 폐
給 줄 급 ≒	賜 줄 사	旗 기 기 ≒	旌 기 정
給 줄 급 ≒	授 줄 수	起 일어날 기 ≒	立 설 립
給 줄 급 ≒	與 줄 여	起 일어날 기 ≒	發 필 발
肯 즐길 긍 ≒	樂 즐길 락	畿 경기 기 ≒	甸 경기 전
肯 즐길 긍 ≒	娛 즐길 오	器 그릇 기 ≒	具 갖출 구

器 그릇 기	≒	陶 질그릇 도		團 둥글 단	≒	丸 둥글 환
器 그릇 기	≒	甄 질그릇 견		端 끝 단	≒	卒 마칠 졸
忌 꺼릴 기	≒	嫌 싫어할 혐		斷 끊을 단	≒	切 끊을 절
緊 긴할 긴	≒	要 요긴할 요		斷 끊을 단	≒	絶 끊을 절
男 사내 남	≒	郎 사내 랑		達 통달할 달	≒	成 이룰 성
南 남녘 남	≒	丙 남녘 병		談 말씀 담	≒	辯 말씀 변
納 들일 납	≒	入 들 입		談 말씀 담	≒	辭 말씀 사
娘 계집 낭	≒	女 계집 녀		談 말씀 담	≒	說 말씀 설
娘 계집 낭	≒	媛 계집 원		談 말씀 담	≒	語 말씀 어
娘 계집 낭	≒	姬 계집 희		談 말씀 담	≒	言 말씀 언
年 해 년	≒	歲 해 세		談 말씀 담	≒	話 말씀 화
念 생각 념	≒	慮 생각할 려		潭 못 담	≒	塘 못 당
寧 편안 녕	≒	穩 편안할 온		潭 못 담	≒	沼 못 소
寧 편안 녕	≒	逸 편안할 일		潭 못 담	≒	淵 못 연
奴 종 노	≒	隸 종 례		潭 못 담	≒	池 못 지
努 힘쓸 노	≒	勵 힘쓸 려		潭 못 담	≒	澤 못 택
努 힘쓸 노	≒	力 힘 력		擔 멜 담	≒	任 맡길 임
努 힘쓸 노	≒	勉 힘쓸 면		擔 멜 담	≒	荷 멜 하
努 힘쓸 노	≒	務 힘쓸 무		答 대답 답	≒	兪 대답할 유
怒 성낼 노	≒	憤 분할 분		踏 밟을 답	≒	履 밟을 리
農 농사 농	≒	耕 밭갈 경		當 마땅 당	≒	宜 마땅 의
濃 짙을 농	≒	厚 두터울 후		當 마땅 당	≒	該 마땅 해
鍛 쇠불릴 단	≒	鍊 쇠불릴 련		堂 집 당	≒	室 집 실
旦 아침 단	≒	朝 아침 조		刀 칼 도	≒	劍 칼 검
但 다만 단	≒	只 다만 지		跳 뛸 도	≒	躍 뛸 약
單 홀 단	≒	獨 홀로 독		徒 무리 도	≒	黨 무리 당
團 둥글 단	≒	圓 둥글 원		徒 무리 도	≒	輩 무리 배

圖 그림 도 ≒	畫 그림 화	洞 골 동 ≒	穴 굴 혈
到 이를 도 ≒	達 통달할 달	動 움직일 동 ≒	搖 흔들 요
到 이를 도 ≒	至 이를 지	頭 머리 두 ≒	首 머리 수
到 이를 도 ≒	着 붙을 착	屯 진칠 둔 ≒	陣 진칠 진
到 이를 도 ≒	致 이를 치	登 오를 등 ≒	騰 오를 등
挑 돋을 도 ≒	培 북돋울 배	登 오를 등 ≒	昇 오를 승
道 길 도 ≒	途 길 도	登 오를 등 ≒	陟 오를 척
道 길 도 ≒	路 길 로	等 무리 등 ≒	級 등급 급
逃 도망할 도 ≒	亡 망할 망	等 무리 등 ≒	類 무리 류
逃 도망할 도 ≒	北 달아날 배	等 무리 등 ≒	衆 무리 중
逃 도망할 도 ≒	避 피할 피	謄 베낄 등 ≒	寫 베낄 사
逃 도망할 도 ≒	趨 달아날 추	羅 벌릴 라 ≒	列 벌릴 렬
盜 도둑 도 ≒	賊 도둑 적	絡 이을 락 ≒	繼 이을 계
盜 도둑 도 ≒	竊 훔칠 절	絡 이을 락 ≒	聯 연이을 련
渡 건널 도 ≒	涉 건널 섭	絡 이을 락 ≒	連 이을 련
渡 건널 도 ≒	濟 건널 제	絡 이을 락 ≒	紹 이을 소
稻 벼 도 ≒	稙 올벼 직	絡 이을 락 ≒	續 이을 속
稻 벼 도 ≒	禾 벼 화	絡 이을 락 ≒	承 이을 승
毒 독 독 ≒	害 해할 해	爛 빛날 란 ≒	炅 빛날 경
豚 돼지 돈 ≒	亥 돼지 해	爛 빛날 란 ≒	彬 빛날 빈
敦 도타울 돈 ≒	篤 도타울 독	爛 빛날 란 ≒	燁 빛날 엽
敦 도타울 돈 ≒	厚 두터울 후	爛 빛날 란 ≒	曜 빛날 요
突 갑자기 돌 ≒	忽 갑자기 홀	爛 빛날 란 ≒	耀 빛날 요
同 한가지 동 ≒	等 무리 등	爛 빛날 란 ≒	煜 빛날 욱
同 한가지 동 ≒	一 한 일	爛 빛날 란 ≒	燦 빛날 찬
洞 골 동 ≒	窟 굴 굴	爛 빛날 란 ≒	赫 빛날 혁
洞 골 동 ≒	里 마을 리	爛 빛날 란 ≒	華 빛날 화

爛 빛날 란 ≒ 輝 빛날 휘	麗 고울 려 ≒ 妍 고울 연
爛 빛날 란 ≒ 熙 빛날 희	憐 불쌍히여길 련 ≒ 憫 민망할 민
朗 밝을 랑 ≒ 亮 밝을 량	連 이을 련 ≒ 續 이을 속
朗 밝을 랑 ≒ 昞 밝을 병	連 이을 련 ≒ 承 이을 승
朗 밝을 랑 ≒ 昺 밝을 병	連 이을 련 ≒ 接 이을 접
朗 밝을 랑 ≒ 晳 밝을 석	練 익힐 련 ≒ 習 익힐 습
朗 밝을 랑 ≒ 晟 밝을 성	戀 그리워할 련 ≒ 慕 그릴 모
朗 밝을 랑 ≒ 昭 밝을 소	鍊 쇠불릴 련 ≒ 鑄 쇠불릴 주
朗 밝을 랑 ≒ 昱 햇빛밝을 욱	領 거느릴 령 ≒ 率 거느릴 솔
朗 밝을 랑 ≒ 哲 밝을 철	領 거느릴 령 ≒ 統 거느릴 통
朗 밝을 랑 ≒ 洞 밝을 통	零 떨어질 령 ≒ 落 떨어질 락
朗 밝을 랑 ≒ 瑩 밝을 형	嶺 고개 령 ≒ 峴 고개 현
冷 찰 랭 ≒ 涼 서늘할 량	靈 신령 령 ≒ 魂 넋 혼
冷 찰 랭 ≒ 寒 찰 한	例 법식 례 ≒ 法 법 법
掠 노략질할 략 ≒ 奪 빼앗을 탈	例 법식 례 ≒ 式 법 식
兩 두 량 ≒ 雙 두 쌍	例 법식 례 ≒ 典 법 전
兩 두 량 ≒ 二 두 이	勞 일할 로 ≒ 勤 부지런할 근
兩 두 량 ≒ 貳 갖은두 이	老 늙을 로 ≒ 耆 늙을 기
兩 두 량 ≒ 再 두 재	老 늙을 로 ≒ 翁 늙은이 옹
良 어질 량 ≒ 仁 어질 인	綠 푸를 록 ≒ 碧 푸를 벽
良 어질 량 ≒ 好 좋을 호	綠 푸를 록 ≒ 蒼 푸를 창
量 헤아릴 량 ≒ 揆 헤아릴 규	綠 푸를 록 ≒ 靑 푸를 청
諒 살펴알 량 ≒ 知 알 지	祿 녹 록 ≒ 俸 녹 봉
梁 들보 량 ≒ 樑 들보 량	論 논할 론 ≒ 議 의논할 의
慮 생각할 려 ≒ 憶 생각할 억	雷 우레 뢰 ≒ 震 우레 진
慮 생각할 려 ≒ 惟 생각할 유	料 헤아릴 료 ≒ 量 헤아릴 량
旅 나그네 려 ≒ 客 손 객	料 헤아릴 료 ≒ 度 헤아릴 탁

了 마칠 료 ≒	卒 마칠 졸	末 끝 말 ≒	尾 꼬리 미
了 마칠 료 ≒	罷 마칠 파	忘 잊을 망 ≒	失 잃을 실
了 마칠 료 ≒	畢 마칠 필	望 바랄 망 ≒	冀 바랄 기
累 여러 루 ≒	屢 여러 루	每 매양 매 ≒	常 떳떳할 상
累 여러 루 ≒	庶 여러 서	脈 줄기 맥 ≒	絡 이을 락
累 자주 루 ≒	頻 자주 빈	麥 보리 맥 ≒	牟 보리 모
樓 다락 루 ≒	閣 집 각	孟 맏 맹 ≒	伯 맏 백
留 머무를 류 ≒	泊 머무를 박	孟 맏 맹 ≒	允 맏 윤
留 머무를 류 ≒	住 살 주	猛 사나울 맹 ≒	暴 모질 포
流 흐를 류 ≒	浪 물결 랑	盟 맹세 맹 ≒	誓 맹세할 서
陸 뭍 륙 ≒	地 땅 지	勉 힘쓸 면 ≒	勵 힘쓸 려
輪 바퀴 륜 ≒	廻 돌 회	面 낯 면 ≒	貌 모양 모
隆 높을 륭 ≒	盛 성할 성	面 낯 면 ≒	容 얼굴 용
隆 높을 륭 ≒	昌 창성할 창	眠 잘 면 ≒	宿 잘 숙
隆 높을 륭 ≒	興 일 흥	眠 잘 면 ≒	寢 잘 침
利 이할 리 ≒	益 더할 익	滅 멸할 멸 ≒	亡 망할 망
離 떠날 리 ≒	別 나눌 별	命 목숨 명 ≒	令 하여금 령
里 마을 리 ≒	府 마을 부	名 이름 명 ≒	稱 일컬을 칭
里 마을 리 ≒	署 마을 서	明 밝을 명 ≒	朗 밝을 랑
里 마을 리 ≒	閻 마을 염	明 밝을 명 ≒	白 흰 백
魔 마귀 마 ≒	鬼 귀신 귀	明 밝을 명 ≒	輝 빛날 휘
莫 없을 막 ≒	罔 없을 망	毛 터럭 모 ≒	髮 터럭 발
莫 없을 막 ≒	無 없을 무	毛 터럭 모 ≒	毫 터럭 호
幕 장막 막 ≒	帳 장막 장	貌 모양 모 ≒	範 법 범
滿 찰 만 ≒	盈 찰 영	貌 모양 모 ≒	像 모양 상
蠻 오랑캐 만 ≒	夷 오랑캐 이	貌 모양 모 ≒	樣 모양 양
末 끝 말 ≒	端 끝 단	募 모을 모 ≒	集 모을 집

謀 꾀 모	≒	謨 꾀 모	微 작을 미	≒	小 작을 소
謀 꾀 모	≒	策 꾀 책	微 작을 미	≒	扁 작을 편
侮 업신여길 모	≒	蔑 업신여길 멸	未 아닐 미	≒	否 아닐 부
模 본뜰 모	≒	倣 본뜰 방	未 아닐 미	≒	非 아닐 비
沐 머리감을 목	≒	浴 목욕할 욕	敏 민첩할 민	≒	急 급할 급
睦 화목할 목	≒	穆 화목할 목	敏 민첩할 민	≒	速 빠를 속
沒 빠질 몰	≒	溺 빠질 닉	返 돌이킬 반	≒	還 돌아올 환
沒 빠질 몰	≒	陷 빠질 함	班 나눌 반	≒	配 나눌 배
卯 토끼 묘	≒	兔 토끼 토	班 나눌 반	≒	別 나눌 별
苗 묘 묘	≒	芽 싹 아	班 나눌 반	≒	分 나눌 분
茂 무성할 무	≒	繁 번성할 번	飯 밥 반	≒	食 밥 식
茂 무성할 무	≒	盛 성할 성	飯 밥 반	≒	餐 밥 찬
茂 무성할 무	≒	旺 왕성할 왕	發 필 발	≒	敷 펼 부
茂 무성할 무	≒	郁 성할 욱	發 필 발	≒	射 쏠 사
茂 무성할 무	≒	昌 창성할 창	發 필 발	≒	舒 펼 서
貿 무역할 무	≒	易 바꿀 역	發 필 발	≒	敍 펼 서
文 글월 문	≒	書 글 서	發 필 발	≒	述 펼 술
文 글월 문	≒	章 글 장	發 필 발	≒	伸 펼 신
紊 어지러울 문	≒	亂 어지러울 란	發 필 발	≒	演 펼 연
物 물건 물	≒	件 물건 건	發 필 발	≒	展 펼 전
物 물건 물	≒	品 물건 품	發 필 발	≒	鋪 펼 포
迷 미혹할 미	≒	惑 미혹할 혹	髮 터럭 발	≒	毫 터럭 호
美 아름다울 미	≒	麗 고울 려	芳 꽃다울 방	≒	馨 꽃다울 형
美 아름다울 미	≒	徽 아름다울 휘	邦 나라 방	≒	國 나라 국
美 아름다울 미	≒	休 아름다울 휴	妨 방해할 방	≒	害 해할 해
美 아름다울 미	≒	嬉 아름다울 희	房 방 방	≒	閨 안방 규
微 작을 미	≒	細 가늘 세	傍 곁 방	≒	旁 곁 방

傍 곁 방	≒	側 곁 측	變 변할 변	≒	化 될 화
紡 길쌈 방	≒	績 길쌈 적	倂 아우를 병	≒	合 합할 합
配 짝 배	≒	伴 짝 반	病 병 병	≒	疫 전염병 역
配 짝 배	≒	偶 짝 우	病 병 병	≒	患 근심 환
配 짝 배	≒	匹 짝 필	兵 병사 병	≒	士 선비 사
排 밀칠 배	≒	斥 물리칠 척	兵 병사 병	≒	卒 마칠 졸
俳 배우 배	≒	優 넉넉할 우	保 지킬 보	≒	守 지킬 수
白 흰 백	≒	素 흴 소	保 지킬 보	≒	衛 지킬 위
白 흰 백	≒	皓 흴 호	保 지킬 보	≒	護 도울 호
番 차례 번	≒	序 차례 서	報 갚을 보	≒	償 갚을 상
番 차례 번	≒	第 차례 제	報 알릴 보	≒	告 고할 고
番 차례 번	≒	秩 차례 질	寶 보배 보	≒	珍 보배 진
番 차례 번	≒	次 버금 차	寶 보배 보	≒	鈺 보배 옥
繁 번성할 번	≒	茂 무성할 무	福 복 복	≒	祐 복 우
飜 번역할 번	≒	譯 번역할 역	福 복 복	≒	祚 복 조
法 법 법	≒	規 법 규	福 복 복	≒	祜 복 호
法 법 법	≒	度 법도 도	福 복 복	≒	禧 복 희
法 법 법	≒	律 법칙 률	服 옷 복	≒	衣 옷 의
法 법 법	≒	式 법 식	本 근본 본	≒	源 근원 원
法 법 법	≒	典 법 전	奉 받들 봉	≒	仕 섬길 사
法 법 법	≒	則 법칙 칙	奉 받들 봉	≒	承 이을 승
碧 푸를 벽	≒	綠 푸를 록	奉 받들 봉	≒	獻 드릴 헌
碧 푸를 벽	≒	靑 푸를 청	逢 만날 봉	≒	遇 만날 우
變 변할 변	≒	改 고칠 개	扶 도울 부	≒	輔 도울 보
變 변할 변	≒	更 고칠 경	扶 도울 부	≒	毘 도울 비
變 변할 변	≒	易 바꿀 역	扶 도울 부	≒	襄 도울 양
變 변할 변	≒	革 가죽 혁	扶 도울 부	≒	佑 도울 우

扶 도울 부 ≒	援 도울 원	紛 어지러울 분 ≒	紊 어지러울 문
扶 도울 부 ≒	翊 도울 익	奔 달릴 분 ≒	走 달릴 주
扶 도울 부 ≒	助 도울 조	墳 무덤 분 ≒	墓 무덤 묘
扶 도울 부 ≒	佐 도울 좌	奮 떨칠 분 ≒	拂 떨칠 불
扶 도울 부 ≒	贊 도울 찬	奮 떨칠 분 ≒	振 떨칠 진
扶 도울 부 ≒	弼 도울 필	崩 무너질 붕 ≒	壞 무너질 괴
扶 도울 부 ≒	護 도울 호	朋 벗 붕 ≒	友 벗 우
否 아닐 부 ≒	弗 아닐 불	悲 슬플 비 ≒	慨 슬퍼할 개
否 아닐 부 ≒	不 아닐 불	悲 슬플 비 ≒	哀 슬플 애
否 아닐 부 ≒	非 아닐 비	悲 슬플 비 ≒	慘 참혹할 참
付 부칠 부 ≒	託 부탁할 탁	比 견줄 비 ≒	較 견줄 교
負 질 부 ≒	荷 멜 하	批 비평할 비 ≒	評 평할 평
府 관청 부 ≒	廳 관청 청	費 쓸 비 ≒	需 쓸 수
附 붙을 부 ≒	着 붙을 착	費 쓸 비 ≒	用 쓸 용
附 붙을 부 ≒	屬 붙일 속	卑 낮을 비 ≒	低 낮을 저
部 떼 부 ≒	隊 무리 대	卑 낮을 비 ≒	賤 천할 천
部 떼 부 ≒	類 무리 류	賓 손 빈 ≒	客 손 객
副 버금 부 ≒	亞 버금 아	貧 가난할 빈 ≒	困 곤할 곤
副 버금 부 ≒	仲 버금 중	貧 가난할 빈 ≒	窮 궁할 궁
副 버금 부 ≒	次 버금 차	聘 부를 빙 ≒	召 부를 소
簿 문서 부 ≒	狀 문서 장	聘 부를 빙 ≒	唱 부를 창
簿 문서 부 ≒	籍 문서 적	聘 부를 빙 ≒	呼 부를 호
分 나눌 분 ≒	配 나눌 배	寺 절 사 ≒	伽 절 가
分 나눌 분 ≒	別 나눌 별	寺 절 사 ≒	刹 절 찰
分 나눌 분 ≒	析 쪼갤 석	詐 속일 사 ≒	欺 속일 기
分 나눌 분 ≒	割 벨 할	飼 기를 사 ≒	養 기를 양
粉 가루 분 ≒	末 끝 말	舍 집 사 ≒	屋 집 옥

舍 집 사	≒	宅 집 택		殺 죽일 살	≒	劉 죽일 류
士 선비 사	≒	彦 선비 언		三 석 삼	≒	參 석 삼
巳 뱀 사	≒	蛇 긴뱀 사		森 수풀 삼	≒	林 수풀 림
思 생각 사	≒	考 생각할 고		上 윗 상	≒	昇 오를 승
思 생각 사	≒	念 생각 념		床 상 상	≒	案 책상 안
思 생각 사	≒	慮 생각할 려		尚 오히려 상	≒	猶 오히려 유
思 생각 사	≒	慕 그릴 모		狀 형상 상	≒	態 모습 태
思 생각 사	≒	想 생각 상		祥 상서 상	≒	瑞 상서 서
思 생각 사	≒	惟 생각할 유		祥 상서 상	≒	禎 상서로울 정
死 죽을 사	≒	殺 죽일 살		相 서로 상	≒	互 서로 호
似 닮을 사	≒	肖 닮을 초		商 장사 상	≒	賈 장사 고
事 일 사	≒	務 힘쓸 무		想 생각 상	≒	念 생각 념
事 일 사	≒	業 일 업		喪 잃을 상	≒	失 잃을 실
使 부릴 사	≒	役 부릴 역		塞 막힐 색	≒	邕 막힐 옹
使 하여금 사	≒	令 하여금 령		索 찾을 색	≒	覓 찾을 멱
師 스승 사	≒	傅 스승 부		索 찾을 색	≒	訪 찾을 방
斯 이 사	≒	是 이 시		索 찾을 색	≒	搜 찾을 수
斯 이 사	≒	玆 이 자		索 찾을 색	≒	尋 찾을 심
斯 이 사	≒	此 이 차		索 노 삭	≒	繩 노끈 승
社 모일 사	≒	會 모일 회		生 날 생	≒	産 낳을 산
辭 말씀 사	≒	說 말씀 설		生 날 생	≒	活 살 활
削 깎을 삭	≒	減 덜 감		徐 천천할 서	≒	緩 느릴 완
散 흩을 산	≒	漫 흩어질 만		書 글 서	≒	籍 문서 적
山 메 산	≒	岳 큰산 악		書 글 서	≒	冊 책 책
産 낳을 산	≒	娩 낳을 만		逝 갈 서	≒	去 갈 거
産 낳을 산	≒	誕 낳을 탄		恕 용서할 서	≒	赦 용서할 사
算 셈 산	≒	數 셈 수		暑 더울 서	≒	熱 더울 열

署 마을 서 ≒	閻 마을 염	姓 성 성 ≒	氏 성씨 씨
署 마을 서 ≒	村 마을 촌	成 이룰 성 ≒	就 나아갈 취
署 관청 서 ≒	廳 관청 청	盛 성할 성 ≒	旺 왕성할 왕
釋 풀 석 ≒	放 놓을 방	盛 성할 성 ≒	郁 성할 욱
席 자리 석 ≒	位 자리 위	盛 성할 성 ≒	昌 창성할 창
席 자리 석 ≒	座 자리 좌	省 살필 성 ≒	審 살필 심
船 배 선 ≒	舶 배 박	省 살필 성 ≒	察 살필 찰
船 배 선 ≒	艇 큰배 정	省 덜 생 ≒	略 간략할 략
選 가릴 선 ≒	拔 뽑을 발	省 덜 생 ≒	損 덜 손
選 가릴 선 ≒	別 나눌 별	省 덜 생 ≒	除 덜 제
選 가릴 선 ≒	擇 가릴 택	洗 씻을 세 ≒	濯 씻을 탁
旋 돌 선 ≒	回 돌아올 회	世 인간 세 ≒	界 지경 계
旋 돌 선 ≒	循 돌 순	世 인간 세 ≒	代 대신할 대
旋 돌 선 ≒	巡 돌 순	稅 세금 세 ≒	租 조세 조
先 먼저 선 ≒	前 앞 전	素 본디 소 ≒	朴 성 박
宣 베풀 선 ≒	設 베풀 설	素 본디 소 ≒	質 바탕 질
宣 베풀 선 ≒	施 베풀 시	消 사라질 소 ≒	滅 멸할 멸
宣 베풀 선 ≒	張 베풀 장	訴 호소할 소 ≒	訟 송사할 송
宣 베풀 선 ≒	陳 베풀 진	屬 붙일 속 ≒	着 붙을 착
善 착할 선 ≒	良 어질 량	孫 손자 손 ≒	胤 자손 윤
鮮 고울 선 ≒	麗 고울 려	損 덜 손 ≒	傷 다칠 상
線 줄 선 ≒	索 노(새끼줄) 삭	損 덜 손 ≒	失 잃을 실
線 줄 선 ≒	絃 줄 현	損 덜 손 ≒	害 해할 해
說 말씀 설 ≒	話 말씀 화	衰 쇠할 쇠 ≒	弱 약할 약
纖 가늘 섬 ≒	細 가늘 세	收 거둘 수 ≒	拾 주을 습
攝 다스릴 섭 ≒	理 다스릴 리	收 거둘 수 ≒	穫 거둘 확
性 성품 성 ≒	心 마음 심	睡 졸음 수 ≒	眠 잠잘 면

秀 빼어날 수	≒	傑 뛰어날 걸	淑 맑을 숙	≒	淸 맑을 청
秀 빼어날 수	≒	優 넉넉할 우	淑 맑을 숙	≒	瀅 물맑을 형
秀 빼어날 수	≒	俊 준걸 준	巡 돌 순	≒	廻 돌 회
樹 나무 수	≒	林 수풀 림	純 순수할 순	≒	潔 깨끗할 결
樹 나무 수	≒	木 나무 목	崇 높을 숭	≒	高 높을 고
壽 목숨 수	≒	命 목숨 명	崇 높을 숭	≒	尙 오히려 상
輸 보낼 수	≒	送 보낼 송	濕 젖을 습	≒	潤 불을 윤
修 닦을 수	≒	習 익힐 습	習 익힐 습	≒	慣 익숙할 관
修 닦을 수	≒	飾 꾸밀 식	時 때 시	≒	期 기약할 기
授 줄 수	≒	與 줄 여	試 시험 시	≒	驗 시험 험
守 지킬 수	≒	衛 지킬 위	施 베풀 시	≒	設 베풀 설
誰 누구 수	≒	孰 누구 숙	始 비로소 시	≒	初 처음 초
獸 짐승 수	≒	畜 짐승 축	植 심을 식	≒	栽 심을 재
殊 다를 수	≒	別 다를 별	識 알 식	≒	認 알 인
殊 다를 수	≒	異 다를 이	式 법 식	≒	典 법 전
殊 다를 수	≒	差 다를 차	息 쉴 식	≒	憩 쉴 게
殊 다를 수	≒	他 다를 타	申 납 신	≒	告 알릴 고
隨 따를 수	≒	沿 따를 연	伸 펼 신	≒	張 베풀 장
隨 따를 수	≒	追 따를 추	信 믿을 신	≒	諒 믿을 량
隨 따를 수	≒	扈 따를 호	晨 새벽 신	≒	曉 새벽 효
熟 익을 숙	≒	練 익힐 련	神 귀신 신	≒	靈 신령 령
宿 잘 숙	≒	寢 잘 침	辛 매울 신	≒	烈 매울 렬
淑 맑을 숙	≒	淡 맑을 담	身 몸 신	≒	體 몸 체
淑 맑을 숙	≒	湜 물맑을 식	愼 삼갈 신	≒	重 무거울 중
淑 맑을 숙	≒	雅 맑을 아	失 잃을 실	≒	敗 패할 패
淑 맑을 숙	≒	晶 맑을 정	尋 찾을 심	≒	訪 찾을 방
淑 맑을 숙	≒	澈 맑을 철	深 깊을 심	≒	濬 깊을 준

深 깊을 심	≒	滉 깊을 황	養 기를 양	≒	育 기를 육
審 살필 심	≒	查 조사할 사	揚 날릴 양	≒	揭 높이들 게
十 열 십	≒	拾 열 십	楊 버들 양	≒	柳 버들 류
兒 아이 아	≒	童 아이 동	語 말씀 어	≒	辭 말씀 사
阿 언덕 아	≒	丘 언덕 구	御 거느릴 어	≒	領 거느릴 령
我 나 아	≒	予 나 여	抑 누를 억	≒	押 누를 압
我 나 아	≒	余 나 여	抑 누를 억	≒	壓 누를 압
我 나 아	≒	吾 나 오	言 말씀 언	≒	語 말씀 어
眼 눈 안	≒	目 눈 목	嚴 엄할 엄	≒	肅 엄숙할 숙
顔 낯 안	≒	面 낯 면	業 업 업	≒	務 힘쓸 무
安 편안 안	≒	康 편안 강	如 같을 여	≒	若 같을 약
安 편안 안	≒	寧 편안 녕	如 같을 여	≒	肖 같을 초
安 편안 안	≒	全 온전 전	輿 수레 여	≒	軻 수레 가
雁 기러기 안	≒	鴻 기러기 홍	輿 수레 여	≒	輛 수레 량
暗 어두울 암	≒	冥 어두울 명	餘 남을 여	≒	暇 겨를 가
殃 재앙 앙	≒	災 재앙 재	餘 남을 여	≒	遺 남길 유
殃 재앙 앙	≒	禍 재앙 화	亦 또 역	≒	又 또 우
哀 슬플 애	≒	悼 슬퍼할 도	亦 또 역	≒	且 또 차
愛 사랑 애	≒	慈 사랑 자	易 바꿀 역	≒	替 바꿀 체
涯 물가 애	≒	洙 물가 수	易 바꿀 역	≒	兌 바꿀 태
涯 물가 애	≒	塢 물가 오	易 바꿀 역	≒	換 바꿀 환
涯 물가 애	≒	汀 물가 정	燃 탈 연	≒	燒 사를 소
涯 물가 애	≒	洲 물가 주	燃 탈 연	≒	焦 탈 초
厄 액 액	≒	禍 재앙 화	硏 갈 연	≒	究 연구할 구
約 맺을 약	≒	束 묶을 속	硏 갈 연	≒	磨 갈 마
藥 약 약	≒	劑 약제 제	硏 갈 연	≒	修 닦을 수
樣 모양 양	≒	態 모습 태	悅 기쁠 열	≒	樂 즐길 락

悅 기쁠 열 ≒	怡 기쁠 이	玉 구슬 옥 ≒	瓊 구슬 경
悅 기쁠 열 ≒	兌 기쁠 태	玉 구슬 옥 ≒	璿 구슬 선
悅 기쁠 열 ≒	歡 기쁠 환	玉 구슬 옥 ≒	瑗 구슬 원
悅 기쁠 열 ≒	喜 기쁠 희	穩 편안할 온 ≒	全 온전 전
閱 볼 열 ≒	覽 볼 람	溫 따뜻할 온 ≒	暖 따뜻할 난
炎 불꽃 염 ≒	炳 불꽃 병	完 완전할 완 ≒	全 온전 전
炎 불꽃 염 ≒	燮 불꽃 섭	畏 두려워할 외 ≒	懼 두려워할 구
英 꽃부리 영 ≒	特 특별할 특	遙 멀 요 ≒	遼 멀 료
永 길 영 ≒	久 오랠 구	遙 멀 요 ≒	遠 멀 원
永 길 영 ≒	遠 멀 원	遙 멀 요 ≒	悠 멀 유
詠 읊을 영 ≒	歌 노래 가	要 요긴할 요 ≒	求 구할 구
詠 읊을 영 ≒	吟 읊을 음	容 얼굴 용 ≒	貌 모양 모
詠 읊을 영 ≒	唱 부를 창	勇 날랠 용 ≒	敢 감히 감
榮 영화 영 ≒	華 빛날 화	勇 날랠 용 ≒	猛 사나울 맹
映 비칠 영 ≒	燾 비칠 도	庸 떳떳할 용 ≒	常 떳떳할 상
映 비칠 영 ≒	暎 비칠 영	牛 소 우 ≒	丑 소 축
映 비칠 영 ≒	照 비칠 조	宇 집 우 ≒	宙 집 주
迎 맞을 영 ≒	適 맞을 적	羽 깃 우 ≒	翼 날개 익
銳 날카로울 예 ≒	利 이할 리	憂 근심 우 ≒	愁 근심 수
藝 재주 예 ≒	術 재주 술	憂 근심 우 ≒	患 근심 환
譽 기릴 예 ≒	讚 기릴 찬	遇 만날 우 ≒	逢 만날 봉
午 낮 오 ≒	晝 낮 주	優 넉넉할 우 ≒	裕 넉넉할 유
梧 오동나무 오 ≒	桐 오동나무 동	云 이를 운 ≒	謂 이를 위
娛 즐길 오 ≒	樂 즐길 락	運 옮길 운 ≒	動 움직일 동
汚 더러울 오 ≒	濁 흐릴 탁	運 옮길 운 ≒	搬 운반할 반
誤 그르칠 오 ≒	謬 그르칠 류	運 옮길 운 ≒	遷 옮길 천
傲 거만할 오 ≒	慢 거만할 만	元 으뜸 원 ≒	霸 으뜸 패

怨 원망할 원	≒	恨 한 한		音 소리 음	≒	聲 소리 성
願 원할 원	≒	望 바랄 망		音 소리 음	≒	韻 운 운
園 동산 원	≒	苑 나라동산 원		依 의지할 의	≒	據 근거 거
偉 클 위	≒	大 큰 대		意 뜻 의	≒	思 생각 사
違 어긋날 위	≒	錯 어긋날 착		意 뜻 의	≒	義 옳을 의
緯 씨 위	≒	種 씨 종		意 뜻 의	≒	情 뜻 정
緯 씨 위	≒	核 씨 핵		意 뜻 의	≒	旨 뜻 지
危 위태할 위	≒	殆 거의 태		意 뜻 의	≒	志 뜻 지
僞 거짓 위	≒	誕 거짓 탄		意 뜻 의	≒	趣 뜻 취
委 맡길 위	≒	任 맡길 임		宜 마땅 의	≒	當 마땅 당
委 맡길 위	≒	託 부탁할 탁		醫 의원 의	≒	療 병고칠 료
幼 어릴 유	≒	少 적을 소		衣 옷 의	≒	服 옷 복
幼 어릴 유	≒	稚 어릴 치		移 옮길 이	≒	運 옮길 운
有 있을 유	≒	在 있을 재		移 옮길 이	≒	轉 구를 전
有 있을 유	≒	存 있을 존		忍 참을 인	≒	耐 견딜 내
悠 멀 유	≒	久 오랠 구		認 알 인	≒	識 알 식
儒 선비 유	≒	士 선비 사		認 알 인	≒	知 알 지
遺 남을 유	≒	失 잃을 실		刃 칼날 인	≒	斤 날 근
裕 넉넉할 유	≒	足 발 족		引 끌 인	≒	導 인도할 도
油 기름 유	≒	脂 기름 지		引 끌 인	≒	拉 끌 랍
唯 오직 유	≒	專 오로지 전		引 끌 인	≒	惹 이끌 야
遊 놀 유	≒	戲 놀이 희		引 끌 인	≒	提 끌 제
肉 고기 육	≒	身 몸 신		引 끌 인	≒	携 이끌 휴
融 녹을 융	≒	通 통할 통		因 인할 인	≒	緣 인연 연
融 녹을 융	≒	和 화할 화		寅 범 인	≒	虎 범 호
恩 은혜 은	≒	惠 은혜 혜		仁 어질 인	≒	慈 사랑 자
隱 숨을 은	≒	祕 숨길 비		一 한 일	≒	壹 갖은 한 일

賃 품삯 임	≒	貸 빌릴 대		著 나타날 저	≒	作 지을 작
自 스스로 자	≒	己 몸 기		抵 막을 저	≒	抗 겨룰 항
諮 물을 자	≒	問 물을 문		貯 쌓을 저	≒	積 쌓을 적
姿 모양 자	≒	貌 모양 모		貯 쌓을 저	≒	蓄 모을 축
慈 사랑 자	≒	愛 사랑 애		笛 피리 적	≒	琯 옥피리 관
刺 찌를 자·척	≒	衝 찌를 충		跡 발자취 적	≒	蹟 자취 적
資 재물 자	≒	財 재물 재		赤 붉을 적	≒	丹 붉을 단
資 재물 자	≒	質 바탕 질		赤 붉을 적	≒	朱 붉을 주
資 재물 자	≒	貨 재물 화		赤 붉을 적	≒	紅 붉을 홍
殘 남을 잔	≒	餘 남을 여		戰 싸움 전	≒	爭 다툴 쟁
殘 남을 잔	≒	遺 남길 유		戰 싸움 전	≒	鬪 싸움 투
雜 섞일 잡	≒	混 섞을 혼		錢 돈 전	≒	幣 화폐 폐
長 긴 장	≒	久 오랠 구		轉 구를 전	≒	回 돌아올 회
丈 어른 장	≒	夫 지아비 부		折 꺾을 절	≒	曲 굽을 곡
丈 어른 장	≒	長 긴 장		竊 훔칠 절	≒	盜 도둑 도
粧 단장할 장	≒	飾 꾸밀 식		店 가게 점	≒	鋪 가게 포
裝 꾸밀 장	≒	飾 꾸밀 식		接 이을 접	≒	續 이을 속
將 장수 장	≒	帥 장수 수		正 바를 정	≒	直 곧을 직
障 막을 장	≒	礙 거리낄 애		靜 고요할 정	≒	寂 고요할 적
臟 오장 장	≒	腸 창자 장		貞 곧을 정	≒	直 곧을 직
才 재주 재	≒	術 재주 술		征 칠 정	≒	伐 칠 벌
才 재주 재	≒	藝 재주 예		停 머무를 정	≒	留 머무를 류
財 재물 재	≒	貨 재물 화		停 머무를 정	≒	住 살 주
災 재앙 재	≒	殃 재앙 앙		停 머무를 정	≒	駐 머무를 주
災 재앙 재	≒	厄 액 액		停 머무를 정	≒	止 그칠 지
災 재앙 재	≒	禍 재앙 화		偵 염탐할 정	≒	探 찾을 탐
栽 심을 재	≒	植 심을 식		整 가지런할 정	≒	齊 가지런할 제

祭 제사 제	≒	祀 제사 사		舟 배 주	≒	船 배 선
製 지을 제	≒	作 지을 작		朱 붉을 주	≒	紅 붉을 홍
製 지을 제	≒	造 지을 조		珠 구슬 주	≒	玉 구슬 옥
帝 임금 제	≒	王 임금 왕		俊 준걸 준	≒	傑 뛰어날 걸
造 지을 조	≒	作 지을 작		遵 좇을 준	≒	守 지킬 수
租 조세 조	≒	賦 부세 부		重 무거울 중	≒	複 겹칠 복
租 조세 조	≒	稅 세금 세		中 가운데 중	≒	央 가운데 앙
組 짤 조	≒	織 짤 직		卽 곧 즉	≒	則 곧 즉
彫 새길 조	≒	刻 새길 각		贈 줄 증	≒	給 줄 급
調 고를 조	≒	和 화할 화		贈 줄 증	≒	與 줄 여
尊 높을 존	≒	高 높을 고		贈 줄 증	≒	呈 드릴 정
尊 높을 존	≒	貴 귀할 귀		憎 미울 증	≒	惡 미워할 오
尊 높을 존	≒	崇 높을 숭		知 알 지	≒	識 알 식
存 있을 존	≒	在 있을 재		智 슬기 지	≒	慧 슬기로울 혜
拙 졸할 졸	≒	劣 못할 렬		持 가질 지	≒	取 가질 취
終 마칠 종	≒	結 맺을 결		進 나아갈 진	≒	出 날 출
終 마칠 종	≒	端 끝 단		進 나아갈 진	≒	就 나아갈 취
終 마칠 종	≒	了 마칠 료		珍 보배 진	≒	寶 보배 보
終 마칠 종	≒	末 끝 말		辰 별 진	≒	宿 별자리 수
終 마칠 종	≒	止 그칠 지		眞 참 진	≒	實 열매 실
綜 모을 종	≒	合 합할 합		陳 베풀 진	≒	列 벌릴 렬
座 자리 좌	≒	席 자리 석		窒 막힐 질	≒	塞 막힐 색
罪 허물 죄	≒	過 지날 과		質 바탕 질	≒	朴 성 박
周 두루 주	≒	圍 에워쌀 위		疾 병 질	≒	病 병 병
周 두루 주	≒	遍 두루 편		疾 병 질	≒	患 근심 환
州 고을 주	≒	郡 고을 군		秩 차례 질	≒	序 차례 서
駐 머무를 주	≒	留 머무를 류		集 모을 집	≒	會 모일 회

徵 부를 징 ≒ 聘 부를 빙	替 바꿀 체 ≒ 換 바꿀 환
徵 부를 징 ≒ 收 거둘 수	招 부를 초 ≒ 聘 부를 빙
懲 징계할 징 ≒ 戒 경계할 계	超 뛰어넘을 초 ≒ 過 지날 과
車 수레 차 ≒ 輛 수레 량	超 뛰어넘을 초 ≒ 越 넘을 월
差 다를 차 ≒ 別 다를 별	促 재촉할 촉 ≒ 急 급할 급
差 다를 차 ≒ 異 다를 이	促 재촉할 촉 ≒ 迫 핍박할 박
錯 어긋날 착 ≒ 誤 그르칠 오	村 마을 촌 ≒ 里 마을 리
察 살필 찰 ≒ 見 볼 견	寸 마디 촌 ≒ 節 마디 절
參 참여할 참 ≒ 與 더불 여	聰 귀밝을 총 ≒ 明 밝을 명
慘 참혹할 참 ≒ 酷 심할 혹	催 재촉할 최 ≒ 促 재촉할 촉
倉 곳집 창 ≒ 庫 곳집 고	抽 뽑을 추 ≒ 拔 뽑을 발
創 비롯할 창 ≒ 始 비로소 시	追 쫓을 추 ≒ 隨 따를 수
創 비롯할 창 ≒ 作 지을 작	追 쫓을 추 ≒ 從 좇을 종
創 비롯할 창 ≒ 初 처음 초	逐 쫓을 축 ≒ 遵 좇을 준
採 캘 채 ≒ 擇 가릴 택	逐 쫓을 축 ≒ 追 쫓을 추
責 꾸짖을 책 ≒ 任 맡길 임	蓄 모을 축 ≒ 積 쌓을 적
踐 밟을 천 ≒ 踏 밟을 답	出 날 출 ≒ 生 날 생
淺 얕을 천 ≒ 薄 엷을 박	充 채울 충 ≒ 滿 찰 만
撤 거둘 철 ≒ 收 거둘 수	衝 찌를 충 ≒ 激 격할 격
添 더할 첨 ≒ 加 더할 가	衝 찌를 충 ≒ 突 갑자기 돌
淸 맑을 청 ≒ 潔 깨끗할 결	側 곁 측 ≒ 傍 곁 방
淸 맑을 청 ≒ 淨 깨끗할 정	測 헤아릴 측 ≒ 量 헤아릴 량
靑 푸를 청 ≒ 蒼 푸를 창	測 헤아릴 측 ≒ 度 헤아릴 탁
聽 들을 청 ≒ 聞 들을 문	治 다스릴 치 ≒ 理 다스릴 리
切 온통 체 ≒ 全 온전 전	沈 잠길 침 ≒ 沒 빠질 몰
締 맺을 체 ≒ 結 맺을 결	沈 잠길 침 ≒ 默 잠잠할 묵
滯 막힐 체 ≒ 塞 막힐 색	沈 잠길 침 ≒ 潛 잠길 잠

501

侵 침노할 침 ≒	掠 노략질할 략	敗 패할 패 ≒	北 달아날 배
侵 침노할 침 ≒	犯 범할 범	便 편할 편 ≒	安 편안 안
墮 떨어질 타 ≒	落 떨어질 락	偏 치우칠 편 ≒	僻 궁벽할 벽
度 헤아릴 탁 ≒	量 헤아릴 량	平 평평할 평 ≒	等 무리 등
貪 탐낼 탐 ≒	抛 던질 포	平 평평할 평 ≒	安 편안 안
探 찾을 탐 ≒	訪 찾을 방	平 평평할 평 ≒	和 화할 화
探 찾을 탐 ≒	索 찾을 색	廢 폐할 폐 ≒	棄 버릴 기
怠 게으를 태 ≒	慢 거만할 만	廢 폐할 폐 ≒	亡 망할 망
討 칠 토 ≒	伐 칠 벌	弊 폐단 폐 ≒	害 해할 해
土 흙 토 ≒	壤 흙덩이 양	抛 던질 포 ≒	棄 버릴 기
土 흙 토 ≒	地 땅 지	包 쌀 포 ≒	圍 에워쌀 위
通 통할 통 ≒	達 통달할 달	包 쌀 포 ≒	含 머금을 함
通 통할 통 ≒	徹 통할 철	抱 안을 포 ≒	擁 낄 옹
洞 밝을 통 ≒	達 통달할 달	捕 잡을 포 ≒	捉 잡을 착
洞 밝을 통 ≒	徹 통할 철	暴 모질 포 ≒	虐 모질 학
統 거느릴 통 ≒	合 합할 합	表 겉 표 ≒	皮 가죽 피
退 물러날 퇴 ≒	却 물리칠 각	豊 풍년 풍 ≒	足 발 족
鬪 싸움 투 ≒	爭 다툴 쟁	豊 풍년 풍 ≒	厚 두터울 후
投 던질 투 ≒	抛 던질 포	皮 가죽 피 ≒	膚 살갗 부
透 사무칠 투 ≒	徹 통할 철	皮 가죽 피 ≒	革 가죽 혁
特 특별할 특 ≒	殊 다를 수	疲 피곤할 피 ≒	困 곤할 곤
特 특별할 특 ≒	異 다를 이	疲 피곤할 피 ≒	勞 일할 로
把 잡을 파 ≒	握 쥘 악	畢 마침내 필 ≒	竟 마침내 경
波 물결 파 ≒	浪 물결 랑	下 아래 하 ≒	降 내릴 강
波 물결 파 ≒	漣 잔물결 련	河 물 하 ≒	川 내 천
販 팔 판 ≒	賣 팔 매	學 배울 학 ≒	習 익힐 습
敗 패할 패 ≒	亡 망할 망	陷 빠질 함 ≒	沒 빠질 몰

艦 큰배 함	≒	船 배 선	脅 위협할 협	≒	迫 핍박할 박
艦 큰배 함	≒	艇 배 정	峽 골짜기 협	≒	谷 골 곡
抗 겨룰 항	≒	拒 막을 거	形 모양 형	≒	貌 모양 모
航 배 항	≒	船 배 선	形 모양 형	≒	像 모양 상
海 바다 해	≒	洋 큰바다 양	形 모양 형	≒	態 모습 태
海 바다 해	≒	滄 큰바다 창	刑 형벌 형	≒	罰 벌할 벌
解 풀 해	≒	放 놓을 방	慧 슬기로울 혜	≒	睿 슬기 예
解 풀 해	≒	釋 풀 석	號 이름 호	≒	名 이름 명
行 다닐 행	≒	動 움직일 동	酷 심할 혹	≒	毒 독 독
行 다닐 행	≒	爲 할 위	酷 심할 혹	≒	甚 심할 심
香 향기 향	≒	馥 향기 복	混 섞을 혼	≒	亂 어지러울 란
香 향기 향	≒	芬 향기 분	混 섞을 혼	≒	雜 섞일 잡
香 향기 향	≒	闇 향기 은	混 섞을 혼	≒	濁 흐릴 탁
鄕 시골 향	≒	村 마을 촌	婚 혼인할 혼	≒	姻 혼인 인
許 허락할 허	≒	可 옳을 가	昏 어두울 혼	≒	冥 어두울 명
許 허락할 허	≒	諾 허락할 낙	鴻 기러기 홍	≒	雁 기러기 안
虛 빌 허	≒	無 없을 무	和 화할 화	≒	睦 화목할 목
虛 빌 허	≒	僞 거짓 위	和 화할 화	≒	協 화할 협
憲 법 헌	≒	法 법 법	貨 재물 화	≒	幣 화폐 폐
獻 드릴 헌	≒	納 들일 납	確 굳을 확	≒	固 굳을 고
玄 검을 현	≒	妙 묘할 묘	歡 기쁠 환	≒	悅 기쁠 열
玄 검을 현	≒	黑 검을 흑	歡 기쁠 환	≒	喜 기쁠 희
顯 나타날 현	≒	著 나타날 저	皇 임금 황	≒	王 임금 왕
顯 나타날 현	≒	現 나타날 현	皇 임금 황	≒	帝 임금 제
賢 어질 현	≒	良 어질 량	懷 품을 회	≒	抱 안을 포
絃 줄 현	≒	線 줄 선	回 돌아올 회	≒	歸 돌아갈 귀
嫌 싫어할 혐	≒	惡 미워할 오	回 돌아올 회	≒	轉 구를 전

503

獲 얻을 획	≒	得 얻을 득
畫 그을 획	≒	劃 그을 획
曉 새벽 효	≒	晨 새벽 신
毁 헐 훼	≒	壞 무너질 괴
休 쉴 휴	≒	憩 쉴 게
休 쉴 휴	≒	息 쉴 식
携 이끌 휴	≒	帶 띠 대
凶 흉할 흉	≒	猛 사나울 맹
凶 흉할 흉	≒	惡 악할 악
凶 흉할 흉	≒	暴 모질 포
吸 마실 흡	≒	飮 마실 음
興 일 흥	≒	起 일어날 기
稀 드물 희	≒	貴 귀할 귀
稀 드물 희	≒	少 적을 소
喜 기쁠 희	≒	樂 즐길 락
喜 기쁠 희	≒	悅 기쁠 열
希 바랄 희	≒	望 바랄 망
希 바랄 희	≒	願 원할 원

동음이의어

가공

可恐 (옳을 가, 두려울 공)
: 두려워하거나 놀랄 만함.

架空 (시렁 가, 빌 공)
: 근거 없이 꾸며 냄.

가구

家具 (집 가, 갖출 구)
: 집안 살림에 쓰는 기구.

家口 (집 가, 입 구)
: 주거 및 생계를 같이하는 사람의 집단.

架構 (시렁 가, 얽을 구)
: 낱낱의 재료를 조립하여 만든 구조물.

佳句 (아름다울 가, 글귀 구)
: 잘 지은 글귀.

가기

佳氣 (아름다울 가, 기운 기)
: 자연의 상서롭고 맑은 기운.

佳期 (아름다울 가, 기약할 기)
: 좋은 계절.

佳器 (아름다울 가, 그릇 기)
: 좋은 그릇. 훌륭한 인재를 비유적으로 이르는 말.

가상

架上 (시렁 가, 윗 상)
: 시렁 또는 선반의 위.

假像 (거짓 가, 모양 상)
: 실물처럼 보이는 거짓 형상.

가식

假飾 (거짓 가, 꾸밀 식)
: 말이나 행동 따위를 거짓으로 꾸밈.

加飾 (더할 가, 꾸밀 식)
: 어떤 것을 꾸밈.

가절

佳節 (아름다울 가, 마디 절)
: 좋은 때. 좋은 명절.

佳絶 (아름다울 가, 끊을 절)
: 빼어나게 아름다움.

가판

架版 (시렁 가, 판목 판)
: 인쇄하기 전에 연판이나 현판을 인쇄기 판 위에 페이지 순서대로 늘어놓는 일.

街販 (거리 가, 팔 판)
: 거리에 상품을 벌여 놓고 파는 일.

각기

各其 (각각 각, 그 기)
: 각각 저마다.

脚氣 (다리 각, 기운 기)
: 비타민 B1의 결핍에 의해 일어나는 영양실조 증상.

각하

却下 (물리칠 각, 아래 하)
: 행정법에서, 국가 기관에 대한 행정상 신청을 받아들이지 않는 처분.

閣下 (집 각, 아래 하)
: 특정한 고급 관료에 대한 경칭.

脚下 (다리 각, 아래 하)
: 다리 아래라는 뜻으로, 현재 또는 지금 당장을 이르는 말.

간담

肝膽 (간 간, 쓸개 담)
: 간과 쓸개를 아울러 이르는 말.

懇談 (간절할 간, 말씀 담)
: 친밀하고 정답게 이야기를 주고받음.

간부

幹部 (줄기 간, 떼 부)
: 어떤 단체 등의 중심이 되는 자리에서 책임을 맡고 있는 사람.

姦夫 (간음할 간, 지아비 부)
: 간통한 남자.

姦婦 (간음할 간, 며느리 부)
: 간통한 여자.

간장

肝腸 (간 간, 창자 장)
: 간과 창자.

肝臟 (간 간, 오장 장)
: 횡격막 바로 밑 오른쪽에 있는 기관.

감정

憾情 (섭섭할 감, 뜻 정)
: 원망하거나 성내는 마음.

鑑定 (거울 감, 정할 정)
: 사물의 특성이나 가치, 진위를 판정함.

甘井 (달 감, 우물 정)
: 물맛이 좋은 우물.

강기

剛氣 (굳셀 강, 기운 기)
: 굳세고 꿋꿋한 기상.

綱紀 (벼리 강, 벼리 기)
: 법률이나 풍속에 대한 질서.

개간

改刊 (고칠 개, 새길 간)
: 책의 원판을 고쳐서 간행함.

開刊 (열 개, 새길 간)
: 신문이나 책 등을 처음으로 간행함.

개관

開館 (열 개, 집 관)
: 도서관, 영화관 등의 기관이 처음으로 문을 엶.

概觀 (대개 개, 볼 관)
: 전체를 대강 살펴봄.

개연

蓋然 (덮을 개, 그럴 연)
: 단정 지을 수는 없으나 대개 그러하리라고 생각되는 상태.

慨然 (슬퍼할 개, 그럴 연)
: 억울하고 원통하여 몹시 분함.

개의

概意 (대개 개, 뜻 의)
: 내용의 개략적인 뜻.

介意 (낄 개, 뜻 의)
: 어떤 일에 신경을 쓰거나 마음에 두고 생각함.

개정

改訂 (고칠 개, 바로잡을 정)
: 글자나 글의 틀린 곳을 고쳐 바로잡음.

開廷 (열 개, 조정 정)
: 법정을 열어 재판을 시작하는 일.

건위

健胃 (굳셀 건, 밥통 위)
: 위를 튼튼하게 함. 또는 튼튼한 위.

乾位 (하늘·마를 건, 자리 위)
: 남자의 신주나 무덤 또는 위패.

검기

劍技 (칼 검, 재주 기)
: 검을 잘 다루는 솜씨.

劍氣 (칼 검, 기운 기)
: 검의 칼날에서 풍기는 기운.

견강

堅剛 (굳을 견, 굳셀 강)
: 성질이 매우 굳세고 단단함.

牽強 (이끌·끌 견, 강할 강)
: 이치에 맞지 않는 것을 억지로 끌고 감.

견인

牽引 (이끌·끌 견, 끌 인)
: 끌어서 당김.

堅忍 (굳을 견, 참을 인)
: 굳게 참고 견딤.

견집

見執 (볼 견, 잡을 집)
: 남에게 붙잡힘.

堅執 (굳을 견, 잡을 집)
: 굳게 지님.

겸사

兼事 (겸할 겸, 일 사)
: 한 가지 일을 하면서 동시에 다른 일도 아울러 함.

謙辭 (겸손할 겸, 말씀 사)
: 겸손하게 사양함. 겸손한 말.

경도

硬度 (굳을 경, 법도 도)
: 굳기.

驚倒 (놀랄 경, 넘어질 도)
: 몹시 놀라 넘어짐.

傾倒 (기울 경, 넘어질 도)
: 기울어 넘어짐.

경직

耕織 (밭갈 경, 짤 직)
: 농사짓는 일과 길쌈하는 일.

硬直 (굳을 경, 곧을 직)
: 융통성이 없고 엄격함. 몸 따위가 굳어 뻣뻣하게 됨.

경하

敬賀 (공경 경, 하례할 하)
: 공경하여 축하함.

慶賀 (경사 경, 하례할 하)
: 경사스러운 일을 치하함.

경화

硬貨 (굳을 경, 재물 화)
: 금속으로 만든 화폐.

硬化 (굳을 경, 될 화)
: 물건이나 몸의 조직 따위가 단단하게 굳어짐.

계관

鷄冠 (닭 계, 갓 관)
: 닭의 볏.

桂冠 (계수나무 계, 갓 관)
: 월계관의 준말.

계도

啓導 (열 계, 인도할 도)
: 남을 깨치어 이끌어 줌.

戒刀 (경계할 계, 칼 도)
: 비구가 늘 가지고 다니는 작은 칼.

계류

溪流 (시내 계, 흐를 류)
: 산골짜기에 흐르는 시냇물.

繫留 (맬 계, 머무를 류)
: 사건이 해결되지 않고 걸려 있음.

계수

溪水 (시내 계, 물 수)
: 시냇물.

桂樹 (계수나무 계, 나무 수)
: 계수나무.

계장

契狀 (맺을 계, 문서 장)
: 계약서.

契長 (맺을 계, 긴 장)
: 계의 일을 맡아서 처리하는 책임자.

계피

桂皮 (계수나무 계, 가죽 피)
: 계수나무의 껍질.

鷄皮 (닭 계, 가죽 피)
: 닭의 살갗이라는 뜻으로, 늙은이의 거친 살갗을 비유적으로 이르는 말.

고각

鼓角 (북 고, 뿔 각)
: 군중(軍中)에서 호령할 때 쓰던 북과 나발.

高閣 (높을 고, 집 각)
: 높게 지은 집이나 누각.

고복

顧復 (돌아볼 고, 회복할 복)
: 어버이가 자식을 기름.

鼓腹 (북 고, 배 복)
: 배를 두드린다는 뜻으로, 생활이 풍족하여 태평한 세월을 즐김을 이르는 말.

고봉

高峯 (높을 고, 봉우리 봉)
: 높은 산봉우리.

高鳳 (높을 고, 봉새 봉)
: 아름다운 봉황.

고사

告祀 (고할 고, 제사 사)
: 행운이 오도록 음식을 차려놓고 신에게 비는 제사.

枯死 (마를 고, 죽을 사)
: 나무나 풀이 말라 죽음.

고적

鼓笛 (북 고, 피리 적)
: 북과 피리를 아울러 이르는 말.

古蹟 (예 고, 자취 적)
: 옛 자취가 남아 있는 터나 건물.

孤寂 (외로울 고, 고요할 적)
: 외롭고 쓸쓸함.

공경

恭敬 (공손할 공, 공경 경)
: 공손히 섬김.

公卿 (공평할 공, 벼슬 경)
: 삼공과 구경을 아울러 이르는 말.

공모

公募 (공평할 공, 모을·뽑을 모)
: 공개하여 모집함.

共謀 (한가지 공, 꾀 모)
: '공동 모의'를 줄여서 이르는 말.

공물

供物 (이바지할 공, 물건 물)
: 신이나 부처 앞에 바치는 물건.

貢物 (바칠 공, 물건 물)
: 중앙 관서와 궁중의 수요를 충당하기 위해 여러 군현에 부과하여 상납하게 한 특산물.

공수

空輸 (빌 공, 보낼 수)
: '항공 수송'을 줄여서 이르는 말.

供需 (이바지할 공, 쓰일·쓸 수)
: 공급과 수요를 아울러 이르는 말.

공습

空襲 (빌 공, 엄습할 습)
: '공중 습격'을 줄여서 이르는 말.

攻襲 (칠 공, 엄습할 습)
: 갑자기 공격하여 침.

과도

過渡 (지날 과, 건널 도)
: 어느 단계에서 새로운 단계로 옮겨가거나 바뀌어 가는 도중.

果刀 (실과 과, 칼 도)
: 과일칼.

과욕

過慾 (지날 과, 욕심 욕)
: 어떤 일이나 사물에 대하여 욕심이 지나침.

寡慾 (적을 과, 욕심 욕)
: 욕심이 적음. 또는 그 욕심.

관대

寬大 (너그러울 관, 큰 대)
: 너그럽게 용서함.

冠帶 (갓 관, 띠 대)
: 벼슬아치가 입던 공복(公服).

寬待 (너그러울 관, 기다릴 대)
: 너그럽게 대접함.

款待 (항목 관, 기다릴 대)
: 친절히 대하거나 정성껏 대접함.

관례

冠禮 (갓 관, 예도 례)
: 남자가 어른이 될 때 올리던 의례.

慣例 (익숙할 관, 법식 례)
: 전례가 관습으로 굳어진 것.

관록

官祿 (벼슬 관, 녹 록)
: 관원(官員)에게 주던 봉급.

貫祿 (꿸 관, 녹 록)
: 어떤 일에 대한 경력으로 생긴 권위나 위엄.

관사

冠詞 (갓 관, 말·글 사)
: 영어, 프랑스 어 따위에서, 명사 앞에 놓여 성(性), 격(格) 등을 나타내는 품사.

館舍 (집 관, 집 사)
: 외국 사신이나 손님을 묵게 하기 위하여 관가에서 마련한 집.

관서

官署 (벼슬 관, 마을 서)
: 관청과 그 보조 기관을 통틀어 이르는 말.

寬恕 (너그러울 관, 용서할 서)
: 죄나 허물을 너그럽게 용서함.

관용

寬容 (너그러울 관, 얼굴 용)
: 남의 잘못을 너그럽게 용서하고 받아들임.

慣用 (익숙할 관, 쓸 용)
: 오랫동안 써서 굳어진 대로 늘 씀.

관장

管掌 (주관할 관, 손바닥 장)
: 일을 맡아서 주관함.

館長 (집 관, 긴 장)
: 도서관, 박물관과 같이 '관(館)' 자가 붙는 기관의 최고 책임자.

광폭

狂暴 (미칠 광, 사나울 폭)
: 미쳐 날뛰듯이 매우 거칠고 사나움.

廣幅 (넓을 광, 폭 폭)
: 넓은 폭.

괴변
怪變 (괴이할 괴, 변할 변)
: 괴상한 재난이나 사고.

壞變 (무너질 괴, 변할 변)
: 무너져 모양이 바뀜.

괴사
怪死 (괴이할 괴, 죽을 사)
: 까닭을 모르게 죽음.

壞死 (무너질 괴, 죽을 사)
: 몸의 조직이나 세포가 부분적으로 죽는 일.

교민
僑民 (더부살이 교, 백성 민)
: 외국에 살고 있는 동포.

巧敏 (공교할 교, 민첩할 민)
: 교묘하고 재빠름.

교정
校訂 (학교 교, 바로잡을 정)
: 문장이나 책의 잘못된 글자나 글귀를 바르게 고침.

矯正 (바로잡을 교, 바를 정)
: 틀어지거나 잘못된 것을 바로잡음.

극복
克服 (이길 극, 옷 복)
: 악조건이나 고생 따위를 이겨 냄.

克復 (이길 극, 회복할 복)
: 이기어 도로 회복함.

근간
近刊 (가까울 근, 새길 간)
: 최근에 출판된 간행물.

根幹 (뿌리 근, 줄기 간)
: 뿌리와 줄기를 아울러 이르는 말. 사물의 바탕이나 중심이 되는 중요한 것.

근량
斤量 (근 근, 헤아릴 량)
: 저울로 단 무게.

斤兩 (근 근, 두 량)
: 무게를 나타내는 단위인 근과 냥을 아울러 이르는 말.

금수
禁輸 (금할 금, 보낼 수)
: 수입이나 수출을 금함.

禽獸 (새 금, 짐승 수)
: 날짐승과 길짐승이라는 뜻으로, 곧 모든 짐승을 말함.

기간
旣刊 (이미 기, 새길 간)
: 이미 간행함.

基幹 (터 기, 줄기 간)
: 어떤 분야에서 으뜸이 되거나 중심이 되는 부분.

其間 (그 기, 사이 간)
: 어느 때부터 다른 어느 때까지의 동안.

기계
器械 (그릇 기, 기계 계)
: 연장, 그릇, 기구 따위를 통틀어 이르는 말.

機械 (틀 기, 기계 계)
: 동력을 써서 작업을 하는 장치.

기고
寄稿 (부칠 기, 원고 고)
: 신문이나 잡지에 싣기 위해 원고를 써서 보냄.

忌故 (꺼릴 기, 연고 고)
: 기제(忌祭)를 지내는 일.

기교
機巧 (틀 기, 공교할 교)
: 잔꾀와 솜씨가 매우 교묘함.

技巧 (재주 기, 공교할 교)
: 기술이나 솜씨가 아주 교묘함.

기망

欺罔 (속일 기, 없을 망)
: 남을 속여 넘김.

旣望 (이미 기, 바랄 망)
: 음력으로 매달 열엿샛날.

企望 (꾀할 기, 바랄 망)
: 어떠한 일이 이루어지기를 바람.

기미

幾微 (몇 기, 작을 미)
: 낌새.

機微 (틀 기, 작을 미)
: 낌새.

기민

機敏 (틀 기, 민첩할 민)
: 눈치가 빠르고 동작이 날쌤.

飢民 (주릴 기, 백성 민)
: 굶주리는 백성.

기사

騎士 (말탈 기, 선비 사)
: 말을 탄 무사.

棋士 (바둑 기, 선비 사)
: 바둑이나 장기를 잘 두는 사람.

幾死 (몇 기, 죽을 사)
: 거의 다 죽게 됨.

기수

其數 (그 기, 셈 수)
: 그 수.

騎手 (말탈 기, 손 수)
: 경마에서 말을 타는 사람.

기술

記述 (기록할 기, 펼 술)
: 대상의 내용이나 특징을 그대로 기록하여 서술함.

旣述 (이미 기, 펼 술)
: 이미 앞서 기술함.

기아

棄兒 (버릴 기, 아이 아)
: 길러야 할 의무가 있는 사람이 몰래 아이를 내다 버림.

飢餓 (주릴 기, 주릴 아)
: 굶주림.

기우

氣宇 (기운 기, 집 우)
: 기개와 도량을 아울러 이르는 말.

祈雨 (빌 기, 비 우)
: 가물 때에 비가 오기를 빎.

기원

祈願 (빌 기, 원할 원)
: 바라는 일이 이루어지기를 빎.

棋院 (바둑 기, 집 원)
: 바둑을 두고자 하는 사람에게 장소와 시설을 빌려 주고 돈을 받는 곳.

기일

忌日 (꺼릴 기, 날 일)
: 해마다 돌아오는 제삿날.

幾日 (몇 기, 날 일)
: 며칠.

낭자

郞子 (사내 랑, 아들 자)
: 예전에, 남의 집 총각을 점잖게 이르던 말.

娘子 (계집 낭, 아들 자)
: 예전에, 처녀를 높여서 이르던 말.

내빈
來賓 (올 래, 손 빈)
: 식장 등에 공식으로 초대를 받아 온 사람.

內賓 (안 내, 손 빈)
: 안손님.

내장
內粧 (안 내, 단장할 장)
: 집 안을 꾸밈.

內藏 (안 내, 감출 장)
: 내부에 가지고 있음.

內臟 (안 내, 오장 장)
: 흉강과 복강 속에 있는 여러 기관을 통틀어 이르는 말.

내한
耐旱 (견딜 내, 가물 한)
: 가뭄을 견딤.

耐寒 (견딜 내, 찰 한)
: 추위를 견딤.

來韓 (올 래, 한국 한)
: 외국인이 한국에 옴.

노비
奴婢 (종 노, 계집종 비)
: 사내종과 계집종을 아울러 이르는 말.

老婢 (늙을 로, 계집종 비)
: 늙은 계집종.

노역
勞役 (일할 로, 부릴 역)
: 괴롭고 힘든 노동.

奴役 (종 노, 부릴 역)
: 고용인에 의하여 일방적으로 혹사를 당하는 일. 노예로 부려지는 일.

노적
蘆笛 (갈대 로, 피리 적)
: 갈피리.

露積 (이슬 로, 쌓을 적)
: 곡식 따위를 한데에 쌓아둠.

녹비
綠肥 (푸를 록, 살찔 비)
: 풋거름.

鹿皮 (사슴 록, 가죽 피)
: 사슴 가죽.

농담
弄談 (희롱할 롱, 말씀 담)
: 실없이 하는 우스갯소리.

濃淡 (짙을 농, 맑을 담)
: 색깔 따위의 짙음과 옅음.

누각
樓閣 (다락 루, 집 각)
: 사방이 탁 트이게 높이 지은 집.

漏刻 (샐 루, 새길 각)
: 물시계.

누대
累代 (여러 루, 대신할 대)
: 여러 대.

樓臺 (다락 루, 대 대)
: 누각과 대사와 같이 높은 건물.

누적
累積 (여러·자주 루, 쌓을 적)
: 포개어 여러 번 쌓음.

漏籍 (샐 루, 문서 적)
: 호적, 병적, 학적 따위의 기록에서 빠뜨림.

누진
漏盡 (샐 루, 다할 진)
: 다 새어 없어짐.

累進 (여러·자주 루, 나아갈 진)
: 지위나 등급 따위가 차차 올라감.

다과
茶果 (차 다, 실과 과)
: 차와 과실을 아울러 이르는 말.

多寡 (많을 다, 적을 과)
: 수량의 많고 적음.

단서
但書 (다만 단, 글 서)
: 조건이나 예외 등을 나타내는 글.

端緖 (끝 단, 실마리 서)
: 어떤 문제를 해결하는 방향으로 이끌어 가는 실마리.

담소
膽小 (쓸개 담, 작을 소)
: 겁이 많고 배짱이 없음.

淡素 (맑을 담, 본디 소)
: 담담하고 소박함.

당질
堂姪 (집 당, 조카 질)
: 종질(從姪). 사촌 형제의 아들.

糖質 (엿 당, 바탕 질)
: 당분이 들어 있는 물질.

대사
臺詞 (대 대, 말·글 사)
: 배우가 무대에서 연극 중에 하는 말.

臺辭 (대 대, 말씀 사)
: 배우가 무대에서 연극 중에 하는 말.

대역
大役 (큰 대, 부릴 역)
: 책임이 큰 일.

代役 (대신할 대, 부릴 역)
: 연극 또는 영화에서 어떤 배우의 배역을 다른 사람이 대신 맡아 하는 일.

對譯 (대할 대, 번역할 역)
: 원문의 단어, 구절 따위와 맞대어서 번역함.

대지
貸地 (빌릴·뀔 대, 땅 지)
: 세를 받고 땅을 빌려 줌.

臺紙 (대 대, 종이 지)
: 그림이나 사진의 뒤에 붙여 그 바탕이 되는 두꺼운 종이.

臺地 (대 대, 땅 지)
: 주위보다 높고 넓은 면적의 평평한 지형.

垈地 (집터 대, 땅 지)
: 집터로서의 땅.

도원
桃園 (복숭아 도, 동산 원)
: 복숭아나무가 많은 정원.

桃源 (복숭아 도, 근원 원)
: 무릉도원.

도인
陶人 (질그릇 도, 사람 인)
: 옹기장이.

桃仁 (복숭아 도, 어질 인)
: 복숭아씨의 알맹이.

도착
倒着 (넘어질 도, 붙을 착)
: 옷 따위를 거꾸로 입음.

倒錯 (넘어질 도, 어긋날 착)
: 뒤바뀌어 서로 거꾸로 됨.

독주

獨奏 (홀로 독, 아뢸 주)
: 한 사람이 악기를 연주하는 것.

讀奏 (읽을 독, 아뢸 주)
: 임금에게 아뢸 문서를 어전에서 읽던 일.

동사

凍死 (얼 동, 죽을 사)
: 얼어 죽음.

動詞 (움직일 동, 말·글 사)
: 사물의 동작이나 작용을 나타내는 품사.

동상

凍傷 (얼 동, 다칠 상)
: 심한 추위로 피부가 얼어서 상하는 일.

銅像 (구리 동, 모양 상)
: 구리로 만든 사람이나 동물의 형상.

만성

慢性 (거만할 만, 성품 성)
: 어떤 성질이 버릇이 되어 고치기 힘든 상태.

晩成 (늦을 만, 이룰 성)
: 늦게야 이루어지거나 이룸.

만화

晩禾 (늦을 만, 벼 화)
: 제철보다 늦게 여무는 벼.

漫畫 (흩어질 만, 그림 화)
: 여러 장면으로 이어져 이야기 형식을 가진 그림. 붓 가는 대로 아무렇게나 그린 그림.

망각

妄覺 (망령될 망, 깨달을 각)
: 외부 세계의 자극을 잘못 지각하거나 없는 자극을 있는 것처럼 생각함.

忘却 (잊을 망, 물리칠 각)
: 어떤 일이나 사실을 잊어버림.

망령

妄靈 (망령될 망, 신령 령)
: 늙거나 정신이 흐려서 말이나 행동이 정상을 벗어남.

亡靈 (망할 망, 신령 령)
: 죽은 사람의 영혼.

망망

茫茫 (아득할 망, 아득할 망)
: 넓고 멂.

忙忙 (바쁠 망, 바쁠 망)
: 몹시 바쁨.

매장

埋葬 (묻을 매, 장사지낼 장)
: 시체 따위를 땅속에 묻음.

埋藏 (묻을 매, 감출 장)
: 묻어서 감춤.

매화

梅畫 (매화 매, 그림 화)
: 매화를 치는 일.

梅花 (매화 매, 꽃 화)
: 매화꽃.

맹장

盲腸 (소경·눈멀 맹, 창자 장)
: 끝이 막힌 주머니 모양의 위창자관.

猛將 (사나울 맹, 장수 장)
: 용감한 장수.

면사

免死 (면할 면, 죽을 사)
: 죽음을 면함.

綿絲 (솜 면, 실 사)
: 솜에서 자아낸 실. 무명실.

면역
免疫 (면할 면, 전염병 역)
: 항체가 만들어져서 같은 항원이 침입하여도 발병하지 않도록 된 상태.

免役 (면할 면, 부릴 역)
: 군역이나 부역을 면함.

면직
免職 (면할 면, 직분 직)
: 일정한 직무에서 물러나게 함.

綿織 (솜 면, 짤 직)
: 목화솜으로 짠 천.

명부
冥府 (어두울 명, 마을 부)
: 사람이 죽은 후에 그 혼령이 가서 산다고 하는 세상.

名簿 (이름 명, 문서 부)
: 사람의 이름, 주소 등과 같은 신상을 적어 놓은 장부.

모경
暮景 (저물 모, 볕 경)
: 저녁때의 경치.

暮境 (저물 모, 지경 경)
: 늙바탕.

冒耕 (무릅쓸 모, 밭갈 경)
: 땅 임자의 허락 없이 남의 땅에 농사를 지음.

모사
謀士 (꾀 모, 선비 사)
: 계책을 써서 일이 잘 이루어지게 하는 사람.

謀事 (꾀 모, 일 사)
: 일을 꾀함.

미간
眉間 (눈썹 미, 사이 간)
: 눈썹과 눈썹 사이.

未刊 (아닐 미, 새길 간)
: 책 따위가 아직 간행되지 않음.

미망
迷妄 (미혹할 미, 망령될 망)
: 사리에 어두워 갈피를 잡지 못하고 헤맴.

彌望 (오랠 미, 바랄 망)
: 멀리 넓게 바라봄.

미소
微笑 (작을 미, 웃음 소)
: 소리 없이 빙긋이 웃는 웃음.

美蘇 (아름다울 미, 되살아날 소)
: 미국과 소련을 아울러 이르는 말.

미수
未遂 (아닐 미, 드디어 수)
: 계획한 일을 시도하였으나 목적을 이루지 못함.

米壽 (쌀 미, 목숨 수)
: 여든여덟 살을 달리 이르는 말.

미행
微行 (작을 미, 다닐 행)
: 왕이나 고관이 무언가를 살피기 위해 남루한 옷을 입고 남모르게 다님.

尾行 (꼬리 미, 다닐 행)
: 다른 사람을 감시하거나 증거를 포착하기 위해 그 사람 몰래 뒤를 밟음.

밀봉
密封 (빽빽할 밀, 봉할 봉)
: 단단히 붙여 꼭 봉함.

蜜蜂 (꿀 밀, 벌 봉)
: 꿀벌.

반기
飯器 (밥 반, 그릇 기)
: 밥그릇.

叛起 (배반할 반, 일어날 기)
: 배반하여 일어남.

반상
飯床 (밥 반, 상 상)
: 격식을 갖춘 밥상 하나를 차릴 수 있게 만든 한 벌의 그릇.

盤上 (소반 반, 윗 상)
: 바둑판이나 장기판 따위의 위, 밥상의 위.

반송
盤松 (소반 반, 소나무 송)
: 키가 작고 가지가 옆으로 퍼진 소나무.

返送 (돌이킬 반, 보낼 송)
: 도로 돌려보냄.

반주
伴奏 (짝 반, 아뢸 주)
: 노래나 기악 연주를 돕기 위해 옆에서 다른 악기로 연주함.

飯酒 (밥 반, 술 주)
: 밥을 먹을 때 곁들여서 한두 잔 마시는 술.

방백
方伯 (모 방, 맏 백)
: 관찰사.

傍白 (곁 방, 흰 백)
: 연극에서, 관객에게는 들리나 무대 위의 다른 인물들에게는 들리지 않는 것으로 약속하고 말하는 대사.

배율
排律 (밀칠 배, 법칙 률)
: 오언(五言)이나 칠언(七言)의 율시(律詩)를 열 구 이상 늘어놓은 한시(漢詩).

倍率 (곱 배, 비율 률)
: 어떤 수가 기준이 되는 수의 몇 배가 되는가를 나타내는 수.

배출
輩出 (무리 배, 날 출)
: 인재가 계속하여 나옴.

排出 (밀칠 배, 날 출)
: 안에서 밖으로 밀어 내보냄.

백사
白沙 (흰 백, 모래 사)
: 빛깔이 희고 깨끗한 모래.

白蛇 (흰 백, 긴뱀 사)
: 몸이 흰 뱀.

변상
變喪 (변할 변, 잃을 상)
: 변고로 생긴 상사.

辨償 (분별할 변, 갚을 상)
: 빚을 갚음.

보강
補強 (기울 보, 강할 강)
: 보태거나 채워서 본디보다 더 튼튼하게 함.

補講 (기울 보, 욀 강)
: 빠진 강의를 보충함.

보급
普及 (넓을 보, 미칠 급)
: 널리 펴서 많은 사람들에게 미치게 하여 사용하게 함.

補給 (기울 보, 줄 급)
: 물자나 자금을 계속해서 대어 줌.

보상
報償 (갚을 보, 갚을 상)
: 남에게 진 빚이나 받은 물건을 갚음.

補償 (기울 보, 갚을 상)
: 남에게 끼친 손해를 갚음.

보정
補正 (기울 보, 바를 정)
: 모자라는 것을 보태어 바르게 함.

補整 (기울 보, 가지런할 정)
: 보충해서 가지런히 정돈함.

보좌
補佐 (기울 보, 도울 좌)
: 상관을 도와 일을 처리함.

保佐 (지킬 보, 도울 좌)
: 보호하여 도움.

복역
服役 (옷 복, 부릴 역)
: 공역, 병역 따위에 종사함.

卜役 (점 복, 부릴 역)
: 나라에서 백성에게 부담시키던 강제 노동이나 병역.

본관
本貫 (근본 본, 꿸 관)
: 관향. 성씨의 시조가 난 곳.

本館 (근본 본, 집 관)
: 주가 되는 건물이나 기관을 별관이나 분관에 상대하여 이르는 말.

봉합
封合 (봉할 봉, 합할 합)
: 봉하여 붙임.

縫合 (꿰맬 봉, 합할 합)
: 절개한 자리나 갈라진 자리를 꿰매어 붙이는 일.

부기
浮氣 (뜰 부, 기운 기)
: 부종으로 인해 부은 상태.

附記 (붙을 부, 기록할 기)
: 원문에 덧붙여 적음. 또는 그 기록.

簿記 (문서 부, 기록할 기)
: 자산, 자본, 부채의 수지·증감 따위를 밝히는 기장법.

부도
附圖 (붙을 부, 그림 도)
: 어떤 책에 부속된 지도나 도표.

不渡 (아닐 부, 건널 도)
: 기한이 되어도 지급인에게서 수표·어음에 적힌 돈을 지급 받지 못하는 일.

부동
浮動 (뜰 부, 움직일 동)
: 물이나 공기 중에 떠서 움직임. 고정되어 있지 않고 움직임.

不凍 (아닐 불, 얼 동)
: 얼지 않음.

부서
部署 (떼 부, 마을 서)
: 일정한 조직체 안에서 일의 체계에 따라 나뉘어 있는, 사무의 각 부문.

符書 (부호 부, 글 서)
: 미래에 일어날 일을 미리 알아서 알아보기 어렵게 적어 둔 글.

부설
浮說 (뜰 부, 말씀 설)
: 근거 없이 널리 퍼진 소문.

敷設 (펼 부, 베풀 설)
: 철도, 다리, 지뢰 따위를 설치함.

附設 (붙을 부, 베풀 설)
: 어떤 기관에 덧붙여 설치함.

부양
扶養 (도울 부, 기를 양)
: 생활 능력이 없는 사람의 생활을 돌봄.

浮揚 (뜰 부, 날릴 양)
: 가라앉은 것이 떠오름.

부여

賦與 (부세 부, 줄 여)
: 나누어 줌.

附與 (붙을 부, 줄 여)
: 사람에게 권리, 명예, 임무 따위를 지니게 하거나, 사물이나 일에 가치 따위를 붙여 줌.

부역

赴役 (갈 부, 부릴 역)
: 부역을 치르러 나감.

負役 (질 부, 부릴 역)
: 국민이 부담하는 공역.

賦役 (부세 부, 부릴 역)
: 국가나 공공 단체가 특정한 공익사업을 위해 국민에게 의무적으로 지우는 노역.

附逆 (붙을 부, 거스릴 역)
: 국가에 반역하는 일에 동조하거나 가담함.

부유

富裕 (부자 부, 넉넉할 유)
: 재물이 넉넉함.

浮遊 (뜰 부, 놀 유)
: 공중이나 물속, 물 위에 떠다님.

부정

不貞 (아닐 불, 곧을 정)
: 정조를 지키지 않음.

不淨 (아닐 불, 깨끗할 정)
: 깨끗하지 못함.

부합

符合 (부호 부, 합할 합)
: 사물이나 현상이 서로 꼭 들어맞음.

附合 (붙을 부, 합할 합)
: 서로 맞대어 붙임.

부호

富豪 (부자 부, 호걸 호)
: 재산이 넉넉하고 세력이 있는 사람.

符號 (부호 부, 이름 호)
: 어떤 뜻을 나타내기 위해 정하여 쓰는 기호.

불공

不恭 (아닐 불, 공손할 공)
: 공손하지 아니함.

佛供 (부처 불, 이바지할 공)
: 부처 앞에 공양을 드림.

불상

不祥 (아닐 불, 상서 상)
: 상서롭지 않음.

佛像 (부처 불, 모양 상)
: 부처의 형상을 표현한 상.

불역

拂逆 (떨칠 불, 거스릴 역)
: 마음에 거슬림.

佛譯 (부처 불, 번역할 역)
: 프랑스 어로 번역함.

비속

卑屬 (낮을 비, 붙일 속)
: 아들 이하의 항렬에 해당하는 친족.

卑俗 (낮을 비, 풍속 속)
: 격이 낮고 속됨. 또는 그런 풍속.

비적

匪賊 (비적 비, 도둑 적)
: 무장을 하고 떼로 지어 다니며 사람들을 해치는 도둑.

丕績 (클 비, 쌓을 적)
: 훌륭하게 여길 만한 큰 공적.

사기

沙器 (모래 사, 그릇 기)
: 사기그릇.

詐欺 (속일 사, 속일 기)
: 못된 꾀로 남을 속임.

邪氣 (간사할 사, 기운 기)
: 요사스럽고 나쁜 기운.

사련

邪戀 (간사할 사, 그리워할·그릴 련)
: 떳떳하지 못한 연애.

思戀 (생각 사, 그리워할·그릴 련)
: 생각하여 그리워함.

사면

赦免 (용서할 사, 면할 면)
: 죄를 용서하여 형벌을 면제함.

斜面 (비낄 사, 낯 면)
: 경사진 면을 수평면에 상대하여 이르는 말.

辭免 (말씀 사, 면할 면)
: 맡아보던 일자리를 그만두고 물러남.

사모

思慕 (생각 사, 그릴 모)
: 애틋하게 생각하며 그리워함.

私募 (사사 사, 모을·뽑을 모)
: 주식이나 사채 따위를 새로 발행할 때, 널리 일반으로부터 모집하지 않고 발행 회사와 특정한 관계가 있는 곳에서 모집하는 일.

사문

蛇紋 (긴뱀 사, 무늬 문)
: 뱀 껍질 모양의 무늬.

斯文 (이 사, 글월 문)
: 유교의 도의나 문화를 이르는 말.

사선

斜線 (비낄 사, 줄 선)
: 비스듬히 그은 줄.

蛇線 (긴뱀 사, 줄 선)
: 뱀이 기어가는 모양으로 구불구불한 줄.

사술

邪術 (간사할 사, 재주 술)
: 바르지 못한 수단을 잘 둘러대는 요사스러운 술법.

詐術 (속일 사, 재주 술)
: 남을 속이는 수단.

사신

蛇身 (긴뱀 사, 몸 신)
: 뱀의 몸. 뱀과 같은 몸.

捨身 (버릴 사, 몸 신)
: 수행 보은을 위하여 속계를 버리고 불문에 듦.

邪神 (간사할 사, 귀신 신)
: 재앙을 내리는 요사스러운 귀신.

사심

蛇心 (긴뱀 사, 마음 심)
: 뱀 같이 간사하고 흉악한 마음.

邪心 (간사할 사, 마음 심)
: 바르지 않은 간사한 마음.

사양

辭讓 (말씀 사, 사양할 양)
: 겸손해서 받지 않거나 응하지 않음. 남에게 양보함.

斜陽 (비낄 사, 볕 양)
: 석양.

사유

思惟 (생각 사, 생각할 유)
: 대상을 두루 생각함.

四維 (넉 사, 벼리 유)
: 서북, 서남, 동북, 동남의 네 방위. 나라를 다스리는데 필요한 네 가지 원칙.

519

사장
査丈 (조사할 사, 어른 장)
: 사돈집 웃어른의 높임말.

死藏 (죽을 사, 감출 장)
: 활용하지 않고 묵혀 둠.

私藏 (사사 사, 감출 장)
: 개인이 사사로이 감추거나 간직함.

사적
事跡 (일 사, 발자취 적)
: 사업의 남은 자취.

史蹟 (사기 사, 자취 적)
: 역사적으로 중요한 사건이나 시설의 자취.

史跡 (사기 사, 발자취 적)
: 역사적으로 중요한 사건이나 시설의 자취.

사주
四柱 (넉 사, 기둥 주)
: 태어난 연월일시의 네 간지(干支).

蛇酒 (긴뱀 사, 술 주)
: 술에 뱀을 넣어 담근 술.

사채
私債 (사사 사, 빚 채)
: 개인이 사사로이 진 빚.

社債 (모일 사, 빚 채)
: 주식회사가 일반인에게 채권을 발행하여 필요한 자금을 조달하는 채무.

상보
相補 (서로 상, 기울 보)
: 서로 모자란 부분을 보충함.

詳報 (자세할 상, 알릴 보)
: 자세하게 보고하거나 보도함.

상사
喪事 (잃을 상, 일 사)
: 사람이 죽은 사고.

上司 (윗 상, 맡을 사)
: 위 등급의 관청이나 기관.

相似 (서로 상, 닮을 사)
: 서로 모양이 비슷함.

상소
上訴 (윗 상, 호소할 소)
: 하급 법원의 판결에 따르지 않고 상급 법원에 재심을 청구하는 일.

上疏 (윗 상, 소통할 소)
: 임금에게 글을 올리던 일.

상술
詳述 (자세할 상, 펼 술)
: 자세하게 설명하여 말함.

上述 (윗 상, 펼 술)
: 윗부분이나 앞부분에서 말하거나 적음.

상주
喪主 (잃을 상, 주인 주)
: 주장되는 상제.

上奏 (윗 상, 아뢸 주)
: 임금에게 말씀을 아뢰던 일.

생채
生彩 (날 생, 채색 채)
: 생생한 빛이나 기운.

生菜 (날 생, 나물 채)
: 날로 무친 나물.

서사
敍事 (펼 서, 일 사)
: 사실을 있는 그대로 적음.

序詞 (차례 서, 말·글 사)
: 머리말.

선양
宣揚 (베풀 선, 날릴 양)
: 명성이나 권위 따위를 널리 떨치게 함.

禪讓 (선 선, 사양할 양)
: 임금의 자리를 물려줌.

소각
燒却 (사를 소, 물리칠 각)
: 불에 태워 버림.

消却 (사라질 소, 물리칠 각)
: 지워서 없애 버림.

소멸
消滅 (사라질 소, 멸할·꺼질 멸)
: 사라져 없어짐.

燒滅 (사를 소, 멸할·꺼질 멸)
: 불살라 없앰.

소명
召命 (부를 소, 목숨 명)
: 신하를 부르는 왕의 명령.

疏明 (소통할 소, 밝을 명)
: 까닭이나 이유를 밝혀 설명함.

소반
小盤 (작을 소, 소반 반)
: 자그마한 밥상.

蔬飯 (나물 소, 밥 반)
: 변변치 아니한 음식.

소상
昭詳 (밝을 소, 자세할 상)
: 분명하고 자세함.

小祥 (작을 소, 상서 상)
: 사람이 죽은 지 1년 만에 지내는 제사.

소연
騷然 (떠들 소, 그럴 연)
: 시끄럽고 어수선함.

昭然 (밝을 소, 그럴 연)
: 일이나 이치 따위가 밝고 뚜렷함.

소원
疏遠 (소통할 소, 멀 원)
: 지내는 사이가 거리가 있어서 서먹서먹함.

訴願 (호소할 소, 원할 원)
: 호소하여 바로잡아 주기를 바람.

소인
燒印 (사를 소, 도장 인)
: 불에 달구어 찍는, 쇠붙이로 만든 도장.

騷人 (떠들 소, 사람 인)
: 문사와 시인을 아울러 이르는 말.

소장
所藏 (바 소, 감출 장)
: 간직하여 둠.

訴狀 (호소할 소, 문서 장)
: 소송을 제기하기 위하여 제일심 법원에 제출하는 서류.

수련
睡蓮 (졸음 수, 연꽃 련)
: 수련과의 여러해살이 수초.

修鍊 (닦을 수, 단련할 련)
: 인격, 기술, 학문 등을 닦아서 단련함.

수모
誰某 (누구 수, 아무 모)
: 아무개.

受侮 (받을 수, 업신여길 모)
: 모욕을 받음.

수발

垂髮 (드리울 수, 터럭 발)
: 어린아이의 늘어뜨린 머리.

隨發 (따를 수, 필 발)
: 두 가지 이상의 일이 한꺼번에 일어남.

수사

修辭 (닦을 수, 말씀 사)
: 말이나 글을 다듬고 꾸며서 보다 아름답고 정연하게 하는 일.

搜査 (찾을 수, 조사할 사)
: 찾아서 조사함.

數詞 (셈 수, 말·글 사)
: 사물의 수량이나 순서를 나타내는 품사.

수상

垂裳 (드리울 수, 치마 상)
: 옷소매를 늘어뜨리고 팔짱을 낀다는 뜻으로, 아무 일도 하지 않음을 이르는 말.

受像 (받을 수, 모양 상)
: 텔레비전이나 사진 전송 따위에서 신호로 받은 사물의 상을 재생하는 일.

殊常 (다를 수, 떳떳할 상)
: 보통과는 달리 이상하여 의심스러움.

수심

愁心 (근심 수, 마음 심)
: 매우 속을 태우거나 우울해 함. 또는 그런 마음.

獸心 (짐승 수, 마음 심)
: 짐승처럼 사나운 마음.

수의

獸醫 (짐승 수, 의원 의)
: 동물의 병을 고치는 의사.

隨意 (따를 수, 뜻 의)
: 자기 뜻대로 함.

壽衣 (목숨 수, 옷 의)
: 염습(殮襲)할 때 송장에 입히는 옷.

수장

收藏 (거둘 수, 감출 장)
: 거두어서 깊이 간직함.

水葬 (물 수, 장사지낼 장)
: 시체를 물속에 넣어 장사를 지냄.

수행

遂行 (드디어 수, 다닐 행)
: 생각하거나 계획한 대로 일을 해냄.

修行 (닦을 수, 다닐 행)
: 행실, 학문, 기예 따위를 닦음.

隨行 (따를 수, 다닐 행)
: 일정한 임무를 띠고 가는 사람을 따라감.

숙면

熟眠 (익을 숙, 잘 면)
: 잠이 깊이 듦.

熟面 (익을 숙, 낯 면)
: 여러 번 보아서 낯이 익은 사람.

숙취

熟醉 (익을 숙, 취할 취)
: 술에 흠뻑 취함.

宿醉 (잘 숙, 취할 취)
: 이튿날까지 깨지 않은 취기.

순간

瞬間 (눈깜짝일 순, 사이 간)
: 눈 깜짝할 사이라는 뜻으로, 아주 짧은 동안을 말함.

旬刊 (열흘 순, 새길 간)
: 신문, 잡지 따위를 열흘에 한 번씩 간행하는 일.

순례

巡禮 (돌·순행할 순, 예도 례)
: 종교상의 여러 성지나 의미가 있는 곳을 찾아다니며 참배함.

循例 (돌 순, 법식 례)
: 기존의 관례를 따름.

순시

瞬時 (눈깜짝일 순, 때 시)
: 아주 짧은 시간.

巡視 (돌·순행할 순, 볼 시)
: 돌아다니며 남의 사정이나 일의 형편을 보살핌.

순장

旬葬 (열흘 순, 장사지낼 장)
: 죽은 지 열흘 만에 지내는 장사.

殉葬 (따라죽을 순, 장사지낼 장)
: 왕이나 귀족이 죽었을 때, 그의 아내나 신하 등 산 사람들을 함께 매장하던 장례법.

승강

昇降 (오를 승, 내릴 강)
: 오르고 내림.

乘降 (탈 승, 내릴 강)
: 자동차, 배, 비행기 따위를 타고 내림.

승무

乘務 (탈 승, 힘쓸 무)
: 기차나 자동차, 비행기 등에 타고 운행과 승객 관리에 대한 업무를 수행함.

僧舞 (중 승, 춤출 무)
: 장삼을 입고 고깔을 쓰고서 두 개의 북채를 쥐고 추는 춤.

시비

施肥 (베풀 시, 살찔 비)
: 논밭에 거름을 줌.

侍婢 (모실 시, 계집종 비)
: 곁에서 시중을 드는 계집종.

시의

時宜 (때 시, 마땅 의)
: 그 때의 사정에 알맞음.

侍醫 (모실 시, 의원 의)
: 궁중에서, 임금과 왕족의 건강과 치료를 맡은 의사.

시책

時策 (때 시, 꾀 책)
: 현재 당면한 국내 및 국제 정세나 대세에 대처할 정책.

施策 (베풀 시, 꾀 책)
: 어떤 정책을 시행함.

시호

柴戶 (섶 시, 집 호)
: 사립문이라는 뜻으로, 가난한 집을 이르는 말.

市虎 (저자 시, 범 호)
: 근거 없는 말이라도 여러 사람이 자꾸 말하면 그 사실을 결국 믿게 됨을 이르는 말.

신장

腎臟 (콩팥 신, 오장 장)
: 척추동물의 비뇨 기관과 관련된 장기(臟器)의 하나.

伸長 (펼 신, 긴 장)
: 길이 따위를 길게 늘임.

伸張 (펼 신, 베풀 장)
: 세력이나 권리 따위가 전보다 늘어남.

쌍무

雙務 (두·쌍 쌍, 힘쓸 무)
: 계약의 당사자 서로가 지는 의무.

雙舞 (두·쌍 쌍, 춤출 무)
: 둘이 쌍을 이루어 추는 춤.

아성

亞聖 (버금 아, 성인 성)
: 유학에서 공자 다음가는 성인인 맹자를 이르는 말.

牙城 (어금니 아, 재 성)
: 가장 중요한 근거지를 비유적으로 이르는 말.

안면

顔面 (낯 안, 낯 면)
: 얼굴.

安眠 (편안 안, 잘 면)
: 편안히 잠을 잠.

안서
安徐 (편안 안, 천천할 서)
: 어떤 일의 처리를 잠시 미루어 둠.

雁書 (기러기 안, 글 서)
: 먼 곳에서 소식을 전하는 편지.

애석
愛惜 (사랑 애, 아낄 석)
: 소중하다 생각하고 아낌.

哀惜 (슬플 애, 아낄 석)
: 슬프고 아까움.

애원
哀願 (슬플 애, 원할 원)
: 소원 따위를 들어 달라며 애처롭게 사정하며 간절히 바람.

哀怨 (슬플 애, 원망할 원)
: 슬퍼하며 원망함.

양지
諒知 (살펴알·믿을 량, 알 지)
: 살펴서 앎.

陽地 (볕 양, 땅 지)
: 볕이 바로 드는 곳.

역관
譯官 (번역할 역, 벼슬 관)
: 통역을 맡아보는 관리.

驛館 (역 역, 집 관)
: 역마를 갈아타던 곳에서 사람과 말의 중계를 맡아보던 집.

역사
役事 (부릴 역, 일 사)
: 토목이나 건축 따위의 공사.

驛舍 (역 역, 집 사)
: 역으로 쓰이는 건물.

역술
曆術 (책력 력, 재주 술)
: 천체의 주기적 현상을 관찰하여 책력을 만드는 기술.

譯述 (번역할 역, 펼 술)
: 번역하여 기술함.

역학
疫學 (전염병 역, 배울 학)
: 어떤 지역이나 집단 내에서 일어나는 질환의 원인이나 변동하는 상태를 연구하는 학문.

曆學 (책력 력, 배울 학)
: 천체의 운동을 관측해서 책력을 연구하는 학문.

譯學 (번역할 역, 배울 학)
: 조선 시대에, 외국어의 학습·교육·연구·통역 따위의 분야를 통틀어 이르던 말.

연금
軟禁 (연할 연, 금할 금)
: 외부와의 접촉을 제한하고, 외출은 허락하지 않으나 일정한 장소 안에서의 신체의 자유는 허락하는 정도가 비교적 가벼운 감금.

鍊金 (쇠불릴 련, 쇠 금)
: 쇠붙이를 불에 달구어 두드려 단련함.

연서
連署 (이을 련, 마을 서)
: 한 문서에 두 사람 이상이 잇따라 서명함.

戀書 (그리워할·그릴 련, 글 서)
: 연애편지.

연식
緣飾 (인연 연, 꾸밀 식)
: 겉만 보기 좋게 치장함.

燕息 (제비 연, 쉴 식)
: 한가로이 집에서 쉼.

軟食 (연할 연, 밥·먹을 식)
: 밥 따위 주식에 소화가 잘되는 반찬을 곁들인 부드러운 음식물.

연적

戀敵 (그리워할·그릴 연, 대적할 적)
: 연애를 방해하는 사람.

硯滴 (벼루 연, 물방울 적)
: 먹을 갈 때 벼루에 따를 물을 담아 두는 그릇.

연체

延滯 (늘일 연, 막힐 체)
: 이행해야 할 채무나 납세 따위를 지체함.

軟體 (연할 연, 몸 체)
: 연하고 무른 몸.

연탄

聯彈 (연이을 련, 탄알 탄)
: 한 대의 피아노를 두 사람이 함께 연주함.

軟炭 (연할 연, 숯 탄)
: 탄소 함량이 비교적 적고 유질이 풍부한 석탄의 하나.

연화

蓮花 (연꽃 련, 꽃 화)
: 연꽃.

軟化 (연할 연, 될 화)
: 단단한 것이 무르고 부드럽게 됨.

염기

鹽氣 (소금 염, 기운 기)
: 짭짤한 소금 기운.

鹽基 (소금 염, 터 기)
: 산을 중화시켜 염을 만드는 물질.

염증

炎症 (불꽃 염, 증세 증)
: 생체 조직이 손상을 입었을 때 일어나는 반응.

厭症 (싫어할 염, 증세 증)
: 싫증.

炎蒸 (불꽃 염, 찔 증)
: 찌는 듯한 더위.

영상

零上 (영 령, 윗 상)
: 섭씨 0도 이상의 온도.

影像 (그림자 영, 모양 상)
: 제사나 장례를 지낼 때 쓰는, 사람 얼굴을 그린 족자.

映像 (비칠 영, 모양 상)
: 영사막이나 모니터 따위에 비추어진 상.

영서

嶺西 (고개 령, 서녘 서)
: 강원도 대관령의 서쪽 지역.

永逝 (길 영, 갈 서)
: 영원히 잠든다는 뜻으로, 죽음을 이르는 말.

영시

零時 (떨어질·영 령, 때 시)
: 밤 열두 시.

詠詩 (읊을 영, 시 시)
: 시를 읊음.

영전

影殿 (그림자 영, 전각 전)
: 임금의 초상을 모신 전각.

靈前 (신령 령, 앞 전)
: 죽은 이의 영혼을 모셔 놓은 자리의 앞.

영창

營倉 (경영할 영, 곳집 창)
: 군의 규율을 어긴 군인을 가두는 부대 내의 감옥.

詠唱 (읊을 영, 부를 창)
: 오페라 따위에서, 반주가 있는 서정적인 가락의 독창곡.

오수

午睡 (낮 오, 졸음 수)
: 낮에 자는 잠.

汚水 (더러울 오, 물 수)
: 씻거나 빨아서 더러워진 물.

오유

烏有 (까마귀 오, 있을 유)
: 어찌 있겠는가라는 뜻으로, 사물이 아무것도 없게 됨을 이르는 말.

娛遊 (즐길 오, 놀 유)
: 즐기며 놂.

옥고

玉稿 (구슬 옥, 원고 고)
: 다른 사람이 쓴 원고를 높여 이르는 말.

獄苦 (옥 옥, 쓸 고)
: 감옥살이를 하는 고생.

옥사

獄舍 (옥 옥, 집 사)
: 죄인을 가두어 두는 건물.

獄死 (옥 옥, 죽을 사)
: 감옥에 갇혀 있다가 그 안에서 죽음.

요기

療飢 (병고칠 료, 주릴 기)
: 겨우 시장기를 면할 정도의 적은 양의 음식을 먹음.

妖氣 (요사할 요, 기운 기)
: 요사스러운 기운.

요망

遙望 (멀 요, 바랄 망)
: 멀리서 바라봄.

妖妄 (요사할 요, 망령될 망)
: 요사스럽고 망령됨.

용안

容顔 (얼굴 용, 낯 안)
: 얼굴.

龍顔 (용 룡, 낯 안)
: 임금의 얼굴을 높여 이르는 말.

우수

憂愁 (근심 우, 근심 수)
: 근심과 걱정을 아울러 이르는 말.

偶數 (짝 우, 셈 수)
: 짝수.

우열

愚劣 (어리석을 우, 못할 렬)
: 어리석고 못남.

優劣 (넉넉할 우, 못할 렬)
: 나음과 못함.

위장

僞裝 (거짓 위, 꾸밀 장)
: 정체가 드러나지 않게 거짓으로 꾸밈.

胃腸 (밥통 위, 창자 장)
: 위와 창자를 아울러 이르는 말.

위화

違和 (어긋날 위, 화할 화)
: 조화가 어그러짐.

僞貨 (거짓 위, 재물 화)
: 진짜처럼 만든 화폐.

유도

柔道 (부드러울 유, 길 도)
: 두 사람이 맨손으로 맞잡고 상대편이 공격해 오는 힘을 이용하여 던져 넘어뜨리거나 조르거나 눌러 승부를 겨루는 운동.

誘導 (꾈 유, 인도할 도)
: 사람이나 물건을 목적한 장소나 방향으로 이끎.

유서

遺緒 (남길 유, 실마리 서)
: 선대(先代)로부터 물려받은 사업.

遺書 (남길 유, 글 서)
: 유언을 적은 글.

由緒 (말미암을 유, 실마리 서)
: 예로부터 전하여 내려오는 까닭과 내력.

유아

幼兒 (어릴 유, 아이 아)
: 생후 1년부터 만 6세까지의 어린아이.

幽雅 (그윽할 유, 맑을 아)
: 그윽하고 품위가 있음.

유연

悠然 (생각할 유, 그럴 연)
: 침착하고 여유가 있음.

柔軟 (부드러울 유, 연할 연)
: 부드럽고 연함.

유원

悠遠 (멀 유, 멀 원)
: 아득히 멂.

幽遠 (그윽할 유, 멀 원)
: 심오하여 아득함.

유인

誘引 (꾈 유, 끌 인)
: 주의나 흥미를 유발하여 꾀어냄.

誘因 (꾈 유, 인할 인)
: 어떤 일이나 현상을 일으키는 원인.

유지

維持 (벼리 유, 가질 지)
: 어떤 상황이나 상태를 계속 지탱해 나감.

乳脂 (젖 유, 기름 지)
: 젖이나 우유에 들어 있는 지방.

遺旨 (남길 유, 뜻 지)
: 죽은 사람이 살아 있을 때에 가졌던 생각.

유치

幼稚 (어릴 유, 어릴 치)
: 나이가 어림. 수준이 낮거나 미숙함.

誘致 (꾈 유, 이를 치)
: 꾀어서 끌어옴.

이방

異邦 (다를 이, 나라 방)
: 다른 나라.

吏房 (벼슬아치·관리 리, 방 방)
: 조선 시대에, 승정원에 두었던 육방의 하나.

입각

入閣 (들 입, 집 각)
: 내각의 한 사람이 됨.

立脚 (설 립, 다리 각)
: 어떤 사실이나 주장에 근거를 두어 그 입장에 섬.

자작

子爵 (아들 자, 벼슬 작)
: 다섯 등급으로 나눈 귀족의 작위 가운데 넷째.

自酌 (스스로 자, 술부을·잔질할 작)
: 술을 직접 자기 손으로 따라 마심.

잠복

暫福 (잠깐 잠, 복 복)
: 잠시 동안의 행복.

潛伏 (잠길 잠, 엎드릴 복)
: 겉으로 드러나지 않게 숨음.

장도
壯途 (장할 장, 길 도)
: 중대한 사명이나 큰 뜻을 품고 떠나는 길.

長途 (긴 장, 길 도)
: 오랜 기간의 여행.

粧刀 (단장할 장, 칼 도)
: 주머니 속에 넣거나 옷고름에 늘 차고 다니는 칼집이 있는 작은 칼.

장부
丈夫 (어른 장, 지아비 부)
: 다 자란 씩씩한 남자.

帳簿 (장막 장, 문서 부)
: 출납이나 수지(收支)를 적어 두는 책.

藏府 (감출 장, 마을 부)
: 예전에, 창고를 이르던 말.

장사
葬事 (장사지낼 장, 일 사)
: 죽은 사람을 땅에 묻거나 화장하는 일.

長蛇 (긴 장, 긴뱀 사)
: 길고 큰 뱀.

장서
長逝 (긴 장, 갈 서)
: 영영 가고 돌아오지 않는다는 뜻으로, 죽음을 완곡하게 이르는 말.

藏書 (감출 장, 글 서)
: 책을 간직해 둠.

장수
將帥 (장수 장, 장수 수)
: 군사를 거느리고 지휘하는 우두머리.

長壽 (긴 장, 목숨 수)
: 오래 삶.

장식
裝飾 (꾸밀 장, 꾸밀 식)
: 옷이나 액세서리 따위로 치장함.

粧飾 (단장할 장, 꾸밀 식)
: 얼굴 따위를 매만져 꾸밈.

장중
藏中 (감출 장, 가운데 중)
: 광이나 창고의 속.

莊重 (씩씩할 장, 무거울 중)
: 씩씩하고 무게가 있음.

재량
載量 (실을 재, 헤아릴 량)
: 물건을 실은 분량이나 중량.

裁量 (옷마를 재, 헤아릴 량)
: 자신의 생각과 판단에 따라 일을 처리함.

재판
再版 (두 재, 판목 판)
: 이미 낸 책을 다시 출판함.

裁判 (옷마를 재, 판단할 판)
: 법원이나 법관이 법률에 근거하여 소송(訴訟)에 대한 공권적 판단을 내리는 일.

적채
摘採 (딸 적, 캘 채)
: 무엇을 따거나 캠.

積債 (쌓을 적, 빚 채)
: 오랫동안 쌓여 많아진 빚.

전주
電柱 (번개 전, 기둥 주)
: 전선이나 전화선을 늘여 매기 위해 세운 큰 기둥.

前奏 (앞 전, 아뢸 주)
: 성악이나 기악 독주의 반주 첫머리.

정결
貞潔 (곧을 정, 깨끗할 결)
: 정조가 굳고 행실이 깨끗함.

淨潔 (깨끗할 정, 깨끗할 결)
: 깨끗하고 깔끔함.

정서
淨書 (깨끗할 정, 글 서)
: 글씨를 깨끗이 씀.

情緖 (뜻 정, 실마리 서)
: 사람의 마음에 일어나는 여러 가지 감정.

정숙
靜淑 (고요할 정, 맑을 숙)
: 여자의 성품과 몸가짐이 조용하고 얌전함.

靜肅 (고요할 정, 엄숙할 숙)
: 조용하고 엄숙함.

貞淑 (곧을 정, 맑을 숙)
: 여자로서 행실이 곧고 마음씨가 고움.

정정
亭亭 (정자 정, 정자 정)
: 나무 따위가 높이 솟아 우뚝함.

訂正 (바로잡을 정, 바를 정)
: 글의 내용이나 글자 따위의 잘못된 곳을 고쳐서 바로잡음.

정좌
正坐 (바를 정, 앉을 좌)
: 몸을 바르게 하고 앉음.

靜坐 (고요할 정, 앉을 좌)
: 마음을 가라앉히고 조용히 앉음.

조도
早稻 (이를 조, 벼 도)
: 일찍 여무는 벼.

照度 (비칠 조, 법도 도)
: 빛의 밝기를 나타내는 정도.

조사
早死 (이를 조, 죽을 사)
: 일찍 죽음.

弔辭 (조상할 조, 말씀 사)
: 죽은 이를 조문하는 말과 글.

助詞 (도울 조, 말·글 사)
: 체언이나 부사, 어미 따위에 붙어 문법적 관계를 표시하거나 말뜻을 도와주는 품사.

조역
助役 (도울 조, 부릴 역)
: 일을 거들어 줌.

兆域 (억조 조, 지경 역)
: 무덤이 있는 지역.

종묘
種苗 (씨 종, 모 묘)
: 식물의 씨나 싹을 심어서 가꿈.

宗廟 (마루 종, 사당 묘)
: 역대 임금과 왕비의 위패를 모시던 왕실의 사당.

주간
週刊 (주일 주, 새길 간)
: 한 주일에 한 번씩 정해 놓고 책 따위를 발행하는 일.

主幹 (주인 주, 줄기 간)
: 어떤 일을 책임지고 맡아서 처리함.

주사
酒邪 (술 주, 간사할 사)
: 술을 마신 뒤에 버릇으로 하는 나쁜 언행.

州司 (고을 주, 맡을 사)
: 주(州)의 관사(官司).

준수
俊秀 (준걸 준, 빼어날 수)
: 재주와 슬기가 뛰어남.

遵守 (좇을 준, 지킬 수)
: 규칙, 명령 따위를 좇아서 지킴.

중매

仲媒 (버금 중, 중매 매)
: 혼인이 이루어지도록 중간에서 소개해 주는 일.

仲買 (버금 중, 살 매)
: 물건이나 권리를 사고파는 일을 중개하여 이익을 얻는 일.

중역

重役 (무거울 중, 부릴 역)
: 회사 따위에서, 중요한 직책을 맡은 임원을 통틀어 이르는 말.

重譯 (무거울 중, 번역할 역)
: 한 번 번역된 말이나 글을 다른 말이나 글로 번역함.

진사

震死 (우레 진, 죽을 사)
: 벼락을 맞아 죽음.

陳謝 (베풀 진, 사례할 사)
: 까닭을 설명하며 사과의 말을 함.

진재

震災 (우레 진, 재앙 재)
: 지진으로 인한 재해.

眞宰 (참 진, 재상 재)
: 노자와 장자의 학설에서, 도(道)의 본체인 하늘을 이르는 말.

진정

鎭靜 (진압할 진, 고요할 정)
: 소란스럽고 어지러운 일을 가라앉힘.

鎭定 (진압할 진, 정할 정)
: 반대하는 세력이나 기세를 억눌러 안정되게 함.

陳情 (베풀 진, 뜻 정)
: 사정을 진술함.

진주

陳奏 (베풀 진, 아뢸 주)
: 윗사람에게 사정을 진술하여 아룀.

進奏 (나아갈 진, 아뢸 주)
: 임금 앞에 나아가 아룀.

眞珠 (참 진, 구슬 주)
: 진주조개, 대합 따위의 조가비나 살 속에 생기는 딱딱한 덩어리.

진폭

震幅 (우레 진, 폭 폭)
: 지진계에 지반(地盤)의 진동이 감지되어 기록되는 폭.

振幅 (떨칠 진, 폭 폭)
: 진동하고 있는 물체의 정지 또는 평형 위치에서 진동의 좌우 최대 변위(變位)까지 이동하는 거리.

진화

鎭火 (진압할 진, 불 화)
: 불이 난 것을 끔.

秦火 (성 진, 불 화)
: 중국 진나라의 시황제가 나라 안의 유서(儒書)와 제자백가의 서적을 불태운 일.

질서

秩序 (차례 질, 차례 서)
: 순조롭게 이루어지게 하는 사물의 순서나 차례.

疾徐 (병 질, 천천할 서)
: 빠름과 느림.

차일

遮日 (가릴 차, 날 일)
: 주로 햇볕을 가리기 위하여 치는 장막.

此日 (이 차, 날 일)
: 이날.

참사

慘事 (참혹할 참, 일 사)
: 비참하고 끔찍한 일.

慘死 (참혹할 참, 죽을 사)
: 비참하게 죽음.

참살

斬殺 (벨 참, 죽일 살)
: 칼로 목을 베어 죽임.

慘殺 (참혹할 참, 죽일 살)
: 비참하고 끔찍하게 죽임.

창연

敞然 (시원할 창, 그럴 연)
: 드높아 시원스러움.

蒼然 (푸를 창, 그럴 연)
: 빛깔이 몹시 푸름.

채권

債券 (빚 채, 문서 권)
: 국가나 지방 자치 단체, 은행 등이 필요한 자금을 차입할 때에 발행하는 유가 증권.

債權 (빚 채, 권세 권)
: 재산권의 하나로, 특정인이 다른 특정인에게 어떤 행위를 청구할 수 있는 권리.

천도

天桃 (하늘 천, 복숭아 도)
: 선가(仙家)에서, 천상에 있다고 하는 복숭아.

遷都 (옮길 천, 도읍 도)
: 도읍을 옮김.

천부

天賦 (하늘 천, 부세 부)
: 하늘이 줌.

天覆 (하늘 천, 덮을 부)
: 넓은 하늘이 덮고 있는 그 아래.

체재

體裁 (몸 체, 옷마를 재)
: 생기거나 이루어진 틀.

滯在 (막힐 체, 있을 재)
: 객지에 나가서 머물러 있음.

체증

滯症 (막힐 체, 증세 증)
: 교통의 흐름이 원활하지 아니하여 길이 막히는 상태.

遞增 (갈릴 체, 더할 증)
: 수량이 차례로 점차 늚.

초상

初喪 (처음 초, 잃을 상)
: 사람이 죽어서 장사 지낼 때까지의 일.

初霜 (처음 초, 서리 상)
: 첫서리.

肖像 (닮을·같을 초, 모양 상)
: 그림이나 사진에 나타난 사람의 얼굴이나 모습.

촉각

觸角 (닿을 촉, 뿔 각)
: 주위의 변화를 감지하는 능력을 비유적으로 이르는 말.

觸覺 (닿을 촉, 깨달을 각)
: 물체가 피부에 닿아 느끼는 감각.

촉수

觸手 (닿을 촉, 손 수)
: 하등 무척추동물의 몸의 앞부분이나 입 주위에 있는 돌기 모양의 기관.

燭數 (촛불 촉, 셈 수)
: 촉광(燭光)의 정도를 나타내는 수.

촉진
促進 (재촉할 촉, 나아갈 진)
: 어떤 일을 재촉하여 더 빨리 진행되도록 함.

觸診 (닿을 촉, 진찰할 진)
: 환자의 몸을 손으로 만져서 진찰하는 일.

추구
追求 (쫓을·따를 추, 구할 구)
: 어떤 목적을 달성할 때까지 좇아 구함.

追究 (쫓을·따를 추, 연구할 구)
: 근본까지 캐어 들어가 연구함.

추모
醜貌 (추할 추, 모양 모)
: 보기 흉한 용모. 또는 못생긴 용모.

追慕 (쫓을·따를 추, 그릴 모)
: 죽은 사람을 그리워하고 잊지 않음.

추상
抽象 (뽑을 추, 코끼리 상)
: 여러 가지 사물이나 개념에서 공통된 속성을 뽑아내어 파악하는 작용.

秋霜 (가을 추, 서리 상)
: 가을의 찬 서리.

追想 (쫓을·따를 추, 생각 상)
: 지나간 일을 생각함.

추신
抽身 (뽑을 추, 몸 신)
: 어렵거나 바쁜 처지에서 몸을 뺌.

追伸 (쫓을·따를 추, 펼 신)
: 편지의 끝에 더 쓰고 싶은 것이 있을 때에 그 앞에 쓰는 말.

추증
追增 (쫓을·따를 추, 더할 증)
: 나중에 더하여 보탬.

追贈 (쫓을·따를 추, 줄 증)
: 나라에 공로가 있는 벼슬아치가 죽은 뒤에 벼슬의 품계를 높여 주던 일.

출정
出征 (날 출, 칠 정)
: 군에 입대하여 싸움터에 나감.

出廷 (날 출, 조정 정)
: 법정에 나가는 일.

치부
恥部 (부끄러울 치, 때 부)
: 남에게 숨기고 싶은 부끄러운 부분.

置簿 (둘 치, 문서 부)
: 금전이나 물품의 출납을 기록함.

치사
恥事 (부끄러울 치, 일 사)
: 언행이 쩨쩨하고 옹졸함.

致詞 (이를 치, 말·글 사)
: 경사가 있을 때 임금에게 올리던 칭송의 글.

침수
沈水 (잠길 침, 물 수)
: 물에 잠김.

寢睡 (잘 침, 졸음 수)
: 잠의 높임말.

浸水 (잠길 침, 물 수)
: 물에 잠기거나 젖음.

탈취
脫臭 (벗을 탈, 냄새 취)
: 냄새를 빼어 없앰.

奪取 (빼앗을 탈, 가질 취)
: 빼앗아 가짐.

탐정

貪政 (탐낼 탐, 정사 정)
: 탐욕을 부려 재물을 약탈하고 백성을 억압하는 정치.

探偵 (찾을 탐, 염탐할 정)
: 드러나지 않은 사정을 몰래 살펴 알아냄.

태반

胎盤 (아이밸 태, 소반 반)
: 임신 중 태아와 모체의 자궁을 연결하는 기관.

殆半 (거의 태, 반 반)
: 거의 절반.

특수

特殊 (특별할 특, 다를 수)
: 특별히 다름.

特需 (특별할 특, 쓰일·쓸 수)
: 특별한 수요.

편도

片道 (조각 편, 길 도)
: 오고 가는 길 가운데 어느 한쪽.

便道 (편할 편, 길 도)
: 편리한 길.

扁桃 (작을 편, 복숭아 도)
: 사람의 입속 양쪽 구석에 퍼져 있는 림프 소절의 집합체.

편력

遍歷 (두루 편, 지날 력)
: 널리 이곳저곳을 돌아다님.

編曆 (엮을 편, 책력 력)
: 달력을 만듦.

편모

偏母 (치우칠 편, 어미 모)
: 아버지가 죽거나 이혼하여 홀로 있는 어머니.

片貌 (조각 편, 모양 모)
: 단편적인 모습.

편지

片志 (조각 편, 뜻 지)
: 자그마한 뜻.

片紙 (조각 편, 종이 지)
: 안부, 소식, 용무 따위를 적어 보내는 글.

편집

偏執 (치우칠 편, 잡을 집)
: 남의 말을 듣지 않고 자신의 치우친 생각을 고집함.

編輯 (엮을 편, 모을 집)
: 일정한 방침 아래 여러 가지 재료를 모아 책이나 신문, 잡지 따위를 만드는 일.

폐가

廢家 (폐할·버릴 폐, 집 가)
: 버려두어 낡은 집.

弊家 (폐단·해질 폐, 집 가)
: 남에게 자기 집을 낮추어 이르는 말.

포구

浦口 (개 포, 입 구)
: 배가 드나드는 개의 어귀.

捕球 (잡을 포, 공 구)
: 공을 잡음.

포식

捕食 (잡을 포, 밥·먹을 식)
: 다른 동물을 잡아먹음.

飽食 (배부를 포, 밥·먹을 식)
: 배부르게 먹음.

피복

被覆 (입을 피, 덮을 복)
: 거죽을 덮어씌움.

被服 (입을 피, 옷 복)
: 몸을 싸서 가리기 위하여 피륙 따위로 몸에 맞게 만들어 입는 물건.

필경
筆耕 (붓 필, 밭갈 경)
: 등사 원지(原紙)에 글씨를 씀. 직업으로 글이나 글씨를 씀.

畢竟 (마칠 필, 마침내 경)
: 끝장에 이르러.

필수
必須 (반드시 필, 모름지기 수)
: 꼭 있어야 하거나 하여야 함.

必需 (반드시 필, 쓰일·쓸 수)
: 꼭 있어야 함.

필적
匹敵 (짝 필, 대적할 적)
: 세력 따위가 엇비슷하여 서로 맞섬.

筆跡 (붓 필, 발자취 적)
: 글씨의 모양.

합장
合掌 (합할 합, 손바닥 장)
: 두 손바닥을 합하여 마음이 한결같음을 나타냄.

合葬 (합할 합, 장사지낼 장)
: 둘 이상의 시신을 한 무덤에 묻음.

향수
鄕愁 (시골 향, 근심 수)
: 고향을 그리워하는 마음이나 시름.

香水 (향기 향, 물 수)
: 향기로운 냄새가 나는 액체 화장품의 하나.

享受 (누릴 향, 받을 수)
: 혜택 따위를 받아서 누림.

현관
玄關 (검을 현, 관계할 관)
: 건물의 출입문에 붙여 따로 달아낸 문간.

縣官 (고을 현, 벼슬 관)
: 현의 우두머리인 현령과 현감을 통틀어 이르는 말.

현상
現像 (나타날 현, 모양 상)
: 노출된 필름이나 인화지를 약품으로 처리하여 상이 나타나도록 함.

懸賞 (매달 현, 상줄 상)
: 무엇을 모집하거나 구하거나 사람을 찾는 일 따위에 현금이나 물품 따위를 내걺.

懸象 (매달 현, 코끼리 상)
: 천상(天上)에 걸린 현상.

호기
好機 (좋을 호, 틀 기)
: 좋은 기회.

豪氣 (호걸 호, 기운 기)
: 씩씩한 기상.

浩氣 (넓을 호, 기운 기)
: 하늘과 땅 사이에 가득 찬 넓고 큰 원기. 호연지기.

호환
互換 (서로 호, 바꿀 환)
: 서로 바꿈.

虎患 (범 호, 근심 환)
: 호랑이에게 입는 화.

혹세
酷稅 (심할 혹, 세금 세)
: 가혹한 세금.

惑世 (미혹할 혹, 인간 세)
: 어지러운 세상. 세상을 어지럽게 함.

혼수

昏睡 (어두울 혼, 졸음 수)
: 의식이 없어짐.

婚需 (혼인할 혼, 쓰일·쓸 수)
: 혼인에 드는 비용이나 물품.

홍안

鴻雁 (기러기 홍, 기러기 안)
: 큰 기러기와 작은 기러기를 아울러 이르는 말.

紅顔 (붉을 홍, 낯 안)
: 젊어 혈색이 좋은 얼굴을 이르는 말.

화랑

花郞 (꽃 화, 사내 랑)
: 신라 때, 청소년들의 수양 단체.

畫廊 (그림 화, 사랑채·행랑 랑)
: 그림 따위의 미술품을 걸어 전시하도록 만든 방.

화상

和尙 (화할 화, 오히려 상)
: 수행을 많이 한 승려.

畫像 (그림 화, 모양 상)
: 사람의 얼굴을 그림으로 그린 형상.

화장

火葬 (불 화, 장사지낼 장)
: 시체를 불에 살라 장사(葬事)를 지냄.

化粧 (될 화, 단장할 장)
: 화장품 따위를 발라 얼굴을 곱게 꾸밈.

환속

還屬 (돌아올 환, 붙일 속)
: 이전에 소속되어 있던 곳으로 다시 돌려보냄.

還俗 (돌아올 환, 풍속 속)
: 출가했던 승려가 속세로 돌아가는 일.

황국

黃菊 (누를 황, 국화 국)
: 누런색의 국화.

皇國 (임금 황, 나라 국)
: 황제가 다스리는 나라.

회고

懷古 (품을 회, 예 고)
: 옛 자취를 돌이켜 생각함.

回顧 (돌아올 회, 돌아볼 고)
: 지나간 일을 돌이켜 생각함.

희소

稀少 (드물 희, 적을 소)
: 매우 드물고 적음.

戲笑 (놀이 희, 웃음 소)
: 실없이 웃음.

희수

喜壽 (기쁠 희, 목숨 수)
: 나이 일흔일곱 살을 달리 이르는 말.

稀壽 (드물 희, 목숨 수)
: 나이 일흔 살을 달리 이르는 말.

동자이음어

賈 ┌ 성 가 - 賈島(가도)
　 └ 장사 고 - 都賈(도고), 商賈(상고)

降 ┌ 내릴 강 - 降雨(강우), 下降(하강)
　 └ 항복할 항 - 投降(투항), 降服(항복)

車 ┌ 수레 거 - 車馬(거마), 自轉車(자전거)
　 └ 수레 차 - 電車(전차), 自動車(자동차)

乾 ┌ 하늘 건 - 乾坤(건곤), 乾燥(건조)
　 └ 마를 간 - 乾物(간물)

見 ┌ 볼 견 - 見聞(견문), 見解(견해)
　 └ 뵈올 현 - 謁見(알현)

更 ┌ 고칠 경 - 變更(변경), 更新(경신)
　 └ 다시 갱 - 更生(갱생), 更新(갱신)

串 ┌ 꿸 관 - 魚串(어관)
　 └ 땅이름 곶 - 長山串(장산곶)

龜 ┌ 거북 구 - 龜尾(구미)
　 ├ 거북 귀 - 龜鑑(귀감)
　 └ 터질 균 - 龜裂(균열)

金 ┌ 쇠 금 - 金庫(금고), 金錢(금전)
　 └ 성 김 - 金氏(김씨)

茶 ┌ 차 다 - 茶果(다과), 茶道(다도)
　 └ 차 차 - 綠茶(녹차), 茶禮(차례)

丹 ┌ 붉을 단 - 丹靑(단청), 丹楓(단풍)
　 └ 꽃이름 란 - 牧丹(모란)

糖 ┌ 엿 당 - 糖分(당분), 製糖(제당)
　 └ 사탕 탕 - 沙糖(사탕), 雪糖(설탕)

度 ┌ 법도 도 - 角度(각도), 制度(제도)
　 └ 헤아릴 탁 - 度地(탁지)

讀 ┌ 읽을 독 - 讀書(독서), 讀後感(독후감)
　 └ 구절 두 - 吏讀(이두), 句讀點(구두점)

洞 ┌ 골 동 - 洞口(동구), 洞里(동리)
　 └ 밝을 통 - 洞察(통찰), 洞燭(통촉)

樂 ┌ 즐길 락 - 樂園(낙원), 娛樂(오락)
　 ├ 노래 악 - 樂譜(악보), 音樂(음악)
　 └ 좋아할 요 - 樂山樂水(요산요수)

率 ┌ 비율 률 - 能率(능률), 比率(비율)
　 └ 거느릴 솔 - 引率(인솔), 統率(통솔)

復 ┌ 회복할 복 - 復權(복권), 回復(회복)
　 └ 다시 부 - 復活(부활), 復興(부흥)

覆 ┌ 덮을 부 - 覆載(부재), 天覆(천부)
　 └ 다시 복 - 覆蓋(복개), 覆面(복면)

北 ┌ 북녘 북 - 北極(북극), 北伐(북벌)
　 └ 달아날 배 - 敗北(패배)

不 ┌ 아닐 불 - 不可(불가), 不問(불문)
　 └ 아닐 부 - 不當(부당), 不足(부족)

馮 ┌ 탈 빙 - 馮河(빙하)
　 └ 성 풍 - 馮夷(풍이)

殺 ┌ 죽일 살 - 殺生(살생), 殺害(살해)
　 └ 감할 쇄 - 相殺(상쇄), 殺到(쇄도)

參 ┌ 석 삼 - 參拾(삼십)
　 └ 참여할 참 - 參席(참석), 參與(참여)

狀 ┌ 형상 상 - 狀況(상황), 現狀(현상)
　 └ 문서 장 - 賞狀(상장), 令狀(영장)

塞 ┌ 막힐 색 - 窮塞(궁색), 閉塞(폐색)
　 └ 변방 새 - 要塞(요새), 塞翁之馬(새옹지마)

索 ┌ 찾을 색 - 思索(사색), 索引(색인)
　 └ 노(새끼줄) 삭 - 索道(삭도), 鐵索(철삭)

說 ┌ 말씀 설 - 說得(설득), 說話(설화)
　 └ 달랠 세 - 說客(세객), 遊說(유세)

省 ┌ 살필 성 - 反省(반성), 省察(성찰)
　 └ 덜 생 - 省略(생략)

屬 ┌ 붙일 속 - 屬國(속국), 屬性(속성)
　 └ 부탁할 촉 - 屬望(촉망)

數 ┌ 셈 수 - 數學(수학), 術數(술수)
　 └ 자주 삭 - 頻數(빈삭)

宿 ┌ 잘 숙 - 宿泊(숙박), 合宿(합숙)
　 └ 별자리 수 - 星宿(성수)

拾 ┌ 주을 습 - 收拾(수습), 拾得(습득)
　 └ 열 십 - 拾萬(십만), 壹拾(일십)

識 ┌ 알 식 - 認識(인식), 知識(지식)
　 └ 기록할 지 - 標識(표지)

辰 ┌ 때 신 - 生辰(생신)
　 └ 별 진 - 日辰(일진), 辰宿(진수)

惡 ┌ 악할 악 - 善惡(선악), 惡用(악용)
　 └ 미워할 오 - 惡寒(오한), 憎惡(증오)

若 ┌ 같을 약 - 萬若(만약), 若干(약간)
　 └ 반야 야 - 蘭若(난야), 般若心經(반야심경)

於 ┌ 어조사 어 - 於是乎(어시호), 於中間(어중간)
　 └ 탄식할 오 - 於戲(오희)

易 ┌ 바꿀 역 - 交易(교역), 貿易(무역)
　 └ 쉬울 이 - 簡易(간이), 容易(용이)

刺 ┌ 찌를 자 - 亂刺(난자), 刺客(자객)
　 └ 찌를 척 - 刺殺(척살)

切 ┌ 끊을 절 - 切斷(절단), 切望(절망)
　 └ 온통 체 - 一切(일체)

拓 ┌ 넓힐 척 - 干拓(간척), 開拓(개척)
　 └ 박을 탁 - 拓本(탁본)

則 ┌ 법칙 칙 - 規則(규칙), 罰則(벌칙)
　 └ 곧 즉 - 然則(연즉)

沈 ┌ 잠길 침 - 沈沒(침몰), 沈默(침묵)
　 └ 성 심 - 沈氏(심씨)

宅 ┌ 집 택 - 家宅(가택), 宅地(택지)
　 └ 집 댁 - 貴宅(귀댁), 宅內(댁내)

便 ┌ 편할 편 - 便利(편리), 便紙(편지)
　 └ 똥오줌 변 - 便祕(변비), 便所(변소)

布 ┌ 베 포 - 布木(포목)
　 ├ 펼 포 - 公布(공포), 宣布(선포)
　 └ 보시 보 - 布施(보시)

暴 ┌ 사나울 폭 - 暴力(폭력), 暴行(폭행)
　 └ 모질 포 - 暴惡(포악), 橫暴(횡포)

行 ┌ 다닐 행 - 行軍(행군), 行路(행로)
　 └ 항렬 항 - 行列(항렬)

畫 ┌ 그림 화 - 畫家(화가), 畫廊(화랑)
　 └ 그을 획 - 計畫(계획)

잘못 읽기 쉬운 한자어

角逐 **각축** 서로 이기려고 다투며 덤벼듦.

減殺 **감쇄** 줄어서 없어짐.

更生 **갱생** 다시 살아남.

乞神 **걸신** 염치없이 음식을 지나치게 탐하는 마음을 비유하여 이르는 말.

揭示 **게시** 여러 사람에게 알리기 위하여 내붙이거나 걸어두고 두루 보게 함.

揭載 **게재** 신문이나 잡지 등에 글이나 그림 따위를 실음.

激勵 **격려** 마음이나 기운을 북돋워 주어 힘내도록 함.

膠着 **교착** 아주 단단히 달라붙음.

句讀 **구두** 구두법의 준말로, 글을 쓸 때 문장 부호를 표하는 방법.

口碑 **구비** 예부터 전해오는 말.

句節 **구절** 한 토막의 글이나 말. 구와 절을 아울러 이르는 말.

龜鑑 **귀감** 본보기.

麒麟 **기린** 상상 속의 동물로, 몸은 사슴 같고 꼬리는 소 같고, 말굽과 갈기는 말과 같으며 빛깔은 오색임.

拉致 **납치** 강제로 데리고 감.

朗誦 **낭송** 시나 문장을 소리 내어 읽거나 욈.

對峙 **대치** 역량이나 세력에 서로 맞서서 버팀.

跳躍 **도약** 위로 뛰어오름. 더 높은 단계로 나아가는 것을 비유적으로 이르는 말.

冬眠 **동면** 겨울잠.

東軒 **동헌** 지방 관아에서 관리들이 공사(公事)를 처리하던 중심 건물.

盟誓 **맹세** 목표나 약속을 실천하겠다고 다짐함.

紊亂 **문란** 도덕이나 질서, 규칙 등이 어지러움.

拜謁 **배알** 높은 사람을 찾아가 뵘.

便祕 **변비** 대변이 잘 누어지지 않는 병.

敷衍 **부연** 알기 쉽게 설명을 더하여 자세히 말함.

復活 **부활** 죽었다가 다시 살아남. 폐지하였던 것을 다시 성하게 함.

否運 **비운** 막힌 운수. 불행한 운명.

社稷 **사직** 나라 또는 조정을 이르는 말.

殺菌 **살균** 약품이나 열 따위로 세균을 죽임.

相殺 **상쇄** 상반되는 것이 서로 영향을 미쳐서 효과가 없어지는 일.

省略 **생략** 일부를 줄이거나 뺌.

鮮明 **선명** 산뜻하고 뚜렷함.

雪糖 **설탕** 흰 가루사탕. 사탕가루.

攝理 **섭리** 자연계를 지배하고 있는 이법(理法).

率先 **솔선** 남보다 앞장서서 함.

殺到 **쇄도** 전화 따위가 한꺼번에 세차게 몰려듦.

收拾 **수습** 어수선한 사태를 거두어 바로잡음.

示唆 **시사** 미리 일러 줌.

十月 **시월** 일 년 중 열째 달.

謁見	알현	지체 높은 사람을 찾아가 뵘.
惹起	야기	무슨 일이나 사건 따위를 일으킴.
抑鬱	억울	아무 잘못 없이 불공평한 일을 당하여 속상하고 분함.
軟弱	연약	무르고 약함.
豫度	예탁	앞으로의 일을 미리 짐작함.
誤謬	오류	그릇되어 이치에 맞지 않는 일.
惡寒	오한	갑자기 몸에 열이 나면서 오슬오슬 추운 증상.
歪曲	왜곡	사실과 다르게 해석함.
容易	용이	아주 쉬움.
圓滑	원활	일이 순조롭게 잘되어 감.
遊說	유세	각처를 돌아다니면서 자기의 의견이나 소속 정당의 주장을 선전함.
吏讀	이두	한자의 음과 훈을 빌려 우리말을 적은 표기법.
溺死	익사	물에 빠져 숨짐.
佐飯	자반	나물이나 해산물 등에 간장이나 풀 따위의 양념을 발라 말린 것을 튀기거나 구워서 만든 반찬.
傳播	전파	전하여 널리 퍼뜨림.
提携	제휴	공동의 목적을 위하여 서로 도움.
措置	조치	어떤 문제나 사태를 해결하기 위하여 필요한 대책을 강구함.
拙劣	졸렬	옹졸하고 서투름.
憎惡	증오	몹시 미워함. 또는 그런 마음.
陳腐	진부	행동, 사상 따위가 낡아서 새롭지 못함.
錯誤	착오	착각하여 잘못함.
斬新	참신	새롭고 산뜻함.
尖端	첨단	물건의 뾰족한 끝. 시대의 흐름 따위의 맨 앞장.
醜態	추태	지저분하고 창피스런 태도나 짓.
沈沒	침몰	물속으로 빠져 가라앉음.
沈着	침착	행동이 들뜨지 않고 찬찬함.
洞察	통찰	환히 내다 봄. 꿰뚫어 봄.
派遣	파견	어떤 일이나 임무를 주어 사람을 보냄.
把握	파악	어떤 일을 잘 이해하여 확실하게 앎.
敗北	패배	전쟁이나 경기에서 짐.
閉鎖	폐쇄	출입을 못하도록 문을 닫아걸거나 입구를 막아 버림.
包攝	포섭	자기편으로 끌어들임.
標識	표지	어떤 사물을 다른 것과 구별할 수 있도록 한 표시나 특징.
行列	항렬	같은 혈족의 직계에서 갈라져 나간 계통 사이의 대수 관계를 나타내는 말.
降伏	항복	상대편에게 굴복함.
行列	행렬	여럿이 줄을 지어 가거나 그 줄.
嫌惡	혐오	싫어하고 미워함.
橫暴	횡포	제멋대로 굴며 난폭함.

약자

本字	뜻/음	약자
假	거짓 가	仮
價	값 가	価
覺	깨달을 각	覚
減	덜 감	减
監	볼 감	監
鑑	거울 감	鑑
蓋	덮을 개	盖
個	낱 개	个
槪	대개 개	概
慨	슬퍼할 개	慨
據	근거 거	拠
擧	들 거	挙, 舉
儉	검소할 검	倹
劍	칼 검	剣
檢	검사할 검	検
擊	칠 격	撃
堅	굳을 견	堅
缺	이지러질 결	欠
徑	지름길·길 경	径
經	지날·글 경	経
輕	가벼울 경	軽
繼	이을 계	継
繫	맬 계	繋
穀	곡식 곡	穀
寬	너그러울 관	寛
觀	볼 관	观, 覌, 観
關	관계할 관	関
館	집 관	舘
廣	넓을 광	広
鑛	쇳돌 광	鉱
壞	무너질 괴	壊
區	구분할·지경 구	区
歐	구라파·칠 구	欧
舊	예 구	旧
句	글귀 구	勾
龜	거북 구·귀 / 터질 균	亀
國	나라 국	国
勸	권할 권	劝, 勧
權	권세 권	权, 権
歸	돌아갈 귀	帰
旣	이미 기	既
棄	버릴 기	弃
氣	기운 기	気
器	그릇 기	器
緊	긴할 긴	紧
寧	편안 녕	寍, 寧
惱	번뇌할 뇌	悩
腦	골·뇌수 뇌	脳
單	홑 단	単
團	둥글 단	団
斷	끊을 단	断
擔	멜 담	担
膽	쓸개 담	胆
當	마땅 당	当
黨	무리 당	党
對	대할 대	対
臺	대 대	台, 坮
德	큰 덕	徳
圖	그림 도	図
燾	비칠 도	焘
獨	홀로 독	独
讀	읽을 독 / 구절 두	読
毒	독 독	毒

燈	등 등	灯	錄	기록할 록	录	繁	번성할 번	繁
樂	즐길 락 / 노래 악 / 좋아할 요	楽	籠	대바구니 롱	篭	變	변할 변	変
亂	어지러울 란	乱	龍	용 룡	竜	邊	가 변	辺, 边
濫	넘칠 람	濫	樓	다락 루	楼	屛	병풍 병	屏
藍	쪽 람	蓝	淚	눈물 루	涙	倂	아우를 병	併
覽	볼 람	览, 覧	離	떠날 리	难	竝	나란히 병	並
來	올 래	来	臨	임할 림	临	寶	보배 보	宝
兩	두 량	両	滿	찰 만	満	富	부자 부	冨
輛	수레 량	輌	灣	물굽이 만	湾	敷	펼 부	旉
涼	서늘할 량	涼	蠻	오랑캐 만	蛮	佛	부처 불	仏
勵	힘쓸 려	励	萬	일만 만	万	拂	떨칠 불	払
廬	농막집 려	庐	賣	팔 매	売	寫	베낄 사	寫, 写, 写
麗	고울 려	丽	麥	보리 맥	麦	師	스승 사	师
戀	그리워할·그릴 련	恋	貌	모양 모	皃	辭	말씀 사	辞
聯	연이을 련	联	夢	꿈 몽	梦	殺	죽일 살 / 감할 쇄	殺
練	익힐 련	練	廟	사당 묘	庿, 庙	挿	꽂을 삽	挿
鍊	쇠불릴·단련할 련	錬	墨	먹 묵	墨	嘗	맛볼 상	甞
獵	사냥 렵	猟	默	잠잠할 묵	黙	桑	뽕나무 상	桒
靈	신령 령	灵, 霊	彌	미륵·오랠 미	弥	狀	형상 상 / 문서 장	状
禮	예도 례	礼	迫	핍박할 박	廹	敍	펼 서	叙
勞	일할 로	労	發	필 발	発	緖	실마리 서	緒
爐	화로 로	炉	輩	무리 배	輩	釋	풀 석	釈
蘆	갈대 로	芦	拜	절 배	拝	船	배 선	舩

禪 선 선 — 禅	亞 버금 아 — 亜	譽 기릴·명예 예 — 誉
纖 가늘 섬 — 繊	兒 아이 아 — 児	豫 미리 예 — 予
攝 다스릴·잡을 섭 — 摂	惡 악할 악 / 미워할 오 — 悪	溫 따뜻할 온 — 温
燮 불꽃 섭 — 変	巖 바위 암 — 岩	穩 편안할 온 — 穏, 穩
聲 소리 성 — 声	壓 누를 압 — 圧	堯 요임금 요 — 尭
歲 해 세 — 歳, 岁	礙 거리낄 애 — 碍	謠 노래 요 — 謡
燒 사를 소 — 焼	藥 약 약 — 薬	遙 멀 요 — 遥
屬 붙일 속 — 属	壤 흙덩이 양 — 壌	搖 흔들 요 — 揺
續 이을 속 — 続	孃 아가씨 양 — 嬢	鬱 답답할 울 — 欝
壽 목숨 수 — 寿	讓 사양할 양 — 譲	員 인원 원 — 員
收 거둘 수 — 収	嚴 엄할 엄 — 厳	遠 멀 원 — 遠
數 셈 수 — 数	與 더불·줄 여 — 与	僞 거짓 위 — 偽
獸 짐승 수 — 獣	餘 남을 여 — 余	圍 에워쌀 위 — 囲
隨 따를 수 — 随	譯 번역할 역 — 訳	爲 하·할 위 — 為
帥 장수 수 — 帥	驛 역 역 — 駅	隱 숨을 은 — 隠, 隱
搜 찾을 수 — 搜	淵 못 연 — 渊, 渊	應 응할 응 — 応
肅 엄숙할 숙 — 肃, 粛	硏 갈 연 — 研	宜 마땅 의 — 宜
濕 젖을 습 — 湿	姸 고울 연 — 姸	醫 의원 의 — 医
乘 탈 승 — 乗	鉛 납 연 — 鉛	貳 두·갖은두 이 — 弍, 弐
繩 노끈 승 — 縄	鹽 소금 염 — 塩	壹 한·갖은한 일 — 壱
腎 콩팥 신 — 肾	榮 영화 영 — 栄	者 놈 자 — 者
實 열매 실 — 実	營 경영할 영 — 営	殘 남을 잔 — 残
雙 두·쌍 쌍 — 双	藝 재주 예 — 芸, 藝	蠶 누에 잠 — 蚕

雜 섞일 잡 …… 雜	劑 약제 제 …… 剤	慘 참혹할 참 …… 惨
壯 장할 장 …… 壮	條 가지 조 …… 条	處 곳 처 …… 処
將 장수 장 …… 将	卒 마칠 졸 …… 卆	淺 얕을 천 …… 浅
莊 씩씩할 장 …… 荘	從 좇을 종 …… 従, 从	賤 천할 천 …… 賎
裝 꾸밀 장 …… 装	縱 세로 종 …… 縦	踐 밟을 천 …… 践
獎 장려할 장 …… 奨, 奬	晝 낮 주 …… 昼	遷 옮길 천 …… 迁
蔣 성 장 …… 蒋	鑄 쇠불릴 주 …… 鋳	鐵 쇠 철 …… 鉄
臟 오장 장 …… 臓	準 준할 준 …… 凖	廳 관청 청 …… 庁
藏 감출 장 …… 蔵	卽 곧 즉 …… 即	聽 들을 청 …… 聴
哉 어조사 재 …… 㦲	增 더할 증 …… 増	體 몸 체 …… 体
爭 다툴 쟁 …… 争	曾 일찍 증 …… 曽	遞 갈릴 체 …… 逓
傳 전할 전 …… 伝	蒸 찔 증 …… 菾	觸 닿을 촉 …… 触
戰 싸움 전 …… 戦, 战	證 증거 증 …… 証	總 다 총 …… 総, 惣
轉 구를 전 …… 転	遲 더딜·늦을 지 …… 遅	聰 귀밝을 총 …… 聡, 聰
錢 돈 전 …… 銭	珍 보배 진 …… 珎	沖 화할 충 …… 冲
竊 훔칠 절 …… 窃	盡 다할 진 …… 尽	蟲 벌레 충 …… 虫
節 마디 절 …… 節	質 바탕 질 …… 貭	醉 취할 취 …… 酔
點 점 점 …… 点, 奌	徵 부를 징 …… 徴	齒 이 치 …… 歯
定 정할 정 …… 㝎	贊 도울 찬 …… 賛	稱 일컬을 칭 …… 称
靜 고요할 정 …… 静	讚 기릴 찬 …… 讃	墮 떨어질 타 …… 堕
淨 깨끗할 정 …… 浄	瓚 옥잔 찬 …… 瓉	彈 탄알 탄 …… 弾
濟 건널 제 …… 済	鑽 뚫을 찬 …… 鑚	兌 바꿀·기쁠 태 …… 兊
齊 가지런할 제 …… 斉	參 참여할 참 / 석 삼 …… 参	擇 가릴 택 …… 択

543

澤	못 택	沢
兔	토끼 토	兎
霸	으뜸 패	覇
廢	폐할·버릴 폐	廃
學	배울 학	学
艦	큰배 함	艦
鄕	시골 향	郷
虛	빌 허	虚
獻	드릴 헌	献
險	험할 험	険
驗	시험 험	験
縣	고을 현	県
賢	어질 현	賢
顯	나타날 현	顕
峽	골짜기 협	峡
陝	좁을 협 / 땅이름 합	陝
螢	반딧불 형	蛍
惠	은혜 혜	恵
號	이름 호	号
畫	그림 화 / 그을 획	画
擴	넓힐 확	拡
歡	기쁠 환	欢, 歓
會	모일 회	会
懷	품을 회	懐
效	본받을 효	効
曉	새벽 효	暁
勳	공 훈	勲
黑	검을 흑	黒
興	일 흥	興
戲	놀이 희	戯, 戲

모의 전국한자능력검정시험 정답

1회

[1] 기로　[2] 시사　[3] 궁벽　[4] 보필
[5] 비옥　[6] 목욕　[7] 저해　[8] 납치
[9] 야기　[10] 모멸　[11] 예치　[12] 온건
[13] 철옹성　[14] 학정　[15] 정찰　[16] 태몽
[17] 도굴　[18] 갈등　[19] 차단　[20] 섬세
[21] 보초　[22] 자문　[23] 휴진　[24] 공포
[25] 견방　[26] 한경　[27] 연추　[28] 치적
[29] 견도　[30] 말갈　[31] 사면　[32] 휘장
[33] 응시　[34] 찬란　[35] 태환　[36] 애도
[37] 원활　[38] 망막　[39] 농락　[40] 일무
[41] 몰닉　[42] 함재　[43] 약관　[44] 비로
[45] 구애　　　　　　　[46] 밝을 석
[47] 목구멍 후　　　　[48] 던질 포
[49] 헛보일 환　　　　[50] 늙을 기
[51] 옮길 반　　　　　[52] 헤아릴 규
[53] 불꽃 섭　　　　　[54] 모을 집
[55] 비칠 도　　　　　[56] 절 가
[57] 세놓을 세　　　　[58] 여승 니
[59] 새 붕　　　　　　[60] 천리마 기
[61] 즐길 탐　　　　　[62] 포도 포
[63] 물맑을 식　　　　[64] 저릴 마
[65] 꽂을 삽　　　　　[66] 여울 탄
[67] 못 당　　　　　　[68] 여울 단
[69] 바를 동　　　　　[70] 불땔 취
[71] 콩팥 신　　　　　[72] 머무를 주
[73] ④　[74] ②　[75] ③　[76] ①
[77] ②　[78] 輿論　[79] 均衡　[80] 維持
[81] 映畫　[82] 鑑賞　[83] 關聯(關連)
[84] 閱覽　[85] 批判　[86] 認定　[87] 擁護
[88] 儉素　[89] 貯金　[90] 寄附　[91] 爆發音
[92] 瞬息間　[93] 環境　[94] 破壞　[95] 該博
[96] 知識　[97] 銳利　[98] 分析　[99] 靜寂
[100] 沈默　[101] 演奏　[102] 聽衆　[103] 懇請
[104] 拒絶　[105] 命脈　[106] 傳統　[107] 消滅
[108] 毒(甚)　　　　　[109] 引　[110] 招
[111] 獲　[112] 躍　[113] 縮　[114] 緩
[115] 淡(薄)　　　　　[116] 縱　[117] 劣
[118] 非難　[119] 具體　[120] 高雅　[121] 白晝
[122] 模倣　[123] 少　[124] 脣　[125] 苦
[126] 臭　[127] 阿　[128] 拍　[129] 差
[130] 顧　[131] 貪　[132] 求　[133] 辭讓
[134] 匹敵　[135] 思慕　[136] 祈雨　[137] 返送
[138] 缶　[139] 殳　[140] 干　[141] 耳
[142] 行　[143] 雜　[144] 獻　[145] 慘
[146] 낌새.　[147] 남의 지배 아래 매임.
[148] 뿌리와 줄기. 바탕이나 중심이 되는 중요한 것.
[149] 음력 초하루날과 보름날.　　[150] 싫증.

2회

[1] 초미　[2] 부탁　[3] 풍채　[4] 증식
[5] 해고　[6] 섬광　[7] 왜병　[8] 순박
[9] 부연　[10] 첩보　[11] 음울　[12] 절충
[13] 매혹　[14] 범주　[15] 단련　[16] 석좌
[17] 문란　[18] 배상　[19] 규수　[20] 산하
[21] 잠상　[22] 진료　[23] 호주　[24] 찰나
[25] 은행　[26] 포승　[27] 갱유　[28] 나체
[29] 만용　[30] 교포　[31] 탁마　[32] 호위
[33] 질식　[34] 벌열　[35] 보익　[36] 진폐
[37] 포장　[38] 단화　[39] 예천　[40] 아교
[41] 당뇨　[42] 소개　[43] 구입　[44] 비적
[45] 만찬　[46] 쪽 람　[47] 그르칠 류
[48] 드릴 정　　　　　[49] 나루 진
[50] 들 평　　　　　　[51] 스승 부
[52] 자물쇠·열쇠 건　　[53] 삼 삼
[54] 모형 형　　　　　[55] 언덕 판
[56] 품팔 용　　　　　[57] 복 조
[58] 깊을 황　　　　　[59] 옥소리 령
[60] 암 암　　　　　　[61] 기름 지
[62] 분비할 비·스며흐를 필　　[63] 꿰맬 봉
[64] 향기 은　　　　　[65] 화목할 목
[66] 살갗 부　　　　　[67] 편지 한
[68] 비준 준　　　　　[69] 드러날 창
[70] 공경할 흠　　　　[71] 숫돌 려
[72] 모을 종　　　　　[73] ②　[74] ③

[75] ①　　[76] ④　　[77] ③　　[78] 滅菌
[79] 汚染　[80] 舞臺　[81] 擴張　[82] 登場
[83] 鎭壓　[84] 掠奪　[85] 明確　[86] 證據
[87] 演藝　[88] 娛樂　[89] 慰勞　[90] 抑制
[91] 豫算　[92] 緊縮　[93] 症狀　[94] 訴訟
[95] 製品　[96] 割引　[97] 騰落　[98] 選擇
[99] 保護　[100] 危機　[101] 遲延　[102] 負擔
[103] 涉獵　[104] 記憶　[105] 憂慮　[106] 嫌惡
[107] 漸次　[108] 遠　　[109] 妨　　[110] 別
[111] 姿　　[112] 越　　[113] 濕(坤)
[114] 禍　　[115] 拙　　[116] 夫(姑)
[117] 雄　　[118] 節約　[119] 公平　[120] 陳腐
[121] 絶讚(贊評)　[122] 輕率　[123] 空
[124] 刻　　[125] 衝　　[126] 巷　　[127] 泥
[128] 觸　　[129] 拔　　[130] 累　　[131] 程
[132] 照　　[133] 槪觀　[134] 詐欺　[135] 搜査
[136] 飢餓　[137] 殊常　[138] 禾　　[139] 口
[140] 卜　　[141] 丨　　[142] 冂　　[143] 叙
[144] 龜　　[145] 並　　[146] 기둥과 들보.
[147] 액을 당할 운수.
[148] 못나고 어리석은 사람.
[149] 뒤에 추가하여 징수함.
[150] 부처 앞에 공양을 드림.

3회

[1] 궁궐　[2] 항만　[3] 감봉　[4] 소굴
[5] 선박　[6] 훈신　[7] 험준　[8] 수선
[9] 제패　[10] 배우　[11] 흠모　[12] 체결
[13] 유황　[14] 처참　[15] 철거　[16] 등사
[17] 두절　[18] 융자　[19] 왕성　[20] 낙찰
[21] 경정　[22] 방사　[23] 자무　[24] 기망
[25] 노변　[26] 묘수　[27] 태풍　[28] 유개
[29] 염산　[30] 포기　[31] 만일　[32] 용광
[33] 선원　[34] 신사　[35] 척기　[36] 귀추
[37] 편액　[38] 석가　[39] 조제　[40] 훈도
[41] 예맥　[42] 권축　[43] 돈혜　[44] 모자
[45] 미만　[46] 복 우　[47] 찾을 멱
[48] 고깔 변　　　　　[49] 꾀 모
[50] 노루 장　　　　　[51] 별 태

[52] 언덕 강　　　　　[53] 측백 백
[54] 고개 현　　　　　[55] 집터 대
[56] 굳셀 환　　　　　[57] 굳셀 강
[58] 밝을·쌍길 철　　　[59] 일 대
[60] 꿩 치　　　　　　[61] 기 정
[62] 학교 상　　　　　[63] 섭섭할 감
[64] 문지를 마　　　　[65] 힘쓸·구푸릴 면
[66] 빛날 빈　　　　　[67] 큰거문고 슬
[68] 뚫을 찬　　　　　[69] 기린 린
[70] 주검 시　　　　　[71] 밝을 량
[72] 마귀 마　　　　　[73] ①　　　[74] ④
[75] ③　　[76] ②　　[77] ④　　[78] 原稿
[79] 督促　[80] 疲困　[81] 寢臺　[82] 傲慢
[83] 稀薄　[84] 飜譯　[85] 普及　[86] 敎養
[87] 驅使　[88] 隱蔽　[89] 爆擊　[90] 革命
[91] 啓蒙　[92] 枯死　[93] 不吉　[94] 徵兆
[95] 硏究　[96] 包含　[97] 排斥　[98] 背景
[99] 軌道　[100] 過怠料　　　　[101] 繼承
[102] 踏襲　[103] 旱害(寒害)　[104] 收穫
[105] 影印　[106] 典籍　[107] 整理　[108] 隔
[109] 鬪　　[110] 約　　[111] 巡　　[112] 迫
[113] 增(添)　　　　　[114] 正(眞)
[115] 降　　[116] 愛　　[117] 緯
[118] 安靜(鎭靜)　　　[119] 洗練　[120] 柔弱
[121] 禁止　[122] 凝固　[123] 激　　[124] 勸
[125] 茶　　[126] 忘　　[127] 錦　　[128] 樓
[129] 徒　　[130] 憐　　[131] 殺　　[132] 碧
[133] 情緖　[134] 潛伏　[135] 軟體　[136] 奪取
[137] 昭詳　[138] 二　　[139] 口　　[140] 木
[141] 中　　[142] 玄　　[143] 螢　　[144] 窃
[145] 県　　[146] 뾰족한 탑.
[147] 여자의 곧은 절개.
[148] 어떤 물건을 독점하여 팖.
[149] 다른 집으로 옮겨 삶.
[150] 기이하고 묘함.

모의 전국한자능력검정시험 2급 답안지(1) (시험 시간: 60분)

번호	정답	1검	2검	번호	정답	1검	2검	번호	정답	1검	2검
1				24				47			
2				25				48			
3				26				49			
4				27				50			
5				28				51			
6				29				52			
7				30				53			
8				31				54			
9				32				55			
10				33				56			
11				34				57			
12				35				58			
13				36				59			
14				37				60			
15				38				61			
16				39				62			
17				40				63			
18				41				64			
19				42				65			
20				43				66			
21				44				67			
22				45				68			
23				46				69			

※ 뒷면으로 이어짐.

모의 전국한자능력검정시험 2급 답안지(2)

번호	정답	1검	2검	번호	정답	1검	2검	번호	정답	1검	2검
70				97				124			
71				98				125			
72				99				126			
73				100				127			
74				101				128			
75				102				129			
76				103				130			
77				104				131			
78				105				132			
79				106				133			
80				107				134			
81				108				135			
82				109				136			
83				110				137			
84				111				138			
85				112				139			
86				113				140			
87				114				141			
88				115				142			
89				116				143			
90				117				144			
91				118				145			
92				119				146			
93				120				147			
94				121				148			
95				122				149			
96				123				150			

■ 사단법인 한국어문회 　　　　　　　　　　　　　　　　　　　　　　　　2 0 1

| 수험 번호 | □□□-□□-□□□□ | 　 | 성명 | □□□□□ |

생년월일 □□□□□□　　※ 주민등록번호 앞 6자리 숫자를 기입하십시오.　　※ 성명은 한글로 작성
　　　　　　　　　　　　　　　　　　　　　　　　　　　　　　　　　　　　※ 필기구는 검정색 볼펜만 가능

※ 답안지는 컴퓨터로 처리되므로 구기거나 더럽히지 마시고, 정답 칸 안에만 쓰십시오.
　글씨가 채점란으로 들어오면 오답 처리가 됩니다.

모의 전국한자능력검정시험 2급 답안지(1)　(시험 시간: 60분)

답안란		채점란		답안란		채점란		답안란		채점란	
번호	정답	1검	2검	번호	정답	1검	2검	번호	정답	1검	2검
1				24				47			
2				25				48			
3				26				49			
4				27				50			
5				28				51			
6				29				52			
7				30				53			
8				31				54			
9				32				55			
10				33				56			
11				34				57			
12				35				58			
13				36				59			
14				37				60			
15				38				61			
16				39				62			
17				40				63			
18				41				64			
19				42				65			
20				43				66			
21				44				67			
22				45				68			
23				46				69			

감독 위원	채점 위원(1)		채점 위원(2)		채점 위원(3)	
(서명)	(득점)	(서명)	(득점)	(서명)	(득점)	(서명)

※ 뒷면으로 이어짐.

모의 전국한자능력검정시험 2급 답안지(2)

번호	정답	1검	2검	번호	정답	1검	2검	번호	정답	1검	2검
70				97				124			
71				98				125			
72				99				126			
73				100				127			
74				101				128			
75				102				129			
76				103				130			
77				104				131			
78				105				132			
79				106				133			
80				107				134			
81				108				135			
82				109				136			
83				110				137			
84				111				138			
85				112				139			
86				113				140			
87				114				141			
88				115				142			
89				116				143			
90				117				144			
91				118				145			
92				119				146			
93				120				147			
94				121				148			
95				122				149			
96				123				150			

■ 사단법인 한국어문회　　　　　　　　　　　　　　　　　　　　　　　　　　　2 0 1

수험 번호 □□□-□□-□□□□　　　　　　성명 □□□□□
생년월일 □□□□□□　　※ 주민등록번호 앞 6자리 숫자를 기입하십시오.
　　　　　　　　　　　　　　　　　　　　　　　　　　　　※ 성명은 한글로 작성
　　　　　　　　　　　　　　　　　　　　　　　　　　　　※ 필기구는 검정색 볼펜만 가능

※ 답안지는 컴퓨터로 처리되므로 구기거나 더럽히지 마시고, 정답 칸 안에만 쓰십시오.
　 글씨가 채점란으로 들어오면 오답 처리가 됩니다.

모의 전국한자능력검정시험 2급 답안지(1)　(시험 시간: 60분)

번호	정답	1검	2검	번호	정답	1검	2검	번호	정답	1검	2검
1				24				47			
2				25				48			
3				26				49			
4				27				50			
5				28				51			
6				29				52			
7				30				53			
8				31				54			
9				32				55			
10				33				56			
11				34				57			
12				35				58			
13				36				59			
14				37				60			
15				38				61			
16				39				62			
17				40				63			
18				41				64			
19				42				65			
20				43				66			
21				44				67			
22				45				68			
23				46				69			

감독 위원	채점 위원(1)		채점 위원(2)		채점 위원(3)	
(서명)	(득점)	(서명)	(득점)	(서명)	(득점)	(서명)

※ 뒷면으로 이어짐.

모의 전국한자능력검정시험 2급 답안지(2)

번호	정답	1검	2검	번호	정답	1검	2검	번호	정답	1검	2검
70				97				124			
71				98				125			
72				99				126			
73				100				127			
74				101				128			
75				102				129			
76				103				130			
77				104				131			
78				105				132			
79				106				133			
80				107				134			
81				108				135			
82				109				136			
83				110				137			
84				111				138			
85				112				139			
86				113				140			
87				114				141			
88				115				142			
89				116				143			
90				117				144			
91				118				145			
92				119				146			
93				120				147			
94				121				148			
95				122				149			
96				123				150			

○ 담산나무의 [92]고사리는 [93]정조를 임시하였다.
○ 이 이론은 대중문화를 [95]연구 영역에 [96]포함하는 것이다.
○ 이는 학문을 위한 학문을 [97]배척하고 실용성을 중시하는 것으로 사상적 [98]배경에서 빛이 진 교육 제도이다.
○ 기자의 [99]제도를 이탈로 명은 부상자가 발생하였다.
○ [100]과태료로 50만원을 물었다.
○ 제물의 [101]남소을 존중해서는 안 된다.
○ 작년에는 [103]한해로 인해 농작물 [104]수확이 평년의 반 밖에 되지 않았다.
○ 고전의 [105]영인 출판은 [106]전적을 체계적으로 [107]정리한다는 면에서 큰 의의를 지닌다.

[問 108-112] 다음 漢字의 비슷한 뜻을 가진 漢字(正字)를 ( ) 안에 써넣어 문장에 적합한 漢字語가 되게 하시오.

[108] 두 사람의 間( )이 나쁘다.
[109] 인간은 자연과의 ( )爭에서 승리할 수 없다.
[110] 契( )이 만료되기까지는 아직 1년이 남았다.
[111] 그도 여러 나라를 ( )廻하며 견문을 넓혔었다.
[112] 그의 말의 거의 瞥( )으로 들렸었다.

[問 113-117] 다음 漢字語의 反對語 또는 相對되는 漢字(正字)를 써서 漢字語를 완성하시오.

[113] ( )削　　[114] ( )僞　　[115] 昇( )
[116] ( )憎　　[117] 經( )

[問 118-122] 다음 漢字語의 反對語 또는 相對語를 2음절로 된 漢字(正字)로 쓰시오.

[118] 興奮 ↔ ( )　　[119] ( ) ↔ 稚拙
[120] 剛健 ↔ ( )　　[121] 許可 ↔ ( )
[122] 諮解 ↔ ( )

[問 123-132] 다음 ( ) 안에 알맞은 漢字(正字)를 써넣어 四字成語를 완성하시오.

[123] 目( )之心: 자기가 한 일에 대해 스스로 마음을 여기는 마음.
[124] ( )善懲惡: 착한 일을 권장하고 악한 일을 징계함.
[125] 恒( )飯事: 늘 있는 일.

[126] 刻骨難( ): 은혜가 뼈에 새김 만큼 커서 잊기 어려움.
[127] ( )衣還鄉: 출세를 하여 고향에 돌아가나 돌아옴.
[128] 沙上( )閣: 기초가 약하여 오래가지 못하는 일.
[129] 無( )食: 하는 일 없이 먹고 놀음.
[130] 同病相( ): 비슷한 처지에 있는 사람끼리 서로 가엾게 여김.
[131] ( )身成仁: 목숨을 위하여 자기 몸을 희생함.
[132] 桑田( )海: 세상일의 변천이 심함.

[問 133-137] 다음 漢字語의 同音異義語를 漢字(正字)로 쓰되, 제시된 뜻에 맞는 것으로 하시오.

[133] 徘書 - ( ): 사람의 마음에 일어나는 여러 가지 감정.
[134] 暫編 - ( ): 정도로 드러나지 않게 숨음.
[135] 延滯 - ( ): 연하고 무른 몸.
[136] 脫臭 - ( ): 빼앗아 가짐.
[137] 小祥 - ( ): 분명하고 자세함.

[問 138-142] 다음 漢字의 部首를 쓰시오.

[133] 徘書　　[139] 習　　[140] 束
[134] 屯　　[142] 率

[問 143-145] 다음 漢字의 略字를 쓰시오.

[143] 蠶　　[144] 戲　　[145] 縣

[問 146-150] 다음 漢字語의 뜻을 쓰시오.

[146] 尖塔　　[147] 貞節　　[148] 專賣
[149] 移住　　[150] 奇妙

〈끝〉 수고하셨습니다.

☞ 정답은 546쪽에 있습니다.

제3회 모의 전국한자능력검정시험

2級

150문항 / 60분 시험

(社)韓國語文會 주관·韓國漢字能力檢定會 시행
全國漢字能力檢定試驗 2級 問題紙

※ 성명과 수험 번호를 쓰고 문제지와 답안지는 함께 제출하시오.

성명 (   ), 수험 번호 □□□□-□□-□□□□□□

[問 1-20] 다음 문장에서 밑줄 친 漢字語의 讀音을 쓰시오.

[1] 그의 집은 으리으리하고 화려해서 宮闕 같았다.
[2] 이번 지진으로 일부 港灣에서 피해가 발생하였다.
[3] 그는 노령 수수 혐의로 3개월간 減俸을 받게 되었다.
[4] 인적을 구하기 위하여 적의 巢窟에 잠입하였다.
[5] 船舶에 화물을 적재하다.
[6] 장의문에는 인조반정의 勳臣들의 이름을 적은 현판이 있다.
[7] 산이 워낙 險峻해서 오르려는 사람이 없다.
[8] 구두의 밑창이 닳아 修繕하여 신었다.
[9] 그는 세제를 制霸하고 정상에 우뚝 섰다.
[10] 당대 최고의 俳優들이 이 영화에 출연했다고 한다.
[11] 그의 업적은 欽慕하는 사람들이 많다.
[12] 주변국들과 군사 동맹을 締結하다.
[13] 오줌은 硫黃과 질소를 많이 함유하고 있다.
[14] 그 마을에는 난민들의 棲接한 생활상이 그대로 드러나 있다.
[15] 쌍방이 우호적인 분위기에서 撤去 작업이 끝났다.
[16] 시험관은 騰寫된 시험지를 배부하였다.
[17] 산사태로 인한 교통 및 통신의 杜絶로 그 산간 마을은 고립되어 있다.
[18] 엄마는 融資를 받아 부동산에 투자를 하였다.
[19] 그는 해외에서 旺盛한 활동을 하고 있다.
[20] 그 회가의 그림이 일억 원에 落札되었다.

[問 21-45] 다음 漢字語의 讀音을 쓰시오.

[21] 銃鋌   [22] 放飼   [23] 滋茂
[24] 冀望   [25] 爐邊   [26] 鼎宿
[27] 颱風   [28] 幽垤   [29] 鹽酸
[30] 抛棄   [31] 萬鎰   [32] 鎔鑛
[33] 璿源   [34] 紳士   [35] 隻騎
[36] 歸趣   [37] 扁額   [38] 釋迦
[39] 調劑   [40] 薰陶   [41] 滅貊
[42] 卷軸   [43] 悼惠   [44] 帽子
[45] 彌滿

[問 46-72] 다음 漢字의 訓과 音을 쓰시오.

[46] 祐   [47] 覓   [48] 伴   [49] 諜
[50] 璋   [51] 台   [52] 尙   [53] 柏
[54] 呪   [55] 坐   [56] 桓   [57] 疆
[58] 喆   [59] 戴   [60] 雉   [61] 胜
[62] 庠   [63] 憶   [64] 摩   [65] 俛
[66] 彬   [67] 遜   [68] 鑽   [69] 麟
[70] 阮   [71] 亮   [72] 魔

[問 73-77] 다음 漢字語 중 첫 音節이 長音으로 발음되는 것의 번호를 쓰시오.

[73] ① 低廉 ② 鉛筆 ③ 奔走 ④ 寬容
[74] ① 豪傑 ② 慈悲 ③ 表現 ④ 閉鎖
[75] ① 隆崇 ② 東方 ③ 侍墓 ④ 蛇足
[76] ① 輸出 ② 詠嘆 ③ 沿岸 ④ 虛像
[77] ① 志操 ② 價值 ③ 週末 ④ 享有

[問 78-107] 다음 문장에서 밑줄 친 漢字語를 漢字(正字)로 쓰시오.

○ [78]원고를 써 담는는 잠자사이의 [79]독축이 성하긴다.
○ 요즘 나무 [80]과로고하고 책임 의식이 [83]희박하다.
○ 그는 [82]오만하고 책임 의식이 [83]희박하다.
○ 각종 동서, 병서 등을 한글로 [84]번역하여 [85]보급하였다.
○ 그들은 [86]교양 있고 지적인 대화를 [87]구사하였다.
○ 충무군이 이곳을 [88]은폐 장소로 활용하였으나 유엔군이 그곳에 [89]폭격을 가하여 소실되었다.
○ 프랑스 [90]혁명은 구체제에 대한 모순과 [91]계몽 사상 등의 영향으로 일어났었다.